Lições de Processo Civil de Macau

Lições de Processo Civil de Macau

PROCESSO DE DECLARAÇÃO
PROCEDIMENTOS CAUTELARES
PROCESSO DE EXECUÇÃO

2015 • 2ª edição revista e ampliada

Cândida da Silva Antunes Pires
Professora Associada da Faculdade de Direito
da Universidade de Macau

ALMEDINA

澳門大學
UNIVERSIDADE DE MACAU
UNIVERSITY OF MACAU

LIÇÕES DE PROCESSO CIVIL DE MACAU

AUTORA
Cândida da Silva Antunes Pires
EDITOR
EDIÇÕES ALMEDINA, S.A.
Rua Fernandes Tomás, nºs 76-80
3000-167 Coimbra
Tel.: 239 851 904 · Fax: 239 851 901
www.almedina.net · editora@almedina.net
DESIGN DE CAPA
FBA.
PRÉ-IMPRESSÃO
EDIÇÕES ALMEDINA, SA
IMPRESSÃO E ACABAMENTO
PENTAEDRO, LDA
Junho, 2015
DEPÓSITO LEGAL
394002/15

ALMEDINA | GRUPOALMEDINA

BIBLIOTECA NACIONAL DE PORTUGAL – CATALOGAÇÃO NA PUBLICAÇÃO

PIRES, Cândida da Silva Antunes

Lições de Processo Civil de Macau -
2ª edição revista e ampliada - (UM)
ISBN 978-972-40-5916-7

CDU 347

A AUTORA

É Professora Associada da Faculdade de Direito da Universidade de Macau (UM).

Em Macau desde 1985, é residente permanente da Região Administrativa Especial de Macau (RAEM).

Mestre em Ciências Jurídicas pela Faculdade de Direito da Universidade Clássica de Lisboa. Dissertação sobre *O Recurso de Revisão em Processo Civil*, publicada no Boletim do Ministério da Justiça (Separata).

Advogada, foi assessora na área dos Registos e do Notariado em Portugal e em Macau, com vários pareceres publicados.

Foi co-autora do Projecto do Código do Registo Civil de Macau (1987).

Foi membro da Comissão Consultiva para a Elaboração do Projecto de Código de Processo Civil de Macau (1997-1999).

Foi membro do Conselho Superior da Advocacia de Macau por dois mandatos consecutivos.

É membro do Conselho Editorial do Boletim da Faculdade de Direito da UM e membro do Conselho Editorial da Revista Direito e Cidadania, Praia, Cabo Verde.

É árbitro do Centro de Arbitragens Voluntárias do World Trade Centre de Macau.

Foi responsável pela regência, na anterior Universidade da Ásia Oriental, hoje Universidade de Macau, da disciplina de Sistemas Jurídicos Comparados, nos anos lectivos de 1988/1989 e 1989/1990.

É responsável, desde 1989, pela regência das disciplinas de Direito Processual Civil I e Direito Processual Civil II e, desde a abertura dos primeiros Cursos de Mestrado na Faculdade de Direito da UM, pelos módulos de Direito Processual Civil.

Foi titular da disciplina de Direito do Trabalho na Escola Superior das Forças de Segurança de Macau (Curso de Formação de Oficiais da Polícia de Segurança Pública).

É formadora no Centro de Formação Jurídica e Judiciária de Macau: Cursos de Arbitragem, de Registos e Notariado e de Linguagem Jurídica Processual.

É formadora de advogados estagiários na Associação dos Advogados de Macau: Direito do Registo Civil e Direito Civil (Obrigações e Família) no "Curso de Adaptação e Actualização de Conhecimentos em Direito de Macau", que já vai na segunda edição.

É membro da "Comissão de Patrocínio Judiciário para o Exercício de Funções Públicas", criada, na dependência do Chefe do Executivo da Região Administrativa Especial de Macau, pelo Despacho nº 53/2011.

Tem tido ampla participação em Congressos e Seminários em Portugal, Espanha, EUA, Brasil, Japão, Áustria, Moçambique, Cabo Verde, República Popular da China e Macau, com publicações nesses Países, incluindo comunicações que apresentou em Congressos e Simpósios, assim como de livros (manuais didácticos e outros) sobre Direito Processual Civil, Arbitragem, Direito do Trabalho, Direito da Família, Direito Notarial, Direito Registal Civil, Direito do Ambiente e Custas Judiciais.

É autora das seguintes obras, publicadas em Macau entre 1994 e 1996: *Direito do Trabalho de Macau* (duas edições); *Guia Jurídico da Família em Macau* (duas edições); *Código de Processo Civil – Texto Vigente em Macau*; *Código de Processo Civil Anotado* (2 volumes); *Introdução ao Processo Civil*, edições, respectivamente, da Escola Superior das Forças de Segurança de Macau, dos Serviços de Administração e Função Pública de Macau, do Instituto Politécnico de Macau e do Centro de Estudos Jurídicos da Faculdade de Direito da UM.

Mais recentemente (entre 2005 e 2014), é co-autora das seguintes obras: *Lições de Processo Civil I*; *Código de Processo Civil de Macau – Anotado e Comentado* (dois volumes já publicados; no prelo o terceiro volume); *Justiça Arbitral em Macau – A Arbitragem Voluntária Interna – Anotações ao Decreto-Lei n.º 29/96/M, de 11 de Junho*; *Teoria Geral do Direito Civil – Direito Processual Civil – Materiais de Apoio*; *Sentido e Limites da Jurisdição Cautelar Civil*, edições, respectivamente, do Centro de Estudos Jurídicos da Faculdade de Direito da UM, do Instituto de Estudos Jurídicos Avançados da Faculdade de Direito da UM, do Centro de Formação Jurídica e Judiciária de Macau, da Fundação Rui Cunha, de Macau, da Universidade de Macau e Edições Almedina.

É autora de *O Novo Processo Civil de Cabo Verde*, publicado sob a égide do Instituto Superior de Ciências Jurídicas e Sociais da Cidade da Praia e da Ordem dos Advogados de Cabo Verde, apresentado na Cidade da Praia em Dezembro de 2011.

É autora da obra *Direito de Macau – Reflexões e Estudos*, edição da Fundação Rui Cunha, apresentada em Macau em Junho de 2013.

É autora de *A Jurisdição Cautelar Civil em Cabo Verde*, em processo de publicação em Macau e na Cidade da Praia.

Conta com títulos publicados em Língua Portuguesa e em Língua Inglesa, muitos dos quais foram traduzidos para Língua Chinesa e um para Língua Japonesa.

APRESENTAÇÃO DA 2ª EDIÇÃO
(Processo de Declaração, Procedimentos Cautelares e Processo de Execução)

Volvidos alguns anos sobre a publicação das *Lições de Processo Civil I* na Colecção "Textos Jurídicos", do Centro de Estudos Jurídicos da Faculdade de Direito da Universidade de Macau, é tempo de reformular a sua versão original de acordo com a leccionação que, ano após ano, tem vindo a ser feita aos estudantes do 3º ano do Curso de Licenciatura em Direito em Língua Portuguesa, na Faculdade de Direito da Universidade de Macau.

Obedecendo à mesma sistemática, o trabalho que agora se apresenta em segunda edição revista e ampliada, para além da correcção dos inevitáveis lapsos entretanto detectados no texto da 1ª edição, e de algumas actualizações pontuais que se impunham, abrange também, sob a epígrafe de 'Anexos', um conjunto de textos explicativos – paulatinamente elaborados e disponibilizados em complemento das aulas ministradas – sobre matérias que se têm revelado de maior complexidade para os estudantes.

Amplia-se agora o conteúdo desta obra com a junção, no mesmo volume, dos Apontamentos sinópticos das Lições ministradas ao 4º ano do Curso de Licenciatura, relativas ao Processo de Execução e respectivos Anexos.

Tal como de início, o objectivo primordial a que mirei continua a ser o de proporcionar aos empenhados estudantes da Faculdade de Direito da Universidade de Macau materiais de apoio que os ajudem na sua preparação.

Nesta oportunidade em que a Universidade de Macau e a Editora Almedina concretizam esta publicação, um penhorado agradecimento é devido ao Senhor Professor Doutor Rui Martins, ilustre Vice-Reitor da Universidade de Macau, pelo pronto acolhimento que se dignou dispensar a este projecto.

Aos meus estimados colegas Manuel Marcelino Escovar Trigo e José Eduardo Figueiredo Dias o meu agradecimento cordial por toda a atenção que, como Directores do Centro de Estudos Jurídicos da Faculdade de Direito, dedicaram a esta iniciativa e pelo permanente acompanhamento de todas as diligências necessárias à divulgação deste meu trabalho. Quero também deixar registado, e agradecer, todo o esforçado apoio das competentes funcionárias do Centro de Estudos Jurídicos da Faculdade de Direito, com que pude contar durante a demorada tarefa de revisão das provas tipográficas e na actividade de comunicação com a Editora Almedina.

Por último, a todos os meus queridos discípulos dedico carinhosamente mais este trabalho.

Região Administrativa Especial de Macau, Março de 2015.

Cândida da Silva Antunes Pires

NOTA PRÉVIA DA 1ª EDIÇÃO
(Processo de Declaração e Procedimentos Cautelares)

O conteúdo deste livro é o das aulas ministradas pela autora, como responsável pela regência da disciplina de Direito Processual Civil, aos alunos do 3º ano do Curso de Licenciatura em Direito em Língua Portuguesa da Faculdade de Direito da Universidade de Macau, no ano lectivo de 2004/2005.

Obedecendo a um plano que tem vindo a ser objecto de ajustes e aditamentos desde a sua versão inicial – a qual remonta já ao ano lectivo de 1989/1990 e foi acompanhando a significativa evolução do ordenamento jurídico de Macau –, o texto agora divulgado é o produto de uma amadurecida experiência no ensino da disciplina, enriquecido pela contribuição inestimável das reflexões a que obrigam as dúvidas e questões colocadas, ano após ano, pelos empenhados estudantes que têm passado pelos bancos da Faculdade.

O objectivo primordial da elaboração de um texto de apoio à exposição feita nas aulas tem sido desde o início o de proporcionar aos alunos, na sua quase totalidade estudantes-trabalhadores, uma melhor preparação, atendendo, por um lado, à escassez de recursos bibliográficos reportados à realidade local, e por outro lado à necessidade de lhes poupar o esforço de procurarem obter a reprodução, quantas vezes truncada ou mesmo incorrecta, da exposição oral a que vão assistindo.

É, aliás, essa exposição oral que vai imprimindo a necessária vivacidade e algum aprofundamento à abordagem simples e acessível que no texto escrito se faz dos vários institutos e das grandes e debatidas questões processuais, matizado com leituras recomendadas de outros textos doutrinários, e bem assim com uma análise crítica e remissiva dos textos legais vigentes sobre matérias conexas, rastreando a sua genealogia quando considerada útil.

Com este carácter essencialmente didáctico, no texto que se segue são focadas as questões consideradas essenciais para introduzir os formandos na problemática geral do Processo Civil e dos seus princípios ordenadores, dando relevo especial ao estudo dos pressupostos processuais, à construção de uma teoria dos actos processuais e à análise da instância como relação jurídica com características muito próprias. Tudo isto, a preceder o estudo do formalismo do paradigmático processo declarativo, cuja sequência surge então de mais fácil entendimento para os alunos.

Um especial e muito sincero agradecimento é devido ao Senhor Professor Doutor João de Matos Antunes Varela, Doutor *honoris causa* pela Universidade de Macau, um dos maiores vultos do século XX no estudo do Direito Processual Civil, que honrou a nossa Faculdade de Direito como membro do seu Conselho Científico e coordenador da área jurídico-processual civil, que nas suas frequentes deslocações a Macau participou activamente na vida da instituição e leccionou aos nossos alunos alguns dos mais complexos e debatidos temas do Direito Processual Civil, e de quem todos pudemos colher os melhores ensinamentos no âmbito da ciência do Direito.

Aqui fica, pois, ao jurisconsulto insigne, ao Professor eminente, ao Amigo, a minha muito sincera homenagem.

Por último, o voto e a esperança de que as imperfeições deste trabalho sejam relevadas tendo em atenção o seu único objectivo de ajudar a preparação dos meus alunos, seus destinatários directos, a quem é dedicado.

Região Administrativa Especial de Macau, Maio de 2005.

CÂNDIDA DA SILVA ANTUNES PIRES

A ortografia seguida nesta obra é a que foi definida pelo Decreto-Lei nº 103/99/M, de 13 de Dezembro, cujo Artigo único (Ortografia da Língua Portuguesa) estabelece que até à publicação de novas normas, a ortografia da Língua Portuguesa rege-se pelo regime previsto no Decreto-Lei nº 35228, de 8 de Dezembro de 1945, que aprovou o acordo de 10 de Agosto de 1945, resultante do trabalho da Conferência Inter-Académica de Lisboa, para a unidade ortográfica da Língua Portuguesa, cujos instrumentos, elaborados em harmonia com a Convenção Luso-Brasileira de 29 de Dezembro de 1943, foram publicados no Boletim Oficial de Macau, nº 36, de 7 de Setembro de 1946.

ABREVIATURAS

CC	–	Código Civil
CPC	–	Código de Processo Civil
DL	–	Decreto-Lei
LBOJ	–	Lei de Bases da Organização Judiciária
RAEM	–	Região Administrativa Especial de Macau
RAEHK	–	Região Administrativa Especial de Hong Kong
RPC	–	República Popular da China
TJB	–	Tribunal Judicial de Base
TSI	–	Tribunal de Segunda Instância
TUI	–	Tribunal de Última Instância

Parte I
NOÇÕES INTRODUTÓRIAS

Título I
Delimitação dos Conceitos de Jurisdição, Processo, Direito Processual e Acção

Capítulo I
Jurisdição, Processo e Direito Processual

1. Jurisdição e função jurisdicional (ou função Judicial) O direito à Jurisdição

1.1. A função jurisdicional como função estadual. Justiça pública e justiça privada. Evolução

Tempos houve em que se praticava a justiça privada (ou vindicta privada), permitido que era ao titular de um direito restituir-se ao seu efectivo exercício pela própria força e autoridade, fazer justiça por suas mãos, autodefender-se, repelir por actividade directa o ataque contra si próprio dirigido pela força de outrem.

Desrespeitado que fosse um direito subjectivo, não cumprido o dever jurídico correspondente, possibilitava-se ao ofendido a faculdade de recorrer, sem mais, às vias de facto, de reintegrar pelos seus próprios meios o direito lesado.

Nisto consiste a *autodefesa*, cuja noção é abordada por alguns autores em confronto com a de *autocomposição*: produzido um conflito, ou litígio, entre duas esferas contrapostas de interesses, ele pode ser resolvido ou por acção dos próprios litigantes, ou mediante a decisão vinculativa de um terceiro privado.

A primeira situação oferece, por sua vez, duas perspectivas: ou um dos litigantes consente o sacrifício do seu próprio interesse; ou então impõe o sacrifício do interesse alheio[1].

Tal panorama, próprio das sociedades primitivas e de um estádio primário da organização jurídica, está completamente ultrapassado nos modernos sistemas[2].

Ressalvados alguns, pouquíssimos casos, não é hoje permitido fazer justiça por conta própria[3]. Para reagir contra a violação ou ameaça de violação de um direito, necessita o lesado de recorrer a órgãos do poder público, os tribunais, solicitando deles a concessão de uma providência adequada à reintegração desse direito.

Na Região Administrativa Especial de Macau da República Popular da China, estatui o artigo 36º da respectiva Lei Básica que "aos residentes de Macau é assegurado o acesso (...) aos tribunais (...), bem como à obtenção de reparações por via judicial".

É este *sistema chamado da justiça* ou *da vindicta pública*, em que órgãos próprios do poder público chamam a si a resolução dos conflitos surgidos entre os particulares, o que possibilita a obtenção de resultados mais eficazes e ponderados do que por via do já ultrapassado sistema da justiça privada, para além de que assim se propiciam novas e mais adequadas formas de tutela jurídica[4].

Essa tutela é concedida através do exercício da *função jurisdicional* ou *função judicial*, uma das três espécies de funções que tradicionalmente – pode dizer-se – se assinalam ao Estado, a par da *função legislativa* e da *fun-*

[1] CARNELUTTI – *Lezioni di Diritto Processuale Civile*, vol. I (reimpressão), Pádua, 1930.

[2] Em Portugal, já nas Ordenações Filipinas (Livro IV, Título 58) se consagrava o princípio de que "a ninguém é permitido fazer-se restituir ao seu direito por autoridade própria".

[3] Este princípio integra o pórtico do Código de Processo Civil de Macau, cujo artigo 2º, subordinado à epígrafe "proibição de autodefesa", admite excepções, como veremos.
No dizer de ANTUNES VARELA (aula ao 3º ano, em Outubro de 1992, na Faculdade de Direito de Macau), referindo-se à redacção então usada no preceito de abertura do CPC: "O Código de Processo Civil rompe com *uma afirmação de carácter negativo*: a ninguém é lícito o recurso à força com o fim de realizar ou assegurar o próprio direito (...)".

[4] É útil lembrar que a passagem do sistema da justiça privada para o da justiça pública (estadual) sofreu a sua longa e progressiva evolução durante séculos. Todos os sistemas patenteiam um esforço de substituição gradual daquela por esta última, o que igualmente sucedeu em Portugal, mediante um processo cuja descrição podemos encontrar magistralmente desenvolvida por GAMA BARROS na sua *História da Administração Pública em Portugal nos Séculos XII a XV*.

ção administrativa ou *executiva*, e que correspondem a outras tantas ordens primárias de finalidades prosseguidas pelas entidades estaduais, exercidas que são por órgãos próprios, dotados dos necessários poderes.

Não será aqui o lugar adequado para aprofundar e desenvolver os termos da distinção entre cada uma destas funções. E também não é fácil, nem sequer num plano meramente teórico, estabelecer com nitidez tal distinção, já pela dificuldade de fixação de simples noções gerais verdadeiramente rigorosas, já porque existem zonas em que pode verificar-se uma certa sobreposição, ou mesmo indefinição de contornos[5], já ainda porque funções estaduais de um mesmo tipo se encontram por vezes distribuídas a órgãos de diversa natureza.

Ainda assim, para que a *noção e caracteres da função jurisdicional*, que agora nos ocupa, resultem mais claros, sempre convirá sinteticamente esclarecer que:

a) Através da *função legislativa*, produzem-se normas jurídicas, gerais e abstractas, reguladoras de tipos de situações, ou relações, juridicamente relevantes que venham a surgir durante a sua vigência: *situações possíveis, futuras*;

b) Através da *função administrativa* ou *executiva*, a entidade dotada de poder público (o Estado) prossegue os fins que lhe são próprios – a segurança e o bem-estar da sociedade –, dentro dos limites assinalados pelo Direito e respeitando os seus comandos; digamos que *na função administrativa a observância da lei é um meio ou instrumento de satisfação dos interesses colectivos numa dada sociedade.*

c) Através da *função jurisdicional* ou *jurisdição* (no sentido amplo deste último termo), realiza-se o Direito, aplicam-se aos factos da vida quotidiana (*casos concretos, passados*) as normas gerais e abstractas, quando inobservados, pelos seus destinatários, os respectivos comandos.

[5] Como exemplo típico, costuma apontar-se o caso da chamada *jurisdição voluntária* ou *graciosa*, que alguns autores integram na função administrativa, enquanto outros opinam pela sua inclusão na função jurisdicional. Atentas as suas características especialíssimas, são processos de jurisdição voluntária apenas os previstos e regulados na lei, designadamente no Título XV do Livro V do Código de Processo Civil de Macau (artigos 1206º e ss), bem como em outros diplomas legais como é o caso do Regime Educativo e de Protecção Social de Jurisdição de Menores (DL nº 63/99/M, de 20.12).
Mais tarde retomaremos esta questão.

Pode por isso dizer-se que a jurisdição é uma actividade complementar da legislação, conduzindo esta de simples potência a verdadeiro acto[6]; ou, no dizer de alguns autores, a actividade própria dos órgãos estaduais que exercem essa função é destinada a declarar a vontade da lei nas situações concretas submetidas à sua apreciação e julgamento.

Assim sendo, a eficácia do ordenamento jurídico, a realização prática e efectiva do Direito objectivo está, como resulta claro, estreitamente ligada a um atributo estadual: a função jurisdicional ou judicial.

A esta mesma função podem assinalar-se *uma finalidade imediata* ou directa e *uma finalidade mediata* ou indirecta, que consistem:

- A primeira, na realização dos interesses dos sujeitos jurídicos que, protegidos por determinado comando legal, estão em dado momento impossibilitados de os satisfazerem extrajudicialmente, pelos seus próprios meios; e
- A segunda, na reposição do Direito Objectivo na sua trajectória de normalidade.

Nesta ordem de ideias, *a função jurisdicional cifra-se no poder de* – mediante uma decisão vinculativa e potencialmente definitiva, com força de caso julgado, proveniente de órgão imparcial ou neutral – *indicar a tutela jurídica que corresponde a uma determinada situação de facto.*

Para os órgãos que exercem a função jurisdicional, a lei não surge – como no exercício da função administrativa – como um meio para que certos interesses logrem satisfação. A lei não representa propriamente um limite: a sua efectivação constitui antes o próprio fim da função jurisdicional, o objecto da sua actividade institucional. O escopo visado é o de assegurar a realização do direito objectivo, ou seja, o respeito pelos comandos dos seus normativos[7]. Como é sabido, os órgãos com poderes para concre-

[6] Aliás, o próprio étimo latino *jurisdictio* conduz ao sentido que no vocábulo português se contém, na sua acepção mais ampla: o poder de aplicar as leis e de conhecer e punir as infracções dos seus comandos. Já em sentido restrito, *jurisdição* pode ser sinónimo de 'competência' ou 'alçada'.

[7] Na expressão simples, mas muito viva, de Baptista Machado, *Introdução ao Direito e ao Discurso Legitimador* (5ª reimpressão), Coimbra, Almedina, 1991, p. 11: "Na nossa vida de todos os dias entramos em contacto com o Direito, pois observamos espontaneamente muitas normas jurídicas: ao conduzir uma viatura, ao entrar num autocarro, ao comprar um objecto, ao fazer um requerimento, ao respeitar a propriedade alheia, etc. Mas é sobretudo quando

tizar tal finalidade são os *tribunais*: compete-lhes realizar coercivamente o Direito, verificada que seja a existência de certos requisitos.

Ora, do que vem dito parece resultar claramente que estes órgãos da jurisdição exercem uma *função substitutiva*, que é *instrumental* e *de imparcialidade*. Senão vejamos.

a) *Função substitutiva*, porque apenas actuam para restabelecer a eficácia do Direito quando ele não seja pacífica e espontaneamente observado.
Na verdade, a vida quotidiana decorre, normalmente, de harmonia com o preceituado na lei, sob uma aplicação pacífica, imperceptível até, das regras jurídicas. Todavia, é impossível eliminar a eventualidade de violação dessas regras, obviar antecipadamente a todas as incertezas de interpretação e solucionar consensualmente todos os conflitos de interesses. Em situações destas, o poder jurisdicional poderá entrar em cena, poderá ser chamado a intervir.

b) Mas a função jurisdicional assume ainda um *carácter instrumental*. Ela constitui o instrumento, o meio de que o próprio Direito dispõe para se impor à observância dos destinatários das suas normas.

c) Acresce que à função jurisdicional, ou melhor, aos órgãos que a exercem, deve ainda apontar-se *o carácter de imparcialidade*; o que significa que eles são indiferentes ao conflito de interesses, situam-se acima da posição conflituosa, não estão comprometidos na situação, apresentam-se na posição de desinteressados: por isso são imparciais, neutrais, procurando o lado da razão, à luz do Direito aplicável.

d) Por último, *a função jurisdicional caracteriza-se pelo princípio da instância*, também chamado *do impulso processual, da petição* ou *do pedido*. Os órgãos jurisdicionais, os tribunais, não se põem em movimento por sua iniciativa, oficiosamente, *sponte sua*, mas apenas a solicitação da parte interessada, no exercício de uma faculdade que a lei lhe confere em determinadas situações concretas.

a vida jurídica apresenta aspectos patológicos – violações de normas jurídicas, litígios entre particulares ou entre estes e as autoridades públicas – que tomamos mais aguda consciência da realidade jurídica e pensamos então em coisas tais como os códigos e as leis, os tribunais, a polícia, as penitenciárias, etc, etc. É normal: em regra só tomamos perfeita consciência do valor da saúde quando estamos doentes".

Este é um aspecto importante a considerar na distinção entre função jurisdicional e função administrativa, distinção que por vezes, como já ficou dito, é muito fluida, sobretudo no plano da vida prática.

1.2. A jurisdição e os seus diferentes ramos: jurisdição ordinária e jurisdições especiais. Jurisdição civil ou comum, jurisdição penal e jurisdição administrativa

Se a jurisdição está funcionalmente vocacionada para uma integração, ou actuação, de normas materiais ou substantivas, e se o Direito substantivo pode dividir-se em ramos por necessidades de especialização, é consequência lógica que a aplicação contenciosa de cada um desses ramos pertence a um sector específico da organização jurisdicional.

Daí que a jurisdição se mostre "pluralizada em diferentes formas"[8].

Haverá que distinguir, então, num primeiro momento classificativo, entre *jurisdição ordinária* e *jurisdições especiais*: a primeira abrangendo, por sua vez, a *jurisdição civil ou comum*, a *jurisdição penal* e a *jurisdição administrativa*, *diferenciadas entre si pelo seu objecto*, isto é, *pela matéria submetida à jurisdição*.

De entre estas formas de jurisdição, *a jurisdição civil é a jurisdição-sede*, ou seja, *a jurisdição geral*, não só porque lhe incumbe conhecer e apreciar todos os casos não reservados expressamente a outras jurisdições, mas ainda porque a "disciplina normativa vigente no seu domínio" constitui o "regime-regra, o repositório dos preceitos processuais subsidiários, a que se recorrerá para completar a cobertura jurídica de todos os outros ramos da função jurisdicional"[9].

A jurisdição civil visa à tutela, quer das normas de Direito Civil, quer das normas de Direito Comercial; o mesmo será dizer que visa à tutela das normas do chamado Direito Privado.

Por seu turno, as jurisdições penal ou criminal e administrativa visam à tutela, respectivamente, das normas de Direito Penal e das normas de Direito Administrativo. Tem a primeira por objecto a investigação e comprovação dos factos que a lei penal tipifica como crimes e a consequente aplicação das respectivas sanções; está a segunda na titularidade de tribunais do contencioso administrativo que podem inserir-se numa hierar-

[8] A. Anselmo de Castro, *Processo Civil Declaratório*, Coimbra, Almedina, vol. I, 1981, p. 15.

[9] *Ibidem*, p. 16.

quia própria e aplicam normas de Direito Administrativo, segundo regras processuais específicas[10].

Convém, todavia, salientar que esta diversidade de jurisdições não impede que a função jurisdicional seja uma função unitária, enquanto caracterizada, em todos os seus ramos, por certas constantes, e porque dirigida, sempre, ao único fim de tornar efectivas as normas jurídicas materiais aplicáveis a determinada situação concreta[11].

Assim, poderemos dizer que são *características* presentes nos vários ramos que comporta a *função jurisdicional*:

I. *A existência de um órgão imparcial, o tribunal*, composto por juízes, distinto de todos os demais órgãos que cooperam no desempenho daquela função – mesmo de outros que, como o Ministério Público, actuam junto dele;
II. *A subordinação ao princípio do contraditório*, consagrado no preceito do art. 3º, nº 1 do Código de Processo Civil de Macau, um dos preceitos mais importantes do diploma; princípio este que, além do mais, representa uma séria garantia da igualdade de tratamento das partes no processo;
III. *A exterioridade*, em relação ao órgão jurisdicional, *da iniciativa da propositura da acção*; e por fim,
IV. *O próprio processo, instituído como aval da independência do tribunal* e como forma de economia de meios na obtenção de uma decisão definitiva, com força de caso julgado.

[10] Na RAEM, a jurisdição administrativa é exercida por um tribunal de primeira instância, o Tribunal Administrativo, cujas regras de competência e funcionamento se contêm, no essencial, na Lei nº 9/1999, de 20 de Dezembro – Lei de Bases da Organização Judiciária de Macau, em seus artigos 10º, 19º, 23º [*maxime* alínea 4) do seu nº 6], 27º e 30º. Mas não poderá dizer-se que aquele Tribunal está inserido em hierarquia própria, como sucede em Portugal, já que das respectivas decisões cabe recurso, sendo caso disso, para o Tribunal de Segunda Instância.
O estudo do contencioso administrativo excede o âmbito desta disciplina.

[11] MANUEL DE ANDRADE, nas *Noções Elementares de Processo Civil*, 1ª e 2ª edições, p. 10, esclarece que "o aparente fraccionamento da jurisdição se deve apenas à sua índole instrumental, ao seu papel secundário em face dos múltiplos sectores em que se inserem as normas substantivas". Muito embora percebendo que o qualificativo *secundário* está aqui empregado como antónimo de *primário*, com o devido respeito permitimo-nos opinar que seria preferível a sua substituição por um outro equivalente, designadamente por poder induzir em erro quanto à importância primordial da função jurisdicional.

Em suma, a função jurisdicional constitui, em todos os seus ramos, uma unidade que se nos apresenta, sempre, com o mesmo espírito e com a mesma finalidade.

1.3. Princípios reguladores do exercício da função jurisdicional

1.3.1. O chamado 'princípio do monopólio estadual'

Do que fica dito nos parágrafos precedentes resulta claro que, quando a aplicação efectiva das normas de direito material ou substantivo se não verificar espontânea e pacificamente, quando os destinatários dessas normas não cumprirem voluntariamente os respectivos comandos, o Estado ou poder público instituído substitui-se aos titulares dos direitos lesados através de órgãos próprios, alheios à situação jurídica em causa e detentores de poderes específicos que lhes permitem impor a efectivação do Direito objectivo: esses órgãos são os *tribunais*[12].

No *sistema* que, como já dissemos, a doutrina chama *de justiça ou vindicta pública, a titularidade exclusiva destes poderes reside nos referidos órgãos*, nisto consistindo o chamado *monopólio estadual da função jurisdicional*[13], cujas incontestáveis vantagens foram já sintetizadas: a função jurisdicional é um precípuo instrumento na sobreposição da justiça à iniquidade, é um dos principais garantes da segurança dos sujeitos jurídicos e da consecução da harmonia e da paz social.

Do princípio da justiça pública podem extrair-se dois corolários de que já falámos:

- A proibição da autodefesa; e
- A proibição do exercício da jurisdição por órgãos estranhos ao Estado.

Talvez seja aqui o lugar próprio para analisar criticamente os textos legais em que se consubstanciam estas proscrições.

Autores há que criticam a forma como está redigida a ressalva feita na parte final do artigo 2º do Código de Processo Civil – "(...) salvo nos casos e dentro dos limites declarados na lei" – argumentando que, se a confron-

[12] *Tribunal* que já se viu designado em algumas sedes por "sujeito público do processo". Cfr o artigo 3º da Lei nº 9/1999, de 20 de Dezembro (Lei de Bases da Organização Judiciária de Macau).

[13] ANTUNES VARELA, *Manual de Processo Civil*, 2ª ed., Coimbra., Coimbra Editora, p. 4, considera *perifrástica* esta linguagem. Convimos, mas concordamos com a sua utilização por estar já consagrada e nos parecer muito expressiva.

tarmos com o que se preceitua no artigo 328º do Código Civil de Macau, logo perceberemos o desajuste: deste último preceito resulta que "a autodefesa passou a ser admitida, como cláusula geral, para todos os direitos, quando não haja possibilidade de recorrer aos meios judiciais a tempo de obstar à sua perda, e não apenas "nos casos... declarados na lei"[14].

Com todo o respeito, não nos parece que esta seja uma crítica inteiramente fundada.

O facto de no artigo 328º, nº 1, citado, se admitir o "recurso à força (...) quando a acção directa for indispensável, pela impossibilidade de recorrer em tempo útil aos meios coercivos normais" – assim com esta formulação genérica –, não vemos que contradiga a fórmula "nos casos e dentro dos limites declarados na lei". Até porque, além das hipóteses assim caracterizadas naquele artigo, outras mais se prevêem como excepções à proscrição da autodefesa: assim acontece nos artigos 329º (legítima defesa) e 331º (estado de necessidade); e ainda nos artigos 1202º (defesa da posse) e 1239º (defesa da propriedade), entre outros do Código Civil que, pela remissão que fazem para o preceituado no artigo 328º, funcionam como exemplos ou aplicações do princípio excepcional (passe a aparente contradição) definido neste último.

O que nos parece que poderá apontar-se à forma como está redigida a ressalva do artigo 2º do Código de Processo Civil é que ela parece inculcar que o exercício da autodefesa pode subsistir, sempre, só por si. Ora isso não é líquido; ela tem, segundo alguma doutrina, de ser homologada por decisão posterior do tribunal, através da sua conversão numa das providências que a lei processual prevê, sob pena de vir a ser (ela, a autodefesa) invalidada[15].

Poderemos então dizer que a excepção ao princípio da tutela pública das situações subjectivas se refere hoje, apenas, às eventualidades em que o ordenamento jurídico, por não ser possível recorrer em tempo útil aos meios coercivos normais de um tribunal, permite o uso de certos meios privados; e estes podem agrupar-se em:

[14] Entre outros, ANSELMO DE CASTRO, *Processo...*, vol. I, p. 19.

[15] "A licitude da acção directa, nos termos descritos na lei, não dispensa o agente da necessidade de regularizar a situação, recorrendo aos meios coercivos normais (execução, arresto, penhora, etc.) logo que esse recurso seja possível sem prejuízo da exequibilidade prática do direito". – Cfr. *Código Civil Anotado*, PIRES DE LIMA e ANTUNES VARELA, 2ª edição, Coimbra, Coimbra Editora, vol. I, p. 279.

- preventivos e
- repressivos, como garantia daquelas situações.

É meio preventivo a *acção directa*, respeitante à actividade do titular da situação subjectiva que, sem recorrer aos órgãos jurisdicionais e sem sacrificar interesses superiores aos que procura realizar ou assegurar, evita ou previne a inutilização prática daquela situação (artigo 328º do Código Civil); *meio preventivo* portanto.

Diferente é a situação de *legítima defesa*, que consiste numa reacção contra uma agressão, ilícita e actual, à pessoa ou ao património do agente ou de terceiro (artigo 329º do Código Civil): portanto, *meio repressivo* de autotutela.

Uma e outra – acção directa e legítima defesa – têm como que uma natureza subsidiária perante o princípio da justiça pública, são de certo modo sucedâneos da função jurisdicional, o que pressupõe a sua índole excepcional e, segundo alguns, justifica a posterior apreciação jurisdicional dos seus requisitos[16].

Mas não se julgue que este dois tipos de justiça privada esgotam os grupos de casos em que a lei admite a autotutela das situações subjectivas privadas.

Outras hipóteses com laivos de autotutela se consagram, *v.g.*, no artigo 422º do Código Civil (excepção de não cumprimento do contrato) e no artigo 744º do mesmo diploma (direito de retenção).

Pode ainda considerar-se expressão de autotutela permitida, no âmbito juslaboral, *o direito à greve.*

Mas também a regra da proibição do exercício da jurisdição por órgãos estranhos ao Estado não é absoluta.

[16] Note-se que é discutível se, nestas situações de autodefesa, é ou não necessário que seja sindicado pelo tribunal o *status quo* resultante do exercício da justiça privada. Anselmo de Castro (*Direito Processual Civil Declaratório*, vol. I, 1981, p. 20) defende que nesses casos é sempre necessária posterior decisão homologatória de um tribunal. Outros, como J. P. Remédio Marques, opinam que só "(...) nos casos em que a lei o determina é que o interessado deve recorrer ao tribunal para que este aprecie se a auto-defesa foi utilizada, ou não, dentro dos limites da lei" (*Acção Declarativa à Luz do Código Revisto* (*pelo Decreto-Lei nº 303/2007, de 24 de Agosto*), Coimbra, Coimbra Editora, 2007, pp. 14-15.
Inclinamo-nos para a primeira destas posições, precisamente porque se trata, sempre, de situações excepcionais em relação às quais, para serem lícitas, tem de haver a certeza, e a confirmação, de que foram respeitados os requisitos, e os limites, exigidos para tal licitude.

Pode, desde logo, assinalar-se, para resolução de certos litígios, e em determinados enquadramentos, a possibilidade da constituição de um tribunal arbitral voluntário, que estava prevista nos artigos 1508º a 1524º do Código de Processo Civil anteriormente vigente em Macau (CPC de 1961), mas que é, hoje em dia, objecto de regulamentação no DL nº 29/96/M, de 11 de Junho.

Porém, a arbitragem voluntária – no âmbito da qual os litígios são apreciados e julgados por árbitros, que não são juízes de carreira – só é admissível quando no litígio estejam em causa direitos disponíveis e não seja caso de arbitragem necessária; sendo certo, porém, que das decisões dos árbitros cabem, para os tribunais superiores de jurisdição permanente, em princípio, os mesmos recursos que caberiam das sentenças proferidas por tribunais judiciais de 1ª instância; além de que as sentenças arbitrais condenatórias só poderão ser objecto de execução forçada, em acção própria, a instaurar nos competentes tribunais de 1ª instância, integrados na hierarquia judiciária.

Por isso se não pode dizer, em rigor, que estamos perante uma verdadeira limitação ao princípio em análise, já que o desvio abrange, não a titularidade da função jurisdicional – que essa, sim, é exclusiva dos tribunais judiciais –, mas apenas o exercício dessa função por órgãos estranhos ao Estado, respeitados que sejam os limites legalmente definidos.

Igualmente se não pode dizer que a arbitragem escapa completamente às malhas do poder jurisdicional estadual[17]. Trata-se, afinal, de dois meios ou instrumentos postos ao serviço dos direitos subjectivos tuteláveis, que não se excluem reciprocamente, que não se sobrepõem, mas antes se complementam[18].

[17] Por isso se deve entender em termos hábeis o que, em Portugal, constava do preâmbulo do DL nº 243/84, de 17 de Julho: a arbitragem voluntária traduz a *substituição* da jurisdição do Estado por outra criada pelas partes. Isto significa que, quando as partes dum litígio, no respeito dos parâmetros legalmente definidos, celebram uma convenção de arbitragem pela qual atribuem jurisdição a um tribunal arbitral para a resolução do mesmo litígio, por esse mesmo acordo retiram, implicitamente, jurisdição aos tribunais judiciais. Como se diz na doutrina italiana: as partes, por acordo, *substituem o juiz togado pelo juiz privado.*

[18] Sobre esta temática, cfr. DÁRIO MOURA VICENTE, em *Arbitragem e Outros Meios de Resolução Extrajudicial de Litígios no Direito Moçambicano*, texto que serviu de base à palestra proferida na cidade da Beira, em 6 de Novembro de 2006, a convite da Faculdade de Direito da Universidade Eduardo Mondlane, do Maputo.

1.3.2. O princípio da legalidade

Debrucemo-nos agora sobre o *princípio da legalidade.*

Trata-se de um princípio que deve considerar-se existente, de uma forma quase invariável, nos ordenamentos positivos contemporâneos; princípio que geralmente encontra um específico, e pode até dizer-se exclusivo, fundamento constitucional.

Este *princípio da legalidade,* que doutrina recente vem considerando em crise, completa, afinal, o *princípio do* denominado *monopólio estadual da função jurisdicional.*

O princípio da legalidade revela-se, na prática, em vários aspectos.

I. Antes de mais, o tribunal não pode conceder quaisquer meios de tutela, quaisquer tipos de providências, para além daqueles que a lei prevê. Mais adiante estudaremos, nos seus vários tipos e a propósito do direito de acção judicial, as providências que a lei põe à disposição dos particulares e que é costume agrupar, por facilidades de exposição e por razões didácticas, em várias categorias abstractas.

II. Por outro lado, uma acção só é viável se reunidos determinados requisitos adjectivos, se verificadas aquelas circunstâncias de natureza processual que a própria lei exige para que o juiz possa apreciar o conflito de interesses submetido à sua decisão.

Tais requisitos, geralmente designados por *pressupostos processuais,* irão ser também objecto de estudo em momento ulterior. Eles revestem-se de tanta importância, que a verificação da sua falta pode ter consequências muito incisivas no processo, como é a de o julgador se ver obrigado a abster-se de apreciar o fundo do litígio, a própria matéria litigada, proferindo, consoante os casos, um despacho de indeferimento liminar (artigo 394º do CPC), ou então uma decisão de absolvição do réu da instância (artigo 230º do CPC).

III. Finalmente, *o tribunal terá de pautar o exercício da sua actividade pelo disposto na lei*: lei processual, antes de mais, a qual, pela sua própria natureza, deve ser tão regulamentadora quanto possível. O desenvolvimento da actividade do tribunal obedece obrigatoriamente aos termos fixados na lei processual, contida, no fundamental, no Código de Processo Civil.

Mas não só: também o tribunal está, obviamente, sujeito ao disposto nas normas da lei substantiva que considerar aplicáveis ao caso concreto submetido à sua apreciação e julgamento.

Em suma, a decisão final do juiz não pode ser mais do que a corroboração do legalmente estatuído.

Mas, tal como em geral sucede, também o princípio da legalidade sofre os desvios consignados na lei.

Veremos em momento ulterior que essas excepções têm a sua expressão mais incisiva em matéria de arbitragem voluntária, em que é permitido o julgamento segundo a equidade (julgamento *ex aequo et bono*); mas se atentarmos no preceito do artigo 3º do Código Civil, logo veremos que a possibilidade de julgar segundo a equidade surge alargada também à jurisdição ordinária, nas situações estritamente previstas nesse preceito.

Mais tarde nos debruçaremos sobre desvios consentidos à legalidade estrita.

2. Esquema geral do exercÍcio da jurisdição civil

2.1. O processo civil como meio de exercício dessa jurisdição

Introdutória do Direito Processual Civil é sem dúvida a descrição esquemática, em linhas gerais, do processo modelo nas suas diversas fases ou ciclos.

Vejamos.

Determinada pessoa, titular de um direito violado por outrem, decide recorrer ao tribunal para reintegração desse direito: o desencadear da actividade desse órgão imparcial, com vista a actuar determinada pretensão, é indispensável, já que o tribunal não actua oficiosamente dentro da área das relações abrangidas pelo direito privado, em que não estão directamente envolvidos superiores interesses do Estado (*nullum judex sine actore*, velho princípio proclamado já nas fontes romanistas).

A esse sujeito que requer ao tribunal determinada providência chama-se *autor, demandante, requerente*. Ele expõe a situação de facto e de direito em que apoia a sua pretensão, e formula um *pedido*, isto é, especifica a providência que pretende obter do tribunal (a também chamada *pretensão*).

A esta primeira etapa, desencadeadora da actividade do órgão jurisdicional, segue-se uma outra, desenvolvida por este, de apreciação dos factos e da existência dos preceitos legais invocados. Nesta fase, a contraparte é ouvida e intervém, pelo menos potencialmente, em termos cuja amplitude é variável. Concede-se então à parte contrária, à contraparte, a faculdade de se defender, deduzindo a sua oposição com vista a contrariar, se assim o entender, a pretensão do autor.

Nesta conformidade, se ao pretenso lesado assiste o *direito de acção*, ao demandado (que pode eventualmente não ter tido a conduta ilícita que lhe é imputada), assiste, em contrapartida, *o direito de contradição* ou *de defesa* (cfr. o artigo 3º, nº 1, do Código de Processo Civil, um dos basilares preceitos do diploma, como já foi dito).

Exercidos estes direitos – de acção e de defesa –, ou pelo menos citado o réu, fica esboçada a relação jurídica processual, a instância, nas suas duas vertentes: autor-tribunal e réu-tribunal.

Depois, se, como na grande maioria dos casos acontece, houver desarmonia, ou mesmo colisão, entre as razões invocadas por cada uma das partes, pode ser necessário recorrer à colaboração de outros intervenientes – os auxiliares processuais (como sejam as testemunhas e os peritos) –, à recolha de provas e por último à discussão, por profissionais do foro, patronos das partes, com vista ao apuramento dos factos que interessam à decisão da causa e à sua subsunção na previsão das normas jurídicas invocadas, ou mesmo não invocadas, que o tribunal considere aplicáveis. O(s) juiz(es) formará(ão) então a sua convicção acerca de tudo isso e, a final, será proferida uma sentença dotada de força vinculativa, concedendo ou denegando a tutela requerida.

Este o esboço, em traços gerais, muito esquemático, da ossatura da marcha do processo, isto é, da sequência encadeada de actos dos vários intervenientes, actos que não valem por si, isoladamente, mas enquanto integrados em determinada cadeia, em interligação necessária num dado processo.

"Não faria sentido" – exemplifica CASTRO MENDES – "uma contestação ou uma audiência fora do processo em que se integra"[19].

Mais tarde se estudarão desenvolvidamente as diversas fases em que o processo logicamente se desdobra, desde o seu nascimento com a propositura da acção, até ao seu termo, numa vida mais ou menos longa, mais ou menos abrangente.

Assim surge o processo civil, tomada a expressão no sentido de encadeamento lógico e cronológico de actos, que se sucedem segundo uma trajectória pré-definida na lei, e que são dirigidos a determinado fim. Trata-se, portanto, de uma progressão lógica e não de uma simples sucessão de

[19] *Direito Processual Civil*, vol. I, Lisboa, edição da AAFDL, 1986, p. 38.

actos, que têm um valor jurídico de ordem e de finalidade, e que por isso mesmo estão submetidos a um regime específico, *v.g.*, em matéria de invalidades.

2.2. A estrutura, o objecto e o fim do processo civil

O esquema que acabamos de traçar dá-nos uma primeira ideia acerca da estrutura, do objecto e do fim do processo civil.

Ficámos a saber que ele é integrado por um conjunto de actos dos vários intervenientes, actos que devem ser praticados em determinados momentos, com obediência às formalidades legais.

Mas resulta também de noções já adquiridas que *o objecto do processo civil é o litígio, a lide, o conflito de interesses que se vai discutir* e se procura resolver com justiça, no âmbito das relações jurídicas privadas (civis e comerciais); e que através dele (processo) se visa prosseguir uma dupla finalidade, que também já assinalámos em sede anterior:

i. Directa ou imediatamente – a tutela dos direitos subjectivos materiais invocadamente ameaçados ou violados; e
ii. Indirecta ou mediatamente – a tutela do próprio direito objectivo, repondo-o na sua trajectória de normalidade.

Por outras palavras: é objectivo imediato do processo civil a protecção ou tutela de direitos e interesses legítimos dos sujeitos jurídicos, quando em crise insolúvel pela via extrajudicial; e constitui seu objectivo mediato a efectivação das normas jurídicas positivadas em textos legais, mediante a sua aplicação a litígios concretos, indispensável à harmonia e à paz social.

2.3. As várias acepções do termo 'processo'

De tudo o que tem vindo a dizer-se pode resultar uma certa confusão no plano terminológico, designadamente em virtude das diversas acepções em que o termo 'processo' (ainda que no âmbito restrito do processo civil) pode ser usado na lei, na doutrina e na jurisprudência, ou até mesmo na linguagem corrente.

Senão vejamos.

Numa primeira acepção, o processo surge-nos como um conjunto ou complexo de actos que se sucedem interligadamente a caminho de uma determinada meta[20].

[20] Aqui, 'processo' aparece em sentido etimológico (do latim *procedere*, que significa *caminhar em determinado sentido, rumar a determinada meta*).
Cfr. CASTRO MENDES, *Direito Processual Civil*, Lisboa, AAFDL (policopiado), 1963, p. 7.

Mas no processo não há arbitrariedade nem improvisação. Tanto a propositura da acção como a actividade que se lhe segue, desenvolvida pelo tribunal, pelas partes, pelos auxiliares processuais (testemunhas, peritos, intérpretes), obedecem a determinadas regras cujo agregado constitui o *Direito Processual Civil*, ou, abreviadamente, *Processo Civil*[21].

Isto que fica dito deixa antever que nem sempre a expressão processo (civil) é usada na linguagem corrente na mesma acepção.

Em épocas recuadas, quando o direito adjectivo não tinha autonomia em relação à sua matriz substantiva, o vocábulo *processo era empregado para referir tão só o conjunto de actos a praticar em juízo com vista à obtenção de certa providência*: os actos, a sua forma, a sua sequência cronológica, o rito processual, e não, como hoje sucede, a sua regulamentação sistematizada; e também não compreendia ainda o núcleo dos chamados pressupostos processuais, que, como adiante se verá, não se traduzem, à partida, em actos praticados em juízo.

Era aquele conceito estritamente formal do processo civil que transparecia no primeiro Código de Processo Civil português, de 1876, e na doutrina do início do século XIX.

Nessa época, como viria a exprimir-se PALMA CARLOS, "(...) o processo era algo de meramente formulário, como que uma criação empírica ao serviço do direito substantivo"[22].

Mas a palavra *processo* comporta outros *sentidos mais limitados*, a saber:

a) Processo *como sinónimo de causa* ou *demanda judicial*, sentido que já vem da velha Roma; ou ainda

b) Processo identificado com o *conjunto de peças escritas*, emanadas das partes e do tribunal, enfim, de papéis que compõem os chamados *autos* – sentido este puramente material[23].

[21] Mais adiante, sob a epígrafe "A lei processual", caracterizaremos este ramo do Direito e salientaremos a sua importância teórica e prática.

[22] Em *Linhas Gerais do Processo Civil Português*, Scire Leges, Colecção Jurídica de Edições Cosmos, Livraria Arco-Íris, Lisboa, 1991.

[23] Sobre as diversas acepções do termo 'processo', são muito elucidativas as primeiras páginas do *Processo Comum de Declaração*, da autoria de PAULO CUNHA (Lições ao ano lectivo de 1939-1940), obra que, neste particular, mantém evidente actualidade.

3. O Direito Processual

3.1. O Direito Processual e os seus diferentes ramos

Do exposto nas páginas precedentes resulta claro que, a par dos conjuntos normativos materiais ou substantivos, existem, têm de existir, outros agregados de normas que são instrumentais em relação aos primeiros: são *meio ou instrumento de realização das normas que integram aqueles outros.*

É, pois, lógico que pluralidade implique pluralidade; e se recordarmos o que ficou dito sobre os diferentes ramos da jurisdição, chegaremos à subdivisão do Direito Processual nos vários ramos que são o Direito Processual Civil, o Direito Processual Penal, o Direito Processual Administrativo, o Direito Processual do Trabalho, e assim por diante.

Poderemos até dizer, expressivamente, que *a necessidade do Direito Processual resulta de características especiais da ordem jurídica, primariamente da sua imperfeição e da sua violabilidade.* A ordem jurídica, como toda a obra humana, é necessariamente imperfeita, o que potencia dúvidas, ameaças e violações efectivas: grandes fundamentos, afinal, do Direito Processual nos seus diferentes ramos.

Mas o principal desses ramos, por ser meio de integração de todas as normas de direito privado (civil e comercial) – e também por ser o conjunto normativo base, sede, paradigmático, subsidiário –, é o *Direito Processual Civil* que agora nos ocupa.

3.2. O Direito Processual Civil. Primeira noção

Adiantaremos, por ora, uma noção provisória de Direito Processual Civil, que teremos ocasião de aperfeiçoar e desenvolver em sede ulterior do nosso estudo.

Assim:

I. *Como ramo do direito objectivo*, o Direito Processual Civil é o agregado ou conjunto de normas jurídicas que regulam o processo civil, os seus tipos, formas e requisitos. Na definição de FRANCESCO CARNELUTTI, trata-se do "conjunto das normas jurídicas que estabelecem os requisitos e os efeitos do processo civil"[24]; ou como, mais simplesmente, refere UGO ROCCO, "(...) o conjunto das normas jurídicas que regulam o processo civil"[25];

[24] *Sistema di Diritto Processuale* (4 vols. de que há tradução espanhola), vol. I, p. 81.

[25] *Diritto Processuale Civile*, Parte Geral, p. 11.

II. Numa outra acepção, já não como ramo do direito, mas *como capítulo* ou *sector da ciência jurídica*, " o Direito Processual Civil tem por objecto o estudo, com os métodos e os fins próprios da ciência jurídica, das soluções facultadas pelo processo civil"[26].

[26] ANTUNES VARELA, J. MIGUEL BEZERRA e SAMPAIO E NORA, *Manual de Processo Civil*, 2ª ed., Coimbra, Coimbra Editora, 1985, p. 7.

Capítulo II
A Acção

4. O direito de acção judicial
4.1. Conceito e natureza jurídica
4.1.1. Colocação e âmbito do problema

Entre os temas mais debatidos da ciência jurídica contemporânea, que ainda conserva alguma actualidade e que continua a ocupar uma posição proeminente, conta-se *o problema da acção, da sua verdadeira natureza jurídica*, da sua construção à luz do Direito[27].

Semelhante problemática não tem sido considerada como exclusiva do direito processual. Bem pelo contrário, os jurisconsultos que se vêm dedicando ao seu estudo atribuem, desassombradamente, à *noção de acção* o valor de uma categoria essencial do Direito, quer como problema da teoria geral, quer como questão histórica, quer como questão prática que interessa sobretudo ao operador do direito.

Pode mesmo dizer-se que há mais de um século que as ciências jurídicas de derivação pandectística se vêm debruçando sobre esta polémica questão, parecendo ter-se chegado "a um ponto morto do qual não é fácil sair", para usar a expressão um tanto pessimista de ENRICO TULLIO LIEBMAN[28].

Por seu turno, F. CARNELUTTI afirma que "o problema da acção é, no fundo, o problema das relações entre o direito e o processo. O processo serve o direito e o direito serve o processo"[29].

[27] "Um dos mais torturados capítulos da ciência jurídica", no dizer de SALVATORE SATTA.

[28] Em *Manuale di Diritto Processuale Civile – Principi*, I, Milão, Giuffrè, 1992, pp. 139 e ss.

[29] *Sistema di Diritto Processuale*, vol. I, Pádua, CEDAM, 1936, p. 82.

Mas uma coisa nos parece certa: estamos perante um conceito-base do direito processual, que é o ponto de enlace com o direito material; *o direito de acção judicial*, pela sua própria estrutura e conteúdo, não pode deixar de andar ligado ao direito subjectivo material, cuja tutela é precisamente a finalidade imediata do exercício daquele outro direito (o direito de acção).

A dificuldade do estudo do problema é agravada pela *polissemia do vocábulo acção*. Como veremos adiante, vários são os sentidos que ela pode comportar não só fora do campo estrito do processo, como mesmo em sede de terminologia processual.

Para já, apenas nos interessa a *acepção técnico-jurídica da palavra*, segundo a qual a acção surge identificada com a categoria de direito subjectivo[30].

Já vimos que a tutela dos direitos subjectivos privados, consagrados na lei substantiva, pertence hoje, por via de regra, ao Estado, e é conseguida através do funcionamento de órgãos seus que exercem o poder jurisdicional.

O Estado, que elabora e torna vinculativa a lei substantiva, tem também a missão de assegurar a sua observância; tem, pois, de criar órgãos que garantam o respeito dos seus normativos, e assim confiram estabilidade à ordem jurídica.

Esses órgãos são os *tribunais*.

Mas os tribunais não agem, como já foi dito, por sua iniciativa, no âmbito do processo civil de que estamos a ocupar-nos; é necessário que aqueles que pretendem a sua intervenção se lhes dirijam, desencadeando a actividade jurisdicional (ou judicial)[31].

Assim o determina expressamente o artigo 3º do Código de Processo Civil ao dispor que: "O tribunal não pode resolver o conflito de interesses que a acção pressupõe sem que a resolução lhe seja pedida por uma das partes (...)".

[30] *Direito subjectivo* entendido como faculdade, posta na titularidade de um sujeito de direitos e garantida pelo sistema jurídico, de satisfação de um interesse; direito subjectivo que é composto por dois elementos: um *formal*, que é o *poder da vontade* ou faculdade de querer, outro *substancial*, que é o elemento *interesse*, os quais se integram reciprocamente.

[31] Curioso notar que em alguns ordenamentos jurídicos (como por exemplo no da República Federal da Alemanha) usa-se a locução "poder jurisdicional" nas respectivas Constituições e a expressão "poder judicial" nos diplomas sobre Organização Judiciária. Identicamente sucede na Região Administrativa Especial de Macau, cuja Lei Básica usa o designativo 'judicial', enquanto em outros diplomas podemos encontrar a designação poder 'jurisdicional'.

Este preceito legal consagra um princípio que José Alberto dos Reis chamava "da disponibilidade das partes", que Manuel de Andrade denominava "dispositivo", e que Palma Carlos apelidava de "impulso processual".

A máquina judiciária não exerce, pois, a sua actividade *de motu proprio*; tem de ser impulsionada pelas partes; são estas que 'ligam a respectiva ignição'. Os particulares têm a possibilidade de pedir que o tribunal resolva os conflitos de interesses em que estão envolvidos, e só depois de exercitada essa faculdade o tribunal pode, e deve, intervir.

Ora bem: é justamente à faculdade concedida aos particulares de provocar a actividade dos órgãos jurisdicionais do Estado que se dá o nome de *acção*; esta representa o poder de provocar aquela actividade.

Nisto consiste a acção – digamos assim – como pura factualidade.

Mas para além da acção vista sob esta perspectiva, põe-se a questão da sua construção à luz do Direito, ou seja, da *determinação da natureza jurídica do direito de acção* como poder de provocar a actividade dos tribunais.

Este problema, como assinalámos, tem sido objecto de grande controvérsia. E porquê?

Depois do que ficou dito em sede anterior, não será difícil descortinar as razões que estão na base da discussão, que poderemos esquematizar assim:

a) No processo civil há sempre duas partes que ocupam posições antagónicas (autor e réu) e um juiz, numa posição de supremacia e, simultaneamente, de neutralidade[32];

b) No processo vêm a confluir, sem contudo se confundirem, o direito substantivo e o direito processual: o primeiro subministrando ao processo o seu objecto, a matéria-prima; o segundo, disciplinando-o;

c) Na análise dos conceitos fundamentais a ter em conta para um correcto enunciado do problema e para a sua solução, a doutrina pode colocar-se em posições diferentes – examinando a jurisdição do ponto de vista do juiz e debruçando-se sobre a acção do ponto de vista do autor.

Ora, se no processo entram em cena *três personagens*, dois deles titulares de interesses divergentes e um outro desinteressado, é necessário, para

[32] Duas partes *parciais* e uma parte *imparcial*, no dizer de alguma doutrina espanhola: entre todos, Zamora y Castillo, em *Derecho Jurisdicional*.

lograr uma construção jurídica tanto quanto possível perfeita do direito de acção, não descurar essa *terceira dimensão* sob a qual os institutos processuais se apresentam à indagação do jurista/investigador; o que nem sempre é fácil de conseguir.

Daí as dificuldades e a divergência de opiniões.

Vejamos então, embora esquematicamente,

4.1.2. As várias teses sobre a natureza jurídica do direito de acção

Por uma questão de clareza de exposição, vamos agrupá-las em dois conjuntos principais: *a doutrina clássica* ou *tradicional* e as *doutrinas modernas*.

I. Doutrina clássica

Os jurisconsultos romanos identificavam a acção, o direito de acção, com o próprio direito subjectivo material.

Para eles, a acção não era um direito autónomo; a acção era a concretização do direito material; a acção era o direito substantivo em movimento, o próprio direito em actividade, pois não seria concebível um direito que não tivesse inerente a força de se tornar efectivo contra qualquer violação. A acção era uma pertença do direito subjectivo, um 'acrescento' à sua substância[33].

Esta tese clássica, também chamada *teoria do direito material*, logrou em determinada época grande difusão na Alemanha e na Itália; e continuou a gozar de crédito junto dos civilistas, designadamente em Portugal onde, todavia, alguns deles adoptaram uma posição ecléctica a respeito, opinando que, do ponto de vista do direito privado, a acção é mero aspecto do direito subjectivo com o qual se confunde ou identifica; do ponto de vista do direito público, processual ou técnico, a acção é um direito subjectivo público.

Semelhante tese – ainda que eclética –, com as vantagens que o ecletismo sempre propicia, parece, afinal, reconhecer, com parte da doutrina italiana, a relatividade do conceito de acção.

Mas será aceitável uma tal construção? À partida, não parece curial admiti-la, atenta a estrutura e configuração da relação jurídica processual, que goza de autonomia relativamente à relação jurídica substantiva.

[33] "Le droit casqué et armé en guerre", como diziam os autores da escola francesa em expressão metafórica citada por Eduardo Couture, professor da Universidade de Montevideu, *in Fundamientos del Derecho Procesal Civil*, 2ª ed., p. 12; e em *Introdução ao Estudo do Processo Civil*, p. 14.

Alinhemos, então, alguns argumentos contra a doutrina clássica:

a) *O direito de acção tem por objecto o desenvolvimento da actividade dos tribunais; o direito subjectivo material tem por objecto uma prestação*, isto é, um comportamento positivo ou negativo por parte do titular da obrigação correspondente.

Se o direito de acção se confundisse com o próprio direito material, o autor, ao pretender realizá-lo em caso de violação, teria de dirigir-se directamente ao réu e não ao Estado, como na realidade sucede.

O Estado obriga-se, mediante a actividade dos órgãos jurisdicionais provocada pelo interessado, a assegurar e tutelar o direito material que colocou na titularidade do sujeito privado.

O Estado faz a lei e tem a obrigação de garantir a sua observância.

b) Por outro lado, se o direito de acção se confundisse com o direito material, *como explicar as acções infundadas*? Há casos em que existe a acção, em que foi exercitado o direito de acção, mas em que afinal nunca existiu, ou já não existe, o direito material invocado como suporte da pretensão formulada.

Nestes casos de insucesso da acção por inexistência do direito material, ter-se-ia exercido... um direito inexistente, que seria o direito de acção confundido com o pretenso direito material.

c) Além do mais, *há direitos subjectivos desprovidos de acção*, como a própria lei admite no artigo 1º, nº 2 do Código de Processo Civil: "A todo o direito, *excepto quando a lei determine o contrário*, corresponde uma acção (...)".

Nesses casos excepcionais, o direito subjectivo, embora reconhecido pelas normas de natureza substantiva ou material, não pode ser realizado coactivamente, através dos tribunais.

Como exemplo podem apontar-se as situações previstas no artigo 396º do Código Civil: as obrigações naturais que, sendo desprovidas de uma acção em favor do credor, supõem todavia a existência de um vínculo jurídico, fundado num dever de justiça, e não de um simples vínculo moral.

Nestes casos, como se sabe, o devedor, se voluntária e espontaneamente cumprir, não pode pedir mais tarde a restituição do que prestou; mas, se não quiser cumprir, o credor não tem possibilidade de lhe exigir em juízo o cumprimento, já que tal acção improcederia logo à partida [com o fundamento do artigo 394º, nº 1, alínea *d) in fine* do CPC].

Tem interesse citar, a propósito, alguns excertos do sumário do acórdão do Supremo Tribunal de Justiça português, de 19.12.2006 (disponível em *www.dgsi.pt/jstj*), segundo o qual "(...) São pressupostos das obrigações naturais o basear-se a obrigação num dever moral ou social e o seu cumprimento corresponder a um dever de justiça. É requisito negativo a sua não coercibilidade (...). O dever de consciência assume a natureza de dever de justiça quando não é um mero dever social de cortesia ou uma liberalidade mas corresponde a uma situação tão socialmente relevante que merece certa tutela do direito, embora não se transforme em dever jurídico gerador de obrigação civil (...). Cumpre aos tribunais decidir, após apreciação casuística, e com apelo ao sentir social e às razoáveis concepções dominantes, se um determinado dever moral ou social tem ínsito um princípio jurídico de natureza geral e merece alguma tutela, pelo reconhecimento pelo direito natural (...). Da obrigação natural, que não se limita a obrigações pecuniárias, mas a qualquer tipo, ainda que não remuneratório, estão arredadas as disposições das obrigações civis conectadas com a realização coactiva da prestação".

d) E mais um argumento contra a tese clássica: como aceitar a afirmação de que a acção é mera concretização do próprio *direito subjectivo material, se é um facto que, em muitas situações, este último pode lograr pacífica e espontânea concretização, sem necessidade de se exercitar o direito de acção judicial*?

e) Mas ainda um outro argumento: *o direito de acção nem sempre é conferido apenas ao titular do direito subjectivo material*. Ele pode ser reconhecido, por lei, a sujeitos de relações materiais conexas com aquela que se pretende fazer valer em juízo, ou mesmo ao Ministério Público. Isso acontece, por exemplo, nas situações previstas no artigo 1665º do Código Civil, no âmbito das relações familiares.

Parece, pois, não ser difícil demonstrar que *direito de acção e direito subjectivo material são inconfundíveis*, embora necessariamente relacionados. A acção não é um simples momento do direito subjectivo material; *o direito de acção goza de autonomia.*

Assim afirmam os seguidores das

II. Doutrinas modernas

Neste grupo abrangem-se vários subgrupos, designadamente: os que vêem na acção um direito abstracto de agir; os que consideram a acção um direito potestativo contra o adversário; e finalmente, os que qualificam a acção como um direito subjectivo concreto à tutela do Estado.

A) A tese que considera a acção como *um direito abstracto de agir* foi vigorosamente defendida pelo processualista italiano UGO ROCCO e, na doutrina portuguesa, por JOSÉ ALBERTO DOS REIS.

Segundo estes autores, a acção é *um direito abstracto, no sentido de que prescinde da existência de um direito material concreto, estando dele desligado.* Basta ter personalidade jurídica para ser titular do direito de acção. Qualquer pessoa – dizem – pode exercer o direito de acção, ainda que não tenha na sua titularidade qualquer direito subjectivo material a fazer valer. Nesse caso, a acção será julgada improcedente, mas nem por isso o direito de acção deixou de ser exercitado.

Também esta posição é passível de críticas que a contrariam e fazem cair pela base.

Os seus defensores incorrem, afinal, no defeito oposto àquele em que caíram os que defendiam a tese clássica: o direito de acção não se confunde com o direito material porque até prescinde da sua existência!

Ora isto não é tão líquido quanto possa parecer...

É certo que, de um ponto de vista puramente material, qualquer pessoa, ainda que não seja titular de um direito subjectivo, pode arrogar-se essa qualidade e, como tal, desencadear, de facto, a actividade do tribunal. Mas o que interessa ao jurista não é este aspecto material e simplista de encarar o problema. O que deve preocupá-lo é, isso sim, a licitude ou ilicitude da actividade desenvolvida pelo autor que deduz uma pretensão em juízo, com base num determinado direito subjectivo material que não existe na sua titularidade[34].

É preciso não esquecer que o direito de acção é reconhecido pelo Estado aos particulares para satisfação, também, das necessidades de justiça e da

[34] Neste sentido, ADELINO DA PALMA CARLOS, *Ensaio sobre o Litisconsórcio*, Lisboa, 1956, pp. 26-27.

paz social; não para lhes permitir, apenas, a realização de caprichos individuais que acabariam por se traduzir na negação das razões que levaram à consagração do poder jurisdicional.

Não poderá duvidar-se, cremos, de que as razões expostas são mais que suficientes para que o direito de acção não seja concebível sem ter por base a invocação, como legitimamente existente na titularidade do autor, de um direito material que foi violado e que, por isso, ele pretende fazer valer. Propor uma acção sem se invocar, ou invocar-se falsamente, a titularidade de um direito material é agir ilicitamente; e isso não é exercer, ou usar, o direito de acção, ante é, decididamente, abusar desse direito.

B) Vejamos agora os argumentos aduzidos pelos que sustentam ser a acção um *direito potestativo contra o adversário*, portanto dirigido à contraparte.

Grandes processualistas defenderam esta tese, tais como Giuseppe Chiovenda e Piero Calamandrei: para eles, o direito de acção é mesmo "o direito potestativo por excelência". A acção aparece a seus olhos como uma condição indispensável para o exercício da jurisdição; logo, é um direito potestativo ou constitutivo até porque, para o adversário, importa um estado de sujeição quanto aos efeitos que irá produzir a providência judiciária que venha a ser decretada contra ele, independentemente da sua vontade, ou mesmo contra a sua vontade.

Também esta tese não parece de aceitar.

Desde logo, porque, contra ela, se podem dirigir todas as críticas que assentam à própria figura, polémica, do direito potestativo.

Mas mais: neste particular, não resulta claro que ao réu seja imposto, a nível de relação processual, um simples estado de sujeição, no pretenso sentido de que ele fica, sempre, fatalmente, sujeito a que certos efeitos resultantes da sentença judicial se produzam na sua esfera jurídica por simples acto de vontade do autor. Não é verdade que o réu, com o seu comportamento no processo, exercendo o seu direito de defesa, pode contribuir para uma eventual alteração do sentido da decisão a proferir? Claro que sim.

Além do mais, convém esclarecer que o direito de acção não se dirige, directamente e só, contra o réu, mas sim, em primeira linha, contra o órgão estadual que tem o dever de apreciar a pretensão formulada. Do lado passivo do direito de acção está o dever do tribunal de administrar justiça.

C) Analisemos, por último, a doutrina que considera o direito de acção como um *direito subjectivo concreto à tutela do Estado.*

Esta é a posição assumida pela maioria dos jurisconsultos que se têm dedicado à análise deste magno problema, mas que, ainda assim, discutem entre si a questão de saber qual é, em rigor, o objecto do direito de acção judicial.

Consistindo este direito na possibilidade de recurso aos órgãos jurisdicionais nos casos concretos em que se torne necessário fazer respeitar a ordem jurídica, tratando-se de um autêntico direito subjectivo a que corresponde, do lado do destinatário, uma obrigação de conteúdo positivo – que, neste particular, é a concessão da tutela judiciária por órgãos estaduais próprios –, o direito de acção é um direito subjectivo concreto porque anda junto a um determinado direito subjectivo material, que foi ameaçado, ou já violado.

Mas onde as diferenças começam a surgir é no ponto em que, já que todos os direitos subjectivos têm sujeitos e objecto, se impõe determinar rigorosamente qual o objecto do direito (subjectivo) de acção.

Sujeitos serão, sem dúvida, o autor (sujeito activo) e o Estado através do tribunal (sujeito passivo).

Mas *qual o objecto*? Parece não haver dúvidas: o objecto é a apreciação do direito material invocado, da situação jurídica concreta apresentada ao tribunal, com vista à prolação de uma decisão, dotada da força e autoridade do caso julgado, logo definitiva.

Certo. Mas que tipo de decisão? Sentença favorável? Sentença de mérito (que aprecie o *thema decidendum*)? Sentença justa (favorável ou desfavorável ao autor; de mérito ou não)?

Estas interrogativas representam outras tantas posições assumidas entre os defensores da tese em análise. Só que não é difícil verificar que as duas primeiras interrogativas expressam uma visão deturpada, que esquece aspectos fundamentais da realidade que analisamos.

Vejamos.

- Se a tutela jurídica do poder público, através de órgãos próprios, se exercesse apenas mediante a emissão de sentenças favoráveis ao autor, não haveria acções improcedentes. O autor propõe a acção convencido da existência válida do seu direito, mas é o tribunal que julga, à luz do direito aplicável aos factos concretos, e só proferirá sentença favorável se o autor for realmente titular do direito material invocado e fizer prova dos factos em que o baseia (além de outros requisitos que mais tarde analisaremos).

- Do mesmo passo, se fosse necessário que a sentença julgasse a questão de mérito para que se considerasse conferida a tutela jurídica do poder público, que dizer dos casos em que, *v.g.*, por faltar algum dos pressupostos processuais, o juiz absolve o réu da instância através de uma decisão de forma (cfr. artigo 412º, nº 2 do CPC)?

Ainda assim, parece incontestável que finalidade do processo não será a obtenção de uma sentença qualquer. Se o processo se destina a definir situações jurídicas controvertidas, ou simplesmente incertas, o que se pretende obter do tribunal é *uma sentença justa, isto é, uma decisão conforme aos factos reais (provados) e respeitadora do direito aplicável.*

Nesta conformidade, *o direito de acção será um direito subjectivo concreto à tutela jurídica do Estado, mediante a emissão de uma sentença justa.*

4.1.3. Crítica e posição adoptada

Feita ficou a crítica da doutrina clássica e de certos argumentos de doutrinas mais modernas desenvolvidas em torno da questão da natureza jurídica do direito de acção judicial[35].

Não obstante ser este um problema com interesse quiçá mais teórico do que prático, a verdade é que se torna indispensável delimitar, ainda que esquematicamente, a ideia que do analisando instituto firmamos, como base para o ulterior desenvolvimento do nosso estudo.

Fá-lo-emos enunciando, em síntese, aquelas que nos parecem ser as *principais características do direito de acção judicial.*

Quando nos debruçarmos sobre as questões do *conteúdo*, da *natureza* e dos *caracteres da relação processual*, designadamente no que concerne à análise da sua contextura ou perfil, haveremos de chegar à sua caracterização como relação jurídica de conteúdo diferente, com feição subjectiva diversa da da relação jurídica material, mas em todo o caso com autonomia relativamente a esta. Ser-nos-á então, muito mais fácil marcar posição quanto à natureza jurídica do direito de acção, cujo exercício representa, em pri-

[35] Relembrando: "Um dos mais torturados capítulos da ciência jurídica", na expressão de SALVATORE SATTA.

meira linha, o acto constitutivo do troço inicial da relação processual e também um dos seus elementos estruturais.

Mas, neste momento, não deixamos de possuir já bagagem suficiente para empreender, ainda que liminarmente, essa tarefa.

Assim, nenhuma das doutrinas apontadas em B) nos parece poder ser aceite na sua pureza, embora convenhamos que cada uma delas surpreende alguma parcela de verdade; o mesmo é dizer que a todas assiste alguma razão.

Ora esta postura permite-nos aproveitar algo daquilo que se disse a propósito dessas várias doutrinas, inclinando-nos decididamente para considerar mais próxima da verdade a que apontámos em último lugar. Mas com algumas reservas.

Afigura-se-nos que aqui, como em outras sedes, a resposta mais satisfatória é aquela que o ecletismo sempre fornece.

E assim,

- *O direito de acção terá, para nós, a categoria de direito subjectivo* – considerado este como faculdade, garantida pelo sistema jurídico, de satisfação de um interesse, e para cuja definição devem ser tomados na devida conta o elemento vontade, ou faculdade de querer, e o elemento interesse, os quais se integram reciprocamente.
- Mas tal direito subjectivo apresenta uma estrutura diferente da do direito subjectivo material – como se torna óbvio –, por virtude da diferente posição de um dos sujeitos (o juiz), colocado em plano de supremacia e agindo no exercício de um dever funcional.

Neste ponto estamos, em parte, com ANSELMO DE CASTRO quando diz que o direito de acção é um "direito meramente processual que tem por objecto o exame da pretensão concreta deduzida e um direito com estrutura diversa da dos direitos subjectivos materiais"; mas já não concordamos inteiramente com a afirmação de que "a ele não corresponde uma obrigação nem do Estado, nem do juiz, nem do réu", funcionando "apenas como condição e limite do exercício da jurisdição"[36].

Com o merecido respeito, não nos parece correcto afirmar, sem mais, que ao direito de acção não corresponde um dever do Estado, para daí se

[36] Ob. cit., p. 94.

concluir que o direito de acção "se reconduz... a uma situação subjectiva" que "se não confunde com o direito subjectivo"[37].

O facto de o Estado ser titular do poder jurisdicional, que exerce através dos tribunais, não contradiz, antes corrobora, a afirmação de que ele tem o dever (funcional embora) de agir, e decidir, na sequência do pedido de um particular. *Se o não fizer, denega justiça* (cfr. nº 2 do artigo 7º do Código Civil).

E daqui passamos à abordagem do assunto sob uma perspectiva encarada por algumas das teorias expostas (que, no entanto, a não desenvolvem até às suas últimas consequências): – aquela que vê no direito de acção um direito à jurisdição, ou seja, *um direito abstracto à protecção ou tutela do Estado*, ou seja, o direito de todo o cidadão à prestação, em seu favor, da actividade jurisdicional.

Segundo esta teoria – defendida por CASTRO MENDES em desenvolvimento da tese do académico EDUARDO COUTURE –, se a jurisdição se define pela sua finalidade, que é a justa composição dos litígios entre particulares, então o direito de acção será o direito à justa composição de litígios[38].

Mas não podemos quedar-nos por aqui.

Concordamos, sem reservas, com CASTRO MENDES quando diz que "O direito de acção judicial coexiste com o direito de não recorrer aos tribunais, tendo somente o exercício de ambos consequências diferentes".

E estamos ainda de acordo com o mesmo Professor quando defende que "parece que o exercício da acção se apresenta hoje como um ónus para aquele que queira ver o seu direito declarado ou executado contra a opinião ou vontade contrária de outra pessoa. Com isto (...) não dizemos, porém, que a acção não seja um direito subjectivo (...). Pelo contrário, para nela vermos um ónus é preciso que a acção seja um direito subjectivo"[39].

Mais recentemente, este entendimento é recordado, e consentido, por ANTUNES VARELA quando considera que a acção é simultaneamente um direito e um ónus. E exprime-se assim:

[37] *Ibidem*, p. 95, onde, todavia, o autor não diz claramente o que entende, aqui, por *situação subjectiva*.

[38] Cfr. o que já dissemos ao assinalar à jurisdição um duplo fim, isto é, directamente, a tutela dos direitos subjectivos privados e, mediatamente, o respeito pelo Direito objectivo.

[39] CASTRO MENDES, *in O Direito de Acção Judicial*, p. 53, onde o eminente Professor nota que "*o ónus deriva pura e simplesmente da coexistência de dois direitos a condutas contrárias, lícitas e diferentes nos seus resultados*". Feliz formulação esta!

"Ao mesmo tempo que um ónus – é ao particular, sujeito da relação, que incumbe promover (e impulsionar) a acção –, esta traduz um direito do particular (que se considera lesado e não pode agir por sua força): o de provocar a actividade dos tribunais para que, reconhecendo o seu direito, se lhe conceda a tutela judiciária adequada".

"Como, porém, só depois de desencadeada a actividade do tribunal se pode vir a saber se o requerente é ou não o titular do direito que se arroga, distinguem muitos autores entre a acção ou direito de acção, num sentido abstracto, como direito de provocar a actividade dos tribunais a fim de obter deles uma resposta acerca da providência requerida, e a acção correspondente à efectiva titularidade dum direito substantivo, no sentido em que a expressão é usada pelo artigo 1º, nº 2 do Código de Processo Civil"[40/41].

Ora é aqui que nos parece estar mais completa e rigorosamente focada a questão em análise; e juntando estes dados com os que resultam do exposto nas páginas precedentes, podemos então enunciar esquematicamente aquelas que nos parecem ser as *características essenciais do direito de acção judicial*.

a) O direito de acção é um *direito subjectivo* (à jurisdição) porque constitui uma posição pessoal das partes, resultante da afectação da actividade judiciária à realização de um fim; direito que pode ser encarado de um ponto de vista abstracto ou concreto, isto é, como tutela geral dos direitos subjectivos materiais ou como correspondente à efectiva titularidade de um determinado direito subjectivo material.
Mas é simultaneamente um ónus porque esse direito de acção coexiste com o direito de não recorrer aos tribunais (mesmo em caso de efectiva violação do direito subjectivo material), apenas desencadeando consequências diferentes consoante se exerça ou não aquele direito, mas não gerando ilicitude em qualquer dessas hipóteses;

[40] *Manual...*, p. 5, no texto e na nota 1.

[41] "A existência dos procedimentos cautelares (alimentos provisórios, por exemplo), em que se exerce um direito de acção que pode levar à decretação dos alimentos provisórios, chegando-se posteriormente à conclusão de que o alimentado não tinha, afinal, direito a alimentos".

b) É um *direito autónomo* porque não faz parte integrante do direito subjectivo material: difere dele no seu objecto;
c) É um *direito público* porque um dos sujeitos é o juiz (agente estatal revestido de *ius imperii*), que integra um órgão chamado tribunal;
d) É um *direito a uma sentença justa*, no sentido de sentença que decrete as providências que no caso concreto, invocado e provado, couberem à luz do direito substantivo aplicável (fundamentação na lei).

4.2. Acepções do vocábulo 'acção' na lei e na doutrina

O vocábulo *acção* tem significância algo vasta na língua portuguesa. Mesmo que nos confinemos ao domínio que agora nos importa, as dificuldades não desaparecem, sendo necessário que peneiremos a linguagem processual para podermos individualizar os sentidos mais comuns da palavra 'acção'.

Por vezes, ela aparece na lei e na doutrina *em sentido próprio, como direito de acção judicial*; outras vezes, em acepções que variam entre equivalência a *processo*, ou a *forma de processo*, ou a *demanda*, *causa*, *litígio*, ou a *pedido do autor*, como por exemplo sucede na locução 'a acção foi julgada procedente, ou improcedente'.

E que significados lhe deu o legislador no Código de Processo Civil?

Comecemos logo pelo seu artigo 1º, nº 2.

Parece não haver dúvidas de que o vocábulo surge aqui no sentido de *acção-direito*: para acautelar, declarar, ou dar execução efectiva ao direito subjectivo material, reconhece-se ao respectivo sujeito o direito de acção e faz-se referência aos *três fins essenciais a atingir através do processo – garantia, declaração* e *efectivação do direito* –, que se alcançam mediante providências judiciárias de tipos diversos, como são, respectivamente, os procedimentos cautelares, as acções declarativas e as acções executivas.

Mas diferentes são os sentidos com que o vocábulo aparece em outras sedes do Código de Processo Civil, em função de várias matérias processuais.

Assim:

i. A propósito da classificação das acções, na distribuição pelos vários tipos, tem-se em atenção *o fim que a cada uma das espécies se atribui* (artigo 11º);
ii. A lei processual admite, por outro lado, *a existência de processos em que se acumulem diversas acções* (artigo 63º);

iii. Noutra sede, determina-se que *a acção se considera proposta* logo que seja recebida na secretaria judicial a respectiva petição inicial (artigo 211º, nº 1).

A simples leitura destes preceitos legais mostra que não é o conceito de acção-direito que neles aparece regulamentado.

Relembremos então conhecimentos já adquiridos.

O direito de acção exerce-se solicitando a concessão da tutela jurisdicional.

A solicitação desta tutela faz-se com observância das normas legais que regulam a actividade dos órgãos judiciais e definem o rito a seguir para a efectivação do direito material litigado.

Esse rito configura o processo.

O direito de acção exerce-se através do processo; *quem propõe uma acção instaura um processo.*

O processo é, assim, o veículo do direito de acção; este direito passa então do seu momento estático ao seu momento dinâmico.

O direito de acção é, portanto, *a causa* ou *o princípio do processo*; não uma causa meramente inicial, mas uma causa *de actuação constante*, manifestando-se enquanto o processo estiver pendente[42].

Simplesmente acontece que é vulgar *confundir-se*, na linguagem corrente, e mesmo na linguagem técnica, *a causa com o efeito.* Até os processualistas podem incorrer nesta confusão terminológica fazendo muitas vezes aparecer enleados, e confundidos, os conceitos de *acção* e de *processo.*

Poderemos então considerar esta a acepção processual do termo 'acção'.

Mas o processo é, por essência, a expressão de um conflito de interesses. Para dirimir ou resolver esse conflito de interesses, a parte exerce o seu direito de acção, provocando o início de um processo.

E de que maneira?

Mediante a formulação de uma pretensão por parte do autor, a que o réu tem o direito de opor a sua resistência, vindo depois o juiz a decidir quem tem razão (*tese, antítese e síntese* de que fala alguma doutrina).

[42] Na expressão clarificadora de ANTUNES VARELA, em aula ao 3º ano jurídico, na Faculdade de Direito da Universidade de Macau, no ano lectivo de 1992/93, e por nós registada, o direito de acção *exerce-se*, "*não de um jacto só*, mas em dois momentos: no momento da propositura da acção e no momento em que se faculta ao réu a sua contradição ou defesa."

Ora no artigo 11º do Código de Processo Civil, não se considera nem a acção-direito nem a acção-processo; atende-se somente ao *fim pretendido pelo autor, como critério para classificar a acção*; o que significa que se fala aqui de *acção-pretensão.*

A acção, neste preceito, é encarada apenas por um dos seus elementos: a pretensão, que clarifica a finalidade da acção, mas que não é, em si, a acção em que se integra; rigorosamente, *a acção é o poder jurídico de fazer valer a pretensão.*

E o que é a *pretensão?*

– É a vontade declarada pela parte quando se dirige ao tribunal, formulando um determinado pedido.

Vejamos agora o que se passa com o termo *acção* no artigo 63º.

Aqui, ela já não aparece, nem como direito, nem como processo, nem como pretensão. O direito já foi exercido, o processo já foi instaurado, a pretensão do autor já ficou definida.

Quid iuris, então?

A palavra acção, aparece no artigo 63º com referência ao núcleo que constitui o conteúdo do processo, ou seja, o *conflito de interesses*, o *thema decidendum*, aquilo que FRANCESCO CARNELUTTI[43] designa por *lide*, cuja apreciação incumbirá ao julgador.

O artigo 63º admite, assim, a possibilidade de, num mesmo processo, se cumularem várias lides[44].

Estas são algumas – as principais – acepções em que aparece na lei processual o vocábulo *acção*[45].

4.3. Direitos sem acção

Já foi salientado em sede anterior, a propósito da questão da natureza jurídica do direito de acção judicial, que existem direitos subjectivos desprovidos de acção, como aliás admite a própria lei no artigo 1º, nº 2 do Código de Processo Civil: "(...) excepto quando a lei determine o contrário (...)".

Nessa oportunidade, invocámos esta circunstância como um dos argumentos a utilizar para rebater a chamada teoria do direito material,

[43] *Sistema di Diritto Processuale*, Pádua, CEDAM, 1936.

[44] À cumulação objectiva e subjectiva no processo dedicaremos a nossa atenção mais adiante, quando tratarmos da matéria dos pressupostos processuais.

[45] Por curiosidade, citemos alguns exemplos dos termos em que tem sido tratada na doutrina a questão da polissemia do vocábulo 'acção':

segundo a qual o direito de acção se identifica, se confunde, com o próprio direito subjectivo material[46].

Efectivamente, há casos em que este direito, embora reconhecido pelas normas de natureza substantiva, não pode ser realizado coactivamente através dos tribunais.

Essas situações – já ficou dito – verificam-se nas chamadas *obrigações naturais* (artigo 396º do Código Civil) que, sendo desprovidas de uma acção a favor do credor, supõem todavia a existência de um vínculo jurídico, fundado num dever de justiça, e não de um simples vínculo moral. Esse vínculo jurídico traduz-se na possibilidade de reter o devido, se espontaneamente prestado a título de pagamento.

Tais são, também, os casos das *obrigações prescritas*, reguladas no artigo 297º do Código Civil, de cujo preceito resulta que a prescrição não suprime o direito prescrito, apenas atinge a sua exigibilidade judicial, aplicando-se então regime idêntico ao das obrigações naturais; e das *dívidas de jogo e aposta*, reguladas no artigo 1171º, nº 1 do Código Civil como sendo fontes de obrigações naturais, sempre que lícitos e não concorrendo outro motivo de nulidade ou anulabilidade, nos termos gerais de direito, ou se houver fraude do credor na sua execução; e, eventualmente, de outros casos esparsos na lei.

Na prática, contudo, podem surgir situações muito duvidosas, acerca das quais a doutrina e a jurisprudência se dividem quanto à sua qualificação como obrigações naturais ou como obrigações civis[47].

Em todos os casos de obrigações naturais, como se sabe, o devedor pode cumprir e, se o fizer, não pode pedir mais tarde a restituição do que prestou. Todavia, se não quiser cumprir, o credor não tem possibilidade de lhe exigir em juízo o respectivo cumprimento. Se se aventurar a propor uma acção para esse efeito, sujeita-se a vê-la liminarmente indeferida, ou a confrontar-se com a defesa do devedor através de uma excepção, com a invocação de que a dívida não é exigível. De qualquer forma, a acção improcede.

[46] Cfr. *supra*, parágrafo nº 4.2.

[47] Chegou a determinar-se em decisões jurisprudenciais de Portugal, por exemplo no acórdão do STJ, de 10 de Maio de 1983, *in Boletim do Ministério da Justiça*, 327, p. 636, que "Está na competência do Supremo Tribunal de Justiça, qualificar uma obrigação como natural ou civil". Claro está que deve entender-se tal orientação reportada a situações cujos contornos tornem duvidosa a sua subsunção em previsões legais expressas de obrigações não exigíveis.

5. Classificação legal de acções

A nossa atenção vai centrar-se agora na *classificação das acções*, isto é, no seu agrupamento por espécies.

Diferentes podem ser as posições assumidas a este respeito, quer no plano doutrinário, quer no plano legal. *Tudo depende*, como bem se compreende, *do critério* a que se recorra para proceder à classificação das acções.

Vejamos:

a) Se atendermos, por exemplo, *à espécie de direito subjectivo material que se pretende tutelar*, poderemos distinguir entre
- Acções *reais* e
- Acções *pessoais*.

b) Se tivermos em consideração *a espécie de bens ou coisas sobre que a acção incide*, já poderemos falar de
- Acções *imobiliárias*, e
- Acções *mobiliárias*.

E assim por diante.

5.1. Classificação segundo o critério da finalidade pretendida pelo autor

Mas a nossa atenção irá incidir, sobretudo, na classificação das acções tal como consta da lei processual vigente – classificação essa que, aliás, pretende estar em consonância com a diversidade das situações-tipo de crise da relação material ou substantiva.

Se recuarmos aos antecedentes, não muito afastados, da actual classificação legal, logo verificaremos que o Código de Processo Civil português de 1939 (artigo 4º), colocava em equivalência cinco tipos de acções: as acções de simples apreciação, as acções de condenação, as acções conservatórias, as acções constitutivas e as acções executivas.

Com os quatro primeiros tipos, porém, a doutrina construía já a categoria genérica das acções declarativas, que contrapunha às acções executivas, e por isso muito criticava a classificação legal, argumentando tratar-se de uma classificação puramente académica, já que não coincidia, nem com a sistematização do próprio Código, nem com a diversidade de formas processuais então consagradas na lei.

No artigo 11º do actual Código de Processo Civil de Macau tentou-se eliminar esses defeitos começando pela *summa divisio* das acções em *declarativas* e *executivas* (nº 1); e distinguindo depois, dentro da primeira categoria, consoante o fim pretendido pelo autor, entre *acções de simples apreciação*, *acções de condenação* e *acções constitutivas*.

Assim, na classificação da lei, as acções declarativas compreendem:

a) As *acções de simples apreciação*, que têm por fim obter unicamente a declaração da existência ou inexistência de um direito ou de um facto [alínea *a)* do nº 2 do artigo 11º];
b) *As acções de condenação*, que têm por finalidade exigir a prestação de uma coisa ou de um facto, pressupondo ou prevendo a violação de um direito [alínea *b)* do nº 2]; e
c) *As acções constitutivas*, que se destinam a autorizar uma mudança na ordem jurídica existente [alínea *c)* do nº 2].

As *acções executivas*, por seu turno, são "aquelas em que o autor requer as providências adequadas à reparação efectiva do direito violado" (nº 3 do artigo 11º). O objecto imediato da acção executiva é, pois, a realização coerciva do direito violado, no plano dos factos, à custa do património do devedor da prestação em causa.

Relativamente a regimes anteriores, desapareceu a categoria legal das acções conservatórias, e deixaram de integrar as categorias de acções "as providências necessárias para acautelar o efeito útil da acção", a que se refere o artigo 1º, nº 2 *in fine* do Código de Processo Civil. Estas providências não são mais consideradas, pela lei processual vigente, como acções autónomas, mas tão só como simples *providências (cautelares)* que, como tal, não dão origem a verdadeiros processos, mas a procedimentos – os *procedimentos cautelares*, previstos e regulados nos artigos 326º e seguintes do Código de Processo Civil como *urgentes* e visando acautelar os efeitos nocivos que pode ter a demora na decisão definitiva da situação litigada.

Mas voltemos às verdadeiras acções, na sua classificação legal.

Perante a formulação da lei, Palma Carlos ensinava assim: pela acção declarativa pretende-se uma actuação judicial no plano intelectual, declarando, definindo, tornando certo o direito subjectivo em questão; pela acção executiva, ou execução, pretende-se uma actuação judicial no plano material, satisfazendo ou efectivando direitos previamente tornados certos por sentença ou outro documento que a lei qualifique como título executivo[48].

Analisemos então cada um dos tipos legais das acções civis.

[48] Conceito a estudar mais adiante.

5.1.1. Acções declarativas

5.1.1.1. De simples apreciação ou meramente declarativas

Foi o Código de Processo Civil português de 1939 que pôs termo à dúvida que se levantava sobre a admissibilidade geral, no ordenamento luso, das acções de simples apreciação.

O problema agitou-se sobremaneira a propósito de um caso concreto levado aos tribunais portugueses, nessa época.

Determinado indivíduo, em cujo assento de nascimento estavam omissas as menções da paternidade e da maternidade, dizia-se filho de certa senhora e contra ela intentou uma acção de investigação de maternidade.

Mas verificada que foi a incompetência do tribunal para decidir aquela causa, o processo terminou.

Só que o autor continuava a afirmar publicamente ser filho daquela senhora, de tal modo que esta, incomodada, resolveu propor uma acção de negação de maternidade, que viria a ser patrocinada por JOSÉ ALBERTO DOS REIS.

A acção veio, contudo, a ser julgada improcedente, visto o tribunal ter entendido (ao que se sabe, confirmado por instância superior) que não era admissível propor acções destinadas exclusivamente a pôr termo a um estado de incerteza, isto é, acções de simples apreciação, fora dos casos – pouquíssimos – expressamente indicados na lei e em que a situação concreta não se enquadrava.

Posteriormente, a tese de admissibilidade deste tipo de acções foi defendida por J. ALBERTO DOS REIS secundado por outros Mestres, não sendo portanto de admirar que no Código de Processo Civil português de 1939, de cujo projecto foi autor aquele insigne processualista, aparecesse, logo em primeiro lugar, no seu art. 4º, a referência a este tipo de acções[49].

Ora nesta espécie de acções o autor pretende, apenas, pôr termo a uma situação de incerteza (objectiva e grave) acerca de um direito ou de um facto[50]. É esse o seu único objectivo, a sua única finalidade, aliás já aflorada no artigo 2º, nº 2 do CPC: "A todo o direito (...) corresponde uma acção, destinada a fazê-lo reconhecer em juízo (...)".

[49] Este tipo de acções está também consagrado em outros códigos de processo civil contemporâneos, como o alemão, o austríaco e o brasileiro.

[50] Por isso mesmo se dispõe no nº 1 do artigo 73º do CPC que, nas acções de simples apreciação há *interesse processual* (noção a estudar mais tarde) quando o autor pretenda reagir contra uma situação de incerteza objectiva e grave.

Neste tipo legal de providências judiciais não tem de se invocar a violação ou lesão de um direito; *o autor apenas reage contra uma situação de incerteza, objectiva e grave, que lhe causa prejuízos.*

Estas acções – que por vezes encontramos designadas na doutrina por *acções meramente declarativas* – podem assumir a *forma positiva* (de que é exemplo o conjunto de situações contempladas no artigo 1655º do Código Civil – fixação judicial da concepção), ou a *forma negativa* (como sucede, por exemplo, quando alguém pede ao tribunal que declare que sobre um seu prédio rústico não impende uma servidão de passagem, como o proprietário de um prédio confinante pretende)[51].

Na primeira destas modalidades, pretende-se fazer declarar a existência de um direito ou de um facto; na segunda, a acção é proposta para se obter a declaração da inexistência de um direito ou de um facto.

Todavia, não deixe de salientar-se que pode bem acontecer que uma acção de simples apreciação positiva venha a terminar com uma sentença em que se declare a inexistência do direito ou do facto em causa; ela pode vir a redundar numa declaração negativa. Porém, *o que interessa para a sua qualificação como positiva ou como negativa é o teor do pedido, a concreta providência que o demandante requer, e não a que o tribunal venha a decretar.*

Ora, como veremos em fase ulterior do nosso estudo, a qualificação de uma acção como de *simples apreciação negativa tem relevância no campo do ónus da prova*, uma vez que no respectivo processo compete ao réu a prova dos factos constitutivos do direito que se arroga (artigo 336º, nº 1), ao invés da regra geral que resulta do preceituado no artigo 335º, nº 1 do Código Civil.

[51] Note-se, porém, que a invocação do exemplo referido no texto para ilustrar a categoria das acções meramente declarativas na modalidade positiva, é contestada por alguma doutrina, que opta por considerá-las de natureza constitutiva, argumentando que, ao propiciarem, ou não, o estabelecimento da maternidade ou da paternidade, têm como resultado a constituição ou extinção de uma dada relação jurídica de filiação.
Salvo o devido respeito, não perfilhamos *ta quale* essa posição, pela razão, que nos parece óbvia, de que o efeito constitutivo não resulta directamente da decisão judicial, mas antes do acto da procriação. Razão pela qual propusemos, no âmbito da Comissão Consultiva para a Elaboração do Projecto do Código de Processo Civil de Macau, que funcionou entre 1997 e 1999, a seguinte redacção para a alínea *c)* do nº 2 do preceito regulador das espécies de acções: (...) "Constitutivas, quando têm por fim obter a **directa** constituição, modificação ou extinção de uma situação jurídica". Esta nossa proposta mereceu acolhimento no seio da referida Comissão e veio a ficar, *ipsis verbis*, no texto do CPC vigente em Macau.

Por último, saliente-se, seguindo a opinião de grandes processualistas – em corroboração de ideias que já aqui foram expostas –, que as acções de simples apreciação, visando directa e unicamente a certeza de um determinado direito subjectivo, ou de um facto juridicamente relevante, garantem também, mediatamente, a certeza do Direito objectivo e das situações juridicamente tuteláveis; desempenham, assim, uma relevante função social de prevenção de futuros litígios e contribuem, seguramente, para o incremento do comércio jurídico.

Têm, além disso, *um campo de aplicação ilimitado*, porquanto respeitam a toda e qualquer situação/relação jurídica, ainda que não analisável em prestação[52].

5.1.1.2. Acções declarativas de condenação

Estudemos agora um outro subtipo das acções declarativas: – *as acções de condenação*, que têm por fim "exigir a prestação de uma coisa ou de um facto, pressupondo ou prevendo a violação dum direito" [alínea *b)* do nº 2 do referido artigo 11º].

Elas *têm*, portanto, *como pressuposto a prática actual ou potencial, efectiva ou provável, de um acto ilícito por parte do réu.*

Ao propor uma acção deste tipo, o autor insurge-se contra a violação de um direito do qual se arroga a titularidade. A acção destina-se a pôr em movimento o mecanismo sancionatório, contido em estado latente na norma de direito substantivo, para vencer as resistências aos seus comandos.

Mas se isto é certo, não menos o é que também neste tipo de acções existe um aspecto prévio de simples apreciação; não se pode condenar o réu no pedido formulado ao tribunal sem que previamente se averigúe da existência do direito que o autor invoca; este é, pois, um segmento comum às acções de simples apreciação e às acções de condenação.

No entanto, a apreciação da existência do direito e da sua violação aparece nas acções de condenação apenas como meio para se chegar a um fim último: a condenação; ao passo que nas acções de simples apreciação, essa apreciação é o único escopo a que tende a actividade jurisdicional.

Não se fique, porém, com a ideia de que nas acções de condenação existem duas acções justapostas. A acção é só uma, mas com *dois momentos lógicos distintos*, que se sucedem no desenrolar de um só processo.

[52] Ao contrário do que sucede com a categoria das *acções executivas*, a cujos processos subjazem sempre relações jurídicas creditícias.

Por outras palavras, *reúnem-se nas acções de condenação dois juízos: um de apreciação (implícito) e outro de condenação (explícito), que não gozam de um mínimo de independência processual*[53].

É o caso típico do credor que, acusando o réu de falta de cumprimento da obrigação, pretende que o tribunal, depois de reconhecer a existência do direito na sua titularidade e a violação do dever correspondente por parte do réu, ordene ao devedor a realização da prestação devida. São as vulgarmente chamadas *acções de dívida*.

Mas útil será ainda *uma dupla prevenção*:

- Por um lado, *a acção de condenação pode não vir a terminar com uma sentença de condenação do réu*; basta que o pedido do autor seja no sentido de uma condenação para que ela se enquadre neste tipo legal; a acção será classificada como de condenação em função da finalidade visada pelo autor;
- Por outro lado, *nem só nas acções de condenação podem ser proferidas sentenças com comandos condenatórios*; neste tipo de sentenças o tribunal impõe ao vencido a prática de um ou mais actos, sem dependência da natureza da acção a que põem termo.

Assim, por exemplo, a sentença proferida em acção de simples apreciação, mas que *condena o(s) vencido(s) em custas*; ou ainda a sentença proferida em qualquer outro tipo de acção, mas que *condena alguma das partes em multa*, designadamente porque litigou de má fé (artigo 385º do CPC).

Pela sua própria natureza, *as acções de condenação* só podem ter lugar quando existe a possibilidade de se lhes seguir uma execução forçada. Só podem respeitar, portanto, a *direitos materiais que se reduzam a prestação.*

Também a certeza do não cumprimento é pressuposto lógico necessário da condenação; daí que o juiz tenha de se certificar plenamente, quer da existência do direito, quer da sua violação. Já o dissemos.

Mas *a lei, em determinados casos, contenta-se com um estado de violação latente, e por isso permite a antecipação da condenação.* É o caso das *prestações periódicas* em que o devedor deixou de pagar uma delas: podem então compreender-se no pedido do autor, e na condenação, tanto as prestações já vencidas a cujo cumprimento o réu faltou, como as que se vencerem enquanto

[53] Cfr. J. Castro Mendes, *Direito Processual Civil*, Lisboa, edição da AAFDL, I vol., pp. 241-242.

subsistir a obrigação (artigo 393º, nº 1 do CPC[54]). O não cumprimento de uma delas justifica o receio de que as restantes não sejam cumpridas tempestivamente; daí o regime legal.

5.1.1.3. Acções constitutivas

Finalmente, esta subespécie das acções declarativas está prevista no artigo 11º, nº 2, alínea *c)* do CPC, preceituando-se que têm por fim "obter a directa constituição, modificação ou extinção de uma situação jurídica".

Vemos, assim, que elas podem distinguir-se das acções de simples apreciação e das de condenação porque nestas duas últimas espécies vão apreciar-se invocadas situações pré-existentes, ao passo que nas acções constitutivas, tomando-se embora como base a apreciação de uma pretensa situação anterior, visa-se a decretação da sua mudança ou extinção. Nas acções constitutivas, o autor pretende obter, coadjuvado pela autoridade judicial, um efeito jurídico novo que produz uma alteração directa na esfera jurídica do réu (ou deste e do próprio demandante), independentemente da vontade do demandado.

Esse efeito jurídico novo, não obstante pretendido pelo autor e assim peticionado, constitui-se directamente pela decisão judicial. Daí a designação da lei.

Como *exemplos* destas acções, através das quais se pode conseguir a constituição de uma nova situação jurídica, bem como a modificação ou a extinção de uma situação jurídica pré-existente, podem apontar-se, pela mesma ordem:

- As acções de constituição de servidão de passagem (artigo 1441º do CC),
- As acções de impugnação de paternidade (*v.g.*, as situações previstas no artigo 1698º do CC), e
- As acções de divórcio (artigos 1628º e ss do CC), ou as acções de anulação de qualquer acto jurídico, entre muitos outros exemplos[55].

Daí que possamos dizer que as acções constitutivas poderão assumir três modalidades:

[54] Relacionar também com o n º 3, alínea *b)* do artigo 73 º do CPC, relativo ao pressuposto do interesse processual, que mais adiante estudaremos.

[55] Tenha-se em consideração que, nesta matéria da exemplificação das espécies legais de acções cíveis, nem sempre as opiniões doutrinárias são coincidentes.

a) As acções *constitutivas stricto sensu*, através das quais se cria uma nova situação jurídica;
b) As acções *constitutivas modificativas*, mediante as quais se modifica, ou se altera, uma situação jurídica pré-existente;
c) As acções *constitutivas extintivas*, destinadas a pôr termo a uma situação jurídica existente à data da sua propositura.

Segundo a doutrina que aceita a categoria dos direitos potestativos[56], as acções constitutivas representam um veículo do exercício de tais direitos, que a sentença se limita a declarar e decretar, depois de analisar os respectivos pressupostos.

Mas, como ensina ANTUNES VARELA, as acções constitutivas não se circunscrevem ao campo dos direitos potestativos: nas acções de adopção, ou nas de investigação oficiosa de maternidade ou de paternidade, não se exerce propriamente um direito potestativo[57].

Consoante os casos, os efeitos jurídicos da sentença, no domínio substantivo ou material,

- Ou se produzem a partir do momento em que a sentença é proferida, ou melhor, do seu trânsito em julgado, como no caso do divórcio (*ex nunc*); ou
- Retroagem a um momento anterior, que poderá ser, consoante os casos, o da propositura da acção, ou o da constituição da relação jurídica que se pretende modificar ou extinguir, como sucede, por exemplo, na acção de anulação de qualquer acto jurídico (*ex tunc*)[58].

Mas o facto de, nas acções constitutivas, a sentença ser a causa do efeito produzido na esfera jurídica de um sujeito de direitos, não significa que

[56] *Direito potestativo* entendido como poder conferido ao respectivo titular, em ordem à produção de um efeito jurídico novo, por vontade daquele, só por si ou mediante decisão judicial. Trata-se, pois, pode dizer-se, de *direitos à formação de direitos*, independentemente da vontade do sujeito passivo, que se vê colocado em *estado de sujeição*, tendo de suportar as consequências jurídicas resultantes do exercício do direito.

[57] *Manual...*, p. 19, nota 1, sede onde o Autor explicita as suas ideias a respeito desta questão.

[58] Durante anos, a doutrina alemã dividiu-se quanto a esta questão da produção dos efeitos da sentença constitutiva, defendendo uns (KISCH) que eles se produzem *ex nunc* e que jamais retroagem; e opinando outros (GOLDSCHMIDT) exactamente o contrário, pelo menos em determinadas situações. A matéria tem a sua complexidade, sendo por isso muito discutível.

seja ela (sentença) que cria o direito: a alteração resulta da própria força do direito objectivo e não da vontade do juiz; ela tem os respectivos pressupostos fixados na lei material, a que o tribunal está sujeito no exercício das suas funções (princípio da legalidade).

À guisa de conclusão, poderemos dizer que do exposto relativamente aos subtipos legais de acções declarativas resulta:

i. Que, afinal, em todos eles existe um elemento comum: o carácter total ou parcialmente declarativo da actividade de verificação judicial (de existência ou de inexistência) de uma situação jurídica pré-constituída ou invocada como tal; e

ii. Que as três categorias de acções declarativas não constituem compartimentos estanques, rigidamente delimitados, já que a lei processual permite que numa mesma acção (e respectivo processo) possam cumular-se pedidos de natureza diferente, bastando que para tal satisfaçam os requisitos exigidos pelo nº 1 do artigo 391º, atendendo à previsão especial do seu nº 2.

iii. Em algumas das espécies de acções declarativas, o poder jurisdicional esgota-se na declaração da existência ou inexistência do direito ou do facto; noutras, a referida declaração é apenas meio ou instrumento para a decretação da providência condenatória ou constitutiva.

Por último, do que ficou dito se depreende também que *a sentença proferida, a final, em cada tipo de acção/processo, pode não corresponder ao sentido do pedido do autor; o que todavia não altera a qualificação da acção, segundo o critério legal.*

5.1.2. Acções executivas [59]

Por último, o artigo 11º, nº 3 do Código de Processo Civil define estas acções como as que têm por fim obter "as providências adequadas à reparação efectiva do direito violado"; definição imperfeita, por pouco explicativa – diga-se.

[59] Limitamo-nos, nesta sede, a expor algumas ideias gerais sobre este tipo de acções e sobre o conceito de título executivo, cujo estudo analítico constitui, tradicionalmente, objecto da disciplina de Direito Processual Civil II.

Mas, desdobrando esta noção legal, podemos identificá-las como aquelas em que, com a invocação da falta de cumprimento de uma obrigação constante de documento escrito, revestido por lei de especial força probatória (título executivo), o autor – exequente – vai requerer ao tribunal a efectiva reintegração do seu direito à custa do património do devedor, ou a substituição da prestação em dívida por um valor equivalente do património do devedor.

Portanto, as acções executivas têm:

- *Por base, um título executivo* enquadrável numa das categorias relacionadas no artigo 677º do Código de Processo Civil;
- *Por fim, exigir uma prestação*: o pagamento de quantia certa, a entrega de coisa certa ou a prestação de um facto, quer positivo quer negativo (artigo 12º, nº 2).
- *Por objecto, um património*, ou conjunto de bens e direitos do devedor (ou, em certas situações, existentes na titularidade de terceiro).

Base, fim, objecto, são, pois, em suma, os três requisitos essenciais da acção executiva.

O título executivo por excelência é a decisão (judicial ou arbitral) condenatória [artigo 677º, alínea *a)* do CPC]; mas, a par deste, há ainda os títulos executivos extrajudiciais, nos quais estão abrangidos outros documentos (autênticos ou autenticados), e até mesmo, em dados termos, os próprios escritos particulares [artigo 677º, alínea *c)* do CPC].

Às acções executivas, ou execuções, por virtude da sua natureza muito especial, corresponde uma forma de processo diferente da do processo declarativo ou declaratório; e para elas a lei exige a verificação de determinados pressupostos processuais que não coincidem na íntegra – como é natural – com os do processo declarativo.

Por último, parece que, por ora, bastará reter a ideia de que *a acção executiva configura uma acção autónoma relativamente às restantes espécies*; ela não é apenas – como poderia supor-se apressadamente, pelo menos quando baseada em sentença condenatória – uma nova fase do processo declarativo, tese que, aliás, chegou a ser defendida por alguns autores com o argumento de que a acção executiva se destina apenas a dar realização efectiva ao direito declarado em título bastante, sendo que o 'principal' é a sentença condenatória.

Mas na realidade, em rigor, a instância executiva não se limita a ser uma continuação da instância declarativa, ou seja, um desenvolvimento desta última.

Basta atentar em que: **i.** Nem sempre aquela se instaura com base numa sentença declarativa condenatória, mas sim utilizando outras espécies de títulos executivos; **ii.** À acção declarativa de condenação não se segue necessariamente a acção executiva (*v.g.*, se o réu é absolvido do pedido de condenação ou se, condenado a cumprir a obrigação que assumira, a cumpre efectivamente); e **iii.** Ainda que o título executivo seja uma sentença condenatória e o devedor continue em mora, o processo executivo só se inicia se houver requerimento do credor nesse sentido (impulso processual).

A instância, na acção declarativa, extingue-se pela sentença [artigo 229º, alínea *a)* do CPC]; o início de uma acção executiva e respectivo processo, mesmo que tenha por base uma sentença condenatória, tem igualmente de ser requerido ao tribunal, não provocando o renascimento da instância declarativa, mas sim gerando uma nova instância, uma relação processual distinta.

5.1.3. Síntese

Do que fica dito pode concluir-se – no que respeita à distinção consagrada na lei como *summa divisio* da classificação das acções – que:

i. Nas *acções declarativas*, a decretação pelo tribunal da solução concreta do litígio submetido à sua apreciação constitui *o ponto de chegada da actividade jurisdicional*; e

ii. Nas *acções executivas*, a declaração do direito subjectivo plasmado num título executivo (documento escrito que, com elevada probabilidade, constitui ou certifica uma ou mais obrigações) representa apenas *o ponto de partida da actividade do tribunal.*

5.2. Classificação das acções segundo o critério da forma de processo

5.2.1. Acções com processo especial

Tanto as acções declarativas como as acções executivas podem assumir diversas tramitações, originando outras tantas formas de processo.

A matéria encontra-se regulada no Título IV do Livro II do Código de Processo Civil. A iniciá-lo, os artigos 369º e 370º contêm disposições comuns ao processo declarativo e ao processo executivo, seguindo-se-lhes um conjunto de quatro outros preceitos dedicados apenas ao processo de declaração e mais dois referentes ao processo de execução.

Comecemos por analisar as disposições gerais.

Dispõe o artigo 369º:

> "1. O processo pode ser comum ou especial.
>
> 2. O processo especial aplica-se aos casos expressamente indicados na lei, sendo o processo comum aplicável a todos os casos a que não corresponda processo especial".

Então, vejamos:

Quando há que propor uma acção torna-se mister, antes de mais, verificar se há processo especial estabelecido para ela em texto de lei; não o havendo, recorre-se ao processo comum. *Esta forma comum encontramo-la, portanto, por exclusão de partes*[60].

A matéria dos *processos especiais* vem regulada no Livro V do Código de Processo Civil, artigos 837º e seguintes. Aí se contêm processos de natureza declarativa (*v.g.*, a revisão de decisões judiciais ou arbitrais do exterior de Macau), processos de natureza executiva (*v.g.*, a execução especial por alimentos), processos de natureza mista, e ainda um Título dedicado aos *processos de jurisdição voluntária*, que podem ser considerados processos 'especialíssimos' dentro dos processos especiais, ou que, na expressão sugestiva de ANTUNES VARELA, são "parentes próximos dos processos especiais"[61].

O tema da jurisdição voluntária (desde sempre muito controverso na doutrina porque, por um lado, se discute a sua verdadeira natureza jurídica, e por outro lado, ainda se não logrou delimitá-la rigorosamente em relação à jurisdição contenciosa), é tratado muito analiticamente por ALBERTO DOS REIS na sua obra intitulada *Processos Especiais*.

[60] Na formulação clara e precisa de J. ALBERTO DOS REIS, confronta-se o pedido formulado pelo autor com o fim a que, segundo a lei, o processo especial se destina: se há correspondência entre o pedido e o fim, o processo especial é o adequado; se não, aplica-se o processo comum ou, eventualmente, outro processo especial. Em suma, a forma de processo ajusta-se à pretensão deduzida na acção. *Código de Processo Civil Anotado*, vol. 1º, p. 333 e *Processos Especiais*, vol. 1º, p. 6.

[61] São especiais, portanto, só aqueles processos que a lei trata como tal e que não têm entre si outra afinidade processual senão a de estarem todos, e cada um *de per si*, organizados segundo modelos específicos. Há quem critique a enunciação legal, dizendo que ela representa um conjunto desafinado e desarmónico, cujo parentesco orgânico não é nenhum.

Nessa sede, o eminente processualista, depois de expor os vários critérios que têm sido considerados como bons para estabelecer a distinção, desde o critério tradicional, que é meramente formal, até às diversas doutrinas de CHIOVENDA, WACH e ZANZUCCHI, que *caracterizam a jurisdição voluntária pelo seu fim essencialmente constitutivo*, acaba reconhecendo que se trata de uma questão ainda em aberto, sem base segura para a sua resolução.

Por isso, ALBERTO DOS REIS justifica a arrumação dos processos de jurisdição voluntária num dos Títulos do Livro do Código de Processo Civil (de 1939, cujo projecto foi da sua autoria) dedicado aos processos especiais. Assim – diz – ladeou a dificuldade de ter de definir um conceito muito nebuloso, optando pelo sistema de os enumerar taxativamente no Código, embora reconhecendo que se pode invocar certa arbitrariedade na elencagem de tais processos.

E, de facto, ANSELMO DE CASTRO viria mais tarde a salientar que o Código de Processo Civil português é talvez "o único em que se faz uma arrumação completa e exaustiva dos processos de "jurisdição voluntária" (artigos 1509º e ss do Código de Processo Civil então vigente em Portugal, a que actualmente correspondem os artigos 1206º e ss do CPC de Macau).

Mas afinal o que é a jurisdição voluntária? O que a distingue da jurisdição contenciosa? [62]

Vejamos:

a) Parece não restarem dúvidas de que os processos de jurisdição contenciosa são aqueles em que os litigantes, não podendo chegar a acordo amigavelmente, deduzem as suas pretensões antagónicas, de sentido oposto, perante o tribunal para que ele defina o direito em questão e assim administre justiça. Na base de todos eles, portanto, está *um conflito de interesses*, um litígio; neles existe contraditoriedade.

b) Por sua vez, os *processos de jurisdição voluntária* (ou graciosa) são os que surgem da necessidade, que por vezes existe, de praticar judicialmente um determinado acto para que o juiz o fiscalize e lhe

[62] Há quem contraponha *a verdadeira jurisdição* (a contenciosa) a uma *pseudo-jurisdição* (a voluntária ou graciosa). Ao elemento subjectivo da primeira chamam *partes*, ao da segunda *participantes*. No plano do direito comparado, conhece-se, pelo menos, um Código de Processo Civil – o mexicano de 1884 – a referir-se a *jurisdição mista*.

> imprima um cunho de indiscutível autenticidade, ainda que todos os interessados estejam de acordo na *prossecução de um só e mesmo interesse*, ou, havendo divergências entre eles, estas não se traduzam num conflito de interesses, mas apenas em luta de opiniões acerca do modo de satisfazer esse único e mesmo interesse que se pretende definir judicialmente.

Neles não existe, no fundo, um verdadeiro litígio, neles está ausente a contraditoriedade.

Como *exemplo* de processo de jurisdição *contenciosa*, temos a acção para cobrança de um crédito, aquela em que o autor pede o pagamento de uma dívida, o cumprimento de uma obrigação emergente dum contrato anteriormente celebrado com o réu, que não cumpriu.

Como *exemplo* de processo de jurisdição *voluntária*, temos o caso do *processo de regulação do poder paternal* (responsabilidade parental), em que os pais separados ou divorciados se dirigem ao tribunal para que este defina qual há-de ser, para o futuro, o regime do exercício desse poder/dever relativamente aos filhos.

Nestes processos não há, juridicamente, interesses em conflito: o juiz atende apenas ao interesse do filho e é sobre este que versa a sua decisão.

A enumeração que se faz, no Código de Processo Civil, dos processos de jurisdição voluntária é uma enumeração empírica; não se define o respectivo conceito, como já salientámos.

Todavia, dos artigos 1206º e seguintes, sem dúvida que resultam claras as *características deste tipo de processos.*

Enunciemo-las esquematicamente:

1ª – *Contraposição mais acentuada do princípio inquisitório ao princípio dispositivo.*

O artigo 1207º, nº 5, concedendo ao tribunal plena liberdade de investigação dos factos, de exigência de provas e de recolha de informações, consagra abertamente o princípio inquisitório, no âmbito da jurisdição voluntária, com grande amplitude.

Ao contrário, no processo contencioso vigora, à partida, o princípio dispositivo (artigos 3º, nº 1 e 563º, nº 2 do CPC), embora temperado pelos poderes de iniciativa do juiz (artigo 6º do mesmo Código).

2ª – *Predomínio da equidade sobre a legalidade estrita*, como resulta do preceito do artigo 1208º do Código de Processo Civil.

Ao invés, no processo contencioso, *a lei* manda que o juiz interprete e aplique a lei aos factos, concluindo pela decisão final.

3ª – *Inadmissibilidade de recurso para o Tribunal de Última Instância.*

Dispõe o artigo 1209º, nº 1 do Código de Processo Civil que "das resoluções não é admissível recurso para o Tribunal de Última Instância".

Também em Portugal, das decisões proferidas em processos de jurisdição voluntária pode apenas recorrer-se para um Tribunal da Relação, até porque a regra é que o Supremo Tribunal de Justiça só cura da interpretação e aplicação da lei.

4ª – *Modificabilidade,* ou *alterabilidade, das decisões* proferidas nos processos de jurisdição voluntária (artigo 1209º, nº 2 do CPC).

As decisões proferidas em processo contencioso são definitivas logo que transitem em julgado; as resoluções proferidas em processo de jurisdição voluntária ou graciosa são, em regra, modificáveis com fundamento em circunstâncias supervenientes que justifiquem a alteração.

Não obstante, no divórcio por mútuo consentimento (artigos 1242º a 1248º do CPC), a sentença que o decrete é imodificável depois de transitada em julgado[63].

Resta relembrar que em torno da figura da *jurisdição voluntária* muito tem sido discutido, designadamente porque *muitos autores a não consideram de natureza verdadeiramente judicial*, atribuindo-lhe antes natureza administrativa, ou então natureza híbrida ou mista.

Como refere ANSELMO DE CASTRO, a atitude que o legislador processual português assumiu de enumerar os processos de jurisdição voluntária, não eliminou todas as dúvidas a respeito deste conceito: "O problema (...) persiste quanto a saber se fora do Código de Processo Civil haverá ou não actos que devam ser classificados como de jurisdição voluntária. A questão surge, sobretudo, quanto a certas disposições do Código do Registo Civil e do Código do Registo Predial"[64].

[63] No ordenamento de Macau continuam a estar previstas situações em que, ainda que haja mútuo consentimento dos cônjuges, o divórcio tem de ser decretado por sentença judicial.

[64] A inserção desses normativos em diplomas legais de aplicação mais directa nas Conservatórias – que tradicionalmente integram a Administração Pública – podem inculcar a consagração da tese segundo a qual a jurisdição voluntária implica o exercício de uma actividade essencialmente administrativa, fazendo parte do que ZANOBINI chamou "administração pública de direitos privados", numa fórmula original que bem denota um certo hibridismo de natureza.

A discussão dessa problemática, realmente muito complexa, excede o âmbito destas Lições.

Mas voltando à classificação das acções e dos respectivos processos segundo o critério da forma, ocorre questionar a utilidade, ou mesmo a necessidade, desta classificação.

Se bem repararmos, é compreensível, por lógico, que:

- Por um lado, a *forma deva ajustar-se à finalidade visada pelo autor*, isto é, à pretensão deduzida na acção; e
- Por outro lado, a *fisionomia especial de certos direitos subjectivos* cuja tutela se requer, exija uma forma ou tramitação especial do processo correspondente.

5.2.2. Acções com processo comum e suas duas formas: acções com processo ordinário e acções com processo sumário

Debrucemo-nos agora sobre o preceito do artigo 370º, incluído na Secção I, sob a epígrafe *Disposições Comuns*, que reza assim:

> "O processo comum é ordinário ou sumário".

Como resulta da referida epígrafe, o preceito é aplicável às acções declarativas e às acções executivas, mas divergem, em cada uma dessas espécies de acções, os critérios de distinção entre as formas ordinária e sumária.

Limitemo-nos, por ora, à análise dos preceitos referentes ao processo declaratório, *maxime* do artigo 371º.

Do respectivo texto resulta que a integral compreensão do que nele se preceitua obriga à *antecipação de certas noções* que serão objecto de estudo posterior mais alargado: o *valor da causa* e a *alçada do tribunal*.

A propósito dos incidentes da instância, a lei processual regulamenta, nos artigos 247º a 261º, a "verificação do valor da causa". E logo o nº 1 do artigo 247º impõe que "a toda a causa deve ser atribuído um valor certo, expresso em moeda com curso legal em Macau, o qual representa a utilidade económica imediata do pedido"; para a seguir, nos nºs 2 e 3, se indicarem os aspectos nos quais se reflecte o factor 'valor da causa', e que são:

Mas a verdade é que as dúvidas em torno desta questão têm sido muitas, a ponto de se afirmar, talvez com algum radicalismo, que *a chamada jurisdição voluntária não é voluntária nem é jurisdição* (CHIOVENDA).

forma de processo comum, relação da causa com a alçada do tribunal e fixação das custas e dos mais encargos legais do processo.

Nos artigos seguintes encontramos uma definição dos *critérios gerais e critérios especiais a utilizar para fixação do valor da causa*: critérios *naturais*, uns (artigo 248º); critério *artificial*, outro (artigo 254º).

O recurso aos comandos destes preceitos e aos de todos os outros dedicados à matéria, permite-nos determinar o valor de uma causa, ajudando-nos depois, nos termos do artigo 371º, a encontrar a respectiva forma de processo, de entre os esquemas processuais traçados na lei.

Mas, como se viu, o elemento valor da acção só por si não basta; um outro conceito – o de *alçada do tribunal* – carece de delimitação.

Uma curta história do termo alçada, cujo sentido evoluiu através dos tempos, vai ser-nos útil.

Alçada foi, em tempos, um tribunal ou comissão itinerante, que percorria as terras administrando justiça. Lembre-se a obra do escritor Frei Luís de Sousa, intitulada "A vida do Arcebispo", em que pode ler-se: "(...) chamamos alçadas aos tribunais (...) os quais (...) discorrem por todos os povos com poderes reais, como em visita geral, a desfazer agravos, castigar insultos, etc.".

Posteriormente, as alçadas foram substituídas pelas Casas da Relação ou Desembargos.

Mas no conceito que agora nos interessa, *alçada de um tribunal é o valor até ao qual esse tribunal julga sem possibilidade de recurso ordinário* (artigo 583º, nº 1 do CPC), ou seja, é o valor até ao qual um tribunal julga definitivamente.

Em Macau, as alçadas dos Tribunais de Primeira Instância e do Tribunal de Segunda Instância, são, respectivamente, de MOP $50,000.00 e de MOP $1,000,000.00, nos termos do artigo 18º, nºs 1 e 2 da Lei nº 9/1999, de 20 de Dezembro (Lei de Bases da Organização Judiciária).

Ainda uma outra questão relativa ainda às *formas de processo declarativo comum*.

O Código de Processo Civil só regula minuciosamente, em extenso agregado normativo, os termos do processo comum ordinário (artigos 389º a 580º), faltando para a outra forma de processo comum uma tão completa regulamentação privativa: para o processo sumário regem apenas os artigos 670º a 676º.

Ocorre então perguntar: na falta de regras especiais sobre determinado passo da tramitação processual para esta última forma de processo, como se determinam os trâmites respectivos?

A resposta contém-se no artigo 372º, nº 1. Neste preceito, como que se estabelece uma certa hierarquia na integração das lacunas da lei processual, nesta matéria.

Dispõe o artigo 372º:

> "1. O processo sumário e os processos especiais regulam-se pelas disposições que lhes são próprias e pelas disposições gerais e comuns; em tudo quanto não estiver prevenido numas e noutras, observa-se o que se acha estabelecido para o processo ordinário.
>
> 2. (...)".

6. Providências e Procedimentos cautelares

6.1. Natureza das providências cautelares. Sua distinção das acções classificadas segundo o critério da finalidade

Debrucemo-nos agora sobre esta figura processual de crescente importância prática, começando pelos seus mais próximos antecedentes históricos na legislação processual de matriz portuguesa.

Foi dito já que no Código de Processo Civil português de 1939 (em seu artigo 4º), a par das acções de simples apreciação, de condenação, constitutivas e executivas, vinham referidas *as acções conservatórias*. Estas formavam uma categoria autónoma de acções, que a lei colocava a par das restantes.

Esta classificação legal era, porém, bastante criticada na doutrina, designadamente atacando-se a colocação, num mesmo plano, de acções de natureza tão diversa como são as acções declarativas e as acções executivas.

Nesta ordem de ideias, a reforma processual que culminou com a publicação e entrada em vigor do Código de Processo Civil de 1961, ainda vigente em Portugal com muitas e substanciais alterações, acolheu o entendimento de que os mecanismos anteriormente denominados preventivos e conservatórios não constituem, afinal, acções autónomas, mas sim *meros preliminares ou incidentes das verdadeiras acções*; por isso deixaram de figurar no elenco das acções referidas no artigo 4º daquele diploma legal (artigo 11º do CPC de Macau).

A actual lei processual civil de Macau trata os procedimentos cautelares num dos Títulos dedicados ao Processo em Geral (artigos 326º e ss.), estabelecendo a destrinça entre:

- A acção / processo principal (no qual se obterá a decisão final definitiva); e

– A providência dependente de uma acção principal, como preliminar ou como incidente desta (respectivamente, providência *ante causam* e providência *lite pendente*), a qual, na terminologia legal, dá origem, não a um verdadeiro processo, mas a um *procedimento* cautelar no qual se proferirá uma decisão meramente provisória, com um determinado fim garantístico.

Da lei processual vigente resulta bem clara esta situação de subordinação ou de dependência do procedimento cautelar relativamente às acções condenatórias, constitutivas e executivas; *o procedimento é instrumental, nunca autónomo.*

Assim, logo no artigo 1º, nº 2 do CPC distingue-se entre a acção – destinada a fazer reconhecer em juízo um direito ou a realizá-lo coercivamente –, e as providências necessárias para acautelar o efeito útil da acção[65].

E no artigo 328º, nº 1 preceitua-se que "O procedimento cautelar é sempre dependência da causa que tenha por fundamento o direito acautelado e pode ser instaurado como preliminar ou como incidente de acção declarativa ou executiva".

Trata-se pois, no caso de procedimento cautelar *lite pendente*, como que de mais um incidente da instância para além dos previstos e regulados nos artigos 244º a 325º do CPC e ainda, para o processo executivo, do que está previsto nos artigos 753º e 754º do CPC.

Em suma, os procedimentos cautelares pressupõem sempre a existência, actual ou futura, de um processo principal, cujo objecto é a própria situação tutelanda, do qual dependem[66].

Trata-se, assim, de medidas destinadas a prevenir os perigos da natural demora no julgamento de qualquer acção[67].

[65] Repare-se também na referência feita no artigo 2º do CPC: "(...) com o fim de "assegurar" um direito".

[66] O que justifica que a providência caduque se a acção principal vier a ser julgada improcedente, ou se o réu for nela absolvido da instância e o autor não propuser no prazo legal uma nova acção, ou ainda se, decretada a providência *ante causam*, o requerente não propuser a acção principal no prazo-regra de 30 dias a contar da notificação da decisão que a tenha decretado.

[67] A demora na conclusão dos processos judiciais tem vindo a ser, infelizmente, uma realidade praticamente em todo o mundo, não obstante o disposto em textos internacionais, como no artigo 6º, nº 1 da Convenção Europeia dos Direitos do Homem: todo o cidadão tem o direito de ver os seus casos judiciais julgados em tempo razoável (...).

São meios de que o titular do direito subjectivo material pode lançar mão, nos termos da já referida parte final do artigo 1º, nº 2 do CPC, e em nome do princípio fundamental da efectividade da tutela jurisdicional dos direitos, com o fim de acautelar o efeito útil da acção; ou, no dizer sábio de ANTUNES VARELA, para que "a sentença se não torne numa decisão puramente platónica"[68].

Tais mecanismos visam assegurar os resultados da acção, quer garantindo a manutenção do *status quo ante* para que ele se não altere a ponto de se tornar impossível a reintegração do direito violado, quer decretando – por ser urgente a sua efectivação – a antecipação dos pretendidos efeitos jurídicos e do direito que se espera venha a ser reconhecido na sentença definitiva.

Entre os procedimentos tipificados no CPC que visam especificamente a primeira daquelas finalidades, podem enumerar-se o *arresto*, o *arrolamento* e o *embargo de obra nova*.

O *arresto* consiste na apreensão judicial dos bens do devedor, procurando evitar o risco que o credor (justificadamente receoso de perder a garantia patrimonial do seu crédito) pode sofrer antes de decretada a penhora (artigos 615º a 618º do CC e 351º e ss. do CPC); é, pois, uma antecipação da penhora a efectivar na execução para pagamento de quantia certa (artigos 351º e ss.).

Pelo *arrolamento* (artigos 695º e ss. do CPC), pretende-se também afastar o perigo de se impossibilitar a reintegração do direito material em consequência da demora da decisão judicial definitiva.

Igualmente, no que respeita ao *embargo de obra nova*, figura delimitada no artigo 356º do CPC, o intuito é acautelar e assegurar a realização efectiva de um direito[69].

O enquadramento é o seguinte: alguém inicia uma obra que é ofensiva do direito de propriedade, da posse, ou de outro direito real de gozo, de

[68] *Manual*..., p. 23; ou ainda, segundo MONTEBANO, "(...) Conseguir que a situação presente seja transposta para uma vindoura decisão, *antes que seja tarde*" (*La Tutela Giurisdizionale del Diritto, in Rivista di Diritto Processuale*).

[69] Esta figura vem já da velha Roma e foi regulada nas Ordenações (Livro III), tendo sido mantida como processo cautelar na posterior legislação portuguesa. Assim, na Novíssima Reforma Judiciária, no Código Civil de 1867, no Código de Processo Civil de 1876 (na secção intitulada "Dos actos preventivos e preparatórios para algumas causas", e no Código de Processo Civil de 1939 (processos preventivos e conservatórios).

outrem. Verificada essa circunstância, o tribunal reconhece à pessoa prejudicada o direito de embargar a obra, ou seja, o direito de a fazer parar ou suspender imediatamente, quer requerendo-o no prazo de trinta dias após o conhecimento do facto, quer promovendo directamente o embargo por via extrajudicial, perante duas testemunhas e o dono da obra ou quem a dirija. Neste último caso, o embargo tem de ser ratificado pelo tribunal, a requerimento do interessado, dentro de 5 dias (artigo 356º, nº 3 do CPC)[70].

Como exemplo de procedimentos cautelares que antecipam a realização do direito que venha – eventualmente[71] – a ser reconhecido por sentença, e cuja efectivação tem carácter urgente, podem apontar-se os *alimentos provisórios*, previstos e regulados nos artigos 344º a 347º do CPC, como dependência da acção especial de alimentos (definitivos) ou mesmo de processo de divórcio em que se discuta o direito a alimentos entre os cônjuges, nos termos da lei civil.

Trata-se, em todos estes casos, de providências cautelares, de meios de tutela provisória dos direitos subjectivos previstos, em tese geral, no artigo 1º, nº 2, e regulados em disposições gerais e, especificamente, nos artigos 326º a 368º do Código de Processo Civil; procedimentos cautelares que são consequência, afinal, do requerimento de uma providência homónima.

E de tudo o que fica dito resulta, enfim, uma característica importante dos procedimentos cautelares que é, sempre, *a sua urgência* (artigo 327º do CPC), o que tem importantes reflexos de ordem prática, no que respeita à prática dos actos que integram a respectiva tramitação, como também à fixação dos respectivos prazos. Urgência que, segundo a melhor doutrina largamente acolhida na jurisprudência, se transmite à fase de recurso, se o houver.

6.2. Pressupostos e estrutura dos procedimentos cautelares

Hoje em dia, ao incluir-se esta figura na categoria de meros procedimentos, e não na dos processos propriamente ditos, retira-se-lhes autonomia, já que dependem sempre, ou de uma acção já pendente, ou de uma acção

[70] O embargado que continue a obra depois de notificado para o não fazer incorre no crime de desobediência (cfr. o Código Penal de Macau).

[71] Falamos de 'eventualidade' porque dúvidas não há de que o decretamento da providência não condiciona a apreciação da causa principal, não ficando o juiz vinculado por esse juízo provisório. Dizendo de outro modo: a decisão proferida no procedimento cautelar, seja ele decretado *ante causam* ou *lite pendente*, não tem força de caso julgado no processo principal.

que virá a ser proposta, constituindo, consoante os casos, mero preliminar ou incidente dela; por isso apresentam, pela sua própria natureza e finalidade específica, uma estrutura bastante mais simplificada do que a do processo propriamente dito.

As providências cautelares, como já notava PIERO CALAMANDREI (*in Introduzione allo Studio Sistematico dei Provvedimenti Cautelari*), "não são um fim, mas um meio".

Elas *caracterizam-se por dois traços fundamentais*, isto é, demandam dois pressupostos ou requisitos essenciais:

i. A aparência ou probabilidade séria da existência do direito invocado pelo requerente (*fumus boni iuris*); e
ii. O perigo resultante da insatisfação desse direito, por virtude da demora no julgamento da acção principal (*periculum in mora*).

Para a verificação do primeiro requisito tem-se entendido que basta um juízo de probabilidade; ao juiz não se exige o mesmo grau de convicção que é exigido numa verdadeira acção: daí o simples "*fumus*".

Mas na apreciação do segundo requisito, tem-se entendido que já é necessário um juízo de certeza.

Vemos, assim, que a função da providência cautelar consiste fundamentalmente em eliminar, ou anular, o *periculum in mora*; aquilo que CALAMANDREI descreve assim:

"As providências cautelares representam uma conciliação entre as duas exigências que estão frequentemente em conflito: a da celeridade e a da ponderação. Entre o fazer depressa e o fazer bem, mas tardiamente, as providências cautelares visam, antes de mais, fazer depressa, permitindo que o problema (...) da justiça intrínseca da decisão seja resolvido ulteriormente, com a necessária ponderação, segundo os trâmites vagarosos do processo ordinário. Dão, assim, ensejo a que este processo funcione com calma, porque dispõem e ordenam preventivamente os meios idóneos para que a providência definitiva, quando chegar a ser pronunciada, possa ter a mesma eficácia e o mesmo rendimento prático que teria se fosse proferida imediatamente".

As providências cautelares são, pois, *providências jurisdicionais dimanadas do órgão judiciário em vista de uma sentença de mérito, com a finalidade de lhe assegurar os respectivos efeitos.*

Por virtude de tal função, estas providências são apelidadas de *cautelares*; justificam-se pela necessidade de não frustração da tutela jurisdicional dos direitos, em nome do chamado *princípio da efectividade da tutela jurisdicional dos direitos*, proclamado solenemente por CHIOVENDA ao fundamentar a necessidade da existência de normas que se reconduzam à ideia essencial de que a duração do processo, ou seja, o tempo necessário para a definição da lide, não deve decorrer em prejuízo do direito cuja tutela o autor requer ao tribunal[72].

Por tudo isto, o regime legal dos *procedimentos cautelares* é definido em função de certas características que poderemos sintetizar assim:

a) São *urgentes e excepcionais*;

b) As decisões neles proferidas são provisórias ou interinas;

c) A urgência pode justificar um atropelo momentâneo, ou melhor, um *diferimento do contraditório*, não se ouvindo antecipadamente o requerido – *v. g.*, nos casos previstos e regulados nos artigos 330º, nº 1 e 335º, nº 2 do Código de Processo Civil;

d) *Não têm autonomia*: são meros preliminares ou incidentes de uma acção principal que tem por fundamento o direito acautelando (artigo 328º, nº1), pelo que virão a caducar nos casos enumerados no artigo 334º do CPC;

e) *Têm uma estrutura mais simplificada*, quando comparados com os verdadeiros processos (já os romanos falavam da *summaria cognitio* por parte do juiz, para salientar a forma abreviada da produção e julgamento da prova – cfr., de novo, os artigos 329º e todo o artigo 330º do Código de Processo Civil.

6.3. Classificação dos procedimentos cautelares

Resta assinalar que, para além das providências cautelares nominadas ou especificadas como as que referimos a título exemplificativo, o Código de Processo Civil admite ainda o *procedimento cautelar comum*, generalizando a figura a todas as situações de perigo para a realização efectiva de um direito.

Parece lógico e razoável que elas só tenham cabimento quando à situação factual descrita pelo requerente da providência não corresponda qual-

[72] ELIO FAZZALARI, em *Enciclopedia del Diritto*, vol. XXXVII, p. 341.

quer das providências especificadas na lei, com os respectivos elementos identificadores.

E também parece não haver dúvidas de que os tipos que se prevêem genericamente no art. 326º correspondem a uma referência meramente exemplificativa, já que, como muito bem observa ANTUNES VARELA, "a intenção manifesta é a de abrir as portas ao requerimento de toda a providência que se mostre adequada à situação"[73].

Trata-se da concessão de *um poder cautelar geral* que, sendo caso disso, pode ser exercido através do requerimento de uma providência cautelar 'sem nome', que a lei apelida de "comum".

São os artigos 326º a 337º que regulamentam este mecanismo cautelar, mediante a definição de um conjunto de requisitos caracterizadores da respectiva providência e correspondente procedimento, mas que desempenham uma função muito importante, que é a de serem de aplicação subsidiária aos procedimentos nominados (com as ressalvas legalmente assinaladas no artigo 337º).

Desse conjunto normativo resulta também, implicitamente, que a providência cautelar comum, com a função de cobertura do sistema cautelar que se pretende que ela cumpra[74], pode assumir as modalidades que ao caso couberem para desempenho cabal dessa função, e que podem ser a *função conservatória*, a *função inibitória* e mesmo a *função antecipatória*.

Em suma, *a consagração legal da figura das providências cautelares*, ainda que sem autonomia processual, *resulta da necessidade de ponderação entre uma justiça cautelosa e serena, mas a destempo, e uma justiça pronta, célere, mas eventualmente precipitada*.

Procura-se assim encontrar um ponto de equilíbrio; pretende-se, deste modo, harmonizar as preocupações capitais de justiça e de celeridade no processo, com o mínimo possível de prejuízo para cada um desses valores.

[73] *Manual...*, p. 27.

[74] Exprimimo-nos assim porque, como resulta explicitamente do nº 1 do artigo 326º e se salienta no texto, a providência cautelar comum só pode ter lugar quando "ao caso não convier nenhuma das providências reguladas no capítulo subsequente".

Parte II

TEORIA DA LEI PROCESSUAL

Capítulo I
O Direito Processual Civil

7. Conceito de Direito Processual Civil

Adquiridas certas noções que nos introduzem no estudo do Direito Processual, designadamente no que se refere aos seus diferentes ramos – subconjuntos normativos que se distinguem entre si pelo seu objecto –, e adiantada já uma noção provisória de Direito Processual Civil, chegou o momento de desenvolver um pouco este conceito.

Direito Processual Civil, ou abreviadamente Processo Civil[75] é, antes de mais, *o ramo do Direito funcionalmente destinado a integrar o Direito Civil e o Direito Comercial*, isto é, o chamado Direito Privado.

Ora, se o Direito Privado abrange o complexo de normas que regulam as relações jurídicas entre os particulares, ou entre estes e os entes públicos quando estes nelas apareçam, como soe dizer-se, despidos das suas vestes de soberania, o Direito Processual Civil, por seu turno, agrega as "normas reguladoras dos tipos, formas e requisitos da acção civil, bem como das formalidades que devem ser observadas em juízo na propositura e desenvolvimento dela"[76].

Por outras palavras, o Direito Processual Civil é o conjunto de normas jurídicas que regulam o processo civil, disciplinando os requisitos da propositura da acção, bem como a actividade subsequente que as partes,

[75] Salvatore Satta, *in Enciclopedia del Diritto*, vol. XII, p. 1100, esclarece que a expressão 'Direito Processual Civil' é recente, já que na grande tradição latina a fórmula correspondente era *Processo Civil*.

[76] Antunes Varela, *Manual...*, cit., p. 7.

o tribunal, os auxiliares processuais e outros intervenientes no processo irão desenvolver em juízo, com vista à obtenção de uma decisão dotada de força vinculativa.

Enquanto ramo do direito objectivo, o Direito Processual Civil abarca, pois, *as normas reguladoras dos tipos e requisitos das acções cíveis, as normas que dispõem sobre pressupostos processuais (condicionantes da sentença de mérito), e ainda as que disciplinam o próprio formalismo ou rito do processo civil, dispondo sobre a forma, o tempo, o lugar e a ordem segundo a qual devem ser praticados os actos que o integram.*

Ao disciplinar o processo civil, o Direito Processual Civil estabelece e regula os meios de assegurar a tutela dos direitos conferidos, em termos gerais e abstractos, pelo Direito substantivo (civil e comercial), mediante a aplicação das normas deste último, feita pelos tribunais, aos casos concretos submetidos à sua apreciação e julgamento.

Situando-se num plano diferente – digamos assim – o Direito Processual Civil é instrumento posto ao serviço do Direito Civil, e este, enquanto tal, fornece àquele a matéria-prima indispensável ao seu efectivo e normal funcionamento.

8. Caracteres do Direito Processual Civil

Falámos já, em sede anterior, dos *diferentes ramos da função jurisdicional*, a cada um dos quais corresponde uma disciplina normativa específica, operante nos respectivos domínios.

Dito ficou também que a diferenciação entre esses diversos ramos pode fazer-se, tanto em função do objecto da causa, como atendendo à qualidade das partes que intervêm no processo – particulares ou entes que como tal se assumem (processo civil); um particular e o Estado, este enquanto titular da administração pública (processo administrativo); o Estado em representação de interesses gerais da colectividade (processo penal).

Mas se isto é certo, não menos o é que a distinção não afasta uma complementaridade de funções entre estes ramos processuais, que ficará preenchida quando, por exemplo, em processo civil se aprecia uma questão para a qual é competente um tribunal criminal ou administrativo (assim é nas situações previstas no artigo 27º do CPC), ou quando em processo penal se arbitra uma indemnização emergente de responsabilidade civil ligada à responsabilidade criminal (*v.g.*, nos casos do artigo 74º do Código de Processo Penal de Macau).

Não admira, pois, que falemos de certos caracteres comuns a todos os ramos da jurisdição e, consequentemente, de alguns caracteres comuns a toda a lei processual, ou seja, a todos os ramos do Direito Processual.

Passemos em revista os *caracteres do Direito Processual Civil* que agora nos ocupa.

I. É costume destacar, antes de mais, *a instrumentalidade* (ou carácter instrumental) *do Direito Processual Civil.*

Mas em que termos devemos entender a natureza instrumental deste ramo do Direito?

Antes de mais, é preciso ter presente que *não são as normas de Direito Processual Civil que fornecem as soluções para os conflitos de interesses* que surjam na vida em sociedade; elas não nos dão a conhecer a quem pertence legitimamente determinado bem, quem deve exercer a posse sobre ele, quem é titular de determinado direito, e assim por diante. Tais dados são fornecidos, em termos gerais e abstractos, pelas *normas de Direito Civil*; normas que, assim, *se aplicarão a uma infinidade de casos futuros*, ou seja, a situações concretas que ocorram depois da sua entrada em vigor.

Por sua vez, ao *Direito Processual Civil* cabe propiciar os meios necessários para, a partir do direito privado, se alcançar a solução de um determinado litígio surgido no desenrolar de uma dada relação jurídica pré-existente: por isso pode dizer-se que *o Direito Processual Civil se aplica a casos concretos, já passados.*

O mesmo é dizer que, actuando no plano da tutela dos direitos materiais ou substantivos, o Direito Processual Civil é o meio ou instrumento posto ao serviço dos direitos e interesses legítimos, mediante a regulação dos mecanismos facultados para a respectiva defesa.

Nesta ordem de considerações, compreende-se que se lhe chame direito adjectivo, por contraposição a direito substantivo; e resulta claro também que a sua instrumentalidade é consequência do carácter conferido pela relacionação entre uma invocada situação subjectiva e a possibilidade da sua garantia ou reconhecimento judicial.

Porém, *a instrumentalidade do Direito Processual Civil é susceptível de graduação*, ou seja:

- Há situações em que o Direito Processual fornece a única via para a concretização de uma determinada situação subjectiva (sirva de exemplo o caso da adopção);

- E outras há que se não identificam com elas, em que o recurso às formas processuais é consequência de uma opção motivada por facto extrínseco ao conteúdo da relação material em causa.

No primeiro grupo de casos existe uma *instrumentalidade de 1º grau* ou principal; no segundo, a *instrumentalidade* do Direito Processual é *de 2º grau*, ou acessória, porque a composição dos interesses contrapostos poderia ter-se conseguido extrajudicialmente (lembre-se, por exemplo, no âmbito do Processo Civil, o caso da partilha de bens de uma herança através do processo especial de inventário, fora dos casos em que este é obrigatório).

Advirta-se, contudo, que a expressão *'direito instrumental' não é equivalente a direito meramente formal*. A observância das mais pequenas formalidades no desenrolar de um processo não constitui, hoje em dia, como já sabemos, o núcleo fundamental e único do Direito Processual Civil[77].

As formalidades e o formalismo, que ao processo conferem solenidade, são necessários e têm de ser cumpridos para atingir o fim do processo. Mas o Direito Processual Civil não se esgota aí: abrange também a regulamentação de matérias importantíssimas como é a dos pressupostos processuais, que não se traduzem em actos praticados no decorrer do processo, mas respeitam a algo anterior ao mesmo e no processo aferido pelo julgador.

Instrumentalidade e carácter formal não equivalem, portanto, a uma mesma característica do Direito Processual Civil[78].

[77] Épocas houve em que, na doutrina jurídica, reinava a ideia do Processo Civil como matéria subalterna, considerando-se que o Direito Processual Civil positivo abrangia apenas o conjunto de normas reguladoras do rito processual: assim era no primeiro Código de Processo Civil português, de 1876 – um "processo-formulário", na designação expressiva de Palma Carlos. Estas ideias redutoras estão, hoje em dia, completamente ultrapassadas: as normas do Direito Processual Civil regulam, abrangentemente, importantes matérias para além do simples formalismo ou tramitação do processo, como veremos.

[78] Sobre a natureza instrumental do Processo Civil ensina Manuel de Andrade: "As leis de processo não provêm sobre *o teu* e *o meu*; não dizem o que pertence a cada um; não estatuem acerca de quais sejam os bens de cada um, mas apenas regem o modo de os defender em juízo". Frases singelas, mas expressivas e clarificadoras, que têm sido citadas em manuais de Processo Civil posteriores à publicação das *Noções Elementares de Processo Civil*, da autoria do insigne catedrático.

Por sua vez, Antunes Varela refere-se à instrumentalidade do Direito Processual Civil nestes termos: ele "(...) regula os meios necessários para, a partir do Direito Privado, se alcançar a solução *concreta* do conflito levantado entre as partes, ou para se dar *realização efectiva* ao direito visado. É um instrumento ao serviço das soluções que decorrem do Direito Civil,

II. Como ramo do Direito, o Direito Processual é, ainda, *um ramo do Direito Público.*

Sem entrarmos nos pormenores da velha polémica sobre o critério mais curial para estabelecer a distinção entre Direito Público e Direito Privado, pode afirmar-se que, hoje em dia, sem lugar para dúvidas, todo o Direito Processual é um sector do Direito Público, mesmo quando destinado a integrar os dois ramos de Direito Privado (civil e comercial), como sucede com o Direito Processual Civil.

Segundo critério aceite pela generalidade da doutrina jurídica, o Direito Público compreende o agregado normativo que regula as relações em que pelo menos um dos sujeitos aparece a exercer uma função de soberania, ou seja, no uso do seu *ius imperii.* Ora isso acontece, de facto, na relação processual, no processo: o juiz exerce nessa relação uma função daquela espécie – a função jurisdicional (na RAEM, embora a soberania seja da RPC, os tribunais exercem com um alto grau de autonomia o poder que pela Lei Básica lhes foi conferido, e que nela é designado de *poder judicial*).

Mas, mesmo para quem considere mais correcto basear a distinção entre direito público e direito privado na natureza dos interesses tutelados pelas respectivas normas, não haverá dúvidas quanto à natureza pública do Direito Processual, já que estão em jogo, para além e acima dos interesses privados das partes, também os interesses colectivos do bem-estar e da paz social conseguidos através de uma correcta administração da justiça.

Nem sempre, porém, houve unanimidade entre os autores quanto à colocação do Direito Processual entre os ramos do Direito Público. Alguns italianos, com S. Satta à frente, chegaram mesmo a concluir que o Direito Processual não é público, nem é privado, mas antes um Direito *sui generis.* Isto, porque abrange uma multiplicidade de tipos de normas – imperativas, dispositivas, supletivas –, enquanto que (segundo aquele mesmo processualista) as normas de Direito Público são todas de natureza imperativa (*ius cogens*).

Hoje em dia, pode dizer-se, está já ultrapassada esta corrente, não obstante ser uma realidade a existência de algumas normas de Direito Processual cuja aplicação pode ser afastada por vontade das partes (normas supletivas).

sem tocar no plano em que *abstracta* ou *genericamente* se definem tais soluções" – *Manual*..., cit., p. 8 (sublinhado nosso).

Só que, nessas zonas limitadas, o relevo concedido ao elemento volitivo não colide com a função soberana e imparcial do juiz, nem com a linha geral dos interesses públicos que subjazem ao processo.

III. Façamos agora a transposição de tudo o exposto, incluindo as características do Direito Processual em geral, para o campo específico do Direito Processual Civil.

Enquanto ramo do direito objectivo – já ficou dito –, o direito Processual Civil abrange as normas reguladoras dos tipos e requisitos da acção civil, com relevo para as que regulam os termos a observar em juízo na sua propositura; tal como compreende as normas referentes aos pressupostos processuais e ao próprio formalismo ou rito do processo, dispondo sobre a forma, o lugar, o tempo e a ordem segundo a qual devem ser praticados os respectivos actos.[79]

De todo o modo, o Direito Processual Civil, precisamente pela natureza privada dos interesses imediatos em jogo, terá sempre mais normas dispositivas que outras ordens jurisdicionais nas quais o interesse público é mais patente.

Por fim, útil será fazer uma referência, breve mas significativa, que nos não parece deslocada aqui.

A natureza (material ou processual, substantiva ou adjectiva) das normas jurídicas determina-se, como ficou dito já, em função do seu objecto, e não, evidentemente, da natureza do diploma legal onde se encontram inseridas.

Assim, podemos encontrar normas substantivas incluídas no articulado do Código de Processo Civil, como por exemplo as que se contêm em vários preceitos respeitantes à falência (artigos 1047º e ss); tal como podemos encontrar normas de natureza processual no Código Civil, designadamente, as dos artigos 1540º, nº 3 (pedido de autorização judicial do uso dos apelidos do ex-cônjuge), 1631º (primeira conferência no divórcio por mútuo consentimento), 1647º, nº 2 e 1648º, nº 2 (efeitos do divórcio).

[79] Noção provisória e não totalmente rigorosa de Direito Processual Civil, no dizer de MANUEL DE ANDRADE, *in Noções Elementares...*, cit., p. 28.

9. Importância do Direito Processual Civil

9.1. Importância teórica

Do carácter instrumental deste ramo do Direito, das características especiais da relação processual civil no confronto com a relação jurídica material, não resulta, de forma alguma, para os teóricos do Direito, uma ausência, nem sequer redução de interesse pelas importantes questões que no seu âmbito podem colocar-se.

Pelo menos a partir de meados do século XIX, o Direito Processual Civil ganhou paulatinamente foros de verdadeira disciplina científica, abandonando-se a ideia de que o processo se limita à regulamentação de um rito, a uma realidade cujo conhecimento apenas interessa aos práticos do Direito.

É certo que a relação processual, não obstante se lhe reconhecer nos dias de hoje uma indiscutível autonomia relativamente à relação substantiva que lhe subjaz, se nos apresenta mais simples, esquemática e porventura mais limitada no tempo do que esta última.

Mas, ainda assim, não são poucos os temas processuais de enorme complexidade, que têm merecido aprofundamento por parte de grandes nomes da doutrina jurídica europeia, constituindo matéria de renhidas polémicas doutrinárias e de apaixonadas lucubrações teóricas, de considerável valor científico.

Dúvidas não restam de que a doutrina jurídica tem logrado enriquecimento ao debruçar-se sobre o estudo de temas como o caso julgado, a legitimidade processual, a distinção entre *matéria de facto* e *questões de direito*, para já não falar da complexa questão da natureza jurídica do direito de acção judicial, sobre a qual já nos debruçámos.

Além do mais, não constituirá novidade afirmar que é no sector do Processo Civil que mais profundamente se reflecte o tão estafadamente assinalado (e, se calhar, contestável...) traço distintivo do Direito em relação a outros complexos normativos que regem a vida em sociedade: a coercibilidade.

Manuel de Andrade[80] afirmava, sintomaticamente, que "O processo civil respeita ao momento da realização prática do Direito, quando os preceitos materiais não são espontaneamente observados pelos parti-

[80] *Noções Elementares...*, cit., p. 35.

culares. Tanto basta para tornar óbvia a sua importância no sentido de ajudar a uma exacta "compreensão da essência do jurídico", o que significa uma mais completa e sedimentada elucidação acerca de conceitos gerais do Direito, elementos indispensáveis na bagagem de todo o viajante consciente, nas suas deslocações adentro as fronteiras do mundo jurídico.

9.2. Importância prática

Mas não menor é o *interesse prático do Direito Processual Civil.*

Na correcta interpretação e boa aplicação das suas normas, ele pode exercer uma influência decisiva para o êxito da pretensão formulada pelo autor perante o tribunal.

A ignorância ou o defeituoso conhecimento das normas de Direito Processual Civil, uma má condução do processo, podem fazer perigar, ou mesmo comprometer, o sucesso da pretensão do demandante, e terão seguramente reflexos negativos no desenrolar da causa.

É certo que, na época em que o rito do processo judicial constituía a medula do direito processual civil, em que esse formalismo tinha uma relevância excessiva para o resultado final das acções cíveis, a preterição de alguma ou algumas formalidades era susceptível de produzir efeitos muito mais nocivos, do que actualmente, para os sujeitos da relação processual.

De há uns bons anos a esta parte, pelo menos desde a reforma portuguesa de 1926, poderemos dizer que o alcance deste perigo diminuiu bastante e na razão inversa da preocupação que presidiu àquela mesma reforma, a partir da qual se procurou assegurar, em primeira linha, uma tanto quanto possível correcta interpretação e aplicação do Direito substantivo, com vista ao triunfo da justiça material.

O risco das decisões desfavoráveis por deficiente aplicação da lei processual ficou, desde então, bastante atenuado, embora não completamente eliminado.

Como exemplos actuais de reflexos desvantajosos do não cumprimento de ónus processuais, poderemos apontar: **i.** A cominação do artigo 405º, nº 1 do Código de Processo Civil – se o réu, em processo declarativo comum ordinário, não contestar no prazo fixado para o efeito, consideram-se reconhecidos os factos articulados pelo autor; e **ii.** O que se estatui no preceito do artigo 582º do mesmo Código – transita em julgado e converte-se em decisão definitiva a sentença da qual não foi interposto recurso no prazo legal, apesar de a parte vencida ter fundamentos para impugnar a decisão já que, se recorresse, abriria a hipótese de vir a lograr decisão favorável em instância superior, revogatória da proferida em primeira instância.

Mas as desvantagens que podem advir de uma deficiente aplicação da lei processual, para além de atingirem as partes, podem estender-se também aos advogados que patrocinam as respectivas causas, aos funcionários incumbidos da prática de certos actos processuais e mesmo aos juízes a quem incumba conduzir e apreciar a actividade processual no seu todo.

E em muitas situações, as desvantagens resultantes de certo tipo de actuação no processo assumem mesmo expressão pecuniária, *v.g.*, para as partes que provocaram incidentes desnecessários à declaração ou defesa do direito subjectivo em questão: nesses casos, as custas recaem – ao contrário do que sucede como regra – sobre a parte que escusadamente os requereu, e não sobre a que ficou vencida na acção (artigo 378º, nºs. 1 e 2 do CPC).

Esta uma rápida abordagem da questão da importância, teórica e prática, do Direito Processual Civil, sobre cuja afirmação existe, hoje em dia, perfeita unanimidade.

No desenvolvimento das nossas lições, irá sendo recolhido todo um material que ajudará a confirmar o indesmentível interesse desta disciplina.

10. Interpretação e integração das normas de Direito Processual Civil

10.1. Interpretação da lei processual [81]

Como em qualquer outro ramo do Direito, também *a lei processual tem de ser interpretada em momento que precede a aplicação das respectivas normas.*

Esta prévia *actividade*, que ao aplicador do Direito incumbe, *visa determinar o sentido decisivo ou prevalente das normas positivadas nos textos legais, sempre que na sua letra caibam sentidos diversos*; ou, pelo menos, tem como objectivo extrair as ideias que esses mesmos textos encerram, fazendo a transposição da forma para o conteúdo (operação inversa à do legislador).

Como bem se compreende, as normas jurídicas em geral (incluindo as do Processo Civil), como declarações ou afirmações que são, destinadas

[81] Sobre o tema da interpretação das leis em geral existe extensa literatura portuguesa e de outros países. Salienta-se, no entanto, o *Ensaio sobre a Teoria da Interpretação das Leis* (tese de doutoramento de MANUEL DE ANDRADE), publicado em volume da *Colecção Studium*, conjuntamente com a tradução da obra de FRANCESCO FERRARA, *Interpretação e Aplicação das Leis*. De muito interesse se reveste também toda a Parte IV, intitulada "A interpretação da lei e dos contratos", da obra de ALESSANDRO GROPPALI *Introdução ao Estudo do Direito*, 3ª edição, tradução de MANUEL DE ALARCÃO, Coimbra, Coimbra Editora, 1978, pp. 229 e ss.

ou dirigidas à generalidade, podem ser mais ou menos imperfeitas e não poderão, naturalmente, prever todos os tipos de situações susceptíveis de surgir no desenrolar da vida quotidiana.

O entendimento das normas deixa, ou pode deixar, muitas vezes, lugar a dúvidas que, na prática, potenciam litígios a dirimir em juízo. E todas essas dúvidas e incertezas relativas à compreensão das normas jurídicas resolve-as o operador do direito, particularmente o juiz decisor, através das operações previstas no nº 2 *in fine* do artigo 562º do CPC, que abrangem a interpretação, a integração e a aplicação da lei abstracta às circunstâncias do caso concreto.

Mas, como é sabido, a actividade interpretativa não é desenvolvida ao acaso; ela obedece a directrizes gerais, destinadas a viabilizar, na medida do possível, a fixação de um sentido uniforme.

Os princípios gerais sobre o método da interpretação *lato sensu* (interpretação e integração das normas do direito objectivo) estão contidos nos preceitos dos artigos 8º e 9º do Código Civil, em torno dos quais têm sido tecidas algumas críticas.

Mas mais do que simples critérios lógicos, dirigidos ao prudente arbítrio do aplicador do Direito, estas normas representam verdadeiras normas jurídicas, como tal vinculativas, que dispõem sobre os meios a utilizar e os fins a atingir neste domínio.

Sem entrarmos agora no estudo aprofundado da questão da interpretação em geral, importa esclarecer que o preceituado naqueles artigos da lei civil é inteiramente aplicável no domínio da lei processual civil[82]. Porque:

a) Por um lado, não há na lei processual civil qualquer disposição que estabeleça critérios especiais para a interpretação das suas normas;
b) Por outro lado, a natureza e configuração próprias da relação jurídica processual não impõem, por si, qualquer desvio ao regime por que deve reger-se a interpretação das leis em geral.

De todo o modo, sempre poderá registar-se *uma circunstância particular* que o intérprete-aplicador da lei processual deve ter presente: sendo o Processo Civil dominado por um conjunto de princípios fundamentais, que a

[82] Esta comunicação de disciplina legal, verificável quanto à problemática geral da interpretação e integração da lei processual não se surpreende já quanto à questão da sua aplicação no tempo e no espaço, como adiante veremos.

seu tempo iremos estudando, é preciso que haja o cuidado necessário para interpretar restritivamente toda e qualquer norma que consagre desvios a algum desses princípios fundamentais. Por outras palavras, toda a norma cuja interpretação não esteja em harmonia com algum desses princípios não deve ser ampliada[83].

Em conclusão: na interpretação da lei processual, o operador do Direito deve seguir o método delineado no preceito do artigo 8º do Código Civil, tentando conciliar o interesse da rectidão e do progresso da ordem jurídica com aquele outro interesse, inafastável, da certeza do Direito e da segurança do comércio jurídico, tão protagonísticos no sector do Processo Civil.

10.2. Integração da lei processual

Não constitui surpresa que, tal como na área do Direito Civil, o intérprete-aplicador do Direito Processual possa vir a defrontar-se, no desempenho da sua tarefa, com a verificação de lacunas, com omissões de regulamentação a que terá de obviar.

Não será porventura tão raro assim deparar, na aplicação prática do Direito, com uma ausência de regime legal para situações inequivocamente merecedoras de tutela jurídica. Ficamos então perante uma *lacuna*,

- Quer por imprevisibilidade de certas situações no momento da feitura e publicação das leis,
- Quer por lapsos de regulamentação (frequentes e inevitáveis),
- Quer ainda pela dificuldade de regular, por via geral e abstracta, situações ainda mal definidas pela doutrina, o que leva o legislador a abster-se, deliberadamente, de formular para elas qualquer disciplina normativa.

Quid iuris, então, tanto mais que existem no nosso ordenamento preceitos que expressamente vedam ao julgador abster-se de julgar por falta de lei aplicável (art. 7º, nº 1 do Código Civil)?

Tal como no domínio da interpretação, também quanto à questão da integração de lacunas *o Direito Processual Civil não oferece particularidades* relativamente ao regime geral de integração das lacunas da lei.

[83] Recorde-se que a *interpretação restritiva* é uma das modalidades de interpretação que pode incluir-se no grupo classificativo reunido em função dos resultados da actividade interpretativa, para além da *interpretação declarativa* e da *interpretação extensiva*.

Têm, pois, inteira aplicação as regras do Código Civil, definidas no seu artigo 9º e respectivos números, que poderemos esquematizar assim:

– Regula-se o caso omisso pela norma aplicável aos casos análogos; e, na falta de caso análogo, pela regra que o próprio intérprete criaria se tivesse de legislar dentro do espírito do sistema, isto é, respeitando o estilo, a fisionomia típica, a traça geral do sistema em que se move[84] [85].

Curiosamente, MANUEL DE ANDRADE chama a atenção para a circunstância de que "nada obsta, em princípio, ao preenchimento das lacunas da lei de processo civil por meio da aplicação analógica das disposições de outras leis processuais". Para logo a seguir fazer a advertência de que "raramente, no entanto, será caso disso, já por faltar uma verdadeira analogia entre as hipóteses em causa, já pela circunstância de as outras leis processuais serem menos completas, prevendo até algumas delas o recurso à lei de processo civil como direito subsidiário"[86] [87].

A verdade, porém, é que ao aplicador do Direito Processual Civil se deparam por vezes omissões de previsão e regulamentação nas normas em vigor, colocando-o perante o problema da integração dessas lacunas.

Alguns exemplos de lacunas poderíamos apontar aqui para ilustração deste asserto; mas será preferível – porque mais proveitoso – que deixemos ao estudo que no âmbito desta disciplina iremos empreender a missão de ir detectando aspectos que o legislador processual não chegou a contemplar e que são realmente merecedores de tutela jurídica.

11. Aplicação da lei processual no tempo[88]

11.1. Equacionamento do problema

Tal como em qualquer outro ramo do Direito, também no domínio do Direito Processual Civil pode acontecer que uma relação processual seja surpreendida, no seu percurso, pela entrada em vigor de uma nova lei que altera a regulamentação de matérias processuais de vital importância.

[84] Tal solução, corresponde, no essencial, à doutrina do Código Civil Suíço.

[85] Esta norma é válida no domínio do Direito Civil e no do Direito Processual Civil; mas não já no do Direito Penal, dada a natureza da matéria que versa.

[86] É exemplo o preceito do artigo 176º do Código do Registo Civil de Macau, aprovado pelo Decreto-Lei nº 14/87/M, de 16 de Março (depois adaptado à nova lei civil em 1999), cuja epígrafe é justamente "direito subsidiário".

[87] *Noções Elementares de Processo Civil*, Coimbra, Coimbra Editora, 1979, p. 39.

[88] Sobre esta matéria, cfr. ANTUNES VARELA, *Manual...*, cit., pp. 45 e ss.

Em casos assim, haverá que determinar qual o domínio temporal de cada uma das leis em questão – lei antiga e lei nova; ou, por outras palavras, será necessário delimitar temporalmente o 'reinado' de cada uma delas.

O problema tem as suas particularidades quando transposto do âmbito do Direito substantivo para o do Direito Processual Civil, contrariamente ao que sucede em matéria de interpretação e de integração das lacunas da lei, em que não há especialidades. Mas, tanto num como no outro dos domínios, vários rótulos têm sido encontrados para a mesma questão: aplicação da lei no tempo; aplicação temporal da lei; domínio temporal de aplicação da lei; sucessão de leis; conflitos de leis no tempo.

Todas estas expressões são equivalentes, já que apenas servem de invólucro a um mesmo núcleo de questões.

Exemplifiquemos então:

> *Dada situação juridicamente relevante é posta em conexão, por um ou por vários dos seus elementos, com diversas leis que se sucedem no tempo, dentro da mesma ordem jurídica, regulando em termos distintos esse tipo de situações.*

Quid iuris quanto à lei aplicável? Lei antiga ou lei nova? Ou – se é que isso seja possível – ambas e em que medida?

A eventualidade de o operador do Direito se deparar com situações deste género, se em tempos recuados era mais rara, hoje em dia atinge um grau muito maior, dada a necessidade mais frequente de adaptar o Direito ao evoluir vertiginoso da vida social.

E se isto é um facto relativamente ao Direito material, muito maior será, no domínio do Direito Processual, a probabilidade do surgimento desta questão. O processo é, como vimos, um complexo de actos que se desenvolvem no tempo, mais ou menos demoradamente, pelo que fica especialmente exposto a conflitos temporais de leis.

A que elemento de conexão iremos então atender para determinar a lei aplicável?

Será extensível ao Direito Processual o regime ou orientação geral prescrita na lei civil? Ou haverá na lei de processo normas especiais sobre a matéria?

Uma coisa parece certa: no âmbito do Direito Processual, pode pensar-se pelo menos em três momentos nos quais a questão da aplicação temporal das leis pode levantar-se: o da constituição da relação material controvertida; o da propositura da acção; e o da prática de certo acto dentro de determinado processo.

O mesmo é dizer que uma lei nova pode surgir entre o momento da constituição da relação jurídica substantiva no seio da qual se gerou um conflito de interesses e o da propositura da respectiva acção, ou então depois de já iniciado o processo judicial.

Para resolução do problema pode optar o legislador entre determinar, através de uma norma de conflitos, qual a lei aplicável, ou estabelecer por meio de uma norma transitória um regime intermédio entre as duas leis.

As chamadas disposições transitórias[89] podem aparecer especialmente inseridas nos normativos preambulares de certo diploma legal (normas transitórias especiais) para definir, apenas, o âmbito temporal de certos preceitos inovadores desse mesmo diploma; ou então podem surgir integradas no próprio texto legal – designadamente num Código – como válidas para todas as novas leis ou para aquelas que regulem certas matérias. A estas últimas é uso chamar *normas transitórias gerais*.

Se nada estiver legalmente fixado, haverá que seguir os critérios formulados em tese geral pela doutrina para determinação da lei disciplinadora das relações cuja vida se prolongue através de domínios legislativos subsequentes.

Estes os dados da questão.

11.2. Doutrina geral aplicável

Em sede de Direito Civil, pratica-se a regra geral, aliás enunciada expressamente na lei, de que a nova lei só rege para o futuro, não se aplicando a factos passados.

É o que resulta do preceituado no artigo 11º do Código Civil, que consubstancia a orientação geral a vigorar também no domínio das leis penais incriminadoras.

No sector do Direito privado, embora se admita que a nova lei representa um progresso em relação à anterior, "entende-se não ser justo nem conveniente sujeitar as pessoas, no domínio do comércio jurídico, a consequências com que elas não podiam contar à data da verificação do facto"[90].

[89] Designação contestada por alguns, talvez porque a transitoriedade da sua aplicação pode vir a ser, na prática, bastante longa.

[90] ANTUNES VARELA, *Manual...*, cit., p. 47.

Cada facto deve, assim, como regra, ter como lei reguladora a lei vigente ao tempo da sua verificação.

É esta a chamada *teoria do facto passado*, da qual só se exceptuam as situações jurídicas reguladas pela lei sem ter já em atenção o facto originário. Assim sucede, por exemplo, quanto a certos aspectos das relações pessoais e patrimoniais dos cônjuges.

Quando transposta para o âmbito do Direito Processual Civil – já o dissemos – a questão apresenta as suas particularidades. "Uma nova lei de processo, será de aplicar, desde logo, nas próprias causas já instauradas, a todos os termos processuais subsequentes" – ensina MANUEL DE ANDRADE.

À partida, a solução parece ser dominada – tal como sucede em matéria de interpretação e de integração de lacunas – por um princípio de tributariedade em face da teoria geral do Direito. Mas em que termos?

Vejamos:

JOSÉ ALBERTO DOS REIS coloca o problema deste modo:

> "O princípio que domina a aplicação das leis de processo quanto ao tempo é este: as leis de processo são, pela sua própria natureza, de aplicação imediata. Isto quer dizer que a lei nova se aplica a todos os actos que se realizarem a partir do momento em que ela entre em vigor."

E justifica-se assim:

> "O princípio que fica enunciado deriva (...) da própria natureza das leis de processo (...). As leis de processo referem-se, em última análise, ao exercício duma das funções do Estado – a função jurisdicional (...); quando se publica uma lei nova, isso significa que o Estado considera a lei anterior imperfeita e defeituosa para a administração da justiça ou para o regular funcionamento do poder judicial. Tanto basta para que a lei nova deva aplicar-se imediatamente"[91].

Por sua vez, MANUEL DE ANDRADE justifica o princípio da aplicação imediata das leis de processo com a invocação de três razões:

a) *A natureza publicística do Processo Civil* – a lei nova pretende regular melhor "o interesse público fundamental ligado a este ramo de direito; por isso é de toda a conveniência a sua aplicação imediata";

[91] *Processo Ordinário e Sumário*, 2ª ed., Coimbra, Coimbra Editora, p. 32.

b) *A natureza instrumental do Processo Civil* – porque a lei nova só altera o modo como cada uma das partes pode defender em juízo o que é seu; daí "a possibilidade da aplicação imediata da nova lei processual sem afectar os bens das partes, sem interferir na solução dada através do direito substantivo ao conflito de interesses que forma o substrato da relação material ventilada, e sem violar portanto qualquer expectativa das partes..."; e

c) "*O princípio, implícito no comum das leis, de que estas só regem para o futuro*", princípio que, aplicado às leis de processo, "significa naturalmente que os diversos actos processuais devem ter como lei reguladora a lei vigente ao tempo da sua prática"[92].

É certo. Na verdade, em princípio, todas as leis são de aplicação imediata, todas as leis entram em vigor para logo se aplicarem. Só que devem ser aplicadas com respeito do passado regido pela lei antiga, ou seja, devem aplicar-se de modo não retroactivo, conforme o estatuído no artigo 11º do Código Civil.

Ora isto é válido também em Direito Processual Civil.

Muito embora tal princípio não esteja formulado genérica e expressamente no Código de Processo Civil, também nele se não encontra excluído e podemos até encontrá-lo confirmado em algumas das suas disposições[93].

Parece, pois, que também em matéria processual vigora a regra *tempus regit actum*: cada acto é regido pela lei em vigor à data da sua prática.

Só que esta regra não basta; ela não resolve todos os aspectos da questão agora em estudo.

Uma primeira ressalva consiste em ter de se atender a disposição especial que exista sobre determinada matéria processual. Assim sendo, respeitar-se-á o que nela se estatuir, sem ter de recorrer a princípios gerais ou critérios doutrinários[94].

E uma coisa é certa: apesar de ser de aplicação imediata (como regra), a lei processual não tem, tal como a lei em geral, efeito retroactivo; regra justificada pelo velho princípio de que "toda a retroactividade é uma injustiça".

[92] *Noções Elementares...*, cit., p. 42.

[93] Como sucede, por exemplo, no preceito do artigo 92º, que analisaremos em sede ulterior.

[94] Exemplificaremos com o preceito do artigo 13º do Código de Processo Civil e com o artigo 21º da Lei nº 9/99, de 20 de Dezembro.

Ora, *para não ser retroactiva, a lei processual deve respeitar*:

1º O valor jurídico (validade) dos actos processuais praticados na vigência da lei antiga;
2º A eficácia prática essencial (os efeitos) dos actos processuais validamente praticados à sombra da lei antiga;
3º Os 'casos julgados' formados no domínio da lei antiga;
4º Os direitos adquiridos à sombra da lei antiga.

A necessidade de salvaguardar qualquer destes valores pode levar a abrir desvios no princípio da aplicação imediata da lei processual nova.

Assim, o respeito pelos dois primeiros valores pode obrigar a que a lei velha se aplique mesmo a actos processuais praticados depois da entrada em vigor da nova lei, se tal for necessário para que os actos anteriores não sejam inutilizados ou não percam a utilidade que tinham.

Resumindo:

A – O actual Código de Processo Civil não contém, em seu articulado, norma genérica sobre a aplicação das leis processuais no tempo: norma correspondente, portanto, à do artigo 11º do Código Civil.

Mas é interessante salientar que o preceito de abertura do primeiro Código de Processo Civil português, de 1876, continha uma norma sobre aplicação da lei processual no tempo. E o mesmo sucede, ainda hoje, nas leis processuais de outros países, como por exemplo em Espanha, cuja Ley de Enjuiciamiento Civil, logo no seu artigo 2º, dispõe:

> "Salvo que otra cosa se establezca en disposiciones legales de Derecho transitorio, los asuntos que correspondan a los tribunales civiles se sustanciarán siempre por éstos com arreglo a las normas procesales vigentes, que nunca serán retroactivas".

Todavia, no Direito Processual Civil de matriz portuguesa a doutrina discute se a teoria do facto pretérito, consagrada no artigo 11º do Código Civil, será de aceitar no domínio do Direito Processual; e, na hipótese afirmativa, em que termos.

B – O Código de Processo Civil vigente contém *disposições* – chamadas *transitórias* – que são *de carácter geral*: a do artigo 13º, relativa à lei reguladora da competência; e a do artigo 92º, respeitante à forma dos diversos actos processuais, preceitos que analisaremos um pouco mais adiante.

Nessas matérias, o problema da determinação da lei aplicável está resolvido pela própria lei de processo.

E resolvido estará também quando a lei processual nova contiver *disposições transitórias especiais*, válidas somente para a sua própria aplicação temporal (são exemplos os preceitos dos artigos 2º, 6º, e 7º do DL nº 55/99/M, de 8 de Outubro, que aprovou o Código de Processo Civil de Macau).

C – No silêncio dos textos legais, a teoria, aceite em tese geral pela doutrina, da aplicação imediata (mas não retroactiva) da lei nova[95], é de admitir no âmbito do Processo Civil, como regra.

11.3. Aplicações especiais

11.3.1. Leis sobre competência dos tribunais

Antecipando noções que mais tarde estudaremos, podemos dizer que a competência de um tribunal é a medida da sua jurisdição, e que as normas reguladoras da competência dispõem sobre os critérios que servem de base à repartição do poder de julgar pelos vários tribunais que integram a organização judiciária.

Mas as normas sobre competência dos tribunais são, por vezes, objecto de alterações mais ou menos profundas.

Para a questão que agora nos ocupa (*sucessão de leis*), importa distinguir entre *dois tipos possíveis de alterações*:

a) *Alterações orgânicas*, consistentes na criação de novos tribunais ou na supressão de algum ou alguns pré-existentes;
b) *Alterações meramente funcionais*, que consistem numa nova distribuição de competência pelos tribunais existentes.

Que doutrina seguir quanto ao problema da aplicação temporal, sempre que surja uma lei inovadora nesta matéria?

A regra da aplicação imediata de lei nova levaria a que, estando uma causa pendente num certo tribunal e sendo publicada nova lei que atribuísse a outro tribunal competência para a julgar, o processo pendente teria de transitar para este outro tribunal.

[95] Oliveira Ascensão prefere a formulação *aplicação imediata*, à que o legislador do Código Civil usou – "a lei só dispõe para o futuro" –, fazendo o mesmo Autor notar que parece estar a esquecer-se o próprio presente, o próprio momento em que a lei entra em vigor. – *O Direito, Introdução e Teoria Geral*, p. 80.

Não é isso, porém, o que resulta da lei.

Há preceitos que contemplam especificamente esta matéria no Código de Processo Civil – o do artigo 13º, com a epígrafe "Lei reguladora da competência".

De acordo com o que estatui o seu nº 1, a competência de um tribunal fixa-se no momento da propositura da acção, ou seja, quando se constitui a relação jurídica processual[96], sendo irrelevantes as alterações factuais posteriores.

Assim, num exemplo – que não tem acuidade em Macau, mas que serve para ilustrar um preceito como o do referido artigo 13º –, se para instaurar determinada acção for competente o tribunal da residência do autor e este, em momento posterior, mudar a sua residência para outro local (*alteração de facto*), o tribunal continuará competente até ao termo do processo respectivo.

E também as *alterações de direito* são, em princípio, irrelevantes – nº 2 do citado artigo –, salvo se for suprimido o tribunal onde estava pendente a acção ou se lhe for atribuída competência de que inicialmente carecia para apreciação e julgamento da causa nele pendente.

Identicamente se estabelece no artigo 21º da Lei nº 9/1999, de 20 de Dezembro (Lei de Bases da Organização Judiciária de Macau).

Em conclusão:

A regra definida no nº 1 do artigo 13º do Código de Processo Civil e no artigo 21º, nº 1 da Lei nº 9/1999 –, segundo a qual o tribunal que for competente no momento da propositura da acção continua competente até ao termo do processo – é, afinal, equivalente à do artigo 11º do Código Civil.

Serão irrelevantes, para efeitos de competência, as modificações de facto e de direito posteriores, salvo nos casos em que seja suprimido o tribunal inicialmente competente, caso em que se aplicará o estatuído no nº 3 do artigo 13º do Código de Processo Civil.

11.3.2. Leis sobre o formalismo processual

Vejamos, já de seguida, o que se passa quanto às normas que constituem o conjunto mais volumoso do Código de Processo Civil: as que regulam os actos a praticar na propositura e desenvolvimento da acção, bem como as formalidades e os termos próprios de cada um desses actos.

[96] Artigo 211º, nº 1 do Código de Processo Civil.

Neste campo, dispomos também de disposição transitória geral – o artigo 92º do CPC – que nos permite afirmar a plena aplicabilidade, aqui, do princípio da vigência imediata da lei nova.

Lei que altere a forma dos vários actos processuais, ao entrar em vigor abrangerá, não só as acções futuras, como também os actos a praticar futuramente nas acções já pendentes.

Colhem aqui de pleno as razões justificativas do princípio da aplicação imediata da lei nova: a natureza publicística e o carácter instrumental do direito processual civil.

Mas, uma prevenção se impõe (para a qual já José Alberto dos Reis chamara a atenção) no sentido de distinguir, de entre as leis reguladoras do formalismo ou rito processual:

- Aquelas que dispõem acerca da *forma de cada um dos actos* (isoladamente considerados) que integram o processo, hipótese em que rege o preceituado no citado artigo 92º, nº 1, sem excepções; e
- Aquelas que regulam a *forma ou esquema geral do processo* (processo comum ou especial; processo ordinário ou sumário) –, caso em que se aplica a lei vigente na data da propositura da acção (nº 2 do mesmo artigo 92º).

E bem se compreende a determinação legal: a aplicação imediata da lei nova às acções pendentes que tivessem seguido até então forma diferente poderia acarretar a inutilização prática de actos anteriores contra a legítima expectativa das partes, e até mesmo contra o próprio espírito da nova lei, que, assim, actuaria retroactivamente.

Mas, nesta matéria, há ainda que atender ao que se preceitua em norma transitória contida no diploma legal que aprovou o novo Código de Processo Civil de Macau. No artigo 2º desse diploma, estatui-se que "sem prejuízo do disposto nos números subsequentes, o Código ora aprovado só se aplica aos processos instaurados a partir da data referida no número anterior (1 de Novembro de 1999), continuando os processos pendentes a reger-se pela legislação ora revogada".

11.3.3. Leis sobre prazos judiciais

Prazo processual é o período de tempo dentro do qual um acto deve ser praticado, sob pena de extinção do direito de praticá-lo: é o *prazo peremptório, conclusivo* ou *resolutivo.*

Mas prazo é também o período de tempo a partir do qual um outro prazo começa a decorrer: *prazo dilatório* ou *suspensivo.*

Tal distinção está consagrada no artigo 95º do Código de Processo Civil e pode ter relevância para o efeito que agora nos interessa.

Se uma lei nova vem alterar prazos judiciais, designadamente na respectiva duração, como resolver o conflito temporal?

Uma vez mais depende de existirem ou não normas transitórias. Não as havendo, a orientação geral é fornecida pelo preceito do artigo 290º, e seus números, do Código Civil: aplicação imediata da lei nova, como regra, mas com certas especialidades a observar no cômputo do prazo em questão.

Vejamos:

Esta *norma transitória geral do artigo 290º do Código Civil* ao regular, com carácter geral, uma questão importante de direito transitório, consagra uma solução já antes defendida pela doutrina. E, com base nela, podemos enunciar algumas regras a observar nesta matéria.

I. A lei nova que venha criar um prazo que antes não estava assinalado em texto de lei para a prática de certo acto, ou a que venha suprimir um prazo que antes existia, aplica-se imediatamente após a sua entrada em vigor.

Por exemplo:

Certo acto para cuja prática não há prazo na lei velha, se antes da sua prática num processo pendente vier a ser-lhe assinalado um determinado prazo por uma nova lei, esse prazo deve ser cumprido quando o acto for praticado; ou seja, neste caso, a lei nova aplica-se imediatamente.

Se, ao contrário, a lei velha assinalava um prazo e a lei nova vier a eliminá-lo, deixa de haver prazo para a prática desse acto, o que equivale, também, a uma aplicação imediata da lei nova.

II. Mas o que sucede se a nova lei vier alterar a duração de um prazo já previsto na lei anterior para a prática de um determinado acto em processo pendente? Aplica-se imediatamente a lei nova ou continua a aplicar-se o prazo com a duração prevista na lei velha?

O nº 3 do citado artigo 290º do CC manda aplicar o regime definido nos seus nºs 1 e 2 aos prazos fixados pelos tribunais (sendo que os prazos judiciais podem ser fixados por lei ou fixados pelo tribunal, isto é, pelo juiz, nos casos em que a lei lhe atribui esse poder).

O problema da aplicação temporal da lei processual refere-se agora, como é óbvio, aos *prazos fixados por lei.*

Analisemos algumas situações possíveis:

A. O prazo para contestar, em processo declarativo na forma comum ordinária era, no anterior Código de Processo Civil, de 20 dias. O novo Código alterou-o, alongando-o para 30 dias.

Como proceder quanto aos prazos para contestar que estavam em curso no momento da entrada em vigor do novo Código?

De acordo com o regime resultante do artigo 290º do CC, no seu nº 2, a lei nova aplica-se imediatamente, portanto o prazo passa a considerar-se de 30 dias, mas conta-se o tempo já decorrido durante a vigência da lei anterior.

Assim, se quando a lei nova entrou em vigor já tinham decorrido, por hipótese, 9 dias desse prazo – e portanto, pela lei velha, faltavam 11 dias para o réu poder apresentar tempestivamente a sua contestação –, porque se aplica imediatamente a lei nova, todavia contando os 9 dias que já haviam decorrido na vigência da lei anterior, o réu dispõe de mais 21 dias para apresentar a contestação na secretaria do tribunal.

O prazo fica maior do que era, mas esse foi, precisamente, o intuito do legislador.

B. Suponhamos agora que *uma lei nova vem encurtar* o referido prazo para contestar.

Como proceder relativamente aos prazos em curso a quando da entrada em vigor desta lei?

Segundo o nº 1 do artigo 290º do Código Civil, a lei nova aplica-se também aos prazos em curso (ou seja, aplica-se imediatamente), mas o prazo novo só começa a contar-se a partir da data da entrada em vigor da nova lei, excepto se, de acordo com a lei antiga, faltar, no caso concreto, menos tempo para o prazo se completar.

Assim:

a) Se na hipótese acima configurada, o prazo de 20 dias assinalado no Código de Processo Civil anterior tivesse sido encurtado pelo novo Código para 10 dias, e se quando este novo Código entrou em vigor já tivessem decorrido 9 dias (o que significa que ainda faltavam, pela lei velha, 11 dias para o prazo se completar), porque deve aplicar-se imediatamente a lei nova, o réu tem ainda 10 dias (que é a nova duração desse prazo) para contestar. Fica com menos 1 dia do que tinha pela lei anterior, mas essa é a intenção do legislador: a de encurtar esse prazo.

b) Se, porém, já tivessem decorrido 11 dias desse prazo quando a nova lei entrou em vigor, pelo prazo da lei velha faltavam 9 dias para o seu termo; e se fossemos aplicar a lei nova imediatamente, o réu ficaria com um prazo maior (11 dias já decorridos com mais 10, que é o novo prazo, o que daria o total de 21 dias); desse modo, o réu teria mais tempo para contestar do que tinha antes, quando afinal o espírito da nova lei era encurtar esse prazo.

Por isso continua, neste caso, a aplicar-se a lei velha, pelo que o réu, após a entrada em vigor da nova lei, fica na mesma com mais os 9 dias que tinha para contestar.

III. Estas considerações valem para as duas espécies de prazos processuais que a lei de processo prevê e regula: prazos dilatórios e prazos peremptórios (artigo 95º do Código vigente).

Todavia, quanto a *prazos dilatórios*, convém prevenir a seguinte situação possível:

Se a lei nova encurtar um determinado prazo desta modalidade e se, pela sua nova duração, o prazo já estiver consumado na data da entrada em vigor da nova lei (ao invés do que sucedia no império da lei anterior), a dilação/prazo dilatório finda no dia da entrada em vigor da nova lei, o que representa uma aplicação imediata desta.

Sempre presente em todo este regime a preocupação de não ofender legítimas expectativas das partes, em termos contrários ao espírito do artigo 290º do Código Civil.

Em suma, esta orientação geral que nos dá este preceito da lei civil para os casos de sucessão de leis sobre prazos aplica-se sempre que não haja norma transitória que disponha sobre a matéria; e, como vimos, comunica-se ao Direito Processual Civil, pois não se vislumbra qualquer razão para o seu afastamento[97].

Mas, em Macau, há que atender sempre ao preceituado no diploma que aprovou o respectivo Código de Processo Civil, *maxime* no seu artigo 2º, nº 4, que deve ser respeitado na prática.

[97] Em aulas práticas serão exemplificados, com apresentação de casos concretos, todas estas afirmações.

11.3.4. Leis sobre provas

Comecemos por uma *noção*, provisória embora, *de provas* em processo civil. Trata-se dos *meios usados pelo tribunal para apurar a verdade dos factos controvertidos* que, de acordo com o Direito aplicável, interessam para o exame e decisão da causa[98].

O conjunto ou agregado de normas legais reguladoras da matéria costuma designar-se por *direito probatório*; e usual é também distinguir nesse conjunto entre:

- *Direito probatório material*, abrangendo as normas que fixam os meios admissíveis para apurar a verdade dos factos e que determinam o valor ou força de cada um desses meios na demonstração dos mesmos factos; e
- *Direito probatório formal*, que aglutina as normas reguladoras do modo de oferecimento ou produção das provas em juízo.

Para o efeito de delimitar com rigor os domínios de vigência da lei antiga e da lei nova sobre provas, *não havendo norma transitória a esse respeito*, parece importante a determinação de *qual a verdadeira natureza jurídica* destes dois conjuntos normativos, ponto aliás muito discutido na doutrina.

Desde a *tese processualista*, defendida em termos graduáveis por grandes nomes, e segundo a qual as normas de direito probatório, quer material quer formal, são normas de Direito processual ou adjectivo, passando *por teses intermédias ou ecléticas* que introduzem restrições nesta tomada de posição, a verdade é que, de uma forma geral, isto é, para a maioria da doutrina, as normas de direito probatório material têm, pela sua natureza, sede própria no Código Civil (artigos 334º e ss do Código Civil), enquanto que as normas de Direito probatório formal pertencem ao foro específico do processo, partilham de uma natureza instrumental, e por isso devem constar do articulado do Código de Processo Civil.

Optando por esta posição de certo modo eclética, chega-se sem dificuldade à afirmação de que, *se a lei nova dispuser quanto ao modo como os diferentes meios de prova são produzidos em juízo*, rege o princípio da sua *aplicação imediata*, valendo não só para as acções futuras mas também para as acções que estiverem pendentes à data da sua entrada em vigor, e para todas as

[98] A matéria será estudada em pormenor quando dedicarmos a nossa atenção à marcha do processo declarativo na forma comum.

diligências probatórias a realizar nessas acções. O modo de produção das provas integra-se manifestamente no ritual do processo.

Por seu turno, *no âmbito do direito probatório material*, dado o conteúdo das respectivas normas, teremos de distinguir situações:

a) Se a lei nova se refere à *admissibilidade dos meios de prova para os factos jurídicos em geral*, nada parece obstar a que ela se aplique imediatamente, mesmo nas acções pendentes, já que quaisquer expectativas possíveis em face da lei anterior não são dignas de protecção;
b) Se a lei nova se refere à *admissibilidade dos meios de prova de factos especiais, como são os negócios jurídicos*, não seria justo sujeitar as partes às exigências de lei diferente da que vigorava na data da realização do negócio, iludindo, eventualmente, expectativas criadas. Aqui, parece dever entender-se que continua a aplicar-se a lei velha, porque o contrário equivaleria a uma eficácia retroactiva da nova lei[99].

Contudo, mais uma vez há que salientar que o diploma que aprovou o Código de Processo Civil de Macau contém a norma transitória do artigo 2º, nº 2, que resolve todas as questões relativas à aplicação temporal das normas sobre provas que integram o direito probatório formal, ou seja, aquelas que dispõem sobre as formalidades da produção dos meios de prova em juízo: aos processos pendentes em 1 de Novembro de 1999 continua a aplicar-se o Código anterior; aos processos instaurados depois de 1 de Novembro de 1999, aplica-se de pleno o Código novo.

11.3.5. Leis sobre recursos

Os recursos são meios de impugnação das decisões judiciais, destinados a provocar nova apreciação do tema decidido, por um tribunal superior na hierarquia judiciária.

Na ausência de norma transitória relativa à matéria dos recursos, a doutrina tem tomado uma posição segundo a qual importa distinguir entre:

[99] Estas soluções não são, todavia, pacíficas na doutrina. Em sentido um tanto diferente se pronuncia, por exemplo, Anselmo de Castro que, a nosso ver, vai longe demais na posição que assume, no seu *Direito Processual Civil Declaratório*, vol. I, pp. 64 a 70, defendendo uma natureza híbrida para o próprio direito probatório material.
A favor da posição defendida no texto, Antunes Varela e Manuel de Andrade, obs. cits., pp. 61 e 47, respectivamente.

- *Normas reguladoras das formalidades a cumprir* na interposição, instrução e julgamento do recurso (como é a do artigo 587º do Código de Processo Civil); e
- *Normas que fixam as condições de admissibilidade dos recursos ordinários* (de que é exemplo o artigo 583º do CPC).

Relativamente ao primeiro destes tipos de normas, porque se trata, afinal, de *disposições que apenas regulam o formalismo processual* e que, assim, não interferem minimamente na relação jurídica substantiva, dúvidas se não suscitam sobre a aplicação imediata da lei mais recente.

Mas *quanto às normas que fixam as condições de admissibilidade dos recursos,* que podem ter uma influência enorme, decisiva até, na definição da relação material litigada, haverá que distinguir, criteriosamente, entre:

a) Decisões judiciais já proferidas antes da lei nova entrar em vigor; e
b) Decisões judiciais ainda não proferidas a quando da entrada em vigor da lei nova.

Tratando-se de *decisões já proferidas*, há que subdistinguir ainda duas situações:

i. A lei nova admite recurso onde anteriormente o não havia; e
ii. A lei nova nega recurso onde anteriormente era admitido, podendo o recurso já estar interposto, ou não.

Em ambos os casos não se aplica imediatamente a lei nova, porque a decisão já existente passaria a ter um valor jurídico que lhe não era atribuído pela lei do tempo em que foi proferida, e isso equivaleria a aplicar retroactivamente a lei nova.

Tratando-se de *decisões ainda não proferidas*, parece óbvio ser de seguir a regra geral da aplicação imediata da nova lei.

Mas há, ainda, que contar com a circunstância de o diploma que aprovou o novo Código de Processo Civil de Macau conter uma *norma transitória* relativa a recursos: a do artigo 2º, nº 6, e suas três alíneas, para cujo texto se remete.

12. Aplicação das leis processuais no espaço

12.1. Colocação do problema

Sempre que uma relação jurídica se apresenta em conexão através de algum dos seus elementos, com diversas leis nacionais, ou seja, com diversos ordenamentos jurídicos estaduais – casos em que pode falar-se de relações jurídicas plurilocalizadas – há que indagar qual (ou quais) dessas leis positivas com que a relação está conexionada, deve preferir-se para a fixação da respectiva disciplina.

Enquanto que, na problemática que acabámos de analisar nas páginas precedentes, as leis em confronto se sucedem no tempo, mas dentro da mesma ordem jurídica estadual, verticalmente, como usa dizer-se, agora a questão é diferente: em confronto surgem-nos duas ou mais leis, todas vigentes, que coexistem no mesmo momento, horizontalmente, em espaços estaduais diferentes.

Ora, porque as leis com as quais uma relação jurídica se prende disputam entre si a regulamentação dessa relação, daí o falar-se em *conflitos de leis*. Eles constituem o objecto nuclear do Direito Internacional Privado, cujas *normas*, chamadas *de conflitos*, sugerem autênticos 'sinaleiros', indicadores da lei reguladora de certa relação. É o caso dos artigos 13º e ss. do Código Civil.

As situações ali contempladas são actualmente muito frequentes no domínio do direito material, dado o intercâmbio, a todos os níveis, entre os muitos países do globo, muito em especial na Região Administrativa Especial de Macau, por virtude do seu condicionalismo tão peculiar, caracterizado por uma intensa mobilidade demográfica e pela coexistência de diversificados estatutos pessoais.

Mas se a relação jurídica substantiva vai ser discutida em juízo, quando se pretenda obter tutela jurisdicional para uma dada relação ligada a várias ordens jurídicas estaduais, qual o direito processual civil a aplicar?

12.2. O princípio da *lex fori*

Para as leis em geral, vigora hoje o *princípio da territorialidade*: as leis emanadas dos órgãos de um Estado aplicam-se, em princípio, apenas dentro do território do mesmo, por razões óbvias de soberania.

Ora, também nesta matéria pode dizer-se que o Direito Processual Civil é tributário do Direito Civil, apresentando no entanto, na opinião de alguns, uma especialidade muito importante: enquanto em outros conjuntos normativos há frequentes desvios ao princípio enunciado, em Direito Processual Civil não existe qualquer excepção consagrada directamente na lei.

Segundo esta tese, as normas de processo serão, portanto, de aplicação exclusivamente territorial; rege sempre a *lex fori*, o que significa que os tribunais de um país ou região só aplicam a respectiva lei processual local, e mais nenhuma, ainda que subjectiva ou objectivamente a acção tenha conexões com um ou mais espaços estaduais diferentes.

Aqui em Macau, é também líquido que os respectivos tribunais aplicam apenas a lei processual local, aqui vigente, ainda que julguem causas (e são muitas...) em que as partes, ou algumas delas, são cidadãos chineses, tailandeses, indonésios, filipinos, e de outras proveniências e nacionalidades, não residentes da RAEM.

Esses mesmos tribunais têm jurisdição sobre todas as causas judiciais na Região, como resulta do preceituado no artigo 1º, nº 2, da Lei nº 9/1999, de 20 de Dezembro, que excepciona apenas os casos previstos na Lei Básica da Região Administrativa Especial de Macau. De facto, nos termos do artigo 19º da Lei Básica, "os tribunais da Região Administrativa Especial de Macau não têm jurisdição sobre os actos do Estado, tais como os relativos à defesa nacional e às relações externas", o que está de acordo com o grau de autonomia da Região, que não é absoluto.

Mas o chamado princípio da territorialidade da lei processual não se encontra expressamente formulado no Código de Processo Civil, decorrendo, todavia, de vários dos seus preceitos, como por exemplo os dos artigos 15º, 16º, 17º, 18º, 1199º, e muitos outros.

A *regra da territorialidade* é de fácil justificação, já que, se a regulamentação da organização e constituição de um tribunal cabe ao Estado a que ele pertence, também a lei reguladora do seu funcionamento deve ser a que nesse mesmo espaço vigora. Do ponto de vista de cada Estado as suas leis processuais são as mais qualificadas para tutelar o interesse público que domina no processo; além de que, dada a sua instrumentalidade, da aplicação da *lex fori* não resulta qualquer interferência na disciplina da relação substantiva que lhe está subjacente.

Mas para certa corrente, surgida entre os processualistas italianos, a regra da territorialidade é ainda motivada pela circunstância de o exercício da jurisdição representar um aspecto sobremaneira relevante de actuação do Estado.

Por isso o juiz, exercitando os seus poderes no domínio territorial do Estado que o nomeou, tem de aplicar a lei processual respectiva.

12.3. Casos especiais

A opinião de que ao princípio da territorialidade não abre a lei processual qualquer excepção foi perfilhada na doutrina portuguesa, ao que sabemos, por ADELINO DA PALMA CARLOS e JOÃO DE CASTRO MENDES.

O mesmo não pensa, todavia, ANSELMO DE CASTRO que admite excepções e limitações à regra da aplicação da *lex fori*, apontando o preceito do artigo 187º, nº 2 do Código de Processo Civil português de 1961: aí se admitia a observância, pelos tribunais portugueses, de formalidades pedidas por autoridades estrangeiras na prática de certos actos por elas solicitados, desde que não repugnem à lei portuguesa. E referia também as normas legais que regulam a admissibilidade e o valor das provas que, por terem certos reflexos materiais, devem obedecer sempre, na sua aplicação, ao princípio da *lex loci*, isto é, à lei do lugar (exterior) da prática do acto ou celebração do contrato.

Para PALMA CARLOS, contudo, as situações acima apontadas não passam de aparentes excepções à regra da territorialidade aplicada às leis de processo[100]. Isto porque, afinal, quando, naqueles casos, o tribunal português aplica uma lei estrangeira, fá-lo porque a própria lei processual portuguesa o admite expressamente.

O mesmo sucede, na opinião do mesmo Professor, quando se reconhecer em Portugal eficácia a actos processuais validamente praticados no estrangeiro. É a lei portuguesa que lhe atribui essa eficácia, nomeadamente dando força executiva às sentenças proferidas por tribunal estrangeiro depois de revistas e confirmadas por um tribunal da Relação (artigo 49º, nº 1 e artigo 1094º e ss. do CPC português, a que correspondem os artigos 1199º e ss do CPC de Macau).

Parece certo. E então, verdadeira excepção será apenas uma, já não legal mas convencional: o recurso permitido a um tribunal arbitral voluntário, a funcionar no plano transnacional, com designação, pelas partes, dos termos a seguir no processo (em Macau, é o Decreto-Lei nº 29/96/M, de 11 de Junho, que revogou todo o Livro IV do Código de Processo Civil

[100] Diferente é a questão da aplicação, pelo tribunal português, da lei substantiva estrangeira sempre que normas de conflitos portuguesas para ela remetam.

de 1961, que regula a Arbitragem Voluntária), podendo as partes, inclusivamente, remeter para uma lei processual estrangeira.

Com todo o respeito por tão doutas opiniões, parece-nos que, pelas mesmas razões apontadas quanto ao preceito do artigo 187º, nº 2, do Código de Processo Civil de 1961, também no caso de recurso a um tribunal arbitral as partes exercitam uma faculdade que a lei interna lhes atribui, dentro dos limites legalmente fixados.

Em última análise, também esta situação, a ser excepção à regra da territorialidade, seria excepção *legal*; ou então não seria, em rigor, uma excepção, identicamente ao que sucede nas outras apontadas situações.

Polémica à parte, o que nos parece importante salientar é a *relatividade, admitida por lei, do princípio da lex fori*, isto é, da regra da territorialidade na sua aplicação à lei processual civil.

Capítulo II
Fontes do Direito Processual Civil e de Matérias Afins

13. Formação histórica do Processo Civil Português [101] [102]
13.1. Importância da matéria

Não constitui novidade a afirmação de que o estudo histórico do Direito, qualquer que seja o ramo ou sector em que nos situemos, se apresenta sempre de evidente e inegável interesse.

O italiano Enrico Allorio, tratando o tema *Significado da História no Estudo do Direito Processual*[103], adverte que é preciso que a história do Direito, designadamente a dos tempos recentes, se não confine à história da publicação das leis, "a essa magra e anódina secura...".

No que tange ao Direito Processual Civil Português, essa tarefa, ainda que levada a cabo em jeito de súmula, resulta de grande eficácia científica e pedagógica porque propicia uma melhor compreensão da evolução e do perfil hodierno dos seus institutos.

Não poucas vezes sucede que, à força de lidar com o Direito tal como hoje se lhe apresenta, o jurista chega a convencer-se que sempre foi esse o seu cariz, o seu modo de ser; ou então, ao invés, supõe de grande novidade determinada faceta do Direito vigente, vindo depois a descobrir que, afinal, uma dada solução vem já de épocas recuadas no tempo.

[101] Para maiores desenvolvimentos, cfr. Antunes Varela, *Manual...*, cit., pp. 27 a 41.

[102] A conveniência da manutenção deste Capítulo no texto das Lições de Processo Civil I justifica-se pelo interesse que pode ter o conhecimento dos antecedentes – matriz – do Direito Processual Civil vigente na RAEM.

[103] *Apud 'Sistema di Diritto Processuale'*, Pádua, CEDAM, 1936.

Por exemplo, se a história do Direito Processual Civil o não revelasse, podia ser-se levado a supor que as razões de simplificação e de celeridade que em grande parte têm fundamentado as últimas reformas do processo civil praticamente em todos os sistemas de 'civil law' são tão recentes quanto elas; e, na verdade, foram as mesmas razões que presidiram já a reformas do século passado.

Pode mesmo dizer-se – à parte a discutível ciclicidade da história, porque os acontecimentos parecem repetir-se através dos tempos – que é sobremaneira interessante, e ajuda a satisfazer os espíritos mais curiosos o estudo da formação e desenvolvimento de qualquer instituição jurídica.

A história do processo civil português, na sua descrição, dá-nos a conhecer, para além da formação e evolução das instituições processuais através dos tempos, também a razão de ser, milenária por vezes, desta ou daquela norma do direito processual vigente.

Por exemplo, se actualmente o ónus da prova de um facto alegado pelo autor em processo judicial impende, como regra, sobre ele próprio, no primitivo direito foraleiro cabia ao réu a prova de que não praticara o acto ilícito que lhe fora imputado por aquele: regra que hoje nos parece um tanto absurda.

Nas páginas que se seguem procederemos, pois, à descrição muito esquemática e resumida do conteúdo dos diplomas que, desde tempos recuados, vêm integrando o Direito Processual Civil que é a matriz do da RAEM, e delinearemos nos seus traços gerais as respectivas linhas orientadoras.

A matéria será sistematizada na base da distinção entre processo civil em sentido estrito e processo comercial ou mercantil.

13.2. Fontes de cognição do Direito Processual Civil Português, raiz do Direito Processual Civil de Macau [104]

13.2.1. Processo Civil em sentido estrito (não comercial)

13.2.1.1. Antes do Código de Processo Civil de 1876

Relativamente a este período de tempo, iremos falar dos textos legais consubstanciadores de normas de carácter processual, anteriores ao movimento da codificação.

[104] Para maiores desenvolvimentos, recordar o que foi estudado na disciplina de História das Instituições Jurídicas e Políticas, no 1º ano do Curso de Licenciatura.

Em tempos mais remotos, quando Portugal se constituiu monarquia independente, vigorava o Código Visigótico como lei geral do reino e disciplina geral dos cristãos de toda a Península. Mas progressivamente começou a prevalecer uma legislação de carácter local e surgiram os forais; textos que, todavia, nenhuma regulamentação continham sobre organização judiciária, nem matérias com ela relacionadas.

Nessa época era o próprio príncipe que resolvia os conflitos de interesses privados, oralmente, sem a observância de formalidades dignas de registo. Não existiam ainda tribunais.

Porém, a tradição germânica, segundo a qual o processo tinha uma estrutura pública, oral e formalista, começou a lograr divulgação. Já nessa altura a iniciativa processual pertencia às partes, mesmo em casos do foro criminal. O julgador desempenhava um papel passivo, limitando-se, como espectador, a assistir à luta entre o autor e o réu e a julgar segundo a equidade, aliás temperada pela aplicação das leis gerais, dos forais e dos costumes.

Este sistema de índole de certo modo privatística viria a repetir-se no primeiro Código de Processo Civil português, em 1876.

Com o afirmar progressivo do poder público, a intervenção do julgador começa a acentuar-se seguindo ritos complexos segundo os quais, por exemplo, o chamamento do réu a juízo já era feito por oficiais públicos. Todavia, as sentenças proferidas continuavam a muito raramente revestir forma escrita.

Em evolução gradual, que acompanhou de perto e foi em parte determinada pela evolução das instituições jurídicas e políticas em geral, começou a adoptar-se um modelo de processo cada vez mais perfeito do ponto de vista técnico, ao mesmo tempo que se foi produzindo legislação nacional inspirada no direito canónico e no direito romano.

Ao longo dos reinados dos monarcas portugueses da 1ª dinastia foi-se desenvolvendo tudo o que respeita a actos e tramitações processuais; e à organização judiciária foi dispensada também uma especial atenção. Mas a vigência de antigas leis e velhos costumes do reino, a par do recurso ao direito romano como subsidiário, deu origem, na prática, a grandes dificuldades e contradições.

Havia, pois, que reformar e compilar os diplomas existentes. Mas só no reinado de D. Afonso V essa obra ficou concluída com a publicação de uma colectânea de leis, legada à posteridade sob a designação de Ordenações Afonsinas.

Foi a primeira compilação de leis do reino, que data de 1446.

A partir deste momento, poderemos considerar o período anterior ao Código de Processo Civil de 1876 subdividido em *duas fases*:

a) A primeira, anterior ao liberalismo, durante a qual as matérias relativas aos actos e tramitação do processo civil se encontravam inseridas nas Ordenações;
b) A segunda, posterior à revolução liberal, caracterizada por três grandes reformas judiciárias muito próximas no tempo.

Durante a primeira destas faixas da história do Direito Processual Civil português, sucederam-se mais duas compilações, ambas designadas por Ordenações, mas que se distinguiram pelo qualificativo indicador do monarca que tomara a iniciativa da sua feitura e publicação.

Em ambas – Ordenações Manuelinas e Ordenações Filipinas – vemos os mesmos sistema, divisão, espírito e princípios gerais herdados das Ordenações Afonsinas; assim como em todas elas aparece um Livro I dedicado à organização judiciária e um Livro III devotado ao processo propriamente dito.

Todavia, em cada uma das duas últimas Ordenações surgem já integradas as novas leis entretanto postas em vigor.

A tarefa de actualização e divulgação destes conjuntos de leis passou a ficar facilitada depois do aparecimento da imprensa em Portugal, que veio propiciar a feitura de duas edições das Ordenações Manuelinas. A primeira edição impressa surgiu em 1505.

O rei Filipe I (II de Espanha) procurou regulamentar melhor a administração da justiça, encomendando a reforma da legislação de processo civil[105]. Mas a tramitação que veio a ficar estabelecida nas Ordenações Filipinas ficou muito aquém de corresponder às necessidades da época: o excesso de solenidades, o abuso das fórmulas complicadas e morosas do direito romano e do direito canónico, "tornavam os pleitos pouco menos do que eternos" no dizer de alguns investigadores.

Eram tantos os defeitos, deficiências e contradições que foram assacados à regulamentação consubstanciada no Livro III, que ficaram conhecidos, pejorativamente, por "filipismos".

[105] Embora a própria compilação tenha sido obra eminentemente portuguesa, o nome por que ficou conhecida na nossa história advém da circunstância de a sua publicação ter tido lugar sendo já reinante Filipe I, rei de Espanha.

Apesar de tudo isto, as normas contidas nas Ordenações Filipinas vigoraram durante largo tempo. As tentativas da reforma que se fazia sentir goravam-se sucessivamente devido ao estado convulso em que o reino de Portugal se encontrava, mesmo depois da restauração da independência nacional. Ambiente pouco propício à concretização de reformas legislativas de grande alcance. E a situação foi-se arrastando.

O próprio Marquês de Pombal, que conseguiu profundas alterações a nível do Direito substantivo, não logrou idêntico resultado quanto a matérias processuais; sendo, porém, de salientar que a sua Lei da Boa Razão (1769) conferiu força aos assentos, como deliberações da Casa da Suplicação destinadas a uniformizar a jurisprudência.

No período da época pombalina ao regime liberal assistiu-se a uma verdadeira torrente legislativa no âmbito do Processo, o que tornava extremamente difícil a tarefa do aplicador do Direito Processual. Fizeram-se várias compilações e uma nova edição, mal estruturada aliás, das Ordenações Filipinas, a que com frequência se acrescentavam aditamentos e apêndices. A dispersão de textos era enorme.

Até que os princípios da Revolução Francesa começaram a ser ensaiados em Portugal, conduzindo ao liberalismo.

No início do regime liberal, quando D. Pedro IV outorgou à Nação a Carta Constitucional em 1826, assistiu-se ao lançamento das bases de uma nova organização judiciária, cujo esboço vinha de trás, da Constituição de 1822. Criaram-se os jurados para se pronunciarem sobre a matéria de facto, e os juízes de paz para tentarem conciliar as partes antes de o litígio ser presente ao tribunal.

Passada a agitação política que se seguiu à outorga da Carta, foram preparadas leis ordinárias que desenvolviam os princípios naquela consignados, respeitantes ao processo civil e à sua tramitação.

Tais diplomas costumam ser agrupados em três conjuntos:

1º *A Reforma Judiciária de 1832*, devida a Mouzinho da Silveira, cujo núcleo essencial se contém no Decreto nº 24, de 16 de Maio de 1832. Às suas normas presidia como preocupação dominante a celeridade processual, e as principais inovações reconduzem-se ao aparecimento dos princípios da autonomia e independência dos juízes, assim como ao estabelecimento do Supremo Tribunal de Justiça, de três Relações e de juízes de direito nas comarcas.

Mas... algumas disposições obsoletas das Ordenações continuavam a ser aplicadas a casos concretos[106], porque se desconfiava da eficácia de um processo tão simplificado; daí a criação de uma comissão de cujos trabalhos surgiu

2º *A Nova Reforma Judiciária de 1837*, devida a Passos Manuel, ditada pela necessidade de reformar a organização judiciária e também a ordem ou rito do processo civil. Esta matéria foi então regulamentada de molde a restituir a confiança dos homens do foro que se mostravam muito cépticos frente à simplificação introduzida pelo anterior decreto de Mouzinho da Silveira, que consideravam exagerada.
Mas a situação tornava-se cada vez mais complicada perante um constante retorno às normas das Ordenações que, por estranho que pareça, continuavam a ser aplicadas como base; estado de coisas que propiciou

3º *A Novíssima Reforma Judiciária de 1841*, devida a Costa Cabral, que revogou as disposições que lhe fossem contrárias, o que, por vago e impreciso, veio a provocar uma insegurança verdadeiramente dramática para os profissionais do foro.
Daqui resultou que, até ao início da vigência do Código de Processo Civil de 1876 – o primeiro dos três marcos fundamentais da história do Direito Processual Civil Português –, as respectivas normas constavam: do Livro III das Ordenações, da Reforma de 1832, da Nova Reforma de 1837, da Novíssima Reforma de 1841 e de leis posteriores.

Entretanto, as omissões da Novíssima Reforma, que careciam de remédio, foram objecto de uma verdadeira avalanche de diplomas; e a confusão produzida por todos eles, a que acrescia o intenso movimento de codificação que lavrava na Europa, tornaram imperiosa a necessidade de compilação de leis, muitas delas contraditórias, constituindo-se então comissões para redacção de um Código de Processo Civil.

13.2.1.2. O Código de Processo Civil de 1876

A publicação, em 1867, do Código Civil português tornou imperiosa a necessidade de substituir por um diploma único e ordenado o acervo caótico de leis processuais.

[106] Não obstante o inovador Decreto nº 24 revogar todas as leis antigas em contrário.

Apresentado espontaneamente pelo jurisconsulto ALEXANDRE DE SEABRA um projecto de Código de Processo Civil, foi este promulgado, após revisões várias, por Carta de Lei de 8 de Novembro de 1876 (entrando em vigor em 1877).

Foi ele o primeiro Código de Processo Civil português.

O novo Código continha apenas o processo civil em sentido estrito; a matéria da organização judiciária continuou a reger-se, fundamentalmente, pela Novíssima Reforma Judiciária.

Compunha-se o Código de quatro livros, numa sistemática simples que já vinha da Reforma Judiciária de 1832, assim distribuídos:

> "Do processo em geral; Do processo nos Tribunais de Primeira Instância; Do processo nas Relações; Do processo no Supremo Tribunal de Justiça".

Para a época, o Código representava uma melhoria nítida e indiscutível, um considerável avanço, podendo mesmo qualificar-se como trabalho inovador, de alto merecimento.

No entanto, apresentava alguns *defeitos*, tais como:

1. *Excessiva importância da forma*, traduzindo-se numa sobrecarga de formalidades, muitas vezes inúteis, e dando assim origem ao predomínio da forma sobre o fundo.
2. *Excessiva rigidez do processo*, de que resultava um escusado dispêndio de actividade processual: **i.** Por um lado, usava-se sempre o mesmo tipo de processo, quer a causa tivesse de valor 30 réis ou 30 contos, e só em 1907 viria a criar-se um processo para as causas de pequeno valor, a que a doutrina deu o nome de processo sumário; **ii.** Por outro lado, salvo raras excepções, o processo percorria sempre todas as fases delineadas na lei, em vez de poder, como hoje, ser resolvido logo após a apreciação da petição inicial (indeferimento liminar em casos muito explícitos), ou logo a seguir aos articulados, no despacho saneador.
3. *Excessivo predomínio da concepção privatística do processo* e consequente hipertrofia do princípio dispositivo ou da disponibilidade das partes. O processo era considerado como um assunto de interesse e carácter exclusivamente privado ou particular, deixando-se as partes manejá-lo à sua inteira e livre vontade. A actividade processual dependia

unicamente da sua orientação [107]. Ao juiz competia apenas arbitrar este 'duelo judiciário' entre as partes, pelo que a sentença representava, afinal, não uma autêntica e justa resolução do caso (verdade material), mas apenas o resultado dessa luta entre os litigantes (verdade formal).

À hipertrofia do princípio da disponibilidade das partes correspondia a inércia ou passividade do juiz (juiz-fantoche, como chegou a chamar-lhe a doutrina alemã).

4. *Predomínio da forma escrita sobre a forma oral.*
Ora tal circunstância não só complicava e demorava a marcha dos processos, como dela resultava que o juiz conhecia das provas (sobretudo dos depoimentos das testemunhas) em segunda mão, através de relatos nem sempre fiéis, secos e volumosos. Não permitia, portanto, que o juiz estivesse em contacto imediato com testemunhas e peritos, com vista a receber uma impressão muito mais viva do grau de veracidade dos respectivos depoimentos.

O Código de Processo Civil de 1876 esteve em vigor de 1877 a 1939; mas no decurso destes sessenta e dois anos foi sofrendo profundas alterações.

Deixando agora de lado reformas menos importantes[108], assinalaremos fundamentalmente duas:

– A reforma de 1926[109]; e
– A reforma de 1932[110].

[107] Conta-se que "Um dia, um advogado quis, à viva força, fazer adiar um julgamento. De que se havia de lembrar? Pediu a palavra para um requerimento e foi ditando ao escrivão os artigos do Código de Processo Civil, desde o 1º até àquele que se tornou necessário transcrever para que o julgamento não tivesse lugar nesse dia; e o juiz teve de assistir, de braços cruzados, a este indecoroso espectáculo". – Relatório do Decreto nº 12.353, de 22 de Setembro de 1926, citado por José Alberto dos Reis, *in Reforma do Processo Civil e Comercial*, 3ª ed., Coimbra, 1923.

[108] Algumas das quais já referidas, como a levada a cabo pelo Decreto nº 3, de 29 de Maio de 1907, feito publicar por João Franco, no reinado de D. Carlos I, que criou o processo sumário.

[109] Ficou plasmada, sobretudo, no Decreto nº 12.353, de 22 de Setembro de 1926, republicado com alterações pelo Decreto nº 12.488, de 14 de Outubro de 1926 e alterado em 1927 pelo Decreto nº 13.979, de 25 de Julho (este último decreto, apesar de ser de 1927, costuma incluir-se na reforma de 1926).

[110] Decretos nºs 21.237, de 26 de Maio de 1932 e 21.694, de 29 de Setembro do mesmo ano.

A reforma de 1926 baseou-se nos trabalhos de José Alberto dos Reis que tomou inspiração nos projectos italianos de códigos congéneres.

Dessas fontes, esta reforma hauriu três princípios orientadores fundamentais: o princípio da oralidade; o princípio da concentração; e o princípio da actividade do juiz, que ainda hoje informam o processo civil português.

O princípio da oralidade é talvez o mais importante, mas tem sido também o mais discutido[111].

Como vimos, o processo gizado pelo Código de 1876 era fundamentalmente um processo escrito, com todos aqueles inconvenientes que lhe apontámos.

Ora com a Reforma de 1926, introduziu-se em Portugal o princípio da oralidade, que desde então tem dominado o direito processual civil português.

Para permitir ao juiz que tome contacto directo com os diversos meios de prova (princípio da imediação)[112], alguns dos actos processuais mais importantes, designadamente de instrução (*v.g.*, a inquirição de testemunhas) praticam-se na audiência de discussão e julgamento, oralmente, perante os julgadores.

O princípio da concentração decorre inevitavelmente do princípio da oralidade, e segundo ele os actos processuais a praticar oralmente não devem ser separados por espaços de tempo muito longos; antes devem, quanto possível, praticar-se em sequência contínua (concentradamente).

No regime da prova por escrito, qualquer pessoa podia, para esclarecer dúvidas ou relembrar factos, consultar o processo. Mas em regime de oralidade, confia-se mais na memória dos julgadores; e a fim de que esta não seja sobrecarregada ou diluída, convém que a audiência se concentre no mínimo espaço de tempo possível.

O princípio da actividade do juiz é uma faceta do conhecido princípio da inquisitoriedade ou do inquisitório, no tocante à forma de resolver as ques-

111 Cfr. Vasco Soares da Veiga, *Da Oralidade*, Coimbra, 1961.

112 Como ensina Manuel de Andrade (*Noções Elementares...*, cit., 2ª edição, pp. 243 e 369-370), o princípio fundamental neste ponto é o "da imediação que se traduz principalmente no contacto pessoal entre o juiz e as diversas fontes da prova", sendo os princípios da concentração, da oralidade e da identidade do juiz (o mesmo juiz deve presidir ao processo, designadamente à instrução, e julgar, não havendo juízes de instrução diferentes dos juízes de decisão), corolários ou derivados do da imediação.

tões que as partes livremente apresentam ao juiz. Este princípio tem hoje um lugar proeminente e foi redimensionado no moderno processo civil.

Até à Reforma de 1926, como ficou dito, o juiz não tinha iniciativa no decorrer do processo até ao momento de proferir a sentença, mostrando-se passivo perante a vontade e actividade das partes. No processo moderno, o juiz tem iniciativa própria, quer determinando a prática de actos que repute convenientes, quer "recusando o que for impertinente ou meramente dilatório" (artigo 266º do CPC português).

O juiz assume, deste modo, a direcção do processo.

Estes os princípios gerais dominantes na Reforma de 1926, a qual – pode dizer-se – introduziu em Portugal um processo civil renovado em moldes que, com aperfeiçoamentos, são ainda os do actual Código de Processo Civil.

Falemos agora da *Reforma de 1932*.

A revolução operada pela Reforma de 1926 foi tão profunda que suscitou profundas críticas e muitos problemas. A tudo se procurou atender, através de sucessivas alterações de pormenor ("reformas da reforma") que a breve trecho transformaram num caos a legislação processual.

Em 1932, procurou-se obviar a este estado de coisas, através da publicação de dois decretos, pelos quais se operou a Reforma de 1932.

Esta teve principalmente uma função saneadora e compilatória das disposições dispersas pelos vários diplomas; mas também teve uma função inovadora, já que reintegrou no processo civil a forma sumaríssima e suprimiu a organização judiciária mercantil.

Com estes decretos, alguns outros de menor impacte e o velho Código de Processo Civil de 1876 se viveu até ao segundo Código de Processo Civil Português, promulgado em 1939.

13.2.1.3. O Código de Processo Civil de 1939

Reconhecido que o Código de Processo Civil de 1876, apesar das alterações a que havia sido sujeito, não constituía já base legal satisfatória de regulamentação do processo civil, foi José Alberto dos Reis encarregado, em 1933, de redigir o projecto de um novo diploma.

Apresentado esse projecto, foi depois sujeito a revisões sucessivas por parte de uma comissão nomeada, pelo próprio autor e pelo Ministro da Justiça de então, Manuel Rodrigues. Até que, em 28 de Maio de 1939, o Decreto-Lei nº 29.637 – conhecido por lei preambular do Código de Processo Civil de 1939 – aprovava o novo Código de Processo Civil, que viria a entrar em vigor em 1 de Outubro do mesmo ano.

Os princípios fundamentais inspiradores deste Código são os mesmos que haviam informado os Decretos de 1926, 1927 e 1932 e podem resumir-se na preocupação capital de realização de uma justiça real e não meramente formal.

Este novo processo passava a assentar num sistema de colaboração entre as partes e o tribunal, mas pertencendo a este um lugar proeminente. Revolucionava-se profundamente o antigo sistema processual com a eliminação de formalidades inúteis, queimando-se etapas; enfim, este Código unificava o direito adjectivo integrando-se no mesmo diploma as normas do processo comercial[113].

Mas, apesar de o artigo 4º da lei preambular deste Código conter uma já tradicional (e afinal inútil) disposição pretendendo evitá-lo[114], a promulgação e entrada em vigor de um novo Código de Processo Civil em 1939 não fez estancar a torrente legislativa nesta matéria.

Verificou-se até o facto inédito de o primeiro diploma que o alterou ser anterior à entrada em vigor do próprio Código, e entrar em vigor juntamente com ele.

E a este Decreto-Lei se seguiram outros, de maior ou menor alcance, a ponto de o Código de Processo Civil de 1939 deixar de apresentar o carácter de regulamentação completa deste sector do direito; carácter que, pelo menos tendencialmente, define os verdadeiros códigos.

13.2.1.4. O Código de Processo Civil de 1961 e reformas posteriores

Perante uma acentuada desactualização do Código de Processo Civil de 1939 e porque muitas eram as dúvidas que ele havia suscitado, resolveu-se, em 1954, proceder à sua revisão.

Da tarefa foi encarregado, como é natural, o próprio autor do projecto anterior, J. Alberto dos Reis.

113 Deste processo falaremos mais adiante.

114 Nos termos do artigo 6º da Carta de Lei de 1 de Julho de 1867 (Código Civil) e do artigo 9º da Carta de Lei de 8 de Novembro de 1876 (Código de Processo Civil), "*Todas as modificações que de futuro se fizerem sobre matéria contida no Código de Processo Civil serão consideradas como fazendo parte dele e inseridas no lugar próprio, devendo essas modificações ser sempre efectuadas por meio de substituição dos artigos alterados, supressão dos artigos inúteis ou pelo adicionamento dos que forem necessários*".

Mas com a sua morte em 2 de Setembro de 1955, foi em seu lugar nomeada uma comissão, presidida pelo Conselheiro Eduardo Coimbra e composta pelo Professor Adelino da Palma Carlos, da Faculdade de Direito de Lisboa, Conselheiro Eurico Lopes Cardoso, Desembargadores Armando Simões Pereira e Dias Freire, e Dr. Lopes Navarro, que exercia as funções de Procurador-Geral da Justiça. Posteriormente este último membro da comissão afastou-se, tendo entrado os Conselheiros Sousa Monteiro e José Osório e o Desembargador António Ferreira Pedrosa, Director-Geral de Justiça interino.

Às sessões da Comissão assistiu e presidiu muitas vezes o então Ministro da Justiça, JOÃO DE MATOS ANTUNES VARELA, que procedeu pessoalmente às últimas revisões e acertos.

Destes trabalhos resultou o diploma actualmente vigente em Portugal (embora já com muitas e profundas alterações), que foi aprovado pelo Decreto-Lei nº 44.129, de 28 de Dezembro de 1961, para entrar em vigor, por força do artigo 2º do mesmo Decreto-Lei, no dia 24 de Abril de 1962.

Na opinião então expendida por alguns processualistas, como PALMA CARLOS e CASTRO MENDES, não se tratou propriamente de um Código novo, mas apenas de uma nova redacção do Código de 1939.

Não foi essa, todavia, a posição de outros Professores, designadamente a de ANTUNES VARELA, que considera tratar-se de um Código verdadeiramente novo.

A propósito, afirma este Professor:

> "A revisão visava de início cobrir apenas as soluções mais certeiramente atingidas pelas críticas dos meios forenses; mas acabou por ampliar-se a todas as matérias do processo civil, dando assim lugar, tanto no aspecto formal como na substância das disposições, a um Código verdadeiramente novo"[115].

E continua o ilustre Professor na demonstração destas afirmações, esclarecendo que foi dada uma nova estrutura, mais moderna, às disposições legais, ao mesmo tempo que, no aspecto substancial, introduziu bastantes inovações no que respeita à regulamentação de certas fases do processo, ao sistema probatório, aos recursos, ao processo de execução, etc.

[115] *Manual*..., cit., p. 35.

Da *legislação posterior ao Código de Processo Civil de 1961*, convém distinguir:

- A que nele introduziu as adaptações exigidas pela entrada em vigor do Código Civil de 1966: o Decreto-Lei nº 47.690, de 11 de Maio de 1967; e
- A subsequente ao movimento do 25 de Abril de 1974, de entre a qual são de salientar os seguintes diplomas que alteraram, pontualmente, artigos do Código: Decretos-Lei nºs: 261/75, de 27 de Maio; 4/76, de 6 de Janeiro; 165/76, de 1 de Março; 366/76, de 15 de Maio; 605/76, de 24 de Julho; 738/76, de 16 de Outubro; 368/77, de 3 de Setembro; 533/77 de 30 de Dezembro; 513-X/79, de 27 de Dezembro; 207/80, de 1 de Julho; 457/80, de 10 de Outubro; e 381-A/85, de 28 de Setembro.

Entretanto, e ainda por necessidades de adaptação ao novo condicionalismo político criado pela revolução do 25 de Abril, o Governo português planeou uma revisão escalonada de toda a legislação de Processo Civil e complementar.

A primeira fase desta reforma foi cumprida em 1982 e 1983 com a publicação dos Decretos-Lei nºs 224/82, de 8 de Junho e 128/83, de 12 de Março; e da Lei nº 3/83, de 26 de Fevereiro que ratificou o primeiro daqueles diplomas.

Sendo Ministro da Justiça Rui Machete, foi por este constituída uma comissão encarregada de reformar a legislação de Processo Civil, cuja actividade culminou, em 1985, com a publicação do Decreto-Lei nº 242/85, de 9 de Julho (conhecido por diploma intercalar), que introduziu algumas alterações bastante profundas no articulado em vigor, e que viria a ser o último dos diplomas da República Portuguesa a ser publicado no Boletim Oficial de Macau, portanto o último que foi tornado extensivo ao Território[116].

[116] Para conhecimento do texto do CPC de 1961 que estava em vigor em Macau a quando da entrada em vigor do actual CPC, cfr. a obra *Código de Processo Civil – Texto Vigente em Macau*, publicada em 1996 sob os auspícios da Fundação Macau e coordenada por CÂNDIDA DA SILVA ANTUNES PIRES e AMÍLCAR BATISTA FEIO.

13.2.2. Processo Comercial ou Mercantil. Evolução das fontes

Durante muito tempo, no sistema português, as acções ou causas comerciais – devendo por esta expressão entender-se as "emergentes de actos de comércio"[117] – gozavam de:

- Especialidade de jurisdição: estavam afectas a tribunais próprios, os tribunais do comércio; e
- Especialidade de processo: eram julgadas através de um processo próprio, o processo comercial ou mercantil.

Desde cedo houve, em Portugal, jurisdição e processo específicos para pleitos comerciais; pelo menos desde o Tribunal do Consulado, criado em tempos do Cardeal D. Henrique, ou ainda anteriormente, desde os tribunais consulares.

Em 1833, foi promulgado um Código Comercial, cujo projecto foi elaborado por Ferreira Borges. Característica deste código (criticada aliás) era conter também a matéria de processo e organização judiciária mercantil.

Tal como sucedeu com o direito civil, a alteração do direito comercial (substantivo) resultante da posterior publicação do Código Comercial de 1888, aconselhou a publicação de uma nova lei adjectiva sobre processo mercantil.

Em 1895, foi promulgado o primeiro Código de Processo Comercial. Como este código fora, porém, promulgado em ditadura, tratou o Governo de obter a sanção parlamentar. A Câmara de Deputados concedeu-lha com poucas alterações, e com elas foi de novo promulgado e publicado, em 1896, o Código de Processo Comercial.

Por sua vez, matéria que tem sido objecto de vicissitudes especiais é a relativa à falência, que se achava regulada no Livro IV do Código Comercial, quando em 1899 foi publicado um Código das Falências autónomo.

[117] O artigo 4º do Código de Processo Comercial português de 1905, estabelecia que: "*São da exclusiva competência do juízo comercial todas as causas emergentes de actos de comércio, sobre marcas industriais ou comerciais, respectivas indemnizações de perdas e danos, e bem assim todas aquelas que as leis expressamente sujeitarem à jurisdição do mesmo juízo.*
§ único. Embora o acto seja mercantil só com relação a uma das partes, as causas a que der origem serão sujeitas à jurisdição comercial".

O decreto que aprovou o Código das Falências determinava que o Governo procedesse a uma nova publicação do Código de Processo Comercial de 1896, inserindo neste o Código das Falências.

Em obediência a esta determinação, o Governo publicou em 1905 um novo Código de Processo Comercial, que mais não foi do que o Código de 1896 acrescentado do Código das Falências de 1899 e coordenado com a Lei das Sociedades por Quotas, de 11 de Abril de 1901 e outros diplomas de menor importância.

Entretanto, manifestava-se uma tendência para fazer desaparecer as especialidades do processo mercantil – quer a especialidade de processo *stricto sensu*, quer a especialidade de jurisdição.

A primeira a ser abolida foi esta última: pelo artigo 1º do Decreto nº 21.694, (um dos decretos da Reforma de 1932, de 29 de Setembro) foi suprimida a jurisdição mercantil. Todas as questões de direito privado (civis e comerciais) passaram a estar afectas aos mesmos tribunais.

Em 1935, a matéria das falências separou-se do Código de Processo Comercial de 1905, para formar de novo um diploma autónomo: o Código das Falências de 1935.

Finalmente, o Código de Processo Civil de 1939 pôs termo à especialidade do processo mercantil. Até o Código das Falências nele foi integrado, numa das últimas revisões ministeriais de Manuel Rodrigues.

O Código de 1961 manteve o mesmo sistema.

13.3. Fontes de cognição do Direito Processual Civil de Macau e de matérias afins

13.3.1. Legislação interna

A. *Referência histórica*[118]

O Código de Processo Civil de 1961 foi aprovado pelo Decreto-Lei nº 44.129, de 28 de Dezembro de 1961, e entrou em vigor em território português no dia 24 de Abril de 1962, conforme o estatuído no artigo 2º do respectivo decreto preambular.

[118] Sobre esta matéria ver a Nota Justificativa que abre o *Código de Processo Civil – Texto vigente em Macau*, coordenado pelos docentes da disciplina na Faculdade de Direito da Universidade de Macau, Cândida da Silva Antunes Pires e Amílcar Batista Feio, e publicada sob os auspícios da Fundação Macau.

A sua vigência no território de Macau teve início em 1 de Janeiro de 1963[119].

Desde então, muitas foram as alterações introduzidas no respectivo articulado.

Logo em 1967, por virtude da entrada em vigor do novo Código Civil, e com o fim quase exclusivo de consagrar as inovações e alterações por esse facto determinadas, foram introduzidas modificações, em muitos dos artigos no seu texto inicial, pelo Decreto-Lei nº 47690, de 11 de Maio de 1967[120].

A partir daí, um farto elenco de diplomas foi introduzindo alterações sucessivas na fundamental lei adjectiva portuguesa, que no essencial também vigorava em Macau.

Sucedeu, porém, que a maioria desses diplomas não entrou logo em vigor em Macau[121], por neles se não conter a menção de deverem ser publicados no respectivo Boletim Oficial.

A ausência de um mecanismo indicador dos diplomas legais dimanados dos órgãos de soberania da República cuja aplicação no Território devia ter lugar, nos termos do artigo 72º do Estatuto Orgânico de Macau, foi a causa do apontado diferimento na entrada em vigor, em Macau, das alterações sucessivamente introduzidas no Código de Processo Civil.

E foi assim que só em inícios de 1987, por iniciativa e sob proposta do então Gabinete dos Assuntos de Justiça, foi solicitada ao Governo da República a publicação de um decreto-lei que, reconhecendo a conveniência de tornar extensivos a Macau alguns dos diplomas publicados em Portugal, a viesse a determinar, "fazendo-se, contudo, em alguns deles, as adaptações necessárias à exclusão de disposições que foram objecto de alterações subsequentes ou que não respeitassem ao contexto jurídico de território"[122].

Tal desiderato veio a ser atingido através da publicação do Decreto-Lei nº 221/87, de 29 de Maio, da iniciativa do Governo da República, e

[119] Publicado no Boletim Oficial de Macau, nº 40, de 9 de Outubro de 1962 (Suplemento), pela Portaria nº 19305, dessa data.

[120] Tornado extensivo ao Ultramar português pela Portaria nº 23090, de 30/12/1967, que introduziu adaptações, e foi publicada no Boletim Oficial de Macau nº 52, daquela data.

[121] Ressalvados a Portaria nº 439/74, de 10 de Julho, que foi publicada no BO de Macau, nº 31, de 3 de Agosto de 1974 (alterou a redacção do nº 3 do artigo 709º do Código de Processo Civil); e o Decreto-Lei nº 457/80, de 10 de Outubro, publicado no BO nº 45, de 9 de Novembro de 1980.

[122] Preâmbulo do projecto de Decreto-Lei então elaborado no Gabinete dos Assuntos de Justiça.

do Decreto-Lei nº 437/88, de 28 de Novembro, na sequência da autorização legislativa concedida pela Assembleia da República através da Lei nº 74/88, de 18 de Junho[123].

Foram, assim, tornados extensivos a Macau:

a) O Decreto-Lei nº 605/76, de 24 de Julho, com exclusão dos seus artigos 1º e 3º e da redacção dada pelo seu artigo 2º aos artigos 1404º, nº 2, 1407º, nºs. 2 e 7, 1420º, nº 1, e 1423º, nºs. 1, 2 e 4 do Código de Processo Civil;

b) O Decreto-Lei nº 368/77, de 3 de Setembro, com exclusão dos seus artigos 2º, 3º e 4º e da redacção dada pelo seu artigo 1º aos artigos 972º e 1414º, nº 1, do Código de Processo Civil;

No tocante a *legislação complementar,* destacamos que foram publicados sucessivamente em Macau:

- O Decreto-Lei nº 269/78, de 1 de Setembro (Lei Orgânica dos Tribunais Judiciais), no BO nº 28 (Suplemento), de 20 de Julho de 1979;
- A Lei nº 39/78, de 5 de Junho (Lei Orgânica do Ministério Público), no BO nº 12, de 24 de Março de 1979;
- O Decreto-Lei nº 348/80, de 3 de Setembro (revisão da organização judiciária), no BO nº 45, de 8 de Novembro de 1980;
- O Decreto-Lei nº 129/84, de 27 de Abril (Estatuto dos Tribunais Administrativos e Fiscais);
- A Lei nº 21/85, de 30 de Julho (Estatuto dos Magistrados Judiciais), publicada no BO nº 33 (2º Suplemento) de 23 de Agosto de 1985;
- A Lei nº 47/86, (Lei Orgânica do Ministério Público), publicada no BO nº 50, de 15 de Dezembro de 1986.

Finalmente, saliente-se que Macau pôde contar, desde 9 de Fevereiro de 1987, com uma Lei Orgânica das Secretarias Judiciais própria (Decreto-Lei nº 6/87/M, de 9 de Fevereiro, publicado no BO nº 6 daquela data), que veio substituir o Decreto nº 352/72, de 9 de Setembro (a última lei orgânica das secretarias judiciais do antigo Ultramar Português), pelo qual se regia a estrutura das secretarias judiciais de Macau, e cujos preceitos eram já manifestamente desajustados às exigências do movimento processual e à nova condição político-administrativa do Território.

[123] Publicado no BO de Macau nº 15, de 10 de Abril de 1989.

Esta lei orgânica foi posteriormente ajustada à nova hierarquia do Ministério Público em Macau (DL nº 60/88/M, de 4 de Julho – Boletim Oficial nº 27, da mesma data), e sofreu alterações nos seus artigos 3º, 5º, 31º e 32º por necessidades de adequação do horário de trabalho dos oficiais de justiça às reais necessidades de funcionamento dos tribunais.

B. ***Fontes actuais de cognição do Direito Processual Civil de Macau e de matérias afins***

a) São *fontes actuais do Direito Processual Civil de Macau*, essencialmente, os seguintes diplomas legais:

- O Código de Processo Civil português, aprovado pelo Decreto-Lei nº 44129, de 28 de Dezembro de 1961, cuja vigência em Macau teve início em 1 de Janeiro de 1963 depois de publicado no Boletim Oficial de Macau nº 40, de 9 de Outubro de 1962 (Suplemento), pela Portaria nº 19 305, de 30 de Julho de 1962, publicada naquele mesmo BO (remete-se, uma vez mais, para a nota justificativa inserta no nosso *Código de Processo Civil – Texto Vigente em Macau*, publicado em 1996).
  Este Código manteve-se de pleno em vigor em Macau até 1 de Novembro de 1999, mas, por determinação do preceito do artigo 2º, nº 2, do Decreto-Lei nº 55/99/M, de 8 de Outubro (que aprovou um novo Código de Processo Civil para Macau), continuou (porventura continua ainda) a aplicar-se aos processos pendentes em 1 de Novembro de 1999, apenas com as excepções referidas nos nºs 3 a 6 daquele mesmo artigo 2º, nº 2;
- O Código de Processo Civil aprovado pelo Decreto-Lei nº 55/99/M, de 8 de Outubro, publicado no BO de Macau nº 40, I Série, da mesma data, com as rectificações publicadas no Boletim Oficial da Região Administrativa Especial de Macau, nº 4, I Série, de 24 de Janeiro de 2000, e com as alterações introduzidas pelo artigo 81º do diploma preambular da Lei nº 9/99, de 20 de Dezembro, publicada no BO da RAEM, nº 1, I Série, da mesma data, e com as alterações e aditamentos introduzidos pela Lei nº 9/2004, de 16 de Agosto.

b) São *fontes de matérias afins* do Direito Processual Civil de Macau, essencialmente, os seguintes diplomas legais:

- A Lei nº 9/99, de 20 de Dezembro (Lei de Bases da Organização Judiciária de Macau), publicada no BO da RAEM, nº 1, I Série, de 20 de Dezembro de 1999;
- Alterações e aditamentos à Lei de Bases da Organização Judiciária (Lei nº 9/2004, BO nº 33/RAEM, I Série, de 16 de Agosto);
- Alterações à Lei de Bases da Organização Judiciária (Lei nº 9/2009, BO nº 21/RAEM, I Série, de 25 de Maio);
- O Decreto-Lei nº 63/99/M, de 25 de Outubro, publicado no BO de Macau, nº 43, I Série, da mesma data, que aprova o Regime das Custas nos Tribunais;
- O Decreto-Lei nº 31/91/M, de 6 de Maio, que aprova o Estatuto do Advogado de Macau, regulamentador do exercício do mandato judicial, posteriormente alterado pelo Decreto-Lei nº 42/95/M, de 21 de Agosto e republicado na íntegra no BO de Macau nº 34, I Série, da mesma data (este regime é complementado por Despachos/GM que aprovam o Código Deontológico e o Código Disciplinar dos Advogados);
- O Decreto-Lei nº 65/99/M, de 25 de Outubro, que aprova o Regime Educativo e de Protecção Social de Jurisdição de Menores, publicado no BO de Macau nº 43, I Série, da mesma data;
- O Decreto-Lei nº 29/96/M, de 11 de Junho, que aprova o regime jurídico da arbitragem interna, publicado no BO de Macau nº 24, I Série, da mesma data;
- A Lei nº 3/90, de 14 de Maio, que define os princípios gerais a observar nas concessões de obras públicas e serviços públicos; DL nº 40/96/M, de 22 de Julho, que veio estabelecer as condições para a realização de arbitragens voluntárias institucionalizadas;
- O Decreto-Lei nº 43/97/M, de 20 de Outubro, que define o regime jurídico das expropriações por utilidade pública;
- O Despacho nº 19/GM/98, de 27 de Fevereiro, que autoriza a criação de um Centro de Arbitragem destinado à realização de arbitragens voluntárias institucionalizadas no âmbito dos conflitos de consumo, de natureza civil ou comercial, de reduzido valor;
- O Despacho nº 26/GM/98, de 9 de Março, que autoriza a criação do Centro de Arbitragens Voluntárias da Associação dos Advogados de Macau;

- O Decreto-Lei nº 19/98/M, de 11 de Maio, que deu nova redacção ao nº 4 do artigo 19º do DL nº 29/96/M, de 11.06;
- O Despacho nº 48/GM/98, de 5 de Junho, que autoriza a criação do Centro de Arbitragens Voluntárias do Centro de Comércio Mundial – Macau, SARL, em inglês World Trade Centre – Macau, SARL;
- O Decreto-Lei nº 55/98/M, de 23 de Novembro, que aprovou um regime específico para a arbitragem comercial externa;
- O Despacho nº 109/GM/98, de 23 de Novembro, dispondo sobre a remuneração dos árbitros e de outros intervenientes no processo arbitral;
- O Decreto-Lei nº 97/99/M, de 13.12, definidor do Regime Jurídico da Propriedade Industrial, cujo artigo 117º, nº 2 prevê, na falta de acordo, a possibilidade de fixação pelo tribunal ou, se essa for a vontade das partes por arbitragem, do montante da remuneração a receber pelo titular de uma patente que disponibiliza a exploração da invenção a terceiros;
- O Decreto-Lei nº 110/99/M, de 13.12, que aprovou o Código de Processo Administrativo Contencioso e que introduziu significativas alterações, e aditamentos, ao DL nº 29/96/M;
- O Regulamento Administrativo nº 36/2000, de 23.10, relativo à organização e funcionamento da Direcção dos Serviços de Assuntos de Justiça, cujo artigo 2º elenca, de entre as respectivas atribuições, "11) Supervisionar o funcionamento da arbitragem voluntária institucionalizada, de acordo com o previsto na respectiva legislação";
- O Despacho do Chefe do Executivo nº 259/2002, de 12 de Dezembro, que cria o Centro de Arbitragem de Conflitos em Seguros e Fundos Privados de Pensões;
- O Regulamento Administrativo nº 40/2003, de 23.12, que aprovou a Apólice Uniforme do Seguro Obrigatório de Responsabilidade Civil Profissional dos Advogados, cujo artigo 23º, nº 2 estabelece: "Salvo convenção expressa em contrário, todas as divergências que possam surgir em relação à aplicação deste contrato de seguro serão resolvidas por meio de arbitragem, nos termos da lei em vigor";
- O Aviso do Chefe do Executivo nº 26/2006, de 28.06, que manda publicar no BO a parte útil da notificação relativa à RAEM efec-

tuada pela RPC e a Convenção Internacional para a Supressão do Financiamento do Terrorismo, adoptada em Nova Iorque, em 9 de Dezembro de 1999, cujo artigo 24º prevê que qualquer diferendo entre dois ou mais Estados relativo à interpretação ou à aplicação daquela Convenção, que não possa ser resolvido por meio de negociação amigável num período de tempo razoável, será, a pedido de um destes Estados, submetido a arbitragem.

- O Decreto-Lei nº 41/94/M, de 1 de Agosto, que regula o sistema de apoio judiciário, publicado no BO de Macau, nº 31, I Série, da mesma data (regime complementado por várias Portarias a fixar os honorários dos patronos oficiosos).

13.3.2. Convenções internacionais sobre matérias processuais e conexas

Em vigor na Região Administrativa Especial de Macau podemos contar com as seguintes Convenções Internacionais:

Convenção Relativa ao Processo Civil, concluída em Haia, em 1 de Março de 1954.

Convenção Sobre o Reconhecimento e Execução de Decisões em Matéria de Prestação de Alimentos a Menores, concluída em Haia, em 15 de Abril de 1958.

Convenção sobre o Reconhecimento e a Execução de Sentenças Arbitrais Estrangeiras, feita em Nova Iorque, em 10 de Junho de 1958[124].

Convenção Relativa à Citação e à Notificação no Estrangeiro de Actos Judiciais e Extrajudiciais em Matérias Civil e Comercial, concluída em Haia, em 15 de Novembro de 1965[125].

Convenção Sobre a Obtenção de Provas no Estrangeiro em Matéria Civil ou Comercial, concluída em Haia, em 18 de Março de 1970.

[124] Aviso do Chefe do Executivo nº 3/2007, que manda publicar a notificação efectuada pela República Popular da China relativa à aplicação na RAEM da Convenção sobre o Reconhecimento e a Execução de Sentenças Arbitrais Estrangeiras, feita em Nova Iorque, em 10 de Junho de 1958, bem como o texto autêntico em língua chinesa da mencionada Convenção.

[125] Aviso do Chefe do Executivo nº 61/2002, Manda publicar a notificação efectuada pela República Popular da China, em 5 de Julho de 2002, respeitante à aplicação na RAEM da Convenção relativa à Citação e à Notificação no Estrangeiro dos Actos Judiciais e Extrajudiciais em Matérias Civil e Comercial, concluída na Haia, em 15 de Novembro de 1965, e da Convenção sobre a Obtenção de Provas no Estrangeiro em Matéria Civil ou Comercial, concluída na Haia, em 18 de Março de 1970.

13.3.3. *Acordos no domínio da cooperação judiciária*

No que respeita a *acordos bilaterais*, são de salientar:

I. *O Acordo de Cooperação Jurídica e Judiciária celebrado entre a Região Administrativa Especial de Macau e a República Portuguesa* (Aviso do Chefe do Executivo da RAEM nº 1 de 2001, publicado no Boletim Oficial nº 6, II Série, de 7 de Fevereiro de 2001), cujo artigo 2º, nº 1 elenca as matérias sobre as quais incide a cooperação, prevendo-se no nº 2 que ela seja ulteriormente alargada a outros domínios;

II. *O Acordo sobre os Pedidos Mútuos de Citação ou Notificação de Actos Judiciais e de Produção de Provas em Matéria civil e Comercial entre os Tribunais do Interior da China e os da Região Administrativa Especial de Macau*, assinado na RAEM em 15 de Agosto de 2001, mandado publicar por Aviso do Chefe do Executivo nº 39/2001, de 29 de Agosto do mesmo ano;

III. O *Acordo de Cooperação Jurídica e Judiciária entre a Região Administrativa Especial de Macau da República Popular da China e a República Democrática de Timor-Leste*, feito em Macau aos 21 de Novembro de 2008, mandado publicar por Aviso do Chefe do Executivo nº 31/2008;

IV. *O Acordo sobre a Confirmação e Execução Recíprocas de Decisões Judiciais em Matéria Civil e Comercial entre o Interior da China e a Região Administrativa Especial de Macau*, feito na RAEM em 28 de Fevereiro de 2006, com entrada em vigor a 1 de Abril de 2006;

V. *O Acordo Sobre a Confirmação e Execução Recíprocas de Decisões Arbitrais entre o Interior da China e a Região Administrativa Especial de Macau*, feito em Pequim a 30 de Outubro de 2007, vigente a partir de 1 de Janeiro de 2008.

Nestes dois últimos Acordos entre a RPC e a RAEM estabelecem-se os termos da confirmação e execução recíprocas das decisões neles abrangidas; mas, ainda assim, tal confirmação não é automática nem, naturalmente, oficiosa, já que depende de requerimento da parte interessada, instruído com determinados documentos, podendo ser "indeferido" se se verificar alguma das circunstâncias formais impeditivas, enumeradas nos respectivos textos.

Parte III
TEORIA DA RELAÇÃO PROCESSUAL

Capítulo I
Noções Fundamentais

14. A instância como relação jurídica processual
Natureza e caracteres

Já foi referido em sede anterior que o processo civil, na sua estrutura, é uma sequência de actos que obedece a uma certa disciplina ou formalismo fixado pela lei processual (*princípio da legalidade dos trâmites processuais*[126]) e que esses actos revestem determinada forma, são praticados por certos sujeitos, situam-se no tempo e no espaço de acordo com os ditames legais e visam certas finalidades igualmente definidas por lei.

Ora *através da prática dos actos processuais, os respectivos sujeitos exercem poderes jurídicos e ficam subordinados a certas consequências* reguladas, também, pela lei processual. Deste modo, vão-se criando, no desenvolvimento do processo, entre os sujeitos que nele intervêm, vínculos jurídicos susceptíveis de se reconduzirem a conjuntos organizados de poderes/deveres, ou seja, a determinadas posições jurídicas subjectivas: a posição jurídica de autor, a posição jurídica de réu, a posição jurídica de julgador (o tribunal), e assim por diante.

No entanto, *estas diversas posições jurídicas subjectivas integram um todo único, revestido de certa identidade, que se mantém durante a evolução do processo*, desde o seu nascimento até à sua extinção, não obstante as modificações que ele possa sofrer (*v.g.*, nas situações previstas no artigo 215º, nº 1 do CPC, de

[126] Actualmente flexibilizado, por virtude da consagração legal do *princípio da adequação formal*, plasmado no artigo 7º do CPC de Macau.

substituição de alguma das partes devido a transmissão, por acto entre vivos, da coisa ou direito litigioso).

O processo assume, assim, uma individualidade própria que, segundo a doutrina dominante, quase pacífica, é susceptível de se reconduzir ao conceito de relação jurídica[127]: a relação jurídica processual, a que a lei de processo chama *instância* (artigos 211º e ss do CPC).

Em suma:

Na locução *relação jurídica processual civil* pretende-se unificar a rede das ligações que no tribunal se estabelecem entre os sujeitos processuais; mas procura-se ainda abranger todas as consequências de direito que ligam o ordenamento jurídico aos factos invocados em juízo.

Todavia, a dependência da relação jurídica processual perante as situações substantivas que titulam os factos apresentados no processo é apenas funcional: não há qualquer outra ligação entre aquelas situações e *a relação processual*, que goza, portanto de *autonomia*.

A relação processual oferece, além disso, uma outra particularidade: tem *carácter dinâmico*, já que obedece a uma determinada tramitação integrada por várias fases ou ciclos, que se desenvolvem cronologicamente, com vista à obtenção de uma decisão final.

Esta a visão do *lado externo* – digamos assim – da relação processual civil.

15. Estrutura da relação processual Elementos que a compõem

Para avançar neste estudo há que analisar agora *o lado interno* do processo, isto é, há que surpreender *a sua estrutura*; questão que também não colhe, na doutrina, uma visão uniforme.

Seria deveras interessante expor aqui, desenvolvidamente, as várias concepções defendidas por processualistas de nomeada sobre *a contextura da relação processual*, sobre *o perfil dessa relação* que é – todos convêm, por evidente – bem diferente do tipo de relações que se estabelecem no plano do direito material.

Limitar-nos-emos, porém, a referir, em síntese, as orientações que nos parece revestirem-se de especial interesse para a clara caracterização da relação processual.

[127] Relação jurídica que, em geral, de há muito vem sendo contestada como quadro explicativo dos fenómenos jurídicos.

O ponto em que a discordância é mais profunda é o que se refere à posição relativa das partes e do tribunal, todos, afinal, sujeitos do processo.

Enquanto uns defendem que no processo civil há uma relação directa entre as partes, e não entre estas e o tribunal, pela razão simples de que este deve assumir uma posição desinteressada e imparcial, já que o processo é um pleito entre as partes e não uma queixa própria de cada uma delas perante o juiz (Kohler), outros pretendem demonstrar os inconvenientes da importação, para o processo civil, da figura da relação jurídica, negando-lhe mesmo tal assimilação.

Não será difícil tecer *críticas a cada uma destas posições*: à primeira, porque oblitera a contextura da relação processual, desvirtuando o papel fundamental que nela deve competir ao tribunal, assim lhe retirando autonomia; à segunda, porque a existência de dificuldades e pontos de discussão no conceito de relação jurídica em geral como quadro explicativo dos fenómenos jurídicos não é razão para afastar a viabilidade de arrumação das relações que se estabelecem entre as partes e o tribunal no quadro das verdadeiras relações jurídicas.

Como resolver então o problema?

Vejamos:

Os *elementos estruturais da relação processual civil* são, no fundamental, o direito de acção (cujo exercício relaciona o autor com o tribunal), o direito de contradição ou de defesa (cuja efectivação põe o réu em relação com o tribunal) e, hegemonicamente situado, o poder jurisdicional exercido por este último como órgão estadual.

Ficamos assim perante uma relação trilateral, com posições subjectivas de autor, julgador e réu.

É certo que à acção do demandante se contrapõe a contradição do demandado; só que eles não podem dirigir-se directamente um ao outro, mas sempre através do tribunal. Este, como representante do Estado, tem um papel independente e imparcial a desempenhar, que o deve manter equidistante das partes, ao longo de todo o processo.

Como ensina Anselmo de Castro, "tanto a acção como a contradição correspondem, em última análise e numa palavra, à faculdade (atribuída a autor e réu) de ser ouvidos pelo tribunal"[128].

[128] Daí o salientar-se na doutrina a "feição dialéctica do processo". Cfr. Luso Soares, que cita Calamandrei – *Processo Civil de Declaração,* cit., p. 106.

Portanto, esta relação entre as partes e o tribunal cria entre eles certos vínculos, juridicamente relevantes e regulados por lei, que se não reconduzem, pelo seu conteúdo, a relações de direito material.

Diga-se que as partes não assumem, no processo, obrigações uma perante a outra; às faculdades que a lei confere ao autor não correspondem obrigações do réu, e vice-versa.

Também a omissão da prática de certos actos por parte de autor ou por parte do réu lhes não acarreta sanções. *Sobre eles impendem, como regra, simples ónus, figura que assume particular importância no processo civil,* o qual, como faculdade reservada à vontade dispositiva das partes, raramente impõe deveres. A regra é a de que, mediante o cumprimento de um ónus, se proporciona aos sujeitos processuais a obtenção de certas consequências vantajosas mediante a observância de determinadas condutas.

Como exemplo de ónus em processo civil podemos salientar, *v.g.*, o *ónus da prova,* cuja falta de preenchimento pode vir a determinar uma decisão contra a parte a quem o facto a provar aproveitaria[129].

Analogamente, quando no art. 403º, nº 1 do CPC se diz que "o réu, pode contestar dentro do prazo de trinta dias (...)", está a colocar-se a contestação na disponibilidade do réu, que pode escolher entre a prática e a omissão, ambas condutas lícitas, mas com resultados potencialmente diversos. A lei limita-se aqui a estatuir as consequências de uma dessas atitudes, consequências que já escapam à vontade do réu.

Identicamente sucede em matéria de *prazos, a cujo cumprimento a lei aspira por razões de celeridade e outras, cominando, para a hipótese de omissão, uma consequência desfavorável ao destinatário da norma*; mas a mesma lei não se exprime abertamente acerca da preferência que tem pelo cumprimento do prazo, como poderia fazê-lo através da imposição de um dever jurídico; antes confia na dinâmica do interesse pessoal, optando pela figura do ónus.

Para o cumprimento de ónus processuais a lei apenas admite sucedâneos, atribuindo ao juiz certos poderes de iniciativa nessa matéria. Pode, pois, dizer-se que os princípios dispositivo e da auto-responsabilidade das partes aparecem, na nossa lei, temperados com o princípio do inquisitório do juiz.

[129] Sobre a *função das provas* e o *ónus da prova*, que a seu tempo estudaremos, cfr. os artigos 334º e ss. do Código Civil.

16. Vida da relação jurídica processual
Começo e desenvolvimento da instância. Remissão para sede posterior

Por tudo o que vem sendo dito, há quem negue à relação processual a natureza de verdadeira relação jurídica porque, se ao direito que existe na titularidade de um dos sujeitos (o sujeito activo) não corresponde rigorosamente um dever do outro (o sujeito passivo), como falar de relação jurídica?

Mas será que o simples facto de prevalecer no processo a figura jurídica do ónus em detrimento do dever jurídico justifica, só por si, que se negue à relação processual o carácter de relação jurídica autêntica e própria? Parece que não.

Relembrando o que atrás dissemos sobre o carácter dinâmico do processo – cuja repetição aqui abriria um longo e perturbador parêntesis expositivo –, logo verificamos que no seu percurso se assiste a situações de nascimento, de modificação e de extinção, que são outros tantos momentos da *vida da relação processual, como realidade jurídica unitária* que é. A própria lei a considera como *um todo*, com *identidade própria*, de contrário não admitiria o fenómeno da sucessão / substituição no plano processual.

A admissibilidade do fenómeno da substituição processual resulta do preceituado no artigo 215º do Código de Processo Civil:

> "A instância pode modificar-se, quanto às pessoas:
>
> a) Em consequência da substituição de alguma das partes, quer por sucessão, quer por actos entre vivos, na relação substantiva em litígio;
>
> b) ....".

É certo que a substituição não ocorre automaticamente, antes exige a verificação e preenchimento de certos requisitos; mas, mesmo assim, fica demonstrado que é a própria lei que reconhece expressamente à relação processual a natureza de relação jurídica transmissível.

Do que fica dito *não resulta, todavia, que no processo civil não impendem nunca, sobre as partes, quaisquer deveres jurídicos*; e também *não resulta que a figura do ónus seja privativa do processo civil.*

Entre os *deveres das partes* neste tipo de processo sobressaem, por exemplo, o de *comparência pessoal* (artigo 8º, nº 3) sempre que para isso sejam notificadas, o abrangente dever *de cooperação*, cuja violação lhes pode acarretar multa e outros meios coercitivos que o juiz considere adequados, o dever de actuar de *boa fé*, cuja violação pode resultar na condenação em litigância de má fé.

Mas estas considerações, a nosso ver, não adiantam nem atrasam, só por si, relativamente ao problema da determinação da natureza jurídica da relação processual.

Importante é, isso sim, clarificar as características especiais desta relação, que permitem distingui-la, e conferir-lhe autonomia, relativamente à relação substantiva litigada que lhe subjaz. E essas características resultam de tudo o anteriormente exposto.

Sintetizando, digamos que na relação processual sobressaem:

a) *O princípio do pedido* – ela pressupõe, a quando do seu nascimento, a existência de um autor, que em regra é o titular do direito carecido de tutela;

b) *A autonomia* – alguns conceitos e categorias lógicas do Direito substantivo são inadaptáveis ao direito processual (é o que sucede, por exemplo, em matéria de invalidades; como veremos em fase mais adiantada da nossa disciplina, neste particular relevam considerações de certeza, de segurança jurídica, de estabilidade, que determinam um regime muito específico para os actos processuais, na prática dos quais o elemento volitivo tem um alcance peculiar);

c) *O efeito jurídico a que se dirige o processo* – a sentença – *não procede da vontade das partes*, já que elas, no decurso do mesmo, fazem perante o tribunal, como regra, simples declarações de conhecimento, ou de ciência, e não propriamente declarações de vontade;

d) A *complexidade* – a relação processual desdobra-se em duas sub-relações – a de acção e a de defesa –, como resulta claro de tudo o que ficou dito a propósito do respectivo perfil.

Em suma, como verdadeira relação jurídica que é, *a relação processual civil é composta por elementos idênticos aos que integram qualquer outra relação jurídica:*

i. Nela existem *sujeitos* – as partes (principais ou acessórias) e o tribunal;

ii. Ela tem o seu *objecto* – o litígio concreto a dirimir, o conflito de interesses privados, delimitado pelo pedido do autor e pela indicação da respectiva causa de pedir;

iii. Para o seu início contribui um *facto jurídico* que se traduz no acto processual da propositura da acção, praticado pelo autor; e finalmente, *iv.* A respectiva *garantia* é constituída por um conjunto de sanções ou de outras consequências cominadas pela lei processual para os casos de incumprimento ou inobservância, pelos sujeitos, dos respectivos deveres e ónus processuais.

Em sede posterior será analisada toda a matéria do começo e desenvolvimento da relação jurídica processual, a que a lei processual dá a designação sintética de *instância*.

Capítulo II
Pressupostos Processuais

17. Noção de pressupostos processuais

A teoria dos pressupostos processuais pertence – pode dizer-se – ao 'acquis' da doutrina processual civil moderna.

A investigação histórica sobre este tema faz-nos retroceder à construção pioneira de OSKAR VON BÜLOW, desenvolvida na sua obra *Teoria das excepções e dos pressupostos processuais*[130], que costuma ser apontada como marcando, em meados do século XIX, o nascimento da ciência processual[131].

Nesta obra, este Autor define a realidade a que chama *pressupostos processuais*, considerando-os como elementos constituintes da relação processual, que qualifica como relação jurídica de direito público, estabelecida entre as partes e o tribunal.

Numa primeira fase do seu estudo, o processualista alemão considera que os pressupostos, como elementos constituintes da relação processual, são requisitos que condicionam, numa posição de exterioridade, a própria existência do processo, considerado este como um todo.

Mas diz mais: a verificação da existência dos pressupostos processuais é objecto submetido à discussão das partes e à apreciação do tribunal. Para além da apreciação da relação jurídica material invocada em juízo, o tribunal tem também de analisar o enquadramento da relação jurídica processual e pronunciar-se, antes de mais, sobre esse enquadramento.

[130] Cujo título original é *Die Lehre von den Prozesseinreden und die Prozessvoraussetzungen*, obra da qual existe uma tradução espanhola, editada em Buenos Aires e datada de 1964.

[131] CASTRO MENDES, *Direito Processual Civil*, cit., vol. I, p. 5.

Tais ideias, uma vez lançadas, foram depois evoluindo; tanto assim que, na orientação da doutrina alemã posterior – a que chegou a aderir o próprio BÜLOW –, os pressupostos deixam de ser configurados como elementos constituintes do processo, para passarem a condicionar a sentença de mérito. Quer dizer, a função condicionante dos pressupostos deixa de incidir sobre a existência do próprio processo e passa a recair sobre a susceptibilidade do proferimento, nesse mesmo processo, de uma decisão de mérito (sobre o fundo da causa).

Também na doutrina portuguesa esta construção mereceu acolhimento. MANUEL DE ANDRADE usa a seguinte formulação:

> "Por pressupostos processuais costumam designar-se aqueles requisitos de que depende dever o juiz proferir decisão de mérito sobre a causa, concedendo ou denegando a providência judiciária requerida pelo demandante"[132].

Para ANTUNES VARELA, pressupostos são "os elementos de cuja verificação depende o dever de o juiz proferir decisão sobre o pedido formulado, concedendo ou indeferindo a providência requerida"; são "(...) condições mínimas consideradas indispensáveis para, à partida, garantir uma decisão idónea e uma decisão útil da causa"[133].

Por seu turno, ANSELMO DE CASTRO considera que os pressupostos "(...) constituem (...) as condições de que depende o exercício da função jurisdicional, visando assegurar a justiça da decisão (a sua conformidade com o direito objectivo) e, por outro lado, evitar decisões inúteis ou desnecessárias"; mas não deixa de salientar que "eles não são propriamente, como a expressão possa sugerir, pressupostos do processo ou condições da existência do processo, como os considerou Bülow (...) pois eles mesmos são objecto de exame e de resolução dentro do processo, pressupondo justamente a existência deste"[134].

Destas diversas formas de delimitação da noção de pressupostos processuais podemos retirar que uma coisa é certa: a matéria dos pressupostos processuais é de tanta importância no processo que bem justifica um tratamento legal e uma aplicação prática tão cuidadosos quanto possível.

[132] *Noções Elementares...*, p. 74.

[133] *Manual...*, 2ª ed., p. 104.

[134] *Direito Processual Civil Declaratório*, vol. II, pp. 7 e 8, e *Lições de Processo Civil* (*pressupostos processuais*), apontamentos compilados e publicados por ALFREDO SOVERAL MARTINS, Coimbra, 1969, p. 5.

Todavia, neste Capítulo das nossas lições apenas introduziremos o tema, apresentando a respectiva noção e o delineamento dos traços que distinguem os pressupostos processuais de outras figuras que lhes são próximas, deixando o estudo particular de cada um deles, por razões pedagógicas, para momento ulterior.

Das construções doutrinárias acabadas de apresentar pode facilmente concluir-se que, no processo civil, incumbe ao juiz averiguar da existência prévia de certos requisitos de natureza processual exigidos por lei e, se for caso disso, providenciar pelo suprimento da sua falta, para que possa entrar na apreciação do mérito da causa, ou seja, no julgamento da pretensão formulada pelo autor. Trata-se, pois, de questões prévias em relação à questão de fundo que são, em última análise, condições do exercício da função jurisdicional na plenitude dos seus objectivos.

Daqui se pode inferir que a exigência legal da verificação dos pressupostos contribui para evidenciar a autonomia do direito adjectivo em relação ao direito substantivo: a aplicação deste aos casos concretos da vida real enfrenta questões prévias de direito processual, inconfundíveis com questões próprias do direito material.

18. Distinção de figuras afins

Dito ficou já que a relação jurídica processual – a que a lei processual chama *instância* – se inicia quando uma das partes, o autor, formula um pedido de tutela para um direito, quando deduz uma pretensão perante o tribunal para que este a aprecie e resolva à luz do direito aplicável.

Mas o mesmo tribunal, perante a petição que lhe é apresentada, pode assumir diversas atitudes, proferindo um de entre vários tipos de decisão.

Enumeremo-los[135]:

1) *Despacho liminar de indeferimento* (artigo 394º do CPC).

Se a falta, *objectiva* e *insanável*, de algum pressuposto processual relativo às partes ou ao tribunal, for logo detectada pelo juiz, no início do processo, quando este lhe vai concluso, deve ser impedida a continuação desse processo, porque nele fica vedada a possibilidade de decidir sobre o fundo da questão. Nestes casos, o réu nem sequer chega a ser chamado a juízo para se defender: não faria sentido; seria completamente inútil a sua intervenção.

[135] Só apontamos aqui os tipos de decisão com interesse para a delimitação do conceito de pressupostos processuais.

Mas se a falta de algum pressuposto só for verificada pelo julgador numa fase mais adiantada do processo, depois de ordenada a citação do réu, o juiz já não pode voltar atrás (o processo nunca retrocede...) e, afinal, indeferir a petição que por alguma razão deixou seguir. Será, então, caso de assumir uma outra atitude de sentido diferente, ou seja, proferir

2) *Decisão de absolvição do réu da instância* (artigo 412º, nº 2 do CPC).

Já foi dito que, quando a relação jurídica processual não obedeça, na sua constituição ou desenvolvimento inicial, aos tais requisitos que se designam por pressupostos processuais, o juiz deve abster-se de solucionar o conflito de interesses que lhe é apresentado (cfr. o artigo 230º, nº 1 do CPC).

Embora se não confundam, tanto o indeferimento liminar da petição inicial como a absolvição do réu da instância produzem para o réu consequências muito importantes porque são situações do seu interesse, que põem fim àquele processo que lhe foi movido; só que o indeferimento liminar pode ser provocado por muitas outras razões que se não reconduzem, propriamente, à falta de algum dos pressupostos processuais.

Mas, noutras circunstâncias, o juiz pode ainda proferir uma

3) *Decisão de absolvição do pedido*, o que sucede sempre que, do apuramento dos factos e da respectiva subsunção nas normas aplicáveis, seja caso de decidir o conflito a favor do réu, negando provimento à pretensão do autor.

Finalmente, do tribunal pode emanar

4) *Decisão de condenação no pedido*, sempre que, perante os factos provados e o direito aplicável, o juiz deva decidir o conflito de interesses a favor do autor. Tal situação ocorre sempre que se preencham certos requisitos a que CHIOVENDA chamou *condições da acção.*

18.1. Pressupostos processuais e condições da acção

Assim chegamos à necessidade de analisar e confrontar dois conceitos próximos, mas distintos e ambos de suma importância: as chamadas *condições da acção* ou *condições de fundo da acção* e os verdadeiros *pressupostos processuais*, na acepção que já delimitámos.

Por um lado, a expressão *condições da acção engloba aqueles requisitos indispensáveis para que a acção possa ser julgada procedente.* Trata-se de requisitos que respeitam ao fundo da causa, à conexão da relação jurídica material concretamente invocada com a hipótese normativa. A falta de qualquer um desses requisitos implica, pois, a improcedência da acção (ou seja, do pedido).

A principal condição da acção será a de que o demandante formule um pedido legítimo, segundo o direito material aplicável. Por isso parece evidente que tal condição é de direito substantivo.

Concretizando, pode dizer-se que *são condições da acção*, designadamente:

a) *A existência do direito subjectivo* material invocado;
b) *A exigibilidade judicial desse direito*, isto é, não se tratar de direito sem acção – artigos 1º, nº 2 do CPC e 396º e ss. do CC);
c) *A verificação de um conflito de interesses* (nº 1 do artigo 3º do Código de Processo Civil), ou seja, de um litígio, de uma lide.

Em tempos idos, costumava a doutrina incluir ainda neste elenco mais dois requisitos: o *interesse em agir* e a *legitimidade*; só que este entendimento necessita, hoje em dia, de correcção porque estas duas figuras são agora consideradas pressupostos processuais, malgrado neles se verificar uma confluência da forma com o fundo da causa, como adiante veremos.

Concluindo:

a) As condições da acção são as condições necessárias para a procedência do pedido do autor, isto é, para o proferimento de uma sentença favorável ao demandante; são requisitos indispensáveis à concessão ou denegação da tutela pretendida, que implicam, consoante os casos, ou o apuramento da relação de coincidência entre a pretensão formulada sobre a situação factual respectiva e o disposto no direito substantivo, ou a verificação da sua não coincidência.
b) Diferentemente, os pressupostos processuais são os requisitos cuja aferição condiciona a decisão do juiz sobre o mérito da causa. A faltarem, vedam a oportunidade de o tribunal chegar a apreciar da existência das condições da acção.

Dizendo de outro modo:

Se a sentença judicial a que o processo tende, visa verificar se o direito subjectivo afirmado pelo autor merece a tutela jurisdicional requerida, a concessão dessa tutela impõe a conjugação de requisitos de carácter processual com requisitos de natureza substantiva.

Os pressupostos são portanto requisitos processuais de que depende – digamos assim – o exercício da função jurisdicional na sua plenitude.

A exigência da sua verificação visa atingir, essencialmente, *três objectivos*:

a) *Assegurar a justiça da decisão* – é o caso da competência do tribunal, com a qual o legislador busca o foro mais idóneo para apreciar e julgar uma causa, em função da respectiva factualidade;
b) *Assegurar um perfeito e regular exercício do contraditório* – é o caso dos pressupostos relativos às partes: personalidade e capacidade judiciárias; legitimidade (ou legitimação, como preferia MANUEL DE ANDRADE), certo sendo que pela via destes pressupostos se reforça a realização daquele primeiro objectivo, na medida em que as partes colaboram com o tribunal com vista à justa decisão da causa.
c) *Evitar decisões inúteis ou desnecessárias* – é o caso da litispendência, e também do interesse *em agir* a que MANUEL DE ANDRADE, seguindo CALAMANDREI, chamava interesse *processual*.

Quer dizer, enquanto que as condições da acção são os requisitos necessários para a procedência da acção, seja, para uma sentença favorável ao autor, os pressupostos são condições, tanto da sentença favorável como da sentença desfavorável ao autor. Na sua falta, e não sendo conseguida a respectiva sanação, o juiz não poderá pronunciar-se nem contra o autor e a favor do réu, nem vice-versa; terá, simplesmente, de pôr fim ao processo pelos meios técnicos adequados.

Observados tais requisitos, os pressupostos, o resultado normal do processo será uma decisão que incida sobre o fundo da causa, que resolva o conflito de interesses que a acção pressupõe (artigo 3º do Código de Processo Civil), ou seja, uma sentença de mérito[136].

Em suma, pressupostos processuais são pressupostos da sentença de mérito ou, numa expressão também usada na doutrina, requisitos de procedibilidade formal.

Segundo uma construção que tem vindo a ser amplamente defendida no desenvolvimento da de BÜLOW, o juiz deve apreciar, antes de mais, se tudo está em ordem e é formalmente regular dentro do processo; e só depois entrará na apreciação da questão de fundo, isto é, do próprio objecto

[136] Curiosa e original é a noção proposta pelo italiano ONOFRIO, cuja noção chegou a ser acolhida por PAULO CUNHA, segundo a qual *pressupostos processuais* são as condições necessárias para que o juiz possa realizar a sua função, independentemente do mérito do pedido sobre o qual provê.

da acção. A determinação dos pressupostos processuais é independente – por prévia – da apreciação do mérito da causa[137].

Mas desçamos ao plano da realidade concreta dando praticidade ao estudo desta matéria.

Como já propunha PALMA CARLOS nas suas aulas de Direito Processual Civil, a determinação dos pressupostos processuais pode fazer-se imaginando uma série de interrogações que o juiz deve fazer a si próprio antes de pronunciar uma sentença de mérito.

Essas interrogações são, no fundamental:

1ª Será este o tribunal que deve pronunciar-se sobre a questão que me é apresentada?
2ª Quem exige a sua resolução e quem a contraria (autor e réu) têm, em abstracto, a possibilidade de serem titulares do direito a exigi-lo e da correspondente obrigação?
3ª Quem exige a sua resolução pode fazê-lo por si (pessoalmente) ou está devidamente representado em juízo?
4ª Quem exige a sua resolução tem, face ao litígio subjacente, uma posição tal, que se justifique ser ele a agitá-lo em juízo?
5ª Quem exige a sua resolução está representado em juízo por um técnico do Direito (nos casos em que a lei o exige)?

A resposta negativa a estas perguntas fará com que o juiz se não sinta obrigado a pronunciar uma sentença de mérito, mas antes deva extinguir aquele processo, libertando (ou absolvendo) o réu daquela instância. A falta ou irregularidade dos pressupostos processuais determinará assim, em princípio, a absolvição do réu da instância (artigo 230º do CPC), sem prejuízo do dever do juiz de providenciar oficiosamente pelo respectivo suprimento, quando possível (artigo 6º, nº 2 e artigo 414º do CPC).

Correlativamente, algumas das causas de absolvição da instância previstas no artigo 230º do Código de Processo Civil estão conexionadas com pressupostos processuais. E uma vez que a procedência de qualquer excep-

[137] *Mais recentemente*, reflectindo sobre matéria de tanto interesse e especial complexidade, *autores há que contestam o dogma da apreciação prévia dos pressupostos processuais na acção declarativa*. Cfr., entre todos, MIGUEL TEIXEIRA DE SOUSA, na Revista da Ordem dos Advogados, Ano 49, 1989.

ção dilatória provoca uma absolvição da instância[138] (artigo 412º, nº 2), segue-se que as excepções dilatórias enunciadas no artigo 413º resultam da falta de pressupostos processuais ou de quaisquer nulidades processuais.

Daqui se conclui que a construção dos pressupostos processuais, à face do direito positivo vigente, deve fazer-se com base nos preceitos dos artigos 230º e 413º, estreitamente relacionados entre si, como aliás se infere do nº 1, alínea *e)* do primeiro desses preceitos. Indicando em que casos o juiz deve recusar o conhecimento do mérito da causa, ficam implicitamente enunciados os pressupostos processuais; é como que uma enunciação legal dos pressupostos processuais sob a forma negativa.

Teoricamente, é concebível que a apreciação da existência dos pressupostos processuais possa fazer-se por um de dois sistemas:

1º *Deixar ao juiz a iniciativa*: o poder, que é dever, de verificar ele próprio, *ex officio*, se existem todos os pressupostos processuais; ou
2º *Deixar às partes a vigilância* acerca da existência desses pressupostos, permitindo-lhes que denunciem a sua ausência por meio de excepção (excepção dilatória) e preceituando que só na hipótese de alguma das partes a excepcionar o juiz tomará em conta essa inexistência.

Qual o sistema da lei processual vigente em Macau?

Pode dizer-se que é um *sistema misto.*

Com efeito, depois de no artigo 412º, nº 2 se definir excepção dilatória como a que obsta a que o tribunal conheça do mérito da causa, e de no artigo 413º se enunciarem exemplificativamente as excepções dilatórias admitidas, o artigo 414º estatui:

"O tribunal deve conhecer oficiosamente de todas as excepções dilatórias, salvo da preterição do tribunal arbitral voluntário e da falta de pagamento de custas de parte".

Não se quer com isto dizer que as partes fiquem inibidas de excepcionar quanto à maioria dos pressupostos. O Código deixa às partes a faculdade de deduzirem excepções. E elas (especificamente quem ocupar a posição de réu) têm toda a conveniência em chamar a atenção do tribunal para a falta de algum pressuposto processual. Simplesmente, se através do processo, mesmo que não seja por excepção do réu, o tribunal chegar

[138] Ou a remessa do processo para outro tribunal.

à conclusão de que falta um pressuposto processual insanável, toma dela conhecimento *ex officio* para o efeito de absolver o réu da instância, assim evitando a continuação de um processo no termo do qual não pode decidir o litígio.

Só assim não fará nos casos ressalvados pelo artigo 414º:

- Violação de pacto privativo de jurisdição (artigo 29º do CPC); e
- Preterição de tribunal arbitral voluntário, legalmente designado pelas partes.

Por fim, poderemos resumir assim os *traços gerais do regime a que estão sujeitos os pressupostos processuais*, regime esse que os individualiza frente às condições da acção:

- Os pressupostos processuais são questões prévias em relação à apreciação do mérito da causa;
- A exigência da verificação dos pressupostos evidencia a autonomia do direito adjectivo em relação ao direito substantivo: a aplicação contenciosa deste aos casos concretos da vida real enfrenta questões prévias de direito processual, distintas de questões próprias do direito material.

Isto porque:

- Os pressupostos processuais são requisitos impostos por razões de interesse público de uma correcta administração da justiça, que não podem, como regra, ser ultrapassadas ou simplesmente ignoradas ou afastadas por vontade das partes. Por isso, pode dizer-se que
- Os pressupostos processuais *interessam, em primeira linha, ao próprio tribunal*, na medida em que representam uma obrigação em que o juiz está constituído para com o Poder Público (o Estado) que o mandatou; e não interessam directamente aos sujeitos privados da relação processual – as partes;
- *A maioria* dos pressupostos processuais *é do conhecimento oficioso* do tribunal, embora possam constituir também matéria de defesa do réu, como já ficou dito;
- A absolvição da instância em caso algum obsta a que se proponha outra acção sobre o mesmo objecto (artigo 575º – caso julgado formal);

- O tribunal não está adstrito às alegações das partes quanto às condições de facto de que os pressupostos dependam;
- Em princípio, *não é válido o acordo das partes em matéria de pressupostos processuais*;
- *O tribunal goza de largos poderes de iniciativa* – e tem mesmo um dever imposto pelo nº 2 do artigo 6º do CPC – quanto à verificação dos pressupostos e à regularização da instância (através da sanação da respectiva falta ou irregularidade ou da remessa do processo para outro tribunal), diferentemente do que sucede quanto à matéria de fundo;
- A decisão sobre pressupostos processuais forma caso julgado; mas apenas em certos termos, para cuja compreensão nos parece ter cabimento formular aqui, sinteticamente embora, a distinção entre *caso julgado formal* e *caso julgado material.*

O *caso julgado formal*, também designado na doutrina por *caso julgado interno* ou *simples preclusão*, é uma qualidade das decisões de mera forma que incidem unicamente sobre a relação processual. Consiste na simples preclusão dos recursos ordinários, não obstando a que a matéria da decisão seja diversamente apreciada em novo processo, pelo mesmo ou por outro tribunal (artigo 575º).

O *caso julgado material* é uma qualidade da decisão de fundo, que aprecia a relação material litigada e que consiste em a definição dada a essa relação controvertida se impor a todos; a solução jurídica torna-se indiscutível, em termos definitivos, sem prejuízo do disposto sobre os recursos extraordinários de revisão e de oposição de terceiro (artigo 574º, nºs 1 e 2).

Mas então as decisões sobre pressupostos processuais têm força de caso julgado formal ou de caso julgado material?

Tomemos um exemplo:

Suponhamos que, numa acção de investigação de paternidade, o processo finda por sentença que absolve o réu da instância com algum dos fundamentos enunciados no artigo 413º. Esta sentença, uma vez transitada em julgado, tem força obrigatória apenas dentro desse processo.

Mas obstará ela a que em nova acção de investigação com o mesmo objecto e com identidade de partes venha a ser proferida decisão diferente? A sua definitividade será restrita ao processo ou estende-se para além dele?

Relativamente ao pressuposto da competência, o problema é resolvido na lei processual nos termos dos artigos 33º e 34º do Código de Processo Civil. Não surgem, por isso, quaisquer dúvidas.

No que concerne aos restantes pressupostos, a doutrina dominante, com Alberto dos Reis e Chiovenda, entende que tais decisões não têm força de caso julgado material. Argumenta-se que, não tendo a sentença recaído sobre o objecto essencial do litígio, não tendo atribuído ou negado bens jurídicos, não se justifica a extensão da sua obrigatoriedade para além do processo em que foi proferida.

Mas não é esta a opinião de Castro Mendes. Entende ele que a imutabilidade da decisão se deve alargar para fora do processo. Se o mesmo fundamento se repetir em novo processo, é lícito opor a excepção de caso julgado.

Em face destas posições divergentes, Anselmo de Castro expõe o seu pensamento, aduzindo duas razões fundamentais que apontam na direcção da doutrina, dominante, a do caso julgado formal:

- Em primeiro lugar um argumento de ordem histórica – a valorização do ambiente em que foi elaborado o Código de Processo Civil português de 1939 (Código que antecedeu e inspirou o de 1961, que vigorava em Macau antes de 1 de Novembro de 1999);
- Em segundo lugar, a ponderação de que, dado não estarem em jogo interesses materiais, a eficácia de caso julgado material ser de afastar.

Contudo, não deixa de chamar a atenção para a necessidade de introduzir uma restrição à doutrina dominante: há pressupostos, como a legitimidade e o interesse processual, onde a forma conflui com o fundo da causa. E na medida em que a decisão, aí, já envolve interesses materiais, há que reconhecer-lhe eficácia de caso julgado material.

Sendo assim, tais decisões, embora recaindo sobre a relação processual, não são de pura forma e não cabem na letra do referido artigo 575º.

Reservamos o aprofundamento e resolução do problema para ulterior momento – quando estudarmos os pressupostos processuais relativos às partes, nomeadamente a legitimidade – porque nos parece ser, então, mais oportuno e eficaz.

18.2. Pressupostos processuais e pressupostos de actos processuais

Ocupa-se também a doutrina a distinguir entre pressupostos que dizem respeito ao processo no seu todo (pressupostos processuais, tal como ficaram caracterizados), e pressupostos relativos apenas a certos actos ou complexos de actos a praticar no processo.

É certo que a disciplina legal de um acto processual[139] apresenta as seguintes componentes:

a) A indicação normativa do pressuposto do acto, isto é, da situação em presença da qual o acto processual em questão pode ou deve, consoante os casos, ser praticado;
b) A descrição normativa do acto, ou seja, da conduta na qual ele consiste; descrição que indica o sujeito e a respectiva vontade, o conteúdo, o objecto, a causa do acto e a forma sob a qual o acto se exterioriza;
c) A valoração normativa do acto;
d) Os efeitos do acto, ou seja os comportamentos que a lei conexiona com ele.

Assim, a cada acto integrador do processo a norma que o regula assinala, como seu pressuposto, a prática do acto ou dos actos que o precedem na sequência processual, fora da qual o acto processual não é contemplado pela lei, nem poderia sê-lo. O mesmo é dizer que cada acto processual pressupõe que, no desenrolar do processo, venha a criar-se determinada situação processual integrada pela prática dos actos que, na sequência, devem precedê-lo.

Tal princípio deriva da própria estrutura do processo civil: a notificação ao autor da citação do réu pressupõe o acto da citação; a sentença (acto processual por excelência) pressupõe uma diversificada e numerosa série de actos das partes, do tribunal, de auxiliares processuais. E assim por diante.

Logo, os pressupostos dos actos processuais (considerados *de per si*) são requisitos da respectiva existência e validade. A sua falta pode determinar a nulidade do acto e, eventualmente, a nulidade de actos subsequentes que dele dependam, mas não atinge o processo no seu todo.

[139] Uma Teoria dos Actos Processuais será desenvolvida em sede posterior.

18.3. Pressupostos processuais e condições da existência e validade do processo

Trata-se agora de *requisitos indispensáveis à própria existência jurídica e validade da relação processual* (instância), e não de requisitos necessários à viabilidade de uma decisão sobre o mérito da causa (pressupostos processuais).

A distinção tem a sua subtileza, já que a falta das condições de existência e validade do processo conduz, embora indirectamente, à inviabilidade da decisão de mérito; mas inviabiliza também qualquer decisão de outro tipo.

As condições da existência e validade do processo correspondem, afinal, aos elementos estruturais da relação jurídica processual, que são os sujeitos, o objecto e o facto jurídico constitutivo (a garantia é estabelecida pela própria lei).

Exemplificando:

É inexistente uma acção ainda não proposta em tribunal; como também o é uma acção com autor inexistente, ou uma acção sem réu.

19. Classificação dos pressupostos processuais

Critérios possíveis

Como é entendível, a classificação dos pressupostos processuais tem de tomar por base um determinado critério, certo sendo que e o resultado classificativo varia consoante o critério utilizado.

Assim, tomando como critério o dos sujeitos da relação processual, poderemos distinguir entre:

a) *Pressupostos processuais relativos às partes*: a personalidade judiciária, a capacidade judiciária, a legitimidade processual, o patrocínio judiciário quando obrigatório, o interesse processual; e
b) *Pressupostos processuais relativos ao tribunal*: a competência do tribunal e a não existência de convenção de arbitragem.

Já segundo o critério da estrutura da relação processual, surpreenderemos os seguintes pressupostos:

A) Pressupostos processuais *respeitantes aos sujeitos*: todos os acima indicados para as partes; e
B) Pressupostos processuais *respeitantes ao objecto*: a não verificação de litispendência[140].

[140] Conceito delimitado no art. 416.º do CPC, que mais tarde interpretaremos.

Ainda segundo o critério positivo ou negativo da verificação dos pressupostos processuais, poderemos considerar

- *Pressupostos positivos,* aqueles de cuja existência depende a possibilidade legal de proferimento de decisão sobre o mérito da causa; e
- *Pressupostos negativos,* aqueles de cuja não existência depende a admissibilidade de decisão de mérito: a litispendência e a convenção de arbitragem.

20. Remissão do estudo de cada pressuposto processual para sede ulterior

O tratamento da importante matéria dos pressupostos processuais debruçando-nos sobre cada um deles em particular, será feito, como já ficou prevenido, em sede ulterior das Lições, tomando como critério classificativo o que a lei processual acolheu.

Na verdade, se atentarmos na sistemática do CPC, podemos verificar que o Título II do seu Livro I é dedicado aos *tribunais,* logo se regulamentando vários aspectos respeitantes à competência dos mesmos; para depois, o Título III do mesmo Livro I se dedicar às *partes* e, sob esta epígrafe, regulamentar as matérias relativas à personalidade judiciária, à capacidade judiciária, à legitimidade, ao interesse processual e ao patrocínio judiciário.

Assim, o estudo de cada um desses pressupostos será mais oportuno a quando da análise da relação jurídica processual na sua estrutura, constante do Capítulo seguinte.

Capítulo III
Estrutura da Relação Jurídica Processual

Secção I
Os Sujeitos Da Relação Jurídica Processual

21. As partes

A encetar o estudo da relação jurídica processual na sua dimensão estática, trataremos agora do primeiro dos elementos que a compõem, tal como em qualquer outra relação jurídica: *os sujeitos*, que na relação processual tomam a designação – consagrada na lei, na jurisprudência e na doutrina – de *partes*.

21.1. Conceito de parte

Depois de tudo o que ficou dito nas aulas introdutórias da disciplina e no seu desenvolvimento posterior, fácil é concluir que as principais personagens do processo, os seus 'dinamizadores', os protagonistas da realidade a que CALAMANDREI chamou "drama judiciário", *são realmente os sujeitos activo e passivo de qualquer relação processual* (autor, demandante, requerente, recorrente, exequente; e réu, demandado, requerido, recorrido, executado), que é uso apelidar de litigantes ou pleiteantes em juízo, isto é, no tribunal.

A parte é, pois, nesta acepção, uma figura essencialmente processual, embora com fundas raízes substantivas.

A própria lei assim chama aos 'dinamizadores' do processo em vários dos seus preceitos, deles resultando a óbvia bilateralidade do processo, no sentido de que nele existem, necessariamente, duas posições de parte.

Parte é, pois, a pessoa (física ou jurídica) que, por si própria ou devidamente representada, vem ao processo, ao tribunal, formular a sua pretensão ou contrariar a pretensão que outrem contra si dirigiu, na defesa dos seus direitos e interesses protegidos por lei.

Na clássica definição de CHIOVENDA, *parte é aquele que pede em seu próprio nome (ou em cujo nome se pede) a actuação de uma vontade da lei, e aquele frente a quem ela é pedida*. Ou, dizendo de outro modo: aquele que pede a composição de um litígio e aquele contra quem tal composição é pedida.

Ao delimitarmos assim o conceito de parte é preciso, todavia, *não esquecer a sua natureza primariamente formal*: parte é quem pede e contra quem se pede, e não necessariamente quem deveria pedir e contra quem se deveria ter pedido. Daí que possa haver partes sem personalidade judiciária, partes sem capacidade judiciária, partes ilegítimas. E apesar disso, nesses casos, são aqueles que aparecem como partes num determinado processo que respondem pelas respectivas custas.

Mas parte é, em rigor, quem figura em seu próprio nome no processo, nele defendendo um invocado interesse próprio. Por isso, *em todas as situações de representação – legal, orgânica ou forense –, parte é sempre o representado e não o representante.*

Quem não é parte é terceiro, relativamente à instância. Como esclarece o processualista espanhol JAIME GUASP[141], "terceiro processual é o sujeito que não goza da condição de parte ou não está adstrito a ela, ainda que tenha com a verdadeira parte algum tipo de relação no plano processual".

21.2. Classificação: partes principais e partes acessórias

Tomando por base o critério da posição na qual participam no processo, costuma a doutrina distinguir entre *partes principais* e *partes acessórias*.

As partes dizem-se principais quando participam autonomamente no processo, defendendo com independência os seus próprios interesses perante o tribunal. É parte principal quem, como autor, propõe a acção em nome próprio; e aquele (réu) contra quem a acção é intentada, também em nome próprio.

As partes acessórias são aquelas que intervêm no processo defendendo também um interesse próprio (caso contrário não seriam partes), mas conexo e compatível com o interesse de uma das partes principais. Participam, por assim dizer, em posição subordinada à das partes principais

[141] *Derecho Procesal Civil*, 2ª edição, pp. 52 e 55.

(artigo 276º, nº 2), que auxiliam no desenvolvimento da sua actividade processual (artigo 276º, nº 1)[142].

Caso típico de parte acessória, no direito processual português e no de Macau, é o do *assistente*, figura prevista e regulada nos artigos 276º a 282º do Código de Processo Civil.

Aí se define todo um regime cuja base reside na possibilidade de intervenção no processo de quem seja portador do interesse jurídico em que a decisão do pleito seja favorável a uma das partes. Basta, para tanto, segundo a lei, que "o assistente seja titular de uma relação jurídica cuja consistência prática ou económica dependa da pretensão do assistido".

Como *exemplo* destas situações, poderá indicar-se o caso da mãe do menor que, na acção oficiosa de investigação de paternidade instaurada pelo Ministério Público, pode intervir como assistente, já que é portadora de interesse juridicamente relevante, traduzido sobretudo na vantagem económica de que ela auferirá com a procedência da acção de investigação, pela possibilidade que passa a ter, de repartir com o pai os encargos de criação do menor (alimentação, instrução, vestuário, etc.).

Outro caso de assistência será o do sublocatário de prédio urbano que tem interesse jurídico em auxiliar o inquilino na acção de despejo instaurada contra este; ou ainda o credor de pessoa que reivindica judicialmente o seu direito de propriedade sobre um prédio ocupado abusivamente pelo réu.

Na generalidade destes casos, o assistente pode intervir a todo o tempo, mas tem de aceitar o processo no estado em que se encontrar. Para tal, fará, ele próprio, um requerimento ou deduzirá o seu pedido de intervenção em articulado ou alegação que o assistido estivesse a tempo de oferecer (artigo 277º, nº 2 do CPC).

22. Pressupostos processuais relativos às partes

22.1. Personalidade judiciária

22.1.1. Noção e âmbito

Conceito já estudado em sede anterior o de *pressupostos processuais como requisitos de todo o processo, indispensáveis ao proferimento de uma decisão judicial sobre o mérito da causa, isto é, sobre o fundo da questão controvertida.*

[142] Expressão desta subordinação à parte principal encontramo-la muito claramente no preceito do artigo 281º do Código de Processo Civil: "A assistência não afecta os direitos das partes principais, que podem livremente confessar, desistir ou transigir, *findando em qualquer destes casos a intervenção.*"

De tudo o que então se disse sobre a matéria, resulta que alguns desses pressupostos respeitam às partes e outros ao tribunal, como sujeitos que são da relação jurídica processual.

Iniciamos agora o estudo sistemático dos pressupostos processuais relativos às partes, seguindo a ordem pela qual vêm tratados no Código de Processo Civil.

Sob a epígrafe "Das partes", a lei de processo regula sucessivamente a personalidade e a capacidade judiciárias (Capítulos I e II do Título III do Livro I – artigos 39º a 57º), a legitimidade (Capítulo III, artigos 58º a 71º), o interesse processual (Capítulo IV, artigos 72º e 73º) e o patrocínio judiciário (Capítulo V, artigos 74º a 86º). Estes, portanto, os pressupostos nominados, que a lei tipifica e regula no tocante às partes.

Falemos, em primeiro lugar, da personalidade judiciária.

O conceito é facilmente apreensível a partir do artigo 39º do Código de Processo Civil (completado pelos preceitos que se lhe seguem)[143]:

> "1. A personalidade judiciária consiste na susceptibilidade de ser parte. 2. Quem tiver personalidade jurídica tem igualmente personalidade judiciária".

Como resulta claro, a personalidade judiciária coincide, em regra, com a personalidade jurídica, pelo que todas as pessoas, singulares ou colectivas, físicas ou jurídicas, com personalidade jurídica nos termos da lei substantiva, têm igualmente personalidade judiciária e podem, portanto, ser partes principais ou acessórias num processo (artigo 39º, nº 2 do CPC)[144].

Poderemos então afirmar que a lei de processo consagra o chamado *princípio da coincidência, da equiparação* ou *da correspondência* entre a personalidade jurídica e a personalidade judiciária.

Mas se todas as pessoas singulares, pessoas colectivas e sociedades com personalidade jurídica gozam reflexamente de personalidade judiciária, a afirmação inversa já não é verdadeira. A lei processual, por razões sobretudo de ordem prática[145], atribui personalidade judiciária a certas enti-

[143] Cuja epígrafe não nos parece muito rigorosa quando se refere a "medida", já que susceptível de medida será, sim, a capacidade judiciária, nos termos do artigo 43º. A personalidade judiciária ou se tem ou se não tem de todo.

[144] Os autores que se referem à personalidade judiciária designando-a por *capacidade de gozo* de direitos processuais assim a distinguem da *capacidade de exercício* dos mesmos direitos.

[145] É uma forma expedita de acautelar a defesa judiciária de legítimos interesses em crise, nos casos em que haja qualquer situação de carência em relação à titularidade dos respectivos

dades destituídas de personalidade jurídica, designadamente tendo em vista uma defesa mais rápida e eficaz dos interesses dos credores dessas mesmas entidades.

Os casos excepcionais, desvios ao princípio da coincidência ou da correspondência, em que isso se verifica então previstos e regulados nos artigos 40º a 42º do CPC e encontram-se distribuídos pelos seguintes grupos:

1º Grupo

a) *Herança jacente* (artigo 40º, 1ª parte).

A herança jacente é a herança aberta cujo(s) titular(es) ainda não se acha(m) determinado(s) por ainda não ter sido aceite pelos sucessíveis do *de cuius* ou por ainda não ter sido declarada vaga a favor da RAEM (artigos 1884º e 1993º do CC; e artigo 1031º do CPC).

Ora, nos termos do artigo 40º, a herança jacente tem personalidade judiciária activa (como autora) e personalidade judiciária passiva (como ré), não obstante não ter personalidade jurídica.

Assim, uma acção pode ser intentada pela ou contra a própria herança, representada por quem a administre de facto (artigo 54º do CPC) ou pelo Ministério Público (artigo 51º do CPC – representação de incertos quando os incertos sejam réus), sem necessidade de identificação dos herdeiros e portanto sem ter de se aguardar que estes estejam determinados[146].

b) *Patrimónios autónomos semelhantes* (artigo 40º, 2ª parte).

Patrimónios autónomos são conjuntos de bens autonomizados por lei para serem afectados a um regime especial de responsabilidade por dívidas; tais conjuntos, ou massas unificadas de bens cuja titularidade é incerta, são separados de outros bens e respondem em especial por certas dívidas.

São exemplos:

- Bens destinados a nascituros por doação ou deixa testamentária (artigos 946º, 1873º,nº 2, *a)* e 2070º, nº 1, todos do CC);

direitos (ou dos deveres correlativos), no dizer rigoroso e expressivo de ANTUNES VARELA.

[146] Como observa ANSELMO DE CASTRO, esta norma do artigo 6º (do CPC português, em Macau artigo 40º), no que se refere à herança jacente, é, na prática, letra morta. O que realmente se pratica é os credores da herança intentarem a acção contra os herdeiros como incertos e não contra a herança.
Mas salienta também o mesmo Autor que "é óbvio quanto o recurso legal à via referida abreviará o julgamento da causa. Isto é, a efectivação do direito". – Ob. cit., vol. II, pp. 105-106.

- Bens que pertençam a um conjunto de pessoas, quando a esse conjunto não seja reconhecida personalidade jurídica (artigos 190º a 192º do CC);
- Bens destinados a Fundações ainda não constituídas legalmente, portanto ainda sem personalidade jurídica;
- Condomínio, na propriedade horizontal (artigos 1313º e ss. do CC).

No plano processual, sob a designação de patrimónios autónomos, englobam-se, portanto, todas as situações em que existe uma massa patrimonial que carece de titular definido e que, no entanto, necessita de regime jurídico adequado a uma representação que lhe permita actuar validamente, com eficácia e rapidez. Eles são também chamados "patrimónios de destino", já que aguardam a definição da respectiva titularidade.

2º Grupo

Um segundo conjunto de desvios à regra da coincidência entre a personalidade jurídica e a personalidade judiciária abrange as *sucursais, agências, filiais, delegações ou representações* (artigo 41º do CPC).

Estas entidades são como que desdobramentos, de âmbito local, da administração central de sociedades, e constituem formas de representação das mesmas.

Apesar de não terem personalidade jurídica, a lei permite que a própria sucursal, agência, filial ou delegação seja demandada e possa demandar directamente, assim lhe reconhecendo personalidade judiciária activa e passiva.

Mas é claro que, intervindo a sucursal em substituição ou como representante da sociedade (que não intervém no processo), os efeitos da decisão judicial são oponíveis à sociedade através da sua administração principal.

Importa, no entanto, distinguir os casos em que a administração principal tem a sua sede em Macau daqueles em que essa sede é fora de Macau. E também relevam os outros requisitos dos nºs 1 e 2 do artigo 41º, para além de que a eventual falta de personalidade judiciária destas extensões da administração principal pode ser sanada nos termos do nº 3 do mesmo preceito legal.

O objectivo da lei é, na expressão de ALBERTO DOS REIS, "dar vida, facilidades e interesses aos órgãos de administração local das sociedades", permitindo-nos nós acrescentar que a solução legal também visa facilitar, na prática, o exercício do direito de acção judicial nas suas duas vertentes, com vista à tutela efectiva do direito subjectivo em causa.

3º Grupo

Finalmente, o terceiro núcleo de desvios, ou excepções, à regra da coincidência consagrada no artigo 40º do Código de Processo Civil respeita às pessoas colectivas irregulares (artigo 42º).

Trata-se de entidades que, por exemplo, não se constituíram por escritura pública, quando essa formalidade seja essencial à sua existência jurídica.

Nos termos do nº 1 do artigo 42º do Código de Processo Civil, o credor pode demandar a própria pessoa colectiva, mas a acção pode também ser proposta contra as pessoas civilmente responsáveis pelo facto que serve de fundamento à demanda, ou ainda, simultaneamente, contra a pessoa colectiva e contra as pessoas indicadas em último lugar.

As pessoas colectivas irregulares podem, no entanto, no processo em que sejam rés, deduzir reconvenção (contra-pedido que em certas situações a lei admite que seja formulado pelo réu contra o autor, na contestação, dentro, portanto, do mesmo processo – artigos 419º e 218º do CPC).

Da lei de processo resulta, pois, que as pessoas colectivas irregulares têm apenas personalidade judiciária passiva (só podem figurar como réus), embora possam deduzir reconvenção. Não podem assumir a posição de autores num processo, mas podem formular pedidos contra o autor ao contestarem num processo instaurado por este.

Por exemplo:

> **A** é credor da pessoa colectiva irregular **B** por $200,000.00 patacas.
>
> **B**, por sua vez, é credora de **A** por $100,000.00 patacas.
>
> **B** não pode demandar **A** para pagamento das $100,000.00 patacas, mas se for demandada por **A** para pagamento das $200,000.00 patacas, pode, em reconvenção, pedir o pagamento das $100,000.00 patacas, mediante a compensação das dívidas [artigo 218º, nº 2, alínea *b)*, primeira parte].

Por último, como veremos, é mister salientar a possibilidade de sanação da falta de personalidade judiciária nos termos de nº 3 do artigo 42º, preceito que inovou relativamente ao regime anterior.

21.1.2. Consequências processuais da falta de personalidade judiciária

São fundamentalmente de dois tipos as consequências legais da falta de personalidade judiciária de alguma das partes:

a) Se o juiz se apercebe dessa falta logo no início do processo, e ela for manifesta e insanável, deve proferir uma decisão chamada de indeferimento liminar da petição inicial [artigo 394º, nº 1, alínea *c)* do Código de Processo Civil];

b) Se o juiz só toma conhecimento mais tarde da falta insanável de personalidade judiciária, deve abster-se de julgar o mérito da causa [artigos 230º, nº 1, alínea *c)* e 413º, nº 1, alínea *c)* do Código de Processo Civil] e proferir uma decisão de absolvição do réu da instância[147].

Portanto, o processo extingue-se sempre que falte irremediavelmente a personalidade judiciária de alguma das partes; mas nada impede que seja proposta nova acção com o mesmo objecto, ou seja, sobre a mesma questão, uma vez que a decisão proferida é de mera forma e produz apenas caso julgado formal (artigo 231º, nº 1 do CPC).

22.1.3. Sanação da falta de personalidade judiciária

A carência de personalidade judiciária de alguma das partes seria, em princípio, irremovível. E é-o quando se trate de pessoas singulares.

Porém, o actual Código de Processo Civil de Macau, inovadoramente, prevê casos de sanação da falta de personalidade judiciária nos artigos 41º, nº 3 e 42º, nº 3, quanto à personalidade judiciária das sucursais e das pessoas colectivas irregulares, respectivamente.

Na verdade, pode acontecer que, na pendência de uma acção, antes de ser proferido despacho de indeferimento liminar ou de ser decretada a absolvição do réu da instância, a parte que não tinha personalidade judiciária venha a adquiri-la.

[147] Mesmo que a falta seja trazida ao processo só depois da fase dos articulados, a absolvição da instância terá sempre lugar no despacho saneador ou até na sentença final (artigos 429º, nº 1 al. *a)* e 563º, nº 1).
É que este, como aliás os outros pressupostos processuais, apreciam-se sempre com relação ao momento em que o tribunal sobre eles decide, *devendo o juiz convidar as partes a suprir a deficiência verificada, se ela for suprível.*

É o caso de uma pessoa colectiva irregular cuja constituição não consta de escritura pública, devendo constar; se ela propuser uma acção e antes do indeferimento liminar se constituir legalmente, fica superada a falta desse pressuposto processual.

Nestes casos admite-se que a acção prossiga porque, no rigor das coisas, o vício cessou e a falta considera-se sanada (nº 3 do artigo 42º).

22.2. Capacidade Judiciária

22.2.1. Noção e âmbito

A capacidade judiciária é igualmente pressuposto processual relativo às partes e, tal como o anteriormente estudado, destina-se a assegurar o perfeito exercício do contraditório; em última análise, a garantir o proferimento de uma decisão idónea, justa e útil.

A capacidade judiciária equivale à chamada *legitimatio ad processum*, cujo conceito e medida estão definidos no basilar preceito do artigo 43º do Código de Processo Civil: ela consiste na susceptibilidade de estar por si (mesmo) em juízo, sem ser por intermédio de um representante imposto por lei, e tem a mesma medida que a capacidade do exercício de direitos.

A capacidade do exercício de direitos é uma qualidade intrínseca da pessoa jurídica, que se traduz, no plano processual, na possibilidade de exercitar validamente, por si próprio, os respectivos direitos, deveres e ónus processuais. Tal possibilidade genérica não deve confundir-se com a chamada *legitimatio ad causam*, que é a legitimidade (*proprio sensu*) para intervir numa certa e determinada causa judicial.

Corresponde, assim, a capacidade judiciária a uma capacidade para o exercício de direitos e deveres processuais; mas nada tem a ver com a possibilidade de se intervir num processo através de um representante voluntariamente escolhido pela parte (procurador), assim como nada tem a ver com a possibilidade de a parte se fazer assistir por um advogado (representação técnica), mesmo nos casos em que o patrocínio é obrigatório.

Também não é caso de incapacidade judiciária a representação orgânica das pessoas colectivas e sociedades, visto que estas só podem, naturalmente, estar em juízo através dos seus representantes estatutários ou legais. Pela própria natureza das coisas, porque não têm materialidade, elas têm de estar representadas em tribunal, como nas relações extra-judiciais, por pessoas físicas estatutariamente indicadas para tal.

Existe, todavia, incapacidade judiciária quando há incapacidade do exercício de direitos nos termos da lei substantiva e na medida em que esta exista (nº 2 do artigo 43º do Código de Processo Civil). Por exemplo, a incapacidade dos menores para o exercício de direitos não é total (artigo 116º do Código Civil)[148]; e qualquer incapaz só pode intervir num processo por meio do seu representante legal (artigos 44º a 46º do Código de Processo Civil).

Poderá então falar-se, aqui também, tal como sucede com a personalidade judiciária, do *princípio legal da coincidência*. A diferença reside apenas em que a personalidade não tem medida: ou se tem, ou se não tem.

As relações entre a capacidade de exercício substantiva e a capacidade judiciária são, portanto, fáceis de estabelecer, já que a segunda se molda, como regra, sobre a primeira.

São corolários deste princípio os seguintes:

- Quem tem plena capacidade de exercício de direitos e deveres substantivos (a que a nossa lei processual chama capacidade de exercício de direitos *tout court*), tem integral capacidade judiciária;
- Quem é totalmente incapaz do ponto de vista do direito substantivo, é-o também processualmente;
- Quem for parcialmente capaz em direito civil, ou a quem for atribuída capacidade especial (pessoas colectivas, artigo 144º do Código Civil), é, em princípio, capaz ou incapaz judiciariamente na exacta medida em que o é em direito substantivo.

Esta a *regra geral* e seus corolários.

Mas há *excepções*; e exactamente porque as há, para verificarmos se certa pessoa é judiciariamente capaz ou incapaz num processo, temos de *averiguar primeiro se o acto jurídico gerador da relação substantiva litigada cabia dentro da sua capacidade de exercício de direitos. Se cabia, a pessoa pode vir por si a juízo; se não cabia, não pode.*

Importa ainda fazer certas distinções que facilitam o estudo e compreensão desta figura processual.

Antes de mais, a própria lei distingue, ao regulamentar a matéria, entre capacidade de exercício de direitos e capacidade judiciária das pessoas

[148] O maior de 16 anos pode discutir *por si* em juízo a validade de actos de disposição que tenha praticado em relação a bens adquiridos com o produto do seu trabalho.

singulares (a chamada capacidade natural) por um lado, e capacidade de exercício de direitos e capacidade judiciária das pessoas colectivas e sociedades (capacidade juridicamente organizada), por outro.

Mas as situações de incapacidade podem ainda, segundo um outro critério, distribuir-se por dois grupos: as *incapacidades de direito* e as *incapacidades de facto.*

Exemplifiquemos.

A. *Situações de incapacidade de direito*

1. A menoridade – os menores não têm, em regra, capacidade judiciária; e têm de estar representados em tribunal, nos termos da lei substantiva, pelos progenitores ou pelo tutor[149].
2. A interdição – os interditos não podem intervir no processo sem estarem representados por um tutor, nos termos dos artigos 122º a 134º do Código Civil.
3. A inabilitação (artigo 47º do Código de Processo Civil), situação em que a lei exige a assistência de um curador (artigo 124º do Código Civil). Note-se que o curador não é um representante.

B. *Situações de incapacidade de facto*

São aquelas que estão previstas no artigo 48º do Código de Processo Civil, que se refere apenas a incapacidades passivas, talvez porque se partiu do princípio de que não é muito provável que, quem se encontre nas condições anómalas ali referidas (anomalia psíquica ou outro motivo grave), possa abalançar-se a propor uma acção.

22.2.2. Situações equiparadas por lei às de incapacidade

Nos seus artigos 49º a 51º, o Código de Processo Civil regula casos em que a posição passiva no processo é ocupada por incertos ou ausentes em parte incerta.

[149] Toda a regulamentação contida nos artigos 44º a 46º do Código de Processo Civil tem por objecto a representação dos menores em juízo, em especial quando caiba aos seus pais essa representação. Prevêem-se várias hipóteses, designadamente a de faltar o acordo dos progenitores, a de algum deles ter sido indevidamente preterido, assim como a necessidade de fazer intervir o menor em processo pendente e para isso não haver acordo de ambos os progenitores.

Para efeitos de regime jusprocessual, a lei equipara essas situações (que não são de incapacidade), a situações de falta de capacidade judiciária: porque pessoas incertas, que podem ser partes no processo como réus, merecem uma protecção especial da lei, e deve garantir-se-lhes a possibilidade de acesso à jurisdição.

Em regra, é ao Ministério Público que cabe a defesa oficiosa dos incertos, enquanto só é chamado a assumir a defesa dos interesses do incapaz ou do ausente quando ninguém apareceu a fazê-lo (artigo 49º).

Quando o Ministério Público já representar o autor, então devem os réus ausentes em parte incerta, incapazes e incertos ser representados por um defensor oficioso, nomeado pelo tribunal (nº 2 do artigo 49º e artigo 50º).

22.2.3. Consequências da falta de capacidade judiciária Suprimento

As consequências processuais da falta de capacidade judiciária são idênticas às que referimos a respeito da falta de personalidade judiciária, mas com a relevante diferença que o Código consagra: a de a falta de capacidade judiciária não estar prevista no artigo 394º como fundamento de indeferimento liminar, em virtude do preceituado no artigo 55º, que consagra várias soluções para o suprimento da falta de capacidade judiciária *ab initio*.

Se a falta de capacidade judiciária persistir, pode levar à absolvição do réu da instância (artigos 413º e 429º do mesmo diploma) quando, citado o réu, vier excepcionar tal falta na sua contestação, ou quando o juiz dela vier a conhecer oficiosamente em momento posterior (no despacho pré-saneador).

Quando julgue procedente a excepção, o juiz não chega a debruçar-se sobre o mérito da causa, proferindo uma decisão de forma, com as já conhecidas consequências sobre o seu valor e alcance.

Mas, no que respeita a suprimento, para além das situações previstas nos nºs 1 a 4 do artigo 55º (incapacidade judiciária e irregularidade de representação), há que considerar a hipótese contemplada no artigo 57º (suprimento da falta de autorização ou de deliberação), com as consequências aí estatuídas.

Em todos estes casos, a iniciativa do juiz é imposta pelo que se preceitua nos artigos 56º e 57º, que aliás se compagina com o princípio do inquisitório, nos termos amplos de "poder de direcção do processo" que, neste particular do suprimento da falta de pressupostos processuais, configura um verdadeiro dever, mesmo oficioso, nos termos do artigo 6º, nº 2 do Código de Processo Civil.

22.3. Legitimidade das partes

22.3. 1. Noção

A lei processual, no seu artigo 58º, define *legitimidade*; mas fá-lo inovadoramente procurando esvaziar de sentido as discussões que se travavam em torno do preceito do artigo 26º do CPC anterior, em que o interesse directo em demandar ou em contradizer integrava o conceito, mas não esclarecia qual a versão da relação substantiva que o tribunal deveria valorizar para aferição da legitimidade, se a do autor, se a que resultava da audição do réu citado para a acção.

A legitimidade é mais um pressuposto processual relativo às partes que pressupõe a personalidade e a capacidade judiciárias; mas diversamente do que sucede em relação a estas, não se traduz num requisito que a parte deva preencher em relação a todos os processos, em geral, ou a todo um tipo de processos; antes *consiste numa situação concreta da parte em relação a um processo determinado* – mais rigorosamente, em relação ao objecto imediato de certa relação jurídica processual, definido pelo pedido e pela causa de pedir[150].

É essencial – no dizer de HENCKEL – que estejam no processo, como autor e como réu, *as partes exactas*; aliás de acordo com o conceito que de legitimidade têm os autores alemães, que o identificam com o poder de condução do processo.

Torna-se, assim, bem claro, que não são quaisquer pessoas, sem qualquer relação com determinado processo, que devem ser admitidas a discutir em juízo o seu objecto, configurado no litígio.

Se não forem os sujeitos da relação material controvertida a fazê-lo, então a decisão que o tribunal eventualmente venha a proferir sobre o mérito da causa não poderá produzir o seu efeito útil normal, visto não poder vincular os verdadeiros interessados que são, como regra e na falta de indicação da lei em contrário, os precisos sujeitos da relação material controvertida (artigo 58º do CPC). Digamos que a legitimidade se afere pelo interesse que as partes têm no objecto do processo[151].

Para exemplificar a locução com que se inicia o texto do artigo 58º – "na falta de indicação da lei em contrário" –, poderemos referir as hipóteses contempladas no artigo 215º, nº 1 do CPC; e nos artigos 1926º, nº 1 e

[150] Reservamos para momento ulterior a abordagem dos conceitos de *pedido* e de *causa de pedir*.

[151] O vocábulo *interesse* deriva do latim *inter* + *est* (que está entre uma pessoa e certa necessidade sua).

1301º, nº 2 do Código Civil: *situações em que a própria lei atribui legitimidade processual a quem não é titular, ou só em parte é titular, da relação material litigada.*

Por sua vez, o artigo 59º contém um preceito que não tinha homólogo no Código anterior, e que define a legitimidade para as acções destinadas à tutela dos chamados interesses difusos – designadamente para a defesa da saúde pública, do ambiente, da qualidade de vida, do património cultural e do domínio público, assim como para a protecção dos direitos do consumidor –, conferindo-a a qualquer residente da RAEM no gozo dos seus direitos civis e políticos, às associações e fundações cujo fim se relacione com os interesses em causa, aos municípios e ao Ministério Público.

22.3.2. A legitimidade singular. Sua distinção de pressupostos afins

Detenhamo-nos agora numa análise mais pormenorizada dos preceitos dos artigos 58º e seguintes do Código de Processo Civil.

Tais preceitos estão integrados no Livro I, Título III, Capítulo III, respectivamente com as epígrafes "Da Acção", "Das Partes" e "Legitimidade", e com base neles podemos construir uma teoria geral da legitimidade, que se aplica de pleno às acções declarativas e aos procedimentos cautelares[152].

E então imaginemos, à partida, uma relação material, com singularidade de partes dos lados activo e passivo, a qual vai ser discutida em juízo: um só autor e um só réu, que devem estar numa certa posição relativamente ao objecto da acção, à matéria litigada, à questão de que o processo se ocupa.

E por que razão?

É facilmente compreensível que, se não intervierem no processo as pessoas a quem aproveitará a decisão que venha a ser proferida sobre o mérito da causa, ou que com ela terão prejuízo, essa decisão não pode nunca surtir o seu efeito útil normal, visto não poder vincular os verdadeiros sujeitos da relação material controvertida, ausentes da lide.

Com a exigência deste pressuposto, pretende a lei evitar uma discussão praticamente inútil do fundo da causa.

Acerca da *legitimidade* como pressuposto processual já dissemos que ela é *afim* de outros dois pressupostos – *a personalidade* e *a capacidade judiciárias.* Mas enquanto estas constituem requisitos abstracta e genericamente exigidos para que a pessoa possa estar em juízo por si, a legitimidade, que pressupõe aquelas duas, é uma posição subjectiva da parte perante o objecto

[152] Quanto às *acções executivas*, regulam a matéria da legitimidade os artigos 68º a 71º, que serão objecto de estudo na disciplina de Direito Processual Civil II.

de uma concreta lide. Na legitimidade não pode abstrair-se das circunstâncias específicas do caso concreto.

Por sua vez, a legitimidade tem vindo a ser distinguida pela doutrina de um outro requisito a que se tem chamado *interesse em agir* ou *interesse processual*, o qual passou a estar tipificado como pressuposto processual, no actual Código de Processo Civil de Macau (artigos 72º e 73º), sob a designação de "interesse processual".

O interesse processual (a que os alemães chamam, em tradução literal para Língua Portuguesa, "necessidade de tutela judiciária") traduz-se na necessidade, objectivamente justificada, de recorrer à acção judicial para obter tutela para determinado direito subjectivo; por outras palavras, tem a ver com a necessidade do exercício da função jurisdicional que só se torna oportuna e justificada a partir do momento em que os interesses em causa entrem em conflito (cfr., *v.g.*, o artigo 4º da Lei nº 9/1999, de 20 de Dezembro) e tal conflito não possa ser resolvido extrajudicialmente.

Uma pessoa pode ser efectivamente titular de um direito subjectivo e, como tal, ser parte legítima para discuti-lo em juízo; mas carece de interesse em agir se, por exemplo, não se levantando dúvidas objectivas (que lhe causem prejuízos graves) sobre a existência de tal direito, ela propuser uma acção de simples apreciação destinada a declarar a existência do mesmo direito.

Na expressão de ISABEL DE MAGALHÃES COLLAÇO, "pode haver direito e não haver ainda interesse em fazê-lo valer judicialmente".

Enfim, *a legitimidade processual, como simples pressuposto do julgamento de mérito, distingue-se da legitimação substantiva (poder de disposição do direito subjectivo), que é uma condição da acção, um requisito de procedência da acção.*

Mas, como acima se disse, há casos em que a lei atribui legitimidade para a acção a quem não é titular, ou só em parte é titular, da relação material em litígio (1ª parte do preceito do artigo 58º): "Na falta de indicação da lei em contrário...").

Autores há que chamam a estas excepções *casos de legitimidade extraordinária.*

Vejamos alguns exemplos.

No nº 1 do artigo 215º do Código de Processo Civil dispõe-se que "No caso de transmissão, por acto entre vivos, da coisa ou direito litigioso, o transmitente continua a ter legitimidade para a causa enquanto o adquirente não for, por meio de habilitação, admitido a substituí-lo". Prolonga-se, assim, a legitimidade do transmitente para além da transmissão do direito e até à habilitação do transmissário que vai substituí-lo em juízo, sem que haja suspensão da instância.

Mas outros casos há em que a lei estende a legitimidade a certas categorias de pessoas que, não sendo sujeitos de determinadas relações substantivas, podem intervir em acções judiciais que tomam essas relações como objecto.

É o caso do cabeça-de-casal[153/154], que pode propor acções possessórias contra os herdeiros, ou até contra terceiros, a fim de conseguir a entrega dos bens que deve administrar (nº 1 do artigo 1926º do Código Civil).

É também o caso do testamenteiro a quem, pelo artigo 2153º, alínea b), do Código Civil, compete "vigiar a execução das disposições testamentárias e sustentar, se for necessário, a sua validade em juízo".

É ainda o caso do comproprietário que "pode reivindicar de terceiro a coisa comum, sem que a este seja lícito opor-lhe que ela lhe não pertence por inteiro" (artigo 1301º, nº 2 do Código Civil).

Para ter legitimidade processual é preciso ter um interesse qualificado na propositura de uma acção; só assim alguém poderá propô-la e vir a obter sentença de mérito. Já a doutrina francesa opinava, na vigência do Código de Processo Civil napoleónico de 1806 (caracterizado por conter disposições muito lacónicas), que: "Pas d'interêt, pas d'action"[155].

Uma coisa é certa: a determinação da legitimidade, em concreto, pode ser um dos problemas delicados do Direito Processual Civil.

E se hoje dispomos de preceitos no nosso direito positivo que se propõem traçar uma teoria geral do conceito, a verdade é que nem sempre assim aconteceu: a sua história pode mesmo considerar-se dividida em fases, consoante a tendência dominante da doutrina, na ausência de definição legal.

Em épocas mais recuadas no tempo, os autores achavam que a lei devia estabelecer os requisitos da legitimidade a propósito de cada espécie de acção – fase a que podemos chamar casuística.

Só que a realidade factual desdobra-se em tantas e imprevisíveis hipóteses, que é impossível incluí-las todas nas previsões legais, gerais e abstractas. Haveria sempre lacunas.

[153] Cujas funções vêm definidas no artigo 1917º do Código Civil.

[154] Cuja noção se contém no artigo 2147º do Código Civil.

[155] Curioso esclarecer que o critério que a lei de processo anterior adoptava como básico para definir a legitimidade foi bebido na doutrina clássica francesa.

Por isso se impôs construir uma teoria geral da legitimidade, tarefa que, no silêncio da lei processual (nessa época, o Código de Processo Civil português de 1876), a doutrina foi chamada a desempenhar.

Nesse tempo, confundia-se a questão da legitimidade com a da procedência ou improcedência da acção. O conceito de legitimidade, numa concepção complexa, englobava tudo aquilo que hoje consideramos pressupostos processuais relativos às partes, autonomizados das questões de mérito. No CPC português de 1876, a apreciação da legitimidade só tinha lugar, portanto, na sentença final.

Esta concepção complexa de legitimidade teve grande implantação entre os processualistas italianos. De entre eles destaca-se UGO ROCCO, para quem a legitimidade englobava o conjunto de circunstâncias, condições e qualidades, determinadas genérica e abstractamente pelas normas jurídicas, que se reúnem num certo sujeito de direitos e que lhe permitem obter dos órgãos jurisdicionais a verificação da existência ou inexistência de uma dada relação jurídica, ou qualquer outro procedimento.

Na doutrina portuguesa[156] houve também quem alinhasse nesta tese, indicando como requisitos da legitimidade:

- A identidade (coincidência entre quem propunha a acção e quem se arrogava a titularidade do direito a efectivar);
- O interesse;
- A exigibilidade; e
- A ofensa do direito.

Ora de todos estes requisitos, sabemos hoje que os dois últimos são condições de procedência e não pressupostos processuais.

Entre os autores portugueses que defenderam uma concepção complexa de legitimidade conta-se PAULO CUNHA, que acrescentava aos requisitos acima elencados "a não exclusão por lei expressa" (o que representava uma reminiscência da fase a que chamámos casuística).

Hoje em dia, dispomos de uma concepção mais simples e clara de legitimidade, definida no preceito do artigo 58º, já analisado; embora se pretenda, concomitantemente, atribuir à legitimidade uma feição manifestamente ampla, em nome do princípio da economia processual.

156 Divulgada através da conceituada *Revista de Legislação e de Jurisprudência*, que já existia nesse tempo.

Na opinião de Anselmo de Castro, a legitimidade é como que corolário do contraditório, porque visa assegurar à sentença a sua eficácia normal.

E não admirava nada que a velha polémica iniciada, no domínio de legislação processual anterior, entre Barbosa de Magalhães e José Alberto dos Reis pudesse continuar a dividir os juristas portugueses – não já propriamente distribuídos por escolas (de Lisboa e de Coimbra), mas ainda assim com opiniões divergentes – não fora o significativo contributo que tem vindo a ser dado pela elaboração da doutrina e da jurisprudência e pelo esclarecimento decisivo do preceito do artigo 58º, *in fine*: relação material "tal como é configurada pelo autor"; muito embora, em nosso entender, fosse preferível usar a fórmula do Anteprojecto do Código de Processo Civil elaborado em 1993 para Portugal, quando se refere aos "titulares da pretensão" (e não à relação material controvertida).

22.3.3. A legitimidade plural: o litisconsórcio e a coligação

Como é sabido, o processo, pela sua própria natureza e função, é estruturalmente bilateral, já que nele participam sujeitos que ocupam duas posições distintas: a de parte activa e a de parte passiva, o autor ou demandante e o réu ou demandado. Já o dissemos.

Mas até agora focámos a nossa atenção em situações de singularidade de partes, ou seja, em que cada posição de parte é ocupada por uma só pessoa física ou jurídica porventura, na prática, os casos mais vulgares.

Quando, por exemplo, a relação jurídica material controvertida tem apenas um sujeito do lado activo e um sujeito do lado passivo, fala-se, no plano processual, de *legitimidade singular*.

Quando existe mais do que um sujeito activo, ou mais do que um sujeito passivo, ou simultaneamente mais do que um sujeito activo e mais do que um sujeito passivo, fala-se de *legitimidade plural* (activa, passiva ou mista)[157].

Neste último conjunto de hipóteses a falta de intervenção de todos os interessados no processo pode implicar ilegitimidade dos que intervierem, porque, por exemplo, o poder de disposição da relação jurídica material em questão pertence a todos. Ou seja, a falta de intervenção de todos no processo pode conduzir a situações em que falta um pressuposto processual (cfr. o artigo 61º do CPC – litisconsórcio necessário).

[157] De notar que a expressão *pluralidade de partes* se contrapõe a *dualidade de partes* e nunca, como é óbvio, a *unicidade de partes*.

Importa, no entanto, fazer algumas distinções nas possíveis situações a que poderemos chamar de *cumulação subjectiva*, à primeira vista análogas, mas que têm natureza diferente.

Assim:

- Situações há em que existe uma relação de subordinação de um terceiro a qualquer das partes principais: – é o caso dos assistentes, previsto e regulado nos artigos 276º e ss. do Código de Processo Civil. Como já sabemos, trata-se aqui de partes acessórias que surgem no processo a defender um interesse próprio (e não um interesse alheio, situação em que não seriam partes), mas que auxiliam, subordinadamente, qualquer das partes principais na sustentação da sua acção ou da sua defesa.
  Nestes casos, existe pluralidade de partes, *mas em relação de subordinação, não em paridade.*
- Hipótese diversa é a de um terceiro intervir no processo *em plano de igualdade com os demais intervenientes,* passando a ser considerado também parte principal, numa relação de paralelismo ou coordenação, a que cabe a designação de litisconsórcio (*lato sensu*).

Deste modo, atingimos o conceito de *cumulação subjectiva*, situações de *processo plurilateral* no dizer de CARNELUTTI: figura processual cujas raízes se situam já no Direito Romano e que pode assumir diferentes aspectos, desdobrando-se em outras tantas subfiguras.

Classifiquemo-las então segundo critérios distintos:

a) Quanto à natureza da pluralidade de partes

Impõe-se desde logo a distinção entre *litisconsórcio* (*stricto sensu*) (artigos 60º a 63º) e *coligação* (artigos 64º a 66º, todos do CPC).

b) Quanto à fonte da pluralidade de partes

- Devem separar-se os casos em que a pluralidade de partes é *imposta*
  – *Por lei*;
  – *Por convenção das partes*; ou
  – *Pela própria natureza da relação jurídica litigada* (artigo 61º do CPC),
- Daqueles outros em que tal pluralidade é voluntária, isto é, representa o exercício de uma faculdade, consentida por lei ou resultante de convenção das partes (artigo 60º do CPC).

No primeiro conjunto de casos, estamos perante a figura do litisconsórcio *necessário*; no segundo, do litisconsórcio *voluntário.*

E como decorre do preceito do artigo 63º do Código de Processo Civil, no litisconsórcio necessário há interdependência processual, e não autonomia, entre as várias partes do mesmo lado do processo; no litisconsórcio voluntário, cada litigante conserva, no processo, a sua autonomia em relação aos seus compartes.

Mas em todos os casos, a par da pluralidade subjectiva, há unicidade da relação material controvertida, como decorre dos preceitos legais respectivos, que se referem sempre a 'relação material controvertida', no singular.

c) Quanto ao momento da sua constituição, a pluralidade de partes *inicial* distingue-se da pluralidade *sucessiva, subsequente* ou *superveniente.*

A primeira verifica-se logo no momento da constituição da relação jurídica processual, isto é, no início do processo; enquanto a segunda ocorre em momento ulterior da marcha do processo, ou seja, na pendência da instância.

Os casos de pluralidade subsequente, que a lei regula no Capítulo dedicado aos incidentes da instância, serão tratados a quando do estudo dinâmico da relação jurídica processual, no seu nascimento, no seu desenvolvimento e na sua extinção.

I. Centremos agora a nossa atenção na figura do *litisconsórcio* com a dupla configuração que a lei processual vigente lhe confere[158].

A. O *litisconsórcio voluntário* encontra-se previsto e regulado no artigo 60º do Código de Processo Civil e na 2ª parte do artigo 63º.

Desses preceitos resulta que estamos perante um caso de pluralidade de partes no processo a que corresponde uma pluralidade de sujeitos na relação jurídica substantiva que lhe subjaz; mas a união desses sujeitos para efeitos processuais ou seja, no mesmo processo, é da iniciativa das próprias partes, é meramente voluntária.

[158] Antes do Código de Processo Civil Português de 1939, só a doutrina e a jurisprudência empregavam o termo *litisconsórcio*, termo que, como salienta PAULO CUNHA (*op. cit.*), foi importado de Itália.
Nesse CPC o vocábulo aparecia como *expressão genérica*, pretendendo englobar todas as hipóteses de pluralidade de partes, portanto *num sentido lato.*

Em situações destas, os vários sujeitos da relação material controvertida aparecem todos em tribunal a discutir os seus direitos e as suas obrigações, mas *a sua intervenção conjunta resulta do exercício de uma faculdade*: nem a lei nem a natureza dessa relação jurídica impõem a intervenção de todos para assegurar o pressuposto da legitimidade.

O mesmo é dizer que, nestes casos, o processo pode, portanto, correr regularmente apenas entre alguns dos sujeitos da relação material controvertida,

- *Ou porque* a lei é permissiva no sentido de que, nada dizendo expressamente, consente na intervenção de todos ou de apenas alguns desses sujeitos;
- *Ou porque* a lei é expressa no sentido de que o processo pode desenrolar-se normalmente apenas entre alguns dos sujeitos e, não havendo qualquer outra irregularidade processual, pode ser proferida decisão de mérito.

Os *exemplos* mais elucidativos podemos encontrá-los no campo do Direito das Obrigações, *v.g.*, no que respeita às *obrigações solidárias* em que, havendo vários credores solidários (solidariedade activa) qualquer deles pode propor a acção contra o respectivo devedor; ou, existindo solidariedade de devedores (solidariedade passiva), o credor pode demandar um só dos devedores (cfr. o artigo 510º do CC), *ficando sempre garantida a legitimidade processual em todas as situações.*

A lei é expressa, de forma inequívoca.

B. No que concerne ao *litisconsórcio necessário*, pode subdistinguir-se entre:

a) *Litisconsórcio necessário legal,* isto é, imposto por lei.

- É o caso *das acções das quais possa resultar perda ou oneração de bens que, nos termos da lei civil, só por ambos os cônjuges possam ser alienados* ou a perda de direitos que só por ambos possam ser exercidos, incluindo as acções que tenham por objecto, directa ou indirectamente, a casa de morada da família, acções essas que devem ser propostas por ambos os cônjuges, ou por um deles com o consentimento do outro (nº 1 do artigo 62º do CPC);
- É também o caso das *acções emergentes de facto praticado por ambos os cônjuges*, e das emergentes de facto praticado por um deles mas em

que pretenda obter-se decisão susceptível de ser executada sobre bens próprios do outro, para além das acções supra referidas (nº 3 do artigo 62º do CPC);

- É ainda o caso das *obrigações indivisíveis*, nas quais, se o credor quiser exigir uma prestação dessa espécie, tem de demandar todos os devedores da prestação, salvo se tiver sido estipulada a solidariedade ou esta resultar da lei (artigo 528º, nº 1 do CC);
- Será igualmente o caso das *acções de preferência*, em que a legitimidade passiva só fica assegurada se a acção for proposta simultaneamente contra o alienante e o adquirente[159].

b) *Litisconsórcio necessário convencional*, aquele que é imposto por convenção dos próprios sujeitos da relação substantiva litigada.
Por *exemplo*: **A** empresta a **B** e a **C** determinada quantia em dinheiro. **A**, **B** e **C** convencionam, nesse contrato de mútuo, que **A** só pode exigir o reembolso do dinheiro de **B** e **C** conjuntamente;

c) *Litisconsórcio necessário natural*, aquele que é imposto pela própria natureza da relação jurídica substantiva, pois que sem a intervenção, no processo, de todos os sujeitos dessa relação, a sentença que julgasse a questão não poderia produzir o seu efeito útil normal (princípio da utilidade da decisão).

A decisão do tribunal produz o seu efeito útil normal quando resolve definitivamente o litígio relativamente a todos os interessados.

Exemplo: acção destinada a anular um contrato celebrado entre **A**, como credor, e **B** e **C** como devedores. **B** pretende anular o contrato alegando que assumiu a obrigação por erro, ou que houve dolo.

B deve propor esta acção contra todos os intervenientes (**A** e **C**), sob pena de a decisão não produzir o seu efeito útil normal: se um dos devedores não intervier no processo, o litígio não fica resolvido definitivamente, dado que as decisões dos tribunais só obrigam, em regra, as partes no processo. Portanto, se por hipótese, **C** não fosse demandado, poderia em nova acção voltar a discutir se o contrato era válido ou não, o que poderia vir a originar contradição de julgados[160].

[159] Saliente-se que esta situação está prevista expressamente no CPC de Cabo Verde, vigente desde 1 de Janeiro de 2011, no respectivo artigo 30º.

[160] Outro exemplo, é o do caso resolvido em recurso no anterior Tribunal Superior de Justiça de Macau, por acórdão de 4.05.1994 (*in Jurisprudência – 1994* – vol. I, pp. 395-398), cujo sumário é o seguinte: "Na acção de prestação de contas, desde que haja diversos titulares

A preterição do litisconsórcio necessário, em qualquer destas três modalidades, gera uma situação de ilegitimidade plural.

II. Vejamos agora *em que consiste a coligação*, prevista e regulada nos artigos 64º a 66º do Código de Processo Civil.

Porque se trata, também aqui, de situações de pluralidade de partes, num só processo, convém fazer o confronto com as que se enquadram no litisconsórcio, para que assim resulte mais nítida a distinção.

A questão da distinção tem sido muito debatida. Todos concordam em que, no litisconsórcio, há pluralidade de partes mas unidade quanto a outro elemento; na coligação, a par da pluralidade de partes há também pluralidade quanto a esse outro elemento.

Mas qual é, então, esse elemento em que assenta a distinção entre as duas figuras?

Se bem repararmos, o Código de Processo Civil parece utilizar dois critérios diferentes, algo fluidos, para distingui-las: nos artigos 60º e 61º, o litisconsórcio aparece definido pela unidade da relação material controvertida (a expressão é sempre usada no singular); nos artigos 64º e 65º, respeitantes à coligação, fala-se sempre em pluralidade de pedidos.

E então *as opiniões dividem-se*: para uns, o critério diferenciador é o da *unidade ou pluralidade de interesses*; para outros, é relevante para a distinção a *unidade ou pluralidade de relações materiais controvertidas*: e para outros ainda, há que atender à *unidade ou pluralidade de pedidos.*

Aquela que tem maior expressão é, segundo parece, a tese segundo a qual, *na coligação* (também chamada *conjunção* quando se trata de pluralidade de réus: repare-se no advérbio usado no nº 1 do artigo 64º – "conjuntamente") na coligação – dizíamos – *existe pluralidade de relações materiais controvertidas, ou litigadas, a subjazer ao processo.*

É também a posição que consideramos mais curial, não nos parecendo que contrarie minimamente o que na lei se dispõe sobre estas duas espécies de cumulação processual subjectiva.

Por um lado, porque parece de admitir que *no litisconsórcio podem cumular-se, no mesmo processo, dois ou mais pedidos mas não formulados discriminadamente quanto a cada um dos réus* – caso de, segundo alguns, por mais do que

com o direito de exigi-las, torna-se necessária a intervenção de todos eles na acção, sob pena de ilegitimidade, isto porque, tratando-se de uma única relação jurídica substancial, a sua natureza impõe a intervenção de todos os interessados para que a decisão a obter produza o seu efeito útil normal".

uma parte ou contra mais do que uma parte, serem formulados pedidos não diferentes, mas essencialmente idênticos, no seu conteúdo e fundamentos, portanto compatíveis.

Por outro lado, a pluralidade de pedidos de que a lei fala a propósito da coligação resulta, como é normal, da pluralidade de relações jurídicas materiais. Os pedidos, aqui, são diferentes e formulados discriminadamente por, ou contra, partes diversas, razão pela qual a lei tem de estabelecer limites à coligação, sob pena de eventualmente propiciar o caos processual.

Se não houvesse obstáculos legais, um mesmo processo poderia servir para discutir questões de natureza muito diferente, entre pessoas com interesses completamente distintos, o que seria um contra-senso. Sem prejuízo, é claro, do princípio segundo o qual a lei processual pretende que no mesmo processo se resolva, quando possível, o maior número de situações litigadas (princípio da economia processual, numa das suas vertentes).

Ora os artigos 64º e 65º do Código de Processo Civil estabelecem, precisamente, *requisitos substantivos* e *requisitos processuais* para que a coligação seja admissível.

Os primeiros, também denominados *requisitos de fundo*, indica-os a lei sob uma formulação positiva; os últimos, *requisitos formais*, são referidos sob uma formulação negativa.

O mesmo é dizer que a legalidade da coligação depende

- Da verificação alternativa de algum dos requisitos substantivos enunciados no artigo 64º, e
- Da não verificação de qualquer dos obstáculos de natureza processual indicados no artigo 65º, apenas com as excepções nele consignadas (parte final do nº 1 e nº 2).

Por outras palavras: o disposto no artigo 65º representa uma limitação genérica a todo o estatuído no artigo 64º, pelo que a aplicação deste último implica a não verificação do estatuído naquele.

Analisemos agora, separada e sucessivamente, *as várias categorias de limitações à coligação*, utilizando alguns exemplos.

a) Identidade e unicidade da causa de pedir, com pedidos diferentes:
A acciona **B** para anulação de um contrato por coacção e, no mesmo processo, acciona **C** para lhe pedir indemnização pelos danos causados por este o ter coagido a celebrar esse mesmo contrato.

b) *Relação de dependência dos pedidos*
A propõe contra **B** acção de declaração de nulidade de um contrato entre ambos celebrado e, contra **C**, acção de restituição de parte do preço que **B**, entretanto, entregou a **C** (restituição como efeito da nulidade do contrato – artigo 282º, nº 1, do Código Civil).

c) *Procedência dos pedidos principais dependente essencialmente da apreciação dos mesmos factos* (com diferentes causas de pedir): Podem coligar-se os locatários de um prédio que foi devorado por um incêndio, desde que todos tenham feito o seguro do recheio de suas casas na mesma Companhia, intentando uma única acção contra ela. A procedência dos seus pedidos depende da apreciação dos mesmos factos, não relevando que estejam em causa vários contratos de seguro.

d) *Procedência dos pedidos principais dependente essencialmente da interpretação e aplicação das mesmas regras de direito*:
A propõe contra **B** e **C** acção de anulação dos contratos que celebrou com cada um deles, com o fundamento de que o objecto desses contratos é ilícito por ser proibido pela mesma norma legal.

e) *Procedência dos pedidos principais dependente essencialmente da interpretação e aplicação de cláusulas de contratos perfeitamente análogas*:
Uma Companhia de Seguros pode accionar vários segurados que não tenham pago pontualmente os respectivos prémios de seguro, com base em contratos de seguro distintos, mas que contêm cláusulas idênticas (identidade esta que é uma constante nestes casos, como se sabe)[161].

[161] Antes de prosseguirmos na análise dos requisitos impostos para que a coligação seja legal, e para melhor compreensão dos exemplos apontados, será útil abordar desde já, ainda que em síntese, as noções da *causa de pedir* e de *pedido*, que mais tarde aprofundaremos.
Pelo nº 4 do artigo 417º do Código de Processo Civil, *causa de pedir* é o *facto jurídico concreto que serve de fundamento à pretensão ou pedido* do autor. E segundo o nº 3 do mesmo artigo, *pedido* é o efeito jurídico cuja obtenção o autor pretende através do processo. Ambos os elementos – *pedido* e *causa de pedir* – são essenciais, e não podem ser contraditórios entre si, para que não seja julgada inepta a primeira peça do processo: a petição inicial (artigo 139º, nº 2 do CPC).
Sucede que, segundo a melhor doutrina e também seguindo a jurisprudência dominante, aquele facto jurídico a que a lei se refere (um contrato, por ex.) deve ser expressamente integrado pelos *factos concretos*, factos da vida real que configuram o caso *sub iudice*, não bastando a qualificação abstracta que a lei substantiva lhes confere.
Assim: não basta invocar a *usucapião* como causa de pedir – *é preciso relatar os factos ou actos concretos que consubstanciam a posse susceptível de conduzir à usucapião;* será insuficiente alegar que houve *dolo* – é preciso descrever os factos concretos que integram, no caso, aquele conceito

Falemos agora dos *requisitos processuais,* ou de forma, como são os que prescreve o artigo 65º do Código de Processo Civil para a coligação. Reconduzem-se fundamentalmente a dois:

- *Igualdade de forma de processo* (salvo se a diferença resultar apenas do diverso valor dos pedidos);
- *Competência do tribunal para julgar todos os pedidos das várias partes*; ou seja, que com a coligação se não crie uma situação de incompetência, por serem desrespeitadas regras imperativas sobre competência do tribunal.

Não pode, pois, haver coligação quando, *v.g.*, se queira pedir indemnização por danos a um delegado do Ministério Público junto de um tribunal de 1ª instância por actos que haja praticado no exercício das suas funções, mas em que também tenha responsabilidade qualquer outra pessoa de profissão diferente. Isto porque, para o julgamento de acções dessa natureza contra aqueles magistrados, têm competência exclusiva os tribunais imediatamente acima na hierarquia judiciária (cfr. o artigo 36º, nº 2 da Lei nº 9/1999, de 20 de Dezembro – Lei de Bases da Organização Judiciária de Macau).

Mas também *não é admissível a coligação* quando aos dois ou mais pedidos formulados pelo autor na petição inicial *corresponderem formas de processo diferentes.*

abstracto; não chega invocar a *violação culposa de um dever conjugal* para fundamentar um pedido de divórcio litigioso – devem indicar-se os actos concretos integrativos desse conceito legal. Ora são precisamente esses factos concretos que relevam para se ajuizar da identidade da causa de pedir, e portanto da identidade do objecto imediato das duas relações jurídicas processuais. Aliás, o próprio nº 4 do artigo 417º alude expressamente a *facto concreto*, a propósito das acções constitutivas.
O autor tem, pois, de invocar o facto concreto de onde procede o seu pedido, que é o fundamento do direito invocado na sua titularidade, que é o facto gerador desse direito, a causa concreta, ou a fonte, dessa titularidade.
A *causa de pedir* é, assim, um elemento individualizador do processo, integrativo do seu objecto imediato. E o juiz está, à partida, limitado, nos seus poderes de cognição, à causa de pedir invocada pelo autor, aos factos concretos trazidos à sua apreciação. Fica assim dispensado de indagar da eventual existência de outros factos constitutivos do direito do autor; e também fica dispensado de indagar de possíveis factos extintivos, impeditivos ou modificativos desse mesmo direito para além dos invocados pelo réu ao defender-se (veja-se o preceito do artigo 564º do CPC).

Dadas as particularidades das diversas formas de processo, bem se compreende que não possam coligar-se autores ou réus quando a um dos pedidos corresponda, por hipótese, uma forma de processo especial e a outro, ou outros, a forma de processo comum.

Por exemplo, *não podem coligar-se dois autores,* um para reivindicar a propriedade de um prédio em poder de terceiro, outro para pedir a cessação do arrendamento desse prédio, porque ao primeiro pedido corresponde forma de processo comum e ao segundo o processo especial dos artigos 946º e ss do Código de Processo Civil.

Um último aspecto que será interessante submeter a reflexão é o que se relaciona com *o carácter voluntário que a nossa lei processual inculca para a coligação*: "É (...) permitida a coligação..." (nº 2 do artigo 65º); "2. É ainda permitida a coligação (...)" (nº 3 do mesmo artigo).

Se bem repararmos, aliás, tanto no litisconsórcio como na coligação, situações de voluntariedade coexistem com eventuais situações de imposição. Assim, no litisconsórcio voluntário activo unem-se, por sua vontade, vários autores; mas se estes autores – ou um só autor – propuserem, legalmente, a acção contra vários réus, estes podem ser chamados a participar em conjunto no processo, independentemente da sua própria vontade.

Parece, pois, que para que o litisconsórcio ou a coligação sejam voluntários, o que é preciso é que a presença colectiva de autores ou réus num mesmo processo lhes não seja imposta.

Nesses casos, *a propositura separada das acções não produz ilegitimidade, embora possa vir a acontecer a apensação posterior dessas acções que poderiam ter sido reunidas de início,* a requerimento de qualquer das partes com interesse atendível na junção; o juiz deferirá a apensação se o estado do processo ou outra razão especial não a tornarem inconveniente (artigo 219º do Código de Processo Civil).

Pode também acontecer que, havendo coligação activa lícita, o juiz venha a declarar no despacho saneador, oficiosamente ou a requerimento de algum dos réus, que é preferível, por razões de facilidade, clareza e prontidão da instrução e julgamento das causas, que elas sejam apreciadas em processos separados, apesar de reunidos os requisitos necessários à coligação (nº 5 do artigo 65º).

22.3.4. A ilegitimidade. Suas consequências e sanação

A *falta de legitimidade*, tal como a falta de outro dos pressupostos processuais anteriormente estudados[162], pode acarretar *uma de duas consequências*:

i. *O indeferimento liminar* da petição inicial, caso o tribunal se aperceba da ilegitimidade logo no início do processo, por ela ser manifesta em face do simples exame daquela primeira peça processual [artigo 394º, nº 1, alínea *c)* do Código de Processo Civil]; ou então,

ii. *A absolvição do réu da instância,* abstendo-se o tribunal de apreciar o fundo da questão, caso a ilegitimidade só se torne conhecida em momento ulterior da marcha do processo e não possa ser sanada [artigo 412º, nº 2, e artigo 413º, alínea *e)*, ambos do Código de Processo Civil].

Por vezes, a ilegitimidade das partes é deficiência processual que pode ser insanável. Todavia, quando se trate de ilegitimidade plural, a lei admite a possibilidade de correcção do vício, nos termos do artigo 66º do Código de Processo Civil, ou então admitindo o chamamento ao processo das pessoas que nele faltavam, através do incidente da intervenção principal provocada, regulado nos artigos 267º e seguintes.

Aliás, bem se compreende esta diferença de regime porque, no caso de ilegitimidade plural, o processo não se desenrola entre sujeitos completamente estranhos à relação jurídica material (situação que pode acontecer na prática, tratando-se de legitimidade singular): alguns deles estão presentes e são interessados na causa, embora estejam desacompanhados de outros que deveriam lá estar também para assegurar a legitimidade.

Por último, cabe chamar a atenção para o preceito do artigo 67º do Código de Processo Civil (cuja pertinência prática pode facilmente ser posta em causa), sob a epígrafe "*pluralidade subjectiva subsidiária*". Sem aprofundar o assunto, que nos levaria a uma larga discussão, limitar-nos-emos a registar que a solução agora consagrada na lei em nome de valores como a economia e a simplificação processual poderá, eventualmente, resultar contraproducente e de verificação prática pouco provável, o que poderá transformar o preceito em letra morta[163]. A prática o dirá.

[162] No Anteprojecto para um Código de Processo Civil, em Portugal (1993), consagrava-se um Capítulo à "falta de pressupostos processuais", que abrangia todos eles.

[163] Cfr., no entanto, as anotações ao artigo 67º, no *Código de Processo Civil de Macau – Anotado e Comentado*, de CÂNDIDA DA SILVA ANTUNES PIRES e VIRIATO MANUEL PINHEIRO

22.4. Patrocínio judiciário obrigatório[164]

22.4.1. Generalidades

O estudo deste outro pressuposto processual relativo às partes[165] exige o prévio conhecimento da figura do patrocínio judiciário em geral, reconduzida à do mandato judicial, matérias que estão reguladas nos artigos 74º a 86º do Código de Processo Civil.

O patrocínio judiciário consiste no exercício de poderes de representação das partes em juízo, por profissionais do foro, na condução e orientação técnico-jurídica do processo em geral, ou na prática de certos actos em especial, fundando-se num contrato de mandato.

Trata-se, digamos assim, de *uma assistência técnica às partes* – ainda que plenamente capazes – prestada por advogados, candidatos à advocacia ou solicitadores (titulares do chamado *ius postulandi*), na condução da lide, mediante a prática dos actos processuais adequados.

A figura do patrocínio judiciário tem, já de si, uma natureza especial; mas, *nos casos em que é obrigatório*, porque legalmente imposto, merece a qualificação de *pressuposto processual*, uma vez que não podem completar-se e desenvolver-se certas relações jurídicas processuais sem a intervenção de advogado (só de advogado e não de qualquer outro profissional do foro – cfr. o proémio do nº 1 do artigo 74º do CPC). O mesmo é dizer que, nestes casos, a representação por advogado tem de verificar-se, como regra, logo no início do processo, e relativamente a ambas as partes, pelo que uma procuração forense deve ser junta à petição inicial e, posteriormente, uma outra à contestação.

O representante em juízo chama-se *patrono* e exerce o chamado mandato judicial.

Para além disso, o patrocínio judiciário é também pressuposto de certos actos processuais já que, mesmo nos processos em que é necessária a representação das partes por advogado, há actos que elas (as partes) podem

DE LIMA, vol. I, Instituto de Estudos Jurídicos Avançados da Faculdade de Direito da Universidade de Macau, 2006, pp. 207-211.

[164] Sobre esta matéria, aconselha-se a leitura das anotações aos artigos 32º a 44º do nosso *Código de Processo Civil Anotado – Texto Vigente em Macau – Artigos 1º a 136º*, Textos Jurídicos, Universidade de Macau, Faculdade de Direito, pp. 104 a 121, anotações que devem ser lidas tendo em consideração as eventuais desactualizações do ponto de vista da legislação aí referida.

[165] A lei processual trata da matéria precisamente sob a epígrafe "Das partes" – Título III do Livro I do Código de Processo Civil de Macau.

praticar por si, e outros que só os mandatários ou patronos podem praticar[166]. Destes últimos, o patrocínio judiciário é óbvio pressuposto.

Costumam apontar-se *duas ordens de razões justificativas* da obrigatoriedade do patrocínio por advogado em certas causas:

1ª – *Razão psicológica:*

Às partes falta sempre, em maior ou menor grau, a serenidade precisa para discutir em juízo as suas próprias questões. Os melhores advogados, em causa própria, podem bem ser os piores, por falta de espírito crítico objectivo. Há até quem afirme, com um certo fundamentalismo, que "aquele que se defende a si mesmo tem como cliente um louco".

2ª – *Razões de ordem técnica:*

Às partes faltam também, em muitos casos, a experiência e os conhecimentos técnicos indispensáveis à boa condução do pleito; agindo por si, não oferecerão garantias suficientes de respeito pelas normas legais; não serão, como diz ANTUNES VARELA, "os colaboradores ideais da administração da justiça que a função jurisdicional requer"[167].

Por isso é costume afirmar que *o patrocínio judiciário é imposto, simultaneamente, em nome dos interesses privados das partes e do interesse público de uma boa administração da justiça.* Tem, pois, como finalidade *assegurar o rigor do contraditório, assim como garantir a confiança de todos no desempenho dos tribunais.*

Os poderes que as partes conferem ao seu patrono resultam de um acordo – o mandato judicial – entre o profissional do foro [advogado, advogado-estagiário (candidato à advocacia), ou solicitador – sendo que esta última profissão irá desaparecer em Macau, por virtude do estatuído no nº 1 do artigo 5º do DL nº 55/99/M, de 8 de Outubro, que aprovou o novo Código de Processo Civil de Macau] –, e o cliente ou constituinte[168]; poderes esses que podem ficar consubstanciados num instrumento denominado procuração (negócio unilateral realizado pela parte)[169] ou ser conferidos

[166] Cfr. o nº 2 do artigo 74º, que autoriza as próprias partes, mesmo nos casos em que é obrigatória a constituição de advogado, a fazer requerimentos em que se não levantem questões de direito.

[167] *Manual...*, p. 190.

[168] Sobre mandato em geral, ver os artigos 1083º a 1110º do Código Civil. Ler também as normas do artigo 67º da Lei nº 9/1999, de 20 de Dezembro, sobre "mandatários judiciais"; e ainda o que se dispõe a esse respeito no artigo 92º da Lei Básica da RAEM (exercício da profissão forense).

[169] Ver artigo 128º do Código do Notariado e artigo 255º do Código Civil.

por declaração verbal da parte no auto de qualquer diligência que se pratique no processo (nº 2 do artigo 77º).

O *patrocínio judiciário deve distinguir-se de figuras que lhe são próximas* e que, por isso mesmo, poderiam levar os mais desprevenidos a estabelecer confusão.

Antes de mais, não deve confundir-se patrocínio judiciário com a figura que em tempos passados era designada por assistência judiciária; esta consistia no benefício concedido por lei a certas pessoas cuja situação económica não lhes permitia suportar os custos normais do processo, ou seja, o pagamento dos honorários ao patrono e o pagamento das custas judiciais.

Este instituto da assistência judiciária, cujos alicerces remontam já a Atenas e a Roma, foi-se mantendo por razões de caridade para com os desafortunados.

Em Portugal, a figura remonta às Ordenações Afonsinas.

Hoje em dia, no âmbito das modernas democracias, seria inconstitucional negar o acesso ao direito e à justiça a certas pessoas só por não terem meios económicos suficientes (cfr. artigo 36º da Lei Básica da RAEM).

Estes benefícios tanto podem compreender a consultadoria gratuita, como a dispensa total ou parcial de preparos e de prévio pagamento das custas e a concessão de patrocínio oficioso, como um só desses benefícios. Consagra-se, pois, a regra de que a via judiciária está a todos franqueada para defesa dos seus direitos e interesses legítimos, independentemente da capacidade económica dos respectivos titulares.

No presente, *o acesso ao Direito e aos tribunais* é o desenvolvimento *de uma das vertentes de um direito fundamental que consiste no princípio da igualdade dos cidadãos perante a lei*, proclamado globalmente na Declaração Universal dos Direitos do Homem, já em 1948.

Em Macau, a matéria tem a sua sede ordinária no articulado do Decreto-Lei nº 41/94/M, de 1 de Agosto.

Também o patrocínio judiciário se não deve confundir com a *assistência técnica aos advogados*, prevista e regulada no artigo 84º do Código de Processo Civil, com vista a auxiliar o advogado na produção da prova e na discussão da causa, sempre que nesta se debatam questões de natureza técnica para as quais ele não tenha, por não lhe ser exigível, a necessária preparação.

22.4.2. Profissionais do foro

O mandato judicial pode ser exercido por três categorias de profissionais do foro, a saber:

ADVOGADOS[170], que são licenciados em Direito inscritos obrigatoriamente na Associação dos Advogados de Macau, associação pública representativa da classe[171].

ADVOGADOS ESTAGIÁRIOS, também licenciados em Direito obrigados a frequentar um estágio ou tirocínio (excepto em determinadas situações legalmente previstas[172]) e a sujeitar-se a exames de acesso e intermédios, bem como de aprovação final, nos termos definidos pela Associação dos Advogados de Macau.

SOLICITADORES, profissionais cujo estatuto mereceu regulamentação no diploma que aprovou o Código de Processo Civil de Macau (DL nº 55/99/M, de 8 de Outubro), cujo artigo 5º, em seu nº 1, dispõe que "A admissão à profissão de solicitador cessa na data da entrada em vigor do presente diploma".

Nos restantes nove números desse mesmo artigo 5º dispõe-se sobre vários aspectos do desempenho da actividade dos solicitadores existentes em Macau à data da entrada em vigor do diploma em análise, designadamente estatuindo sobre a aplicabilidade do preceituado em normas do Código de Processo Civil relativas ao mandato judicial e sobre a Comissão Independente que exerce poder disciplinar sobre os solicitadores e que dispõe de um Regulamento de Funcionamento Interno.

22.4.3. Mandato judicial

O mandato judicial é em regra conferido pelas próprias partes (autor e réu), ou pelo seu representante legal ou estatutário. Porém, há casos especiais de mandato não conferido pelas partes.

Tais situações estão previstas e reguladas nos artigos 85º e 86º do CPC como situações de nomeação oficiosa, feita pela Associação dos Advogados

[170] O termo advogado vem do latim *ad-vocare*, ou seja, o que é chamado por outrem para dar um conselho ou prestar-lhe assistência qualificada.

[171] O *Estatuto do Advogado* foi aprovado pelo Decreto-Lei n º 31/91/M, de 6 de Maio, posteriormente alterado pelo Decreto-Lei n º 26/92/M, de 4 de Maio e pelo Decreto-Lei n º 42/95/M, de 21 de Agosto.

[172] Previstas nos diplomas referidos na nota anterior e também nos Estatutos da Associação Pública dos Advogados de Macau.

de Macau; mas, quando esta entidade a não faça, ou nos casos de urgência, a nomeação é feita pelo juiz.

O conteúdo e alcance do mandato judicial está regulado no preceito do artigo 78º do Código, segundo o qual se presume que ao mandatário são conferidos poderes para representar a parte em todos os actos e termos do processo principal e seus incidentes, mesmo perante os tribunais superiores, incluindo o poder de substabelecer o mandato (nº 2 daquele artigo).

Mas o nº 4 do mesmo preceito contém uma regra importante: *a eficácia do mandato depende de aceitação, a qual pode ser expressa ou tácita.*

Para a prática de certos actos processuais, como a *confissão, a desistência e a transacção,* aos mandatários têm de ser conferidos *poderes especiais* (nº 2 do artigo 79º). Trata-se de actos de grande relevância, que são verdadeiros negócios jurídicos com efeitos muito significativos, não apenas a nível processual mas sobretudo a nível de relação material litigada.

A lei processual prevê ainda casos de termo do mandato por *revogação* ou por *renúncia,* dispondo que nos casos de patrocínio obrigatório tem o juiz de suspender a instância enquanto novo mandatário não for constituído, o que bem se compreende (artigo 81º).

Por outro lado, a *falta ou insuficiência do mandato,* ou a sua *irregularidade,* podem ser excepcionadas pela contraparte em qualquer fase do processo; e devem ser suscitadas oficiosamente pelo tribunal quando o patrocínio for obrigatório (artigo 82º). Havendo *excesso de mandato,* o tribunal deve participar o facto à Associação dos Advogados de Macau, que é, na RAEM, o organismo representativo dos Advogados (artigo 82º, nº 3).

22.4.4. Patrocínio judiciário a título de gestão de negócios

O artigo 83º do CPC permite o exercício do patrocínio judiciário como gestão de negócios, mas apenas em casos de urgência, para evitar abusos.

A gestão de negócios é instituto consagrado em geral na lei civil – artigos 458º a 466º; e, quando aplicado ao patrocínio judiciário, implica obviamente a ausência de mandato, dado que o gestor intervém sem estar autorizado pela parte cujos interesses patrocina, devendo declarar no processo que intervém a esse título.

A gestão só é eficaz em relação à parte desde que por ela seja ratificada dentro do prazo fixado pelo juiz, sob pena de o gestor ser condenado nas custas que provocou e na indemnização do dano causado à parte contrária e/ou à parte cujo patrocínio assumiu (nº 2 do artigo 83º do CPC).

22.4.5. Casos de patrocínio judiciário obrigatório

O patrocínio judiciário é obrigatório, assim desempenhando a função de pressuposto condicionante da sentença de mérito, nos seguintes casos enumerados nos cinco nºs do artigo 74º do CPC, que abrangem:

- As acções e os procedimentos cautelares em que seja admissível recurso ordinário por se verificarem os requisitos exigidos no art. 583º, devendo entender-se abrangidas também na alínea *a)* do nº 1 do artigo 74º as causas em que seja sempre admissível recurso ordinário independentemente do valor[173], de que são exemplos as "acções de despejo relativas a arrendamentos para habitação, para o exercício de empresa comercial ou profissão liberal e todas aquelas em que se aprecie a validade ou subsistência de contratos de arrendamento sobre prédios da mesma natureza" (nº 1 do artigo 934º do CPC);
- Os recursos e as acções propostas, em primeiro grau de jurisdição, nos tribunais superiores[174] , cuja interposição e tramitação subsequente reclamam a constituição obrigatória de advogado;
- As acções executivas de valor superior à alçada do Tribunal de Segunda Instância ($1,000,000.00 patacas – artigo 18º, nº 1 da LBOJ);
- As acções executivas de valor superior à alçada dos tribunais de primeira instância ($50,000.00 patacas – citado artigo 18º, nº 1), quando haja apensos de natureza declarativa[175].

Os nºs 2, 3 e 4 do artigo 74º determinam certas restrições à obrigatoriedade da constituição de advogado, como por exemplo para a feitura de requerimentos em que se não suscitem questões de direito, que podem ser assinados pelas próprias partes ou por advogados estagiários.

[173] Causas essas que, no CPC português, constam de uma alínea autónoma do preceito homólogo do artigo 74 º do CPC de Macau.

[174] Como é o caso das "acções propostas contra juízes de primeira instância e delegados do Procurador, no exercício das suas funções" [artigo 36 º, 2) da Lei n º 9/1999, de 20.12] e das "acções propostas contra juízes de Última Instância, de Segunda Instância e contra o Procurador, no exercício das suas funções"[artigo 44 º, 5) da referida Lei n º 9/1999].

[175] Apensos esses que serão estudados na disciplina de Direito Processual Civil II e que abrangem, *v.g.*: a liquidação da obrigação exequenda em certos casos, os embargos de executado, o incidente da oposição à penhora, a verificação e graduação dos créditos de credores reclamantes, todos de natureza declarativa.

Por fim, não deixe de se salientar que, quando a lei estabelece a obrigatoriedade do patrocínio, só os advogados – com exclusão, portanto, dos outros profissionais do foro acima referidos – podem representar as partes.

22.4.6. Consequências da falta de patrocínio judiciário, quando obrigatório

As consequências da falta de patrocínio judiciário, quando este é pressuposto processual, estão enunciadas no artigo 75º do Código de Processo Civil.

Deste preceito resulta que tal falta não gera imediatamente as consequências que são típicas da falta de pressupostos processuais em geral: o juiz do processo deve, nas situações em análise, proferir despacho do qual é notificada a parte faltosa, convidando-a a suprir a falta dentro de certo prazo, sob pena de o réu ser absolvido da instância se a falta for do autor, ou de ficar sem efeito a defesa se a falta for do réu.

Bem expressa, mais uma vez, na lei processual a intenção do legislador de que o processo só em último caso termine com uma decisão de mera forma: só depois de esgotados os meios possíveis de sanação da falta.

22.5. O interesse processual ou interesse em agir

22.5.1. Noção de interesse processual

Como ficou aflorado em sede anterior destas Lições, a lei processual vigente na RAEM tipifica como pressuposto processual o interesse processual, autonomizando-o em relação a um outro pressuposto: a legitimidade das partes.

O artigo 72º do CPC delimita assim o conceito de interesse processual: "Há interesse processual sempre que a situação de carência do autor justifica o recurso às vias judiciais". O mesmo é dizer que o interesse em agir tem a ver com a necessidade de recorrer à via judicial, que só se torna oportuno e justificado a partir do momento em que determinados interesses entrem em conflito e um determinado direito careça efectivamente de tutela.

Não bastará, pois, que ao propor uma acção o autor invoque e prove que é titular de um direito, cuja tutela requer; é ainda necessário que esse direito careça, em termos de razoável e objectiva justificação, de tutela efectiva.

Assim sendo, o interesse processual existe, em regra, quando um direito é violado, o que determina a necessidade de pedir a sua reintegração.

Nestes casos, dúvidas não restam de que há interesse processual.

Mas suponhamos que não se verificou ainda a violação de um direito; ainda assim, poderá existir, em alguma hipótese, interesse processual (como sucede, por exemplo, nas acções de simples apreciação)? E nas acções em que se pede a condenação em prestações futuras e em prestações vincendas?

22.5.2. O interesse processual e os vários tipos de acções

Uma vez que o interesse processual figura entre os pressupostos processuais nominados no Código de Processo Civil de Macau, examinemos as soluções nele perfilhadas a respeito de várias situações em que releva a exigência da sua verificação.

a) Nas *acções de simples apreciação* [artigo 11º, nº 2, alínea *a)*], há interesse processual quando o autor pretenda reagir contra uma situação de incerteza objectiva e grave (artigo 73º, nº 1 do Código de Processo Civil)[176].

b) Nas *acções de condenação relativas a obrigações não vencidas* [artigo 73º, nº 3, alínea *b)*], há interesse processual quando "se verificar alguma das situações previstas no artigo 393º", ou seja: nas obrigações periódicas, quando o devedor deixar de cumprir alguma ou alguma delas[177]; e nas prestações futuras, quando se pretenda obter o despejo de um prédio no momento em que findar o arrendamento e, de um modo geral, sempre que a falta de título executivo na data do vencimento da prestação possa causar grave prejuízo ao credor.

c) Nas *acções de condenação relativas a obrigação já vencida*, há sempre interesse processual, excepto se o autor dispuser de título com manifesta força executiva [artigo 73º, nº 3, alínea *a)*], porque nesses casos pode propor directamente uma acção executiva.

d) Nas *acções constitutivas*, há interesse processual quando o efeito jurídico visado não possa ser obtido mediante simples declaração unilateral do autor, sem necessidade de intervenção do tribunal (artigo 73º, nº 2). É o caso, por exemplo, da acção de adopção de um menor, que só pode ser decretada por decisão judicial.

[176] A situação é "grave" quando, *v.g.*, cause prejuízos à parte.

[177] Nessas situações, o autor pode pedir ao tribunal, e o juiz condenar, não só nas prestações já vencidas, mas também nas que se vencerem na vigência da obrigação.

Estas soluções legais consagram basicamente a doutrina e as soluções propostas por ANTUNES VARELA no seu *Manual de Processo Civil*, cit. (pp. 179 a 187)[178], quando faz o que designa por "análise prática do conceito", muito embora algumas das soluções aí propugnadas sejam criticadas, *aliás discutivelmente,* por M. TEIXEIRA DE SOUSA, no seu trabalho intitulado *O Interesse Processual na Acção Declarativa*[179].

Nesta sede, este Autor defende que a exigência da verificação do interesse processual como requisito da sentença de mérito já aparecia enquadrada no âmbito da legitimidade tal como o artigo 26º do Código de Processo Civil anterior a definia. E dá um exemplo para ilustrar esta posição: se durante a pendência de uma acção em que se pede a condenação de alguém na entrega de uma coisa infungível, a coisa perece, o autor deixa de ter interesse processual porque a tutela judicial se lhe torna de todo inútil. Por isso a lei de processo consagra a figura da extinção da instância por inutilidade superveniente da lide [artigo 287º, alínea *e)*, do Código de Processo Civil anterior; e artigo 229º, alínea *c)* do Código de Processo Civil de Macau].

Uma coisa parece certa: *o interesse processual desdobra-se*, tal como a legitimidade, *em duas vertentes*:

- O interesse *em demandar* (visto pelo lado do autor); e
- O interesse *em contradizer* (visto pelo lado do réu).

A vantagem para o autor e a desvantagem para o réu, que são necessárias para que haja interesse processual, activo e passivo, são apreciadas em relação à situação concreta verificada no momento da propositura da acção. O interesse processual não pode ser afirmado ou negado em abstracto; assim como é evidente a correlatividade existente entre o interesse processual do autor e o interesse processual do réu.

Por isso pode dizer-se que *o interesse em agir como pressuposto processual* (tal como, aliás, sucede com qualquer outro pressuposto processual) *tem de ser aferido em relação a ambas as partes no processo*; mas apresenta a particularidade de ser preenchido pelo autor, simultaneamente, em relação a ele próprio e à sua contraparte, isto é, o autor, ao assegurar o seu interesse em

[178] Obra publicada numa época em que a lei processual não autonomizava o interesse em agir como pressuposto processual.

[179] Edição da Associação Académica da Faculdade de Direito de Lisboa, 1989.

demandar, garante igualmente o interesse do réu em contradizer a pretensão contra ele formulada.

Em suma:

O interesse processual consiste na pretensão da parte activa de obter a tutela judicial de um seu direito subjectivo, através de uma determinada providência judiciária, sempre que esta seja a única via para a efectiva realização desse direito por parte do seu titular. Ou, por outras palavras, *o interesse processual é aferido em função da carência objectiva de tutela jurisdicional.*

22.5.3. Consequências da falta de interesse processual. Sanação

Parte da doutrina – com ANSELMO DE CASTRO – tem afirmado que a falta de interesse processual *é insanável.*

E então quais as consequências processuais dessa falta?

Se a falta resultar manifesta da própria petição inicial, parece ser de aplicar o regime previsto legalmente para a falta de qualquer outro pressuposto processual: indeferimento liminar [artigo 394º, nº 1, alínea *c) in fine* do CPC].

Mas se o autor pretender a condenação do réu numa prestação periódica ou numa prestação futura fora do condicionalismo previsto no artigo 393º do Código de Processo Civil, e a inexigibilidade, derivada da falta de vencimento da obrigação, só vier a ser apurada na sentença final, depois da instrução e da discussão da causa, poderá o réu ser condenado a satisfazer a prestação "no momento próprio", isto é, quando a obrigação se vencer, nos termos do nº 1 do artigo 565º do CPC.

Nas acções de simples apreciação e nas acções constitutivas em que falte o interesse processual nos termos dos nºs 1 e 2 do artigo 73º, as consequências serão, ou o indeferimento liminar se a falta for manifesta, ou a absolvição do réu da instância em todas as outras situações.

23. O Tribunal. Plano de exposição

Depois do estudo concernente às partes no processo e aos pressupostos processuais respectivos, depois de sabermos quem pode propor a acção e contra quem ela pode ser intentada, importa conhecer o outro 'sujeito' da relação jurídica processual tal como ficou configurada: *O TRIBUNAL.*

Neste parágrafo centraremos a nossa atenção em torno da delimitação do conceito, da estrutura e do funcionamento deste órgão, assim como do poder de que o mesmo se acha revestido.

O estudo do *tribunal* vai desdobrar-se em *dois capítulos*:

- *Um deles*, dedicado à organização judiciária, compreende a análise do tribunal na sua estrutura e funções que exerce: o lado interno do tribunal, o momento a que chamaremos estático;
- *Um outro capítulo*, devotado ao estudo da competência dos tribunais, isto é, à determinação da fracção do poder jurisdicional que cada um deles detém: aqui, o tribunal é encarado no seu lado externo, no seu momento dinâmico, em funcionamento.

Na exposição relativa à *Organização Judiciária*, e porque se trata de matéria afim do Direito Processual Civil, opta-se pela forma sinóptica de apresentação, aliás desenvolvida oralmente nas aulas teóricas a ela dedicadas, com aplicação a casos concretos nas aulas práticas da disciplina.

No que tange à *Competência*, como importante matéria de pressuposto processual que é, seguir-se-á o modo de exposição até aqui utilizado nestes textos, com a feição exclusivamente didáctica que os caracteriza.

24. A Organização judiciária

24.1. Os tribunais como órgãos que exercem a jurisdição

Esquematizemos:

I – As *normas relativas à organização* ou orgânica judiciária integram uma disciplina que é afim, ou próxima, do Direito Processual Civil, existindo entre ambas uma interligação inevitável.

Assim, por exemplo, a violação das regras de competência definidas na sua sede própria, que é a Lei de Bases da Organização Judiciária de Macau, acarreta consequências processuais reguladas pelo Direito Processual Civil, no respectivo Código.

II – A *sede legal* da orgânica judiciária de Macau reside, essencialmente, na Lei Básica da RAEM e encontra-se regulamentada na Lei nº 9/99, de 20 de Dezembro, com as alterações e aditamentos que a esta última foram introduzidos pela Lei nº 9/2004, de 16 de Agosto.

III – No *seu âmbito* compreende-se o estudo analítico dos tribunais como órgãos que exercem o poder judicial, e ainda o idêntico estudo do conjunto de pessoas ou entidades que desempenham as funções cometidas a esses órgãos.

IV – *Conceito de tribunal*

É um órgão judiciário (artigo 2º da Lei nº 9/1999, de 20 de Dezembro); os tribunais são os únicos órgãos com competência para exercer o poder jurisdicional na RAEM (artigo 3º da mesma Lei).

V – A *função dos tribunais* (função jurisdicional) é a de administrar justiça, assegurar a defesa dos direitos e interesses legalmente protegidos, reprimir a violação da legalidade, e dirimir os conflitos de interesses públicos e privados (artigo 4º da Lei nº 9/1999).

VI – *Composição interna dos tribunais*

Neles desempenham funções, fundamentalmente, os juízes (magistrados judiciais), os agentes do Ministério Público (magistrados do Ministério Público), e os funcionários judiciais.

A função da magistratura judicial é administrar justiça em harmonia com a lei, e caracteriza-se:

a) Pela sua *independência,* uma vez que os magistrados judiciais, nas suas decisões, não estão sujeitos a ordens ou directrizes de qualquer entidade. No exercício das suas funções de administrar justiça, os juízes apenas devem obediência à lei, ressalva feita para o dever de acatamento das decisões dos tribunais superiores resultantes da interposição de recursos, nos termos da lei.

b) Pela sua *irresponsabilidade*, já que, *como regra,* os juízes não respondem civil, criminal e disciplinarmente pelos erros das suas decisões (para corrigir as eventuais deficiências das decisões judiciais existe a via legal dos recursos). Só em casos especiais legalmente previstos podem ser responsabilizados disciplinar, civil ou criminalmente por actos praticados no exercício das suas funções.

Em matéria de responsabilidade civil, gozam, ainda assim, do privilégio de as acções de indemnização contra eles intentadas por causa do exercício das suas funções deverem ser propostas em tribunal imediatamente superior, na hierarquia judiciária, àquele em que exercem funções (artigos 36º, nº 2 e 44º, nº 5 da Lei nº 9/1999, de 20 de Dezembro)[180].

[180] Saliente-se que a propositura de uma acção civil, contra um juiz, para indemnização de danos em consequência de actos praticados no exercício das suas funções, ou por causa delas, pode vir a configurar uma situação de *impedimento desse juiz* num processo em que seja parte a pessoa que contra ele propôs aquela acção, ou o cônjuge, o unido de facto, um parente ou afim na linha recta ou no segundo grau da linha colateral dessa pessoa, desde que a acção já tenha sido admitida; tudo isto, nos termos do artigo 311º, nº 1, alínea *g)* do Código de Processo Civil.

c) Pela sua *inamovibilidade* (artigo 5º, nº 3 da Lei nº 9/1999), nos termos do respectivo Estatuto, só podendo ser exonerados nos termos do artigo 87º, 2º e 3º parágrafos, da Lei Básica de Macau.
Na RAEM, os juízes e agentes do Ministério Público são nomeados pelo Chefe do Executivo, sob proposta de uma comissão independente, nos termos do artigo 87º da respectiva Lei Básica.

Como remate, julgamos de interesse mencionar ainda, nesta sede, o que acerca do juiz se dizia sentenciosamente nas Ordenações Filipinas: *"E assim deve temperar a severidade, que seu cargo pede, com paciência e brandura no ouvir as partes, que os homens de baixo estado, e pessoas miseráveis, achem nele fácil e gracioso acolhimento, com que sem pejo o vejam, e lhe requeiram sua justiça, para que suas causas se não percam ao desamparo, mas hajam bom e breve despacho"* (Livro I.1.)[181].

24.2. Princípios fundamentais que regem a administração da justiça

1º Independência – os tribunais apenas estão sujeitos à lei (artigo 83º da Lei Básica da RAEM e artigo 5º da Lei nº 9/1999), o que constitui um reforço da imparcialidade e da autoridade do caso julgado que vier a formar-se das decisões judiciais.
2º Direito à coadjuvação das outras autoridades no exercício das suas funções (artigo 7º da Lei nº 9/1999).
3º Obrigatoriedade e prevalência das suas decisões sobre as de quaisquer outras entidades públicas ou privadas e quaisquer outras autoridades (artigo 8º, nº 2 da Lei nº 9/1999).

[181] É importante salientar que os artigos 311º a 325º do Código de Processo Civil integram um conjunto de normas que se destinam a garantir a imparcialidade dos julgamentos que aos juízes competem (embora algumas normas sejam também aplicáveis ao Ministério Público e aos funcionários judiciais). A ideia geral que preside a esta regulamentação é simples: surgem, por vezes, na prática, situações em que é legítimo duvidar da isenção e imparcialidade do juiz, dadas as múltiplas contingências da vida real. Não obstante o juiz ser uma autoridade legalmente imparcial, ele é também um ser humano, como tal falível e influenciável, o que pode trazer-lhe complicados problemas de consciência de que não consegue abstrair (por exemplo, ter de confrontar os seus deveres de juiz com os seus deveres familiares). Por isso, a lei pretende evitar que o juiz, por dever de ofício, tenha de julgar em condições susceptíveis de criar conflitos dessa ordem. Distingue a lei, e regulamenta, duas espécies de situações, de contornos e acuidade diferentes – *os impedimentos* e *as suspeições*.

4º Fundamentação obrigatória das decisões proferidas nos tribunais (artigo 8º, nº 1 da Lei nº 9/1999).

5º Publicidade das audiências realizadas nos tribunais judiciais (artigo 9º da Lei nº 9/1999), excepto quando, nos termos das leis de processo, o tribunal decida que devem ser secretas.

A regra é, pois, a de que a administração da justiça não deve ser feita em segredo. A justiça deve ser transparente.

24.3. Organização dos tribunais

Uma primeira distinção se impõe, nesta rubrica, entre: tribunais permanentes ou comuns, criados por lei e integrados, com carácter de permanência, na organização judiciária de Macau; e tribunais arbitrais, criados *ad hoc* ou institucionalizados, nos termos da lei, para o julgamento de certos litígios.

Vejamos agora, em síntese, a hierarquia judiciária de Macau.

Resulta do preceituado na Lei Básica da RAEM, fundamentalmente dos artigos 19º e 82º a 94º, para além do artigo 143º, que a Região Administrativa Especial de Macau da República Popular da China "goza de poder judicial independente, incluindo o de julgamento em última instância".

Identicamente preceitua o artigo 1º, nº 1 da Lei nº 9/1999, de 20 de Dezembro (Lei de Bases da Organização Judiciária), que também estabelece que os órgãos judiciários são os tribunais e o Ministério Público (artigo 2º).

As categorias de tribunais que o mesmo diploma refere como existentes na RAEM (artigo 10º) são os Tribunais de Primeira Instância, o Tribunal de Segunda Instância e o Tribunal de Última Instância, compreendendo-se nos Tribunais de Primeira Instância o Tribunal Judicial de Base e o Tribunal Administrativo (nº 2 do artigo 10º).

Em 16 de Agosto de 2004 foi publicada a já referida Lei nº 9/2004 que criou no Tribunal Judicial de Base juízos de competência especializada tal como, aliás, a mesma Lei de Bases previa já no seu artigo 27º, nº 2, ao abrigo da permissão contida no artigo 85º da Lei Básica.

Na nova redacção dada pelo artigo 1º da Lei nº 9/2004 ao artigo 27º da Lei de Bases da Organização Judiciária, a organização do Tribunal Judicial de Base passou a compreender Juízos Cíveis, Juízos de Instrução Criminal, Juízo de Pequenas Causas Cíveis, Juízos Criminais, Juízos Laborais e Juízo de Família e de Menores.

Posteriormente, pela Ordem Executiva nº 34/2004, de 1 de Novembro, foi declarada a instalação, com efeito a partir de 4 de Janeiro de 2005, de 3 Juízos Cíveis, de 3 Juízos Criminais e do Juízo de Pequenas Causas Cíveis.

Consagram-se também alterações e aditamentos, desta renovada orgânica decorrentes, às normas pertinentes do Código de Processo Civil, matéria que será tratada em sede posterior das nossas Lições.

Desde a entrada em vigor da Lei de Bases da Organização Judiciária têm funcionado, e continuarão a funcionar, no Tribunal Judicial de Base, Juízos de Instrução Criminal [artigo 27º, nº 1, alínea 1)].

A Lei nº 9/1999 preceitua ainda que os Tribunais da RAEM se encontram hierarquizados (artigo 17º), que os Tribunais de Primeira Instância funcionam com Tribunal Colectivo ou com Tribunal Singular (nº 1 do artigo 23º), enunciando depois as competências de cada uma das espécies de tribunais (artigos 28º a 54º).

Nos artigos 55º a 66º contém-se a regulamentação relativa à organização do Ministério Público; nos artigos 67º, 68º e 69º, regulam-se as matérias dos mandatários judiciais e do pessoal de apoio, terminando o articulado da Lei de Bases da Organização Judiciária com um conjunto de disposições finais e transitórias.

De referir por último, no que respeita ao pessoal de apoio aos tribunais, a publicação, em 2 de Agosto de 2004, da Lei nº 7/2004, vigente desde 1 de Setembro desse ano, que define o Estatuto dos Funcionários de Justiça e que revogou o artigo 53º da Lei nº 9/1999 que dispunha sobre a composição da secretaria do Tribunal de Última Instância.

25. A Competência

25.1. 'Jurisdição' e 'Competência'

Sintetizando noções já desenvolvidas, pode dizer-se que a jurisdição é o poder de julgar existente na titularidade dos órgãos judiciais de determinado espaço estadual, considerados em globo, como um corpo unitário.

A competência, de que vamos agora tratar, é a parcela de jurisdição que cabe a cada um desses órgãos, a medida na qual lhes é atribuído o exercício do poder jurisdicional[182]. Por outras palavras, a competência é o resultado da repartição do poder de julgar entre os tribunais de um Estado.

[182] A doutrina italiana, com L. Mortara, define a competência como a medida da jurisdição atribuída a cada um dos tribunais ou juízos ordinários.

O conceito de jurisdição levanta uma questão de delimitação externa da actividade dos tribunais, como conjunto, face aos órgãos homólogos de outros Estados, e também face aos restantes poderes ou funções do Estado a que pertencem. O *conceito de competência* cifra-se numa questão de repartição interna desse poder de julgar pelos diferentes tribunais, dentro dos limites territoriais do Estado a cuja organização judiciária pertencem, mediante a atribuição de uma parcela desse poder a cada um deles.

Pode então dizer-se, *grosso modo*, que *a distinção entre jurisdição e competência é quantitativa e não qualitativa.*

Estas são as noções correntemente abordadas pela doutrina. Mas a realidade prática, em certos casos, parece desmentir esta aparente simplicidade, como veremos.

Uma coisa é certa: a questão da competência não se revestiria da acuidade que efectivamente tem se fosse pensável a existência, em cada ordem jurídica estadual, de um único tribunal. Teoricamente, seria concebível que a totalidade do poder jurisdicional que a lei concede aos tribunais, com vista à administração da justiça, estivesse concentrada num só tribunal, para todos e quaisquer litígios, onde quer que se localizassem os elementos essenciais das causas, e qualquer que fosse o seu valor e complexidade. A ser assim, esse tribunal exerceria de pleno a função jurisdicional – através da qual se declara e se realiza o direito em toda a sua plenitude –, e os únicos problemas que poderiam levantar-se seriam relativos aos limites da jurisdição, em si, por contraposição ao poder jurisdicional de outros Estados, ou às restantes funções estaduais, sobretudo a administrativa ou executiva.

Contudo, no plano prático, tal panorama é impensável, como bem se compreende. E então põe-se o problema da distribuição do poder jurisdicional pelos vários tribunais existentes.

É certo que, em abstracto, seria possível conceber a desnecessidade de divisão desse poder segundo certos critérios, de tal forma que qualquer tribunal pudesse ocupar-se de qualquer causa e praticar quaisquer actos no exercício da função jurisdicional. Mas pressente-se a tremenda confusão que daí adviria e os perigos de duplicação de julgamentos e de decisões, com quebra evidente da segurança jurídica e do rendimento e prestígio dos tribunais.

Por isso mesmo, em todas as ordens jurídicas em que existem muitas espécies de tribunais, a lei distribui entre eles, com base em critérios abstractos, a actividade jurisdicional.

Como resultado dessa distribuição, fica a caber a cada tribunal apenas uma parcela do poder jurisdicional. E *é a essa parcela, à medida de jurisdição atribuída por lei a cada tribunal, ou a cada categoria de tribunais, que se dá o nome de COMPETÊNCIA*.

Do exposto resulta bem claro que o conceito de competência se reconduz a uma ideia de limite, ideia que afinal encontramos na generalidade dos autores modernos, *v.g.*, em Chiovenda quando afirma que "O poder jurisdicional, em cada um dos órgãos dele investidos, apresenta-se limitado. Estes limites constituem a sua competência. A competência de um tribunal é, portanto, a parte do poder jurisdicional que ele pode exercitar".

Nesta ordem de ideias, a competência distingue-se da jurisdição como a parte se distingue do todo, já que esta última é o poder de administrar justiça atribuído aos tribunais de um Estado, na sua totalidade.

A jurisdição respeita à delimitação externa da actividade própria dos tribunais globalmente considerados e em confronto com os outros órgãos do mesmo Estado que exercem as duas outras funções. Já o dissemos.

A competência refere-se à delimitação interna da actividade dos diversos tribunais, quando confrontados entre si. A competência de cada tribunal resulta portanto de uma demarcação no âmbito global da função jurisdicional.

Em suma: um tribunal só é competente para o julgamento de determinada causa quando os critérios determinativos da sua competência lhe atribuem uma medida de jurisdição suficiente para essa apreciação.

25.2. Razão ou fundamento do pressuposto da competência

A competência é, como já foi dito, um pressuposto processual, requisito necessário para que o tribunal possa pronunciar-se sobre o mérito da causa, sobre o *thema decidendum*; ela *visa assegurar uma melhor conformidade da decisão com o direito positivo vigente*, ou seja, tende a garantir que a sentença que decide uma causa venha a ser proferida pelo tribunal mais idóneo para a apreciação do conflito de interesses que lhe subjaz.

Daí que, como em todos os outros pressupostos processuais, a competência deva ser apreciada casuisticamente, em relação a cada causa concretamente considerada. Não se trata, portanto, de uma qualidade intrínseca do tribunal; trata-se, sim, de um pressuposto que se afere pela posição do órgão jurisdicional relativamente aos elementos essenciais de determinada lide.

E que elementos são esses?

Segundo uma corrente italiana citada por MANUEL DE ANDRADE, a competência do tribunal afere-se pelo *quid disputatum*, o que costuma exprimir-se dizendo que a competência se determina pelo pedido do autor[183].

Nós preferiríamos outro modo de dizer a mesma coisa: para determinar se um dado tribunal tem ou não competência para apreciar determinada causa deve-se atender sempre, em primeira linha, à matéria da causa, ao objecto da relação jurídica processual, tal como é apresentado pelo autor ao tribunal.

Por sua vez, a apreciação da procedência ou improcedência da acção, da existência ou não do direito invocado pelo autor, já não contende com a aferição da competência: esse é o chamado fundo da questão, o mérito da causa, que só pode ser apreciado e julgado pelo tribunal com competência para decidir sobre o objecto dessa mesma causa (por exemplo: a declaração da existência de um direito ou de um facto; a condenação no pagamento de indemnização devida; a constituição de uma servidão de passagem; a anulação de um contrato).

Mas – e isto é importante – o tribunal incompetente para se pronunciar sobre o mérito de determinada acção tem, no entanto, competência para apreciar a sua própria competência – como que uma *'competência-competência'* –, o que resulta do princípio (aliás não explicitamente consagrado na lei) segundo o qual cada tribunal aprecia a sua competência com total autonomia em relação a qualquer outro tribunal.

Isto quer dizer que cada tribunal não é coadjuvado por nenhum outro na aferição da sua própria competência e que, não sendo ele o tribunal competente para julgar determinado litígio, isso implica a remessa oficiosa do respectivo processo para o tribunal competente (artigo 33º, nº 1 do CPC).

Mas com tudo isto não resulta completo o elenco das *razões justificativas do pressuposto da competência.*

i. Bem se compreende que, na atribuição de uma certa medida do poder de julgar a um determinado tribunal, ou a uma certa categoria de tribunais, seja ainda tomado em conta um factor de especialização. O progresso científico do Direito, que tem levado ao aparecimento de novos ramos autónomos e, cada vez mais, a uma progressiva especialização do saber jurídico, explica a necessidade

183 *Noções Elementares...*, cit., p. 91.

de repartir a jurisdição em função da natureza das questões a julgar, e de criar tribunais especializados para certos tipos de questões controvertidas.

ii. Mas também *a necessidade de corrigir os possíveis erros e vícios dos julgamentos* justifica uma repartição hierárquica da jurisdição. As exigências de uma boa administração da justiça, que salvaguarde plenamente os legítimos direitos das pessoas, que assegure a imparcialidade e a possibilidade de correcção das decisões judiciais, conduz à criação de tribunais que, em regra pela via do recurso, possam corrigir os erros e deficiências de que essas mesmas decisões eventualmente enfermem.

iii. Igualmente, *factores de valor e complexidade das causas* justificam a necessidade de delimitar a competência dos tribunais, percebendo-se sem esforço que questões de maior valor e complexidade devam ser apreciadas por tribunais mais categorizados na hierarquia judiciária.

iv. Releva ainda – e muito – a *necessidade de facilitar o acesso de todos à justiça* – consagrado, aliás, como direito fundamental nas mais modernas Constituições dos vários países, direito de acesso que a Lei Básica da RAEM assegura também aos respectivos residentes, com amplitude, no seu art. 36º. Semelhante preocupação pode levar, em espaços territoriais mais alargados (que não é o caso da RAEM), a uma distribuição da competência em razão do território, que para o efeito pode ser dividido em circunscrições, relevando então um factor de proximidade física entre o jurisdicionado e a sede do tribunal a que se dirige.

25.3. As normas do Código de Processo Civil de Macau sobre competência dos tribunais

O Código de Processo Civil em vigor desde 1 de Novembro de 1999, dedica os preceitos dos seus artigos 13º a 38º à competência dos tribunais da RAEM, partindo de um conjunto de disposições gerais e regulamentando depois a competência em matéria de execuções, a extensão e modificações da competência, as garantias da competência e, finalmente, os chamados conflitos de competência.

Mas todos estes preceitos têm de ser conjugados com o disposto na já referida Lei nº 9/1999, de 20 de Dezembro (Lei de Bases da Organização

Judiciária), sede própria para a regulamentação da importante matéria da distribuição do poder judicial pelas várias espécies de tribunais que, segundo esse mesmo diploma legal, integram a hierarquia judiciária da RAEM.

25.3.1. De toda a regulamentação sobre a matéria, contida no Código de Processo Civil, merecem especial atenção as normas sobre a anteriormente designada "competência internacional" (agora, apenas, "competência dos tribunais de Macau"); *normas que, em rigor, não tratam de competência proprio sensu, mas sim da delimitação da jurisdição dos tribunais da RAEM face aos tribunais do exterior*, ou seja, face a outras jurisdições. O mesmo é dizer que, na prática, estes preceitos vão ajudar-nos a averiguar se a acção em que irá apreciar-se e julgar-se uma concreta relação material conexionada por algum dos seus elementos com outras ordens jurídicas – a que usa chamar-se relação jurídica plurilocalizada –, pode ou não ser intentada num tribunal da RAEM.

Em Macau, as normas que visam esse objectivo são as constantes dos artigos 15º a 20º do Código de Processo Civil, desempenhando, portanto, uma função de *normas de recepção*, enquanto definidoras das circunstâncias em que os tribunais de Macau, no seu conjunto, podem apreciar uma dada relação jurídica que se prende com outras ordens judiciárias.

Pode, assim, dizer-se que as normas chamadas de recepção preenchem, no plano processual, uma função paralela à que as normas de conflitos (artigos 24º a 62º do Código Civil de Macau) realizam no âmbito do direito material: estas determinam qual a lei aplicável à constituição e desenvolvimento de uma relação jurídica plurilocalizada; aquelas, ajudam a aferir se uma relação desse tipo pode ser apreciada e julgada pelos tribunais de uma dada ordem judiciária.

Mas pode acontecer que o recurso às normas dos artigos 15º a 20º do CPC não seja suficiente para aferição da jurisdição dos tribunais da RAEM. Assim, mesmo que uma dada relação jurídica, pelos seus elementos, tenha conexão, apenas, com a ordem jurídica de Macau, mesmo assim, pode ser eventualmente necessário recorrer a outros preceitos legais para aferir do âmbito do poder de julgar dos tribunais da RAEM, no seu conjunto: isso sucede face a situações em que existam restrições à jurisdição dos tribunais da Região, como as previstas e reguladas nos artigos 19º (2º e 3º parágrafos) e 143º da Lei Básica da RAEM, com especial relevo para questões sobre actos do Estado, relativos à defesa nacional e às relações externas.

O poder de julgar dos tribunais de Macau, no seu conjunto, para apreciação de uma determinada acção é, ainda hoje, aferido pela aplicação dos *princípios da causalidade, da reciprocidade* e *da necessidade ou coincidência,* de que a doutrina falava no domínio do Código anterior a propósito do preceituado no respectivo artigo 65º.

Segundo *tais princípios – que funcionam em alternativa e não cumulativamente,* e *cuja aplicação supõe a não existência de um pacto válido das partes sobre a matéria* (veja-se o artigo 29º do CPC), além de que não existe entre eles qualquer relação de precedência –, a jurisdição dos tribunais da RAEM resulta de:

i. "Ter sido praticado em Macau o facto que serve de causa de pedir na acção ou algum dos factos que a integram" [alínea *a)* do artigo 15º], regra esta que tem plena justificação dada a forte conexão que a demanda apresenta com o território da RAEM;

ii. "Ser réu um não residente e autor um residente, desde que, se idêntica acção fosse proposta pelo réu nos tribunais do local da sua residência, o autor pudesse ser aí demandado", o que significa que os tribunais da RAEM têm jurisdição se, invertidas as posições das partes, o residente de Macau pudesse ser demandado perante os tribunais do Estado a que pertence o não residente [alínea *b)* do artigo 15º];

iii. "Não poder o direito tornar-se efectivo senão por meio de acção proposta em tribunal de Macau, desde que entre a acção a propor e Macau exista qualquer elemento ponderoso de conexão pessoal ou real", hipótese excepcional e subsidiária de atribuição de jurisdição aos tribunais de Macau, prevista na alínea *c)* do artigo 15º. Procura-se, através deste princípio de reenvio de jurisdição aos tribunais de Macau, prevenir situações de impossibilidade de efectivação do direito subjectivo material, obstando-se assim à denegação de justiça decorrente da impossibilidade de encontrar um tribunal competente.

Note-se por último que o princípio da coincidência que, como se disse, vem do regime processual anteriormente vigente, teve de ser adaptado à realidade da RAEM, cuja área territorial não justifica a divisão em circunscrições para efeitos jurisdicionais.

25.4. Aferição da jurisdição em concreto

Em concreto, a jurisdição dos tribunais de Macau, face a outras jurisdições, determina-se da seguinte forma:

a) Se for aplicável o princípio da causalidade, o da reciprocidade ou o da necessidade, os tribunais de Macau têm jurisdição seja qual for o tipo de acção (artigo 15º);

b) Não sendo aplicável nenhum daqueles princípios, mas figurando a acção a propor no elenco do art. 16º, os tribunais de Macau podem julgá-la se se verificarem as circunstâncias determinantes aí referidas;

c) Não sendo aplicável nenhum daqueles princípios, nem figurando a acção a propor na enumeração do artigo 16º, os tribunais de Macau têm jurisdição se se verificar alguma das circunstâncias do artigo 17º que, basicamente, consagra o tradicional critério do domicílio do réu como residual.

Para os *procedimentos cautelares, diligências para produção antecipada de prova* e *notificações avulsas* funcionam regras próprias de atribuição de jurisdição aos tribunais da RAEM.

Assim, nos termos do artigo 18º, os procedimentos cautelares (artigos 326º a 368º) e as diligências para produção antecipada de prova (artigos 444º, 445º e 447º) – que pressupõem sempre uma acção principal da qual são dependência –, podem ser requeridos nos tribunais de Macau quando a acção respectiva possa aqui ser proposta ou aqui esteja pendente; e, nos termos do art. 19º, as notificações avulsas (artigos 208º a 210º), podem ser requeridas nos tribunais de Macau quando a pessoa a notificar tenha aqui residência ou domicílio.

Regras especiais de atribuição de jurisdição aos tribunais de Macau encontram-se ainda nos artigos 1280º a 1284º (providências relativas a navios ou sua carga).

Refira-se, finalmente, que a jurisdição dos tribunais de Macau é exclusiva, nos termos do artigo 20º, para as acções relativas a direitos reais sobre imóveis situados em Macau (*v.g.*, as acções de reivindicação e as acções de preferência, em que se discute a titularidade de um direito real sobre imóvel sito em Macau) e para as acções destinadas a declarar a falência ou a insolvência de pessoas colectivas cuja sede se encontre em Macau.

A violação do disposto no preceito imperativo deste artigo 20º determina, nos termos dos artigos 1200º, nº 1, alínea *c) in fine* e 1204º, a negação da confirmação de decisão proferida por tribunal ou árbitro do exterior de Macau, caso o respectivo pedido de revisão seja aqui apresentado. O mesmo é dizer que às sentenças proferidas por tribunais do exterior de Macau, ou por árbitros no exterior, em violação do preceito do artigo 20º do Código de Processo Civil, não é reconhecida qualquer eficácia em Macau.

Para o processo de revisão de decisões proferidas por tribunais ou árbitros do exterior de Macau, previsto e regulado nos artigos 1199º a 1205º do CPC, tem competência o Tribunal de Segunda Instância da RAEM, nos termos do artigo 36º, 12) da LBOJ (Lei nº 9/1999, de 20 de Dezembro).

25.5. A distribuição da competência, a nível interno, pelos tribunais de Macau

O Código de Processo Civil não contém regras de distribuição da competência a nível interno, excepto no âmbito da acção executiva (artigos 21º a 25º).

A competência interna em razão da matéria e da hierarquia está regulada na sede própria: a já citada Lei nº 9/1999 (Lei de Bases da Organização Judiciária de Macau), nos seus artigos 16º a 44º. Mas é ao Código de Processo Civil que compete definir o regime da incompetência resultante da violação dessas mesmas regras, que adiante se referirá.

25.6. Extensão da competência

25.6.1. Noção

De um modo genérico, pode dizer-se que a determinação do tribunal de Macau, competente para o conhecimento de certa causa, faz-se mediante a conjugação dos preceitos do Código de Processo Civil de Macau que têm, precisamente, por epígrafe "Competência" (artigos 13º a 34º), com o preceituado na Lei de Bases da Organização Judiciária de Macau.

Há casos, porém, em que, por existir uma acção já pendente em determinado tribunal com competência para dela conhecer, o mesmo torna-se também competente para julgar outras questões conexas que, normalmente, não caberiam na sua competência.

Nesses casos, está-se perante o fenómeno processual designado por *extensão da competência* (cfr. epígrafe do Capítulo II do Livro I do CPC).

Assim sucede sempre que, no desenrolar de um processo, a causa que constitui o seu objecto é perturbada com o aparecimento de outras questões com ela relacionadas e que vêm como que enxertar-se nesse processo, tornando-se necessário resolvê-las para que este possa seguir a sua evolução normal, rumo às finalidades para que foi instaurado.

Verificadas que sejam, então, certas situações definidas na lei processual, o tribunal vê alargada, ou estendida, a sua competência a outras questões para as quais, se não existisse tal conexão objectiva, ele não seria (autonomamente) competente.

25.6.2. Causas justificativas

São situações de *extensão da competência* as referidas nos artigos 26º, 27º e 28º do CPC, que consagram verdadeiros desvios às regras de competência anteriormente enunciadas.

Analisemo-las.

a) *Questões incidentais*, previstas no artigo 26º, nº 1 do Código de Processo Civil.

Neste grupo compreendem-se todas as situações que a própria lei qualifica como "incidentes da instância", e que regula nos artigos 244º a 325º do Código; e ainda todas aquelas que, não estando expressamente previstas sob uma designação específica, tenham natureza análoga[184].

Devem ser consideradas questões incidentais, *v.g.*, todas as que se revestem, em relação ao objecto do processo (questão de fundo), de carácter instrumental ou acessório, sendo necessário resolvê-las para que o tribunal possa conhecer do mérito da causa, conforme for de direito (cfr. os vários incidentes da instância tipificados no CPC).

O nº 1 do artigo 26º prevê também como incidentais "questões que o réu suscite como meio de defesa".

Vejamos um exemplo, que não tem aplicação prática em Macau porque aqui não existem regras de competência em função do território, mas que serve para ajudar a compreender a previsão do nº 1 do art. 26º:

A demanda **B** para cumprimento de uma obrigação que perante ele assumiu; escolheu demandá-lo no tribunal do lugar em que a obrigação devia ser cumprida (segundo o preceituado no artigo 74º do Código de Processo Civil português, que define regras de competência territorial).

[184] Neste sentido, J. Alberto dos Reis, *Código de Processo Civil Anotado*, vol. I, p. 236.

B, ao defender-se, vem excepcionar a nulidade do contrato, vício que, a ser apreciado em acção autónoma, devia ser discutido e julgado no tribunal do domicílio de **B** (regra geral).

Pois bem, ainda assim, o primeiro tribunal é também competente, por extensão, para julgar da validade do contrato.

A lei limita, no entanto, o alcance desta extensão de competência conferida ao tribunal onde já corre o processo, no exclusivo interesse dos pleiteantes, atribuindo à decisão sobre as questões incidentais valor de mero caso julgado formal. Só assim não será se: **i.** Alguma das partes requerer que a decisão tenha valor fora do processo; e **ii.** Ao tribunal em questão não faltar competência por aplicação das regras gerais.

b) *Questões prejudiciais*, previstas no artigo 27º do Código de Processo Civil.

Por vezes, o conhecimento do objecto de uma causa não pode ter lugar independentemente da decisão de uma questão que faz parte do encadeamento lógico da sentença a proferir, e que por hipótese é da competência de um Juízo Criminal do Tribunal Judicial de Base ou do Tribunal Administrativo.

Suponha-se que, numa acção cível de prestação de contas (processo especial regulado nos artigos 879º a 889º do CPC), uma das partes alega que determinados documentos exibidos pela parte contrária lhe foram furtados por ela. A questão de saber se houve ou não subtracção fraudulenta é uma questão prejudicial, que, como a própria designação indica, prejudica o conhecimento da acção pendente, para a qual é competente um Juízo Criminal.

Ora o artigo 27º define a posição do tribunal da causa perante as questões prejudiciais. Não perante todas, é certo, mas apenas perante as questões de natureza penal ou administrativa, que sejam da competência de outro Juízo ou de outro Tribunal de Macau. O que pode, então, fazer o juiz em face de uma destas questões prejudiciais?

O artigo permite-lhe:

i. Ou suspender a instância até que a questão seja definitivamente julgada pelo foro competente (neste caso não há, como é óbvio, extensão de competência);

ii. Ou decidir, ele próprio, a questão prejudicial quando se verifique alguma das situações em que, nos termos do artigo 27º, nº 2, a suspensão da instância cessa.

O juiz da acção, neste segundo enquadramento, por extensão da sua competência normal, pode conhecer da questão prejudicial. Porém, essa sua decisão não produzirá efeitos fora do processo em que foi proferida não se formando, portanto, caso julgado material.

Vejamos *um exemplo*:

Foi proposta pelo proprietário de um apartamento uma acção de indemnização contra uma companhia de seguros por prejuízos causados por um incêndio, prejuízos esses que a companhia se recusa a pagar, alegando que houve fogo posto – hipótese esta que, a ser verdadeira, a ilibará de responsabilidade.

A questão prejudicial, neste caso, cifra-se na verificação da existência ou inexistência do crime de fogo posto, cujo julgamento é da competência dos Juízos Criminais.

c) São *questões reconvencionais* as previstas no artigo 28º do Código de Processo Civil.

A lei processual admite que, em determinadas circunstâncias, o réu deduza, na sua contestação, pedidos autónomos contra o autor, pedidos esses denominados reconvencionais (artigos 419º e 218º do CPC).

Estes pedidos como que ampliam o objecto da acção, enxertando nela uma nova questão que apresenta alguma conexão com a que resulta do pedido do autor.

O preceito do artigo 28º, em análise, sofreu alterações significativas, não só em relação ao preceito que no Código anteriormente vigente regulava esta matéria, mas também relativamente à redacção que o mesmo artigo 28º tinha no Projecto publicitado pelo Governo de Macau em 1998.

Era a seguinte a redacção do Projecto do Código de Processo Civil de Macau, que foi concluído, em 1998, na sequência dos trabalhos levados a cabo pela Comissão Consultiva para o efeito nomeada pelo Governo de Macau:

> *"1. O tribunal da acção pode apreciar as questões deduzidas por via de reconvenção, desde que para elas tenha competência.*

2. Para efeitos do disposto no número anterior, considera-se que o tribunal é competente ainda que a reconvenção, por ter um valor igual ou inferior à alçada dos tribunais de primeira instância, devesse ser apreciada por outro tribunal.

3. Se o tribunal da acção for incompetente para apreciar a reconvenção, por esta não poder ser proposta nos tribunais de Macau ou por ter havido preterição de tribunal arbitral, é o autor absolvido da instância reconvencional.

4. Sem prejuízo do disposto no número anterior, se o tribunal da acção for incompetente para apreciar a reconvenção por motivo estranho ao valor desta, remete-se cópia do processo relativo ao pedido reconvencional ao tribunal competente, continuando a acção no tribunal onde foi instaurada.

5. Se o tribunal da acção for incompetente para apreciar a reconvenção em virtude de o valor desta, ao contrário do daquela, exceder a alçada dos tribunais de primeira instância, o juiz remete oficiosamente todo o processo ao tribunal competente".

Como pode verificar-se, e sem prejuízo de eventuais imperfeições de que pudesse enfermar, a redacção do Projecto continha, no seu nº 2, uma norma que realmente previa situações em que a competência do tribunal da acção era estendida à apreciação da reconvenção.

Ora, as alterações introduzidas no texto do artigo 28º acabaram por transformar os respectivos comandos em algo de difícil compreensão.

Desde logo, pode ser posta em causa a sua inserção sistemática sob a epígrafe "Extensão e modificações da competência" já que, tal como acabou por ficar redigido, o artigo não prevê directamente, em nenhum dos seus números, qualquer situação em que algum dos tribunais de Macau, existentes à data da vigência do actual Código de Processo Civil, pudesse ver a sua competência estendida à apreciação de questões reconvencionais.

O que sucedeu foi que *a adaptação à realidade de Macau, que quis fazer-se do preceito equivalente do CPC de 1961* – o qual continuou a vigorar e a ter sentido útil em Portugal, onde há regras de distribuição de competência em razão do território –, *acabou por retirar ao preceito a sua função principal* (regular casos de extensão da competência do tribunal), deixando-o limitado a estatuir o sentido da decisão do juiz perante o qual seja deduzido pedido reconvencional para cuja apreciação ele não teria jurisdição, ou não teria competência, consoante os casos, se esse pedido tivesse sido formulado em processo autónomo, e não pela via da reconvenção.

E o sentido da decisão do juiz será, então: ou a absolvição do autor reconvindo da instância reconvencional (nº 2 do artigo 28º); ou a remessa ao tribunal competente de "cópia do processo relativo ao pedido reconvencional" (nº 3 do artigo 28º).

Mas novas questões poderão levantar os dispositivos da Lei nº 9/2004, de 16 de Agosto (publicada no BO da RAEM nº 33, da mesma data)[185], na sua articulação com o que se dispõe nos artigos 26º a 28º do CPC.

Isto porque, na nova redacção dada ao art. 28º da Lei de Bases da Organização Judiciária se estatui que "Competem aos Juízos Cíveis as causas de natureza cível que não sejam da competência de outros juízos, bem como as causas de outra natureza que não caibam na competência de outros juízos ou tribunais, incluindo todos os seus incidentes e questões"[186].

Esta extensão da competência dos Juízos Cíveis é feita sem qualquer distinção do tipo de questões abrangidas no preceito, pelo que parece ser de considerar como abarcando também as questões reconvencionais; o que, de certo modo, pode parecer que retira alguma utilidade ao preceito do artigo 28º do Código de Processo Civil.

Todavia, ainda poderá dizer-se que, tal como acima se salientou, este preceito (o artigo 28º) sempre poderá continuar a ter a função de estabelecer o sentido da decisão do juiz nas situações contempladas nos seus nºs 2 e 3.

25.7. Modificação das regras de competência

25.7.1. Noção

As situações que o Código de Processo Civil considera abrangidas nas "modificações da competência" traduzem-se na atribuição, a um tribunal, de competência para decidir determinada questão para a qual a não teria

[185] Lei nº 9/2004 cujo artigo 6º dispõe sobre a sua entrada em vigor e sobre direito transitório, dele resultando que algumas das alterações (e aditamentos) que introduz à Lei de Bases da Organização Judiciária e ao Código de Processo Civil ficariam dependentes da instalação dos novos Juízos criados no Tribunal Judicial de Base.

Posteriormente, foi publicada no BO nº 44/2004 a Ordem Executiva nº 34/2004, de 1 de Novembro, que declarou instalados, com efeito a partir de 4 de Janeiro de 2005, os 1º, 2º e 3º Juízos Cíveis, os 1º, 2º e 3º Juízos Criminais e o Juízo de Pequenas Causas Cíveis.

[186] Idêntica estatuição – "incluindo todos os seus incidentes e questões" – vamos encontrar nos novos artigos 29º -A e 29º -B, aditados à referida Lei de Bases da Organização Judiciária pelo artigo 3º da Lei nº 9/2004, de 16 de Agosto. Nesses novos preceitos encontramos igualmente a determinação de que o Juízo de Pequenas Causas Cíveis e os Juízos Criminais têm competência, também, para os incidentes e questões que se suscitem na pendência das causas que lhes compete decidir.

por aplicação das regras gerais estabelecidas na mesma lei de processo e na legislação orgânica de Macau.

Em termos práticos e simples, poderemos afirmar que esta figura da modificação da competência se distingue da extensão porque, nesta, existe já uma acção em curso num tribunal com competência predeterminada em face do pedido do autor mas, dada a conexão, esse tribunal alarga a sua competência às questões relacionadas com a apreciação desse pedido; enquanto *na modificação se verifica uma atribuição directa de competência a um tribunal para julgar certa causa, quando* normalmente a não teria.

No dizer de Antunes Varela, estes casos de modificação da competência são "mais incisivos" do que os de extensão da competência[187].

Analisemos de seguida os tipos de modificação da competência do tribunal que a lei prevê.

25.7.2. Modificação das regras dos artigos 15º a 19º do Código do Processo Civil

Este tipo de alterações da 'competência', de origem convencional, está previsto e regulado no artigo 29º do Código de Processo Civil.

Em rigor, este preceito refere-se a situações que dizem respeito, não propriamente à competência do tribunal, mas à sua jurisdição ou poder de julgar.

Nele se prevêem duas espécies de modificação das regras da chamada "competência externa" dos tribunais de Macau, ambas convencionadas pelas partes, sendo de notar que o legislador, logo na epígrafe do artigo – "Pactos privativo e atributivo *de jurisdição*" –, foi mais rigoroso na qualificação.

Debrucemo-nos sobre cada uma dessas espécies:

1) *Pactos que privam* (ou retiram) aos tribunais de Macau o poder de julgar que eles teriam segundo as regras gerais dos artigos 15º a 19º, atribuindo-o a tribunais do exterior de Macau (pactos privativos de jurisdição); e
2) *Pactos que atribuem* aos tribunais de Macau poder de julgar que eles não teriam por aplicação daquelas mesmas regras gerais (pactos atributivos de jurisdição, também designados por pactos *de foro prorrogando* ou *pactos de aforamento*).

[187] *Manual...*, cit., p. 223.

Para serem válidos, todos estes pactos devem satisfazer alguns requisitos que a lei enumera e que poderemos agrupar em:

- Requisitos formais e
- Requisitos substanciais ou de conteúdo.

São requisitos formais:

a) A forma externa do pacto ou convenção, que deve revestir sempre a forma escrita (ainda que o contrato subjacente tenha sido celebrado verbalmente), ou ser confirmado por escrito [alínea *e)* do nº 3 do artigo 29º];

b) A designação concreta, com precisão, da jurisdição competente [mesma alínea *e)* do nº 3 do artigo 29º].

São requisitos substanciais, enunciados nas alíneas *a)*, *b)* e *c)* do nº 3 do artigo 29º:

i. A aceitação pela lei do tribunal designado [alínea *b)*];

ii. A correspondência dessa modificação convencional a um interesse sério das partes, ou de uma das partes desde que não envolva inconveniente para a outra [alínea *c)*];

iii. Não se tratar de questões relativas a direitos indisponíveis [alínea *a)*]; e

iv. Não se tratar de questões abrangidas pelo artigo 20º do Código de Processo Civil, para cujo julgamento os tribunais da RAEM têm o monopólio da jurisdição (este último requisito, como é óbvio, respeita apenas aos pactos privativos de jurisdição dos tribunais de Macau).

25.7.3. Infracção das regras de competência

As regras de competência, como normas jurídicas que são, não podem ser impunemente violadas.

Para o caso de não serem acatados os seus comandos, a lei de processo prevê *sanções/cominações* cuja aplicação é, além do mais, um verdadeiro meio de prevenção de futuros desrespeitos.

Isto é: as sanções/cominações previstas para os casos de infracção das regras de competência, para além de funcionarem como repressivas de uma conduta contrária à lei, *são também um modo de acautelar a observância futura daquelas mesmas regras.*

Por isso se dá ao conjunto de providências que a lei estabelece com essa finalidade o nome de *garantias da competência* (artigos 30º a 34º do Código de Processo Civil).

No entanto, como já foi dito, há regras de competência/jurisdição que a lei permite às partes afastar (artigos 15º a 19º), e outras cuja aplicação não pode ser preterida (artigo 20º).

Desta dicotomia decorre, naturalmente, que o não cumprimento das regras sobre atribuição de jurisdição aos tribunais de Macau ou sobre distribuição de competência na ordem interna virá a ter consequências diferentes; mas gera sempre, na terminologia do artigo 30º do Código de Processo Civil, uma situação de *incompetência* (muito embora, em rigor, repita-se, só se trate de uma questão de competência no plano interno, porque no plano externo do que se trata é de jurisdição).

25.7.4. A incompetência

A incompetência é um vício processual regulado nos artigos 30º a 34º do Código de Processo Civil. E pode definir-se, utilizando a noção de M. Teixeira de Sousa[188], como "(...) a insusceptibilidade de um tribunal apreciar determinada causa porque os critérios determinativos da sua competência lhe não concedem uma medida de jurisdição suficiente para essa apreciação".

Um estudo sistemático da incompetência deve compreender os seguintes aspectos:

a) Quem pode, e quem deve, suscitar a questão da incompetência (artigo 31º);
b) Até quando pode ser suscitada a incompetência (artigo 31º);
c) Que efeitos produz a incompetência (artigo 33º); e
d) Qual o valor da decisão que declara o tribunal incompetente (artigo 34º).

I. Relativamente ao primeiro destes aspectos, há que salientar, por um lado, o dever do tribunal de suscitar oficiosamente a incompetência (artigo 31º, nº 1, 2ª parte), e por outro lado, a faculdade de qualquer das partes, autor ou réu, arguir a incompetência (artigo 31º, nº 1, 1ª parte, e nºs 2 e 3).

[188] *A Competência Declarativa dos Tribunais Comuns*, Lisboa, Lex, 1994, p. 125.

II. No que respeita à determinação do momento até ao qual se pode suscitar a incompetência, rege o artigo 31º, cujo nº 1 estabelece a regra a todo o tempo, enquanto não houver sentença de mérito transitada em julgado[189], mas com os desvios previstos e regulados nos nºs 2, 3 e 4.

Os vários momentos em que se pode e se deve apreciar ou conhecer da incompetência encontramo-los enumerados nos artigos 32º, 33º, nº 2, 394º, nº 1, alínea *b)*, 429º, nº 1, alínea *a)*, e 563º, nº 1, ou seja: no despacho liminar; ainda na fase dos articulados mas antes do despacho saneador; no próprio despacho saneador; em momento posterior mas antes da sentença final; e na própria sentença final.

III. A decisão sobre a incompetência do tribunal – determina o artigo 34º – tem o valor de mero caso julgado formal, regra que não apresenta qualquer excepção mesmo tratando-se de violação das regras da chamada 'competência' externa dos tribunais de Macau (que, repete-se, é questão de jurisdição e não de competência *proprio sensu*). Em todos estes casos, o mérito da causa não chega a ser apreciado e decidido.

No entanto, regime específico se prevê para a violação de pacto privativo de jurisdição.

Para além de, nesta modalidade, a 'incompetência' (falta de poder de julgar) só poder ser arguida pelo réu no prazo fixado para a contestação, oposição ou resposta ou para outro meio de defesa que tenha o ónus de deduzir (nºs 2, 3 e 4 do artigo 31º), também, nestas situações, não poderemos aplicar as consequências processuais do artigo 33º, nº 1 do Código de Processo Civil, dado que o tribunal de Macau, ao julgar-se incompetente (falta-lhe o poder de julgar), não poderá ordenar a remessa do processo para um tribunal do exterior de Macau; tal situação colidiria com os mais elementares limites do poder público instituído e com razões de soberania.

Daí, o preceito do nº 2 do artigo 33º, *in fine*: a consequência será a absolvição do réu da instância.

E sendo caso de preterição de tribunal arbitral?

[189] A fórmula que a lei usa: "em qualquer estado do processo, enquanto não houver sentença com trânsito em julgado proferida sobre o fundo da causa", permite-nos afirmar que, mesmo no recurso interposto para um tribunal superior se pode suscitar a questão da incompetência.

Verifica-se tal preterição quando as partes tenham acordado validamente (mediante a celebração de um compromisso arbitral ou por força de cláusula compromissória incluída num contrato) que determinado litígio, ou os litígios eventualmente decorrentes de um dado contrato, deverão ser julgados por um tribunal arbitral, e posteriormente venha a acção a ser proposta num dos tribunais de jurisdição permanente, integrado na hierarquia judiciária de Macau.

Aplica-se nesta hipótese o mesmo regime de arguição definido na lei para o caso de violação de pacto privativo de jurisdição (nºs 2, 3 e 4 do artigo 31º). A diferença entre esta situação e a hipótese contemplada anteriormente reside apenas em que, em vez de se atribuir convencionalmente a jurisdição a um tribunal do exterior de Macau, as partes atribuíram-na, por acordo, a um tribunal arbitral.

A hipótese de preterição de tribunal arbitral cabe também na previsão do nº 2 do artigo 33º, levando à absolvição do réu da instância se a acção vier a ser proposta em tribunal de jurisdição permanente da RAEM. Também nestas situações não haverá remessa do processo para o tribunal arbitral, onde se iniciará um novo processo.

25.8. Conflitos de competência[190]

A lei de processo regula esta matéria nos artigos 35º a 38º, precisamente sob este título.

Começa por delimitar a noção de conflito para de seguida descrever o processo de resolução desse mesmo conflito.

Assim:

O conflito de competência surge quando dois ou mais tribunais de Macau se consideram competentes ou incompetentes para julgar a mesma causa (artigo 35º, nº 1 do CPC).

Mas esta noção tem de ser completada pelo recurso ao preceituado na Lei nº 9/1999, de 20 de Dezembro (LBOJ): serem de Primeira Instância os tribunais em conflito (nº 13 do artigo 36º); ou estarem em conflito o Tribunal de Segunda Instância e um dos Tribunais de Primeira Instância (nº 14 do artigo 44º).

[190] Sobre esta matéria, cfr. as notas aos artigos 115º e ss. do nosso *Código de Processo Civil Anotado – Texto vigente em Macau (artigos 1º a 136º)*, Textos Jurídicos, edição da Universidade de Macau, Faculdade de Direito, 1996.

Estes conflitos podem assumir uma de duas modalidades: positivos ou negativos. O conflito é positivo quando dois ou mais tribunais se arrogam a competência para julgar certa causa; o conflito é negativo quando dois ou mais tribunais declinam a competência para apreciar determinado objecto.

Mas os conflitos de competência só surgem, só ficam abertamente declarados, quando as decisões que os vão produzir forem insusceptíveis de recurso, ou seja, quando tenham transitado em julgado (nº 2 do artigo 35º)[191].

No respeito deste requisito da definitividade das decisões em confronto, se têm pronunciado os tribunais portugueses em numerosos arestos, nos quais se explicita que o caso julgado de que aqui se trata é o caso julgado formal porque estão em confronto duas decisões sobre matéria processual, concretamente, sobre o pressuposto da competência[192].

Mas quem resolve estes conflitos?

Como são resolvidos?

Em Macau, devemos atender ao preceituado na Lei de Bases da Organização Judiciária, aprovada pela Lei nº 9/1999, de 20 de Dezembro.

E desde logo pode notar-se que, apesar de ter desaparecido do articulado do Código de Processo Civil (artigos 35º a 38º) a noção de conflito de jurisdição (que estava prevista nos artigos 115º a 121º do Código de Processo Civil anterior como a situação em que tribunais de espécies diferentes, ou entidades pertencentes a actividades diversas do Estado, se

[191] O preceito deste nº 2 pode sugerir a seguinte reflexão: Por um lado, compreende-se que assim seja, já que enquanto as decisões não forem definitivas há sempre possibilidade da sua modificação; e se em recurso vier a decidir-se o problema da competência não há razão para suscitar o conflito. Mas, ao mesmo tempo, e comparando este preceito com o do artigo 38º, parece à primeira vista que não há perfeita consonância no regime legal, pois a lei não espera que haja duas decisões definitivas em colisão para que se recorra ao processo de resolução de conflitos, bastando-se com que a mesma acção se ache pendente em mais do que um tribunal para que o conflito se considere, virtualmente, criado.

No entanto, é preciso entender que o artigo 38º em nada colide com a noção de conflito de competência – repare-se, desde logo, na respectiva epígrafe, que se refere a "outros casos" –, apenas determinando a aplicação a esses *outros casos* das regras de resolução dos verdadeiros conflitos.

[192] Assim sucede, por exemplo, no acórdão do Tribunal da Relação de Lisboa, de 6.12.1996 (*www.dgsi.pt/jtrl*), segundo o qual "Para haver conflito de competência, é necessário estarmos perante duas decisões transitadas em julgado, constituindo uma e outra caso julgado formal, ou seja, impondo-se cada uma apenas no processo em que foi proferida, sem ter força de caso julgado material de sorte a poder impor-se fora desse processo".

consideram competentes ou incompetentes para a mesma causa), apesar disso, os artigos 36º, 14) e 44º, 15) da referida Lei nº 9/1999 continuam a referir-se a essa figura – conflitos de jurisdição – ao elencarem as matérias da competência, respectivamente, do Tribunal de Segunda Instância e do Tribunal de Última Instância.

Parece-nos, todavia, que destes preceitos da Lei de Bases da Organização Judiciária de Macau – artigos 36º, 14) e 44º, 15) – resulta clara a caracterização de conflitos de jurisdição.

Assim, *existem conflitos de jurisdição*: **i.** Quando o Tribunal Administrativo e autoridades administrativas, fiscais ou aduaneiras se consideram ao mesmo tempo competentes ou incompetentes para a decisão da mesma questão, situação em que a resolução do conflito compete ao Tribunal de Segunda Instância; e **ii.** Quando se arrogam competência para a mesma questão o Tribunal de Segunda Instância e autoridades administrativas, fiscais ou aduaneiras, hipótese em que a resolução do conflito compete ao Tribunal de Última Instância.

A arguição de conflitos está regulada no artigo 36º do Código de Processo Civil, dando legitimidade a qualquer das partes e ao Ministério Público, mediante requerimento (nº 1), sob as formalidades que constam do nº 2 do mesmo artigo.

No artigo 37º regula-se a tramitação e o processamento do julgamento dos conflitos, não se suscitando, à partida, quaisquer problemas de interpretação[193].

Mas não daremos por terminada a matéria dos conflitos de jurisdição e de competência sem analisar o preceito do artigo 38º do Código de Processo Civil.

A par dos conflitos que podem surgir entre autoridades ou tribunais que se dizem competentes ou incompetentes para se ocuparem da mesma causa (conflitos de jurisdição ou de competência), ocorre ainda um fenómeno que merece a nossa especial atenção e que tem certas analogias com os conflitos que já conhecemos.

Carnelutti deu-lhes o nome de *conflitos potenciais*; J. Alberto dos Reis designou-os de *conflitos latentes*.

[193] Leia-se, contudo, a segunda anotação ao artigo 118º, no nosso já citado *Código de Processo Civil Anotado – Texto vigente em Macau (artigos. 1º a 136º)*, p. 206.

Tal situação verifica-se sempre que uma mesma acção esteja pendente em diversos tribunais, sem que tenha sido suscitada, em qualquer deles, a questão de incompetência ou a litispendência.

Dado que o conflito não surgiu, ficamos perante a eventualidade de uma duplicação de sentenças sobre a mesma relação jurídica litigada. Ora esta situação tem de evitar-se. O artigo 38º propõe-se remediar tais situações permitindo que se recorra às regras de resolução dos verdadeiros conflitos de competência, pelo processo indicado nos artigos 36º e 37º, nas situações seguintes:

1) Quando a mesma acção esteja pendente em tribunais diferentes e tenha passado o prazo para serem opostas a excepção de incompetência e a excepção de litispendência [alínea *a)* do artigoº 38º];
2) Quando a mesma acção esteja pendente em tribunais diferentes e um deles se tenha julgado competente, não podendo já ser arguida perante o outro ou outros, nem a excepção de incompetência, nem a excepção de litispendência [alínea *b)* do artigo 38º];
3) Quando um dos tribunais se tiver julgado incompetente e tiver mandado remeter o processo para tribunal diferente daquele em que pende a mesma causa, não podendo já ser arguidas perante este, nem a excepção de incompetência, nem a excepção de litispendência [alínea *c)* do artigo 38º].

26. Os auxiliares processuais. Noção. Seu enquadramento no elemento subjectivo do processo

Na sequência do estudo dos sujeitos da relação jurídica processual, e analisados que foram as partes e o tribunal, façamos uma breve abordagem da matéria dos chamados *auxiliares processuais*.

Trata-se daquele conjunto de pessoas que, relativamente à matéria objecto de uma determinada causa, se encontram em posição de deverem cooperar activamente na realização dos fins do processo, muito embora não sejam nele interessados.

Este posicionamento especial dos auxiliares processuais surge, muito claramente, da consagração no artigo 442º do CPC do dever de cooperação para a descoberta da verdade, a que a lei sujeita, afinal, a generalidade das pessoas.

Dispõe o nº 1 desse artigo: "Todas as pessoas, sejam ou não partes na causa, têm o dever de prestar a sua colaboração para a descoberta da verdade (...)". Ora tal dever pode traduzir-se quer na obrigação de responder ao que lhes for perguntado pelo tribunal, quer na submissão às inspecções necessárias, quer ainda facultando o acesso ao que for requisitado, quer praticando os actos que forem determinados pelo tribunal[194].

Deste princípio decorre, portanto, a susceptibilidade de qualquer pessoa vir a ser colocada na posição de auxiliar processual.

A lei, inclusivamente, estabelece sanções para a falta injustificada de cumprimento deste dever, quer para as partes, quer para terceiros, sanções que podem consistir em multa ou outros meios coercitivos legalmente admitidos (nº 2 do artigo 442º).

Todavia, a própria lei aponta os casos em que cessa este dever de cooperação, designadamente quando o seu cumprimento importar violação da intimidade da vida privada e familiar, da dignidade humana, da integridade física ou moral das pessoas, ou ainda de segredo profissional.

Ocorrida alguma das situações enumeradas no nº 3 do referido preceito, é aceite como lícita a escusa, depois de verificada pelo tribunal.

27. Alguns casos de auxiliares processuais

A lei processual civil de Macau prevê alguns casos de recurso à colaboração dos chamados *auxiliares processuais*.

Assim:

a) Recurso a *intérprete*, quando tenha de intervir no processo pessoa que não conheça ou não domine a língua de comunicação, limitando-se a intervenção do intérprete ao que for estritamente indispensável (artigo 89º, nº 2);

b) Recurso a *quaisquer entidades ou serviços*, ou às autoridades policiais, para a recolha de informações acerca do paradeiro do réu, quando se desconheça a sua morada e local de trabalho, com o objectivo de efectivar a sua citação (artigo 190º e seus números);

c) Recurso a *organismos oficiais*, a terceiros[195] e às próprias partes, no sentido de colaborarem na obtenção de informações, pareceres téc-

[194] No que respeita a *idênticos deveres das partes* no processo, cfr. o artigo 8º do CPC, que define o *princípio da cooperação*, com um novo redimensionamento introduzido pelo regime processual vigente a partir de 1999.

[195] *Terceiros*, em sentido processual, como é sabido, são *todos aqueles que não são partes* num determinado processo.

nicos, plantas, fotografias, desenhos e outros documentos necessários ao esclarecimento da verdade, sob pena de aplicação de sanções (artigos 462º e 463º). Será o caso especial do Laboratório de Polícia Científica da Polícia Judiciária de Macau, que pode prestar um auxílio decisivo ao tribunal na realização de certas investigações especializadas;

d) Recurso a *técnicos*, para prestação dos esclarecimentos que forem necessários sobre questões de natureza técnica cuja solução dependa de conhecimentos especiais que o juiz não possua (artigo 552º);

e) Recurso a *peritos*, com preparação específica na matéria da causa, para prestação dos esclarecimentos que se mostrarem necessários (artigos 490º a 512º do CPC);

f) Recurso a *testemunhas*, cujo interrogatório incide sobre factos carecidos de prova no processo [artigos 517º a 548º e artigo 555º, nº 3, alínea *d)*].

O Código de Processo Civil prevê ainda casos de *auxiliares processuais* no âmbito do processo de execução.

Por exemplo:

- Recurso a um *depositário* para zelar pela guarda e administração dos bens do património do executado que forem objecto de penhora (artigos 724º, 726º, 729º, 730º e 731º do CPC);
- Recurso a uma *pessoa incumbida de efectuar a venda de bens penhorados* em execução, na modalidade venda por negociação particular (artigo 799º).

Secção II
O Objecto da Relação Jurídica Processual

28. Generalidades

O termo *litígio* significa *controvérsia*, ou seja, a expressão de diferentes pontos de vista das partes sobre a relação material subjacente que, por essa mesma razão, é uso designar-se por relação material *controvertida* ou *liti-*

gada, malgrado as divergências possam vir a não ter expressão no processo porque, *v.g.*, o réu não contesta a acção.

O litígio de que falamos é *um diferendo* que se afere, fundamentalmente, pela posição assumida pelo autor, já que o réu, se quiser cumprir o ónus de contestar, define a sua posição por referência à posição assumida pelo autor na petição inicial.

Assim:

Quando o autor formula, do seu ponto de vista, a pretensão favorável ao interesse que tem na procedência da acção, o réu, por sua vez, assume uma posição de sinal contrário, exprimindo o seu interesse na improcedência (no todo ou em parte) do pedido do autor.

Ora a procedência ou improcedência da pretensão do autor, que assim constitui o cerne do litígio, integra o chamado *mérito da causa* ou *fundo da questão*, sobre o qual o tribunal é chamado a pronunciar-se, aceitando ou rejeitando a pretensão do autor.

A decisão do tribunal é, pois, aferida também pela posição do autor: o tribunal tem o dever de decidir se, à luz do direito vigente, a pretensão do autor é procedente ou improcedente, a isto estando limitada, como regra, a sua decisão num determinado processo (ressalvadas algumas situações legalmente admitidas, como a de ter sido deduzida reconvenção). Se a decisão exceder este limite, será nula por ter conhecido de questões não submetidas à sua apreciação (artigos 564º e 571º, nº 1 do CPC).

Tomemos *um exemplo*: se o autor pretende ser reconhecido como proprietário do bem X, o tribunal deve limitar-se a julgar se, pelo direito aplicável aos factos invocados e provados, o autor é ou não titular do direito de propriedade sobre esse mesmo bem, não lhe incumbindo, na hipótese negativa, dizer que o proprietário é o réu, ou um terceiro.

Do exposto resulta que o litígio, o mérito da causa, constitui o objecto do processo, mas em sentido mediato, porque o objecto imediato do processo é integrado pela pretensão do autor, processualmente designada por pedido. Mas é claro que os aspectos mediato e imediato completam-se reciprocamente porque o litígio (ou lide) é resolvido, como se disse, por referência ao pedido do autor.

O *pedido* não é, todavia, o único elemento integrador do objecto imediato do processo, pela razão linear de que tem de ser fundamentado. Tal fundamentação constitui o que, na linguagem processual, se designa por *causa de pedir*.

Assim, pedido e causa de pedir andam indissoluvelmente ligados: não pode haver pedido sem causa de pedir, e vice-versa; e o pedido não pode estar em contradição com a causa de pedir – já que esta é o fundamento lógico essencial daquele –, sob pena de ineptidão da petição inicial (artigo 139º, nº 2 do CPC).

Por outro lado, o tribunal terá de se pronunciar não apenas sobre ambos, mas sempre e apenas sobre o pedido com referência à causa de pedir e vice-versa, sob pena de nulidade da sentença que vier a proferir [artigo 571º, nº 1, alíneas *d)* e *e)*].

E tudo isto é de capital importância, porque o caso julgado que se vier a formar da decisão proferida, como seu efeito essencial, apenas cobre, com a sua força e autoridade, um determinado pedido com a respectiva causa de pedir, e não com referência a qualquer outra causa de pedir que não foi invocada pelo autor, mas que também poderia ter fundamentado idêntico pedido.

Por exemplo, se o autor pede o reconhecimento do seu direito de propriedade sobre determinado imóvel com fundamento em factos concretos, justificativos da usucapião (factos que consubstanciam a posse com certas características e duração, nos termos da lei civil) a decisão do tribunal que julgue a acção improcedente e tenha transitado em julgado, apenas julga em definitivo (ressalvada a possibilidade de recurso extraordinário) que o autor não é o proprietário do imóvel com fundamento em usucapião, porque a posse com as características indicadas na petição inicial (causa de pedir) não justifica o peticionado reconhecimento do direito de propriedade, mas já não de outro qualquer direito não invocado pelo demandante contra o demandado naquele processo.

Nesta conformidade, numa outra acção entre as mesmas partes, ao autor é lícito invocar os mesmos factos integradores da posse para fundamentar um pedido diverso; assim como lhe é permitido formular o mesmo pedido de reconhecimento do seu direito de propriedade sobre o bem em causa, mas com fundamento em factos diferentes, designadamente, que adquiriu o direito de propriedade por sucessão.

Porém, se porventura a acção tivesse sido julgada procedente, já a causa de pedir nela invocada e provada não poderia servir noutro processo para fundamentar pedido diferente.

Todas estas consequências são manifestações do princípio dispositivo: a vontade do autor delimita o objecto do processo, e só sobre esse objecto as partes desenvolvem a sua actividade processual que, por sua vez, constituirá a base da decisão do tribunal. Não seria conforme à vontade das partes e à respectiva actividade processual que a decisão viesse a produzir os seus efeitos para além dos limites objectivos do processo (interpretação conjugada dos preceitos dos artigos 407º, 408º, 564º, nº 1 e 571º, nº 1, todos do CPC).

Examinemos então, em particular, cada um dos referidos elementos: pedido e causa de pedir.

29. Pedido e causa de pedir

29.1. O pedido. Conceito, caracteres e espécies

a) Segundo a lei processual (artigo 417º), entende-se por pedido o efeito jurídico que o autor pretende obter com a acção: o simples reconhecimento de um seu direito subjectivo que o réu nega na sua titularidade; a condenação do réu no pagamento de certa quantia; a anulação de um contrato que celebrara com o réu; e assim por diante.

Esse efeito jurídico deve, todavia, corresponder a uma concreta e específica providência de tutela jurídica escolhida pelo autor, e não a qualquer providência à escolha do tribunal e por este considerada mais adequada à requerida tutela (ressalvados, nos termos legais, os casos de jurisdição voluntária – artigos 1206º a 1284º do CPC). É portanto, como regra, da exclusiva responsabilidade do autor a escolha da providência que requer ao tribunal, devendo este limitar-se a decretá-la ou a rejeitá-la.

Ao efeito jurídico concreto pretendido pelo autor anda ligado, no entanto, um efeito prático, que é aquele que, naturalmente, as partes representam: se, por hipótese, o efeito jurídico que se pretende é a condenação do réu na entrega de coisa certa e determinada ao autor, o efeito prático que lhe corresponde é a entrega efectiva dessa mesma coisa.

Contrariamente ao que possa parecer, esta distinção não é de todo irrelevante, porque é sobretudo o efeito prático representado pelas partes que, em caso de dúvida, deverá ser considerado para se ajuizar da existência, em dois processos diferentes, do mesmo pedido. Importante é ainda prevenir que o termo 'pedido' pode ser encarado, não apenas no sentido de uma concreta providência solicitada ao tribunal, mas também na acepção de acto voluntário de pedir, sentidos que se completam mas que importa distinguir porque o acto de pedir, como tal, pode porventura estar viciado.

E igualmente importa salientar que a qualificação jurídica atribuída ao efeito prático pretendido pelo autor é irrelevante, porquanto tal qualificação cabe ao tribunal fazê-la, como matéria de direito que é: aliás, o mesmo deve entender-se quanto à causa de pedir (cfr. o artigo 567º do CPC)[196].

b) Para além da já referida função de delimitação do objecto do processo, o pedido reveste-se de importância para outros efeitos processuais, como sejam a determinação do valor da acção e, eventualmente, outros com ele relacionados: por exemplo, a competência do tribunal, a necessidade de intervenção do tribunal colectivo para julgamento da matéria de facto, os recursos).

c) Como *requisitos gerais*, importa que o pedido se caracterize por:

Ser *inteligível, idóneo* (no sentido de que deve respeitar à tutela de um bem jurídico) e *preciso* (não vago, nebuloso ou equívoco); e, *no caso de cumulação de pedidos,* serem eles *substancialmente compatíveis* (artigo 391º, nº 1 do CPC).

Se o pedido for ininteligível, a petição será inepta [artigo 139º, nº 2, cuja consequência será, em princípio, o indeferimento liminar, nos termos do artigo 394º, nº 1, al. *a)*]; e se o pedido não for idóneo, fundamentará também indeferimento liminar por ser manifesto que a pretensão do autor não pode proceder (artigo 394º, nº 1, al. *d) in fine*).

Quando o pedido não seja muito preciso mas, ainda assim, seja inteligível, poderá justificar um despacho liminar de aperfeiçoamento da petição inicial, nos termos do artigo 397º, nº 1.

Enfim, quando não se verificar a compatibilidade entre o pedido e a causa de pedir, como ficou já dito, a petição é inepta, fundamento potenciador de indeferimento liminar.

d) Mas para além destes caracteres gerais essenciais, o pedido deve ainda preencher os seguintes caracteres-regra, digamos assim: ser único, fixo, de prestação líquida e de prestação já vencida, sem pre-

[196] O comando do preceito do artigo 567º do CPC, cuja epígrafe é "relação entre a actividade das partes e a do juiz", ilustra à saciedade o que se afirma no texto.

juízo, contudo, da admissibilidade legal de pedidos nas modalidades a seguir referidas.

Pedidos alternativos

Os pedidos alternativos opõem-se aos pedidos certos e fixos, verificando-se nos casos em que o autor formula duas ou mais pretensões disjuntivas, com vista a que seja satisfeita apenas uma delas.

A alternativa pode ser real ou meramente aparente; mas, em rigor, apenas à alternativa real correspondem os pedidos alternativos (artigo 390º).

Na verdade, o autor pode pedir a condenação do réu *neste ou naquele pedido* quando a alternativa (real) resulte das próprias características da relação substantiva litigada, quer pela sua própria natureza ou origem (cfr. artigos 536º a 542º do Código Civil – obrigações alternativas), quer porque o próprio direito pode ser realizado em alternativa[197].

Pedidos subsidiários

Diversa é a situação nos *pedidos subsidiários*, também previstos no artigo 390º do Código de Processo Civil.

A este tipo de pedidos corresponde a alternativa aparente de que acima se falou: eles não resultam da própria natureza da relação material litigada (caso de alternativa real), mas sim da forma como os pedidos são formulados perante o tribunal, e portanto de razões meramente processuais.

Os pedidos subsidiários cifram-se em pedidos que o autor formula ao tribunal para que este os tome em consideração apenas no caso de não julgar procedente o pedido principal[198]. Trata-se, no fundo, de pedidos condicionais, sujeitos à condição da improcedência do pedido principal; ou, dizendo de outro modo, nesta modalidade de pedidos o autor exprime-se *adversativamente* – pede ao tribunal determinado efeito jurídico, mas, a não ser ele julgado procedente, que seja julgado procedente um outro efeito jurídico.

[197] Assim, em caso de não cumprimento de um contrato, pode o credor, *consoante os casos* e nos termos da lei civil, pedir o cumprimento coactivo do contrato ou a sua resolução (cfr. artigos 779º e ss. do CC).

[198] Ao invés do que sucedia no regime processual anterior – em que o artigo 469º do CPC então vigente definia os *pedidos subsidiários* –, o actual CPC não delimita esse conceito, limitando-se a admitir esta modalidade de pedidos no artigo 390º, em conjunto com os pedidos alternativos.

A formulação de pedidos subsidiários não depende de compatibilidade ou conexão substantiva entre o pedido principal e o(s) pedido(s) subsidiário(s), que pode(m), nesse plano, ser contraditórios. Apenas se exige a compatibilidade processual em termos idênticos àqueles que a lei exige para a coligação, ou seja: o tribunal perante o qual foram deduzidos pedidos subsidiários deve ser competente para apreciar e julgar todos os pedidos, e a forma de processo deve ser a mesma para todos eles, "(...) salvo se a diferença provier do diverso valor dos pedidos"(artigos 390º, nº 3 e 65º, nº 2).

Pedido subsidiário será, por exemplo, aquele que o autor formula numa acção de anulação de um contrato, no sentido de obter a indemnização X a satisfazer pelo réu, com fundamento em erro, para o caso de a anulação, com base em dolo, ser julgada improcedente[199].

Ainda relativamente a pedidos subsidiários, não deixaremos de chamar a atenção para uma norma inovadora do Código de Processo Civil vigente, que é a do artigo 67º, cuja epígrafe – "Pluralidade subjectiva subsidiária" – representa a consagração, em texto de lei, de alguma doutrina jurídica portuguesa de há mais de vinte anos[200].

Nesse preceito, admite-se "(...) a formulação subsidiária do mesmo pedido, ou a formulação de pedido subsidiário, por autor ou contra réu diverso do que demanda ou é demandado a título principal, no caso de dúvida fundamentada sobre o o sujeito da relação material controvertida"[201].

Pedidos cumulados

Nestes casos, o autor deduz contra o réu vários pedidos, *cumulativamente*.

É a situação, por exemplo, do senhorio que, em acção de cessação do arrendamento[202] contra o arrendatário, pede o despejo e, no mesmo pro-

[199] De notar que, neste exemplo, se surpreendem também duas causas de pedir: uma principal – os factos jurídicos concretos integrativos do conceito abstracto de *dolo* –; e outra subsidiária – os factos jurídicos concretos integrativos do conceito abstracto de *erro*.

[200] A actual solução legal havia sido já defendida, dentro de certos parâmetros, *v.g.*, por Anselmo de Castro, em *Processo Civil Declaratório*, vol. III, Coimbra, Almedina, 1982, pp. 28-29.

[201] Cfr. as nossas anotações críticas ao preceituado no artigo 67 º do CPC, em Cândida da Silva Antunes Pires e Viriato Manuel Pinheiro De Lima, *Código de Processo Civil de Macau – Anotado e Comentado*, vol. I, Instituto de Estudos Jurídicos Avançados da Faculdade de Direito da Universidade de Macau, 2006, pp. 207-211.

[202] Acção que segue uma *forma especial de processo* regulada nos artigos 929 º a 945 º do Código de Processo Civil.

cesso, pede ainda a condenação do réu no pagamento das rendas em dívida e/ou de uma indemnização – cumulação de pedidos expressamente admitida no artigo 931º do Código de Processo Civil.

É ainda o caso de processo de divórcio litigioso, em que a própria lei, no nº 2 do artigo 391º, admite, cumulativamente com o pedido de dissolução da relação matrimonial, o pedido destinado à fixação do direito a alimentos, se for caso disso.

A admissibilidade genérica da cumulação de pedidos – que se distingue da figura da coligação porque nesta se verifica uma pluralidade de partes e simultaneamente uma pluralidade de pedidos, enquanto que a cumulação consiste numa pluralidade de pedidos sem pluralidade de partes – está prevista e regulada, como se disse, no artigo 391º do Código de Processo Civil.

Mas tal admissibilidade é condicionada, isto é, depende da verificação cumulativa do requisito da compatibilidade substantiva entre os pedidos e da não verificação dos obstáculos processuais fixados, para a coligação, no artigo 65º do mesmo Código.

Não deixe, no entanto, de dizer-se que alguma doutrina admite que a permissão do artigo 391º pode abranger casos em que não é exigida qualquer conexão entre os pedidos cumulados, já que a cumulação "(...) tanto pode respeitar a relações jurídicas distintas (por exemplo, pede-se a condenação do réu no pagamento da dívida e na entrega de determinado bem de que o autor é proprietário), como à mesma relação jurídica (por exemplo, pede-se a condenação do réu na restituição da quantia mutuada e nos respectivos juros, ou a declaração do direito de propriedade do autor e a condenação do réu na entrega do prédio). No primeiro caso, os pedidos cumulados são autónomos, não sendo sequer exigida qualquer conexão entre eles; no segundo, os pedidos são principais e acessórios"[203].

Pedidos genéricos

Em processo declarativo é possível formular pedidos sem determinar todos os elementos integradores do bem sobre o qual incide a pretensão do autor. São casos – de natureza excepcional – em que o pedido é ilíquido, ou seja, não determinado.

[203] Neste sentido, José Lebre de Freitas, A. Montalvão Machado e Rui Pinto, *Código de Processo Civil Anotado*, vol. 2 º, Coimbra, Coimbra Editora, 2001, p. 235.

São fundamentalmente três as situações em que a lei permite formular tais pedidos (artigo 392º, nº 1 do CPC):

i. Quando o objecto mediato da acção seja uma universalidade de facto ou de direito: por exemplo, quando a acção respeite a uma determinada colecção de coisas, a uma biblioteca ou a uma herança (artigos 203º e ss do Código Civil); note-se, todavia, como já salientava J. ALBERTO DOS REIS[204], que a faculdade de mencionar apenas a universalidade, sem especificar os seus elementos, não significa que ao autor seja permitido deixar de identificar, concretamente, a própria universalidade, sob pena de ineptidão da petição inicial por falta ou ininteligibilidade do pedido.

ii. Quando não seja ainda possível determinar as consequências do facto ilícito de modo definitivo (*v.g.*, em certos casos de responsabilidade civil por danos causados por acidente de viação), ou quando o lesado pretenda usar da faculdade que lhe confere o artigo 563º do CC (possibilidade de reclamar, no decurso da acção, quantia mais elevada se o processo vier a revelar danos de maior valor do que os inicialmente previstos);

iii. Quando a fixação do quantitativo esteja dependente da prestação de contas ou de outro acto que deva ser praticado pelo réu, o que sucede quando este, em virtude da função por ele exercida, esteja obrigado a prestar ao autor contas da sua actuação (casos do cabeça de casal, do tutor, do testamenteiro); nestas situações, o autor faz um pedido genérico porque pretende o pagamento da quantia que vier a apurar-se como saldo a seu favor, cujo montante, à partida, ignora.

Naturalmente que os pedidos genéricos, nas duas primeiras situações referidas, virão a ser liquidados nos termos fixados no nº 2 do artigo 392º: em processo especial de inventário, se for caso disso; mediante o incidente de liquidação, regulado nos artigos 308º a 310º do CPC; ou nos termos do nº 2 do artigo 564º.

Pedidos de prestações vincendas, inexigíveis e futuras

A matéria é tratada no artigo 393º do CPC, cujo nº 1 prevê o caso das prestações periódicas (*v.g.*, rendas): quando, estando o devedor obrigado a diversas prestações instantâneas a realizar sucessivamente, com ou sem exacta regularidade, não efectua alguma delas[205].

[204] *Comentário ao Código de Processo Civil*, vol. 3 º, Coimbra, Coimbra Editora, 1946, pp. 174-175.

[205] M. J. DE ALMEIDA COSTA, *Direito das Obrigações*, Coimbra, Almedina, 1994, p. 594.

Admite a lei que a falta de cumprimento de uma das prestações – que pode ser logo a primeira, já que o preceito não distingue – permite ao credor formular pedido de condenação do devedor em todas as prestações, vencidas e vincendas, enquanto subsistir a obrigação.

É fácil entender as razões da solução legal: elas residem na conveniência de evitar julgamentos idênticos relativamente a parcelas de uma mesma obrigação, e bem assim dar ao credor a oportunidade de ver formar-se antecipadamente um título executivo contra o seu devedor relapso, com as vantagens de economia/celeridade, e de outras ordens, que daí podem advir.

Mas o nº 2 do artigo 393º prevê ainda situações em que se admite a condenação do devedor em prestações futuras (casos de obrigações que ainda nem sequer estão constituídas, que ainda não existem, e em que apenas existe uma expectativa de que venham a sê-lo – por exemplo a obrigação sujeita a condição suspensiva), e em outros casos ("casos semelhantes") de prestações ainda não exigíveis, quando a falta de título executivo na data do vencimento possa causar grave prejuízo ao credor.

Na previsão deste nº 2 podem abranger-se também as acções de execução específica de contrato-promessa de compra e venda, em que pode pedir-se logo, também, a condenação do réu na entrega da coisa, ou no pagamento do preço, em cumprimento de obrigação que a própria sentença de procedência constituirá (cfr. artigo 820º, nº 1 do CC).

29.2. A causa de pedir. Conceito, caracteres e espécies

I. Nos termos da lei processual – artigo 417º, nº 4 – *a causa de pedir é o facto jurídico de que procede a pretensão do autor.*

Mas a noção legal carece de um esclarecimento de que a doutrina tem cuidado: o facto jurídico a que o preceito se refere é o *facto jurídico concreto*, da vida real, que no caso ocorreu e vai ser apreciado no correspondente processo judicial; não o que resulta da qualificação abstracta feita na lei substantiva.

Assim: em acção destinada à declaração do direito de propriedade sobre certo bem com base em usucapião, a causa de pedir não é a usucapião em abstracto, mas sim os factos concretos que, no caso, consubstanciam a posse susceptível de conduzir à usucapião; em acção de anulação de um contrato com fundamento em dolo, a causa de pedir não é o dolo em abstracto, mas os factos concretos que, *in casu*, integram o conceito abstracto de dolo na lei civil; em acção de divórcio litigioso, a causa de pedir não é qualquer dos fundamentos que a lei civil prevê como podendo basear o pedido de dissolução da relação matrimonial, mas os factos concretos integrativos de qualquer desses conceitos abstractos.

E tudo isto é extremamente importante, porque são esses factos concretos que ao autor compete narrar na petição inicial, sob pena de poder vê-la liminarmente indeferida por ineptidão. A qualificação jurídica desses factos será objecto de decisão do tribunal (artigo 567º do CPC).

E são também esses factos concretos que relevam para se ajuizar da identidade da causa de pedir, e portanto da identidade do objecto imediato em dois processos distintos (citado nº 4 do artigo 417º).

Mas a noção de causa de pedir só fica completa com a indicação de que é do(s) facto(s) jurídico(s) concreto(s) narrado(s) pelo autor que procede o seu pedido ao tribunal; eles são o fundamento desse pedido, ou seja, do direito invocado pelo autor na sua titularidade. O mesmo é dizer que tais factos jurídicos concretos são, na versão do autor, geradores desse direito, são a causa concreta da sua aquisição, a sua fonte.

II. A exigência da causa de pedir como elemento individualizador do processo – e integrativo do seu objecto imediato – corresponde à chamada *teoria da substanciação*, que a lei portuguesa acolheu, transmitindo-a à lei da RAEM.

De acordo com tal teoria, o tribunal fica limitado nos seus poderes de cognição à causa de pedir invocada pelo demandante, ficando assim, à partida, dispensado de indagar da existência de outros eventuais factos constitutivos do direito tutelando (e bem assim de outros eventuais factos impeditivos, modificativos ou extintivos desse direito, para além dos carreados para o processo pelo réu), o que tornaria extremamente difícil, para não dizer incomportável, a sua intervenção no processo.

Como facto constitutivo, a causa de pedir é sobretudo relevante no âmbito dos direitos reais (absolutos), em que o conteúdo do direito é sempre o mesmo qualquer que seja esse facto, diferentemente do que sucede com os direitos de crédito (relativos), cujo conteúdo é enformado pela causa da sua aquisição. Nestes, a prova da existência do direito (e do respectivo conteúdo) consistirá sempre, necessariamente, na prova do respectivo facto constitutivo.

III. A causa de pedir, tal como o pedido, reveste-se, pois, de importância fundamental para a delimitação do objecto imediato do processo e, consequentemente, para a individualização deste e para o estabelecimento dos efeitos do caso julgado que se vier a formar da decisão de mérito que põe termo ao processo.

IV. Caracterizam essencialmente a causa de pedir:

i. A *sua concretização* ou determinação – facto(s) jurídico(s) concreto(s);
ii. A *sua inteligibilidade*;
iii. A *sua adequação ao pedido* (não pode estar em contradição com ele).

A falta não suprível de alguma destas características gera a ineptidão da petição inicial, com as conhecidas consequências de indeferimento liminar ou de absolvição do réu da instância, consoante os casos [artigos 139º, 394º, nº 1, alínea *a)* e 412º, nº 2, todos do CPC].

V. A causa de pedir – para além de poder ser simples ou complexa, isto é, integrada apenas por um facto ou por vários factos que podem suceder-se no tempo –, pode revestir formas normais ou formas anómalas, em correspondência com idênticas formas do pedido.

No entanto, deve admitir-se a possibilidade de, a formas anómalas – digamos assim – da causa de pedir, corresponderem formas normais de pedido.

Exemplifiquemos com as seguintes situações possíveis:

a) Pedido único com causas de pedir cumuladas, desde que substancialmente compatíveis: pedido de anulação de um contrato por erro e por dolo;
b) Pedido único com causas de pedir subsidiárias: pedido de entrega da coisa X com base na celebração de certo contrato ou, subsidiariamente, com fundamento em enriquecimento sem causa.

VI. Uma referência especial é devida à causa de pedir em acções de simples apreciação negativa.

Estabelecendo-se no artigo 336º, nº 1 do CC que neste tipo de acções incumbe ao réu a prova dos factos constitutivos do direito em litígio, põe-se a questão de saber qual a causa de pedir que o autor há-de invocar, ou até se nestes casos ela é, ou não, indispensável, por haver uma inversão do ónus da prova.

A questão parece complicar-se se atendermos ao disposto no artigo 420º, nº 1, alínea *c)* do CPC, nos termos do qual a réplica tem, nas acções de simples apreciação negativa, entre outras, a função de impugnar os factos constitutivos do direito que o réu tenha alegado, e também a de alegar os factos impeditivos ou extintivos do direito invocado pelo réu.

Salvo melhor opinião, julgamos que da interpretação conjugada dos citados preceitos da lei civil e da lei processual resulta que, nas acções de simples apreciação negativa, a causa de pedir cifra-se na invocação do facto concreto da afirmação pelo réu da existência e da titularidade de um certo direito, que o autor considera ser seu.

Caberá então ao réu o ónus de provar os factos constitutivos desse direito; se o não fizer, e se o autor tiver feito prova daquela causa de pedir, a acção será julgada procedente; se o réu o fizer, incumbirá ao autor provar os factos impeditivos ou extintivos do direito controvertido.

Dir-se-ia, então, que este tipo de acções declarativas – que, como é já sabido, durante muito tempo não estava tipificado na lei processual civil que serviu de matriz à de Macau – tem um cariz de 'provocação' ao réu para que este faça prova do direito que se arroga (*provocatio ad agendum*).

Secção III
Os Actos Processuais[206]

30. Plano de exposição

Vimos que o processo civil se situa no âmbito dos procedimentos jurídicos, como instrumento para o desempenho da ordem jurisdicional civil;

[206] Também no âmbito do Direito Processual faz sentido distinguir entre *facto* e *acto jurídico*, o primeiro como todo o acontecimento que produz os efeitos previstos e regulados pelo direito objectivo, e o segundo como uma espécie dentro do género *facto jurídico*, como facto de carácter voluntário ao qual o ordenamento jurídico atribui determinados efeitos.
É certo que o *mero facto processual* (não voluntário) tem menor projecção em Processo Civil do que em Direito Civil; mas há meros factos que são relevantes, como o de a morte de alguma das partes litigantes no decorrer de um processo, determinante da sua substituição (cfr. artigo 301º do CPC), ou o mero decurso do tempo, que pode fazer precludir certos trâmites processuais.
Em contrapartida, *o acto processual*, o facto jurídico processual voluntário, reveste-se, como se sabe, de uma importância primordial no Processo.

ou seja, o processo civil é instrumento para o conhecimento e apreciação das pretensões fundadas em normas pertencentes ao ordenamento jurídico privado, abarcando tanto o direito civil em sentido estrito como o direito comercial.

Vimos também que o termo 'processo' pode ser usado em diversas acepções, a mais comum das quais significa o encadeamento ou sequência lógica e disciplinada de actos, regulados pela lei, visando a produção de determinados efeitos de direito.

Debatido foi ainda o tema da relação jurídica processual, da sua natureza e estrutura, dos elementos que a compõem e que são:

i. *O elemento subjectivo*, o conjunto dos intervenientes ou 'protagonistas' do processo, os seus sujeitos: **a)** o tribunal, órgão que exerce o poder judicial com imparcialidade e independência e que por isso mesmo é designado por alguns como sujeito imparcial do processo; e **b)** as partes, ou sujeitos parciais do processo, que ocupam duas posições antagónicas, uma que formula a sua pretensão e assim desencadeia o funcionamento do tribunal – o autor ou demandante –, e outra contra a qual se exercita a pretensão – o réu ou demandado;

ii. *O objecto* ou *conteúdo nuclear* da relação jurídica processual: pedido e causa de pedir (conceitos já estudados); e

iii. Por último, *os actos processuais* através de cuja prática se efectiva a tramitação do processo.

Ora tais actos, representando como que elos de uma corrente, constituem átomos do processo e sucedem-se de acordo com o determinado na lei; valem, portanto, como peças do conjunto ordenado e dinâmico em que se integram, com vista a um resultado que a lei atribui à sua prática.

Pode, assim, dizer-se que os actos processuais têm um valor jurídico de ordem e de finalidade no processo que, nesta acepção, nos surge como uma realidade dinâmica[207].

Ora, o que neste momento nos propomos é elaborar uma teoria geral dos actos processuais como parte da teoria geral do processo, a suceder ao estudo dos sujeitos e do objecto da relação jurídica processual, e a ante-

[207] Relembrando noções já estudadas: o vocábulo *processo* deriva do latim *pro+cedere*, que significa caminhar para a frente, avançar rumo a determinada meta ou resultado.

ceder o tratamento da sentença como acto processual por excelência – digamos assim.

Essa teoria geral dos actos processuais haverá de ser construída a partir do respectivo regime jurídico positivo, por indução da regulamentação fundamentalmente contida no Título I do Livro II do Código de Processo Civil de Macau, conjugada com outras normas dispersas em várias sedes do mesmo diploma e noutros diplomas complementares; e, como é óbvio, em consonância com os princípios e categorias gerais do ordenamento jurídico da RAEM.

Mas a preceder a análise dos mais relevantes aspectos que são vectores do regime legal dos actos processuais, importa começar por definir determinados traços de carácter geral que completam a panorâmica, já adquirida, da estrutura da relação jurídica processual.

Partiremos da delimitação do conceito de acto processual, sublinhando as suas características gerais, para depois procedermos ao seu agrupamento por espécies, isto é, à sua classificação, com base em critérios relativos às semelhanças e às notas diferenciadoras de cada um dos tipos.

31. Conceito e caracteres gerais dos actos processuais

31.1. Conceito

É difícil fixar rigorosamente o conceito de acto processual, e por isso podem surpreender-se formulações diferentes entre os processualistas.

Do desdobramento da locução resulta:

- *Acto* como facto jurídico voluntário, como acontecimento caracterizado pela intervenção da vontade humana, com relevância para o Direito; acto que é
- *Processual*, porque se insere na tramitação de um processo, ou porque com ele tem relação imediata, ainda que praticado fora dele; no dizer do académico espanhol Jaime Guasp, acto processual é aquele "pelo qual se cria, modifica ou extingue alguma das relações jurídicas que compõem a instituição processual"[208].

Poderemos, entre outros, apontar como exemplos de actos processuais: *a sentença*, que a própria lei, no artigo 106º, nº 2 do Código de Processo Civil, qualifica como acto do juiz, e que faz parte da tramitação do pro-

[208] No seu *Derecho Procesal Civil*, já citado.

cesso pondo-lhe termo; e *o pacto privativo ou atributivo de jurisdição*, previsto e regulado no artigo 29º do CPC como sendo o acordo que, embora não integrado propriamente na marcha de um processo, se reveste da maior relevância para ele, na medida em que retira ou atribui poder de julgar aos tribunais da RAEM considerados em globo, fora dos casos previstos no artigo 20º do CPC e com as restrições impostas pela Lei Básica da RAEM em certas matérias (cfr. o artigo 19º da Lei Básica).

Autores há que tentam delimitar o conceito de actos processuais através da definição do que sejam actos não processuais; como bem se compreende, não resultam, assim, atenuadas as dificuldades do problema, embora isso não signifique a inutilidade de tal distinção. Aliás, não será realista considerar que é possível estabelecer fronteiras muito nítidas entre as duas noções, até porque elas não constituem, parece evidente, compartimentos estanques.

31.2. Caracteres gerais dos actos processuais

Apesar de todas as dificuldades, é possível e útil ensaiar o enunciado de alguns *caracteres gerais* dos actos que compõem o encadeado do processo, ou com ele se relacionam. Assim:

a) Os actos processuais estão submetidos a um *princípio de utilidade* e economia, pelo que não é admitida por lei a prática de actos inúteis.

b) *São actos unilaterais receptícios*, o que significa que a sua eficácia depende, como regra, de conhecimento pelo destinatário. Sendo actos das partes, têm como destinatário directo o tribunal, e não a parte contrária [cfr. o artigo 389º, nº 1, al. *a)* – requisitos da petição inicial em processo declarativo]. No entanto, há situações em que a lei se basta com a mera presunção, ou mesmo ficção, do conhecimento do acto pelo respectivo destinatário: é o que se passa com as notificações dirigidas aos advogados das partes.

c) *A prática dos actos processuais resulta, como regra, da imposição de simples ónus*, ou seja, de encargos estabelecidos no próprio interesse da parte que os pratica e não no interesse da parte contrária (aplicação conjugada dos princípios da auto-responsabilidade das partes e do contraditório).

d) *A não sujeição a condição ou a termo* é outra característica dos actos processuais. Assim, por exemplo, o juiz não pode sujeitar a produção dos efeitos da sentença que proferiu a uma determinada condição; tal como a parte activa não pode subordinar a propositura de uma acção à não contestação da contraparte.

e) Os actos processuais em geral *consubstanciam meras declarações de ciência* ou *de conhecimento*, e não verdadeiras manifestações de vontade, já que os efeitos que resultarão da sua prática, ou da sua omissão, estão pré-fixados na lei processual, por razões (de interesse público) de uma boa administração da justiça[209].

32. Classificação dos actos processuais

Ao iniciar a construção de uma teoria geral dos actos processuais, é muito importante *classificá-los*, agrupando-os por categorias, em função de semelhanças e dissemelhanças.

Nesta, como em muitas outras matérias, a doutrina diverge acerca do melhor critério a utilizar para o efeito.

Mas talvez possa dizer-se que a classificação mais curial, e mais admitida pela doutrina, é *a que atende ao sujeito, ou órgão, do qual procedem os actos*.

Aliás, ela tem vindo a ser consagrada na lei processual civil de matriz portuguesa em capítulos distintos, sob a epígrafe "Actos em Geral". Nela se regulam, em sequência, os "actos das partes", os "actos dos magistrados" e os "actos da secretaria" (artigos 100º a 116º do CPC).

Todavia, há quem prefira usar o critério que atende à etapa processual em que os actos são praticados, assim distinguindo entre actos de iniciação, actos de desenvolvimento e actos de conclusão[210].

Entre os autores alemães, podem encontrar-se outras classificações, como a de GOLDSCHMIDT, cuja sistematização apresenta um traço original, com uma subclassificação dos actos das partes. Distingue ele entre *actos de postulação* e *actos constitutivos*, os primeiros abrangendo as petições e o oferecimento de provas, e os segundos compreendendo as convenções ou acordos, como são os pactos de prorrogação de jurisdição e a transacção, por exemplo[211].

[209] Recorde-se, a propósito, as considerações antes tecidas acerca da contextura da relação jurídica processual.

[210] JAIME GUASP na sua já citada obra intitulada *Derecho Procesal Civil*.

[211] Esta matéria da classificação dos actos processuais pode encontrar-se desenvolvida a pp. 3 e ss. do vol. 2º do *Comentário ao Código de Processo Civil*, de J. ALBERTO DOS REIS, assim como a pp. 7 e ss. do *Direito Processual Civil Declaratório*, vol. III, de ANSELMO DE CASTRO.

A matéria é discutível, e se alguns dos critérios sugeridos para a classificação dos actos processuais pecam por uma ausência quase total de carácter científico, outros situam-se, porventura, num plano demasiado abstracto, que se alheia quase totalmente das realidades concretas.

Ora, como se sabe, a utilidade das classificações é, em geral e fundamentalmente, de carácter didáctico; mas neste caso particular dos actos processuais também o interesse prático do seu agrupamento é incontestável, já que qualquer lei processual haverá de definir um regime jurídico idêntico para actos de um mesmo grupo ou categoria. Isso interessa sobremaneira ao operador do Direito.

Nesta linha de pensamento se insere o Código de Processo Civil de Macau, que no seu próprio articulado acolheu, como já se disse, uma classificação – que já merecerá ser chamada de tradicional – que atende aos sujeitos que praticam os actos, dela partindo para a definição dos respectivos regimes.

33. Requisitos dos actos processuais

A teoria geral dos actos processuais que nos propomos construir terá como núcleo fundamental o estudo de vários aspectos, regulados na lei processual e que agruparemos sob a designação genérica de *requisitos dos actos processuais*.

Bem se compreende que o acto processual, como qualquer outro acto jurídico, requer o preenchimento de uma série de requisitos, necessários à sua validade e à produção dos seus efeitos normais.

Seguindo a sistematização do Código de Processo Civil sobre esta matéria, debruçar-nos-emos sucessivamente sobre os seguintes aspectos:

- *Forma* dos actos processuais (*como* devem ser praticados);
- *Tempo* dos actos processuais (*quando* devem ser praticados);
- *Lugar* dos actos processuais (*onde* devem ser praticados);
- *Sujeitos* dos actos processuais (*por quem* devem ser praticados);
- *Finalidade* dos actos processuais (*o porquê* da sua prática); e
- *Nulidades* dos actos processuais (*os vícios* de que podem enfermar).

Vejamo-los em sequência.

33. 1. Forma dos actos processuais

Os actos processuais são eminentemente formais. Qualquer que seja o agente – partes, tribunal ou secretaria –, eles devem realizar-se e desenvolver-se de acordo com uma forma previamente definida na lei, por esta considerada como a mais idónea para atingir o fim em vista com a prática do acto. Por isso costuma dizer-se, a respeito, que "o fim comanda a forma".

Em tempos idos, regia um princípio de formalismo excessivo, que se traduzia numa sobrecarga de formalidades, muitas vezes inúteis, e no predomínio da forma sobre o fundo da causa; o que encontrava alguma justificação prática na circunstância de os actos processuais serem tributados isoladamente e os funcionários judiciais receberem uma percentagem dessa tributação.

Destes defeitos enfermava, como foi salientado em sede anterior, o primeiro Código de Processo Civil português, entrado em vigor em 17 de Maio de 1877, o qual, não obstante, representou um grande avanço relativamente à legislação processual precedente.

Hoje em dia, pelo contrário, os actos processuais, embora tendo de respeitar certa forma que representa a sua exteriorização no encadeamento do processo, obedecem ao princípio geral da economia processual, intimamente relacionado com a pretendida celeridade no desenrolar do processo.

Mas o importante *princípio da economia processual* desdobra-se em duas vertentes:

i. *Economia dos actos processuais em si mesmos*, o chamado "princípio da limitação dos actos", consagrado no artigo 87º do CPC, segundo o qual só podem ser praticados, no processo, actos que se revistam de alguma utilidade: proíbem-se os actos inúteis; e

ii. *Economia de formalidades*, significando que cada acto processual deve revestir a forma mais idónea para atingir o fim pretendido com a sua prática (artigo 88º, nº 1 do CPC).

Essa forma idónea deve, no entanto, ser a mais simples; mas se a lei, em disposição especial, prescrever expressamente uma forma menos simples para a prática de determinado acto processual, é evidente que se não aplica a regra simplificadora do artigo 88º: será uma excepção legal a esta regra.

33.1.1. O idioma a utilizar na prática dos actos processuais

Regulam esta matéria os artigos 89º e 90º do Código de Processo Civil. Da redacção da cada um dos números que compõem o texto do primeiro destes preceitos, parece resultar claro que:

a) O nº 1 se aplica a todos os actos judiciais, já que a lei não distingue; e

b) O nº 2 rege apenas para as declarações prestadas oralmente por quem não conhecer ou não dominar a língua de comunicação.

Será então nomeado um intérprete (auxiliar processual, como é sabido), cuja intervenção, ou será limitada ao que for estritamente indispensável, ou será uma actuação de pleno na tradução simultânea das declarações orais.

Já se o emprego de língua diferente das línguas oficiais de Macau (a Língua Chinesa e a Língua Portuguesa) se verificar em documentos a juntar ao processo, o preceito a aplicar é o do artigo 90º.

Dele resulta a obrigatoriedade de que o documento que vai ser junto ao processo seja acompanhado da respectiva tradução para uma das línguas oficiais, regulamentando-se os termos a observar para que a mesma possa considerar-se idónea (nº 2) (relacionar com o preceito do artigo 63º do Código do Notariado de Macau).

33.1.2. A forma dos actos processuais

São os artigos 91º e 92º do CPC que regulam esta matéria, parecendo de destacar este último por conter uma disposição transitória geral (aplicação da lei processual no tempo, ou sucessão de leis): a lei aplicável à forma dos actos processuais é a que vigora no momento em que são praticados (nº 1 do artigo 92º).

Nada tem a ver, esta norma, com a *forma de processo* a adoptar (artigos 369º e ss.), à qual se aplica a lei vigente no momento da propositura da acção (nº 2 do artigo 92º e artigo 211º do CPC).

33.2. Tempo dos actos processuais

33.2.1. Regra geral

O artigo 93º, nº 1 do CPC estabelece, como regra geral, que a prática de actos processuais deve ter lugar nos dias úteis e fora do período das férias dos tribunais.

Mas o mesmo preceito, no seu nº 2, abre excepções relativamente a:

- Citações;
- Notificações; e
- Actos destinados a evitar danos irreparáveis, o que inculca que não bastam danos graves ou de difícil reparação, e de que são exemplos a produção antecipada de prova e todos os actos urgentes cuja prática é lícita em qualquer momento, mesmo em dias não úteis e nas férias judiciais ou, em geral, quando os tribunais estejam encerrados.

33.2.2. Os prazos judiciais. Noção

Como é sabido, *prazo* é o espaço de tempo compreendido entre dois momentos: o inicial (*dies a quo*) e o final (*dies ad quem*).

No plano judicial, os prazos são fixados com vista à produção de determinado efeito processual, com a função de garantir:

i. Por um lado, o interesse público da celeridade na decisão dos litígios, conferindo ritmo ou cadência aos processos; e
ii. Por outro lado, o interesse privado de assegurar às partes o tempo necessário para a invocação e defesa dos seus direitos e interesses legítimos.

Os prazos judiciais regulam, assim, a distância temporal entre os vários actos que integram o encadeamento do processo. Portanto, o que os caracteriza em relação aos prazos substantivos, é o facto de se inserirem no desenrolar de uma acção já proposta no tribunal, perseguindo, por isso, finalidades específicas.

Os prazos judiciais podem ser fixados por lei (*prazo legal*, na designação doutrinária), ou pelo juiz (*prazo judicial em sentido estrito*).

Nesta última hipótese, pode ainda acontecer que:

a) O juiz tenha plena liberdade de fixação do prazo (discricionariedade/poderes de grande latitude); ou
b) O juiz tenha, por lei, um limite máximo, ou um limite mínimo, para fixar o prazo (actividade balizada).

A lei processual estabelece também prazos gerais supletivos para prática dos actos das partes, dos magistrados e da secretaria judicial (respectivamente, artigos 103º, 110º e 115º /116º do CPC).

33.2.3. Caracteres dos prazos judiciais

Os prazos judiciais, ou processuais, caracterizam-se:

a) Pela *continuidade* da respectiva contagem (artigo 94º do CPC), o que significa que o prazo corre seguidamente, sem dependência de qualquer formalidade, apenas se suspendendo durante as férias dos tribunais (cfr. o artigo 12º da LBOJ), salvo se a sua duração for igual ou superior a 6 meses ou se tratar de actos a praticar em processos que a lei considere urgentes (nº 1 do mesmo artigo);

b) Pela sua *prorrogabilidade* (artigo 97º), característica que é própria dos prazos fixados por lei. Mas existem limites à prorrogação, já que ela é admissível apenas nos casos legalmente previstos (nº 1 do artigo 94º) e, havendo acordo das partes, os prazos podem ser prorrogados por uma vez e por igual período de tempo (nº 2 do artigo 94º).

Apesar de o prazo judicial correr seguidamente, ficou já dito que o nº 1 do artigo 94º prevê a sua suspensão em certos dias. Esta possibilidade tem sido regulamentada em termos diferentes nas sucessivas reformas do processo civil português; mas a lei processual de Macau acolheu o regime segundo o qual os prazos apenas se suspendem nas férias dos tribunais, salvo se, como acima se diz, a sua duração for igual ou superior a 6 meses ou se tratar de actos a praticar em processos que a lei considere urgentes.

33.2.4. Contagem dos prazos judiciais

Os prazos judiciais contam-se, à partida, de acordo com as regras gerais estabelecidas no artigo 272º do Código Civil de Macau, e também no seu artigo 290º: o primeiro dia do prazo nunca se conta; mas, quando o artigo 272º, al. *c)*, estatui que o prazo termina às 24 horas do último dia, tal não se aplica, *ta quale*, aos prazos judiciais, dado o horário de funcionamento das secretarias judiciais, sendo também de considerar as diferenças que podem resultar do uso das faculdades conferidas pelo artigo 100º do CPC para a entrega ou remessa a juízo das peças processuais.

Sobre contagem dos prazos judiciais, temos ainda de considerar a norma do artigo 98º do Código de Processo Civil, relativa às duas modalidades de prazos processuais, segundo a qual: quando a um prazo dilatório se seguir um prazo peremptório, os dois prazos devem contar-se somando as suas duas durações, ou seja, contam-se como se fossem um só prazo.

Na prática, esta regra específica de contagem de prazos processuais pode ter como consequência, *v.g.*, a de que será irrelevante que o *dies ad quem* do prazo dilatório (quando anteceda o prazo peremptório) coincida com dia de encerramento dos tribunais, ou com dia não útil.

33.2.5. Modalidades de prazos judiciais

São duas as modalidades de prazos judiciais estatuídas no nº 1 do artigo 95º do Código de Processo Civil:

a) O *prazo dilatório*, definido no nº 2 do preceito, tem como função estabelecer um compasso de espera, ou pausa, no desenrolar do processo, no interesse da parte contrária àquela que deve praticar esse acto processual, diferindo para certo momento a possibilidade de realização do acto. É exemplo a situação prevista no artigo 532º, nº 1 do CPC, segundo o qual, havendo "(...) substituição de alguma das testemunhas, não é admissível a prestação do depoimento sem que tenham decorrido 5 dias sobre a data em que à parte contrária foi notificada a substituição, salvo se esta prescindir do prazo (...)". Mas o prazo dilatório pode também ter a função de diferir para certo momento o início da contagem de um outro prazo. Semelhante hipótese está expressamente contemplada no nº 1 do artigo 403º, que regula o início da contagem do prazo para a contestação em processo declarativo ordinário, e que remete para os prazos dilatórios estabelecidos no artigo 199º, que rege para os casos de citação edital.

b) O *prazo peremptório* é estabelecido para a prática de um dado acto processual e o seu decurso extingue ou faz precludir, *ipso facto*, o direito de praticar esse acto (artigo 95º, nº 3), salvos os casos de justo impedimento, nos termos do artigo 96º.

O prazo peremptório tem a função de obrigar as partes a um certo ritmo na sua actuação, assim contribuindo para a normal cadência da marcha do processo e para a salvaguarda da desejável celeridade processual.

É exemplo paradigmático de prazo peremptório o prazo estabelecido para o réu contestar a acção que contra ele foi proposta, cujo decurso faz precludir a possibilidade de cumprimento do ónus de contestar.

Exceptuam-se, como se disse, as situações de *justo impedimento* e as de a parte que deixou passar o prazo poder praticar o acto no primeiro dia útil seguinte ao termo do prazo, ou nos três dias úteis seguintes (embora, nestes casos, com o pagamento de multa progressiva), hipóteses previstas nos nºs 4 e 5 do citado artigo 95º.

O *justo impedimento* (artigo 96º) é uma figura próxima do motivo de força maior, ou seja, traduz-se num facto normalmente imprevisível, estranho à vontade da parte, ou à dos seus representantes ou mandatários, que gera a impossibilidade de praticar tempestivamente o acto processual em causa, por si ou por mandatário. Trata-se, portanto, de uma situação de impossibilidade absoluta, total, de prática do acto dentro do prazo, que deverá ser comprovada.

Parece, assim, que só caso a caso poderá apreciar-se da existência de justo impedimento, competindo tal apreciação ao juiz do tribunal perante o qual o acto devia ter sido praticado.

Do mesmo passo, a invocação e a prova do justo impedimento têm de ser feitas logo que cesse a causa impeditiva, para evitar o efeito extintivo do decurso do prazo (nº 2 do artigo 96º).

33.3. Lugar dos actos processuais

Em princípio, os actos processuais são praticados nas instalações do tribunal ("quando nenhuma razão imponha outro lugar", reza o nº 2 do artigo 99º do CPC).

Assim: a entrega de petições e requerimentos é feita na secretaria judicial; as conferências e tentativas de conciliação realizam-se, por regra, no gabinete do juiz do processo; a audiência de discussão e julgamento decorre numa sala a esse fim destinada.

Trata-se de três espaços integradores do tribunal, senão fisicamente, pelo menos funcionalmente[212].

Mas a regra do citado nº 2 comporta alguns desvios, ditados por várias ordens de razões.

i. Antes de mais, razões de conveniência, impostas pelo melhor aproveitamento do acto e de preenchimento da respectiva finalidade, que determinam que ele se realize em local diferente das instalações do tribunal.

[212] Em tempos – aliás não muito distantes – existiam comarcas em Portugal em que o gabinete do juiz e a sala de audiências estavam sediadas em edifícios diferentes.

Assim, por exemplo, nas situações previstas no artigo 523º do CPC (inquirição das testemunhas no local da questão) e nos artigos 797º a 801º (venda extrajudicial de bens penhorados em processo de execução).

ii. Outras vezes, são razões de deferência que levam a que certas testemunhas – *v. g.*, pessoas que ocupam determinados cargos políticos ou religiosos ou que desempenham determinadas funções de outra natureza – possam depor por escrito ou ser inquiridas na sua residência ou na sede dos respectivos departamentos de trabalho (hipóteses previstas no artigo 525º do CPC sob a epígrafe "prerrogativas da inquirição").

iii. Por último, nas hipóteses já referidas de justo impedimento que levam a afastar a regra geral sobre o lugar da prática dos actos processuais, como sucede nos casos de doença que impossibilite a parte de comparecer no tribunal (artigo 528º).

33.4. Os sujeitos dos actos processuais

Tendo em atenção os sujeitos que os praticam, os actos processuais podem ser classificados em três grupos:

a) *Actos das partes*;
b) *Actos do tribunal*, que por sua vez compreendem os actos dos magistrados e os actos da Secretaria; e
c) *Actos dos auxiliares processuais.*

Vimos já que o próprio Código de Processo Civil regulamenta os actos processuais sistematizando-os na base do critério dos sujeitos que os praticam, repartindo-os por actos das partes, actos dos magistrados e actos da secretaria.

Para o último dos grupos acima indicados (actos dos auxiliares processuais) não está sistematizado unificadamente, no mesmo Código, um regime geral.

À matéria dos actos processuais, e respectivos sujeitos, referem-se os artigos 100º a 116º do Código de Processo Civil.

Vejamo-los em sequência.

33.4.1. Actos das partes

Dentro deste grupo – actos das partes –, podemos encontrar na lei uma subdistinção entre:

- *Requerimentos* e *respostas* (artigo 100º, nº 1);
- *Articulados* (artigos 100º e 101º); e
- *Alegações* (artigo 102º, nº 2), categorias a que o próprio Código faz referência em disposições esparsas.

Para o *requerimento*, a lei não delimita um sentido técnico preciso e definido; mas parece que por tal deve entender-se a exposição escrita em que se solicita ao juiz o deferimento de certa pretensão processual, como por exemplo a junção de um documento ao processo ou a realização de um exame ou vistoria.

A *resposta* a que alude o nº 1 do artigo 100º será, correspondentemente, e como se depreende da própria etimologia do vocábulo, o documento por meio do qual a parte que foi colocada na situação de se pronunciar em juízo sobre determinada matéria apresenta a sua versão, nomeadamente tomando posição acerca da matéria do requerimento da parte contrária[213].

Ao receber os requerimentos, ou as respostas, a secretaria judicial poderá exigir ao apresentante prova da sua identidade, se o não conhecer pessoalmente – nº 3 do artigo 100º.

No artigo 102º do CPC regulam-se matérias conexas com a apresentação de requerimentos e respostas pelas partes, designadamente impondo a apresentação de cópias (nº 2).

No caso dos *articulados*, já a lei processual dá uma definição nos nºs 1 e 2 do artigo 101º, deixando claro que são peças fundamentais do processo, obrigatoriamente escritas, e em regra compostas de proposições numeradas, denominadas *artigos*, através das quais se intende definir, perante o juiz, o objecto do litígio: pedido ou pretensão do autor, defesa do réu e respectiva fundamentação de facto e de direito.

Nos articulados apresentam-se ao tribunal, de um lado, fundamentos, e de outro lado, conclusões, expondo cada uma das partes as suas posições antagónicas quanto à matéria objecto do processo: o autor pretende a procedência da acção, enquanto que o réu pugna pela sua improcedência.

[213] A razão de ser da *resposta*, como acto processual, encontra-se no *princípio do contraditório*, uma vez que se deve facultar a cada uma das partes audição sobre as pretensões da outra parte.

No que toca às *alegações* – também actos das partes –, o Código de Processo Civil não lhes faz referência nos artigos 100º e 101º, parecendo que as não quis autonomizar. Mas mantém referência expressa a essa espécie de actos processuais em disposições dispersas[214], certo sendo que elas se distinguem dos articulados porque o seu conteúdo é integrado, fundamentalmente, por demonstrações e desenvolvimentos das razões invocadas nos articulados, os quais se limitam a conter afirmações introdutórias das razões de facto e das razões de direito.

As alegações podem ter lugar, quer nos tribunais de 1ª instância, quer nos tribunais superiores.

Assim, o artigo 560º refere-se às alegações escritas sobre matéria de direito, que representam como que uma 'proposta' de sentença final submetida pelas partes ao tribunal.

O artigo 598º trata das alegações nas instâncias de recurso.

Resta chamar de novo a atenção para o facto de no artigo 103º se fixar 'supletivamente' um prazo geral para a prática de actos processuais das partes: dez dias.

33.4.2. Actos dos magistrados

Deles se ocupam os artigos 104º a 110º do Código de Processo Civil; este último refere-se, tanto aos actos dos juízes como às promoções do Ministério Público.

Várias críticas podem ser feitas, quer à sistematização adoptada, quer ao próprio conteúdo e à redacção destas disposições legais, críticas que aliás já eram pertinentes à face do regime processual anterior.

Assim:

a) Por um lado, a regra do nº 1 do artigo 106º do CPC é de natureza orgânica ou funcional, não sendo, pois, o Código de Processo Civil a sede própria para tal regra. Tanto assim é, que esse dever de administrar justiça, cuja violação implica a chamada *denegação de justiça*[215], está consagrado, embora sob forma um tanto diferente, nos artigos iniciais da Lei nº 9/1999 (LBOJ), em consonância, aliás, com o princípio estabelecido no artigo 7º, nº 2 do Código Civil.

[214] A primeira das quais é o artigo 102º, nº 2, para delas exigir cópias.

[215] Situação bastante grave que pode, inclusivamente, dar lugar a responsabilidade civil e criminal do magistrado e ainda a infracção disciplinar.

b) Por outro lado, o mesmo art. 106º apenas se refere aos actos decisórios dos magistrados judiciais e não a muitas outras espécies de actos cuja prática lhes incumbe, e que podem, tão só, influenciar o sentido da decisão, como sejam os interrogatórios, os exames, etc.

c) Por outro lado ainda, a própria sistematização das matérias reguladas nestes preceitos é deficiente porque neles se enumeram certos requisitos formais e substanciais daqueles actos decisórios (artigos 107º e 108º), enquanto que nos preceitos dedicados ao formalismo do processo comum de declaração, *v.g.*, no artigo 562º, se prescrevem outros requisitos, igualmente de forma e de substância, desse importante acto do juiz, que é a sentença; para além de que os prazos gerais para prolação dos despachos e para proferimento das sentenças estão repartidos pelos artigos 110º e 561º[216].

Os actos dos juízes distribuem-se por várias espécies, como resulta da própria lei: **i.** Os despachos (de mero expediente, discricionários e vinculados); **ii.** As sentenças (actos decisórios do juiz singular); e **iii.** Os acórdãos (actos deliberatórios do tribunal colectivo).

A distinção tem muita importância, já que a lei prescreve regimes diferentes para essas várias espécies de actos dos juízes, designadamente, como se viu, no que respeita a prazos para a respectiva prática[217].

O nº 2 do artigo 110º contém uma regra especial aplicável à determinação dos prazos para certos actos dos juízes, preceito este cuja interpretação implica a definição dos termos da distinção entre despachos de mero expediente e aqueles que o não são.

Vejamos o artigo 584º do Código de Processo Civil.

Nele se preceitua: "Não admitem recurso os despachos de mero expediente nem os proferidos no exercício de um poder discricionário".

Na vigência do Código de Processo Civil português de 1961, Jacinto Rodrigues Bastos[218] acentuava que os despachos de mero expediente proferidos pelo juiz "ou são de carácter puramente administrativo ou, sendo embora judiciais, *limitam-se a ordenar a prática de actos prescritos pela*

[216] Cfr. Jacinto Rodrigues Bastos, *Notas ao Código de Processo Civil,* ob. e loc. citados.

[217] Os requisitos, formais e substanciais, de validade das sentenças e dos despachos serão objecto de estudo mais adiante, quando nos ocuparmos da espécie mais "*nobre*" dos actos processuais: a *sentença*.

[218] *Notas...*, vol. II, p. 272.

lei para a tramitação dos processos em que são proferidos; só os segundos interessam na perspectiva do direito processual"[219].

Nós diríamos, então, que os despachos de mero expediente são todos aqueles que não envolvem, em si, quaisquer decisões sobre os direitos e poderes processuais das partes ou sobre controvérsias suscitadas no processo.

Pode assim dizer-se que, à face do regime processual de Macau, não admitem recurso os despachos que o juiz profira apenas para assegurar o andamento normal do processo; ou, usando a terminologia da lei (artigo 6º, nº 1), com vista a "providenciar pelo andamento regular e célere do processo".

É de mero expediente, por exemplo, o despacho que marca o dia e a hora para a realização da audiência de julgamento[220].

Ora os despachos de mero expediente, nos termos do referido artigo 110º, nº 2, devem ser proferidos no prazo de 5 dias.

No Código de Processo Civil de 1961, anteriormente vigente, usava-se a formulação "no próprio dia" (anterior nº 2 do artigo 159º), que o legislador do actual Código entendeu dever alterar: malgrado o juiz não ter o dever de fundamentar este tipo de decisões, que podem ser livre – mas criteriosamente – alteradas, isto é, não produzem caso julgado, o legislador entendeu que este prazo de 5 dias, sendo suficiente, é mais razoável que o anteriormente fixado para a prática de tais actos no processo.

Importa ainda salientar que, contrariamente ao que sucedia no Código de Processo Civil português de 1876 e em outras legislações da mesma época, não se prevê hoje qualquer sanção específica para o desrespeito dos prazos assinalados no artigo 110º, nº 2 [221]. Talvez esta liberalização de regime se deva ao facto de, na época em que a lei prescrevia sanções, estas nunca terem sido aplicadas, o que transformava as respectivas normas, na prática, em letra morta.

Mas regressemos ao preceito do artigo 584º do Código de Processo Civil, para nos debruçarmos sobre uma outra espécie de actos dos juízes

[219] O itálico é nosso.

[220] Ob. e local citados.

[221] Ao contrário do que acontecia, designadamente, no parágrafo 2º do artigo 100º do CPC de 1876 que, para o desrespeito dos prazos fixados no parágrafo antecedente, estatuía: "Aos juízes serão descontados, para todos os efeitos, no tempo de serviço, os dias durante os quaes demorarem os processos além d'estes prasos" (*sic*).

aí referida: os despachos "proferidos no exercício de um poder discricionário", que são também insusceptíveis de recurso.

Estes despachos, ao contrário dos de mero expediente, já podem envolver decisões sobre os direitos e poderes processuais das partes; mas são livremente (todavia, nunca arbitrariamente) proferidos segundo o critério do juiz, ou seja, no exercício de um poder discricionário.

Na expressão de J. Rodrigues Bastos, trata-se de despachos "relativamente aos quais a lei atribui à entidade competente a livre escolha quer da oportunidade da sua prática quer da solução a dar a certo caso concreto. É o contrário do que acontece no exercício de poderes vinculados, em que se trata de aplicar a um caso concreto a vontade objectivada na lei, de tal modo que o autor do acto deve pronunciar-se sobre o pedido em determinado prazo e tem de resolver a pretensão no sentido em que a lei dispuser".

E o mesmo autor continua:

> "Exemplos de actos judiciais a praticar no uso de poder discricionário: a requisição, feita pelo tribunal, de informações, pareceres técnicos, plantas, fotografias, desenhos, objectos ou outros documentos necessários ao esclarecimento da verdade; (...) a inquirição, por iniciativa do tribunal, de pessoa não oferecida como testemunha, mas que se reconhece ter conhecimento de factos importantes para a decisão da causa (...)".
>
> "Não deve, porém, confundir-se poder discricionário com arbitrariedade".
>
> "(...) o uso do poder discricionário é sempre reconhecido com vista à satisfação de um determinado fim; esse fim, que justifica a concessão daquele poder, limita a liberdade que é inerente à discricionariedade, de tal modo que a sua falta, no caso concreto, afecta a validade do respectivo acto"[222].

Parece-nos correcta esta formulação do ilustre Conselheiro, que aliás se desenvolve em perfeita consonância com os princípios dispositivo e da auto-responsabilidade das partes (artigos 3º, nº 1 e 5º do CPC), temperados – digamos assim – com os poderes de iniciativa do juiz, tendo em vista o apuramento da verdade (nº 3 do artigo 6º) e a prontidão da justiça (nº 1 do artigo 8º, que de certo modo densifica o sentido da locução contida logo no nº 1 do artigo 1º do CPC "...em prazo razoável..."), sempre dentro da legalidade.

[222] Ob. e local citados.

Os despachos proferidos pelo juiz no exercício de um poder discricionário não necessitam também de fundamentação e igualmente são irrecorríveis (artigo 584º). Devem ser praticados no prazo geral de 10 ou 5 dias, salvo se prazo diferente for estabelecido pela lei (nºs 1 e 2 do artigo 110º).

33.4.3. Actos do Ministério Público[223]

O Ministério Público pode intervir no processo civil, nas seguintes situações:

a) *Como parte principal*, para representar a RAEM, a Fazenda Pública, incertos, incapazes, e ausentes em parte incerta sempre que estes figurem no processo como réus e não tenham deduzido qualquer defesa; e ainda nos inventários obrigatórios; e

b) *Como parte acessória*, quando se não verifique nenhuma dessas hipóteses e sejam partes interessadas no processo: **i.** Órgãos municipais ou órgãos municipais provisórios; e **ii.** Incapazes, incertos e ausentes em parte incerta (quando tenham deduzido defesa).

O prazo geral para as promoções do Ministério Público vem fixado no artigo 110º, nºs 1 e 2 do Código de Processo Civil: "dez dias, ou cinco dias, este para as de mero expediente e urgentes, salvo se outro prazo for fixado por lei.

Mas este preceito estatui apenas para as promoções do Ministério Público que não são vinculativas para as partes, funcionando como simples parecer submetido à decisão do juiz. Têm lugar apenas quando o Ministério Público intervém como parte acessória.

Se o Ministério Público for parte principal, então, para a prática dos seus actos no processo, fica sujeito aos prazos fixados para as partes, aplicando-se-lhe também, se for caso disso, a norma – geralmente designada de supletiva – do artigo 103º.

[223] Órgão encarregado de representar a RAEM junto dos tribunais e de defender a legalidade e os interesses que a lei determine (ver, sobre atribuições e competências do Ministério Público, o artigo 56º da Lei nº 9/99 de 20 de Dezembro – LBOJ).

33.4.4. Actos da secretaria[224]

Para concluir a abordagem sistemática dos actos processuais agrupados em função dos sujeitos que os praticam, resta-nos tratar os actos da Secretaria, previstos e regulados nos artigos 111º a 116º e 117º a 125º do Código de Processo Civil, sendo de notar uma inovação do Código vigente quando autonomiza em secção própria a "Publicidade e acesso ao processo".

Mais uma vez, para facilitar a exposição, é conveniente ensaiar uma classificação desses actos, o que oferece algumas dificuldades face à terminologia legal, que não prima pela coerência nem pela precisão.

Senão, veja-se que, logo os artigos 111º a 113º, referem-se a autos e termos sem que neles se estabeleça, entre as duas espécies, qualquer tipo de distinção.

Aliás, as matérias aqui tratadas não obedecem a uma ordenação metódica, e isso obriga-nos a ler todos os artigos que compõem a Subsecção para conseguir uma exposição bem orientada.

Todavia, seguindo tanto quanto possível a sistematização legal, pode distinguir-se entre:

- Actos gerais; e
- Actos especiais da secretaria.

No núcleo dos primeiros, pode subdistinguir-se entre:

- Actos de registo ou declarativos, e
- Actos de certificação e publicidade.

E no grupo dos segundos podem abranger-se:

- A distribuição;
- A citação; e
- As notificações.

A finalidade dos actos de registo ou declarativos é a de no processo consignar a prática de actos das partes e do juiz, ou outras ocorrências registáveis que se verifiquem no seu decorrer, consignando-se as respectivas datas.

[224] Macau contou, pela primeira vez, em 9 de Fevereiro de 1987, com uma Lei Orgânica das Secretarias Judiciais própria (DL nº 6/ 87/M, de 9 de Fevereiro, publicado no BO nº 6, daquela data).

Aqui se abrangem *autos, termos, actas, cotas, conclusões*, etc.

De todos estes actos processuais, convém destacar *os autos* e *os termos*, referidos nos artigos 111º a 113º do Código de Processo Civil.

No que respeita ao vocábulo *autos*, convém advertir que, além desta acepção em que aqui o usamos – registo de certas diligências feitas no próprio processo –, também é correntemente empregado para referir o conjunto de folhas que formam o processo: "consta dos autos que (...)"[225].

Por sua vez, *termo* é o acto processual pelo qual o funcionário encarregado do processo dá conta do que se vai desenrolando na marcha do mesmo. A palavra *termo* aplica-se, por exemplo, como referida a certas manifestações de vontade das partes – termo de desistência, termo de confissão ou termo de transacção, ou ainda termo de perfilhação, entre outros.

A lei de processo define os requisitos a que deve obedecer a prática de tais actos nos artigos 112º e 113º; e alguns desses requisitos condicionam a respectiva validade, como bem se compreende (*v.g.*, as assinaturas devidas).

No que respeita aos actos de certificação e publicidade, o Código de Processo Civil refere-se ao dever de passagem de certidões no artigo 124º, determinando que não é necessário prévio despacho do juiz, bastando simples requerimento, verbal ou escrito, das partes, seus mandatários ou mesmo "quem revele interesse atendível em as obter" (nº 1 do artigo).

Mas também há casos, excepcionais, em que o princípio da publicidade do processo sofre as suas restrições; o que se repercute, como não podia deixar de ser, na passagem das certidões, então sujeitas a reservas (nº 2 do artigo 124º).

34. Actos especiais: a distribuição, a citação e as notificações

Sob o título 'Actos Especiais', os artigos 155º e seguintes prevêem e regulam fundamentalmente três espécies:

- A distribuição,
- A citação e
- As notificações.

Das duas primeiras não nos ocuparemos aqui porque serão desenvolvidamente analisadas a quando do estudo da marcha do processo comum de declaração. Remete-se, pois, para essa sede.

[225] Na primeira acepção a palavra emprega-se no singular ou no plural, consoante nos refiramos a um só ou a mais do que um auto; na segunda, a palavra só se emprega no plural.

Apenas salientaremos, por agora que, juntamente com as notificações, a citação (do latim, *citare*) integra um núcleo de actos processuais de chamamento das partes ou de terceiros ao processo, ou de comunicação de determinadas decisões ou outras ocorrências verificadas no decorrer do mesmo.

Sobre comunicação dos actos regem os artigos 126º a 138.º, onde se prevêem os meios a usar pela Secretaria – carta rogatória, comunicação telefónica e mandado – regulamentando-se minuciosamente o enquadramento em que cada um deles tem lugar e as formalidades a que deve obedecer.

Por sua vez, *a notificação* (do latim: *notum facere*), cujo conceito é delimitado no nº 2 do artigo 175º do CPC, destina-se a chamar alguém a juízo, ou a dar conhecimento de um facto que interessa ao andamento do processo, fora dos casos previstos no nº 1 do mesmo preceito legal – casos em que se aplica a citação.

Há duas espécies de notificações:

- As que são feitas na pendência de um processo, por isso, notificações *dependentes* (artigos 200º a 207º); e
- As que são realizadas fora de qualquer processo, por isso, *notificações avulsas*, cujas formalidades a lei descreve nos artigos 208º a 210º, sendo de relevar que devem ser realizadas sempre em cumprimento de despacho judicial que as ordene.

35. Patologia dos actos processuais [226]

35.1. Princípios gerais sobre nulidade dos actos processuais

Nos preceitos dos artigos 139º a 154º do Código de Processo Civil pretende-se definir o regime geral das nulidades dos actos processuais, ou seja, regular as consequências da inobservância das normas estabelecidas para a prática válida dos mesmos.

Todavia, advirta-se que esta Secção VII, epigrafada "Nulidades dos actos", não contém tudo o que à matéria respeita, sendo necessário recorrer a outras disposições do Código de Processo Civil, relativas a determinadas espécies de actos ou a certos vícios, algumas das quais já tivemos

[226] Sobre esta matéria, cfr., por todos: pp. 387 a 393 do citado *Manual*..., de ANTUNES VARELA; pp. 176 a 184 das *Noções Elementares*..., de MANUEL DE ANDRADE; e pp. 101 a 150 do *Direito Processual Civil Declaratório*, III vol., de ANSELMO DE CASTRO.

ocasião de analisar[227], e outras sobre que nos debruçaremos mais adiante, quando estudarmos a sentença final (artigos 569º e ss. do CPC)[228].

Mas uma coisa não podemos esquecer: os actos processuais têm de obedecer a determinados requisitos, respeitantes a vários aspectos que já foram analisados: quem tem o ónus/dever de praticar os actos processuais, a forma que devem revestir, o tempo em que devem ser praticados, o lugar da sua prática. Quaisquer desvios ao que se encontra prescrito na lei para a sua prática originam invalidação, mais ou menos extensa, consoante o acto de que se trata e a função que desempenha no encadeado processual.

No que respeita à maior ou menor amplitude da invalidação de actos processuais, no plano da política legislativa impõe-se optar, à partida, por uma de duas tendências opostas: a que preconiza que o acto só será válido se respeitar sempre, na íntegra, rigorosamente, todas as prescrições da lei de processo; e aquela outra que propugna que se salvem os actos processuais que, embora irregularmente praticados, se revistam de alguma utilidade para a realização dos fins do processo.

A solução mais aconselhável será, certamente, como em geral acontece, aquela que procura assegurar uma conciliação razoável das duas tendências opostas, já que qualquer posição extremista poderia conduzir ao caos processual.

Como bem se compreende, o processo civil não pode de forma alguma dispensar um mínimo de formalidades, garantia da sua própria disciplina, assim como não deverá ir ao exagero de, invalidando actos, sacrificar integralmente a utilidade do formalismo.

O Código de Processo Civil de Macau consagra, no seu articulado, esta tendência de conciliação, embora com alguma predominância da concepção utilitarista, ditada em parte pelo respeito do princípio da economia processual, que por sua vez contribui para a almejada celeridade.

[227] Assim, por exemplo, o artigo 55º do CPC, que prevê meios de sanação da nulidade de actos praticados no processo por pessoas sem capacidade judiciária.

[228] Também os autores espanhóis, nos seus manuais de Direito Processual Civil, denunciam que a respectiva *Ley de Enjuiciamiento Civil* não contém uma regulamentação geral, sistematizada, dos actos processuais, nem tão pouco da sua invalidade. Lamentam, por isso, o facto de a matéria se lhes apresentar "confusa e obscura". Cfr., por todos, José Guerra San Martín, *Lecciones de Derecho Procesal*, Bilbao, 1989, p. 162.

35.2. Conceito de nulidade dos actos processuais

As nulidades processuais constituem uma figura de contornos diferentes dos das nulidades substantivas, ou seja, das nulidades do acto jurídico privado.

Como ensina ANTUNES VARELA (*Manual* ..., cit., p. 387), "a nulidade (tal como a invalidade, em geral) do negócio jurídico radica sempre num vício de carácter intrínseco de qualquer dos elementos essenciais do negócio, sendo o defeito anterior à celebração deste ou contemporâneo dele".

Ora, o mesmo não sucede com a nulidade processual, que é um vício de carácter formal, e não intrínseco, cuja regulamentação consta dos artigos 139º a 154º do Código de Processo Civil.

O *vício processual* pode revestir uma de três modalidades:

a) A prática de acto proibido por lei;
b) A omissão de acto ou formalidade prescritos pela lei; e
c) A prática de um acto imposto, ou permitido por lei, mas com preterição das formalidades requeridas para a sua validade.

De salientar, no entanto, que só se produz nulidade processual quando a lei assim o determine, ou quando a irregularidade cometida possa influir no exame ou na decisão da causa.

Bem se compreende que, visando os actos processuais, para além da apreciação do mérito da causa (*fim principal*), também a concretização de uma série de actividades repartidas pelas várias fases do encadeado processual – apresentação da lide, sua instrução, discussão e decisão (*fins instrumentais*) –, tais actos só sejam considerados nulos quando, apreciados caso a caso, se verifique que tal como foram praticados não atingiram o fim que visavam.

E bem se compreende, também, que seja criteriosamente determinada a medida em que a inutilização de certo acto processual acarreta a eventual nulidade do próprio processo ou de parte dele. Daí normas como, *v.g.*, as dos artigos 139º, nº 1, 140º e 145º.

Estas considerações permitem-nos entender – como bem observa ANSELMO DE CASTRO[229]– "a distância que separa a disciplina positiva da nulidade dos actos processuais, profundamente inspirada no princípio da instrumentalidade da forma, da regulamentação da nulidade dos actos

[229] *Processo* ....., cit., p. 104.

de direito privado ou de direito administrativo. Daí que a disciplina jurídica da nulidade dos actos de processo se deva procurar exclusivamente no respectivo código, não podendo ser pautada nem integrada através do recurso a normas que lhe sejam estranhas e que, porque respeitantes a actividades de natureza diversa, são inspiradas em necessidades práticas de outra ordem".

35.3. Espécies de nulidades que podem ferir os actos processuais. Regime legal

Dos preceitos do Código de Processo Civil subordinados à epígrafe "Nulidades dos actos" (artigos 139º a 154º), podemos concluir que as nulidades processuais se distribuem por dois grupos:

a) Por um lado, existem as *nulidades de 1º grau ou principais*, especificadamente previstas na lei por ordem decrescente de gravidade, ou melhor, por ordem decrescente de extensão dos seus efeitos no processo.
São exemplos: **i.** A ineptidão da petição inicial (artigo 139º); **ii.** A falta de citação do réu (artigo 141º), ou a falta de vista ou exame ao Ministério Público quando deva intervir como parte acessória (artigo 146º); e **iii.** O erro na forma de processo (artigo 145º).

b) Por outro lado, existem *nulidades de 2º grau, ou secundárias*, que a lei apenas refere genericamente no artigo 147º, e que são todas as outras nulidades, para além das principais, que a lei preveja expressamente ou que influam no exame ou na decisão da causa (nº 1 do preceito).
São exemplos deste tipo de nulidades, apontados na doutrina e na jurisprudência:
   - O julgamento da matéria de facto feito pelo juiz singular, quando deva sê-lo pelo tribunal colectivo;
   - A falta de notificação da apresentação da contestação ou da réplica;
   - A falta de notificação da junção de documentos;
   - A convocação das partes, pela segunda vez, para o fim exclusivo da tentativa de conciliação[230]; e ainda

[230] Estes quatro exemplos são apontados em nota, a pp. 391 do *Manual...*, de Antunes Varela.

A audiência de um número de testemunhas sobre cada facto controvertido superior ao permitido, (*Acórdão da Relação de Lisboa*, de 20.06.1969, *BMJ*).

Para os dois apontados grupos de nulidades define o Código de Processo Civil os respectivos regimes, estabelecendo regras gerais sobre as consequências das nulidades abrangidas no último desses grupos, e regras especiais sobre as nulidades a que chamámos principais.

São regras gerais as do artigo 147º, nºs 2 e 3, inspiradas no princípio da economia processual:

- A anulação de um acto processual implica a anulação dos termos ou actos subsequentes que dele dependam essencialmente, já que o processo é um encadeamento organizado (nº 2 do artigo 147º);
- Devem aproveitar-se todos os efeitos úteis do acto (nulo), exceptuados os efeitos cuja produção o vício impeça;
- Não pode renovar-se o acto nulo quando já tiver expirado o prazo dentro do qual ele deveria ter sido praticado, excepto se a renovação aproveitar à outra parte, que não teve responsabilidade na causa da nulidade (artigo 154º).

As nulidades deste tipo não podem, em princípio, ser conhecidas oficiosamente pelo juiz (artigo 148º), mas também não podem ser arguidas pela parte que lhes deu causa ou que, expressa ou tacitamente, renunciou à arguição (artigo 149º). Só pode invocá-las a parte interessada na observância da formalidade preterida ou na repetição ou eliminação do acto viciado (nº 1 do artigo 149º), o que bem se compreende.

As nulidades secundárias devem ser apreciadas pelo próprio juiz da causa logo que sejam reclamadas (nº 3 do artigo 152º)[231].

A lei de processo define ainda, como ficou dito, regras especiais sobre nulidades principais. Delas deve o tribunal conhecer oficiosamente, a menos que tenham sido sanadas.

[231] Mas se, entretanto, a nulidade secundária não for objecto de *reclamação* para o próprio juiz e chegar a ser proferida decisão no processo, então o meio próprio de impugnar o acto viciado é o recurso que da decisão couber. Como ensina ALBERTO DOS REIS (*Comentário ao Código de Processo Civil*, vol. 2º, p. 507), "dos despachos recorre-se, contra as nulidades reclama-se". Do recurso é destinatário um tribunal superior; a reclamação é dirigida ao próprio juiz da causa.

Vejamos então, separadamente, as espécies de nulidades principais que a lei processual prevê como possíveis.

A. Ineptidão da petição inicial

O nº 2 do artigo 139º, que elenca os defeitos causadores da ineptidão, será minuciosamente analisado a quando do estudo dos requisitos substanciais desse primeiro articulado do processo de declaração.

Quanto aos efeitos da ineptidão: quando o juiz a reconhecer, ela provoca, em princípio, o indeferimento liminar da petição, nos termos do artigo 394º, nº 1, alínea *a)*, extinguindo-se a instância à nascença.

Tal solução encontra justificação no princípio básico da economia processual, como já ficou dito; e referidos foram já, também, os casos em que, não obstante a verificação de certas irregularidades ou deficiências na petição inicial, é possível que o juiz da causa convide o autor a, consoante os casos, corrigi-la ou completá-la, marcando prazo para a apresentação de nova (ou corrigida) petição (artigo 397º, nºs 1 e 2).

Neste momento, iremos centrar a nossa atenção no estudo do regime que a lei define para este vício processual, designadamente quanto à extensão das suas consequências.

O nº 1 do artigo 139º é peremptório: *é nulo todo o processo* – o que é de fácil entendimento se atentarmos em que se trata da inutilização de uma peça básica da acção[232]: estamos perante a mais grave de todas as nulidades principais, provocada por uma figura processual patológica a que a lei chama *ineptidão.*

Por seu turno, a nulidade de todo o processo é uma das causas que potenciam a absolvição do réu da instância, nos termos do artigo 230º, nº 1, alínea *b)* do Código de Processo Civil.

B. Falta de citação do réu ou do Ministério Público quando este deva intervir como parte principal

Há *falta de citação* segundo o artigo 141º:

- Quando tenha havido omissão completa do acto [alínea *a)* do nº 1];
- Quando a citação tenha sido dirigida a pessoa diferente do citando ["erro de identidade do citado" – alínea *b)* do nº 1];

[232] Cfr. Antunes Varela, *Manual...*, cit., p. 388.

- Quando se tenha empregado indevidamente a citação edital [alínea *c)* do nº 1];
- Quando vier a apurar-se que foi feita a (pretensa) citação depois do falecimento do citando ou da extinção da pessoa colectiva a citar [alínea *d)* do nº 1]; e
- Quando se demonstre que o destinatário da citação pessoal não chegou a ter conhecimento do acto, por facto que não lhe seja imputável [alínea *e)* do nº 1].

A falta de citação é um vício particularmente grave, já que envolve violação do inafastável princípio do contraditório, podendo inclusivamente fundamentar o recurso extraordinário de revisão, nos termos do artigo 653º, alínea *f)* do Código de Processo Civil.

Saliente-se ainda que a lei processual distingue a falta de citação de outra figura patológica próxima a que chama *nulidade da citação*, prevista no artigo 144º.

Esta distingue-se daquela por se traduzir na inobservância, a quando da realização da citação, de formalidades legais não essenciais ou acessórias. Será, *v.g.*, o caso de, ao realizar uma citação edital nas situações em que a lei a admite[233], se preterir alguma das formalidades estabelecidas no artigo 194º do Código de Processo Civil (formalidades da citação edital por incerteza do lugar).

Resta chamar a atenção para o preceito do artigo 142º, que prevê a sanação ou suprimento da nulidade resultante da falta de citação, mediante a intervenção, no processo, do réu ou do Ministério Público sem arguição imediata da falta da sua citação.

[233] Na verdade, há enquadramentos em que a lei processual veda expressamente a possibilidade da via edital, como por exemplo nos procedimentos cautelares (artigo 330 º, n º 3 do CPC) e ainda, no âmbito da venda judicial em processo de execução para pagamento de quantia certa, quanto à notificação dos preferentes (artigo 787 º, n º 3).

Capítulo IV
Dinâmica da Relação Jurídica Processual

36. A propositura da acção, início do processo. A instância

Concluída a abordagem da estrutura da relação jurídica processual, que abrangeu o estudo dos respectivos sujeitos e dos pressupostos processuais a eles relativos, feita a análise do objecto dessa mesma relação, e construída que foi, também, uma teoria dos actos processuais que os vários intervenientes praticam no processo, vamos agora completar essa *abordagem estática* da relação jurídica processual com uma análise da mesma sob uma *perspectiva dinâmica*; ou seja, vamos estudar a vida e desenvolvimento dessa realidade a que a lei processual chama 'instância' e as vicissitudes por que pode passar desde o seu nascimento até à sua extinção.

Seguindo a própria sistemática do Código de Processo Civil, vamos agora debruçar-nos sobre o agregado normativo que integra o respectivo Título II do Livro II (artigos 211º a 325º), dedicado a esta matéria[234].

O momento em que a instância se inicia – nos termos do nº 1 do artigo 211º que, pela sua inserção sistemática, não pode deixar de se considerar aplicável a todos os tipos de acções – coincide com o momento em que a acção se considera proposta e que é o da recepção, na secretaria judicial, da petição inicial. Nesse momento inicia-se também um processo; já vimos

[234] Relativamente a esta matéria, cfr. as anotações a pp. 21 e ss. do *Código de Processo Civil de Macau – Anotado e Comentado*, Volume II, Instituto de Estudos Jurídicos Avançados da Faculdade de Direito da Universidade de Macau, 2008, de Cândida da Silva Antunes Pires e Viriato Manuel Pinheiro de Lima.

em sede anterior que quem propõe uma acção judicial instaura um processo do mesmo tipo[235].

Dito já foi também que a proposição de uma acção faz nascer uma relação jurídica processual e que esta se desdobra em duas sub-relações: a relação jurídica de acção (nº 1 do artigo 211º), e a relação jurídica de contradição ou defesa (nº 2 do artigo 211º).

Na expressão de MIGUEL TEIXEIRA DE SOUSA[236], a pendência da causa produz vários efeitos: uns que decorrem da simples propositura da acção (pendência simples), antes da citação do réu; e outros que decorrem da citação do réu (pendência qualificada).

Para usar a formulação muito rigorosa de ANTUNES VARELA, "com a entrega da petição inicial na secretaria fica constituída ou pendente a instância; com a citação completa-se o efeito visado pela petição, mediante a formação completa da relação processual".

Mas o momento da propositura da acção, para além de coincidir com o do início de uma nova instância ou relação processual, marca também o momento a partir do qual nasce, para o tribunal, o dever de se pronunciar sobre a pretensão formulada pelo Autor na petição inicial, ou seja, o dever de julgar, o dever de administrar justiça, muito embora possa vir a ter como resultado a não apreciação do mérito da causa, designadamente, por faltar algum pressuposto processual insusceptível de suprimento.

Mas na prática pode suceder que a secretaria judicial se recuse a receber a petição por razões várias, detectáveis pelo seu exame externo: por exemplo, se faltarem as assinaturas devidas (normalmente do advogado constituído), ou se a petição não estiver devidamente endereçada ao tribunal. Porém, apenas de aspectos formais pode cuidar a secretaria.

Relativamente ainda aos dois números do artigo 211º convém notar que o momento exacto da propositura da acção tem muita importância para o Direito, por razões várias, de natureza diversa.

[235] Não deixe de se notar a ressalva feita na parte final do nº 1 do artigo 211º: "(...) sem prejuízo do disposto no artigo 100º". Trata-se da faculdade concedida às partes de remessa por correio, sob registo, de articulados, requerimentos e respostas, assim como de peças referentes a quaisquer actos que devam ser praticados por escrito, casos em que vale como data do acto processual a da efectivação do registo postal (nº 1 do artigo 100º); e trata-se, ainda, da possibilidade da prática de actos processuais através de telecópia ou por meios telemáticos, prevista no nº 2 do mesmo artigo 100º, que mereceu regulamentação, quanto ao uso de telecópia, no DL nº 73/99/M, de 1 de Novembro.

[236] Em *Introdução ao Processo Civil*, Lisboa, Lex, 1993, pp. 68 a 70.

Assim, esse momento em que nasce uma nova instância releva, à partida:

a) *Para efeitos processuais*, tais como: **i.** A fixação da competência do tribunal (artigo 13º, nº 1 do CPC e artigo 21º, nº 1 da LBOJ); **ii.** A determinação do valor da causa (nº 1 do artigo 250º do CPC); **iii.** A determinação da forma de processo aplicável (nº 2 do artigo 92º, norma transitória geral); **iv.** A possível verificação da excepção de litispendência (artigos 416º e 417º), nos casos previstos no nº 2 do artigo 418º; e ainda, **v.** Em caso de sucessão de leis, para eventual aplicação de normas transitórias especiais (como por exemplo sucede com a do nº 2 do artigo 2º do DL nº 55/99/M, de 8.10, que aprovou o CPC de Macau).

b) *Para efeitos de natureza substantiva*, designadamente, como acto interruptivo do prazo de caducidade, se for caso disso.

c) Só no momento da citação do réu a proposição da acção produz efeitos quanto a ele, o que nos conduz ao princípio do contraditório, enunciado genericamente no nº 1 do artigo 3º, *in fine*; sem prejuízo de desvios legalmente consentidos, como os que resultam dos preceitos dos artigos 330º, nº 6 e 395º, nº 3 do Código de Processo Civil[237].

37. Desenvolvimento da instância

37.1. Princípios reguladores do desenvolvimento da instância

Parece indiscutível que a enunciação dos princípios gerais inspiradores do processo civil contribui decisivamente para surpreender as suas características, facilitando o estudo comparativo dos diversos sistemas processuais vigentes na actualidade e o confronto com os sistemas que existiram no passado.

Isso justifica a sistemática inovadora do CPC de Macau, cujo Título I do Livro I é dedicado à enunciação das Disposições Fundamentais, definidoras dos grandes princípios informadores da respectiva disciplina processual, que a seguir abordaremos.

[237] Preceitos que, todavia e em bom rigor, não configuram um atropelo do contraditório, mas simples diferimento dele para momento ulterior.

37.1.1. O impulso processual

É princípio básico do Processo Civil o do chamado *impulso processual*, que a doutrina apelida também de *princípio do pedido* ou *da instância.*

Já sabemos que o tribunal não age oficiosamente, *de motu proprio*, como resulta claramente do preceituado no nº 1 do artigo 3º do CPC; a resolução do conflito de interesses a dirimir tem de lhe ser pedida (*impulso inicial*), e as partes têm o ónus de, subsequentemente, promover o impulso processual em cada momento próprio (*impulso sucessivo*). O mesmo é dizer que o desenvolvimento do processo tem de ser continuamente estimulado pelas partes.

37.1.2. O dispositivo

Ao princípio do pedido está ligado o *princípio dispositivo*, a que alguns autores se referem como sendo uma derivação do princípio da iniciativa das partes, e que a lei processual regula, sob aquela mesma epígrafe, no artigo 5º do Código.

Mas este princípio tem vindo a perder algum terreno nas sucessivas reformas do Direito Processual Civil português, matriz do de Macau, na antinomia clássica dispositivo/inquisitório.

Como já salientava CASTRO MENDES (*Direito Processual Civil*, Lisboa, AAFDL, 1978, p. 208), a adopção tendencialmente plena do princípio dispositivo pode resultar da consideração do processo como assunto das partes em que não há nenhum interesse público a tutelar (concepção privatística do processo) e de que, portanto, as partes dispõem livremente. No entanto, impõe-se salientar que esta ideia tem um débil apoio na actualidade, já que se reconhece que, se o objecto do processo civil é um litígio de interesses privados, a finalidade do mesmo processo é a justa composição desse litígio; justa porque, sob a iniciativa das partes, define o litígio à luz do direito aplicável, prosseguindo assim, indirectamente, o interesse colectivo de uma boa administração da justiça e da harmonia social daí decorrente.

Ora o Código de Processo Civil de Macau acolheu esta tendência no seu artigo 6º, sob a epígrafe "poder de direcção do processo e princípio do inquisitório", conferindo ao juiz poderes bastante amplos no suprimento de diligências que, à partida, incumbiriam às partes. E não só, como adiante se verá.

Mas para além deste aspecto da inter-relação, ou melhor, da nova dosagem destes dois princípios – dispositivo e inquisitório – que se contrabalançam no processo civil e cuja medida, na sua relatividade, é caracterizadora de um determinado sistema processual, impõe-se salientar que, como regra que é, a própria lei processual consagra alguns desvios ao dispositivo, em nome de certos valores essenciais e de outros princípios processuais igualmente relevantes, como sejam a celeridade e a economia processual.

No geral, podem apontar-se como corolários do princípio dispositivo:

a) O tribunal não pode nunca conceder tutela civil por sua iniciativa;
b) São as partes que fornecem e provam perante o tribunal o conjunto factual (*thema probandum*) a considerar em determinado processo (sem prejuízo do disposto no nº 2 do citado artigo 5º quanto aos factos instrumentais que resultem da instrução e discussão da causa);
c) São também as partes que fornecem ao tribunal o *thema decidendum*, já que este, tribunal, "(...) não pode condenar em quantidade superior ou em objecto diverso do que se pedir" (nº 1 do artigo 564º do CPC);
d) As partes podem pôr termo ao processo mediante desistência da instância por parte do autor, e podem mesmo determinar o conteúdo da sentença de mérito através de confissão do réu, de desistência do pedido pelo autor, e de transacção ou acordo entre ambos.

37.1.3. A cooperação

Um outro princípio regulador do desenvolvimento da instância é o anteriormente denominado princípio da *colaboração das partes* com o tribunal, a que o novo Código de Processo Civil chama *da cooperação*, no intuito de o alargar também, como verdadeiro dever processual, aos magistrados e aos mandatários judiciais.

É bem claro o preceituado no artigo 8º, e seus quatro números, no sentido de que a cooperação recíproca entre todos os intervenientes no processo, para além de aconselhável, é um verdadeiro dever jurídico, com vista à obtenção breve e efectiva da justa composição do litígio.

É óbvio que se não contesta minimamente tal determinação legal – pelo contrário, aplaude-se a sua consagração expressa –; mas do que poderá duvidar-se é do grau de eficácia na sua aplicação prática, ou seja, do modo de garantir a não violação desse dever, tanto mais que se conhece a génese desta alteração ao regime processual anterior, bebida no sistema alemão, em que o processo civil é considerado uma "comunidade de trabalho" (*arbeitsgemeinschaft*), conceito que, atendendo ao grau de evolução registado na Alemanha a vários níveis, terá grandes probabilidades de ser aí de fácil concretização.

Aliás, o Código de Processo Civil vigente autonomiza um outro dever de todos os intervenientes no processo ao impor, no artigo 10º, "recíproca correcção" e um "especial dever de urbanidade" nas relações entre advogados e magistrados (nº 1) e, às partes, a proibição do uso de expressões injustificadamente ofensivas da honra ou do bom nome da contraparte, ou do respeito devido às instituições (nº 2).

Importante é ainda referir que o dever de cooperação se desdobra, para as partes, seus representantes e mandatários judiciais, em duas vertentes: o *dever de comparência* e o *dever de informação*, prestando os esclarecimentos que lhes forem pedidos (cfr. nºs 2 e 3 do artigo 8º), salvo nas situações previstas no nº 3 do artigo 442º, cuja epígrafe é "Dever de cooperação para a descoberta da verdade"[238].

37.1.4. A prontidão da justiça

Ordenador do desenvolvimento da instância, do desenrolar da marcha do processo, é também o princípio a que podemos chamar da prontidão da justiça, como salvaguarda da celeridade processual e dos interesses das partes no processo.

O preceituado do nº 1 do artigo 6º – que representa um desenvolvimento do disposto no nº 1 do preceito de abertura do CPC, na locução "em prazo razoável" – está expresso de forma muito clara, com desenvolvimento nos outros dois números do mesmo artigo.

Mas este tipo de preocupações está implícito em muitos dos preceitos do Código de Processo Civil, na senda, aliás, de tratados internacionais de meados do século XX, a que já fizemos referência anteriormente.

37.1.5. A estabilidade da instância

Finalmente, é ainda de salientar um outro princípio de grande relevância prática, enunciado no artigo 212º do Código de Processo Civil e que é o da *estabilidade da instância*.

Nos termos deste princípio, que já vem de regimes processuais anteriores, depois de citado o réu devem manter-se inalterados os elementos essenciais da causa, salvas as excepções consagradas na lei.

[238] O qual será analisado mais em pormenor a quando do estudo da *fase da instrução* do processo comum de declaração.

Trata-se, aliás, de uma regra que a lei processual estabelece como sendo um dos efeitos da citação [artigo 401º, alínea *b)*]. E já ALBERTO DOS REIS afirmava que "Enquanto o réu não for citado, a situação é de instabilidade"[239].

37.2. Modificações da instância

O enunciado princípio da estabilidade da instância, funcionando como regra, consente desvios – "temperamentos e limitações (...) ou mutações", no dizer de ALBERTO DOS REIS, ao salientar o carácter não absoluto deste princípio –; excepções que a própria lei prevê e que, como sempre sucede, confirmam a regra.

O que a lei pretende é estabelecer a regra de que, com a citação do réu, a instância estabiliza-se, adquire uma certa unidade, mas não se torna rígida e absolutamente imutável.

Ora, essas modificações legalmente admitidas podem agrupar-se, consoante os elementos essenciais da causa a que respeitam, em modificações subjectivas, modificações objectivas e modificações mistas.

Analisemo-las separadamente.

37.2.1. Modificações subjectivas

As modificações relativas aos sujeitos do processo podem, como é evidente, respeitar às partes ou ao próprio tribunal (e, dentro deste órgão judicial, aos magistrados que nele exercem funções).

a) O Código de Processo Civil prevê alguns casos de alterações subjectivas referentes ao 'sujeito público e imparcial' da relação jurídica processual.

Tomemos alguns exemplos:

- O artigo 33º, nº 1 dispõe que o tribunal que se julgue incompetente para apreciar e julgar determinada causa (princípio da competência / competência) deve remeter oficiosamente o processo para o tribunal competente;
- No caso de conflitos de competência, previstos e regulados nos artigos 35º e seguintes do Código de Processo Civil, a respectiva resolução – que compete aos tribunais superiores referidos no artigo

[239] *Comentário ao Código de Processo Civil*, cit., vol. 3 º, pp. 66 e ss.

36º, nº 13 e no artigo 44º, nº 14 da Lei nº 9/99, de 20 de Dezembro (Lei de Bases da Organização Judiciária de Macau) – potencia a deslocação do processo de um tribunal para outro, assim mudando o sujeito público da relação processual.

Mas também quanto ao próprio juiz do processo é possível que se verifiquem mudanças. A lei processual regula, a propósito dos incidentes da instância, os casos de impedimentos (artigos 311º e ss) e de suspeições (artigos 315º e ss), situações em que pode verificar-se a substituição do juiz impedido, ou declarado suspeito, por um outro juiz, no mesmo processo, para apreciação de determinado litígio.

b) Relativamente às partes, as possíveis modificações subjectivas da instância podem ter: **i.** Um carácter meramente formal, como sucede nos casos de mudança de mandatário forense, em que afinal a alteração é meramente aparente; ou **ii.** Podem ter carácter material, isto é, respeitarem às próprias partes, quer por virtude de, para suprimento da ilegitimidade, serem chamadas e virem a intervir certas pessoas que até aí não estavam em juízo (artigo 213º do CPC) [240], quer por serem consequência de alteração operada a nível da relação material controvertida, como sucede nos casos de sucessão por morte, ou de substituição por acto entre vivos (aquisição ou cessão), relativos a alguma das partes no processo.

Nos casos de modificação relativa a alguma das partes, gera-se o incidente da habilitação: tratando-se de transmissão *inter vivos,* a substituição é requerida pelo adquirente ou cessionário na relação material litigada (artigo 215º), que será habilitado, nos termos do art. artigo 306º; havendo transmissão *mortis causa,* gera-se o incidente da habilitação *proprio sensu* (artigos. 301º e ss), que é decidido por apenso ao processo principal, quer no caso de morte de pessoas físicas, quer no de extinção de pessoas colectivas ou de dissolução de sociedades.

Refira-se, todavia, que apesar destes traços comuns a estes dois tipos de situações, os efeitos processuais da habilitação *mortis causa* e os da habilitação por acto entre vivos são diferentes. Assim: nos casos de morte ou

[240] Estas situações são designadas por Alberto dos Reis como de "habilitação-legitimidade", que ele distingue de outras que denomina "habilitação-incidente" e ainda das de "habilitação-acção", referindo-se a um tipo de acções com processo especial que, naquela época, tinham a designação de "justificação da qualidade de herdeiro".

extinção de alguma das partes, a instância principal suspende-se imediatamente, por determinação do artigo 221º, nº 1 do CPC, salvo se já tiver começado a audiência de julgamento, ou se o processo, em via de recurso, já estiver inscrito em tabela para julgamento, casos em que a suspensão só se verifica depois de proferida a sentença ou o acórdão; já na hipótese de transmissão por acto *inter vivos* o regime é bem diferente e, para que a instância não sofra qualquer paragem, a lei admite a continuação da legitimidade do transmitente até que o adquirente seja admitido a substituí-lo (artigo 215º, nº 1)[241].

Esta solução legal demonstra à saciedade que esteve na *mens legislatoris* que a instância não entre, nestes casos, em "estado de repouso", para usar a expressão de E. T. LIEBMAN (em *Manuale di Diritto Processuale Civile*, vol. II, Guiffrè, Milão, 1984, p. 187). Ganharão os princípios da economia processual e da consequente celeridade[242]. E alguma outra doutrina salienta ainda que a manutenção da legitimidade do transmitente, consagrada no artigo 215º, nº 1, aliada à regra do nº 2 do mesmo preceito, "visa afastar fraudes processuais, consistentes na perda de legitimidade provocada pela transmissão da coisa ou direito em litígio[243], conducente a uma decisão absolutória formal, contornando, por essa via, o risco de uma decisão de mérito desfavorável"[244].

Outras modificações subjectivas da instância, relativas às partes, podem também resultar da decisão de outros incidentes da instância, previstos e regulados nos artigos 262º e seguintes do Código de Processo Civil, como são os da intervenção de terceiros nas suas várias modalidades, que podem levar ao aparecimento na instância de pessoas físicas ou jurídicas que até então não eram partes processuais.

[241] De notar que, nos casos em que haja transmissão do direito ou da obrigação antes de proposta a acção, será no articulado inicial que o autor invocará tal facto como fundamento da sua pretensão; e então, é óbvio que não se verifica a situação prevista no texto, porque a instância nasce já com essa nova configuração.

[242] O regime de transmissão de coisas ou direitos em litígio na pendência de acção judicial foi objecto de estudo de grande qualidade, da autoria de PAULA COSTA E SILVA, na sua dissertação de Mestrado, intitulada *A Transmissão da Coisa ou Direito em Litígio. Contributo para o Estudo da Substituição Processual*, Coimbra, Coimbra Editora, 1992.

[243] Sobre a noção de 'direito litigioso', cfr. o artigo 573º, nº 3 do Código Civil.

[244] ABÍLIO NETO, em *Breves Notas ao Código de Processo Civil*, 1ª ed., Lisboa, Ediforum, Edições Jurídicas, Lda., 2005, p. 85.

Prevê o Código de Processo Civil as seguintes modalidades:

- Intervenção principal;
- Intervenção acessória;
- Assistência;
- Oposição;
- Oposição mediante embargos de terceiro; e
- Habilitação.

37.2.2. Modificações objectivas

a) Neste grupo, abrangem-se as possíveis alterações ao pedido e/ou à causa de pedir.

Duas situações admite a lei processual neste particular: haver acordo das partes ou não haver acordo das partes quanto à pretendida modificação.

- Se houver acordo das partes – dispõe o artigo 216º – "o pedido e a causa de pedir podem ser alterados em qualquer altura, em primeira ou segunda instância, salvo se a alteração ou ampliação perturbar inconvenientemente a instrução, discussão e julgamento da causa".

É evidente que é ao juiz do processo que compete avaliar de tal inconveniência.

- Se não houver acordo das partes, rege o preceito do artigo 217º que limita temporalmente a possibilidade de modificação da causa de pedir na relação processual, apenas a admitindo no momento da apresentação da réplica, salvo se a alteração ou ampliação for consequência de confissão feita pelo réu e aceite pelo autor (nº 1 do artigo).

Esta ressalva final do nº 1 é de fácil compreensão já que, se o réu faz confissão de certos factos e com base nela o autor altera o seu pedido, é evidente que, no fundo, tal alteração não passa de uma alteração com anuência da contraparte[245].

Por seu turno, o pedido, que também pode ser alterado na réplica, pode ainda ser *reduzido* em qualquer fase do processo, ou *ampliado* até ao encerramento da discussão (audiência final) em primeira instância, se a

[245] Neste sentido, Anselmo de Castro, *Direito Processual Civil Declaratório*, cit., vol. I, p. 165.

ampliação se cifrar num desenvolvimento[246] ou numa consequência[247] do pedido primitivo (nº 2 do artigo)[248].

O preceito do artigo 217º regulamenta ainda, nos seus nº s 4 e 5, casos especiais: – pedidos de aplicação de sanção pecuniária compulsória e de indemnização fundada em responsabilidade civil.

Finalmente, o mesmo preceito que, relembre-se, apenas se refere aos casos em que não haja acordo das partes, admite como lícita – sem indicação de qualquer limite temporal como consta dos números anteriores –, a modificação simultânea do pedido e da causa de pedir, "desde que tal não implique convolação para relação jurídica diversa da controvertida (nº 6 do artigo), situação a que MANUEL DE ANDRADE (*Noções Elementares...*, pp. 159,168 e 169) se refere assim: "(...) desde que dela não resulte transitar-se de uma relação jurídica para relação jurídica distinta"..

Bem se compreende semelhante condicionamento, já que tal convolação poderia ter repercussões processuais a vários níveis, designadamente quanto à forma de processo, ou mesmo relativamente à competência do tribunal, que em regra se fixam no momento em que a acção é proposta; para além de que seguramente redundaria num inadmissível atentado contra alguns dos princípios essenciais do processo civil.

Dúvida que pode levantar-se é a de saber quais as consequências de, em infracção do preceituado no nº 2 do artigo 217º, se modificar o pedido inicialmente formulado fora dos momentos processuais nele indicados e postergando os termos nele previstos. Semelhante questão foi decidida pelo Supremo Tribunal de Justiça português, por acórdão de 8.01.2004 (*www.dgsi.pt/jstj*), no sentido de que tal situação gera uma excepção dilatória inominada, de conhecimento oficioso, pelo que o tribunal deve abster-se de apreciar o respectivo mérito.

[246] Por exemplo, um *pedido acessório de juros*, entretanto vencidos.

[247] De que é exemplo a *acção de reivindicação*, prevista e regulada no artigo 1235º do Código Civil, na qual, pedindo-se inicialmente a restituição de um prédio, se faz em momento ulterior a *ampliação do pedido*, no sentido de se exigir também a entrega dos rendimentos produzidos pelo prédio durante a ocupação ilegal.

[248] CASTRO MENDES distingue as situações de alteração do pedido *por redução* (quantitativa ou qualitativa). De alteração por ampliação (quantitativa ou qualitativa) e de alteração por transformação num pedido ou numa causa de pedir de natureza diversa. *Direito Processual Civil*, Lisboa, AAFDL, vol. II, 1986, p. 423.

b) Debrucemo-nos agora sobre a modificação objectiva resultante da dedução de *reconvenção.*

Esta figura característica do processo civil – que vem já do direito romano e a que mais adiante voltaremos a fazer referência –, está prevista no artigo 419º do Código, que limita a oportunidade da sua dedução à inclusão, embora destacadamente, na própria contestação.

O mesmo preceito exige alguns outros elementos de conteúdo da reconvenção remetendo para o preceito do artigo 389º: isto porque, no que se refere ao(s) pedido(s) reconvencional (ais), a peça processual denominada contestação funciona como autêntica petição inicial.

Os *requisitos de admissibilidade da reconvenção* estão previstos no artigo 218º que, do ponto de vista sistemático, integra a Secção em que se regulam outros casos de modificações objectivas da instância, de que estamos agora a ocupar-nos.

Algumas explicitações merece, nesta sede, o preceito do artigo 218º.

Antes de mais, convém esclarecer que a enumeração do nº 2 deste artigo é taxativa.

Depois, parece-nos útil agrupar os requisitos nele exigidos em duas categorias: os *requisitos processuais* e os *requisitos substantivos.*

Pertence ao primeiro grupo a exigência da identidade da forma de processo que, nos termos definidos no nº 3 do artigo, pode funcionar como obstáculo à admissibilidade da reconvenção, mesmo que se verifique, no caso, alguma das situações referidas no seu nº 2[249].

São do segundo tipo de requisitos os enumerados nas alíneas *a), b)* e *c)* do nº 2 do artigo 218º.

Mas uma prevenção se impõe na interpretação desse nº 2: *as suas três alíneas funcionam em alternativa e não cumulativamente* como, numa leitura apressada, poderia inculcar o respectivo proémio, não ignorando que a hipótese mais vulgar será porventura a que se contempla na alínea *b)* do preceito, por muito frequentes serem, nos tribunais, as usualmente chamadas 'acções de dívida'.

Uma análise mais pormenorizada das situações de admissibilidade da reconvenção – algumas das quais têm levantado frequentes dúvidas na

[249] Relacionar também com o artigo 28º do Código de Processo Civil.

jurisprudência e na doutrina[250] – terá lugar quando nos dedicarmos ao estudo do formalismo do processo comum de declaração.

37.2.3. Modificações mistas da instância

Exemplos deste tipo de modificações da instância – assim chamadas por incidirem simultaneamente sobre elementos subjectivos e objectivos do processo –, podemos encontrá-los nas situações previstas no artigo 219º do CPC.

Trata-se da figura da *apensação de acções*, que consiste na reunião, num só processo, de vários processos pendentes em diferentes juízos do mesmo tribunal, verificados que estejam os requisitos exigidos por lei para o litisconsórcio ou para a coligação (cfr. artigos 60º a 66º).

Por exemplo: **A** instaura uma acção pedindo que **B** seja condenado a pagar-lhe uma indemnização por danos resultantes de acidente de viação; **B**, que também foi vítima do mesmo acidente e imputa culpa a **A**, pede a este, em acção separada, a respectiva indemnização pelos danos que sofreu.

As duas acções poderão vir a ser apensadas.

A apensação de acções representa vantagens de duas ordens:

i. *Economia de actividade judicial*, porque duas ou mais causas são instruídas, discutidas e julgadas conjuntamente; e
ii. *Uniformidade de julgamento*, porque as questões comuns às acções são julgadas em sentido idêntico[251].

Tal apensação tem, todavia, de ser requerida por qualquer das partes com interesse atendível na junção (nº 1 do artigo 219º), a não ser que a pendência se verifique perante o mesmo juiz, o qual, ouvidas as partes, pode ordenar oficiosamente a apensação (nº 4 do artigo).

Nestas situações, cada uma das instâncias sofre alterações mistas – quanto aos sujeitos e ao objecto – por virtude de passarem a integrar uma única instância que a todas acumula.

[250] Designadamente, quanto aos exactos termos em que a reconvenção se deve distinguir da excepção peremptória, ou quanto à amplitude da figura da compensação, ou ainda quanto a certos poderes processuais do reconvinte.

[251] Neste sentido, ALBERTO DOS REIS, *Código de Processo Civil Anotado*, vol. 1, p. 381

37.3. Suspensão e interrupção da instância

A instância pode, em determinadas circunstâncias, padecer de crises que provocam alterações na sua cadência, no seu ritmo normal.

O Código de Processo Civil prevê dois tipos de situações, que são pausas no desenrolar do processo: a *suspensão* e a *interrupção* da instância.

37.3.1. Suspensão da instância, suas causas e respectivo regime

São causas de suspensão da instância os factos enumerados nas várias alíneas do nº 1 do artigo 220º, tendo quase todas em comum a circunstância de a sua ocorrência ser independente da vontade das partes. Apenas a situação prevista na alínea *c)* depende de acordo das partes[252].

Verificada alguma dessas situações, a instância suspende-se nos termos dos artigos 221º a 225º.

Determina este último que, na instância suspensa, só podem praticar-se os actos urgentes destinados a evitar dano irreparável (nº 1), e que não correm os prazos processuais, verificando-se até a inutilização da parte do prazo que tiver decorrido anteriormente se a suspensão for causada por qualquer das circunstâncias referidas nas alíneas *a), b)* e *c)* do nº 1 do artigo 220º (nº 2 do artigo 225º).

Mas é importante salientar o determinado no nº 3 do artigo 225º, segundo o qual a suspensão da instância "não obsta a que a instância se extinga por desistência, confissão ou transacção, contanto que estas não contrariem a razão justificativa da suspensão". De onde se infere que a regra do nº 1 do artigo não é absoluta porque, se o acto que se pretende praticar visa, não a fazer andar o processo, mas, pelo contrário, a extingui-lo, deve entender-se que a suspensão não obsta à prática do acto.

A *suspensão da instância cessa*, e o processo retoma a sua marcha normal, nos casos elencados no nº 1 do artigo 226º. Das suas quatro alíneas resulta, pois, que o processo volta a correr logo que seja removida a causa que determinou a paralisação; e se a remoção dessa causa depender do esforço das partes, a lei quer que elas sejam diligentes em exercer a sua actividade nesse sentido.

A suspensão da instância não tem repercussões na relação material subjacente; e, se for caso disso, mantém interrompido o prazo prescricional que fora

[252] Cfr. n º 4 do art. 223 º, que concede às partes a faculdade de acordarem na suspensão da instância por prazo não superior a 6 meses.

interrompido com a citação do réu, o que bem se compreende se atentarmos em que a vontade das partes em nada contribuiu para essa paragem da relação processual, ou estado de repouso do processo. Não houve, sequer, falta de cumprimento do ónus do impulso sucessivo.

A suspensão da instância, em qualquer caso, é objecto de apreciação pelo juiz e deve ser determinada por despacho seu.

37.3.2. A interrupção da instância, suas causas e cessação

Por seu turno, a interrupção da instância tem como causas as que vêm indicadas no artigo 227º do CPC, do qual resulta que, afinal, mais não é do que uma suspensão prolongada, mas devida a inércia das partes que não cumpriram o ónus do impulso processual subsequente. Por isso, alguma doutrina atribui à interrupção o sentido de "sanção" – melhor seria chamar-lhe *cominação* – imposta pela lei à inobservância desse ónus.

Compreender-se-á, pois, que, ao contrário do que ficou salientado para a suspensão da instância, na interrupção da instância acontece que a interrupção do prazo prescricional (se for esse o caso) cessa com a interrupção da instância; isto é, iniciada esta, começa de novo a correr o prazo de prescrição a que eventualmente esteja sujeito o direito subjectivo a cuja tutela o processo interrompido visa.

Para além disso, também o prazo de caducidade do direito de acção judicial, que foi interrompido no momento da propositura da acção, volta a correr a partir da interrupção da instância, no primeiro dia do segundo ano de paragem dos termos do processo.

Daí que, ao contrário do que acontece com a suspensão da instância que, como se disse, não tem repercussões a nível da relação material litigada, a interrupção da instância já pode repercutir-se no plano substantivo.

A interrupção da instância pode cessar nos termos do artigo 228º; mas quando ela ficar interrompida durante dois anos considera-se *deserta*, por estatuição do artigo 233º, nº 1, sem prejuízo das regras de deserção próprias dos recursos, definidas nos nº s 2 a 4 do mesmo artigo.

Tal como acontece nos casos de suspensão da instância, também a sua interrupção será apreciada pelo juiz da causa e declarada em despacho seu.

Mas, ao contrário, a deserção opera "independentemente de qualquer decisão judicial", ou seja, é automática, porque assim se dispõe no artigo 233º, nº 1.

38. Extinção da instância
Causas legais de extinção da instância

Como qualquer relação jurídica, a instância nasce, desenvolve-se mais ou menos demoradamente, e um dia há-de extinguir-se.

As causas de extinção da instância vêm enumeradas no artigo 229º que, como se verá, as não refere exaustivamente.

Perante o preceito do artigo 229º, interpretado à luz das actuais tendências reformistas do processo civil de matriz portuguesa, parece curial afirmar que:

I. A causa normal de extinção da instância prevista na alínea *a)* se identifica com *o julgamento de mérito*, finalidade para a qual tende qualquer processo civil; e que, portanto, todas as outras referidas nas várias alíneas do mesmo artigo são, de certo modo, causas anómalas de extinção da relação jurídica processual; e até mesmo a da própria alínea *a)*, na medida em que, não distinguindo a lei o tipo de sentença, nela se abrange também a decisão de absolvição da instância, com abstenção de conhecimento do pedido (cfr. artigo 230º), que a própria lei apenas admite se "a irregularidade cometida" não puder ser sanada (nº 2 e 3 do artigo 230º do CPC), com o alcance e efeitos regulados no art. 231º.

II. Quanto ao *compromisso arbitral* referido na alínea *b)* do artigo 229º, ele produz, nos termos dos números 2 e 3 do artigo 232º, a extinção da instância que corria seus termos perante um tribunal de jurisdição permanente, iniciando-se uma nova instância perante um tribunal arbitral voluntário (cfr. DL nº 29/96/M, de 11 de Junho, com as alterações introduzidas pelo DL nº 19/98, publicado no BO nº 19, de 11 de Maio). Contudo, na observação de alguma doutrina, estas situações serão, porventura, algo raras, porque na generalidade dos litígios há normalmente uma parte com menos interesse em ver a questão resolvida rapidamente.

III. Por seu turno, a figura chamada *deserção da instância*, que o artigo 233º contempla, traduz-se numa interrupção prolongada – 2 anos, como já se disse –, devida também a negligência das partes, sendo de notar que o decurso do tempo opera por si, sem necessidade de qualquer decisão do tribunal (nº 1 do artigo 233º).

IV. A alínea *d)* do artigo 229º refere três tipos de actos processuais das partes que, a praticarem-se validamente, produzem a extinção da instância, para além, evidentemente, de outros importantes efeitos de natureza substantiva, já que de verdadeiros negócios jurídicos se trata.

São actos processuais praticados no decorrer de um processo, isto é, estando em desenvolvimento uma instância, que a lei sujeita a um regime especial, devido à circunstância de, contrariamente ao que sucede em relação aos actos processuais em geral, a vontade do(s) sujeito(s) que o(s) pratica(m) abranger, não só a prática em si mesma, como também os respectivos efeitos. Autonomia da vontade, portanto, com o alcance que tem no direito privado.

Há traços comuns ao regime destas três espécies de actos processuais, como resulta dos preceitos dos artigos 235º a 243º do Código de Processo Civil, sem embargo das diferenças que os distinguem uns dos outros.

Assim:

a) A *desistência do pedido* é um acto unilateral do Autor[253], uma renúncia livre ao direito invocado judicialmente, equivalendo, portanto, a um abandono da pretensão formulada na petição inicial[254], que produz o efeito assinalado no nº 1 do artigo 237º: "extingue o direito que se pretendia fazer valer".

Mas a desistência, como qualquer negócio jurídico, pressupõe capacidade de exercício e poder de disposição do bem jurídico que, nestes casos, se abandona. Por isso, a desistência de todo ou de parte do pedido é condicionada ou limitada pela circunstância de o direito cuja tutela se requer não ser indisponível (artigo 241º, nº 1 do CPC), com uma excepção a que alude o nº 2 desse mesmo artigo: é livre a desistência do pedido nas acções de divórcio.

Mas o acto da desistência pode também referir-se apenas a uma determinada relação jurídica processual – a chamada *desistência da instância* – que igualmente produz o efeito de extinção de uma instância, mas que deixa intocado o direito que se pretendia fazer valer no respectivo processo.

[253] Cfr. J. Alberto dos Reis, *Comentário ao Código de Processo Civil*, cit., vol. 3º, Coimbra, Coimbra Editora, p. 463.

[254] Cfr. Castro Mendes, *Direito Processual Civil*, cit., vol. III, AAFDL, p. 10.

Ora, enquanto a desistência do pedido é livre e não necessita da anuência do réu no processo em causa, o mesmo já não sucede sempre com a *desistência da instância*, em que é necessária a aceitação do réu, *se requerida depois de oferecida a contestação* (nº 1 do artigo 238º), ou, ainda que o réu não conteste, depois do termo do prazo para o oferecimento da contestação[255]. Antes desses momentos, a desistência da instância é livre.

b) Quanto à *confissão (do pedido)*, trata-se de um acto unilateral do réu, que pode incidir sobre todo o pedido ou apenas sobre parte dele. Só na primeira hipótese a confissão será causa de extinção da instância (artigo 236º), porque o réu reconhece o direito que o Autor pretende efectivar naquele processo judicial.

A validade e a eficácia da confissão do pedido dependem da capacidade do réu para a prática desse acto, e também da circunstância de se tratar de um direito que esteja na sua disponibilidade (artigo 241º, nº 1).

c) A *transacção* é um acto bilateral, de autor e réu, através do qual eles fazem recíprocas concessões, podendo envolver a extinção da instância se se referir a todo o objecto da causa (artigo 236º). Nas transacções judiciais, nem há desistência plena, nem reconhecimento pleno do direito que se pretende tutelar; a ideia básica das partes que transigem é a de fazerem concessões mútuas, e não a de fixarem rigidamente os termos reais da situação controvertida.

De salientar ainda o *regime* estabelecido no artigo 239º para o caso de se tratar de *pessoas colectivas, incapazes, ausentes ou impossibilitados*, regime esse que é comum aos três tipos de actos processuais em análise: a desistência, a confissão e a transacção.

Estes actos realizam-se no processo pela forma indicada no artigo 242º, certo sendo que *têm sempre de ser sindicados, ou homologados, por decisão do juiz* (nº s 3 e 4 do artigo 242º).

Finalmente, o art. 243º define o *regime da nulidade e da anulabilidade destes mesmos actos processuais*, análogo ao estabelecido na lei civil para "os outros actos da mesma natureza".

255 J. Alberto dos Reis, *Comentário....*, cit., vol. 3, p. 471.

V. A última das causas de extinção da instância enumeradas no artigo 229º é "*a impossibilidade ou inutilidade superveniente da lide*", quando tais enquadramentos se verifiquem, é claro, antes de o juiz ter julgado o mérito da causa.

Situação de *impossibilidade superveniente da lide* será a de, por exemplo, no decorrer de uma acção destinada a efectivar o direito a alimentos, morrer o titular desse direito, que é intransmissível (artigo 1849º, nº 1 do CC).

Casos de *inutilidade superveniente da lide* ocorrem, por exemplo, se na pendência de uma acção de dívida (acção declarativa de condenação) o réu pagar na totalidade o crédito que o autor reclamara em juízo; ou então, se no decurso de uma acção de divórcio litigioso morrer um dos cônjuges (não havendo lugar a partilha de bens comuns do casal, nem a regulação de poder paternal), já que, nessa hipótese, o casamento ficaria dissolvido por óbito, deixando de fazer sentido o pedido de dissolução por divórcio. Nestes casos sobrevém, em última análise, a falta do pressuposto processual regulado nos artigos 72º e 73º do CPC sob a designação de interesse processual.

39. Incidentes da instância[256]

39.1. Noção de incidente da instância

O Código de Processo Civil trata esta matéria nos artigos 244º a 325º, compreendendo uma Secção dedicada às Disposições Gerais e várias outras consagradas às várias espécies de incidentes da instância. As primeiras definem regras de tramitação específicas, comuns a todos os incidentes, mas que também são de aplicação subsidiária às providências cautelares, *ex vi* artigo 329º, nº 3.

Os incidentes pressupõem a existência de uma causa principal: carecem, pois, de autonomia processual e têm fins limitados. Neles se trata de questões de certo modo anómalas que podem surgir no decurso das causas e cuja natureza é secundária, ou acessória, da que constitui o objecto do processo, mas que carece de ser resolvida como instrumental da decisão sobre o mérito da causa principal.

[256] Para maiores desenvolvimentos de toda esta matéria dos incidentes da instância, cfr. CÂNDIDA DA SILVA ANTUNES PIRES / VIRIATO MANUEL PINHEIRO DE LIMA, *Código de Processo Civil de Macau – Anotado e Comentado*, Vol. II, Instituto de Estudos Jurídicos Avançados da Faculdade de Direito da Universidade de Macau, 2008, pp. 143-282.

Na definição de GAMA PRAZERES, o incidente da instância é "toda a ocorrência extraordinária, acidental, estranha, que surja no desenvolvimento normal da relação processual e que dê origem à formação de um processo próprio ou autónomo"[257].

Quanto ao respectivo processamento, os incidentes podem sê-lo nos próprios autos do processo principal ou, quando a lei o determine, correm por apenso aos autos principais.

39.2. Os incidentes tipificados na lei

São vários os incidentes tipificados na lei processual, cujo elenco regista algumas alterações simplificadoras relativamente ao Código de Processo Civil anterior.

Vejamo-los em sequência, sendo que alguns deles já foram abordados nestas Lições a propósito de outras matérias.

a) Quanto ao incidente legalmente designado por *verificação do valor da causa,* foi já salientada a importância do elemento *valor da acção* na determinação da forma de processo comum, no estabelecimento da sua relação com a alçada do tribunal para efeitos de recurso e também, indirectamente, para determinar a necessidade, ou não, de intervenção do tribunal colectivo; para além, ainda, da sua influência no cômputo dos encargos do processo, o chamado valor *tributário* ou *fiscal,* que tem um regime próprio, todavia moldado no regime do valor processual.

Assim sendo, a indicação do valor da acção é elemento obrigatoriamente constante da petição inicial [artigo 389º, nº 1, alínea *e)*], podendo a secretaria judicial recusar-se a recebê-la se tal indicação faltar.

Por tudo isto, também, a lei processual define critérios gerais (artigo 248º) e critérios especiais (artigo 249º) para fixação do valor das causas que, assim, não é deixado à pura discricionariedade das partes.

As regras do artigo 250º e seus números são de capital importância, devendo relacionar-se o seu nº 1 com o estatuído no artigo 211º sobre o começo da instância, data da proposição da acção, momento relevante para determinação do valor da causa.

[257] *Os Incidentes da Instância no Actual Código de Processo Civil*, Braga, 1963, p. 13.

Mas como, e quando, é que pode surgir este incidente da verificação do valor da causa? Ele poderá ter lugar quando o réu (artigo 256º) ou o juiz (artigo 257º) não concordarem com o valor atribuído à causa pelo autor.

Em consequência da decisão deste incidente – que também tem um valor processual próprio (cfr. nº 1 do artigo 255º) –, o valor da causa pode ser alterado no decorrer de um processo e daí, indirectamente, vir a verificar-se o surgimento da possibilidade de recurso numa causa que antes dessa alteração o não admitia, ou mesmo vir a tornar-se obrigatório o patrocínio judiciário [artigo 74º, nº 1, alínea *a)*].

b) O incidente da *intervenção de terceiros*, regulado nos artigos 262º a 282º nas modalidades intervenção principal e intervenção acessória, foi abordado nas suas linhas gerais a propósito das modificações subjectivas da instância.

A *assistência* foi analisada a quando da distinção entre partes principais e partes acessórias, estas intervindo supervenientemente para auxiliar qualquer das partes principais no ataque ou na defesa de um interesse jurídico que lhes assiste.

A *oposição*, que na sua abrangência sofreu ampliação no Código de Processo Civil vigente, vem regulada nos artigos 283º a 300º em três modalidades:

- oposição espontânea;
- oposição provocada; e
- oposição mediante embargos de terceiro.

O traço distintivo entre a oposição e a intervenção de terceiros em sentido estrito reside no seguinte: nesta última, o terceiro (que não era parte na relação processual) vem intervir no processo para fazer "valer um direito próprio, paralelo ao do autor ou do réu" (artigo 263º), portanto um direito compatível com o de alguma das partes; na oposição, o opoente (que também é terceiro) vem intervir "para fazer valer, no confronto de ambas as partes, um direito próprio, total ou parcialmente incompatível com a pretensão deduzida pelo autor ou pelo reconvinte" (nº 1 do artigo 283º).

Em ambos os casos, porém, os terceiros que vêm intervir numa relação processual em desenvolvimento fazem-no para discutir nesse processo um direito próprio, pelo que passam a ser partes, assim modificando o elemento subjectivo do processo[258].

Mas, como se disse, a reforma do processo civil de Macau inovou na medida em que os embargos de terceiro – que no Código anterior eram tratados como acção com processo especial (artigos 1037º e ss desse Código) – passaram a configurar um incidente da instância, perdendo a sua autonomia processual, com o intuito de alargar a sua utilização prática a mais tipos de situações do que anteriormente, de molde a perderem o seu exclusivo pendor possessório (vejam-se os artigos 292º e 293º do CPC).

c) O incidente da *habilitação*, a que também se aludiu já em sede de modificações subjectivas da instância, vem previsto e regulado nos artigos 301º a 307º para os casos em que, estando pendente uma causa, morre uma das partes e a sua contraparte ou os sucessores da parte falecida promovem a respectiva habilitação.

É o artigo 301º que prevê a admissibilidade de sucessão nos poderes e deveres processuais que à parte falecida cabiam, e que pode também ter lugar ainda que os sucessores sejam incertos (cfr. nº 1 do artigo 305º).

A lei processual prevê ainda o incidente da habilitação, aplicável aos casos em que haja transmissão *inter vivos* da coisa ou direito litigioso, para que a causa siga com a participação do adquirente ou cessionário (artigo 306º); situação que, em linguagem técnica processual, se usa designar também por substituição processual para a distinguir dos casos de habilitação *mortis causa*.

d) Um outro incidente – a *liquidação* – vem regulado nos artigos 308º a 310º do CPC e tem a ver com situações de que já falámos a respeito de uma modalidade de pedido – o pedido genérico.

Chama-lhe a lei processual, no artigo 308º, ónus da liquidação, sempre que o pedido se refira a uma universalidade ou às consequências de um facto ilícito. Poderá ser um meio de evitar, nos casos em que seja possível, a prolação de uma sentença condenatória que não quantifica a condenação, como está previsto no nº 2 do artigo 564º. Nesses casos, a liquidação terá de ser feita em fase preliminar do processo de execução, nos termos previstos nos artigos 686º e 689º a 694º do Código de Processo Civil.

[258] Remete-se aqui para o Capítulo sobre modificações subjectivas da instância.

e) Por último, a lei processual prevê e regula os incidentes de *impedimentos* e *suspeições*, que evidentemente se referem aos magistrados judiciais e do Ministério Público.

Igualmente se falou já de casos destes, que podem determinar também uma modificação subjectiva da instância por virtude de o magistrado em causa poder vir a ser substituído na apreciação do objecto do litígio por um outro magistrado não impedido ou não suspeito.

São os artigos 311º a 314º e 315º a 325º que regulam, respectivamente, os impedimentos e as suspeições.

Todos os incidentes da instância são, como acima se disse, dependência de uma causa principal, portanto não têm autonomia funcional, podendo ser processados por apenso ao processo principal quando a lei o determine, ou ser processados nos próprios autos do processo principal.

Parte IV
FORMALISMO DO PROCESSO COMUM DE DECLARAÇÃO[259]

[259] O formalismo do paradigmático Processo de Declaração na forma comum ordinária é aqui abordado, preferencialmente, em termos que propiciem aos estudantes uma compreensão tanto quanto possível rigorosa dos vários institutos processuais e da função que desempenham no encadeado do processo, como peças de um conjunto ordenado e dinâmico.
Deixa-se à ulterior formação profissionalizante ligada ao foro, e adquirida no decorrer dos respectivos tirocínios, a discussão de aspectos de mera tramitação que a prática dos tribunais é fecunda em revelar.

Título I
Forma Ordinária

Capítulo I
Noções Introdutórias

40. Constituição da relação processual

40.1. Preliminares

Estudámos até aqui as questões que se levantam ainda antes da propositura da acção: quem a pode propor, como deve estar representado, a que tribunal se deve dirigir, qual a forma de processo a adoptar. Igualmente aprendemos as matérias relativas aos princípios processuais, à parte geral do Processo Civil e aos pressupostos processuais relativos às partes e ao tribunal.

Poderemos dizer que a análise até agora empreendida diz respeito ao processo encarado no seu *momento estático*. Os problemas que equacionámos e resolvemos não se referem à realidade processual no seu desenvolvimento – realidade essencialmente dinâmica, como a sua etimologia desde logo patenteia.

Ora é este *aspecto dinâmico* que importa pôr também em relevo. Iremos, a partir de agora, considerar o processo no seu encadeamento temporal de actos dos diversos intervenientes, mediante o estudo do seu andamento ou, como mais frequentemente se diz, da *marcha do processo*.

40.2. O Acto constitutivo da relação jurídica processual: a demanda

Como se instaura o processo? Como se constitui a relação jurídica processual?

Quer se pretenda obter do órgão jurisdicional uma declaração, quer se pretenda executar um título executivo (judicial, negocial ou administrativo), quer ainda se queira acautelar a efectivação de um direito – propondo, respectivamente, uma acção declarativa, uma acção executiva ou requerendo uma providência cautelar – o processo inicia-se sempre pela *demanda.*

A demanda é o acto pelo qual o autor provoca a intervenção do tribunal para conseguir a tutela do direito que se arroga.

40.3. Elementos da demanda

Logicamente, podemos distinguir duas partes em qualquer demanda judicial:

- A invocação da tutela jurídica pública para determinado direito;
- A individualização da lide, que integra o objecto do litígio.

Vejamos então a razão de ser e o âmbito destes elementos da demanda.

40.3.1. O impulso processual

Como já foi dito, em processo civil domina o princípio do impulso processual (artigo 3º, nº 1 do CPC), ou seja, *a regra absoluta de que a relação jurídica processual não se constitui sem que haja uma iniciativa da parte nesse sentido*: *nemo iudex sine actore.*

Este princípio encontra-se consagrado na lei processual e costuma ser designado por princípio do impulso processual ou princípio dispositivo. De acordo com ele, é necessário que um dos sujeitos entre os quais se desenha um conflito de interesses manifeste o desejo de se socorrer da tutela jurídica do Estado relativamente ao respectivo interesse, pedindo ao órgão próprio, o tribunal, que não fique impassível perante o conflito.

Daqui provém a necessidade do primeiro dos requisitos acima apontados, ao qual corresponde um dos dois elementos que, conceitualmente, podemos distinguir em qualquer demanda: a solicitação da tutela jurídica pública, condição *sine qua non* do desencadear da actividade do órgão jurisdicional.

40.3.2. O princípio *'ne eat iudex ultra petitum'*

Mas para além do princípio do impulso processual, um outro princípio é de particular interesse para este estudo. Referimo-nos ao princípio frequentemente expresso na frase latina *ne eat iudex ultra petitum*, segundo o qual o juiz não pode ir além da pretensão formulada pelo autor, mesmo que a este fosse legalmente permitido pedir mais do que pediu.

Acresce que os factos invocados pelas partes são os únicos a que, em regra, o tribunal se deverá limitar para fundar a sua decisão [artigos 5º, nºs 2 e 3; 564º, nº 1; e 571º, nº 1, alínea *e)*].

Por estas razões, além de invocar a tutela jurídica para o seu direito, o autor terá de, na petição, formular uma declaração de vontade donde conste bem individualizado o objecto da sua pretensão, com indicação dos factos concretos em que se apoia. Estamos, assim, em presença do segundo elemento da demanda que acima foi referido: *a individualização do objecto do litígio.*

Portanto, e em síntese:

a) O processo inicia-se com a demanda (correspondente à elaboração, e entrega na secretaria judicial, da petição inicial em processo de declaração, do requerimento inicial em processo de execução, e do requerimento em procedimento cautelar e na interposição de recurso);

b) A demanda analisa-se em dois elementos essenciais (e, por isso, indispensáveis): a invocação da protecção jurídica estadual e a individualização fundamentada do objecto ou conflito de interesses que é levado a juízo, com a formulação clara e explícita da pretensão do demandante.

40.4. Efeitos da demanda. Constituição da relação jurídica processual

A demanda dá lugar à constituição da relação jurídica processual ou instância.

Mas o conceito de relação jurídica processual tem sido objecto de muita discussão. Há quem o não reconheça e proponha, para base do processo, outros conceitos, como por exemplo o de situação jurídica (GOLDSCHMIDT), ou de instituição jurídica (J. GUASP).

Não nos deteremos, por agora, a examinar a fundo este problema, até porque já foi abordado em sede anterior[260], tendo ficado então esclarecido que seguimos a doutrina dominante, ou seja: aquela que aceita, neste particular, como adequado, o conceito de relação jurídica, muito embora se trate de uma relação jurídica com características especiais, já que no seu seio pode abrir-se discussão quanto à sua estrutura e perfil, e quanto aos respectivos sujeitos.

Limitar-nos-emos, ainda assim, relembrando noções anteriormente adquiridas, a sintetizar as diversas opiniões doutrinárias a respeito destas questões.

Assim:

a) Para alguns autores, a relação jurídica processual é simples, formada por um só vínculo. E configura-se de modo *linear*, ou seja, a pretensão do autor dirige-se contra o réu e a oposição deste vai dirigida contra o autor.

b) Para outros, a relação jurídica processual é complexa, formada por dois vínculos ou relações parcelares: a primeira entre o autor e o tribunal e a segunda entre o tribunal e o réu.
Segundo esta corrente, a pretensão do autor dirige-se, não ao réu, mas ao tribunal. É o tribunal que aprecia a pretensão do autor e que, verificando a viabilidade do seu prosseguimento, ordena a citação do réu.
Também o réu, quando intervém, dirige a sua oposição, não ao autor, mas ao tribunal. É ao tribunal que o réu pede que verifique a procedência das suas razões. E é sempre o tribunal que aprecia e, por fim, decide.
A relação jurídica processual será, portanto, uma relação jurídica complexa estabelecida, por um lado, entre o autor e o tribunal, e por outro lado, entre o réu e o mesmo tribunal. Por concebê-la assim, designa-se esta teoria por teoria *angular*.

c) Finalmente, outros autores vão ainda mais longe quando afirmam que, além das duas apontadas relações (autor-tribunal e réu-tribunal), se vem depois a formar uma terceira relação, entre o réu e o autor, a partir do momento em que o réu intervém no processo.
Esta doutrina costuma designar-se por teoria *triangular*.

[260] Cfr. supra, parágrafo **15**.

Ora, das opiniões citadas, é a segunda que merece a nossa preferência e adesão.

Com efeito, os sujeitos dirigem-se um contra o outro, mas só no plano do direito material, isto é, no plano do litígio que se gerou no desenvolvimento da relação substantiva entre eles estabelecida, e que até poderia ter sido resolvido amigavelmente. No entanto, uma vez que um deles recorre ao tribunal, processualmente, ambos se dirigem ao tribunal.

Assim, *v.g.*, no decorrer do processo, o réu não tem o direito de exigir directamente ao autor que junte documentos que estão em poder deste, mas interessam à sua defesa; tem, sim, o direito de pedir ao tribunal que notifique o autor para os apresentar em juízo (artigo 455º, nº 1 do CPC).

A relação jurídica processual parece-nos, portanto, ter uma configuração angular: é formada por dois vínculos, um entre o tribunal e o autor, outro entre o tribunal e o réu.

Com a demanda constitui-se o primeiro dos vínculos; o segundo gera-se com a citação do réu.

A instância, nascendo com a demanda, isto é, com a propositura da acção em tribunal (artigo 211º, nº 1), nasce reduzida apenas a um dos seus elementos, a apontada relação autor-tribunal. Se o juiz entender que, nos termos da lei, a pretensão pode vir a ter viabilidade e a petição não carece de qualquer aperfeiçoamento, então manda citar o réu e é com esta citação que a relação processual se completa.

40.5. Sequência. Delimitação do objecto do nosso estudo

A demanda põe em movimento o processo; este desenrola-se através de uma sequência, ou encadeamento, de actos pré-estabelecidos na lei: é essa progressão que vamos passar agora a examinar mais em pormenor.

Restringiremos, por agora, o nosso estudo à marcha do processo de declaração, na sua forma comum.

A justificação para se estudar a *marcha do processo partindo da acção declarativa comum na forma ordinária*, baseia-se em duas ordens de razões:

1ª A acção declarativa precede, em regra, a acção executiva quando esta seja adequada e necessária; é natural, pois, que o nosso estudo comece pela primeira; para além de que

2ª A forma modelo de todas as espécies de processos, única forma exaustivamente regulada na lei e da qual todos os outros processos cíveis se servem como subsidiária, é a do processo de declaração na sua forma comum ordinária.

41. Fases a considerar na marcha do processo comum de declaração

Na marcha do processo, é possível distinguir *diversas fases* que, apesar de interligadas, *exercem diferentes funções* no encadeado processual, pelo que em cada uma delas irá proceder-se a um complexo de actividades moldado sobre uma ideia dominante.

Assim, surge-nos uma primeira fase ou ciclo em que se fixarão os termos da questão litigada; depois, suceder-se-á outra fase em que sobretudo se cuidará de sanear o processo de possíveis irregularidades; a seguir, compilar-se-ão os meios de prova dos factos controvertidos; outra fase se seguirá, dedicada, predominantemente, à discussão da causa; e por fim, haverá lugar à prolação da sentença final.

A estes complexos de actos que se sucedem dentro do processo, cada um deles subordinado a uma ideia dominante e cumprindo determinada função, chama-se *fases (ou ciclos) do processo.*

Vejamos em que fases pode idealmente repartir-se o processo comum de declaração.

São elas as seguintes:

a) Fase dos articulados;
b) Fase do saneamento e preparação do processo;
c) Fase da instrução;
d) Fase da discussão e julgamento;
e) Fase da sentença.

Mas duas advertências se impõem, a primeira das quais implícita no que anteriormente foi referido.

i. Embora o critério da individualização das fases assinaladas seja, como se disse, o da finalidade comum aos actos que integram cada uma delas, o que se teve sobretudo em vista com a enumeração daquelas cinco fases foi assinalar a cronologia da marcha do processo declarativo comum. O que não invalida a afirmação de que é possível que numa determinada fase se pratiquem actos processuais que, pelo específico fim para que tendem, deviam surgir integrados numa outra fase, se se seguisse um critério lógico.
Ilustraremos esta afirmação com um ou outro exemplo nas breves considerações preliminares sobre cada uma das fases do processo comum de declaração.

ii. A circunstância de se prever no CPC a sequência de fases acima relacionadas, não significa que todas elas tenham de se desenrolar, obrigatoriamente, no decurso de todos os processos judiciais cíveis. A própria lei processual admite a possibilidade de um julgamento antecipado, designadamente, nas situações referidas nas duas alíneas do nº 1 do artigo 429º, sob o formalismo regulado nos nº s 2 a 4 do mesmo preceito.

41.1. Fase dos articulados (artigos 389º a 426º)

Esta fase destina-se à fixação dos termos da causa. Cada uma das partes apresenta a sua versão dos factos e deduz as razões de direito que a levam a pedir que a acção seja julgada procedente (pretensão do autor) ou improcedente (oposição do réu).

A versão dos factos e as razões de direito que as partes apresentam, constam de peças processuais, *os articulados* na designação da própria lei (cfr. o artigo 101º do CPC).

Os articulados, na forma de processo que estamos a analisar, são *normalmente* dois:

- A *petição inicial* – na qual o autor formula a sua pretensão, fundamentando-a; e
- A *contestação* – na qual o réu deduz oposição, directa ou indirecta, à pretensão do autor.

Nas situações previstas na lei, pode, *eventualmente*, haver lugar a mais dois articulados:

- A *réplica* – na qual pode o autor insistir no pedido, respondendo a alguma excepção deduzida pelo réu na sua contestação, ou pode defender-se de um pedido reconvencional contra si dirigido pelo réu reconvinte, para além de poder alterar o pedido e/ou a causa de pedir, nos limites traçados nos vários números do artigo 217º;
- A *tréplica* – na qual pode o réu insistir na defesa, respondendo, se for o caso, à matéria da modificação do pedido e/ou da causa de pedir, para além de poder defender-se de alguma excepção que tenha sido deduzida contra o seu pedido reconvencional; tudo isto, nos termos do nº 1 do artigo 421º.

Mas mais, verificando-se alguma das situações referidas alternativamente no nº 2 do artigo 218º, tem o réu possibilidade de deduzir, na própria contestação, em separado, um ou mais pedidos contra o autor. Estamos, nesse caso, perante a figura da *reconvenção,* figura já referida a propósito das modificações objectivas da instância.

O pedido reconvencional, a ter lugar, *tem mesmo de ser deduzido na oportunidade da contestação* (artigo 419º). Relativamente a esse pedido, o réu passa a ser autor – chama-se *reconvinte*; e o autor fica na posição de réu – designa-se por *reconvindo.*

Deduzida reconvenção, como já se disse, o autor reconvindo formula na réplica a sua defesa quanto ao pedido reconvencional deduzido pelo réu [artigo 420º, alínea *b)*]. Se houver réplica, e o autor tiver nela deduzido alguma excepção, pode o réu responder apresentando a tréplica (artigo 421º).

Mas a lei admite a possibilidade de haver excepcionalmente outros articulados além destes. É o caso dos *articulados supervenientes,* que podem ter lugar nas situações contempladas no artigo 425º do CPC, permitindo-se que sejam invocados, até ao encerramento da discussão, os factos ocorridos posteriormente ao último articulado, ou ao termo da fase dos articulados, bem como os factos anteriores de que a parte só tenha conhecimento depois desses momentos.

A razão de ser desta possibilidade legal está em que a lei pretende que a decisão que vier a ser proferida corresponda à situação factual existente no momento do encerramento da discussão: o doutrinariamente chamado *princípio da actualidade ou actualismo da sentença*, expressamente definido no artigo 566º, nº 1, *in fine.*

A importância da fase dos articulados é capital na marcha do processo porque, como veremos, o tribunal não pode, em regra, julgar sobre factos não articulados pelas partes (artigo 564º). E é exactamente a uma primeira *fixação dos termos da causa*, à *apresentação da lide ao juiz*, que a fase dos articulados se destina. É essa a sua função no encadeado processual.

No entanto, já foi dito, *as fases do processo*, tal como as diferenciámos, *não são compartimentos logicamente estanques.* É também possível que se pratiquem – e praticam-se normalmente – durante a fase dos articulados, alguns actos probatórios que, pela sua finalidade, se integrariam mais propriamente na fase da instrução.

A fase da instrução é, na verdade, destinada à compilação dos meios de prova dos factos apresentados pelas partes. No entanto, quanto à prova documental, estabelece o artigo 450º que "os documentos destinados a fazer prova dos fundamentos da acção ou da defesa devem ser apresentados com o articulado em que se aleguem os factos correspondentes" (nº 1).

Podem, portanto, inserir-se, na fase dos articulados, actos de instrução do processo.

Mas outros exemplos poderão ainda mencionar-se.

A prova por confissão (que, relativamente aos factos, e se for válida, é plena), produz-se na fase dos articulados sempre que uma das partes não conteste factos invocados pela outra (confissão implícita). Também aqui estamos em presença de um acto de instrução (acto probatório) integrado na fase dos articulados.

Mas não é só na fase dos articulados que se podem encontrar actos cuja finalidade coincide com a de outras fases da marcha do processo. Assim, na fase da discussão (que em regime de oralidade consta fundamentalmente das alegações, pelas quais os advogados analisam e criticam as provas produzidas e aplicam aos factos as regras de Direito), é ainda possível a produção de prova documental, ao abrigo do nº 2 do artigo 450º do Código de Processo Civil.

41.2. Fase do saneamento e preparação do processo (artigos 427º a 432º)

Após a fase dos articulados, onde cada parte apresenta a sua versão dos factos e as razões de direito em que se apoia, surge a fase destinada à condensação e saneamento do processo.

Neste ciclo processual, o juiz providencia pela regularização da instância e procura aclarar o que pretendem as partes, determinando com o possível rigor a situação jurídica de cada uma delas no processo.

Para tanto, importa verificar se o processo está em condições de prosseguir – verificação facilitada pelo facto de as posições antagónicas das partes terem ficado definidas nos articulados; em caso afirmativo, deve o juiz providenciar pela expurgação do processo dos factos inúteis para a resolução da questão de direito a decidir, fixando a matéria factual que se considera assente e quais as provas a apresentar de futuro para demonstração da verdade dos factos ainda não provados.

São elementos possíveis desta fase:

1) O despacho pré-saneador (artigo 427º);
2) A tentativa de conciliação (artigo 428º);

3) O despacho saneador (artigo 429º);
4) A selecção da matéria de facto (artigo 430º).

41.3. Fase da instrução do processo (artigos 433º a 548º)

Entra-se em seguida na fase da *instrução* que, como vimos, está longe de oferecer uma total autonomia lógica, relativamente à finalidade prosseguida pelos actos nela integrados, ou seja, a recolha de provas para demonstração da verdade dos factos aduzidos pelas partes, que interessem para a solução jurídica do litígio, e ainda não provados.

Incluem-se na fase da instrução diversos meios de prova insusceptíveis de serem apresentadas em qualquer outra fase, de que são exemplos o arbitramento, a inspecção judicial, a inquirição de testemunhas por carta precatória.

Relativamente a esses meios de prova, pode falar-se de uma autonomia da fase da instrução, suficiente, pelo menos, para a individualizar à luz dum critério cronológico.

41.4. Fase da discussão e julgamento (artigos 549º a 560º)

A fase da discussão insere-se em regra, na audiência de discussão e julgamento – a "audiência geral" como em tempos lhe chamou a doutrina –, que em processo declarativo comum ordinário se realiza com a intervenção do tribunal colectivo (artigo 549º, nº 1).

Quer tenha lugar antes, quer na própria audiência final, a discussão orienta-se no sentido de se determinar quais os factos, relevantes para a resolução da questão jurídica em apreciação, que já foram provados no processo. As provas são analisadas e criticadas pelos advogados das partes nas suas alegações orais e, mais tarde, farão as suas alegações de direito propondo ao tribunal a procedência (advogado do A.) ou improcedência (advogado do R.) do pedido.

Como veremos adiante, a discussão do aspecto jurídico da causa, pode fazer-se oralmente ou por escrito (artigo 560º).

Na *fase da discussão* pode ainda produzir-se prova documental não apresentada antes, nos termos excepcionais previstos no artigo 450º, nº 2.

No final desta fase é apreciada pelo tribunal a questão jurídica a decidir e proferida a decisão final do pleito, aplicando o direito aos factos que ficaram provados.

Por isso, na actividade de julgamento, deve distinguir-se entre o *julgamento de facto* e o *julgamento de direito.*

1) Julgamento de facto

No processo ordinário de declaração, o julgamento de facto pode competir ao juiz do processo.

É o que acontece nos casos de falta de contestação, em que, por força do artigo 405º, se consideram reconhecidos os factos articulados pelo autor (nº 1). E então, "O processo será facultado para exame, pelo prazo de dez dias, primeiro ao advogado do autor e depois ao advogado do réu, para alegarem por escrito, e em seguida é proferida sentença, julgando a causa conforme for de direito" (nº 2).

Assim, nos casos previstos no artigo 405º, em que funciona, como regra, a cominação, o autor não precisa de produzir qualquer outra prova; para além de que, nesse enquadramento, o julgamento de facto e de direito competem ao juiz (singular) do processo.

Fora desses casos, é ao tribunal colectivo que cabe o julgamento de facto no processo ordinário de declaração, nos termos do artigo 549º, nº 1 do Código de Processo Civil.

Na verdade, *o tribunal colectivo só julga os factos,* segundo a sua convicção. E então o processo, com o acórdão do tribunal colectivo em que foram fixados os factos dados como provados, é concluso ao juiz que tiver de lavrar a sentença, para que julgue de direito.

2) Julgamento de direito

O julgamento de direito, ou seja, a determinação do direito aplicável aos factos dados como provados no acórdão do colectivo de juízes, compete, na RAEM, ao *juiz presidente do tribunal colectivo.*

Exceptuam-se, como já se disse, os casos de revelia do réu, regulados no artigo 405º, em que o julgamento de direito é feito pelo juiz singular, que é o juiz a quem foi distribuído o processo.

Este, o panorama geral da sequência e da função de cada uma das possíveis fases do processo comum de declaração, que a seguir desenvolveremos.

Capítulo II
Fase dos Articulados

42. Noção de articulados. Sua importância

O artigo 101º, nº 1, do Código de Processo Civil, define articulados como "as peças em que as partes expõem os fundamentos da acção e da defesa e formulam os pedidos correspondentes".

O nº 2 do mesmo artigo acrescenta que "é obrigatória a dedução por artigos dos factos que interessem à fundamentação do pedido ou da defesa, sem prejuízo dos casos em que a lei dispensa a narração de forma de articulada".

Convém desde já assinalar a importância dos articulados, que representam as peças forenses de mais melindrosa elaboração.

Já diziam os antigos: "Arrazoe quem quiser, mas articule quem souber". Com efeito, os articulados são a 'pedra de toque' dos advogados; pelo seu teor se afere a capacidade destes para bem exercerem a sua função de patronos das partes, designadamente porque deles deriva em grande parte o destino da acção e a salvaguarda dos interesses que lhes foram confiados.

A simplicidade, a concisão, a clareza e o rigor são as virtudes do articulado bem construído.

A exposição dos factos e a indicação do direito considerado aplicável devem ser feitas em termos precisos, sem empolamentos de linguagem, nem escusadas redundâncias.

O pedido deve ser claramente formulado, em termos de não dar lugar a dúvidas.

Mas por vezes, infelizmente, os articulados são o contrário do que acaba de se dizer: ou são demasiado prolixos ou são escassos, dúbios, e mesmo ininteligíveis; ou é o pedido que se não entende ou são os factos que se escondem sob artifícios de linguagem.

Por alguma razão a lei consagra a figura da *ineptidão da petição inicial* no artigo 139º do Código de Processo Civil, que configura uma deficiência muito grave, causadora de nulidade processual de primeiro grau.

43. A petição inicial

Isto que acabámos de dizer dos articulados em geral, tem especial relevância no que toca à petição inicial, cujos defeitos podem mesmo comprometer o êxito da acção a que respeita.

A petição inicial é, como já se sabe, o primeiro dos articulados de um processo. É com a sua entrega, e recebimento, na secretaria judicial, que o autor instaura um processo, nela formulando a sua pretensão, isto é, um pedido de determinado efeito jurídico.

43.1. Partes componentes da petição inicial

A petição inicial pode considerar-se integrada por quatro partes, cujo conteúdo vem mencionado nas várias alíneas do nº 1 do artigo. 389º, e que são: o *endereço*; o *intróito* (a que antigamente se chamava "cabeçalho"); a *narração*; e a *conclusão*. Deve, ainda, conter certas *indicações complementares* adequadas à situação concreta.

1. No *endereço* contém-se a identificação do tribunal a que o autor se dirige – nº 1, *a)*, do artigo 389º;

2. O *intróito* abrange:

a) A identificação das partes (nº 1, alínea *a)* do artigo 389º); e
b) A *indicação da forma do processo* (nº 1, alínea *b)*, do mesmo artigo).

A identificação das partes faz-se com menção dos seus nomes, residências e, sempre que possível, profissões e locais de trabalho, com vista a uma mais rápida localização das partes e mais fácil cumprimento de princípios essenciais, como são o contraditório e a cooperação.

Segue-se a indicação da forma de processo que se considera aplicável no caso: processo comum ou especial e, dentro destas categorias, a subespécie determinada.

3. A *narração*, a que se refere o nº 1, alínea *c)* do artigo 389º, é a exposição dos factos e das razões de direito que servem de fundamento à acção.

4. A *conclusão* da petição inicial consiste, nos termos do nº 1, alínea *d)* do artigo 389º, na formulação expressa do pedido.

5. Além destes elementos essenciais, que acabam de se enumerar, deverá a petição inicial conter ainda certas indicações complementares adequadas ao caso *sub iudice*, tais como:

- A indicação do valor da causa [artigo 389º, nº 1, alínea *e)*, e artigos 247º e 256º do Código de Processo Civil];
- A menção da junção de documentos comprovativos de factos invocados e, sendo caso disso, de procuração forense; e, por último,
- A assinatura e a indicação do domicílio escolhido ou da sede do escritório do advogado constituído.

43.2. *Exemplo esquemático de uma petição inicial*

(Intróito)

Exmo. Sr.
Juiz do Tribunal Judicial de Base de Macau

António da Silva, marceneiro, residente em............, vem propor contra Manuel Lopes, proprietário, residente em...................., na rua ....

ACÇÃO DE CONDENAÇÃO COM PROCESSO ORDINÁRIO, com os fundamentos seguintes:

(............................)

(Narração)

1º

No dia 10 da Janeiro p.p., o A. vendeu e entregou ao R. uma mobília, pelo preço de $120.000.00 patacas.

2º

O pagamento do referido preço deveria ser feito no domicílio do R., como permite o nº 2 do artigo 875º do Código Civil.

3º

O R., porém, não efectuou o pagamento do preço ajustado.

4º

Por isso, o A. tem o direito de exigir o pagamento do preço, ao abrigo do artigo 877º do Código Civil.

(Pedido)

Deve, pois, a acção ser julgada procedente e condenar-se o R. a pagar ao A. a quantia de $120,000.00 patacas, acrescida de custas e procuradoria.

(Conclusão)

Para tanto,

Requer a V. Exª que, D. e A., o R. seja citado para, no prazo e sob a legal cominação, contestar, querendo.

Valor da acção: $120,000.00 patacas.

Juntam-se: (...) docs., procuração e 2 duplicados.

O advogado, com escritório na

Rua.., Nº..........................

(Assinatura)

Mas convém esclarecer alguns pontos do exemplo acima dado.

1º A. e R. são as abreviaturas usuais de "autor" e "réu". Na conclusão, D. e A., significa "distribuída e autuada" (a acção/processo).

2º Pede-se a condenação do R. no pagamento de $120,000.00 patacas e ainda em custas e procuradoria.

Vejamos:

- **Custas** – Por força do artigo 376º do CPC, a decisão que julgue a acção ou algum dos seus incidentes ou recursos condenará em custas a parte que a elas houver dado causa ou, não havendo vencimento da acção, quem do processo tirou proveito. Idêntica regra se contém no diploma que aprovou o Regime das Custas nos Tribunais e que é o Decreto-Lei nº 63/99/M, de 25 de Outubro). Seria, portanto, escusado pedir a condenação em custas. Mas é hábito fazê-lo.

- **Procuradoria** – Refere-se-lhe também o Regime das Custas nos Tribunais: o juiz tem de arbitrar, à parte vencedora, uma quantia a título de procuradoria (honorários dos mandatários judiciais). Também não é necessário pedir a condenação em procuradoria, para esta ser proferida; mas o hábito de o fazer continua a respeitar-se.

3º No final da petição indicam-se *os documentos que se juntam*. É que "os documentos destinados a fazer prova dos fundamentos da acção (...) são juntos com o articulado em que se aleguem os factos que com eles se pretendem provar. Se o não forem, podem juntar-se mais tarde (...) mas a parte é condenada em multa, salvo se provar que os não pôde oferecer com o articulado". Tal é a determinação do artigo 450º, nº 1.

4º Os *duplicados da petição* (tantos quantos os interessados, salvo se forem representados pelo mesmo mandatário – artigo 102º, nº 1 – e mais um para arquivo de segurança) têm de ser apresentados em cumprimento do que determina o artigo 102º do Código de Processo Civil, nos seus cinco números.

44. Modalidades do pedido[261]

O pedido – ou seja, a providência de tutela jurisdicional solicitada pelo autor na petição inicial – é normalmente fixo, certo, de prestação vencida e único.

Contudo, pode suceder excepcionalmente que o pedido:

a) Não seja fixo, mas alternativo ou subsidiário;
b) Não seja certo, mas genérico;
c) Não se refira a prestação vencida, mas seja de prestação vincenda;
d) Não seja único, mas múltiplo.

Analisemos estas possíveis espécies de pedidos previstas na lei.

[261] Cfr. *supra*, parágrafo **29. 1.**, em que se aborda com mais pormenor esta matéria, a propósito do objecto da relação jurídica processual.

44.1. Pedidos alternativos

A matéria referente a pedidos alternativos vem regulada no artigo 390º do Código de Processo Civil.

Normalmente o pedido formulado traduz-se na solicitação de uma determinada providência de tutela jurisdicional, destinada a reconhecer ou efectivar uma dada situação jurídica activa.

Outras vezes, porém, pedem-se disjuntivamente duas ou mais providências: está-se, então, perante um pedido alternativo.

A alternativa, como possível característica dos pedidos judiciais, pode ser encarada *stricto sensu* nos casos previstos no artigo 390º, como resultantes da própria relação material litigada; mas a alternativa pode ser encarada *lato sensu*, o que sucede quando o autor formula um pedido (pedido principal) e, para a hipótese de ele não proceder, formula desde logo outro pedido (subsidiário). Este segundo pedido fica subordinado ao primeiro.

Nos termos do artigo 390º, a alternativa *stricto sensu* surge em dois casos:

1) Obrigações de natureza alternativa; e
2) Obrigações que podem resolver-se em alternativa.

44.1.1. Obrigações alternativas

Deste tipo de obrigações ocupam-se os artigos 536º a 542º do Código Civil. A escolha do objecto da prestação pode pertencer, como se sabe, ao devedor, ao credor ou a um terceiro.

- Pertencendo a escolha ao credor não tem cabimento o pedido alternativo: o credor pode desde logo exercer o seu direito de escolha.
- Se a escolha pertencer ao devedor, então o pedido deve ser feito em alternativa. Não o sendo, essa circunstância "não obstará a que se profira uma condenação em alternativa" (artigo 390º, nº 2 do CPC). E posteriormente, em eventual execução, proceder-se-á preliminarmente à escolha, nos termos do artigo 687º do Código de Processo Civil.
- Pertencendo a escolha a um terceiro (artigo 542º do CC) também não tem lugar a formulação do pedido em alternativa. O autor terá de notificar o terceiro pela forma prevista no artigo 208º (notificação avulsa) para que ele proceda à escolha. Não tendo sido feita essa notificação, tem-se entendido que se aplica, por analogia, o regime dos artigos 390º, nº 2 e 687º.

Note-se, por último, como decorrência do que acaba de dizer-se, que a formulação de pedidos alternativos em virtude de a obrigação exigenda ser alternativa só é aplicável ao caso de a escolha do objecto da prestação pertencer ao devedor.

44.1.2. Obrigações que se resolvem em alternativa

As obrigações que se resolvem em alternativa respeitam, quer às *obrigações provenientes de contrato sinalagmático, quer às obrigações de prestação de facto fungível.*

Traço relevante deste tipo de obrigações é o de se tratar de obrigações provenientes do não cumprimento de prestações anteriores. Trata-se de situações em que existe uma obrigação simples (não alternativa), que passa a ser alternativa em virtude de um facto modificativo: a *mora debitoris*. É a partir do momento da constituição do devedor em mora que a obrigação se transforma em alternativa.

Analisando as hipóteses previstas nos artigos 422º e 423º do Código Civil (*inadimplemento de obrigações provenientes de contrato bilateral*), vemos que: o não cumprimento de uma obrigação emergente dum contrato bilateral (sinalagmático) dá ao credor o direito de, em alternativa:

- Se ter igualmente por desobrigado;
- Exigir que o devedor seja compelido judicialmente a cumprir; ou
- Exigir uma indemnização pelos danos, nos termos do artigo 787º do CC.

Já no caso de não cumprimento de uma obrigação de prestação de facto fungível, o credor tem o direito de, em alternativa (artigo 826º do CPC e artigo 818º do CC):

- Fazer prestar o facto por outrem, à custa do devedor; ou
- Exigir uma indemnização pelos danos resultantes da mora (artigo 793º, nº 1 do CC).

Em todas estas situações, poder-se-á estar em presença, nos termos do nº 1 do artigo 390º, da figura processual de *pedidos alternativos*.

Por seu turno, a alternativa *lato sensu* pode ter lugar quando o autor, formulando um determinado pedido, prevê *ab initio* a hipótese de ele vir a ser julgado improcedente e, por isso, formula um *pedido subsidiário*, que só lhe interessa que seja satisfeito no caso de o pedido principal não poder ser julgado procedente (artigo 390º).

Suponhamos que **A** lega a **B**, em testamento, um determinado apartamento. A cláusula do legado é, porém, de sentido duvidoso, não se apurando claramente se o legado tem por objecto a propriedade perfeita ou só o usufruto da casa.

O legatário, ao intentar uma acção para efectivar o seu direito, pode pedir que lhe seja reconhecida a propriedade plena da casa que recebeu como legado, ou, no caso de assim se não entender, que lhe seja reconhecido o usufruto da mesma.

A oposição, no plano substantivo, entre os dois pedidos não impede que sejam deduzidos nos termos do nº 3 do artigo 390º, mas obstam a isso as circunstâncias que impedem a coligação de autores e réus (mesmo artigo, *in fine*).

44.2. Pedidos genéricos

Outra característica normal do pedido formulado pelo autor é a de esse pedido dever ser *certo*.

No entanto, como já se apontou, o pedido pode, excepcionalmente, ser genérico, isto é, indeterminado no seu quantitativo ou com um objecto delimitado globalmente e não através da especificação das diversas unidades integradoras.

O primeiro Código de Processo Civil português, de 1876, permitia livremente a formulação de pedidos deste tipo. O autor podia formular genericamente o seu pedido ao tribunal, deixando a sua concretização para momento ulterior.

No Código de Processo Civil vigente em Macau a matéria vem regulada no artigo 392º, que preceitua no seu nº 1:

> "É permitido formular pedidos genéricos:
>
> *a)* Quando o objecto mediato da acção seja uma universalidade;
> *b)* Quando não seja ainda possível determinar, de modo definitivo, as consequências do facto ilícito, ou o lesado pretenda usar da faculdade que lhe confere o artigo 563º do Código Civil;
> *c)* Quando a fixação do quantitativo esteja dependente de prestação de contas ou de outro acto que deva ser praticado pelo réu".

Mas o que sucede quando é formulado perante o tribunal um pedido genérico?

Sendo possível, liquida-se o pedido antes da sentença, através do incidente de liquidação, regulado nos artigos 308º a 310º, que já conhecemos. O processo inicial como que se desdobra, então, em dois: um principal e outro incidental, destinando-se este último à conversão do pedido genérico em pedido certo ou específico. O processo incidental decorrerá em simultâneo com o processo principal e é discutido e julgado com a causa principal (artigo 310º, nº 4).

Não sendo possível liquidar-se o pedido antes da sentença e pretendendo instaurar-se execução, há que ter em conta o disposto nos artigos 686º e 689º a 694º do Código de Processo Civil, como actividades preliminares do processo executivo.

Analisemos agora as situações referidas no artigo 392º, em que é possível a formulação de pedidos genéricos.

1) Quando *o objecto mediato da acção* seja *uma universalidade.*

Pode figurar-se a hipótese prevista neste artigo com *um exemplo* muito simples:

A pretende de **B** a entrega de um rebanho, ou de uma biblioteca. Em vez de discriminar no pedido cada cabeça de gado, ou cada livro, pede todo o conjunto, de maneira global. Formula, assim, um pedido genérico, de entrega da universalidade de facto. A operação de contagem é realizada depois, em conformidade com a obrigação exigenda.

2) Quando *não seja ainda possível determinar, de modo definitivo, as consequências do facto ilícito.*

Acontece frequentemente formularem-se pedidos genéricos, com base nesta alínea *b)* do nº 1 do artigo 392º, nas acções de indemnização por danos.

Por exemplo:

Uma pessoa é vítima de um acidente de viação. Durante a patologia motivada por esse acidente, propõe uma acção contra os seus causadores e/ou contra as respectivas seguradoras, para que sejam condenados no pagamento da indemnização que se reputa devida. Mas, como o estado patológico ainda não findou, ignorando-se portanto as consequências definitivas do acidente, o pedido é formulado de forma genérica. Só depois será liquidado, nos termos legais.

3) Quando *a fixação do quantitativo estiver dependente de prestação de contas ou de outro acto que deva ser praticado pelo réu.*

A alínea *c)* do nº 1 do artigo 392º desdobra-se em duas sub-hipóteses que convém analisar separadamente.

1ª A fixação do quantitativo está dependente de prestação de contas. O processo especial de prestação de contas está regulado nos artigos 879º a 889º do CPC. Como resulta da leitura desses preceitos, só depois de apresentadas e julgadas as contas o autor sabe o quantitativo a que tem direito. Por isso, antes desse momento, só pode formular um pedido genérico.

2ª A fixação do quantitativo está dependente de outro acto que deva ser praticado pelo réu.

Estas situações verificam-se, por exemplo, quando venha a ser possível uma execução para prestação de facto. O autor só poderá pedir a indemnização dos danos que sofrer, resultantes de o facto não vir a ser prestado. Esse pedido tem de ser genérico, porque só depois de o facto não ter sido prestado é que se podem computar os danos resultantes do inadimplemento (cfr. artigos 826º e ss. do CPC).

Vejamos agora, de forma sistemática, com relação a todas as situações previstas no artigo 392º, como é feita a especificação dos pedidos genéricos.

De várias formas:

A) Nos casos da alínea *c)* do nº 1 do artigo 392º, a liquidação opera-se automaticamente: faz-se pela prestação de contas ou pela prática de outro facto a que o réu está obrigado. E se não prestar contas ou não praticar o facto a que está obrigado, há meios legais para fazer substituir judicialmente esse facto que o réu não prestou voluntariamente.

B) Nas hipóteses das alíneas *a)* e *b)* do nº 1 do artigo 392º a liquidação faz-se:

   i. Por meio do incidente da liquidação, na própria acção declarativa. É o meio normal: artigos 392º, nº 2 e 308º a 310º do CPC; ou então,

   ii. Por liquidação na fase preliminar da acção executiva (se não for possível através do mecanismo anterior) – artigos 686º e 689º a 694º do CPC.

44.3. Pedidos de prestações vincendas

Os pedidos de prestações vincendas constituem desvios ao regime normal, que exige que a obrigação a que o pedido se reporta esteja já vencida.

A estas situações se refere o artigo 393º do CPC:

> *"1. Tratando-se de prestações periódicas, se o devedor deixar de pagar, podem compreender-se no pedido e na condenação tanto as prestações já vencidas como as que se vencerem enquanto subsistir a obrigação.*
>
> *2. Pode ainda pedir-se a condenação em prestações futuras quando se pretenda obter o despejo de um prédio no momento em que findar o arrendamento e nos casos semelhantes em que a falta de título executivo na data do vencimento da prestação possa causar grave prejuízo ao credor".*

Esta modalidade especial de pedido concretiza-se, por exemplo, na hipótese seguinte:

A propõe uma acção de condenação contra **B**, pedindo a importância relativa a vários meses de renda de um andar que arrendou ao réu.

Se não existisse um preceito como o do nº 1 do artigo 393º, **A**, mesmo que a acção fosse julgada procedente, teria de propor, no futuro, uma acção de condenação de cada vez que **B** deixasse de pagar a renda periodicamente vencida, para poder depois instaurar a execução.

O artigo 393º, no seu nº 1, permite, todavia, que **A** compreenda no pedido de condenação, não só a(s) prestação(ões) em dívida, mas ainda todas as que, subsistindo o contrato fonte da obrigação, se vierem a vencer.

Apresentando o pedido nesses termos, o autor obtém, no caso de a acção ser julgada procedente, uma *sentença de execução aparelhada* ou *sentença com trato sucessivo*, que permite que a execução se renove no mesmo processo para pagamento de prestações que se vençam posteriormente (cfr. artigos 565º e 814º, nº 1 do CPC).

Por sua vez, o nº 2 do artigo 393º regula outras hipóteses em que podem pedir-se prestações vincendas:

a) Pedido de condenação em *prestações futuras*, quando se pretenda obter o despejo de um prédio no momento em que findar o arrendamento; e
b) Quando puder resultar prejuízo grave para o credor se não tiver título executivo na data do vencimento da obrigação.

Note-se, por último, que o artigo 393º deve conjugar-se, na sua interpretação, com o que se dispõe no artigo 565º do Código de Processo Civil para os casos em que a obrigação não seja ainda exigível a quando da propositura da acção declarativa.

44.4. Pedidos múltiplos ou cumulados

Diz o artigo 391º, nº 1:

> *"Pode o autor deduzir cumulativamente contra o mesmo réu, num só processo, vários pedidos que sejam compatíveis, se não se verificarem os obstáculos fixados no artigo 65º."*

Para além da dedução de pedido único, admite a nossa lei a dedução de *pedidos cumulados*, da qual resulta o também chamado *pedido múltiplo*.

Todavia, o artigo 391º faz depender a admissibilidade da cumulação objectiva da verificação de determinados requisitos.

Assim:

- É necessário que seja a mesma forma de processo a adequada para todos os pedidos, a não ser que a diversidade resulte apenas do valor;
- É indispensável que o tribunal tenha competência para apreciar todos os pedidos.

Mas além destes dois *requisitos de carácter formal ou processual*, a nossa lei exige também um requisito *de carácter substancial*, isto é, que os pedidos cumulados não sejam incompatíveis [cfr. também os artigos 139º, nº 2, alínea *c)*; e 394º, nº 1, alínea *a)*].

Refira-se ainda que a cumulação pode respeitar a pedidos da mesma categoria, ou então a um ou mais pedidos principais e a um ou mais pedidos acessórios.

Suponha-se que **A**, em momentos diferentes, contraiu perante **B**, dívidas também diferentes e que não as paga. **B** pode cumular num só processo os pedidos de condenação de **A** no pagamento de ambas as dívidas, desde que se verifiquem os requisitos do artigo 391º, nº 1. Neste caso, todos os pedidos são de igual categoria.

Suponha-se agora que **A** pede, no mesmo processo, a declaração da nulidade de um contrato e a restituição do que por ele já prestou; ou ainda que reivindica a propriedade de um andar habitacional, pedindo a sua entrega e também a entrega dos respectivos rendimentos.

Em todos estes casos, um dos pedidos é complementar, é uma consequência do outro: trata-se de cumular *pedidos principais* (pedido de declaração da nulidade do contrato, pedido da entrega do prédio) com *pedidos de certo modo acessórios* (restituição do prestado em virtude do contrato nulo, entrega dos rendimentos do andar).

45. A propositura da acção

Falemos agora do acto, em si, de propositura da acção, analisada que ficou a primeira peça do processo, a petição inicial.

O artigo 211º, nº 1 preceitua:

> *"A instância inicia-se pela proposição da acção e esta considera-se proposta e pendente logo que seja recebida na secretaria a respectiva petição inicial, sem prejuízo do disposto no artigo 100º".*

Apresentada a petição inicial na secretaria do respectivo tribunal, se for caso de a receber, ela é imediatamente registada em livro próprio.

O registo de entrada das petições fixa *a data do seu recebimento*, e portanto o início da acção, logo, do processo, *momento de grande relevância para vários efeitos processuais e substantivos.*

46. A distribuição

Procede-se depois ao acto da *distribuição*, que tem por fim repartir com igualdade e aleatoriedade o serviço do tribunal, designando-se o juízo em que o processo há-de correr ou o juiz que há-de exercer as funções de relator (artigo 155º do CPC).

A distribuição é feita por *espécies.* A cada tipo de acções (e outras solicitações feitas ao tribunal, como as referidas em último lugar no artigo 161º) corresponde uma espécie.

O artigo 161º do Código de Processo Civil enumera as várias espécies a considerar para efeitos de distribuição, correspondentes a outros tantos tipos de solicitações dirigidas aos tribunais de primeira instância.

O artigo 157º do mesmo diploma, depois das alterações introduzidas pela Lei nº 9/2004, de 16 de Agosto, determina que "A distribuição é feita diariamente de segunda a sexta-feira, excepto nos dias feriados, pelas 14,30 horas, sob a presidência do juiz de turno, e abrange em cada dia os papéis entregues até às 10 horas desse dia".

O acto da distribuição compreende as operações de classificação dos papéis que houver a distribuir, escrevendo em cada um a espécie a que pertence e o número de ordem que lhe corresponde. Depois, efectua-se o sorteio mediante a extracção de uma esfera de uma urna contendo as esferas com os números correspondentes aos papéis da espécie, a que se segue a atribuição ao juízo que na espécie figure em primeiro lugar, segundo escala de distribuição (artigos 162º a 164º).

Depois de distribuída, a petição é autuada.

A *autuação* consiste na organização do processo, cujas folhas são cosidas e metidas em capas com a indicação do tribunal, do valor da causa, do tipo de acção, dos nomes do autor e do réu, e de outras eventuais indicações julgadas necessárias para a ulterior localização e identificação do processo, com mais facilidade.

O resultado de todas estas operações é publicado por meio de pauta afixada no tribunal; e, se tiver havido erro na distribuição, a lei dispõe sobre o modo de o corrigir nos artigos 166º e 167º.

O CPC, nos artigos 168º a 174º regula também as especialidades do acto da distribuição nos tribunais superiores, prevendo a eventualidade de realização de uma segunda distribuição quando estiver impedido o juiz a quem o processo foi distribuído.

O acto da distribuição é sempre presidido, em todas as operações em que se desdobra, por um juiz de turno.

47. O preparo inicial

Até aqui, referimos vários actos distintos, a praticar no início de um processo:

- Apresentação da petição, pelo autor, na secretaria do tribunal;
- Recebimento da petição e registo da sua entrada em livro próprio da secretaria judicial;
- Distribuição; e
- Autuação.

Tem lugar, seguidamente, o pagamento do *preparo inicial.*

Os preparos são, numa noção genérica, quantias que, antes de se produzir determinada actividade processual, a parte tem de depositar para servirem de garantia do pagamento dos encargos judiciais que essa actividade irá importar.

Os preparos não são, pois, um pagamento; são como que uma caução. Não representam o pagamento de despesas já feitas; representam o caucionamento de despesas a fazer.

O Regime das Custas nos Tribunais, aprovado pelo Decreto-lei nº 63/99/M, de 25.10, distingue entre preparos *iniciais*, preparos *para despesas* e preparos *para julgamento*.

Preparos iniciais são os que se verificam no início de qualquer processo, recurso ou incidente a que seja aplicável taxa de justiça.

O preparo inicial é feito nos dez dias seguintes à apresentação da petição em juízo ou à distribuição quando a houver.

Se o autor não fizer o preparo dentro do prazo legal, será avisado para, em dez dias, efectuar o pagamento em falta, acrescido de taxa de justiça de igual montante.

Enquanto o autor, o requerente do procedimento cautelar ou o exequente não procederem ao pagamento do preparo inicial, e, sendo caso disso, do sancionatório e da multa, o respectivo processo ou procedimento não seguem.

Os preparos são depositados pela parte mediante guias passadas pela secretaria judicial onde o processo entrou.

48. Despacho liminar

Na sequência das actividades supra referidas, o processo é depois concluso ao juiz do Juízo do Tribunal Judicial de Base a quem foi distribuído para que este aprecie a petição inicial e lavre o despacho liminar (introdutivo). Este despacho pode ser, fundamentalmente, de três tipos, como resulta dos artigos 394º, 397º e 398º de Código de Processo Civil e deve ser proferido dentro de dez dias a contar da data em que lhe é concluso o processo (artigo 110º, nº 1).

Debrucemo-nos, então, sobre as modalidades típicas de despacho liminar, previstas nos artigos 394º a 399º do CPC e que são:

- Despacho *de indeferimento* (negativo);
- Despacho *de aperfeiçoamento* (despacho-convite); e
- Despacho *de citação* (positivo).

49. Despacho de indeferimento

Deste tipo de despacho resulta, após o seu trânsito em julgado, a extinção da ainda jovem relação jurídica processual ou instância.

Dispõe o artigo 394º do CPC que a petição deve ser liminarmente indeferida:

- Quando for *inepta*;
- Quando seja manifesto que *a acção não pode ser proposta nos tribunais de Macau*, por não caber nas previsões dos artigos 15º e seguintes;
- Quando haja *falta manifesta, e insanável, de pressupostos processuais relativos às partes*: falta de personalidade judiciária do autor ou do réu, sua ilegitimidade ou falta de interesse processual;
- Quando *tenha caducado o direito de acção judicial*, nas situações em que a caducidade seja de conhecimento oficioso; e ainda
- Quando seja evidente a *impossibilidade de procedência da acção.*

Todos estes fundamentos de indeferimento liminar apontam para noções já antes abordadas, mas que, nesta sede, requerem mais algumas explicitações.

Assim:

- É necessário que a falta dos pressupostos processuais referidos em *b)* seja *manifesta,* isto é, que do simples exame da petição inicial resulte *inequívoca*. Mas, embora a lei o não diga expressamente, parece que a falta destes pressupostos relativos às partes só deverá fundamentar o indeferimento *quando for insanável*, uma vez que no actual sistema processual se procedeu a um redimensionamento do inquisitório do juiz, como resulta claramente do preceituado no artigo 6º do CPC;
- É também necessário que a eventual caducidade do direito de acção judicial, no caso, seja *de conhecimento oficioso*, isto é, que a relação material litigada seja uma relação indisponível, como determina o nº 1 do artigo 325º do Código Civil;
- É ainda necessário que se verifique uma impossibilidade evidente de procedência da acção, como sucede, por exemplo, quando o direito subjectivo cuja tutela se requer é um *direito sem acção*, caso lapidar das obrigações naturais.

49.1. Ineptidão da petição inicial [262]

Determina o nº 2 do artigo 139º que a petição é inepta:

[262] Cfr. parágrafo **35. 3.** sobre este vício processual.

- Quando falte ou seja ininteligível a indicação do pedido ou da causa de pedir;
- Quando o pedido esteja em contradição com a causa de pedir;
- Quando se cumulem causas de pedir ou pedidos substancialmente incompatíveis entre si.

Para usar a formulação de ANSELMO DE CASTRO[263], em matéria de ineptidão a lei processual, na sua especificação normativa, joga sempre com duas noções: pedido e causa de pedir.

Exemplifiquemos.

Ilustra a *primeira causa de ineptidão,* no respeitante à causa de pedir, a situação em que, na petição inicial, o autor afirma que o réu não lhe pagou o preço estipulado num contrato de empreitada já realizada, e pede a sua condenação, sem contudo especificar os factos jurídicos concretos e as respectivas circunstâncias de tempo e de lugar em que baseia o seu pedido; não basta a invocação de que entre os dois foi celebrado um contrato de empreitada, circunstância que apenas em parte integra a causa de pedir.

Exemplifica a *causa de ineptidão apontada em segundo lugar* a situação em que o autor invoca a nulidade de um contrato-promessa de compra e venda e termina com o pedido de execução específica desse mesmo contrato-promessa. É notória a contradição entre pedido e causa de pedir, entre a previsão normativa legal e o pedido formulado: pede-se a execução específica de um contrato-promessa, em vez do pedido, possível, de indemnização pelos danos derivados da nulidade.

A *causa de ineptidão indicada em terceiro lugar* verifica-se quando, por exemplo, o autor pede a anulação de contrato de arrendamento por erro e, ao mesmo tempo, pede a condenação do réu no pagamento das rendas vencidas e vincendas. Como parece óbvio, não pode pedir-se que o contrato seja declarado inválido, logo ineficaz e, ao mesmo tempo, pretender-se que produza todos os seus efeitos normais. Há aqui uma cumulação de pedidos substancial ou intrinsecamente incompatíveis.

Mas a alínea *c)* do nº 2 do artigo 139º prevê ainda a situação de contradição entre causas de pedir invocadas na petição para fundamentar um mesmo pedido[264]. Poderiam citar-se como exemplos: **i.** A acção de anula-

[263] *Direito Processual Civil Declaratório,* vol. II, Coimbra, Almedina, p. 223.

[264] A pertinência desta previsão legal é, todavia, posta em causa por alguma doutrina. Cfr., por todos, ANSELMO DE CASTRO, que defende que, nestes casos, "(...) o autor nada mais fez

ção de testamento em que se indicam como fundamentos a demência do testador e a coacção ou outro vício da vontade; **ii.** A invocação cumulada de simulação e demência dos vendedores, como fundamento conjunto de invalidação de contrato de compra e venda.

Em suma, os *motivos de ineptidão da petição inicial centram-se, essencialmente, na ligação lógica e inevitável entre o pedido formulado em tribunal e a respectiva fundamentação, isto é, entre pedido e causa de pedir*, que contribuem para a delimitação do âmbito de actuação do tribunal (cfr. artigo 564º) e para a determinação dos limites do caso julgado que se vier a formar da decisão de mérito (cfr. artigo 576º, nº 1).

49.2. Falta de jurisdição dos tribunais de Macau

Remete-se para a leitura dos extensos preceitos dos artigos 15º a 19º do Código de Processo Civil, que regulam questões de jurisdição ou poder de julgar dos tribunais de Macau, mas que estão inseridos no Capítulo relativo ao pressuposto da competência.

Remete-se também para o conteúdo dos parágrafos **25. 3.** e **25. 4.** destas Lições.

49.3. Falta manifesta de certos pressupostos processuais relativos às partes

A falta de personalidade judiciária do autor ou do réu, a sua ilegitimidade ou a falta de interesse processual, quando manifestas, originam também despacho de indeferimento liminar, se *in casu* forem insanáveis.

Mas já a falta do patrocínio judiciário, quando obrigatório, ainda que não suprida, não dá lugar ao indeferimento *in limine*, mas antes, como sabemos, às actividades e cominações do artigo 75º do CPC.

49.4. Caducidade do direito de propor a acção

Se, nas situações em que a lei estabelece um prazo de caducidade do direito de acção judicial, sendo oficiosa a apreciação de que a acção foi proposta fora de tempo, haverá também lugar ao despacho de indeferimento.

Como é sabido, há certas acções que têm de ser intentadas dentro de determinados prazos, sob pena de precludir a possibilidade se as propor.

na realidade que apresentar duas causas de pedir subsidiárias, embora como tais as não tivesse classificado *appertis verbis*" (ob. e loc. cit., p. 225).

É o caso, por exemplo, das acções de investigação de maternidade, que, como regra geral, podem ser intentadas a todo o tempo (nº 1 do artigo 1677º do CC), mas que, se o filho for já falecido, só podem ser propostas pelo seu cônjuge ou algum descendente até 1 ano após a sua morte (nº 2 do mesmo artigo 1677º).

Trata-se de uma das situações subsumíveis na previsão do nº 1 do artigo 325º do Código Civil, que estatui a apreciação oficiosa, pelo tribunal, da caducidade do direito de acção judicial.

Assim, se o titular de certas espécies de direitos – que por lei não estão na disponibilidade das partes – pretender exercê-los judicialmente depois de expirado o respectivo prazo de caducidade, o juiz deverá indeferir liminarmente a petição inicial.

Todavia, advirta-se que, nestes casos, o que conduz ao indeferimento liminar da petição inicial é *a caducidade do direito de acção*, não a eventual prescrição do direito material subjacente.

Nos casos de prescrição do direito subjectivo cuja tutela se requer, o juiz não poderá indeferir liminarmente a petição inicial com esse fundamento porque aos tribunais é vedado o conhecimento oficioso da prescrição, como resulta do preceito do artigo 296º, nº 1 do Código Civil. Nesses casos, não havendo qualquer outro motivo de indeferimento liminar nem qualquer outra deficiência desde logo passível de sanação, o juiz ordenará a citação do réu, o qual excepcionará (se quiser, claro está, já que de um ónus se trata) a prescrição do direito material invocado pelo autor.

49.5. Impossibilidade evidente de procedência da acção

Há ainda outras situações referidas na parte final da alínea *d)* do nº 1 do artigo 394º como fundamentadoras do indeferimento *in limine* da petição inicial: quando seja "evidente que a pretensão do autor não pode proceder".

Já sabemos que, a partir da petição, o juiz tem de apreciar a configuração da acção, de verificar qual é a pretensão do autor e em que termos está articulada. Este exame pode, desde logo, indicar ao juiz que a acção de forma alguma pode proceder porque, juridicamente, não é viável, "não tem pernas para andar" como se diz na linguagem corrente; nesse caso, indeferirá liminarmente a petição inicial[265].

[265] Cfr. a norma de conteúdo paralelo que se contém no artigo 700º, nº 1, alínea *c)* do CPC, relativamente à petição de *embargos de executado* em processo executivo que, como se verá na disciplina de Direito Processual Civil II, é apenso de natureza declarativa.

Assim sucede quando, por exemplo, se propõe uma acção de divórcio litigioso com um fundamento que a lei civil não admite, isto é, que não está previsto nos artigos 1635º e ss. do Código Civil.

Tal petição deve ser liminarmente indeferida porque *a pretensão do autor não apresenta qualquer viabilidade perante o direito material aplicável*: como que se procede, neste primeiro despacho do processo, a um julgamento antecipado do mérito da causa.

É *o princípio básico da economia processual* a impor o termo imediato de um processo que nunca poderia conduzir a uma decisão que, à luz do direito aplicável, concretizasse a finalidade pretendida pelo autor ou a defesa feita pelo réu.

49.6. Indeferimento liminar parcial da petição inicial

O disposto no nº 2 do artigo 394º tem sido objecto de muita discussão na doutrina e na jurisprudência[266]: deve ser interpretado com muita prudência e entendido nos seus devidos termos.

Desde logo, parece óbvio que o indeferimento liminar parcial da petição só poderá ser decretado, tal como o indeferimento total, se ocorrer qualquer das situações do nº 1 do artigo 394º.

Mas se, por exemplo, se formular um pedido contra vários réus e um deles for manifestamente parte ilegítima sem possibilidade de sanação da ilegitimidade, então o juiz pode, e deve, indeferir liminarmente a petição na parte em que se pede a condenação desse réu (parte final do nº 2 em análise).

Porém, no caso de cumulação de pedidos e pluralidade de réus, mesmo que do indeferimento parcial não resulte a exclusão de algum dos réus, parece que ele poderá ser, ainda assim, admissível: o juiz pode, efectivamente, verificar que é evidente que algum dos pedidos não pode proceder e, então, deve rejeitar a petição só quanto a esse pedido.

Dito de outra forma: em caso de pedidos múltiplos ou cumulados e pluralidade de réus, é possível o indeferimento liminar apenas de algum, ou alguns, dos pedidos, ainda que desse indeferimento parcial não resulte exclusão de algum dos réus.

Assim sendo, parece que só nos casos de pedido simples e único com pluralidade de réus faz sentido aplicar o nº 2 do artigo 394º.

[266] Designadamente, se se aplica subsidiariamente, ou não, ao processo de execução.

Este o entendimento que nos parece ser o mais curial do dispositivo em análise.

49.7. A estatuição do nº 3 do artigo 394º

"Se a forma de processo escolhida pelo autor não corresponder à natureza ou ao valor da acção, mandar-se-á seguir a forma adequada; mas quando não possa ser utilizada para essa forma, a petição é indeferida".

Este preceito como que completa o do artigo 145º do CPC, que já foi objecto do nosso estudo.

Em matéria de *formas de processo*, já foi dito também que a respectiva legalidade ou tipificação legal experimentou uma significativa liberalização na reforma operada pelo CPC vigente, nomeadamente conferindo ao juiz expressos poderes de irritualidade, admitidos pelo novo princípio da adequação formal enunciado no artigo 7º do CPC, e através da simplificação dos factores determinantes do âmbito de aplicação das formas comuns ordinária e sumária.

Ora o preceito do nº 3 do artigo 394º realça, mais uma vez, os poderes do juiz (que são verdadeiros deveres funcionais), quanto à determinação da forma de processo nesta sua fase inicial: "*manda-se seguir a forma adequada*", o que normalmente, na prática, se cumpre no próprio despacho liminar de citação.

Só quando se verifique uma absoluta inidoneidade da forma escolhida pelo autor a petição deve ser indeferida (nº 3 do artigo 394º, *in fine*).

49.8. Notificação do despacho de indeferimento

Quando a petição for liminarmente indeferida, o despacho de indeferimento é notificado ao autor, com observância do preceituado nos artigos 200º a 207º do Código de Processo Civil.

E então, o autor pode tomar uma de três atitudes:

a) Conforma-se com o despacho de indeferimento.
Nesta hipótese, a instância extingue-se pelo julgamento que em tal despacho se contém [artigo 229º, *a)*]. Ou então,

b) Apresenta nova petição dentro de dez dias (artigo 396º, nº 1).
Neste caso, a acção considera-se proposta na data em que a primeira petição tenha dado entrada na secretaria (artigo 396º, nº 2), o que

é de grande importância para vários efeitos, *maxime* nos casos em que a lei fixa prazos de caducidade do direito de acção judicial. Ou ainda,

c) Interpõe recurso ordinário do despacho de indeferimento, ao abrigo do artigo 395º, nº 1, que admite recurso, independentemente do valor da causa.
Nesta hipótese, no despacho que admita o recurso é ordenada a citação do réu, tanto para os termos do recurso como para os termos da causa (artigo 395º, nº 3).

Se o recurso obtiver provimento, o processo seguirá seus termos; se o despacho de rejeição for confirmado, o autor tem ainda a faculdade de apresentar nova petição nos 10 dias subsequentes à notificação da baixa do processo à secretaria da 1ª instância (artigo 396º, nº 1). Não sendo apresentada nova petição, a instância extingue-se.

50. Despacho de aperfeiçoamento

No despacho de aperfeiçoamento que o juiz pode liminarmente proferir, deve tomar-se em consideração o facto de na petição haver faltas ou deficiências cuja gravidade não é suficiente para levar ao indeferimento liminar, e portanto não previstas no artigo 394º, nº 1.

Nessas situações, *o juiz pode convidar o autor* a corrigir ou a suprir as deficiências ou faltas: por isso se costuma designar esta modalidade de despacho liminar por *despacho-convite.*

Estabelece o artigo 397º:

> *"1. Quando não ocorra nenhum dos casos previstos no nº 1 do artigo 394º, mas a petição não possa ser recebida por falta de requisitos legais ou por não vir acompanhada de documentos essenciais, ou quando apresente insuficiências ou imprecisões em exposição da matéria de facto alegada pode ser convidado o autor a corrigir ou completar a petição ou a apresentar os documentos em falta, marcando-se prazo para o efeito.*
>
> *2. Sendo a nova petição ou os documentos em falta apresentados dentro do prazo marcado, aplica-se o disposto no nº 2 do artigo anterior; igual regime é aplicável ao caso de a petição ser recusada pelo juiz que presida à distribuição, desde que o autor apresente outra que seja admitida na primeira distribuição seguinte.*
>
> *3. Não cabe recurso do despacho previsto no nº 1".*

Do nº 2 do artigo retira-se que, nos casos nele referidos, se o autor apresentar oportunamente nova petição, tal como sucede quando o despacho liminar for de indeferimento, considerar-se-á proposta a acção na data em que a primeira petição tiver dado entrada na secretaria. O que, note-se, pode na prática ter um alcance enorme, como já foi dito.

Mas que tipo de insuficiências ou imprecisões podem estar abrangidas na previsão deste preceito?

Vejamos alguns exemplos:

a) Falta de requisitos legais de regularidade da petição inicial.

Será o caso de se omitir a indicação do valor da causa, e a secretaria, quando recebeu a petição, não ter reparado nessa omissão. Tal falta, só por si, não pode conduzir ao indeferimento liminar; e então, ao abrigo do disposto no artigo 397º, o juiz, em despacho de aperfeiçoamento, pode conceder ao autor um prazo para que ele complete a petição, indicando o valor que atribui à acção.

b) Falta de junção de documentos comprovativos de factos descritos na petição inicial, integradores da causa de pedir ("documentos essenciais").

Suponha-se que se propõe uma acção em que se alega a titularidade do direito de propriedade, ou a posse de um imóvel, e se não apresentam os documentos comprovativos; ou que se propõe uma acção para cobrança de uma dívida (e respectivos juros) titulada por documento escrito, e não se junta o respectivo documento.

Nestas circunstâncias também o juiz pode sugerir ao autor que esses documentos sejam apresentados, marcando-lhe prazo para o efeito.

c) Insuficiências ou imprecisões na exposição da matéria de facto alegada.

Esta situação equivale à deficiente narração de factos necessários para a procedência da acção.

Suponha-se que se intenta uma acção de divórcio com fundamento em violação de um dever conjugal que a lei impõe, mas não se diz qual, nem se narram os factos concretos integradores da violação desse dever.

Nestas hipóteses, pode também o juiz, ao abrigo do nº 1 do artigo 397º, convidar o autor a especificar o dever conjugal que foi violado e as circunstâncias concretas em que tal violação ocorreu.

Em todas estas situações (ressalvada a da simples junção de documentos), pode questionar-se se, decidindo o autor corresponder ao convite de aperfeiçoamento que lhe foi dirigido pelo juiz, terá de elaborar uma "nova petição", como resulta do nº 2 do artigo 397º, ou se bastará "corrigir ou completar"a petição anteriormente apresentada, como decorre do nº 1 do mesmo artigo.

Tem-se entendido que não é necessário, apesar da letra do nº 2 do artigo 397º. Bastará que o autor apresente uma peça adicional, em que aperfeiçoa a petição já entregue.

Da comparação do regime legal do despacho de aperfeiçoamento com o do despacho de indeferimento ressalta, desde logo, uma relevante diferença:

Enquanto, por força do artigo 394º, *o juiz deve* proferir um despacho de indeferimento sendo caso disso, o artigo 397º *concede-lhe a faculdade* de proferir um despacho de aperfeiçoamento, quando se verifique alguma das circunstâncias previstas naquele preceito e já analisadas.

Quer dizer: ao contrário do que sucede com o despacho de indeferimento, a prolação de um despacho de aperfeiçoamento não configura um dever, mas um poder do juiz.

Esta característica reflecte-se ainda no facto de ser o juiz a fixar o prazo em que pode ser completada ou corrigida a petição, enquanto por força do nº 1 do artigo 396º o prazo para apresentação de nova petição é fixado em 10 dias, quando tenha havido despacho de indeferimento.

No regime legal anterior levantava-se a questão de saber *se cabia ou não recurso* do despacho de aperfeiçoamento, porque *a lei era omissa*. Mas, ainda assim, entendia-se que não havia lugar a recurso, com base nos seguintes argumentos:

Perante o preceituado no artigo 679º, nº 1 do CPC anterior, que dispunha a não admissibilidade de recurso dos despachos de mero expediente e dos proferidos no uso legal de um poder discricionário, e perante a determinação legal de que "pode ser convidado o autor (...)", como o despacho de aperfeiçoamento é proferido no uso legal de um poder discricionário[267], daí que já no domínio desse anterior CPC se entendia que este tipo de despacho não era recorrível.

[267] Muito embora seja discutível se o poder concedido ao juiz no artigo 397º configura, em rigor, um poder discricionário, ou apenas um poder de grande latitude mas sempre,

O Código de Processo Civil vigente prevê expressamente, no nº 3 do artigo 397º que "Não cabe recurso do despacho previsto no nº 1".

Mas o que sucederá se o autor não corresponder ao convite consubstanciado no despacho de aperfeiçoamento?

Vejamos:

Este tipo de despacho é proferido com vista à correcção de insuficiências da petição inicial. Por isso, parece que o juiz, findo o prazo fixado, terá de ordenar a citação do réu e o autor só de si próprio poderá queixar-se se a acção vier a ser julgada improcedente.

Há quem entenda ser lícito que o juiz venha ainda a rejeitar a petição se o despacho de aperfeiçoamento não for cumprido; mas parece-nos que tal ideia não pode ser aceite. O juiz só pode proferir um despacho de aperfeiçoamento (nº 1 do artigo 397º) "quando não ocorra nenhum dos casos previstos no nº 1 do artigo 394º"; parece, pois, que a prolação de despacho de aperfeiçoamento num determinado processo não se compagina com o proferimento ulterior de despacho de indeferimento liminar, no mesmo processo.

Não tem, no nosso entendimento, outro caminho (nesta hipótese que estamos considerando) que não seja o de mandar citar o réu. Depois de ter proferido um despacho de aperfeiçoamento, não é lícito indeferir a petição, até porque não ocorreu nenhuma circunstância fundamentadora de indeferimento liminar, cujo elenco consta taxativamente da lei, como já vimos.

51. Despacho de citação

Além das duas já referidas modalidades (despacho de indeferimento e despacho de aperfeiçoamento), o despacho liminar pode ainda assumir a forma de *despacho de citação.*

Será esta, aliás, a sua normal, e porventura mais frequente, configuração.

Ao despacho de citação refere-se o artigo 398º, que estabelece no seu nº 1:

> *"Se não houver motivo para indeferimento liminar e a petição estiver em condições de ter seguimento, é ordenada a citação do réu".*

evidentemente, no respeito estrito dos limites legais nesta matéria.

Este é o momento normal para a citação ser feita: após a distribuição e o pagamento do preparo inicial.

No entanto, a lei permite excepcionalmente a chamada *citação prévia*, que é, afinal, uma antecipação desse momento-regra.

É no nº 2 do artigo 398º que se prevê a *citação prévia*:

> *"A citação precede a distribuição quando, não devendo efectuar-se editalmente o autor o requeira e o juiz considere justificada a precedência, atentos os motivos invocados; neste caso a petição é logo apresentada a despacho e, se a citação prévia for ordenada, depois dela se fará a distribuição".*

Como claramente ressalta deste preceito, o autor tem a faculdade de requerer a citação antecipada, justificando a razão por que o faz.

E porquê esta possibilidade?

A citação produz determinados efeitos, enumerados exemplificativamente no artigo 401º do CPC, que em breve analisaremos mais em pormenor.

Um desses efeitos, estatuídos no artigo 315º do Código Civil, é o de provocar a interrupção do prazo de prescrição a que esteja sujeito o direito subjectivo invocado pelo autor na sua titularidade.

Ora, se uma acção é proposta quando o prazo prescricional está a extinguir-se, o autor tem manifesto interesse em conseguir a citação do réu, e o consequente prosseguimento do processo, antes que esse prazo se complete.

Entre o momento da propositura da acção (artigo 211º, nº 1 do CPC) e o momento da citação do réu, se não fosse permitido que esta se fizesse previamente, ou seja, que o momento normal da sua efectivação fosse antecipado em certos casos, poderia, entretanto, decorrer o tempo bastante para se completar a prescrição. A distribuição, o pagamento do preparo inicial, a conclusão do processo ao juiz, o despacho liminar deste, a passagem de mandado para a citação, a realização desta, *são actos que podem levar algum tempo.*

Para evitar os efeitos potencialmente nocivos de tal demora, numa hipótese como a configurada, pode então requerer-se a *citação prévia, desde que se justifique a sua necessidade e não seja caso de citação edital.*

Se o juiz de turno que preside à distribuição considerar que o fundamento invocado é justificativo da antecipação da citação do réu, ordena-a por despacho, e só depois de o réu ser citado vai o processo à distribuição, praticando-se, após esta, os actos que já estudámos, sem repetição do despacho de citação.

Do despacho de citação não cabe recurso, nos termos do nº 1 do artigo 399º.

Mas acrescenta o nº 2 desse mesmo artigo:

> *"O despacho que ordene a citação não resolve definitivamente as questões que podiam ser causa de indeferimento liminar".*

Em face desta disposição, apesar de ter sido proferido um despacho de citação, pode o réu, na contestação, suscitar ainda qualquer dos problemas a que se refere o artigo 394º (ineptidão da petição inicial, não verificação de pressupostos, etc.), os quais poderiam ter levado à rejeição liminar da petição.

O juiz terá então de conhecer dessas questões, o que fará, normalmente, em fase posterior do processo, *v.g.*, no despacho saneador.

52. A citação do réu

52.1. Conceito de citação

A citação[268]– como estabelece o nº 1, alínea *a)* do artigo 175º – é o acto pelo qual "(...) se dá conhecimento ao réu de que foi proposta contra ele determinada acção e se chama ao processo para se defender".

A importância da citação é enorme: para além de ser essencial para dar cumprimento ao princípio do contraditório, ela é também essencial para a produção dos efeitos previstos no artigo 401º do CPC, entre outros que adiante estudaremos.

Mas, por agora, vejamos quais os trâmites a seguir para que a citação se efective.

Entre a ordem de citação e a sua efectivação material interpõe-se um momento em que se determina, não propriamente a realização desse acto (esse foi objecto do despacho de citação), mas a disponibilidade dos meios através dos quais o acto se realizará, efectivamente, na prática.

Os artigos 126º e ss do CPC regulamentam a matéria da comunicação dos actos processuais em geral, prevendo as formas de comunicação a que chama *carta rogatória* (nº 1 do artigo 126º), *mandado* (nº 2 do artigo 126º), *ofí-*

[268] O vocábulo deriva do latim *citare*, que tem o sentido literal de "provocar". De facto, ao citar-se o réu, como que se lhe faz uma provocação: a de vir ao processo, se quiser defender-se.

cio ou *outro meio de comunicação* (nº 3 do artigo 126º), *a via postal*, *a fotocópia* e *os meios telemáticos*, o *telegrama* e a *comunicação telefónica* (nº 4 do artigo 126º).

Para o acto da citação, em especial, são os artigos 176º a 179º e 180º a 199º do CPC que regulam os modos de a secretaria a concretizar, por regra em cumprimento do despacho do juiz, e consoante as particularidades do caso concreto.

Dizemos 'por regra', porque a Lei nº 9/2004, de 16 de Agosto, aditou ao Código de Processo Civil um artigo 177º-A, que contém uma norma de excepção à regra da necessidade de despacho prévio do juiz a ordenar a citação do réu.

O nº 1 desse artigo determina a desnecessidade de despacho do juiz nas seguintes espécies de acções: nas acções com processo especial referente a pequenas causas; nas acções de despejo que seguem, na sua fase declarativa, os termos do processo sumário; e nas acções executivas para pagamento de quantia certa na forma ordinária, desde que o valor da dívida não exceda a alçada dos tribunais de primeira instância.

O preceituado neste artigo 177º-A, cujos intentos de simplificação e de celeridade se não contestam, pode contudo levantar na prática problemas de vária ordem, relacionados com a interpretação e aplicação dos seus nº s 3, 4 e 5, e acabando, porventura, por causar ainda mais demoras no desenrolar do processo.

Conhece-se até uma proposta de alteração a este preceito, feita no âmbito da comissão para a reforma do Código de Processo Civil, designadamente no sentido de revogar a alínea *c)* do nº 1 (*relativa a acções executivas*), cujo comando seguramente potenciará, na prática, a verificação de situações dúbias, até pela eventualidade da existência de apensos de natureza declarativa de grande valor, e não só.

52.2. Modalidades da citação

Quanto à forma por que a citação pode ser concretamente feita, há a considerar as seguintes modalidades:

- *Citação pessoal* [artigos 175º, nº 1, al. *a)* e 180º, nºs 1 e 2];
- *Citação em pessoa diversa do citando* (artigo 176º);
- *Citação por simples afixação de nota* na casa da residência do citando (artigo 186º, nº 3);
- *Citação postal* (artigo 182º); e
- *Citação edital* (artigo 180º, nºs 1 e 6 e artigos 194º a 199º).

Mas o nº 3 do artigo 180º prevê ainda a admissibilidade de a citação ser promovida por mandatário judicial, o que constitui uma inovação relativamente ao regime anterior, na senda do que se passou em Portugal depois da grande reforma do CPC português em 1995/1996.

O uso dessa faculdade concedida aos mandatários judiciais vem regulamentado no Código de Processo Civil de Macau nos artigos 191º e 192º, mas tem sempre de ser precedido de autorização do juiz do processo.

Aliás, trata-se de uma modalidade de efectivação da citação que, segundo parece resultar dos termos em que está prevista no nº 3 do artigo 180º, goza de um estatuto menor relativamente às duas modalidades a que poderemos chamar tradicionais, que são a citação pessoal[269] e a citação edital, cuja realização é levada a cabo pelos competentes funcionários judiciais.

As referidas modalidades de citação encontram-se minuciosamente reguladas no Código de Processo Civil, o que se justifica pelos importantes efeitos jurídicos, de diversas naturezas, que o acto da citação desencadeia.

Mas antes de analisarmos esses efeitos, convém determo-nos um pouco no estudo do *prazo dentro do qual impende sobre o réu o ónus da dedução da sua defesa*.

Esse prazo começa a correr a partir da citação. Quando esta é efectivada, o funcionário deve informar qual é o prazo (indicando o dia exacto em que o mesmo termina) com que o réu pode contar para a sua defesa, e que é de 30 dias em processo ordinário (artigo 403º, nº 1). Sendo a citação feita em pessoa diversa do citando, ou consistindo na afixação de nota de citação, ou quando o réu tenha sido citado fora de Macau, ou ainda quando a citação tenha sido edital, o prazo para a contestação é de maior duração.

A essa ampliação do prazo para a defesa chama-se *dilação*.

Os prazos adicionais de dilação, variando em função das distâncias e da facilidade de comunicações, estão indicados nas diversas alíneas do nº 1 do artigo 199º, e o seu cômputo é feito nos termos do artigo 98º, contando-se os dois prazos – dilatório e peremptório[270] – como um só, isto é, somando-se as durações dos dois prazos.

[269] Há também casos de citação não pessoal mas com efeitos equiparados aos da citação pessoal, como são os previstos, por exemplo, nos artigos 180 º, n º 4 e 186 º, n º s 2, 3 e 5.

[270] Relembre-se o que já foi estudado sobre prazos processuais e suas modalidades, no âmbito da teoria dos actos processuais.

53. Efeitos da citação [271]

53.1. Os principais efeitos da citação

São eles os seguintes[272]:

1) Interrupção da prescrição;
2) Cessação da boa fé do possuidor;
3) Constituição do devedor em mora, quando a obrigação não dependa de prazo certo;
4) Estabilização dos elementos essenciais da causa; e
5) Inibição de propositura, pelo réu contra o autor, de uma acção que tenha por fim a apreciação da mesma questão jurídica.

Os três primeiros efeitos são de natureza substantiva; os dois últimos, de natureza processual.

Examinemo-los separadamente.

1) Interrupção da prescrição

Da interpretação conjugada do nº 2 do artigo 211º do CPC e dos artigos 315º a 319º do Código Civil, resulta que *a interrupção da prescrição só se produz com a citação do réu,* e não com a propositura da acção[273].

2) Cessação da boa fé do possuidor

Este efeito da citação está previsto na alínea *a)* do artigo 401º do Código de Processo Civil. Com efeito, a partir da citação, o réu fica a saber que os poderes de facto que exerce sobre a coisa estão a lesar o invocado direito do autor.

A importância da cessação da boa fé do possuidor é enorme, designadamente para os efeitos do disposto no nº 1 do artigo 1195º do Código Civil: "O possuidor de boa fé faz seus os frutos naturais percebidos até ao dia em que

[271] Sobre esta matéria, cfr, por todos, ANTUNES VARELA, *Manual de Processo Civil,* cit., pp. 272 e ss.

[272] Um outro efeito processual é já conhecido: pela efectivação da citação completa-se a relação jurídica processual, com a constituição de uma das suas parcelas – a relação entre o réu e o tribunal (artigo 211 º, n º 2).

[273] Relacione-se com a situação prevista no artigo 330 º, n º 6 do CPC: se a acção tiver sido precedida de procedimento cautelar, em que o réu tenha sido citado antes de decretada a providência, então a propositura da acção produz efeitos contra ele desde a apresentação da petição inicial.

souber que está a lesar com a sua posse o direito de outrem, e os frutos civis correspondentes ao mesmo período".

3) Constituição do devedor em mora nas obrigações sem prazo certo

Nas obrigações puras, isto é, nas obrigações sem prazo certo, é necessário interpelar o devedor para que elas se vençam (artigo 794º do CC).

A interpelação é o acto de intimação, feito pelo credor ao devedor, para que este cumpra a obrigação a que está adstrito.

Ora um dos meios por que se pode fazer a interpelação é precisamente a citação do devedor (cfr. o nº 1 do artigo 794º do CC, que prevê expressamente a interpelação judicial), que é réu no processo em que se pede a sua condenação no cumprimento (cfr. nº 3 do artigo 565º e nº 3 do artigo 688º, ambos do Código de Processo Civil).

4) Estabilização dos elementos essenciais da causa

Preceitua-se no artigo 212º:

"Citado o réu, a instância deve manter-se a mesma quanto às pessoas, ao pedido e à causa de pedir, salvas as possibilidades de modificação consignadas na lei".

Foram já estudados, em sede anterior para a qual se remete, o princípio da estabilidade da instância e as respectivas excepções legais.

5) Inibição de propositura, pelo réu contra o autor, de uma acção com o mesmo objecto

Este efeito da citação relaciona-se com a qualificação da litispendência como excepção dilatória (cfr. alínea j) do artigo 413º).

Existe uma situação de litispendência quando uma causa se repete, estando ainda em curso a primeira acção, subjectiva e objectivamente idêntica (cfr. artigos 416º e 417º).

Nessas situações, a excepção de litispendência deve ser deduzida na acção proposta em segundo lugar; mas, para este efeito, considera-se proposta em segundo lugar a acção para a qual o réu foi citado posteriormente. Assim se dispõe no nº 1 do art. 418º, que consagra um claro desvio ao preceituado no artigo 211º, nº 1 do CPC.

53.2. Essencialidade da citação

O acto da citação é essencial para a validade dos actos processuais subsequentes. Faltando ela, considera-se nulo tudo o que se processe depois da petição inicial, salvando-se somente esta [artigo 140º, *a)*].

O artigo 141º estabelece os casos em que há *falta de citação*[274].

Contudo, há situações em que pode ter havido citação, mas ela vir a ser considerada *nula*: é o que sucede quando, observadas as formalidades essenciais do acto, tenha havido preterição de outras formalidades prescritas na lei (artigo 144º, nº 1). Nesses casos, o prazo para a arguição da nulidade é o estabelecido para a contestação (nº 2 do artigo 144º), mas a arguição só é atendida se a falta cometida puder prejudicar a defesa do citado (nº 4 do artigo 144º).

A reter, pois, que a lei distingue dois vícios diferentes que podem afectar o acto da citação: a sua falta ou a sua nulidade.

54. Atitudes que o citado pode assumir

Efectivada a citação com todas as formalidades legais (essenciais e não essenciais), o réu (em processo comum ordinário, com singularidade de partes passivas e em que não haja lugar a qualquer dilação) tem trinta dias para contestar (artigo 403º, nº 1). Pode, então, assumir uma das atitudes seguintes: ou não contesta, ou contesta.

Analisemos separadamente cada uma destas situações e as consequências que podem acarretar, as quais, fundamentalmente, se reconduzem às matérias da *revelia* e da *oposição do réu*.

Quando o réu se abstém de deduzir qualquer defesa, não apresentando a sua contestação, diz-se que é *revel*.

55. A revelia do réu

O instituto da *revelia* está regulado nos artigos 404º a 406º do Código de Processo Civil, que fazem o seu delineamento, reconduzindo-o à falta de contestação do réu regularmente citado.

Mas no âmbito desta configuração legal ainda há que distinguir duas sub-hipóteses:

[274] Veja-se também o artigo 143 º, que considera a hipótese de falta de citação de um dos réus em caso de cumulação subjectiva passiva.

a) O réu foi citado mas não deduz qualquer oposição à acção, permanecendo absolutamente inactivo, nem sequer nomeando mandatário judicial, nem intervindo no processo de outro modo: a revelia é *absoluta*; ou então,

b) O réu foi regularmente citado na sua própria pessoa, não contesta a acção, mas constitui mandatário judicial ou intervém de outro modo no processo (o chamado *comparecimento em juízo*); nestas situações, verifica-se uma revelia *relativa*.

Poderia questionar-se qual a vantagem da nomeação de mandatário judicial por parte do réu que não deduz qualquer oposição. Mas tal atitude pode ter utilidade para ele, réu, quando admita que são verdadeiros os factos articulados pelo autor – por isso deixa que funcione a cominação de se considerarem reconhecidos – mas, ao mesmo tempo, pretende demonstrar que tais factos não são de molde a conduzir à conclusão que o autor deles pretende extrair, porque o direito aplicável não é o que o autor invoca. Daí que nomeie advogado para que este, nas alegações, sustente que, à luz do direito aplicável, a acção não pode proceder.

As *consequências* de cada uma das espécies de revelia são diferentes, como veremos de seguida.

a) Verificando-se uma situação de *revelia absoluta*, o tribunal deve verificar se a citação foi feita com as formalidades legais e mandá-la repetir quando encontre irregularidades (artigo 404º).

Bem se compreende que nestes casos haja necessidade de o tribunal se certificar da regularidade da citação, pois é possível que o réu nem sequer tenha chegado a tomar conhecimento da acção. Não podem deixar-se à justiça esses remorsos.

b) Na hipótese de *revelia relativa*, já esses cuidados são desnecessários. O réu não contestou mas teve um comportamento que revela que tomou conhecimento da acção. Por isso, o tribunal não vai ocupar-se oficiosamente da questão da regularidade da citação: mesmo que esta tenha sido nula, se o réu não arguir essa nulidade no prazo da contestação, ela considera-se sanada (interpretação conjugada dos artigos 144º, nº 2, 148º e 149º do CPC); e mesmo que a tenha arguido, "a arguição só é atendida se a falta cometida puder prejudicar a defesa do citado" (nº 4 do artigo 144º).

Portanto, a primeira diferença a assinalar entre o regime dos efeitos da revelia absoluta e da revelia relativa, é esta: na primeira, o tribunal conhece oficiosamente de qualquer irregularidade que tenha havido na citação; na segunda, não.

Há, porém, duas consequências, de grande importância, que são comuns às duas espécies de revelia:

i. Consideram-se reconhecidos os factos articulados pelo autor[275] (artigo 405º, nº 1), excepto nas situações previstas no artigo 406º; e
ii. A marcha normal do processo sofre alterações.

Estas consequências verificam-se sempre que haja *revelia,* a que chamaremos *operante* ou *eficaz.*

Mas o que deve entender-se por *revelia operante*?

Diz-se *operante* aquela situação de revelia (absoluta ou relativa, não interessa) que, tendo sido precedida de uma citação pessoal ou equiparada, produza como efeito, para além do reconhecimento dos factos alegados pelo autor, também a alteração da marcha normal do processo.

Ao contrário, a revelia será *inoperante* quando a inacção do réu provenha do facto de não se haver procedido à sua citação pessoal ou equiparada, ou aquela que não produz os seus efeitos normais (artigo 405º, nº 1), em virtude de ressalva expressa da lei.

Tais ressalvas, em processo ordinário de declaração, constam do artigo 406º, ao dispor que os efeitos normais da revelia não se produzem:

a) Quando, havendo vários réus, algum deles contestar, relativamente aos factos que o contestante impugnar;
b) Quando o réu ou algum dos réus for incapaz, situando-se a causa no âmbito da incapacidade, ou tiver sido citado editalmente e permaneça na situação de revelia absoluta;
c) Quando a vontade das partes for ineficaz para produzir o efeito jurídico que pela acção se pretende obter; e, finalmente,
d) Quando se trate de factos para cuja prova se exija documento escrito.

[275] Que não precisa, portanto, de produzir qualquer outra prova naquele processo.

Convém analisar agora cada uma destas situações.

a) Em processo declarativo ordinário, a revelia é inoperante quando, havendo vários réus, algum deles contestar, relativamente aos factos que o contestante impugnar.
Isto quer dizer que, em caso de pluralidade subjectiva passiva, a defesa de um réu só aproveita aos réus reveis relativamente aos factos que o contestante impugnar.
Todavia, se se tratar de *litisconsórcio necessário passivo*, parece que se mantém o regime-regra. Em tais situações, a necessidade de uma decisão uniforme do litígio para todos os interessados, impede que a uns se possa aplicar a cominação e a outros não (cfr. artigo 63º, primeira parte).

b) A cominação do artigo 405º, nº 1, também não se aplica aos réus que sejam incapazes, se a causa se situar no âmbito da sua incapacidade.
Esta última determinação é simples aplicação do já conhecido princípio estabelecido no nº 2 do artigo 43º do Código de Processo Civil, segundo o qual a capacidade judiciária molda-se na capacidade do exercício de direitos.

c) A falta de contestação também não importa o reconhecimento dos factos articulados pelo autor quando a vontade das partes for ineficaz para produzir o efeito jurídico que pela acção se pretende obter.
Contempla-se aqui o caso das chamadas relações jurídicas indisponíveis, subtraídas ao domínio da vontade das partes, como são as acções de estado (impugnação de paternidade, investigação de paternidade ou de maternidade, divórcio litigioso, e outras).
A falta de contestação, em tais acções, não implica o reconhecimento dos factos alegados pelo autor.
A fórmula da alínea *c)* do artigo 406º está em consonância com a do artigo 241º, nº 1, ao proibir a confissão, a desistência do pedido ou a transacção relativamente a direitos indisponíveis, apenas com a excepção do nº 2 do mesmo artigo, onde se dispõe que é livre a desistência do pedido nas acções de divórcio. E está também de acordo com o que se preceitua no artigo 1173º do Código Civil (matérias insusceptíveis de transacção): "As partes não podem transigir sobre direitos de que lhes não é permitido dispor (...)".

d) Finalmente, não se consideram reconhecidos, como consequência da revelia do réu, os factos para cuja prova se exija documento escrito, o que é de justificação óbvia.

Em síntese, os *efeitos da revelia operante, em processo ordinário de declaração, traduzem-se fundamentalmente no reconhecimento dos factos articulados pelo autor (efeito cominatório semi-pleno) e na alteração da marcha normal do processo, que é desviada por redução de fases.*

Uma vez que se consideram reconhecidos os factos articulados pelo autor, não é necessário produzir quaisquer provas e o juiz deve proferir despacho declarando-os assentes e mandando facultar o processo para exame, pelo prazo de dez dias, primeiro ao advogado do autor e depois ao advogado do réu, para alegarem por escrito. Em seguida proferirá sentença, julgando a causa conforme for de direito.

Tudo isto resulta expressamente do nº 2 do artigo 405º.

Assim sendo, nestas situações, ao contrário do que como regra sucede em processo comum ordinário (artigo 549º, nº 1 do CPC), a acção é julgada pelo juiz singular (o juiz do processo), sem intervenção do tribunal colectivo.

Por último, volte a dizer-se que, em casos de revelia inoperante, não há desvios na marcha normal do processo: os factos não se consideram reconhecidos e o processo segue a sua marcha habitual, passando-se, logo que finde o prazo para o réu contestar, à fase do saneamento e preparação do processo e às fases ulteriores previstas na lei, se for caso disso.

56. A contestação

56.1. O contraditório

O réu é citado em obediência ao princípio do contraditório, ou da contraditoriedade, estabelecido na parte final do nº 1 do artigo 3º do Código de Processo Civil e a que corresponde a fórmula latina *altera pars auditur.*

De acordo com este princípio, deve ser dado conhecimento ao réu de que contra ele foi proposta uma determinada acção, colocando-o na posição de poder defender-se, se assim o entender.

Deste modo, *o acto de contestar,* mediante a apresentação do articulado que tem o nome de *contestação,* representa o cumprimento de um simples ónus jurídico[276].

[276] O *ónus jurídico,* como se sabe, é estabelecido no interesse daquele sobre quem impende; por isso, bem se compreende que, nessas situações, o sujeito é colocado perante duas possíveis

O nº 1 do artigo 403º é bem claro nesse sentido, ao dispor que "o réu pode contestar no prazo de 30 dias a contar a citação (...)".

56.2. Defesa diferida

Nos termos do artigo 409º, nº 1, "Toda a defesa deve ser deduzida na contestação, exceptuados os incidentes que a lei mande deduzir em separado".

É regra a que poderemos chamar *princípio da concentração da defesa*, que origina a preclusão da possibilidade de o réu invocar posteriormente mais factos em sua defesa. Se o fizer, o tribunal não pode atender a esses factos, sob pena de excesso de pronúncia, gerador de nulidade da sentença.

Mas a esta regra prevê a lei *alguns desvios.*

Como resulta do nº 2 do mesmo artigo 409º, há situações em que são admitidos meios de defesa do réu que sejam *supervenientes*, e que podem ser oferecidos posteriormente à apresentação da contestação, ou ao decurso do prazo para a sua apresentação.

Vejamos quais as situações aqui abrangidas[277].

a) Na hipótese de a defesa se basear em factos supervenientes; ou
b) Quando haja expressa determinação da lei (por ex., suspeição oposta ao juiz do processo – artigo 316º); ou ainda
c) Quando haja excepções (não sanadas) que sejam de conhecimento oficioso do tribunal.

Analisemos separadamente cada uma destas situações.

56.2.1. Defesa baseada em factos supervenientes

Do preceituado nos artigos 425º e 426º resulta que, após a contestação, podem deduzir-se, em articulado posterior ou em novo articulado[278], factos que sejam supervenientes.

atitudes – agir ou não agir –, ambas lícitas, mas com consequências diferentes, cominadas na lei. Lembre-se a grande relevância que a noção de *ónus* assume no âmbito do Processo Civil em que, na quase generalidade das situações, as partes praticam actos no cumprimento de simples ónus. O que não quer dizer que no processo não impendam também, sobre elas, verdadeiros *deveres jurídicos* que, quando violados, acarretam sanções jurídicas *proprio sensu*. Mas, por outro lado, é bom lembrar que a figura do ónus não é exclusiva do Processo Civil.

[277] Cfr., a este respeito, Antunes Varela, *Manual de Processo Civil*, cit., pp. 312-314.

[278] A que a própria lei chama *articulados supervenientes* (epígrafe da Secção IV, que encima os artigos 425º e 426º).

São factos supervenientes (artigo 425º, nº 2):

a) Os factos ocorridos depois de expirado o prazo para a contestação;
b) Os factos ocorridos em momento anterior ao termo desse prazo, mas que só depois dele chegaram ao conhecimento do réu que, neste caso, terá de provar a superveniência.

O novo articulado será oferecido nos 15 dias posteriores à data em que o facto ocorreu ou em que o réu teve conhecimento dele (artigo 425º, nº 3).

A defesa que o réu deduza em articulado superveniente é usualmente designada por *defesa diferida*.

56.2.2. Defesa expressamente admitida pela lei fora da contestação

Destas situações é exemplo o previsto no artigo 150º, nº 2, segundo o qual "as nulidades previstas nos artigos 140º e 146º podem ser arguidas em qualquer estado do processo, enquanto não devam considerar-se sanadas".

Trata-se de outros tantos casos de defesa diferida, a qual pode ter lugar em qualquer fase de processo pendente, até ao encerramento da discussão.

56.2.3. Conhecimento oficioso, pelo tribunal, de circunstâncias que aproveitam ao réu

As circunstâncias que aqui interessa considerar são aquelas que configuram as chamadas *excepções dilatórias*.

As excepções dilatórias podem ser deduzidas pelas partes, mas o juiz também deve, em regra, conhecer delas oficiosamente.

Preceitua-se no artigo 414º:

> *"O tribunal deve conhecer oficiosamente de todas as excepções dilatórias, salvo da violação do pacto privativo de jurisdição e da preterição do tribunal arbitral voluntário".*

Ora, o artigo 409º, nº 2 permite que, mesmo que na contestação não tenha sido invocada qualquer excepção, e mesmo que o juiz dela não conheça oficiosamente, pode a parte vir a deduzi-la ulteriormente. Nessas situações, estamos mais uma vez perante uma *defesa diferida*.

56.3. Prazo para apresentação da contestação

56.3.1. Fora dos casos excepcionais acabados de referir, toda a defesa deve ser, como já se disse, deduzida na contestação (artigo 409º, nº 1) e, portanto, em processo de declaração na forma comum ordinária, no prazo de 30 dias a contar da citação, começando o prazo a correr desde o termo da dilação, quando a esta haja lugar (artigo 403º, nº 1).

O prazo para contestar é, como se sabe, um prazo peremptório que, uma vez expirado, faz precludir a possibilidade de a parte praticar o acto.

Mas a esta regra abre a própria lei alguns desvios, nos casos de:

A) Justo impedimento[279].

Dispõe o artigo 95º, nº 3:

> *"O decurso do prazo peremptório extingue o direito de praticar o acto, salvo no caso de justo impedimento":*

E o nº 2 do artigo 96º estatui:

> *"A parte que alegar o justo impedimento oferecerá logo a respectiva prova. O juiz, ouvida a parte contrária, admite o requerente a praticar o acto fora do prazo, se julgar verificado o impedimento e reconhecer que a parte se apresentou a requerer logo que ele cessou".*

Mas *o que deve entender-se por justo impedimento*?

Justo impedimento, nos termos do nº 1 do artigo 96º, é o "(...) evento não imputável à parte nem aos seus representantes ou mandatários, que obsta à prática atempada do acto".

Será o caso do indivíduo que, depois de citado, adoece com gravidade tal que fica impedido em absoluto de pensar na organização da sua contestação, e mesmo de contactar o seu advogado. Há justo impedimento e, portanto, pode ver prorrogado o prazo para a sua defesa.

Será ainda o caso de "encerramento do tribunal na tarde do último dia da prática de acto, por virtude de tufão (...), mesmo que o encerramento tenha sido anunciado publicamente durante a manhã, já que a utilização até ao último instante de um prazo fixado na lei representa o exercício de um direito" (Acórdão do STJ de 5.01.1983, *in BMJ* nº 323, p. 304).

[279] De notar que a invocação de *justo impedimento* se refere a todo e qualquer prazo peremptório, e não apenas ao prazo para contestar.

Mas já não constituem justo impedimento, *v.g.*, os lapsos dos mandatários forenses na contagem de prazos, que levaram a que o acto não fosse praticado oportunamente (cfr., entre outros, Acórdão da Relação do Porto, de 6.11.1985, *in BMJ* nº 351, p. 463).

A abrangência do conceito legal de justo impedimento tem sido muito discutida e tem originado abundante jurisprudência, designadamente dos tribunais portugueses, face a circunstâncias da vida real causadoras da não observância de prazos peremptórios.

B) Pluralidade de réus

Também na hipótese de haver vários réus, que foram citados em dias diferentes, se verifica uma adaptação da regra geral: nestes casos, o prazo para a contestação dos vários réus só termina quando findar o prazo para o réu citado em último lugar.

É o que resulta do artigo 403º, nºs 2 e 3, que estabelecem:

> "2. *Quando termine em dias diferentes o prazo para a defesa por parte dos vários réus, a contestação de todos ou de cada um deles pode ser oferecida até ao termo do prazo que começou a correr em último lugar.*
>
> 3. *Se o autor desistir da instância ou do pedido relativamente a algum dos réus não citados, são os réus que ainda não contestaram notificados da desistência, contando-se a partir da data da notificação o prazo para a sua contestação*".

Isto significa que, no caso de pluralidade de réus, o réu citado em primeiro lugar vê alargado o seu prazo de 30 dias para contestar até ao termo do prazo que começou a correr em último lugar. Esta solução legal já tem sido apontada como possibilitadora, em certos casos, de uma defesa concertada dos vários réus no mesmo processo.

56.3.2. Prorrogabilidade do prazo para contestar

Resta salientar que o prazo peremptório em análise pode vir a ser prorrogado, ao abrigo, aliás, da possibilidade genericamente prevista no nº 1 do artigo 97º do CPC.

São os nº s 4 e 5 do artigo 403º que especificamente prevêem essa possibilidade quanto ao prazo para contestar[280]:

[280] De notar que a invocação de *justo impedimento* se refere a todo e qualquer prazo peremptório, e não apenas ao prazo para contestar.

i. Dentro de certo condicionalismo, ao Ministério Público que seja parte passiva no processo;
ii. E também ao réu, a pedido deste, quando o tribunal considere que ocorre motivo ponderoso que o impeça, ou ao seu mandatário judicial, ou lhes dificulte anormalmente a organização da defesa dentro do prazo.

Em todos estes casos a prorrogação não pode ir além de 30 dias.

A apresentação do requerimento a pedir prorrogação não suspende o prazo em curso, e o juiz deve decidir, no prazo de 24 horas, sem possibilidade de recurso (nº 6 do artigo 403º).

56.4. Requisitos formais e estruturais da contestação

Em princípio, os requisitos formais exigidos para a regularidade da contestação são os mesmos que, para a petição inicial, vêm enumerados no artigo 389º. E a sua estrutura é também idêntica, ou seja, deve compreender o cabeçalho, o intróito, a narração e a conclusão.

Na narração, deve o réu fundamentar a sua oposição à pretensão do autor, indicando as razões de facto e de direito que a baseiam. Tais fundamentos devem ser deduzidos por artigos numerados, por força do artigo 101º, nº 2.

Para *cabeçalho* de uma contestação bastará a seguinte fórmula:

> 'Contestando a acção com processo ordinário que lhe move António da Silva, vem dizer Manuel Lopes: (...)'.

Segue-se o articulado de defesa, distribuído, como se disse, por proposições numeradas; e, se for caso disso, separando-se a defesa por excepção da defesa por impugnação (artigo 408º, *in fine* do CPC) e, destacadamente, a matéria da reconvenção (artigo 419º, nº 1), se a houver.

56.5. Conteúdo da contestação

Ao chamado 'cabeçalho' da contestação, seguir-se-á a narração, *em separado* e, se for caso disso, das matérias que se traduzam:

a) Na impugnação de factos alegados pelo autor que o réu reputar falsos ou na afirmação de que esses factos não podem produzir o efeito jurídico pretendido pelo autor;

b) Na invocação de excepções dilatórias;
c) Na invocação de excepções peremptórias; e, destacadamente,
d) Na dedução de reconvenção.

Vejamos então as diferentes modalidades que a oposição do réu pode assumir na contestação.

56.6. Modalidades da oposição do réu

A oposição do réu, consubstanciada na contestação, pode assumir diversas feições.

Assim, se *normalmente a contestação funciona como meio de defesa do réu, pode excepcionalmente representar um meio de ataque*: é o que sucede quando, nesse articulado, o réu deduz um pedido reconvencional contra o autor (artigos 218º e 419º do CPC).

O artigo 419º determina que a reconvenção deve ser "deduzida separadamente na contestação".

Quando o réu deduza pedido reconvencional, a contestação funciona como um contra-ataque do réu ao autor, no processo que este lhe moveu. Estamos então perante o que costuma designar-se por "acção cruzada".

As situações em que a reconvenção é admissível estão enumeradas no nº 2 do artigo 218º, de forma taxativa, mas funcionado alternativamente. Contudo, há sempre que atender também à não verificação dos obstáculos de natureza processual referidos no nº 3 do artigo.

Contudo, ainda que a contestação não revista esse aspecto de contra-ataque, e antes se configure como simples defesa, ou de oposição do réu, contra os termos da acção que lhe foi movida, ainda assim pode essa defesa assumir, como já foi dito, formas diversas:

- A defesa *por impugnação*; e
- A defesa *por excepção.*

É o nº 2 do artigo 407º que define os termos da distinção entre impugnação e excepção:

> *"O réu defende-se:*
> *a) Por impugnação, quando contradiz os factos articulados na petição ou quando afirma que esses factos não podem produzir o efeito jurídico pretendido pelo autor;*

b) Por excepção, quando alega factos que obstam à apreciação do mérito da causa ou que, servindo de causa impeditiva, modificativa ou extintiva do direito invocado pelo autor, determinam a improcedência total ou parcial do pedido".

Assim, pode dizer-se que na impugnação – *defesa directa* – o réu ataca de frente a pretensão do autor, rebate frontalmente o que o autor visa com a acção.

E pode fazê-lo *quer* contradizendo os factos (que não são verdadeiros, que os não aceita porque são falsos), *quer* admitindo-os mas sustentando que eles não têm as consequências jurídicas que o autor pretende atribuir--lhes. Isto é, tanto pode impugnar negando os factos que o autor descreve, como impugnando a qualificação jurídica que deles faz, ou seja, impugnando as razões de direito e as respectivas conclusões.

De todo o modo, mesmo que o réu não impugne as razões de direito invocadas pelo autor, e respectivas consequências, porque a matéria de direito (qualificação jurídica dos factos pertinentes) é do conhecimento oficioso do tribunal (cfr. o artigo 567º, primeira parte), a este cumpre sempre o conhecimento e apreciação dos efeitos jurídicos pretendidos pelo autor a partir dos factos que este alega na petição.

Já *na excepção – defesa indirecta* – o réu invoca factos novos, prejudiciais da pretensão do autor, ou seja, factos impeditivos da procedência do pedido: *v.g.*, prescrição do direito subjectivo invocado, pagamento/cumprimento, perdão, ou outros factos preclusivos; ou então invoca factos novos impeditivos do conhecimento do pedido (fundo da causa) por parte do tribunal: ilegitimidade ou incapacidade judiciária de qualquer das partes, falta de outros pressupostos processuais, ou verificação de nulidades processuais.

57. Defesa indirecta: excepções

Como ficou dito, o réu defende-se por excepção quando alega algum facto que, a verificar-se ou ter-se verificado, impede que o tribunal onde foi proposta a acção conheça do mérito da causa, ou então extingue ou altera a seu favor o direito material invocado pelo demandante.

Da forma como enunciámos a noção de excepção resulta claramente que as duas modalidades de excepções previstas na lei são, respectivamente, *as excepções dilatórias* e as *excepções peremptórias.*

A distinção vem já do Direito Romano, muito embora nos sistemas processuais actuais, incluindo o português e o de Macau, seja equacionada de forma diferente.

Vejamos o que se dispõe no artigo 412º:

> *"1. As excepções são dilatórias ou peremptórias.*
> *2. As excepções dilatórias obstam a que o tribunal conheça do mérito da causa e dão lugar, consoante os casos, à absolvição da instância ou à remessa do processo para outro tribunal.*
> *3. As excepções peremptórias importam a absolvição total ou parcial do pedido e consistem na invocação de factos que impedem, modificam ou extinguem o efeito jurídico dos factos articulados pelo autor"*[281].

57.1. Excepções dilatórias

Como se disse, as excepções dilatórias dão lugar, consoante os casos, à absolvição da instância ou à remessa do processo para outro tribunal.

O primeiro fenómeno verifica-se nos casos de falta – não sanada – de personalidade judiciária e de capacidade judiciária, de ilegitimidade (singular ou plural), de irregularidade de representação, de falta de interesse processual ou de verificação de qualquer outra excepção dilatória que não seja a incompetência (artigo 230º, nº 1). A remessa do processo para outro tribunal só se dá no caso de o tribunal onde foi proposta a acção se julgar incompetente para a sua apreciação e julgamento (artigo 33º, nº 1).

As excepções dilatórias estão enumeradas no artigo 413º. E, se bem que essa enumeração seja meramente exemplificativa, pode dizer-se que ela está praticamente completa.

As excepções dilatórias são, nos termos do artigo 414º, de conhecimento oficioso pelo tribunal, com excepção da violação de pacto privativo de jurisdição (artigo 29º) e da preterição do tribunal arbitral voluntário (DL nº 29/96/M, de 11 de Junho). Por isso se não pode afirmar que a apreciação pelo tribunal das excepções dilatórias depende, sempre, em globo, de alegação do réu no processo.

[281] Como veremos, a *absolvição da instância* – excepto se o fundamento tiver sido a procedência da excepção de caso julgado – não impede que se proponha uma nova acção com o mesmo objecto (artigo 231 º, n º 1). Ao invés, a *absolvição do pedido*, depois de transitada em julgado a respectiva decisão, faz extinguir definitivamente a pretensão do autor.

57.2. Excepções peremptórias

São excepções peremptórias aquelas cuja procedência levará a considerar extinto, ou alterado em termos favoráveis ao réu, o direito material subjacente que contra este o autor se arroga.

Respeitam, portanto, à relação material litigada, ao mérito da causa, e não à regularidade da instância ou relação processual.

As excepções peremptórias são *extintivas* quando destroem os efeitos jurídicos resultantes da subsunção em determinada previsão legal. São exemplos típicos: o cumprimento da obrigação, a dação em cumprimento, a compensação, a remissão da dívida, e, em geral, todas as causas de extinção das obrigações (artigos 828º e ss do CC).

Como a própria designação inculca, são *impeditivas* as excepções peremptórias que impedem a solicitação da tutela jurisdicional para determinado direito, ou a produção da consequência jurídica pretendida pelo autor malgrado se verificarem, *in casu*, todos os pressupostos de facto integradores da previsão legal.

Ilustram esta modalidade de excepções, entre outros, os casos de prescrição, de erro ou dolo, de nulidade do negócio jurídico, a excepção de não cumprimento do contrato[282].

São *modificativas* as excepções peremptórias cuja verificação implica a modificação da pretensão formulada pelo autor em tribunal, assim alterando o objecto do processo.

São exemplos, entre outros:

i. A modificação que o réu, nos termos do nº 2 do artigo 431º do CC, opõe ao pedido de resolução do contrato com fundamento em alteração anormal das circunstâncias; e

ii. A condição suspensiva (artigo 263º do CC). Nestas situações, se o tribunal julgar procedente a excepção invocada pelo réu, modifica-se o objecto da relação jurídica processual.

Não deixe, porém, de se salientar que o agrupamento das excepções peremptórias em categorias, nos termos que acima propomos, poderá oferecer alguma discutibilidade, que afinal resulta de idênticas dúvidas sobre a própria classificação dos factos jurídicos em geral.

[282] Esta última situação está prevista e regulada no artigo 422 º, n º 1 do CC em termos tais que podem permitir a sua qualificação como excepção peremptória *modificativa*. Esta é, de resto, a opinião expressa por alguma doutrina.

Ao contrário do que vimos suceder com as excepções dilatórias, a lei processual vigente não faz uma enumeração das excepções peremptórias. Diferentemente, no regime processual anterior (artigo 496º do Código de Processo Civil de 1961), qualificavam-se como tais, a título exemplificativo (como revelava a expressão "entre outras"), o *caso julgado* e a *prescrição.*

Por isso Alberto dos Reis[283] advertia que "além da prescrição e do caso julgado, podem citar-se muitas outras excepções peremptórias de natureza substancial, tais como a nulidade do contrato por incapacidade ou vício do consentimento, o pagamento, o perdão, a compensação legal[284] (...) a novação, a confusão (...), a caducidade do direito de acção".

Estes são exemplos de excepções peremptórias que mantêm plena actualidade porque, ainda que não enumerados na lei processual vigente, resultam de dispositivos da lei civil, afinal a sede própria, dada a sua natureza jurídica.

Relativamente ao *regime de conhecimento,* o artigo 415º determina o conhecimento oficioso das excepções peremptórias cuja invocação a lei não torne dependente da vontade do interessado. Como exemplos paradigmáticos da necessidade de invocação pelo interessado podem apontar-se, entre outros, a prescrição (art. 296º, nº 1 do CC) e a caducidade em matéria de direitos disponíveis[285] (artigo 325º, nº 2 do CC, que remete para o regime da prescrição).

58. Defesa directa: impugnação

Estabelece o artigo 407º, como já referimos:

> "2. O réu defende-se por impugnação:
>
> *a) Quando contradiz os factos articulados na petição ou quando afirma que esses factos não podem produzir o efeito jurídico pretendido pelo autor".*

[283] *Código de Processo Civil Anotado,* cit., vol. 3 º, pp. 88-89.

[284] A compensação judiciária ou judicial é matéria de reconvenção [artigo 218 º, n º 2, alínea *b)*]. Cfr. *infra,* parágrafo **59**.

[285] Já em matéria excluída da disponibilidade das partes, a caducidade é de conhecimento oficioso e pode ser alegada em qualquer fase do processo (artigo 325 º, n º 1 do CPC). São exemplo as acções de estado em que o respectivo direito está sujeito por lei a um prazo de caducidade: caso das situações previstas no artigo 1698 º do CC (impugnação da paternidade do filho concebido antes do matrimónio), cujo regime apenas se aplica às acções intentadas dentro dos prazos fixados no artigo 1699 ºe seus números.

Mas na sua interpretação, este preceito deve ser conjugado com o que se dispõe no artigo 410º, cujo nº 1 define uma regra relativa ao ónus de impugnação por parte do réu: este "deve (...) tomar posição definida perante os factos articulados na petição", sob pena de, nos termos do nº 2 do mesmo preceito, se considerarem reconhecidos os factos que não forem impugnados, salvo se estiverem em oposição com a defesa considerada no seu conjunto, se não for admissível confissão sobre eles ou se só puderem ser privados por documento escrito".

Assim, para cumprir este ónus, parece que não será suficiente que o réu negue, pura e simplesmente, de uma forma genérica, os factos articulados pelo autor[286].

A determinação legal de "tomar posição definida perante os factos articulados na petição" – ou seja, sobre o conjunto factual nela desenhado –, o réu terá de, com a sua contestação, contribuir construtivamente para o apuramento da verdade da situação de facto, pois só assim poderá garantir o afastamento do efeito cominatório estatuído no referido nº 2.

Mas, como resulta do próprio texto desse nº 2, há excepções a esse efeito cominatório:

- Se os factos não impugnados estiverem em manifesta oposição com a defesa no seu conjunto (por exemplo, não pode ser considerado reconhecido, apesar de não impugnado especificamente, qualquer facto que esteja dependente de um outro que foi impugnado);
- Se não for admissível confissão sobre eles (caso dos direitos indisponíveis);
- Se só puderem ser provados por documento escrito (*maxime* com força probatória plena, como é o caso da escritura pública notarial);
- Se, em representação do réu ou réus, estiver o Ministério Público ou um advogado oficioso (nº 4 do artigo 410º).

O reconhecimento dos factos alegados pelo autor como que equivale, praticamente, à confissão dos mesmos.

Mas, nos termos do nº 3 do artigo 410º, "Se o réu declarar que não sabe se determinado facto é real, a declaração equivale a confissão quando se

[286] Por exemplo, não bastará a afirmação do réu de que a versão do autor é falsa ou inexacta, ou cheia de contradições. Ele tem de fundamentar afirmações desse género, em face das circunstâncias do caso concreto.

trate de facto pessoal ou de que o réu deva ter conhecimento e equivale a impugnação no caso contrário".

Convém, por último, explicitar que a defesa por impugnação, na modalidade prevista na segunda parte da alínea *a)* do nº 2 do artigo 407º (a que alguns chamam *impugnação indirecta*), apesar da estreita afinidade que revela com a defesa por excepção peremptória, dela deve distinguir-se: neste último tipo de defesa, o réu opõe-se ao efeito jurídico pretendido pelo autor mediante a invocação de factos novos, a que atribui efeitos impeditivos, modificativos ou extintivos daquele outro efeito; na defesa por impugnação indirecta, o réu limita-se a negar fundamentadamente o efeito jurídico pretendido pelo autor, apresentando diferente versão jurídica dos factos pelo autor invocados, que o réu aceita como verdadeiros.

59. A reconvenção

59.1. Conceito

A reconvenção consiste, é já sabido, na formulação de um pedido deduzido pelo réu, contra o autor, no mesmo processo que por este lhe foi movido.

O mesmo é dizer que, quanto ao pedido reconvencional, o réu passa a assumir o papel de autor, colocando na posição de réu o autor que desencadeou o processo.

A oportunidade para a dedução de reconvenção é, estritamente, a da apresentação da contestação, dela fazendo parte integrante, mas de forma destacada, como que a denunciar a autonomia do pedido dirigido à contraparte.

E essa autonomia é tal que torna possível que, mesmo não utilizando qualquer meio de defesa (por impugnação ou por excepção) contra o pedido do autor, o réu preencha a sua 'contestação' tão só com a dedução de reconvenção: fica, então, sujeito à cominação legal do reconhecimento dos factos invocados pelo autor, a qual, contudo, em nada prejudica, só por si, a apreciação do pedido reconvencional.

E mais: por força do disposto no nº 4 do artigo 218º, "A improcedência da acção e a absolvição do réu da instância não obstam à apreciação do pedido reconvencional regularmente deduzido, salvo quando este seja dependente do formulado pelo autor".

Vejamos o que se dispõe no artigo 419º do CPC:

> "1. *A reconvenção deve ser expressamente identificada e deduzida separadamente na contestação, expondo-se os fundamentos e concluindo-se pelo pedido, nos termos das alíneas c) e d) do nº 1 do artigo 389º".*
>
> 2. *O reconvinte deve ainda declarar o valor da reconvenção; se o não fizer, a contestação não deixa de ser recebida, mas o reconvinte é convidado a indicar o valor, sob pena de a reconvenção não ser atendida.*
>
> 3. *(...)".*

Este enquadramento legal da figura da reconvenção – que, ao invés do que poderia parecer inculcar o verbo "deve", usado no nº 1 do artigo em análise, *configura uma faculdade* atribuída ao pretenso titular de um direito cuja tutela bem poderia ser requerida em acção autónoma – encontra justificação, no essencial, em razões de economia de actividade processual.

Mas não só.

Na verdade, a não estar previsto na lei o mecanismo da reconvenção, a instauração de acção autónoma para tutela de certo direito alegadamente violado por quem é demandante em acção já proposta contra o respectivo titular, mas de certa forma conexionado com o invocado por aquele[287], afastaria certas vantagens, a saber:

i. A de ser o mesmo julgador a conhecer, interligadamente, dos fundamentos que servem de base aos pedidos em causa; e, consequentemente,

ii. A de possibilitar a prolação de uma decisão de sentido unitário, mais justa e adequada, sobre o conflito de interesses que ao processo subjaz – ou seja, a possibilitação de uma uniformidade de julgados.

Aliás, a ponderação e viabilização destas vantagens está igualmente na base da figura prevista e regulada no artigo 219º, que já antes analisámos – a *apensação de acções* simultaneamente pendentes perante o mesmo juiz, ou mesmo pendentes em diferentes juízos do mesmo tribunal.

Mas o dispositivo do artigo 218º determina a necessidade de uma *cuidada delimitação entre os conceitos de reconvenção* e *de excepção peremptória*, especial-

[287] Na expressão de Alberto dos Reis, "(...) seria inadmissível que ao réu fosse lícito enxertar na acção pendente uma outra que com ela não tivesse conexão alguma". *Comentário ao Código de Processo Civil*, vol. 3 º, Coimbra, Coimbra Editora, 1946, p. 99.

mente em determinadas situações de admissibilidade de pedido reconvencional, *v.g.*, quando se invoque a *compensação*: muito se tem discutido, na doutrina e na jurisprudência, de que figura processual, em rigor, se trata.

Malgrado alguma identidade destes dois institutos processuais, podem apontar-se alguns traços que nitidamente as diferenciam e que, a nosso ver, são decisivos para a respectiva qualificação jurídica.

Vejamos *os principais segmentos diferenciadores.*

a) A nível do processo, desde logo uma diferença que não é despicienda: a dedução de pedido reconvencional pode provocar uma alteração do valor da causa, resultante da soma do valor do pedido inicial com o do pedido reconvencional, *ex vi* nº 2 do artigo 250º, o que só não acontecerá no enquadramento previsto na segunda parte do nº 3 do mesmo preceito: excepto se a acção seguir a forma de processo sumária e o valor do pedido formulado pelo réu for igual ou inferior à alçada dos tribunais de primeira instância.
Ora, nada disto acontece quando o réu deduza uma excepção peremptória (cfr. *infra*, parágrafo **59.2.2.**).

b) Por outro lado, ao titular de um direito carecido de tutela que não usar da faculdade atribuída pelo nº 1 do artigo 419º, resta sempre a possibilidade de requerer essa tutela em processo autónomo; ao invés, o réu que não deduza uma concreta excepção peremptória na sua contestação fica impedido de a invocar, *ta quale*, em processo autónomo idêntico em que seja demandado.

c) Com o pedido reconvencional, o réu provoca uma alteração do objecto da instância em que é demandado, ampliando-o pela submissão a julgamento, por parte do mesmo tribunal, de uma relação material diferente da que estava de início em apreciação, ou que ele descreve em moldes diferentes. Ora isto não acontece na defesa por excepção peremptória, com cuja invocação o réu se limita a pretender conseguir efeitos impeditivos, modificativos ou extintivos do direito invocado pelo autor, *movendo-se, portanto, no âmbito da relação substantiva que, de início, serviu de fundamento à acção.*

M. Teixeira de Sousa[288] sintetiza a distinção entre excepção peremptória e reconvenção nos seguintes termos:

[288] *As Partes, o Objecto e a Prova na Acção Declarativa*, Lisboa, Lex, 1995, p. 168.

"(...) quando o réu invoca uma excepção peremptória, o seu efeito é, se for procedente, o de obviar à procedência do objecto apresentado pelo autor, pelo que essa excepção produz um efeito circunscrito à improcedência da acção; em contrapartida, o réu que formula um pedido reconvencional visa obter – como qualquer autor – um efeito positivo, que pode ser a apreciação de um facto ou de um direito, a condenação da contraparte na realização de uma prestação ou a constituição de uma situação jurídica".

59.2. Requisitos de admissibilidade da reconvenção [289]

A reconvenção pressupõe a verificação de requisitos de duas ordens:

- *Requisitos substantivos* [enumerados nas alíneas *a)*, *b)* e *c)* do nº 2 do artigo 218º]; e
- *Requisitos processuais* (referidos no nº 3 do mesmo artigo e no artigo 28º).

Analisemo-los em separado.

59.2.1. Requisitos substantivos

A reconvenção, para ser legal, pressupõe uma determinada conexão com o objecto processual definido pelo autor; é, portanto, exigida uma certa compatibilidade material, sob pena de, se desviada das balizas legais, dever ser rejeitada pelo tribunal.

Nos termos do artigo 218º, a reconvenção é possível, verificada que seja alguma das seguintes situações:

1º **grupo de situações** – Quando o pedido do réu emerge do facto jurídico que serve de fundamento à acção ou à defesa [nº 2, alínea *a)* do artigo 218º].

Exemplifiquemos:

a) Num acidente de viação em que as duas pessoas implicadas sofreram prejuízos, **A** propõe contra **B** uma acção de indemnização pelos danos que sofreu em consequência do acidente, imputando-lhe a responsabilidade. **B** entende que o acidente foi da responsabili-

[289] Para maiores desenvolvimentos, pode consultar-se Cândida da Silva Antunes Pires e Viriato Manuel Pinheiro de Lima, em *Código de Processo Civil de Macau – Anotado e Comentado*, cit., vol. II, pp. 48 a 63.

dade de **A** e pede contra ele, em reconvenção, uma indemnização pelos seus próprios danos. O pedido do réu emerge do mesmo facto jurídico concreto de que provém o pedido do autor – a ocorrência do acidente, que integra, *em parte*[290], a causa de pedir que serve de fundamento à acção.

b) **A** demanda **B** em acção de reivindicação de propriedade; **B** contesta, alegando que a propriedade é sua e que **A** causou estragos na mesma propriedade. **B** pode reconvir pedindo a respectiva indemnização, porque o pedido desta emerge do facto jurídico concreto que serve de fundamento à defesa.

2º grupo de situações – Quando o réu se propõe obter a compensação ou tornar efectivo o direito a benfeitorias ou despesas relativas à coisa cuja entrega lhe é pedida [alínea *b)* do nº 2 do artigo 218º].
Por exemplo, **A** move contra **B** uma acção para cobrança de quantia certa. **B**, que por seu lado é credor de **A** por certa soma de dinheiro, deduz em reconvenção o seu pedido, a fim de obter por este meio a chamada *compensação judiciária* das dívidas (cfr. artigos 838º e ss. do CC, relativos ao instituto da compensação como causa de extinção das obrigações).

3º grupo de situações – Quando o pedido do réu tende a conseguir, em seu benefício, o mesmo efeito jurídico que o autor se propõe obter [alínea *c)* do nº 2 do artigo 218º].
É o que acontece se **A** propõe contra **B** uma acção de divórcio litigioso com algum dos fundamentos previstos na lei civil e **B**, cônjuge réu, que pretende também o divórcio mas com fundamentos diferentes, vem apresentar contestação em que pede, reconvencionalmente, que sejam julgados improcedentes os fundamentos invocados pelo autor e que seja decretado o divórcio em seu favor, com base nos seus próprios fundamentos.
Neste caso, o pedido de **B** é feito através de reconvenção e tem por fim "conseguir em seu benefício[291] o mesmo efeito jurídico que o autor se propõe obter", ou seja, a dissolução daquele casamento.

[290] Dizemos *em parte* porque, como se sabe, no exemplo em análise no texto a causa de pedir é complexa por integrada, também, pelos *danos concretos* que cada uma das partes alega ter sofrido em consequência do acidente.

[291] A relacionar com a determinação do *cônjuge culpado*, na medida em que essa circunstância poderá, ou não, nos termos da lei civil, acarretar determinadas consequências, *v,g.*, de natureza patrimonial.

59.2.2. Requisitos processuais

Vejamos agora os requisitos processuais da reconvenção que o nº 3 do artigo 218º exige, e cuja ausência pode tornar ilegal uma reconvenção, mesmo que verificada alguma da situações elencadas no nº 2 do mesmo preceito legal.

Aliás, não surpreende que assim seja, uma vez que, tratando-se de "acções cruzadas", a apreciar no mesmo processo, é perfeitamente entendível que se exija, relativamente a ambas, o preenchimento dos necessários requisitos processuais.

Assim:

1º Não é admissível a reconvenção quando ao pedido do réu corresponder uma forma de processo diferente da que corresponde ao pedido do autor, salvo se a diferença provier do diverso valor dos pedidos ou o juiz a autorizar, nos termos dos nºs 3 e 4 do artigo 65º, com as necessárias adaptações (nº 3 do artigo 218º).

Isto significa que, se o autor propôs uma acção a que corresponde a forma comum sumária, o réu pode deduzir um pedido reconvencional a que corresponda a forma comum ordinária; assim como é admitido pedido reconvencional a que corresponda forma comum sumária, num processo a correr sob a forma comum ordinária. Isto porque, como é sabido, a distinção das duas formas de processo comum, *ex vi* artigo 371º do CPC, depende unicamente do valor da causa.

Mas já não é admitido pedido reconvencional a que corresponda uma forma especial, no âmbito de processo que se iniciou sob uma das formas comuns; assim como é ilegal deduzir pedido reconvencional a que corresponda uma determinada forma especial, em processo a correr sob forma especial diferente.

Nestes casos, só uma autorização do juiz conferida nos termos dos nºs 3 e 4 do artigo 65º, pode levar, excepcionalmente, à admissão de pedido reconvencional; far-se-á então uso dos poderes de irritualidade que são conferidos ao juiz pelo princípio da adequação formal, definido no artigo 7º do Código de Processo Civil.

2º É também requisito processual exigido para a reconvenção – que aliás não está referido no nº 3 do artigo 218º – o do artigo 28º do Código de Processo Civil.

Aí se dispõe que:

"1. O tribunal da acção pode apreciar as questões deduzidas por via de reconvenção, desde que para elas tenha competência.

2. Se o tribunal da acção for incompetente para apreciar a reconvenção por esta não poder ser proposta nos tribunais de Macau ou por ter havido preterição de tribunal arbitral, é o autor absolvido da instância reconvencional.

3. Se o tribunal da acção for incompetente para apreciar a reconvenção por motivo diverso do referido no número anterior, remete-se cópia do processo relativo ao pedido reconvencional ao tribunal competente, continuando a acção no tribunal onde foi instaurada".

3º Por último, um requisito a que poderemos chamar da *identidade subjectiva das partes*, e que resulta da própria formulação do nº 1 do artigo 218º; requisito este que *no CPC português de 1961 foi eliminado* pela reforma de 1995/1996, na medida em que passou a permitir-se que a reconvenção seja dirigida, não exclusivamente contra o autor, mas contra quem, sendo inicialmente terceiro na relação processual, possa vir a colocar-se ao lado do autor, através do incidente da intervenção principal provocada, nos termos dos artigos 267º e 268º, quando, por exemplo, o pedido reconvencional implique um litisconsórcio necessário passivo, só assim se garantindo a legitimidade na instância reconvencional[292].

59.2.3. Reflexos processuais da dedução de reconvenção

Deduzida a reconvenção ao abrigo de qualquer das alíneas do nº 1 do artigo 218º e no respeito de todos os requisitos processuais, devem nela expor-se os seus fundamentos, concluindo-se pelo pedido (artigo 419º, nº 1)., nos termos das alíneas *c)* e *d)* do nº 1 do artigo 389º.

Com a reconvenção, já foi dito, surge no mesmo processo uma nova acção: faz-se um outro pedido.

[292] A intervenção de terceiros na lide reconvencional tem sido frequentemente colocada, em Portugal, no âmbito dos processos para efectivação da responsabilidade civil decorrente de acidentes de viação, articuladamente com a legislação relativa ao seguro obrigatório, discutindo-se muito, na jurisprudência e na doutrina, a amplitude do afastamento da regra da identidade subjectiva, referida no texto.
A este respeito, pode consultar-se Marco António de Aço e Borges, em *A Demanda Reconvencional*, Lisboa, Quid Juris, 2008, pp. 261-271

Ora, daqui podem derivar consequências de natureza processual, a saber:

i. Como o réu reconvinte tem de indicar o valor da reconvenção (artigo 419º, nº 2) e, por força do artigo 250º, nº 2, "(...) o valor do pedido do réu (...), quando distinto do formulado pelo autor, soma-se ao valor deste"[293], o eventual aumento do valor da causa pode vir a redundar na admissibilidade de recurso da sentença proferida no final, enquanto que, com o valor que a causa tinha inicialmente, não era admitido recurso ordinário.

ii. Por outro lado, a dedução de reconvenção pode vir a ter repercussões na forma de processo. Como já foi dito, há ainda que atender ao preceituado no nº 3 do mesmo artigo 250º : "O aumento de valor decorrente do disposto no número anterior produz efeitos quanto aos actos posteriores à reconvenção (...), excepto se a acção seguir a forma de processo sumária e o valor do pedido formulado pelo réu (...) for igual ou inferior à alçada dos tribunais de primeira instância"[294].

Esta última parte do nº 3 em análise, que configura uma excepção à regra de que a soma dos valores dos dois pedidos produz efeitos quanto aos actos posteriores à reconvenção (com eventuais repercussões na forma de processo), foi aditada ao preceito que lhe correspondia no CPC de 1961, anteriormente vigente em Macau.

Por isso, em conformidade com esta nova regulamentação, se por exemplo o valor do pedido formulado pelo autor for de $31,000.00 patacas, e se o pedido formulado pelo réu for de $20,000.00 patacas ou inferior, o processo, que até então seguira a forma sumária (ou, tratando-se de situação enquadrável na previsão do nº 1 e suas alíneas do artigo 1285º do CPC, a forma do processo especial referente a pequenas causas), continuará sob a primitiva forma até final, se não ocorrer qualquer outra circunstância, diferente da dedução de reconvenção, com reflexos no valor da causa.

[293] Com as excepções, já referidas, previstas no nº 3 do art. 250º.

[294] Compare-se com o que se preceitua no nº 3 do artigo 1285º do CPC, relativo ao processo especial referente a pequenas causas, segundo o qual "O aumento do valor da causa resultante de eventual dedução de pedido reconvencional é irrelevante para efeitos de determinação da forma de processo aplicável e da recorribilidade da sentença".

Mas já se o valor do pedido reconvencional for superior ao da alçada dos tribunais de primeira instância, e ao valor do pedido do autor correspondesse, por hipótese, a forma comum sumária, a regra da soma dos dois valores pode determinar que, posteriormente à dedução da reconvenção, haja uma alteração da forma de processo comum.

60. Apresentação da contestação e actos subsequentes

Elaborada a contestação, irá ser apresentada na secretaria judicial.

A apresentação da contestação deve ser notificada ao autor (artigo 411º, nº 1). Em caso de pluralidade de réus, a notificação ao autor só se realiza depois da entrega da última contestação, ou do termo do prazo para contestar que começou a correr em último lugar.

Dentro de 10 dias a contar da apresentação da contestação, tem o réu de fazer o preparo inicial (igual ao que o autor teve de fazer).

Se o preparo não for feito, o réu é avisado para, dentro de 10 dias, depositar o preparo que deixou de fazer, acrescido de taxa de justiça de igual montante (Regime das Custas nos Tribunais).

Mas admitindo que a contestação foi apresentada em devido tempo e que foi feito o respectivo preparo inicial, pode eventualmente seguir-se um outro articulado – a réplica.

61. A réplica

61.1. Conceito e função da réplica

À contestação pode o autor responder na réplica, nos casos em que a lei a admite.

Trata-se, pois, de um *articulado eventual* porque a possibilidade da sua dedução depende da verificação de certo condicionalismo.

Nos termos da lei processual – artigo 420º, nº 1 – a réplica só poderá ter lugar quando o réu, na sua contestação, invoque alguma excepção (dilatória ou peremptória), ou quando deduza pedido reconvencional contra o autor, ou ainda, nas acções de simples apreciação negativa.

Na primeira hipótese, a réplica serve, apenas, para o autor responder à matéria das excepções deduzidas; na segunda hipótese, para o autor deduzir toda a sua defesa quanto à matéria da reconvenção (mas não para deduzir nova reconvenção – nº 2 do artigo 420º); na terceira, para o autor impugnar os factos constitutivos que o réu tenha alegado e para alegar os factos impeditivos ou extintivos do direito invocado pelo réu.

Acessoriamente, a réplica pode servir para o autor alterar o pedido ou a causa de pedir, nos termos previstos no artigo 217º; mas, evidentemente, apenas nas situações acabadas de referir como potenciadoras da apresentação deste articulado eventual.

61.2. Estrutura da réplica e prazo para a sua apresentação

A réplica tem de ser articulada (artigo 101º, nº 2) e pode ser apresentada no prazo de 15 dias a contar da notificação da apresentação da contestação.

Todavia, este prazo passa a ser de 30 dias – que é o prazo-regra para contestar – no caso de haver reconvenção (artigo 420º, nº 3), o que bem se compreende, já que sobre o autor passa a impender o ónus de contestar o pedido reconvencional. O princípio da igualdade de armas assim o exige.

61.3. Funções da réplica

As funções da réplica podem distribuir-se por dois grupos:

- Funções normais; e
- Funções eventuais ou excepcionais.

61.3.1. Funções normais da réplica

Incluem-se neste grupo:

a) Uma *função principal*, que é a de servir de resposta à contestação oferecida pelo réu.
A réplica destina-se, à partida, a deduzir oposição aos factos (novos) articulados na contestação a título de excepção.
Neste articulado, o autor está igualmente sujeito ao ónus de tomar posição definida sobre esses factos novos, mas articuladamente com o conteúdo da petição com que propôs a acção; ou seja, a cominação de que os factos não impugnados se terão como reconhecidos deve ser entendida em termos idênticos aos da cominação que pode atingir a contestação (artigo 410º), passíveis de projectar-se na própria réplica (artigo 424º).

b) *Uma função secundária* ou *acessória*, que consiste em explicitar e desenvolver a petição inicial, se necessário.
A réplica pode ainda servir para insistir na argumentação expendida pelo autor na petição inicial, sobretudo naqueles pontos que porventura hajam sido criticados pelo réu na contestação.

61.3.2. Funções eventuais ou excepcionais da réplica

Vamos destacar duas dessas funções:

1ª) Nos termos do artigo 217º, nºs 1 e 2, na réplica pode o autor, mesmo sem acordo do réu, unilateralmente, alterar o pedido ou a causa de pedir, dentro de certos limites.
A réplica pode, assim, em certos casos, ser utilizada para introduzir modificações nos elementos objectivos da causa, quer reduzindo o pedido, quer ampliando-o dentro dos limites definidos no nº 2 do artigo 217º, quer ainda alterando ou ampliando a causa de pedir, nos termos do nº 1 do mesmo preceito.

2ª) No caso de o réu ter deduzido reconvenção, a réplica pode ainda servir para contestar o pedido reconvencional.
Por isso é que nestes casos se faculta, para apresentação da réplica, o prazo de 30 dias assinalado para a contestação da acção. Devem assegurar-se ao reconvindo meios de defesa idênticos aos facultados ao réu, agora reconvinte [artigos 403º, nº 1 e 420º, nº 1, al. *b)*].

62. A tréplica

Trata-se de um outro articulado eventual, que pode ter lugar nas acções declarativas que sigam a forma comum ordinária[295], e para o qual já não é admitida qualquer resposta.

O prazo de apresentação da tréplica é de 15 dias a contar da notificação da apresentação da réplica.

As possíveis funções da tréplica estão reguladas no artigo 421º:

i. Resposta às excepções que o autor/reconvindo tenha oposto ao pedido reconvencional;
ii. Impugnação das alterações do pedido ou da causa de pedir efectuadas pelo autor na réplica; e

[295] Nas acções declarativas que sigam a *forma comum sumária*, como veremos, não há lugar a réplica, muito embora se preveja a possibilidade da *resposta à contestação* (artigo 672º). Mas, malgrado esta *resposta* se situar no mesmo momento cronológico que a réplica em processo ordinário, ela não goza do mesmo estatuto processual: nela não pode o autor alterar o pedido ou a causa de pedir, o que bem se compreende porque na forma sumária não há lugar a tréplica. A resposta à contestação em processo sumário deve, pois, limitar-se à matéria da reconvenção ou, nas acções de simples apreciação negativa, aos factos constitutivos do direito invocado pelo réu (artigo 672º, nº 1 do CPC).

iii. Contestação de nova causa de pedir, de novo pedido, ou de ambos, apresentados pelo autor na réplica (nº 1 do artigo 421º, contrapolo da norma do nº 1 do artigo 420º).

Resulta, assim, que a tréplica não pode servir para o réu invocar excepções que poderia ter invocado no momento próprio, na contestação. Mas se for caso de alguma das excepções que a lei expressamente admite em momento posterior, ou de que o tribunal deva conhecer oficiosamente (artigo 409º, nº 2), então pode o réu responder no início da audiência de discussão e julgamento, *ex vi* artigo 423º.

Por sua vez, o artigo 424º consagra o ónus da impugnação, em termos de, na réplica, o réu ter de tomar posição definida sobre os factos novos apresentados pelo autor, sem o que tais factos se considerarão admitidos por acordo.

63. Articulados supervenientes

Além dos articulados até aqui referidos, a lei processual admite que possam ainda surgir articulados supervenientes, dos quais se ocupam os artigos 425º e 426º. Trata-se de casos de defesa diferida, já anteriormente estudada.

Neles podem ser invocados, tanto por parte do autor como por parte do réu, mais factos constitutivos, modificativos ou extintivos do direito em apreciação, que tenham ocorrido posteriormente ao termo dos prazos marcados para os articulados normais, ou que sejam anteriores a esses prazos mas então desconhecidos da parte interessada em alegá-los (nº 1 do artigo 425º). Existe, todavia, um momento-limite: o encerramento da discussão.

A razão de ser desta possibilidade legal identifica-se com o intuito de que a decisão que vier a ser proferida corresponda à situação factual existente no momento do encerramento da audiência de julgamento. É o chamado *princípio da actualidade ou do actualismo da sentença*, expresso na parte final do nº 1 do artigo 566º.

O articulado superveniente tem de ser apresentado nos 15 dias posteriores à data da ocorrência dos factos supervenientes, ou à data do seu conhecimento (nº 3 do artigo 425º), sob pena de o juiz o rejeitar com fundamento na não observância do prazo, sendo que a rejeição pode ainda ter como fundamento a circunstância de os factos supervenientes não interessarem à decisão da causa (cfr. também o disposto no nº 2 do artigo 566º – factos pertinentes).

Se o articulado superveniente for admitido, a sua apresentação é notificada à parte contrária, que poderá responder em 10 dias.

Com o articulado superveniente e com a resposta são oferecidas todas as provas (nº 5 do artigo 425º).

Se a apresentação do novo articulado tiver lugar depois de designado dia para a audiência de discussão e julgamento, observa-se o preceituado no artigo 426º.

Capítulo III
Fase do Saneamento e Preparação do Processo

65. Generalidades

Findos os articulados, segue-se esta outra fase do processo comum de declaração, no decorrer da qual se procura que a acção só prossiga se houver condições que tornem possível a apreciação do mérito da causa. Já foi referida em sede anterior a função que ela desempenha no desenrolar do processo.

A inclusão de uma fase com este perfil – a segunda no encadeado processual do processo declaratório – foi inovação do Código de Processo Civil português de 1939, sob a designação de fase da condensação, depois legada aos códigos que se lhe seguiram, com uma configuração que tem sofrido a sua evolução.

O legislador entendeu, e bem, da conveniência de, logo após os articulados, expurgar a causa de questões de mera forma, e de todas as questões irrelevantes que no regime anterior se arrastavam ao longo de todo o processo e só eram resolvidas na sentença final; e, inclusivamente, se tal for possível neste estádio de evolução do processo, pôr-lhe termo, consoante os casos, mediante a absolvição da instância, a absolvição do pedido ou mesmo a condenação do pedido.

No estudo desta fase do saneamento consideraremos sucessivamente dois aspectos:

- A determinação do seu possível conteúdo (aspecto substancial);
- A sequência dos actos processuais nela contidos (aspecto formal ou de tramitação).

66. Contéudo substancial da fase do saneamento

A actividade saneadora desdobra-se normalmente em quatro operações distintas:

1) *Saneamento propriamente dito*, que envolve a apreciação de questões formais: aferição dos pressupostos processuais e conhecimento de nulidades [artigo 427º, nº 1, al. *a)*];
2) *Regularização fáctica*, através da fixação definitiva dos factos já provados, *v.g.*, por documentos ou por confissão [artigo 430º, nº 1, al. *a)*];
3) *Condensação* ou *sintetização*, mediante a selecção dos factos articulados que interessam à decisão da causa e determinação dos que, por serem controvertidos, vão integrar a base instrutória [artigo 430º, nº 1, al. *b)*];
4) *Preparação da prova*: indicação, pelas partes, das provas que querem produzir (artigo 431º, nº s 1 e 2).

Eventualmente, podem verificar-se situações em que o saneamento e preparação do processo se traduz, mais do que nas quatro vertentes expostas, numa verdadeira antecipação do julgamento.

Assim, se o estado do processo o permitir, por nele constarem já todos os elementos, factuais e probatórios, necessários para a resolução do mérito da causa, o juiz procede imediatamente ao seu julgamento, numa fase que à partida seria de mero saneamento [cfr. artigo 429º, nº 1 alínea *b)* e nºs 3 e 4].

A continuação do processo não faria, então, qualquer sentido.

67. Contéudo formal da fase do saneamento

Formalmente, o saneamento pode desdobrar-se em três actos distintos:

1) Despacho "pré-saneador " (nem sempre tem lugar – cfr. a expressão do nº 1 do artigo 427º: "(...) *sendo caso disso*");
2) Tentativa de conciliação (no condicionalismo do nº 1 do artigo 428º);
3) Despacho saneador (artigo 429º); e
4) Indicação das provas (artigo 431º).

68. Despacho "pré-saneador"

O artigo 427º dispõe sobre a prolação de um despacho em que o juiz do processo, "sendo caso disso", providencia pelo suprimento de excepções dilatórias e/ou convida as partes ao aperfeiçoamento dos articulados posteriores à petição inicial, nos termos dos nº s 2 a 6 do mesmo artigo.

Trata-se, portanto, de *um despacho que se destina, em primeira linha, a providenciar a regularidade da relação processual*, para que ela, se for caso disso, prossiga isenta de defeitos formais. Mas também pode ser utilizado com vista à correcção de aspectos de conteúdo do articulado respeitantes ao próprio litígio, mediante o convite às partes para, por exemplo, suprirem deficiências na exposição da matéria de facto alegada.

Todavia, no novo articulado que a parte eventualmente apresentar, terá de limitar-se a tornar mais clara e inteligível a exposição da matéria de facto submetida à apreciação do tribunal, mas sempre no respeito do objecto definido pelo autor na petição.

Da apresentação de novo articulado corrigido ou completado deve notificar-se a contraparte para responder se quiser, em nome do princípio do contraditório.

Note-se que a extensão, a todos os articulados, do regime que o CPC anterior regulava apenas para a petição inicial, é inovação do CPC actual, que de forma expressa o estabelece nos referidos nºs 1, alínea *b)*, e 2 a 6 do artigo 427º, em obediência ao princípio da igualdade de tratamento das partes processuais.

69. Tentativa de conciliação

A tentativa de conciliação situa-se, temporalmente, logo a seguir aos articulados ou à conclusão das diligências resultantes do preceituado no nº 1 do artigo 428º.

No entanto, esta actividade processual apenas terá lugar no condicionalismo descrito na parte final do nº 1 do artigo 428º: a requerimento conjunto das partes, ou por iniciativa do juiz, desde que não se discutam no processo direitos indisponíveis.

Com a tentativa de conciliação, presidida pelo juiz, tem-se em vista uma eventual transacção das partes e uma solução de equidade, mais adequada aos termos do litígio (nºs 3 e 4 do artigo 428º).

Ora, como já foi estudado, o artigo 235º, nº 2 do CPC prevê, genericamente, que "é lícito também às partes, em qualquer estado do processo, transigir sobre o objecto da causa".

Trata-se de um dos fundamentos de extinção da instância, previsto no artigo 229º, al. *d)* que, nos termos do nº 4 do artigo 242º, tem de ser sempre homologado por decisão do juiz.

69. Despacho saneador [296]

69.1. Quando deve ser proferido o despacho saneador

O despacho saneador está previsto nos artigos 429º e 430º do Código de Processo Civil.

Aí se dispõe sobre o momento e as situações em que ele deve ser proferido.

Por força do nº 1 do artigo 429º, o despacho saneador será proferido no prazo de 20 dias a contar, consoante os casos, da realização da tentativa de conciliação, da data em que findarem os articulados ou após a conclusão das diligências resultantes do preceituado no nº 1 do artigo 427º.

69.2. Finalidades do despacho saneador

A prolação deste despacho visa, consoante os casos, as seguintes finalidades (artigo 429º):

a) Conhecer de excepções dilatórias ou de nulidades processuais (principais ou secundárias) suscitadas pelas partes, ou que sejam de conhecimento oficioso.
Como é sabido, nestes casos, há que providenciar pelo suprimento das irregularidades processuais supríveis, sob pena de, não podendo ser sanadas, o juiz dever proferir uma decisão de absolvição do réu da instância (art. 230º), a qual, nos termos do nº 2 do artigo 429º, constitui caso julgado formal.

b) Na hipótese de não existirem quaisquer irregularidades processuais ou, havendo-as, se conseguir o respectivo suprimento, e se o estado do processo o permitir, isto é, se estiverem reunidas as condições para apreciar o mérito da causa sem necessidade de mais provas para além das que já constam do processo, então o juiz deve, consoante os casos, conhecer do pedido do autor, de algum dos pedidos cumulados, do pedido reconvencional ou de alguma excepção peremptória.
Nestas situações, o despacho saneador tem o valor de sentença porque consubstancia uma antecipação da decisão final, que é de mérito e que fará caso julgado material logo que transite.

[296] O qualificativo "*saneador*" e a designação desta fase processual – fase do "*saneamento*" – têm o sentido que a sua raiz latina – *sanus* (tornar são) – lhes confere.

Em síntese, as funções possíveis do despacho saneador podem agrupar-se da seguinte forma:

- Aferição e suprimento de pressupostos processuais;
- Julgamento de fundo;
- Outras funções que a seguir examinaremos.

69.2.1. Conhecimento de pressupostos processuais

Esta actividade corresponde à referida na alínea *a)* do nº 1 do artigo 429º. Traduz-se na apreciação de todos os pressupostos processuais, exceptuada a incompetência – incluindo, portanto, a personalidade e capacidade judiciárias, a legitimidade e o interesse processual, para além de eventuais nulidades susceptíveis de apreciação oficiosa.

Esta finalidade atribuída ao despacho saneador (conhecimento dos pressupostos e outras irregularidades processuais), denuncia claramente a intenção do legislador de que o processo só prossiga e chegue à sentença final quando nela puder decidir-se o mérito da causa.

Note-se, todavia, que a questão da falta de pressupostos pode não ficar completamente resolvida neste ciclo do despacho saneador. Tal sucederá se, por exemplo, a questão da sua aferição estiver dependente de prova ainda não produzida. Nesses casos, o juiz só toma conhecimento definitivo dos pressupostos na sentença final (artigo 563º, nº 1), decidindo em conformidade.

Mas o artigo 429º, nos seus nºs 2, 3 e 4 apenas permite que isso suceda dentro de limites muito estreitos e, de qualquer modo, o juiz terá de justificar porque relegou para final a decisão de matérias de que lhe cumpre conhecer, referindo os motivos que obstam ao seu conhecimento no saneador.

Fica assim claramente patenteada a função expurgatória que o legislador quis atribuir ao despacho em análise que, portanto, pode ser de mera forma e vir a constituir caso julgado formal quanto às questões concretamente apreciadas (artigo 429º, nº 2).

69.2.2. Julgamento de fundo

Como já foi referido, o julgamento da questão de fundo pode eventualmente ter lugar, total ou parcialmente, no despacho saneador.

Basta, para isso, que se verifique alguma das circunstâncias referidas no nº 1, alínea *b)*, do artigo 429º, entre as quais se prevê que possa resultar da apreciação, mesmo oficiosa, de alguma excepção peremptória que possa levar à absolvição do pedido (cfr. o artigo 415º).

Poderia dizer-se que o julgamento do mérito da causa, na hipótese de procedência de uma excepção peremptória, não é directo, mas sim indirecto.

Todavia, quer se julgue procedente alguma excepção peremptória, quer se conheça directamente do pedido, o despacho saneador constitui, em ambas as hipóteses, caso julgado material, podendo ser invocado como excepção peremptória noutro processo com identidade de partes, de causa de pedir, e de pedido.

Do exposto resulta que o despacho saneador pode ou não, consoante os casos, pôr termo ao processo.

Assim será se:

- Absolver o réu da instância: a causa finda.
- Absolver totalmente o réu do pedido: a causa finda também.
- Não se verificando qualquer destas duas situações, o processo tem de prosseguir e, se a acção tiver sido contestada, então ao juiz incumbirá, nos termos do artigo 430º, fazer a selecção da matéria de facto no próprio despacho saneador ou, não o havendo, no prazo fixado para o proferir.

70. Selecção da matéria de facto

Vejamos o que se dispõe no artigo 430º que estatui para os casos em que o processo deva prosseguir e a acção tenha sido contestada.

A selecção a que se refere o artigo, como resulta da própria letra da sua epígrafe, respeita apenas a factos: factos que constem do processo e sejam relevantes para a decisão do litígio "segundo as várias soluções plausíveis da questão de direito".

De entre esses factos relevantes (ou pertinentes), o juiz indicará os factos que considera assentes (por meio de confissão, de acordo tácito ou de documentos). Selecciona, portanto, os factos já provados.

Factos confessados são aqueles cuja verdade é aceite pela parte a quem foram opostos; factos assentes por acordo tácito são os não impugnados: nos termos do nº 2 do artigo 410º, "consideram-se reconhecidos".

De notar que não é admissível que, num dado processo, venham a considerar-se não provados factos já seleccionados pelo juiz como assentes e não reclamados (as reclamações estão previstas no nº 2 do artigo 430º).

O que pode suceder, porque expressamente admitido na lei [artigo 553º, nº 2, alínea *f)*], é serem aditados novos factos controvertidos na audiência de discussão e julgamento, por determinação do tribunal.

Mas, na oportunidade do despacho saneador, a selecção da matéria de facto só fica completa com a indicação, pelo juiz, dos factos controvertidos, essenciais para a decisão da causa, sobre os quais há que produzir-se prova: esses factos integram a "base instrutória" [artigo 430º, nº 1, al. *b)*].

A indicação dos factos controvertidos a que o código anterior chamava questionário[297], é tradicionalmente considerada a 'pedra de toque' do magistrado. Um questionário (base instrutória) bem elaborado é a garantia de que o magistrado apreendeu perfeitamente os elementos essenciais da lide, o cerne do litígio em causa, e que a solução está em vias de ser correctamente atingida.

Só o que é necessário, mas tudo o que é necessário, deverá ser incluído na lista de factos controvertidos, ou seja:

- Só factos (com exclusão, portanto, das questões de direito),
- Só factos essenciais que constem dos articulados (ou outros factos instrumentais que ao tribunal é lícito conhecer oficiosamente – cfr. artigo 5º, nº 2),
- Factos controvertidos,
- Factos que interessam à decisão da causa, segundo as várias soluções plausíveis da questão de direito (factos pertinentes).

A delimitação rigorosa de todos e cada um destes elementos e requisitos pode, na prática, levantar algumas dificuldades, sobretudo para distinguir, em concreto – dado o inevitável entrelaçamento entre o facto e o direito –, o que é realmente *matéria de facto* e o que é *matéria de direito*.

Ora, para estabelecer a *distinção entre questões de facto e matéria de direito*, convém, antes de mais, advertir que o interesse desta temática não se circunscreve à matéria processual que agora analisamos, ou seja, à elaboração da base instrutória em processo de natureza declarativa.

A necessidade de distinguir entre os factos e o direito está presente, em geral, durante toda a marcha do processo, e mesmo na eventual fase de recurso.

Basta, designadamente, atentar em que:

i. Na forma comum ordinária, a *audiência de discussão e julgamento* decorre obrigatoriamente perante um tribunal colectivo [artigo 549º, nº 1 do CPC e artigo 23º, nº 6, alínea 3) da LBOJ], cuja com-

[297] Devido à sua formulação mediante *perguntas* numeradas.

petência está circunscrita ao *julgamento da matéria de facto* (artigos 555º e 556º do CPC);

ii. A *sentença declarativa*, para ser válida, tem de conter a discriminação dos *factos* considerados provados e a indicação, interpretação e *aplicação das normas jurídicas correspondentes*; e

iii. Em caso de recurso, os *poderes de cognição* dos tribunais superiores (TSI e TUI) estão delimitados nos artigos 39º e 47º da LBOJ em função destas duas ordens de matérias.

Mas distinguir as questões que devam ser consideradas de facto (e que portanto podem ter de constar do despacho saneador como integrantes da base instrutória) das próprias questões de direito (que regra geral[298] não são susceptíveis de prova mas são resolvidas *ex officio* pelo tribunal – *ius novit curia*), pode ser, em concreto, tarefa de grande dificuldade, pelo que tem sido objecto de muita discussão na doutrina e na jurisprudência[299].

Castanheira Neves[300] exprime-se assim a respeito desta magna questão: Como distinguir as questões de facto das questões de direito, se elas estão sempre intimamente interligadas, pois que as normas jurídicas definem determinadas consequências quando se verifiquem certos factos e a aplicação destas normas faz-se em função dos factos apurados na instrução da causa?

Nos termos do Acórdão do Tribunal da Relação do Porto, de 15.12.2010 (*www.dgsi.pt/jtrp*), "I – Se o apuramento de determinada realidade se efectua à margem da aplicação da lei, tratando-se apenas de averiguar factos cuja existência não depende da correcta interpretação a dar a qualquer norma jurídica, estaremos perante o domínio da matéria de facto. Porém, e diversamente, já será questão de direito tudo o que respeita à interpretação e aplicação da lei, pelo que existirá matéria de direito sempre

298 Dizemos *regra geral*, porque há desvios que a própria lei prevê: caso, por exemplo, da situação contemplada no nº 1 do artigo 341º do CC – direito consuetudinário e direito exterior ao território de Macau – em que há necessidade de fazer a prova da existência e conteúdo desses direitos.

299 Eminentes jurisconsultos de vários países se têm dedicado ao estudo desta temática, que foi tratada magistralmente por Antunes Varela em Conferência que proferiu em Macau, em 13 de Março de 1991, subordinada ao título *A Crise da Distinção entre Questões de Direito e Matéria de Facto*.

300 Em *Matéria de Facto – Matéria de Direito*, artigo publicado na Revista de Legislação e de Jurisprudência, ano 129º, 1996/1997, pp. 130 e ss. e pp. 162 e ss.

que para se atingir uma solução seja necessário recorrer a uma disposição legal, mesmo que se trate somente de fixar a interpretação duma simples palavra da lei. II – Quando o mesmo termo é usado na linguagem jurídica e na linguagem comum deve entender-se que foi empregue no sentido comum, não devendo aplicar-se extensiva ou analogicamente o artigo 646º, nº4, do CPC quando as respostas evidenciam a compreensão da realidade de facto questionada, no contexto de facto alegado. III – Os juízos de valor continuam, pois, a ser matéria de facto, quando baseados em critérios do homem comum ou mesmo técnico especializado (não ligado ao mundo do direito), ou seja, quando não apelam «essencialmente para a sensibilidade ou intuição do jurista, para a formação especializada do julgador». IV – E, caracteriza-se como matéria de facto aquela que envolve os acontecimentos ou circunstâncias do mundo exterior, os fenómenos da natureza, as manifestações concretas dos seres vivos e as actuações dos seres humanos, incluindo as do foro interno, os elementos do mundo ideal ou imaterial, tais como acções, qualidades, estados, sentimentos, ideias e factores anímicos, volitivos, intelectuais, que não deixam de reconduzir-se ao domínio dos factos pela mera circunstância da sua abstracta natureza" (fim de citação).

Sem entrar aqui no aprofundamento de tão complexa temática, dir-se-á, linearmente, que se trata de *matéria de facto* quando o apuramento dos contornos de cada caso concreto se faz pela mera averiguação de ocorrências da vida real, relativas a pessoas ou a coisas, ou mesmo de acontecimentos hipotéticos, cuja existência ou inexistência não está dependente de qualquer interpretação de uma ou mais normas jurídicas.

Esta actividade cifra-se em afirmações de conhecimento, susceptíveis de virem a ser consideradas verdadeiras ou falsas.

Ao invés, estaremos perante *matéria de direito* sempre que, para chegar a determinada conclusão em concreto, haja necessidade de nos socorrermos de um ou mais dispositivos legais, ainda que se trate da interpretação de uma simples palavra ou expressão da lei.

A tarefa do operador do direito respeita, pois, à aplicação das normas jurídicas a determinado conjunto factual; ou, dizendo de outro modo, traduz-se numa actividade de subsunção de factos concretos na previsão abstracta de determinada(s) norma(s) jurídica(s).

71. Elaboração da base instrutória

A elaboração da base instrutória não deve obedecer a uma ordenação mecânica que respeite integralmente a ordem pela qual as partes invocaram os factos nos seus articulados. Aconselhável será, antes, que a referência aos factos necessários à resolução das várias facetas do litígio obedeça a um critério lógico, escolhido pelo juiz em função das circunstâncias do caso concreto.

Mas pode acontecer que não sejam apenas os *factos essenciais* alegados pelas partes a integrar a base instrutória. Se houver motivos para que o juiz considere que determinados *factos instrumentais* (resultantes da instrução e discussão da causa) são também necessários para o apuramento da verdade, não lhe está vedado por lei – e é-lhe mesmo exigível – socorrer-se deles também.

Este poder/dever do julgador decorre do princípio do inquisitório, com vista à justa composição do litígio mediante uma maior aproximação à verdade material (conjugação do artigo 5º, nºs 2 e 3 com o artigo 6º, nº 3 do CPC).

A peça escrita (que será o despacho saneador, se o houver) em que o juiz referencia os factos controvertidos que sejam relevantes, contém, portanto, a chamada *base instrutória*, que é redigida sob a forma de proposições numeradas, e claramente formuladas mas de forma concisa, a que costuma dar-se o nome de *quesitos* porque redigidas sob a forma de perguntas. A estas perguntas deverá o tribunal responder de acordo com a convicção que venha a formar a partir da prova produzida, considerando provados, ou não provados, os factos delas constantes.

É, pois, sobre todos os factos integradores da base instrutória que irá produzir-se a prova; mas isso não exclui a possibilidade de, ulteriormente, virem a ser aditados novos factos.

Tal aditamento pode acontecer em duas situações:

a) No caso de haver articulados supervenientes (artigos 425º, nº 6 e 426º, nº 3); e

b) No enquadramento do artigo 553º, nº 2, alínea *f)*, que atribui ao presidente do tribunal colectivo competência para a ampliação da base instrutória, quando o considere indispensável para uma boa decisão da causa.

Resta acrescentar que, nos termos do preceituado no artigo 434º, há *factos* que são *notórios*, isto é, que são do conhecimento geral e que, como tais, não carecem de alegação nem de prova (nº 1 do artigo)[301]; e outros factos de que o tribunal tem conhecimento por virtude do exercício das suas funções, que não carecem de alegação, mas apenas de comprovação (nº 2 do artigo)[302].

Ora, deste regime resulta, obviamente, que qualquer destas categorias de factos não deve constar, nem do rol de factos considerados assentes, nem dos que integram a base instrutória.

Em jeito de súmula relativa à *selecção da matéria de facto*, feita na oportunidade do despacho saneador, são de salientar os seguintes aspectos:

a) Apenas deve conter *factos relevantes para a decisão da causa* (factos essenciais e factos instrumentais), dela ficando necessariamente excluída a matéria de direito, ou seja, qualquer referência interpretativa a noções e conceitos jurídicos;

b) *A relevância dos factos para a decisão da causa* deve ser apreciada segundo as várias soluções plausíveis da questão de direito que se levanta no processo; e se a questão de direito admitir, na jurisprudência e na doutrina, mais do que uma solução, deve o juiz incluir na selecção os factos necessários à opção por qualquer das teses em confronto, ainda que já tenha feito mentalmente a sua opção por uma delas;

c) A selecção da matéria de facto não abrange os factos notórios e os factos de que o tribunal tem conhecimento por virtude do exercício das suas funções;

d) A selecção da matéria de facto não é imodificável, ou seja, não transita em julgado e pode mesmo sofrer aditamentos ulteriores, ou então alterações resultantes de eventual reclamação das partes, com fundamento em deficiência, excesso ou obscuridade.

72. Reclamações

Da selecção da matéria de facto é dado conhecimento às partes, as quais poderão reclamar *com fundamento em deficiência, excesso ou obscuridade* (artigos 206º e 430º, nº 2).

Haverá *deficiência* quando na selecção da matéria de facto se omitam factos com interesse para a decisão da causa; haverá *excesso* quando nela se

[301] Por exemplo, o facto de que Beijing é a capital da China.

[302] Por exemplo, um facto cuja realidade já ficou provada numa outra causa de que o mesmo juiz foi julgador.

incluam factos indevidamente considerados como controvertidos; haverá *obscuridade* quando os factos seleccionados sejam referidos em termos que suscitam dúvidas sobre o seu sentido e alcance, ou então quando haja contradição entre os factos dados como assentes e os factos controvertidos.

As reclamações terão de ser deduzidas no prazo geral de 10 dias (artigo 103º, nº 1), e apresentadas em duplicado. Da sua apresentação a secretaria notifica a parte contrária para responder se quiser, entregando-lhe o respectivo duplicado. As respostas devem também ser apresentadas dentro de 10 dias (artigo 103º, nº 2).

Do despacho do juiz a decidir as reclamações não cabe recurso, apenas podendo ser impugnado em recurso ordinário interposto da decisão final (artigo 403º, nº 3).

73. Notificação das partes

São os artigos 431º e 432º que determinam os últimos actos a ser praticados na fase do saneamento, com vista à preparação da fase da instrução: a notificação às partes do despacho saneador, ou do despacho que procedeu à selecção da matéria de facto, para que, em 15 dias, desenvolvam as actividades mencionadas no nº 1 do artigo 431º : requererem as provas, alterarem os requerimentos probatórios que tenham feito nos articulados e requererem a gravação da audiência de discussão e julgamento.

Findo esse prazo de 15 dias, "podem ainda as partes oferecer o rol de testemunhas, bem como alterá-lo ou aditá-lo, até 30 dias antes da data em que se realize a audiência de discussão e julgamento" (artigo 432º), data essa que, entretanto, já foi designada pelo juiz, por determinação do nº 3 do mesmo artigo 431º.

Capítulo IV
Fase da Instrução

Secção I
Prova e Ónus da Prova

74. A prova
74.1. Fase da instrução ou da prova

A fase da instrução constitui uma fase essencial e insuprimível de qualquer processo, que é dirigida à comprovação de certos factos capazes de conduzir, tendencialmente, à descoberta da verdade, base única de uma consciente decisão do juiz. Ora, a tal descoberta não poderá chegar-se senão através de uma série de meios considerados idóneos para que o juiz possa exprimir a sua convicção e depois decidir.

Por isso, os códigos modernos regulamentam pormenorizadamente a fase da instrução do processo, destinada, pois, à recolha, por parte do juiz competente, de todos os elementos e provas, terminada que está a operação de fixação dos factos pertinentes ainda não provados, por forma a ficar em condições de resolver a lide.

Em sentido cronológico, a fase da instrução no processo declarativo é o período, ou ciclo processual, que vai desde a notificação a que se refere o artigo 431º até à audiência de discussão e julgamento; nesta fase se desenvolvem actos processuais que visam trazer ao processo os meios de prova que nele serão produzidos e apreciados pelo tribunal.

Toda a actividade desenvolvida nesta fase é dirigida à fixação dos meios de prova, abrangendo o seu oferecimento e admissão, e não tanto à produção das provas em juízo.

Toda esta fase do processo declarativo gira, pois, à volta do conceito basilar de *prova*, de que vamos agora ocupar-nos.

74.2. Conceito de prova[303]

O que é a prova?

Em sentido geral, pode dizer-se que *prova* é a demonstração da verdade dos factos juridicamente relevantes para certos efeitos.

Do artigo 334º do Código Civil decorre uma *noção de prova*: as provas têm por função a demonstração da realidade dos factos.

Algo diferente é a noção corrente de prova, geralmente identificada com o acto processual que visa convencer o juiz da verdade de um facto até ali duvidoso para ele.

Mas a prova que se pretende atingir nunca poderá corresponder a uma certeza absoluta, pela simples razão de que a verdade acerca dos acontecimentos do mundo exterior é sempre contingente. Por isso mesmo, a actividade probatória desenvolvida no decorrer de um processo apenas pode aspirar à demonstração da *verdade processual*: uma *verdade formal* que, por razões várias, pode não corresponder inteiramente à *verdade material*.

Assim sendo, a produção de determinado *meio de prova* em juízo tende a criar no espírito do julgador uma certa convicção, uma certeza subjectiva acerca de uma dada ocorrência alegada pela parte como suporte dos interesses que defende no processo.

A matéria da prova merecerá desenvolvimento nos parágrafos seguintes, dedicados à abordagem dos vários aspectos relativos a esta fase processual e às diversas questões que são objecto de regulamentação, tanto no Código Civil, como no Código de Processo Civil.

74.3. Natureza das regras que regulam a prova

De entre os dispositivos legais que regulam a prova, devem distinguir-se as normas de *direito probatório material* por um lado, e as normas de *direito probatório formal* por outro.

[303] Sobre o conceito de *prova* e as acepções em que pode ser tomado, cfr. ANTUNES VARELA *et alii*, *Manual de Processo Civil*, cit., pp. 434-437; MANUEL DE ANDRADE, *Noções Elementares de Processo Civil*, cit., pp. 191-193; e J. DE CASTRO MENDES, *Direito Processual Civil*, vol. II, pp. 659-661.

São de *direito probatório material*, fundamentalmente, as normas que estabelecem quais o meios de prova admitidos em direito, qual o valor probatório de cada um deles e ainda as normas sobre o ónus da prova.

Pertencem ao *direito probatório formal* as normas que disciplinam a utilização dos diversos meios de prova em juízo, fixando o modo de requerer as provas e a forma de as produzir no processo.

A natureza das normas do chamado direito probatório material tem sido muito discutida na doutrina e na jurisprudência.

a) Para alguns autores, trata-se de normas de direito substantivo, tese que tem sido muito comum na jurisprudência portuguesa.

b) Mas para outros autores, as normas de direito probatório material integram o direito processual: entendimento para o qual parece inclinar-se MANUEL DE ANDRADE[304] e que é categoricamente defendido pelo italiano UGO ROCCO[305] nestes termos:
"Numa concepção puramente publicista do processo, toda a teoria das provas pertence ao direito processual, e as normas do Código Civil que se lhe referem são processuais."

c) Mas um outro sector da doutrina defende uma natureza mista para as normas do direito probatório globalmente considerado; não, obviamente, em função do tipo de diploma legal onde se inserem, mas antes em razão da matéria da prova que se destinam a regular.

Assim:

- As disposições legais que prevêem os meios de prova admitidos em certo ordenamento jurídico, bem como as que lhes fixam um determinado valor probatório, e ainda as que definem as regras sobre repartição do ónus da prova, são normas de direito substantivo ou material;
- As normas que regulam os diversos aspectos do modo de produção ou apresentação das provas em juízo, são normas de direito processual ou adjectivo.

É esta posição eclética que parece a mais curial e ajustada.

304 Que, contudo, se exprime, a este respeito, de um modo um tanto duvidoso. *Noções....*, cit., p. 182 e respectiva nota de rodapé.

305 Ob. e loc. cits.

74.4. Objecto da prova (*thema probandum*)

Da noção de prova que resulta do exposto, decorre claramente que *ela recai sobre factos*, e não sobre o direito aplicável.

Na verdade, a indagação, interpretação e aplicação das regras de direito, são actividade oficiosa do juiz, que deve aplicá-las independentemente da sua invocação pelas partes. Era a isto que os romanos aludiam no brocardo *narra mihi factum, dabo tibi ius* ('dá-me tu os factos, eu dar-te-ei o direito' – cfr. artigo 567º, 1ª parte do CPC).

O mesmo resulta do preceito do artigo 433º do CPC, segundo o qual "A instrução tem por objecto os factos relevantes para o exame e decisão da causa que devam considerar-se controvertidos ou necessitados de prova".

74.5. Factos sobre que recai a prova e como surgem no processo

No direito processual civil de Macau vigora, como se sabe, o *princípio dispositivo*, que no Código vigente mereceu regulamentação um tanto diferente da que constava do Código anterior.

É o artigo 5º que actualmente define os termos e a abrangência deste basilar princípio processual, introduzindo a noção inovadora de *factos essenciais* à procedência das pretensões formuladas ou das excepções deduzidas pelas partes, para determinar que o juiz os tome como base para a decisão da causa; mas, ao mesmo tempo, admitindo que sejam oficiosamente tomados em consideração os *factos instrumentais* que resultem da instrução e discussão da causa (nº 3 do artigo 5º).

Relembremos noções já estudadas:

O direito substantivo exprime a vontade colectiva expressa na lei. O respeito de tal vontade é assegurado pelo direito adjectivo, mediante o desempenho da actividade dos tribunais.

A actividade dos tribunais, porém, não se desencadeia automaticamente sempre que a lei é desrespeitada. Exerce-se apenas quando solicitada pela vontade do particular. Já o sabemos.

Ora, a vontade colectiva expressa na lei continua a ser, quanto à sua actuação no campo do direito privado, uma vontade condicionada por um facto voluntário: a actuação do interessado.

Digamos que o desrespeito da lei gera um ilícito, mas a remoção desse ilícito só terá lugar se o titular do direito violado a solicitar aos órgãos próprios. Está na sua disponibilidade fazê-lo ou não.

E como a solicita ele?

Solicita-a, sabemo-lo já, através do exercício do seu direito de acção, provocando, com a demanda, a actividade jurisdicional.

Mas ao propor a acção, o autor não pode limitar-se, pura e simplesmente, em abstracto, a solicitar a tutela dos tribunais. Tem sempre de invocar a existência de uma dada situação jurídica concreta, de invocar factos concretos e de formular perante o tribunal uma dada pretensão, com base nesses factos.

É dentro deste quadro que o processo, após o impulso processual do autor, passa a desenrolar-se.

Esta uma breve descrição do *princípio dispositivo* ou *da iniciativa das partes* (como lhe chamou MANUEL DE ANDRADE), que outros (entre os quais JOSÉ ALBERTO DOS REIS) designaram por *princípio da disponibilidade das partes*, e que PALMA CARLOS preferiu denominar *princípio do impulso processual*.

O Código de Processo Civil vigente em Macau, no seu artigo 3º, define-o como *princípio da iniciativa das partes*.

Pois bem. É sobre os factos que o autor traz ao processo na sua petição, e sobre aqueles que o réu lhe contrapõe ao defender-se, que a prova há-de, em regra, recair.

Geralmente, a prova incidirá sobre esses factos, e não sobre outros quaisquer (artigos 5º , nº 2, 1ª parte e 567º, 2ª parte do CPC).

Como escreve GOLDSCHMIDT, "as afirmações e provas trazidas pela parte são os únicos fundamentos da sentença (*iudex secundum allegata et probata a partibus iudicare debet)*"; ou, numa outra formulação deste brocardo latino, *iudex iudicare debet secundum allegata et probata partium*.

Esta continua a ser a regra das regras nesta matéria. Mas a ela abre a própria lei alguns desvios, de que, aliás, já falámos antes.

1º Nem todos os factos alegados pelas partes são admitidos à prova: só os factos úteis ou pertinentes, ou seja, os factos relevantes para apreciação e decisão do litígio à luz do direito aplicável (cfr. artigos 430º, nº 1 e 433º).

2º Para além dos factos alegados pelas partes, pode o julgador socorrer-se ainda:

a) De *factos notórios* – que não carecem de alegação nem de prova e que, por isso mesmo, não constituem excepção à regra enunciada (artigo 434º, nº 1);

b) De *factos que tenha conhecido por virtude do exercício das suas funções*, os quais não carecem de alegação, mas têm de ser provados pelo próprio tribunal mediante a junção de documentos que os comprovem (artigo 434º, nº 2).

Digamos que, em rigor, só quanto a estes últimos factos se pode falar de excepção à regra de que a prova só recai sobre os factos alegados pelas partes.

3º Podem ainda ser considerados oficiosamente pelo tribunal os factos instrumentais que resultem da instrução e discussão da causa (nº 2 do artigo 5º), assim como os factos essenciais à procedência das pretensões formuladas ou das excepções deduzidas que sejam complemento ou concretização de outros que as partes tenham oportunamente alegado e resultem da instrução e discussão da causa, desde que a parte interessada manifeste vontade de deles se aproveitar e à parte contrária tenha sido facultado o exercício do contraditório (nº 3 do artigo 5º).

75. Ónus da alegação e ónus da prova

75.1. Conceitos

Nesta matéria, o princípio fundamental é o de que quem invoca um direito tem de alegar o facto ou factos em que o baseia. Só alegando-os pode vir a prová-los. Só provando-os, enfim, pode fazer triunfar o direito que se arroga, se a prova do facto ou factos for necessária para esse triunfo mediante o convencimento do juiz.

Ao encargo de provar o facto chama-se, na linguagem técnica do processo – acolhida no Código Civil (artigos 335º a 337º) –, *ónus da prova*; mas este ónus tem como pressuposto um outro ónus: o *ónus da alegação*.

Quem quer fazer triunfar um direito subjectivo tem de provar os factos que lhe dão direito a exigir para ele a tutela jurisdicional; mas, para provar esses factos, tem primeiro de os alegar perante o tribunal.

Em suma, sobre as partes impendem o ónus da alegação dos factos e o ónus da respectiva prova.

O ónus da alegação precede, naturalmente, o ónus da prova.

Estas as regras, em síntese.

75.2. O princípio dispositivo e a necessidade da alegação e da prova

Do exposto resulta evidente que a orientação descrita – necessidade de alegação e de prova dos factos que fundamentam o direito invocado –

resulta da adopção do princípio dispositivo com a abrangência inovadora plasmada nas mais modernas legislações processuais.

A iniciativa privada condiciona, assim, os poderes do juiz, não só quanto ao desencadear do processo e à amplitude da tutela jurídica solicitada, mas também quanto à aquisição de factos para o processo (com as ressalvas acima indicadas).

Assim não seria se se adoptasse, na sua pureza, o *sistema inquisitório*, em cujo domínio o juiz pode investigar livremente os factos e do qual ainda hoje encontramos nítidos vestígios no âmbito dos processos de jurisdição voluntária (cfr. artigo 1207º, nº 5 do CPC).

No *sistema dispositivo*, como ficou sublinhado, a parte está sujeita ao ónus de fornecer e provar os factos que o tribunal há-de apreciar. Não os provando, e sendo eles essenciais para a definição do seu direito, o juiz julga contra ela, ao contrário do que sucedia no Direito Romano: se a prova não fosse feita, o juiz abstinha-se de julgar.

75.3. Atenuação do princípio dispositivo na moderna orientação do processo civil

O princípio de que o não cumprimento do ónus da prova faz decair a pretensão (ou a oposição) da parte a quem tal ónus incumbia, sofre hoje grandes restrições.

A publicização cada vez mais sensível do processo, e o objectivo da realização de uma justiça real e não apenas formal, têm vindo a determinar o alargamento dos poderes dos juízes na direcção do processo, e mesmo a que se lhes imponha *um verdadeiro dever de averiguação oficiosa*.

São exemplos, entre outros, os preceitos dos artigos 6º, 7º, 8º, nºs 1, 2 e 4, 106º, nº 1 e 548º, todos do Código de Processo Civil.

Este dever de averiguação imposto ao juiz explica-se porque ele desempenha no processo uma missão muito peculiar e específica, que caracteriza toda a sua função: a de declarar se uma pretensão é conforme com o direito objectivo e, em caso afirmativo, ordenar que seja satisfeita. Para tanto, deve-lhe ser permitido investigar o necessário para poder decidir, seja, para apurar, enfim, os factos que fazem parte inafastável do material decisório de um pleito.

Perante este dever de averiguação do juiz, o ónus da prova já não tem hoje um valor do mesmo grau que antes lhe era reconhecido.

Continua, porém, como regra, a recair sobre as partes o ónus da prova (cfr. artigos 335º e 336º do CC), devendo ter-se em consideração o que se preceitua no artigo 437º quanto à dúvida sobre a repartição do ónus da prova:

> "A dúvida sobre a verdade de um facto e sobre a repartição do ónus da prova resolve-se contra a parte a quem o facto aproveita".

A parte que alega tem, pois, em princípio, de provar os factos que alegou; mas deve limitar-se a alegar, apenas, os factos juridicamente relevantes e pertinentes para a decisão da causa.

Como já se disse, os factos irrelevantes, não só não constituem objecto de prova, como podem ser prejudiciais ao regular prosseguimento do processo.

De salientar ainda que, no regime aprovado pelo actual Código de Processo Civil de Macau – na senda do que se fez em Portugal –, "O tribunal deve tomar em consideração todas as provas realizadas no processo, mesmo que não tenham sido apresentadas, requeridas ou produzidas pela parte onerada com a prova (...)".

É o que se dispõe no artigo 436º do CPC, sob a epígrafe *princípio da aquisição processual.*

76. Repartição do ónus da prova

Quando se diz que é às partes (autor e réu) que incumbe, à partida, a aportação ao processo, e a prova, dos factos relevantes para a decisão do litígio, *não se pretende afirmar que tal encargo incumba, indiferenciada ou indiscriminadamente, a cada uma das partes.* O encargo de provar os factos juridicamente relevantes distribui-se pelas duas partes de acordo com determinadas regras, distribuição essa objecto de uma problemática extremamente importante, e por vezes de grande dificuldade na prática, que é a da *repartição do ónus da prova*.

Como se trata de distribuir o encargo de provar factos, a solução do problema terá de assentar sobre uma classificação dos factos jurídicos em geral, que realmente ajuda a esclarecer a questão da distribuição, pelas partes, do encargo de os provar em juízo. Aliás, é a própria lei civil que define regras, nesta matéria, em função de certas espécies de factos (cfr. artigos 335º e 336º do CC).

Sem dúvida que os factos a provar num determinado processo podem ser da mais diversa natureza; mas característica comum a todos eles é a sua relevância para efeitos de determinação do direito aplicável na decisão do litígio em concreto.

Ora, resulta de noções já adquiridas em anos anteriores do Curso de Licenciatura, que várias podem ser as classificações dos factos jurídicos em geral, assentes em critérios diversos.

Por exemplo:

Segundo uma
CLASSIFICAÇÃO A, *podemos distinguir entre*:

Factos Principais – condicionantes da decisão, pressupostos da aplicação da lei substantiva e, como tal, objecto do processo; e
Factos Acessórios – referentes à força probatória dos meios de prova dos factos principais (credibilidade das testemunhas arroladas, por exemplo).
Assim como podemos distinguir entre:
Factos Concretos – factos tomados na sua individualidade específica; e
Factos Abstractos – factos tomados na sua natureza genérica.
Ou ainda distinguir entre:
Factos Internos – respeitantes à vida psíquica (ideias, pensamentos, convicções); e
Factos Externos – que tomam forma no mundo exterior.
E também distinguir entre:
Factos Próximos – os que estão em conexão imediata com o objecto do processo; e
Factos Remotos – aqueles cuja ligação com o objecto do processo é mais ou menos afastada.
E, por último, distinguir entre:
Factos Constitutivos;
Factos Impeditivos;
Factos Modificativos; e
Factos Extintivos, consoante a natureza dos efeitos que produzem.

Segundo uma
CLASSIFICAÇÃO B, *podemos distinguir entre*:

Factos Constitutivos;
Factos Modificativos; e
Factos Extintivos.
Ou distinguir entre:
Factos Principais (atinentes a normas ou relações);

Factos Secundários (atinentes a qualidades);
Factos Permissivos (possibilitadores da eficácia de um facto principal); e
Factos Impeditivos (todos os outros).

Destas duas classificações, as espécies que se revelam de mais interesse para o processo e para abordagem do ónus da prova são as espécies mencionadas em último lugar na classificação **A**, e todas as referidas na classificação **B**.

Mas antes de nos debruçarmos especificamente sobre a questão da repartição do *onus probandi* em função de cada uma das espécies de factos carreados para um dado processo, convém esclarecer determinadas questões que consideramos prévias.

76.1. Natureza do ónus da prova

O chamado *ónus da prova* é um verdadeiro ónus jurídico ou antes configura uma obrigação civil? À falta de prova corresponderá alguma sanção jurídica?

a) Num entendimento comum, que pode não ser o melhor, o ónus da prova traduz a imposição feita por lei a um ou a ambos os litigantes, para que demonstrem a verdade dos factos por eles alegados. Parece ser nesse sentido que a expressão surge, por exemplo, nos já mencionados artigos 335º e 336º do Código Civil.
É também esse o sentido que, genericamente, a doutrina dá à expressão "ónus da prova", considerando-a uma revelação do princípio dispositivo[306]: ela traduz-se na exigência de que cada parte processual prove os factos que alegou a seu favor, como base da sua pretensão – é um encargo que sobre ela pende.

b) Mas como o não cumprimento desse encargo potencia a improcedência da pretensão, ou da contra-pretensão (se o facto em causa for condição dessa procedência), há quem sustente que a ausência de prova acarreta uma verdadeira sanção para a parte que não provou o alegado.
Só que esta sanção – pode argumentar-se – não é uma sanção jurídica *proprio sensu*, é sobretudo uma sanção de expressão económica,

[306] Na expressão de Ugo Rocco: "O ónus de provar respeita à disponibilidade da prova".

muito embora represente, de todo o modo, uma desvantagem para quem não cumpriu o ónus.

c) Mas há ainda quem defenda que o *ónus de provar* e a *obrigação de provar* são realidades distintas.
Se aproveitarmos a lição de ZANZUCCHI, fala-se de *obrigação* (dever absoluto) quando a lei impõe a alguém um certo comportamento para satisfação de um interesse alheio, com sacrifício de um interesse próprio; e fala-se de ónus (dever final) quando a lei fixa o comportamento que alguém deve ter se quiser obter um resultado favorável ao seu próprio interesse.

Ora, dentro da orientação, já assinalada, que dá ao juiz amplos, mas ainda assim balizados, poderes na instrução do processo – tomando em consideração os factos que as partes, no uso do princípio dispositivo, trazem ao processo, mas também os factos instrumentais referenciados no citado nº 3 do artigo 5º –, a verdade é que a lei impõe a todas as pessoas, ainda que estranhas ao processo, a sua colaboração na actividade probatória, com vista à descoberta da verdade dos factos relevantes para a decisão dos litígios submetidos à apreciação e decisão dos tribunais.

É nisto que se traduz o chamado *princípio da cooperação*, não limitado às partes processuais, mas estendido a terceiros, de uma forma muito explícita, nos preceitos dos artigos 8º e 442º, cujo nº 1 é inequívoco: *"Todas as pessoas, sejam ou não partes na causa, têm o dever de prestar a sua colaboração para a descoberta da verdade, respondendo ao que lhes for perguntado, submetendo-se às inspecções necessárias, facultando o que for requisitado e praticando os actos que forem determinados"*.

Ora, se aplicarmos os termos da referida *distinção entre obrigação e ónus* aos *terceiros*, não partes na causa, temos de concluir que, quanto a eles, existe um *verdadeiro dever jurídico de colaborar* na prova, dever este cuja violação importará a sua condenação em multa, sem prejuízo dos meios coercitivos que sejam legalmente possíveis (nº s 1 e 2 do artigo 442º do CPC).

Já *no que respeita às partes,* aos litigantes, o encargo de provar os factos que alegam é, à partida, um simples ónus porque:

i. Por um lado, não há ilicitude no simples facto de o não cumprirem, que apenas irá traduzir-se numa desvantagem para eles;

ii. Por outro lado, e por isso mesmo, é do seu próprio interesse que façam a prova dos factos que alegam.

Na realidade, a parte é colocada perante duas possíveis atitudes, ambas lícitas, que ela pode escolher – provar ou não provar os factos que alegou; só que a abstenção pode acarretar-lhe desvantagens no processo, as chamadas cominações, ou mesmo o decaimento na acção.

Mas já configura verdadeiro dever jurídico das partes, não só o seu comparecimento, como a prestação de esclarecimentos sobre a matéria de facto, quando determinados pelo tribunal (artigos 8º e 442º), sob pena de poderem vir a ser condenados em multa como litigantes de má fé (artigo 385º).

76.2. Espécies de acções em que se coloca o problema do *'onus probandi'*

Antes de entrarmos na análise da questão da repartição do ónus da prova, convém esclarecer em que espécies de acções judiciais cíveis se coloca o problema do ónus da prova: em todas elas ou apenas em algumas?

Será o ónus da prova exclusivo do processo de declaração, que é objecto do nosso estudo?

A resposta é negativa: o ónus da prova não é exclusivo do processo de cognição, mas também tem lugar no processo executivo e nos procedimentos cautelares, ou melhor, em todas as espécies de processos judiciais cíveis.

Nos procedimentos cautelares, o requerente tem o ónus de provar, embora sumariamente como é sabido, que no caso concorrem as circunstâncias de que a lei faz depender a concessão da providência (urgente e provisória) que pede ao tribunal.

No processo executivo, o exequente tem o ónus de provar, à partida, a existência de um documento escrito com o valor legal de título executivo, e porventura de fazer alguma prova adminicular desse título. Aliás, para alguma doutrina, a função do título executivo é precisamente a de fornecer prova legal do crédito exequendo.

76.3. Ónus objectivo e ónus subjectivo

Continuando a desbravar caminho para a solução do problema da repartição do *onus probandi*, e a compilar material para tarefa por vezes tão complexa na prática, vamos ainda abordar um outro assunto prévio, distinguindo entre duas questões:

- *Quem* tem o ónus de provar?
- *O que* tem de se provar?

O primeiro aspecto corresponde ao denominado *ónus subjectivo.*

E pode desde já enunciar-se uma regra geral, dominante nesta matéria: o *ónus de provar um facto cabe a quem alega esse facto.* A prova incumbe, pois, à parte que invoca o facto, e que, não a produzindo, se sujeita à consequência de ver a sua pretensão rejeitada pelo tribunal.

Alguma doutrina fala mesmo de risco: não o provando, o alegante do facto submete-se ao risco inerente à insuficiência ou falta de prova. O risco processual, assim entendido, é um conceito intimamente relacionado com o de ónus, é a consequência, ou reflexo, do ónus subjectivo da prova[307].

Mas para além do ónus subjectivo há ainda que considerar um outro, já aludido, e que respeita aos factos que hão-de ser provados para que a decisão possa ter determinado sentido.

Em síntese: *quem* alega um facto tem de provar *esse facto.*

Resta acentuar, de novo, que só têm de ser provados os factos pertinentes, úteis para a resolução da questão jurídica que se levanta no processo.

E, mesmo de entre estes, há alguns em relação aos quais é dispensada, ou resulta inútil, qualquer actividade probatória da parte.

Assim, repita-se:

a) Os *factos notórios* não carecem de prova (nem sequer de alegação) – artigo 434º, nº 1);

b) Os factos alegados que teriam de ser provados pela parte, consideram-se reconhecidos se a parte contra quem são produzidos os não impugnar relevantemente (artigos 410º e 424º);

c) Quaisquer factos levados ao processo podem ser confessados, na sequência de depoimento de parte (artigos 477º e ss.), ficando por esse meio feita a respectiva prova, ou podem ser comprovados pelo tribunal quando sejam do conhecimento oficioso deste (artigo 434º, nº 2).

Nestas três situações, pode dizer-se que há *uma redução objectiva do ónus subjectivo de provar.*

[307] Neste sentido, J. Alberto dos Reis, *Código de Processo Civil Anotado*, cit., vol. 3º, p. 272.

76.4. O princípio da aquisição processual e seu reflexo no ónus da prova

Antes de entrarmos propriamente no estudo da repartição do ónus da prova, consideremos ainda um outro aspecto que respeita ao afastamento dos princípios gerais reguladores do ónus da prova, mediante a consagração legal do *princípio aquisitivo.*

Vejamos em que consiste este princípio.

Muito embora, como ficou dito, se atribua em regra o ónus da prova ao alegante do facto, a lei pretende que o juiz do processo se assegure, por todos os meios legais ao seu alcance, da verdade material dos factos que interessam à justa composição do litígio.

Por isso se consagrou no artigo 436º o *princípio da aquisição processual,* segundo o qual o tribunal deve tomar em consideração todas as provas produzidas no processo, emanem ou não da parte que devia produzi-las, sem prejuízo das disposições que declarem irrelevante a alegação de um facto quando não seja feita por certo interessado.

Deste princípio resulta uma importante consequência: se a parte que alegou determinado facto (e que, portanto, teria de prová-lo) o não prova, mas a prova desse facto é feita pela contraparte, então o tribunal deve tomar em consideração a prova feita e decide em conformidade com ela.

Ora, neste caso, excepcionalmente, o não cumprimento do ónus da prova por parte do litigante a quem competia, não colocou esse litigante na situação característica, acima referida, do risco de sofrer uma consequência desfavorável.

Quer isto dizer que os princípios gerais reguladores do ónus da prova sofrem modificações impostas pelo alargamento, nesta matéria, dos poderes inquisitórios do juiz, relativamente a regimes anteriores.

76.5. A repartição do ónus da prova em situações especiais

Entremos finalmente na análise da complexa questão que pode colocar-se a respeito do ónus subjectivo da prova: como se reparte esse ónus entre os litigantes em determinadas situações, por exemplo, de dúvida insanável sobre a ocorrência ou não ocorrência de determinados factos relevantes para decisão do litígio?

Sabido que "o tribunal não pode abster-se de julgar, invocando a falta ou obscuridade da lei ou alegando dúvida insanável acerca dos factos em litígio" (nº 2 do artigo 7º do CC), como sair do impasse?

Poderia, à primeira vista, parecer que o princípio geral, sobejamente aqui referido, de que o ónus da prova cabe a quem alega o facto, nos bastaria.

No entanto, assim não sucede.

Já CHIOVENDA[308] advertia que, "assim como é difícil obter uma formulação genérica e completa do princípio geral regulador do ónus da prova, não menos difícil é encontrar para ele uma justificação absoluta e racional".

Ora, o artigo 437º do CPC vigente contém norma decisiva para a solução do problema:

> "A dúvida sobre a realidade de um facto e sobre a repartição do ónus da prova resolve-se contra a parte a quem o facto aproveita".

Mas o interesse de uma breve referência às várias doutrinas que têm vindo a ser enunciadas sobre a *repartição do ónus da prova* mantém-se. Sintetizemos as principais.

1ª Doutrina tradicional

Inspirada no Direito Romano, os seguidores desta tese defendiam que deve atribuir-se o ónus da prova a quem afirma a existência de factos, e não a quem a nega (*Negativa non sunt probanda. Affirmanti non neganti incumbit probatio*).

2ª Doutrina do interesse na prova do facto

Segundo esta orientação, que parece intuitiva, é sobre aquele a quem aproveita a prova que deve recair o ónus de provar.

3ª Doutrina do interesse na afirmação do facto

Esta doutrina, enunciada por CARNELUTTI, sustenta que o ónus da prova deve recair sobre aquele que tiver interesse na afirmação do facto.

4ª Doutrina do ónus da afirmação

BETTI, ao invés de CARNELUTTI, entende que o ónus da prova de certo facto não deve recair sobre quem tem interesse na sua afirmação, mas sim em quem, pura e simplesmente, o afirma. Portanto, em vez de um "ónus do interesse" haveria um "ónus da afirmação".

[308] *Instituciones de Derecho Procesal Civil* (tradução espanhola), vol. III, p. 98.

5ª *Doutrina do facto que constitui pressuposto da norma favorável*

ROSENBERG e GUASP propugnam que se impõe, antes de mais, averiguar a quem é favorável a norma jurídica de que o facto probando constitui pressuposto ou elemento da previsão legal. É sobre esse sujeito que deve recair o ónus da prova.

6ª *Doutrina da posição da parte relacionada com o efeito jurídico pretendido*

Esta doutrina, sustentada por MICHELI, que parece a mais equilibrada, preconiza que, na repartição do ónus da prova entre os litigantes, se deve atender, cumulativamente, aos seguintes factores:

- A posição das partes no processo; e
- A natureza do efeito jurídico que quem alega o facto pretende obter.

76.6. Aplicações da doutrina propugnada por MICHELI

Para melhor compreensão, ensaiemos algumas aplicações da doutrina referida em último lugar aos diversos tipos de factos objecto de prova, de que já fizemos uma classificação, distinguindo entre *factos constitutivos, impeditivos, extintivos* e *modificativos.*

1º *Ónus da prova dos factos constitutivos*

O ónus da prova dos factos constitutivos compete, em geral, ao autor. Aliás, é o que claramente se infere da leitura dos artigos 412º, nº 3 e 437º do Código de Processo Civil.

Mas há que considerar o que, a este respeito, se dispõe no Código Civil,

- No artigo 335º, nº 1, segundo o qual "*Àquele que invocar um direito cabe fazer a prova dos factos constitutivos do direito alegado*";
- No artigo 336º, nº 1, segundo o qual "Nas acções de simples apreciação negativa, compete ao réu a prova dos factos constitutivos do direito que se arroga"; e
- No nº 3 do artigo 335º, que determina: "Em caso de dúvida, os factos devem ser considerados como constitutivos do direito". Todavia, se o autor não provar os factos constitutivos do direito que invoca em juízo, o réu não necessita de provar o que quer que seja.

Tal solução justifica-se muito facilmente: os factos constitutivos são, na verdade, aqueles dos quais emerge a relação jurídica na qual o autor se arroga a posição de sujeito activo. O direito que invoca em juízo alicerça-se na verificação dos factos constitutivos desse direito. Lógico e natural é, portanto, que a ele incumba a prova de tais factos.

2º *Ónus da prova dos factos impeditivos*

Os factos impeditivos são aqueles que obstam à produção dos efeitos que o autor reconduz aos factos constitutivos.

A prova destes factos incumbe ao réu, como bem se compreende e resulta igualmente dos preceitos acima citados, quer ele tenha deduzido defesa directa – por impugnação – quer tenha invocado alguma excepção.

3º *Ónus da prova dos factos extintivos*

A prova dos factos extintivos do direito invocado pelo autor compete ao réu, como é lógico e natural: se ele não alegar e provar que ocorreram factos de natureza extintiva, a existência do direito do autor era certa, pois emergia dos factos constitutivos por ele provados.

4º *Ónus da prova dos factos modificativos*

Os factos que modificam a configuração da relação jurídica litigada (e, consequentemente, o direito do autor), são factos modificativos.

Os factos modificativos reconduzem-se, consoante o sentido da alteração que produzem, ou a factos constitutivos, ou a factos impeditivos ou a factos extintivos; e é de harmonia com a natureza que assumem em cada situação concreta que se determina o ónus subjectivo da sua prova, nos termos acima referidos.

77. Ónus da contraprova

A *contraprova* consiste na alegação e prova de um facto que pretende destruir, ou contrariar, outro facto já alegado e provado.

O artigo 339º do CC prevê a possibilidade de contraprova, feita com o intuito de tornar duvidosos os factos seu objecto, estatuindo que, se o conseguir, é a questão decidida contra a parte onerada com a prova.

A actividade de contraprova *não deve confundir-se com a da prova de facto extintivo*: se a um facto extintivo provado pelo réu, for oposto pelo autor um outro facto que destrói o facto pretensamente extintivo, então surge no processo uma situação de contraprova.

O ónus da contraprova cabe, portanto, à parte que alega o facto destrutivo de um outro já alegado, e provado, no processo.

É, pois, evidente que a actividade de contraprova pressupõe uma actividade de prova: porque, se o facto destruendo (impeditivo, modificativo ou extintivo) não chegar a ser provado, parece óbvio que a questão da contraprova não se coloca, não fazendo, então, qualquer sentido falar do ónus respectivo.

78. Prova de facto negativo

O velho princípio *negativa non sunt probanda* está, hoje em dia, ultrapassado. Em tempos remotos, a prova do facto negativo era contrariada pela sua grande dificuldade.

Efectivamente – dizia-se –, de um modo geral, é possível demonstrar que um determinado evento se verificou porque dessa ocorrência é natural que tenham ficado vestígios, mais ou menos conclusivos. Mas, provar que tal facto não se verificou, é praticamente impossível ou é, pelo menos, extremamente difícil. Compare-se, por exemplo, a facilidade de provar que determinada pessoa é casada, com a dificuldade de provar que o não é.

Por isso os romanos chamavam à prova de factos negativos *diabolica probatio* – prova diabólica.

Hoje, porém, admite-se a prova dos factos negativos, e é mesmo exigida em certos casos.

Pense-se, designadamente, nas acções de indemnização por danos com fundamento no inadimplemento de uma obrigação. O autor tem de fazer a prova dos factos, quer positivos quer negativos, que sejam constitutivos do seu direito à indemnização. Assim, terá de provar um facto negativo quando o conteúdo da prestação do devedor for um acto (e não uma omissão): terá de provar que o devedor não cumpriu.

79. Inversão do ónus da prova

79.1. Inversão do ónus da prova por determinação legal

O artigo 337º, nº 1 do CC estabelece que as regras dos seus artigos 335º e 336º invertem-se quando haja presunção legal, dispensa ou liberação do ónus da prova, ou convenção válida nesse sentido, e, de um modo geral, sempre que a lei o determine.

E o nº 2 do mesmo preceito acrescenta que "Há também inversão do ónus da prova, quando a parte contrária tiver culposamente tornado impossível a prova ao onerado, sem prejuízo das sanções que a lei de processo mande especialmente aplicar à desobediência ou às falsas declarações".

79.2. Inversão convencional do ónus da prova

Já a inversão convencional do ónus da prova tem sido objecto de discussão na doutrina. Será ela, em geral, admitida?

José Alberto dos Reis[309] chegou a afirmar que "a validade das convenções probatórias é contrária ao nosso sistema legal".

E o que dispõe a lei civil a este respeito? Vejamos.

O artigo 338º, nº 1 estabelece, como regra, a nulidade da convenção que inverta o ónus da prova, quando se trate de direito indisponível ou a inversão torne excessivamente difícil a uma das partes o exercício do direito.

É igualmente nula, segundo o nº 2 do mesmo preceito legal, a convenção que tenha por objecto excluir algum meio legal de prova ou admitir um meio de prova diverso dos legais; e é nula, em quaisquer circunstâncias, a convenção que contrarie as determinações legais quanto à prova que tenham por fundamento razões de ordem pública.

Ora, destes preceitos pode retirar-se a conclusão de que Alberto dos Reis tinha alguma razão; e também que a sua tese mantém actualidade, pois que, muito embora a lei não consagre uma regra geral de nulidade das convenções probatórias, a verdade é que limita de tal modo a sua validade que, na prática, será muito difícil surpreender situações indubitavelmente não abrangidas em previsão tão complexa e abrangente como é a dos dois números do artigo 338º do Código Civil.

80. Princípios que regem a fase da instrução

É já sabido que a fase da instrução pode ser concebida, ou como um ciclo cronologicamente inserido na marcha normal do processo de declaração, entre a fase do saneamento e a da discussão e julgamento da causa, ou entendida em sentido puramente lógico, que abrange o conjunto dos actos probatórios praticados no processo, independentemente da fase em que este se encontre.

Na verdade, há certos meios de prova (como a inspecção judicial) que só neste período podem ser apresentados; outros, como a prova documental, surgem, preferencialmente na fase dos articulados, mas podem acontecer também na fase da discussão; outros ainda, como a prova testemunhal, são produzidos normalmente durante a audiência de discussão e julgamento.

[309] *Código de Processo Civil Anotado*, cit., vol. 3, p. 251.

Mas, de qualquer modo, toda a actividade instrutória do processo é regida por um conjunto de princípios que a lei processual define cuidadosamente. São princípios a que se subordina toda a actividade probatória, independentemente da fase processual em que seja desenvolvida. O mesmo é dizer, que a sua aplicação não se restringe à fase da instrução em sentido cronológico.

Feita esta prevenção, salientemos os *princípios que a lei processual regula como estruturantes*, digamos assim, *do direito probatório formal.*

Os principais estão definidos nos artigos 435º (princípio da licitude das provas), 436º (princípio da aquisição processual), 438º (princípio da audiência contraditória), 439º (princípio da concentração), 440º (princípio da oralidade), 442º (princípio/dever de cooperação para a descoberta da verdade) e 558º (princípio da livre apreciação das provas), todos do Código de Processo Civil.

Mas antes da explicitação sumária de alguns destes princípios, faz sentido evidenciar que, no actual sistema processual, os poderes inquisitórios do tribunal abrangem uma ampla iniciativa, traduzida na atribuição *ex officio* de relevantes poderes instrutórios que resultam, fundamentalmente, da conjugação do preceituado nos artigos 5º, 6º e 8º do CPC: o que alguma doutrina refere como *princípio da oficialidade* ou *da livre iniciativa do tribunal.*

80.1. Princípio da aquisição processual

O princípio da aquisição processual, consagrado no artigo 436º, é caracterizado deste modo por Manuel de Andrade[310]: "Os materiais (afirmações e provas) aduzidos por uma das partes ficam adquiridos para o processo. São atendíveis mesmo que sejam favoráveis à parte contrária".

Aplicação directa deste princípio é, como já se disse, o aproveitamento da prova de um dado facto, mesmo quando feita pela parte sobre a qual não impendia o ónus respectivo.

80.2. Princípio da audiência contraditória

Como é sabido, este princípio não é privativo da matéria de provas, ou da instrução, pois rege o desenrolar de todo o processo; mas tem aqui uma das suas principais aplicações, no sentido de que todas as provas devem ser conhecidas da parte que tendem a prejudicar, dando-se-lhe assim a

[310] *Noções Elementares de Processo Civil*, cit., p. 368.

possibilidade de as fiscalizar e de se lhes opor com fundamentos que lhe seja possível invocar.

Do princípio da contraditoriedade, ou do contraditório, podemos encontrar revelações em muitos dispositivos do Código de Processo Civil[311]; mas está genericamente enunciado, como se sabe, no pórtico do Código de Processo Civil (nº 1 do artigo 3º).

Em matéria de provas, este princípio consta do artigo 438º, nº 1:

> "*Salvo disposição em contrário, as provas não são admitidas nem produzidas sem audiência contraditória da parte a quem tenham de ser opostas*".

A ressalva inicial do preceito refere-se às situações em que os interesses de uma das partes seriam postos em risco se a outra parte tomasse imediato conhecimento do que se iria passar no processo (caso, *v.g.*, de alguns procedimentos cautelares, em que a própria lei admite o diferimento do contraditório para momento ulterior).

80.3. Princípio da cooperação para a descoberta da verdade

Consiste este princípio, que é uma variante do princípio geral de cooperação processual, na obrigação de todas as pessoas, sejam ou não partes na causa, de colaborarem na descoberta da verdade dos factos constantes de determinado processo e assim contribuírem para a justa composição do litígio, ajudando a salvaguardar o interesse colectivo de uma boa administração da justiça.

Este princípio está consagrado, especificamente para a instrução do processo, no artigo 442º; mas encontra-se genericamente enunciado no artigo 8º do Código de Processo Civil, com uma amplitude mais lata do que no regime processual anterior.

Essa maior amplitude, tão minudentemente expressa na lei, tende a repercutir-se em vários planos, como sucede, por exemplo, com a delimitação rigorosa das situações de litigância de má fé, cujo conceito foi consideravelmente alargado, com vista à sua punição (cfr. artigos 385º a 388º do CPC).

[311] Ele está presente, de modo muito incisivo, *v.g.*, nos cuidados de que se cerca a citação do réu e ainda em matéria de representação oficiosa dos incertos, regulada no artigo 51º do CPC.

80.4. Princípio da livre apreciação das provas

Segundo este princípio, que se acha consagrado no artigo 558º, nº 1 do CPC, o que torna provado um facto é a íntima *convicção do juiz*, gerada em face do material probatório trazido ao processo (e, eventualmente, decorrente da conduta processual das partes), de acordo com a sua experiência da vida e conhecimento dos homens; não a pura e simples observância de certas formas legalmente prescritas.

Relativamente a este princípio há, no entanto, que atender à restrição do nº 2 do artigo 558º, consequência da sujeição do tribunal à legalidade.

Para além destes princípios acabados de explicitar, têm ainda aplicação na actividade instrutória, e estão enunciados na lei de forma muito clara, alguns outros como o *princípio da licitude das provas* (artigo 435º), o *da oralidade* (artigo 440º) e o *da concentração* (artigo 439º).

Resta salientar que a oralidade se liga intimamente com o chamado *princípio da imediação*, segundo o qual o julgador deve ter um contacto tanto quanto possível próximo e directo com as pessoas ou coisas que servem de meios de prova, sem prejuízo, é claro, do que se dispõe sobre registo de depoimentos.

Secção II
Meios de prova

Subsecção I
Prova por documentos

81. Conceito de documentos e suas espécies
81.1. Conceito de documento

Debrucemo-nos sobre este *meio de prova* tipificado na lei, que está regulado nos artigos 355º a 381º do Código Civil e nos artigos 450º a 475º do Código de Processo Civil.

Nos termos do artigo 355º do Código Civil, "*Prova documental é a que resulta de documento; diz-se documento qualquer objecto elaborado pelo homem com o fim de reproduzir ou representar uma pessoa, coisa ou facto*"[312].

Mas *documento*, para efeitos de prova em processo de declaração (e sem prejuízo de sentidos porventura mais amplos que o vocábulo possa ter, por exemplo, em História do Direito), é, à partida, "todo o escrito que corporiza uma declaração"[313], quer ela seja *declaração de vontade*, quer seja *declaração de conhecimento*; e quer o documento tenha sido elaborado com finalidade probatória ou não[314].

Documento é, pois, geralmente, para efeitos probatórios, todo o escrito que contenha quaisquer declarações (de vontade ou de conhecimento), tendentes a atestar um ou mais factos.

No entanto, a lei processual (artigo 462º), ao regular a requisição de documentos pelo tribunal, refere-se a "*informações, pareceres técnicos, plantas, fotografias, desenhos, objectos ou outros documentos* necessários ao esclarecimento da verdade" (nº 1 do artigo), numa noção ampla de *documento* que mais se aproxima do conceito que no artigo 355º do Código Civil se contém: "(...) qualquer objecto elaborado pelo homem com o fim de reproduzir ou representar uma pessoa, coisa ou facto".

81.2. Classificação legal dos documentos escritos

Segundo a classificação do Código Civil (artigo 356º, nº 1), há duas modalidades fundamentais de documentos escritos:

a) Documentos *autênticos* – os que são "(...) exarados, com as formalidades legais, pelas autoridades públicas, nos limites da sua competência ou, dentro do círculo de actividade que lhe é atribuído, por notário ou por oficial público provido de fé pública (...)" (artigo 356º, nº 2 do Código Civil).
Desta formulação legal podem retirar-se duas subespécies de documentos autênticos: os documentos oficiais e os documentos extra-oficiais.

[312] Por exemplo, registos fotográficos, registos fonográficos, desenhos, mensagens de correio electrónico, etc.

[313] Manuel de Andrade, *Noções Elementares...*, cit., p. 208.

[314] Antunes Varela, *Manual...*, cit., pp. 505-506.

b) Documentos *particulares* – são todos os que não são autênticos: são, portanto, elaborados e assinados por qualquer pessoa, sem intervenção de autoridade ou oficial público. Aliás, o nº 2 do artigo 356º *in fine* do Código Civil define-os por exclusão de partes.
Mas do preceituado no nº 3 do mesmo artigo 356º resulta ainda um outro tipo, que não é propriamente um *tertium genus*: o dos documentos *autenticados*, que nascem como documentos particulares mas que, sendo confirmados pelas partes, perante notário, nos termos prescritos nas leis notariais (Código do Notariado, artigos 50º e ss), passam a ter a mesma força probatória dos documentos autênticos (artigo 371º do CC).

82. Espécies de documentos autênticos, sua força probatória e vícios de que podem enfermar

82.1. Espécies de documentos autênticos

Delimitado que ficou o conceito de documento autêntico, vejamos que categorias estão por lei abrangidas nesse conceito.

Como vimos, é uso distinguir entre documentos *oficiais* e documentos *extra-oficiais*. E em que termos se estabelece a diferença?

a) Os *documentos autênticos* são *oficiais* quando tenham sido exarados ou expedidos pelos Serviços da Administração Pública ou dos órgãos municipais, e bem assim os resultantes de actos judiciais e todos os documentos lançados nos registos das repartições públicas.
b) Os *documentos autênticos* são *extra-oficiais*, quando exarados por notários, ou com a sua intervenção, estando neles abrangidos os certificados, as certidões e outros documentos análogos por eles expedidos, nos limites da sua competência (por ex., públicas-formas).

82.2. Força probatória dos documentos autênticos

Do artigo 365º, nº 1 do Código Civil, resulta que os documentos autênticos *fazem prova plena* dos factos que referem como praticados pela autoridade, oficial público ou notário respectivo, assim como dos factos que neles são atestados com base nas percepções da entidade documentadora.

Quanto aos factos não atestados pela autoridade pública ou funcionário público, ou que transcendem o alcance das suas percepções, é lícito demonstrar por qualquer meio que não correspondem à verdade, independentemente da arguição da falsidade do documento.

82.3. Vícios de que podem enfermar os documentos autênticos

A força probatória plena dos documentos autênticos só pode ser ilidida com base na sua *falsidade* (artigo 366º, nº 1 do CC). E se a falsidade for evidente em face dos sinais exteriores do documento, pode o tribunal, oficiosamente, declará-lo falso (artigo 366º, nº 3 do CC)[315].

Os documentos autênticos são *falsos* quando neles se ateste como tendo sido objecto da percepção da autoridade pública, oficial público ou notário, qualquer facto que na realidade se não verificou, ou como tendo sido praticado pela entidade responsável qualquer acto que na realidade o não foi.

Nessas situações, os documentos autênticos perdem o seu valor probatório pleno.

O vício da falsidade pode ser encarado numa perspectiva externa e numa perspectiva interna.

A falsidade externa consiste na falsificação do próprio documento, em si; a falsidade interna consiste na suposição das pessoas ou dos factos nele referidos.

82.4. Força probatória dos documentos passados fora da RAEM

O nº 1 do artigo 358º do Código Civil permite que os documentos, autênticos ou particulares, passados fora da RAEM, na conformidade da lei do local onde foram passados (acolhimento do princípio *locus regit actum*), tenham na RAEM eficácia idêntica à dos documentos da mesma natureza exarados na RAEM.

Mas se o tribunal tiver fundadas dúvidas acerca da autenticidade do documento passado no exterior, a força probatória do documento é apreciada livremente pelo tribunal (nº 2 do artigo 358º).

83. Espécies de documentos particulares e respectiva força probatória

83.1. Espécies de documentos particulares

Decorre do exposto que os *documentos particulares* podem classificar-se em:

a) *Autenticados* – os que são confirmados pelas partes perante notário nos termos da lei notarial, sendo-lhes aposto um *termo de autenticação*, com reconhecimento presencial de letra e de assinatura, ou

[315] Cfr., relativamente a todos os documentos escritos, o que se dispõe no artigo 359º do Código Civil, segundo o qual "A força probatória do documento escrito a que falte algum dos requisitos exigidos na lei é apreciada livremente pelo tribunal".

só de assinatura (artigo 356º, nº 3 do Código Civil e artigos 155º a 157º do Código do Notariado).

b) *Com mero reconhecimento notarial por semelhança* – os documentos cuja letra e assinatura, ou só a assinatura, se mostrem reconhecidas por notário, nos termos do respectivo Código; e

c) *Simples* – aqueles que são escritos e assinados pela(s) pessoa(s) a que são atribuídos, ou apenas escritos, ou apenas assinados por ela(s), mas sem qualquer intervenção de oficial público.

83.2. Força probatória dos documentos particulares

Os documentos particulares autenticados têm a mesma força probatória que os documentos autênticos, ou seja, força probatória plena, mas não substituem os documentos autênticos quando a lei exija documento desta natureza para a validade do acto (artigos 356º, nº 3 e 371º do CC).

A letra e assinatura, ou só a assinatura, de um documento particular consideram-se verdadeiras quando reconhecidas ou não impugnadas pela parte contra quem o documento é apresentado, ou quando esta declare não saber se lhe pertencem apesar de lhe serem atribuídas, ou quando sejam havidas legal ou judicialmente como verdadeiras.

Mas se estiverem *reconhecidas presencialmente* pelo notário, nos termos da lei notarial, a letra e a assinatura do documento particular, ou só a assinatura, têm-se por verdadeiras (nº 1 do artigo 369º do CC).

A força probatória dos documentos particulares está regulada nos três números do artigo 370º do Código Civil.

84. Produção da prova documental

Debrucemo-nos agora no modo de produção em juízo da prova documental.

Este meio de prova pode ser utilizado no processo,

- Ou por oferecimento espontâneo da parte interessada;
- Ou a requerimento da parte contrária;
- Ou por iniciativa do tribunal;
- Ou ainda pela mão das testemunhas que intervenham na qualidade de auxiliares processuais.

84.1. Oferecimento espontâneo da parte

Nesta forma de aportação de documentos ao processo há que distinguir entre:

a) *Documentos relativos a factos articulados pelas partes*: como regra, devem ser juntos com o articulado em que se aleguem os factos que, com esses documentos se pretendem provar (artigo 450º, nº 1, do CPC)[316].

b) *Documentos relativos a factos supervenientes*: os documentos destinados a fazer a prova de factos ocorridos posteriormente aos articulados, ou de que a parte tenha conhecimento posterior, ou cuja junção se tenha tornado necessária por virtude de ocorrência posterior, podem ser oferecidos em qualquer estado do processo (artigo 451º, nº 2 do CPC).

84.2. Requerimento da parte contrária

O artigo 455º do CPC permite a qualquer das partes que requeira a junção, ao processo, de *documentos em poder da parte contrária*.

Nessas situações, notifica-se esta parte para proceder à sua apresentação no prazo fixado pelo tribunal. Se a não fizer ou não justificar a falta, o tribunal apreciará livremente a sua conduta, para efeitos probatórios (artigo 456º, que remete para o nº 2 do artigo 442º).

Pode, todavia, acontecer que a parte notificada para apresentar o documento declare que o não possui. Aplica-se então o estabelecido no artigo 457º sobre repartição do ónus da prova dessa circunstância.

O artigo 458º prevê que, mesmo os *terceiros*, estranhos à causa, podem ser notificados para trazer ao processo documentos que se encontrem em seu poder, devendo entregá-los na secretaria do tribunal dentro do prazo que lhes for fixado, sob pena das sanções previstas no artigo 460º.

Resta salientar que, *ex vi* artigo 461º, o disposto nos artigos acima analisados sobre entrega de documentos não é aplicável aos livros de escrituração comercial nem aos documentos a ela relativos, que ficam subordinados ao disposto na legislação comercial.

[316] Mas a junção tardia dos documentos é admitida, com aplicação de multa ou sem ela, nos termos previstos e regulados no nº 2 do artigo 450º do Código de Processo Civil.

84.3. Iniciativa do tribunal

Determina o artigo 462º, nº 1 do CPC que incumbe ao tribunal, por sua iniciativa, a requisição de documentos[317] necessários ao esclarecimento da verdade, que não tenham sido juntos pelas próprias partes ou a seu requerimento.

Não carece de qualquer justificação este poder/dever do juiz em matéria de instrução do processo. Aliás, trata-se aqui de uma aplicação do princípio do inquisitório: como director do processo, o juiz deve "realizar ou ordenar oficiosamente todas as diligências necessárias ao apuramento da verdade e à justa composição do litígio, quanto aos factos de que lhe é lícito conhecer" (nº 3 do artigo 6º).

84.4. Apresentação pelas testemunhas que deponham no processo

O nº 5 do artigo 539º do CPC, remetendo para o nº 3 do artigo 485º, permite que as testemunhas que deponham num processo se socorram de documentos ou apontamentos de datas ou de factos para responder às perguntas do juiz, assim corroborando os respectivos depoimentos.

85. Destino dos documentos

O artigo 467º e seus números determinam que os documentos são incorporados no processo, salvo se, por sua natureza não puderem ser incorporados ou houver inconveniente na incorporação, situações em que ficam depositados na secretaria, por forma que as partes os possam examinar.

Em regra, os documentos não podem ser retirados até que a acção seja julgada definitivamente.

Mas podem, excepcionalmente, ser restituídos à pessoa a quem pertencerem, ainda antes de findar a causa, desde que se justifique a necessidade de restituição antecipada.

Ficará então, no processo, cópia integral dos documentos, e a pessoa a quem forem restituídos obriga-se a exibir o original sempre que isso lhe seja exigido (artigo 467.º, n.º 3).

Fora destes casos de restituição antecipada, que têm carácter excepcional, a restituição dos originais dos documentos pertencentes às partes só será feita mediante requerimento, ficando fotocópia no processo.

[317] Sobre a *noção ampla de documento*, cfr. *supra*, parágrafo **81. 1.**

Transitada em julgado a decisão que põe termo ao processo, a restituição dos documentos pertencentes aos organismos oficiais, ou a terceiros, é obrigatória e imediata (nº 4 do artigo 467º).

86. Condições de atendibilidade dos documentos

Para que sejam atendíveis, os documentos destinados a fazer prova de factos constantes do processo têm de se apresentar:

a) *Legíveis*: "Se a letra do documento for de difícil leitura, a parte é obrigada a apresentar um exemplar legível"; "Se a parte não cumprir, incorre em multa e junta-se um exemplar à custa dela" (artigo 466º, nºs. 1 e 2 do CPC).

b) *Compreensíveis no seu conteúdo*: Se o documento estiver escrito em língua diferente de qualquer das línguas oficiais da RAEM, e for junto ao processo desacompanhado de tradução legalmente idónea, o juiz, oficiosamente ou a requerimento, deve ordenar ao apresentante a junção da respectiva tradução, nos termos do artigo 90º, nº 1 do Código de Processo Civil.

c) *Verificados na sua genuinidade*, nos termos estabelecidos no artigo 469º, relativos a situações de impugnação da letra, da assinatura ou da exactidão das reproduções mecânicas.

87. Impugnação da genuinidade de documentos

Por determinação do artigo 453º do CPC, quando sejam oferecidos documentos com o último articulado ou depois dele, torna-se necessário notificar a parte contrária de tal junção, salvo se ela estiver presente ou o documento for oferecido com alegações que admitam resposta.

Notificada a contraparte da junção, pode ela tomar uma de duas atitudes:

- Conformar-se com a junção do documento e com o respectivo teor, situação em que, tratando-se de documento particular, se consideram aceites como verdadeiras a letra e a assinatura; ou então
- Impugnar a veracidade ou a exactidão do próprio documento, e neste caso haverá que distinguir entre
  - Documentos autênticos ou autenticados, por um lado, e
  - Documentos particulares, por outro.

Na primeira hipótese, há que atender ao estatuído no artigo 366º do Código Civil e no artigo 471º, nº 1 do Código de Processo Civil – a força probatória dos documentos autênticos só pode ser ilidida com base na sua falsidade, e tal ilisão processa-se nos termos do artigo 469º deste último diploma quanto a prazos.

Se quiser impugnar um documento particular, a parte tem de tomar uma de três atitudes:

1) Ou arguir a falsidade;
2) Ou limitar-se a impugnar a veracidade da letra e da assinatura, ou a exactidão da reprodução mecânica;
3) Ou declarar, quando letra e assinatura lhe sejam imputadas, que as não aceita como verdadeiras.

Na primeira situação, incumbe ao impugnante a prova da falsidade.

Nas duas últimas, é à parte contrária (a que produziu o documento) que incumbe convencer da sua veracidade, mediante exame ou outro meio de prova.

Em qualquer caso, a impugnação deve ser feita "no prazo de 10 dias, a contar da apresentação do documento, se a parte a ela estiver presente, ou da notificação da junção, no caso contrário" (artigo 469º, nº 1 *in fine*).

Subsecção II
Prova por depoimento de parte

88. Noção de prova por confissão

Este meio de prova, que pode ser utilizado no processo por iniciativa do juiz ou a requerimento de qualquer das partes, tem em vista a eventual confissão de factos relevantes para a resolução de um litígio.

A ele se referem os artigos 345º a 354º do CC e os artigos 477º a 489º do CPC.

Dispõe o artigo 345º do Código Civil:

> *"Confissão é o reconhecimento que a parte faz da realidade dum facto que lhe é desfavorável e favorece a parte contrária."*

Por seu turno, os referidos preceitos do CPC regulamentam o modo de produção deste meio de prova em juízo, designadamente: de quem pode ser exigido o depoimento de parte; quais os factos sobre que pode, ou não pode[318], recair (artigo 479º do CPC); qual o momento e qual o lugar do depoimento; sobre o interrogatório do juiz; sobre a possibilidade de intervenção dos advogados das partes; e, finalmente, sobre a declaração de nulidade ou anulação da confissão e sobre a respectiva irretractabilidade.

89. Modalidades da confissão

89.1. Quadro das modalidades da confissão

A *confissão* pode ser (artigo 348º do CC):

- *Extra-judicial*, que é feita fora de qualquer processo [“por algum modo diferente da confissão judicial” – nº 4 do artigo)]; ou
- *Judicial*, que é feita em processo pendente, só valendo como tal nesse mesmo processo (“feita em juízo”, nos termos do nº 2 do artigo), quer o tribunal seja competente ou não para o processo, e podendo este ser arbitral ou mesmo de jurisdição voluntária.

89.2. Confissão extra-judicial

A confissão extra-judicial pode ser:

a) Documental, provada no processo por documentos; ou
b) Verbal, provada no processo por testemunhas.

A confissão documental pode constar de documento autêntico ou autenticado ou de documento particular.

89.3. Confissão judicial

Quanto à confissão judicial, pode ainda distinguir-se entre:

- Confissão *espontânea* – quando a parte, por sua própria iniciativa, declara que determinados factos alegados pela parte contrária são verdadeiros (artigo 349º, nº 1 do CC); e
- Confissão *provocada* – quando se requeira o depoimento de parte (artigo 477º, nº 2 do CPC).

[318] O nº 2 do artigo 479º proíbe o depoimento de parte sobre factos criminosos ou torpes, de que a parte seja arguida.

A confissão espontânea pode ser feita **i.** Nos articulados; **ii.** Por termo no processo; **iii.** Por depoimento ou declaração avulsa; **iv.** Por declaração do advogado do depoente, com poderes especiais, na audiência de discussão e julgamento.

A confissão provocada, como já se disse, é aquela que tenta obter-se mediante um requerimento para depoimento de parte, a que alude o artigo 477º, nº 2 do Código de Processo Civil.

O depoimento de parte tende, pois, à confissão de factos, mas não deve confundir-se com a própria confissão. Tal depoimento só resulta em confissão quando o depoente faz afirmações que conduzem ao reconhecimento dos factos alegados pelo requerente.

Mas a parte que tenta alcançar a confissão de certos factos pode fazê-lo requerendo o depoimento da parte contrária, ou mesmo dos seus compartes (artigo 478º, nº 3 do CPC).

Se o depoente negar os factos, ou assumir uma atitude de que não possa resultar a confissão, o que foi produzido no processo limitou-se a um depoimento de parte: não foi uma confissão.

Se, porém, a confissão for obtida por este meio (confissão judicial) e reduzida a escrito, dispõe o artigo 351º do Código Civil, no seu nº 1, que ela constitui prova plena contra o confitente. Exceptuam-se os casos de ser a confissão legalmente insuficiente, de recair sobre facto cujo reconhecimento ou investigação a lei proíba, de versar sobre factos relativos a direitos indisponíveis, ou de o facto confessado ser impossível ou notoriamente inexistente (artigo 347º do Código Civil).

89.4. Valor probatório da confissão

Quanto à *força probatória da confissão*, é preciso distinguir:

- A *confissão judicial escrita* faz em regra prova plena contra o confitente, excepto, como já foi dito, nos casos previstos no artigo 347º, e suas alíneas, do Código Civil; mas a *confissão judicial não escrita* (*v.g.*, obtida através do depoimento de parte, feito oralmente na audiência final) tem o valor de prova livremente apreciada, nos termos gerais, pelo julgador, e só se for reduzido a escrito pode dele ser retirada uma força probatória plena.

  Para garantir valor probatório desse grau, impõe o nº 1 do artigo 487º do CPC que "O depoimento é sempre reduzido a escrito, mesmo que tenha sido gravado, na parte em que houver confissão do depoente, ou em que este narre factos ou circunstâncias que impliquem indivisibilidade da declaração confessória".

- Quanto à *confissão extra-judicial*, dispõe o artigo 351º do CC que o seu valor dependerá da forma por que tal confissão tenha sido feita: sendo verbal, aplicam-se as regras relativas à prova testemunhal, ou seja, é apreciada livremente pelo tribunal; sendo documental, aplicam-se as regras relativas à prova por documentos.
  Por isso, MANUEL DE ANDRADE[319] refere, e bem, que a confissão extrajudicial não tem autonomia como meio de prova, reconduzindo-se, consoante os casos, à prova por documentos ou à prova por testemunhas.

89.5. Características da confissão

Por aplicação do princípio da aquisição processual, enunciado no artigo 436º do CPC e a que já fizemos referência em sede anterior, estatui o artigo 489º, nº 1 que "A confissão é irretractável".

Todavia, a *confissão expressa de factos, feita nos articulados*, pode ser retirada enquanto a parte contrária não a tiver aceitado especificadamente (nº 2 do artigo 489º do CPC). Quer isto dizer que, muito embora a confissão seja um acto unilateral, a aceitação especificada pela contraparte extingue o direito de retractação ("dar o dito por não dito"), tornando a confissão definitiva.

A confissão é também *indivisível*, como resulta do artigo 353º do Código Civil. Isto significa que só pode ser aceite ou rejeitada na íntegra: designadamente, não pode ser aceite pela parte contrária no segmento que lhe é favorável e por ela rejeitada na parte em que lhe é desfavorável[320].

89.6. Nulidade e anulabilidade da confissão

A confissão pode ser declarada nula ou anulada nos termos gerais, por falta ou vícios da vontade, mesmo depois do trânsito em julgado da decisão, se ainda não tiver caducado o direito de pedir a sua anulação. Assim dispõe o nº 1 do artigo 352º do Código Civil; mas a acção de declaração de nulidade ou de anulação da confissão não impede o prosseguimento da causa em que foi feita a confissão (artigo 488º do CPC).

[319] *Noções Elementares....*, cit., p. 256.

[320] Neste sentido, J. LEBRE DE FREITAS, *A Confissão no Direito Probatório*, Coimbra, Coimbra Editora, 1991, pp. 220 e ss.

90. Produção do depoimento de parte

Quando se requeira o depoimento de parte, devem ser discriminadamente indicados os factos sobre que há-de recair (artigo 477º, nº 2 do CPC), de entre os que foram levados à base instrutória.

O depoimento de parte tem de ser requerido, como todas as provas, nos 15 dias posteriores à notificação do despacho que procedeu à selecção da matéria de facto (nº 1 do artigo 431º).

Só pode exigir-se o depoimento de pessoas que tenham capacidade judiciária; mas também pode requerer-se o depoimento de inabilitados, assim como de representantes de incapazes ou pessoas colectivas ou sociedades, casos em que o depoimento só tem valor de confissão nos precisos termos em que os inabilitados possam obrigar-se e os representantes possam obrigar os seus representados (artigo 478º, nºs 1 e 2 do CPC).

Este mesmo artigo, no seu nº 3, alarga ainda o âmbito da possibilidade de requerer o depoimento de parte, estatuindo que "Cada uma das partes pode requerer não só o depoimento da parte contrária, mas também o dos seus compartes".

Em síntese, temos que pode requerer-se o depoimento:

- De partes (contrárias) totalmente capazes;
- De compartes;
- De inabilitados e de representantes de incapazes ou de pessoas colectivas ou sociedades.

A três ordens de limitações sujeita a lei o depoimento de parte, quanto aos factos sobre que pode versar:

a) Uma a que já aludimos: o depoimento só pode recair sobre factos que integrem a base instrutória;
b) Uma outra: O depoimento só pode ter por objecto factos pessoais ou de que o depoente deva ter conhecimento, não sendo, porém, admissível sobre factos criminosos ou torpes de que a parte seja arguida" (artigo 479º, nºs 1 e 2 do CPC);
c) Uma última: "Não é admissível o depoimento sobre factos relativos a direitos indisponíveis" [artigo 347º, alínea *b)* do CC].

91. Como e onde se presta o depoimento de parte

Em regra, o depoimento é prestado na audiência de discussão e julgamento, salvo se for urgente, ou se o depoente residir fora da RAEM, ou se estiver impossibilitado de comparecer no tribunal (artigo 481º, nº 1 do CPC).

Se a parte, pessoalmente notificada para depor, não puder comparecer no dia e hora designados, por motivo de doença, o juiz pode fazer verificar por entidade médica a veracidade da alegação e a possibilidade de a parte depor (artigo 482º, nº 1 do CPC).

Na prestação do depoimento há que observar a ordem estabelecida pela lei: primeiro depõe o réu e depois o autor (artigo 483º, nº 1). A determinação compreende-se porque, se o réu confessar os factos alegados pelo autor, o depoimento deste poderá em muitos casos resultar inútil.

Na produção do depoimento há que observar um certo número de procedimentos, cujas formalidades estão reguladas nos artigos 484º a 487º do Código de Processo Civil:

a) *A exortação*: O tribunal "fará sentir ao depoente a importância moral do juramento que vai prestar e o dever de ser fiel à verdade, advertindo-o ainda das sanções aplicáveis às falsas declarações" (artigo 484º, nº 1);

b) *O juramento*: "Juro, por minha honra, dizer toda a verdade e só a verdade". A recusa a prestar o juramento equivale à recusa a depor (artigo 484º, nº 3).

c) *O interrogatório preliminar*: O juiz verifica previamente os elementos de identificação do depoente (artigo 485º, nº 1, 1ª parte).

d) *O interrogatório propriamente dito*: O juiz interroga a parte depoente sobre cada um dos factos que devem ser objecto de depoimento (artigo 485º, nº 1, 2ª parte).

O interrogatório, como decorre dos artigos 484º e 485º, é sempre feito pelo juiz; os advogados só podem intervir para pedir os esclarecimentos que julguem necessários (artigo 486º, nº 1) e podem deduzir oposição a alguma pergunta que entendam ser inadmissível, pela forma ou pela substância (nº 2 do artigo 486º).

Subsecção III
Prova Pericial

92. Noção de prova pericial

Trata-se de um meio de prova que "(...) tem por fim a percepção ou apreciação de factos por meio de peritos, quando sejam necessários especiais conhecimentos técnicos, científicos ou artísticos, ou quando os factos, relativos a pessoas, não devam ser objecto de inspecção judicial".

Esta a noção que resulta do artigo 382º do Código Civil, que intende definir o objecto da prova pericial, dele resultando também que os peritos são pessoas com especiais conhecimentos técnicos[321], cuja opinião é trazida ao processo como meio auxiliar de prova.

O valor probatório da perícia é fixado livremente pelo tribunal (artigo 383º do CC), por aplicação do "princípio da livre apreciação das provas", enunciado no artigo 558º do Código de Processo Civil.

Os peritos distinguem-se das testemunhas porque *analisam e interpretam os factos* através de especiais conhecimentos técnicos ou científicos que o juiz não possui[322]; enquanto as testemunhas *se limitam a relatar os factos* que presenciaram ou de que ouviram falar. Os peritos apreciam factos *presentes*; as testemunhas depõem sobre factos *passados*.

Os peritos também se distinguem dos árbitros porque estes apreciam e *decidem* litígios; enquanto que os peritos apenas *informam* o tribunal, mas quem decide é, consoante os casos, o juiz do processo ou o presidente do tribunal colectivo.

O modo de produção em juízo da prova pericial está regulado nos artigos 490º a 512º do CPC, que partem dos procedimentos conducentes à nomeação dos peritos que irão intervir como auxiliares processuais.

Relativamente a este meio de prova, a lei civil e a lei processual civil vigentes consagram diferenças significativas relativamente ao regime anterior.

Assim, o artigo 568º, nº 1 do CPC de 1961, anteriormente vigente em Macau, dispunha que "A prova pericial faz-se mediante arbitramento que pode consistir em exame, vistoria ou avaliação".

321 Conhecimentos técnicos ou científicos que podem resultar, simplesmente, da sua experiência de vida ou de qualificações académicas.

322 CASTRO MENDES, *Direito Processual Civil*, vol. III, AAFDL, 1980, p. 226.

Estas três modalidades distinguiam-se *pela sua finalidade* e *pelo seu objecto*: **i.** Os exames e vistorias *tendo por fim* a averiguação de factos que tenham deixado vestígios ou sejam susceptíveis de inspecção ou exame ocular, e a avaliação tendo por fim a determinação do valor de bens ou direitos; **ii.** Os exames e vistorias *tendo por objecto*, respectivamente, coisas móveis e pessoas ou coisas imóveis, e as avaliações tendo por objecto, quer móveis quer imóveis, mas apenas para determinar o seu valor.

Estas designações – exames, vistorias e avaliações – desapareceram da regulamentação legal vigente, mas a sua referência pode ajudar a esclarecer, em geral, o âmbito de utilização deste meio de prova, que continua a ser o mesmo, assim como a sua finalidade primordial de auxiliar a prova de certos factos controvertidos, relevantes para resolução dos litígios civis.

92.1. Quem realiza a perícia

O artigo 490º do CPC, no seu nº 1, prevê que a realização da perícia tenha lugar no organismo ou serviço público competente (*v.g.*, em Macau, o Laboratório de Polícia Científica da Polícia Judiciária) e que, não sendo isso possível, o juiz nomeia um único perito de entre pessoas de reconhecida idoneidade e preparação na matéria em causa.

Em nome do princípio dispositivo, as partes são sempre ouvidas sobre a nomeação do perito e podem mesmo sugerir quem deve realizar a perícia, sem prejuízo do disposto no nº 3 do citado artigo 490º para os casos de especial complexidade, admitindo então uma perícia colegial, realizada por três peritos.

Nos artigos 491º a 500º, o Código de Processo Civil contém várias regras a que obedece a nomeação dos peritos, os quais, devido à função que desempenham, ficam sujeitos a um conjunto de deveres, assim como se lhes aplica o regime de impedimentos e suspeições que vigora para os juízes, com as necessárias adaptações (nº 1 do artigo 492º).

A realização da perícia obedece às formalidades indicadas nos artigos 501º e ss. do CPC, e culmina com um relatório, apresentado imediatamente ou no prazo fixado pelo tribunal.

Os peritos têm o direito de se socorrer de todos os meios necessários ao bom desempenho da sua função, podendo recolher as informações de que careçam e exigir que lhes seja facultado o processo ou parte dele (artigo 504º).

92.2. Segunda perícia

A requerimento da parte que discorde do relatório pericial apresentado, pode ter lugar uma *segunda perícia*, destinada a averiguar os mesmos factos ou a determinar o valor dos mesmos bens que foram objecto da primeira, com vista à eventual correcção dos resultados da primeira (artigos 510º a 512º).

Subsecção IV
Prova por Inspecção Judicial

93. Noção

O artigo 384º do Código Civil dispõe que "A prova por inspecção tem por fim a percepção directa de factos pelo tribunal".

A *inspecção judicial*, nos termos do nº 1 do artigo 513º do CPC, consiste na observação directa de determinadas coisas ou pessoas, feita pelo tribunal, por sua iniciativa ou a requerimento das partes.

Os aspectos adjectivos deste meio de prova estão, pois, regulados no Código de Processo Civil (artigos 513º a 516º), merecendo destaque a faculdade concedida ao tribunal de se fazer acompanhar de pessoa dotada de preparação especial para o elucidar sobre a averiguação e interpretação dos factos que se propõe observar (artigo 515º).

A inspecção judicial tanto pode recair sobre coisas (móveis ou imóveis, já que a lei não distingue), como sobre pessoas, evidentemente com respeito da intimidade da vida privada e da dignidade humana. Tem como finalidade o esclarecimento do tribunal sobre qualquer facto que interesse à decisão da causa (nº 1 do artigo 513º).

A prova por inspecção judicial está, desde há muito, prevista – embora com denominações diferentes – na quase generalidade das legislações.

Assim:

- No "Code de Procédure Civile" francês, de 1807, chamava-se-lhe – em expressão que hoje em dia nos causa certa estranheza – "descente sur les lieux";

- No antigo "Codice di Procedura Civile" italiano, de 1865, era designada por "accesso giudiziale". No actual Código, corresponde-lhe a "ispezione";
- Na "Zivilprozessordnung" alemã, de 1877, e na lei processual austríaca, de 1895, merecia a designação de "augenschein", ou seja, exame ocular;
- Na "Ley de Enjuiciamiento Civil" espanhola, de 1881, chamava-se-lhe "reconocimiento judicial";
- O Código suíço do Cantão de Vaud, chamou-lhe "inspecção do objecto litigioso".

Foi esta última denominação que inspirou, segundo informa José Alberto dos Reis, a designação adoptada na lei portuguesa (e, consequentemente, na lei da RAEM).

93.2. A inspecção judicial e outros meios de prova: traços distintivos

A diferença fundamental entre a *inspecção judicial* e os outros meios de prova legalmente admitidos está em que, usando-a, o juiz percepciona *directamente*, através dos seus sentidos, pessoas ou coisas, *v.g.*, porventura deslocando-se ao local onde, invocadamente, ocorreram os factos ilícitos que baseiam a pretensão do autor.

Trata-se, pois, de uma *prova directa* na qual, entre o julgador e o facto, não surge qualquer intermediário: os elementos probatórios são recolhidos pelo próprio juiz, com vista a concluir pela realidade, ou não, de determinado facto.

É este o único meio de prova em que se consegue realizar plenamente o chamado *princípio da imediação.* As provas são recolhidas e valoradas, de forma directa, pelo próprio tribunal; entre o facto e o julgador, não se interpõe, como nos outros meios de prova sucede, o chamado *instrumento probatório.*

93.3. Formalidades da inspecção judicial

O juiz pode determinar e proceder oficiosamente à inspecção judicial; mas também as partes podem requerê-la no prazo assinalado no artigo 431º, nº 1, ou seja, no prazo de 15 dias a contar da notificação para o oferecimento das provas. Em qualquer das hipóteses, este meio de prova só será utilizado quando o tribunal "o julgue conveniente" (artigo 513º, nº 1).

O artigo 514º determina a obrigatoriedade da notificação das partes para que, por si ou seus advogados, possam assistir à inspecção e nela intervir, prestando eventuais esclarecimentos.

O tribunal pode usar da faculdade conferida pelo artigo 515º; mas não se julgue que a possível intervenção de técnico, neste enquadramento, redunda em prova pericial: quem inspecciona é o tribunal e não o técnico. Não é o técnico o agente da prova.

Relativamente ao valor probatório da inspecção, rege o artigo 385º do Código Civil: "O resultado da inspecção é livremente apreciado pelo tribunal"; mas a sua relevância fica, em regra, circunscrita ao processo em que foi efectuada, uma vez que não está abrangida na previsão do nº 1 do artigo 446º do CPC, que delimita o valor extraprocessual das provas.

Subsecção V
Prova testemunhal

94. Noção

Testemunha é, na definição de MANUEL DE ANDRADE[323], "toda a pessoa que, não sendo parte na causa nem seu representante, é chamada a dizer o que sabe acerca de todos ou de alguns dos factos em litígio".

A este meio de prova aludem os artigos 517º a 548º do Código de Processo Civil e os artigos 386º a 390º do Código Civil.

Alguma doutrina refere-se à *prova testemunhal* como sendo a rainha de todas as provas. Ou, na expressão de ANTUNES VARELA[324]: "*A mais importante*, sob vários aspectos, das provas admitidas na lei, é a prova por testemunhas (...)" (itálico nosso).

Uma coisa é certa: este meio de prova tem muitos defeitos, que podem vir a traduzir-se em inconvenientes. Há testemunhas que são óptimas, outras que são péssimas; melhor dizendo, há *testemunhos* óptimos e há *testemunhos* péssimos.

[323] *Noções Elementares....*, cit., p. 102.

[324] *Manual...*, cit., p. 609.

Daí a falibilidade deste meio de prova, justificando-se plenamente preceitos como o do artigo 386º do CC: "A prova por testemunhas é admitida em todos os casos em que não seja directa ou indirectamente afastada". Situações de não admissibilidade da prova testemunhal estão previstas nos artigos 387º a 389º do Código Civil.

O Código de Processo Civil, no conjunto de preceitos sobre a prova testemunhal, parte da referência às inabilidades para depor como testemunha, para seguidamente regulamentar com minudência os vários aspectos da sua produção em juízo.

Analisemo-los.

94.1. Iniciativa da inquirição de testemunhas

A iniciativa da inquirição de testemunhas é reconhecida às *partes* (para prova de factos que tenham alegado) e *ao tribunal* (sempre que o julgue necessário).

a) Para este efeito, devem entender-se abrangidas tanto as partes principais como as partes acessórias (a lei não distingue).

As partes principais podem, evidentemente, fazer inquirir testemunhas pelo tribunal, com vista ao apuramento da verdade de factos em que basearam o seu pedido ou a sua defesa.

Para isso, terão de elaborar o respectivo rol, que pode ser apresentado no final da petição inicial, ou então oferecê-lo no prazo de 15 dias a contar da notificação do despacho saneador, ou do despacho que procedeu à selecção da matéria de facto ou que decidiu as reclamações (artigos 431º e 432º).

Nestas situações, as partes podem contar com o alargamento deste prazo até 30 dias antes da data em que se realize a audiência de discussão e julgamento, sendo a parte contrária notificada para usar, querendo, de igual faculdade, no prazo de 5 dias.

Os elementos que devem constar do rol de testemunhas estão indicados no artigo 520º, nº 1.

Por força do artigo 533º, nº 1, em processo ordinário[325] não podem ser oferecidas mais de 20 testemunhas para prova dos fundamentos da acção, e igual limitação existe para os réus que apresentem a mesma contesta-

[325] Sobre este limite do número de testemunhas rege, para o processo sumário, como veremos, o artigo 674º.

ção. No caso de reconvenção, pode cada uma das partes oferecer também vinte testemunhas, para a prova dela (reconvenção) e da respectiva defesa (nº 2 do artigo 533º).

Consideram-se não escritos os nomes das testemunhas que no rol ultrapassarem o número indicado (nº 3 do artigo 533º).

Mas sobre cada facto levado à base instrutória não podem ser ouvidas mais de cinco testemunhas (artigo 534º).

Relativamente às partes acessórias (incidente da *assistência*), o artigo 280º do CPC preceitua que os assistentes só podem fazer uso da prova testemunhal para completar o número de testemunhas facultado à parte principal.

Assim, se, por exemplo, em processo ordinário, a parte principal oferecer vinte testemunhas, o assistente não poderá apresentar nenhuma; mas se aquela indicar catorze, já o assistente terá a faculdade de indicar seis.

b) O Tribunal também pode tomar a iniciativa de inquirir testemunhas.

É o artigo 548º que prevê essa possibilidade, sempre que se reconheça que certa pessoa, não oferecida como testemunha, tem conhecimento de factos importantes para a decisão da causa (nº 1 do artigo).

94.2. Capacidade para ser testemunha

Dispõe o artigo 517º:

> "*1. Tem capacidade para ser testemunha qualquer pessoa que não esteja interdita por anomalia psíquica.*
>
> *2. Incumbe ao juiz verificar a aptidão física ou mental de qualquer pessoa para prestar testemunho, quando isso for necessário para avaliar da credibilidade do respectivo depoimento*".

A incapacidade para depor pode resultar de incapacidade natural ou de inabilidade legal.

A primeira é genérica: os que sofrem dela – os interditos por anomalia psíquica – estão impedidos de depor em qualquer processo.

A segunda é específica: só impede de testemunhar em certos e determinados processos.

É o que sucede nas situações previstas no artigo 518º: são inábeis para depor num processo os que nele podem depor como partes – regra de justificação óbvia, que vem já do Direito Romano.

O mesmo sucede com os casos de *recusa a depor*, enumerados no nº 1 do artigo 519º, com a excepção nele consignada.

94.3. Produção da prova testemunhal

Indicadas e identificadas as testemunhas, a prova testemunhal é produzida, em regra, nos termos do artigo 522º, oralmente e *perante o tribunal colectivo*, na audiência de discussão e julgamento (princípios da *oralidade* e da *imediação*).

Mas não depõem no decorrer da audiência:

a) As testemunhas que hajam de ser inquiridas antecipadamente, nos termos do artigo 444º, por aplicação do que pode designar-se por princípio da oportunidade da recolha de provas;
b) As testemunhas a inquirir por carta rogatória;
c) As testemunhas que, nos termos do artigo 525º, gozam da prerrogativa de ser inquiridas na sua residência ou na sede dos respectivos serviços;
d) As testemunhas que estejam impossibilitadas de comparecer no tribunal (artigo 528º).

Quanto ao *local onde é prestado o depoimento*, a regra é que ele seja feito nas instalações do tribunal, como resulta, embora indirectamente, do proémio do artigo 522º[326] já que, como regra, a audiência de discussão e julgamento realiza-se numa sala de audiências do tribunal. Mas pode ter lugar, excepcionalmente:

i. No local da questão, quando o tribunal, por sua iniciativa ou a requerimento de qualquer das partes, o julgue conveniente (artigo 523º); ou ainda
ii. Na residência de certas pessoas, por razões de deferência (artigo 525º) ou por impossibilidade motivada por doença (artigo 528º).

As testemunhas são, em princípio, notificadas para depor. Mas pode deixar de haver notificação se as partes se obrigarem a apresentá-las na audiência de discussão e julgamento (artigo 529º, nº 2).

[326] E como resulta também do preceito genérico do artigo 99º do CPC (em que lugar se praticam os actos).

O depoimento das testemunhas obedece a um certo rito, que compreende:

1) A exortação (artigo 536º, nº 1, que remete para o artigo 484º: "o tribunal faz sentir ao depoente a importância moral do juramento que vai prestar e o dever de ser fiel à verdade, advertindo-o ainda das sanções aplicáveis às falsas declarações");
2) O juramento, referido no nº 2 do artigo 484º, de fórmula já conhecida;
3) O interrogatório preliminar – nº 1 do artigo 536º: "O juiz (...) identifica a testemunha e pergunta-lhe se tem, com as partes, alguma relação de parentesco, afinidade, amizade ou dependência, ou qualquer interesse na acção";
4) *O interrogatório propriamente dito*, que compreende a inquirição sobre os factos, incluídos na base instrutória, que tiverem sido articulados pela parte que ofereceu a testemunha (artigo 539º, nº 1).

Como se vê, os dois primeiros momentos são idênticos aos do depoimento de parte.

Em processo ordinário, o depoimento testemunhal é prestado perante o tribunal colectivo e o interrogatório é feito pelo advogado da parte que ofereceu a testemunha, podendo o advogado da parte contrária instá-la para completar ou esclarecer o seu depoimento (artigo 539º, nº 2). O presidente do tribunal e os juízes adjuntos poderão também interrogar a testemunha, fazendo as perguntas que julguem necessárias para o apuramento da verdade dos factos controvertidos (artigo 539º, nº 3).

94.4. Incidentes que podem surgir a propósito do depoimento das testemunhas

A propósito do depoimento das testemunhas podem surgir incidentes que a lei regula nos artigos 537º, 538º e 543º a 546º do Código de Processo Civil.

São eles:

A) *A impugnação da admissão da testemunha* (artigo 537º)
A parte contra quem for produzida a testemunha pode impugnar a sua admissão "com os mesmos fundamentos por que o juiz deve obstar ao depoimento".
O artigo 538º regula os termos do incidente da impugnação, a decidir pelo tribunal.

B) *A contradita*

Por este mecanismo procura diminuir-se o valor probatório do depoimento que a testemunha já tenha prestado. Admite-a o artigo 543º: "A parte contra a qual for produzida a testemunha pode contraditá-la, alegando qualquer circunstância capaz de abalar a credibilidade do depoimento, quer por afectar a razão de ciência invocada pela testemunha, quer por diminuir a fé que ela possa merecer".

Permite-se, assim, atacar o depoimento prestado, quer na razão de conhecimento invocada pela testemunha, quer na respectiva credibilidade.

Por exemplo, "a testemunha dá como razão de ciência ter visto ou presenciado os factos; neste caso pode a parte contraditá-la, alegando que não podia ver porque é cega, ou porque, no momento da ocorrência, se encontrava em lugar de onde não podia presenciar os factos"[327].

A contradita é deduzida quando findar o depoimento, e processa-se nos termos estabelecidos pelo artigo 544º.

C) *A acareação*

Este mecanismo destina-se a resolver um conflito entre as versões dos factos referidos nos depoimentos de várias testemunhas, ou de testemunhas e partes, quando esses depoimentos são inconciliáveis uns com os outros, isto é, quando estão em oposição directa.

A acareação está regulada no artigo 545º e pode ter lugar a requerimento de qualquer das partes, ou mesmo oficiosamente

94.5. Falta de comparecimento de testemunhas

Se uma testemunha arrolada faltar no dia, hora e local designados para a sua inquirição, *quid iuris*?

Temos de admitir duas hipóteses: a parte comprometeu-se a apresentar a testemunha, ou esta foi notificada para comparecer.

Na primeira situação, a consequência, se houver acordo da parte contrária, poderá ser o adiamento da inquirição, como faculta a alínea *b)* do nº 1 do artigo 530º do Código de Processo Civil. Mas se for definitivamente impossível que a testemunha deponha, "a parte tem a faculdade de substituir a testemunha" [al. *a)* do nº 1 do artigo 530º].

[327] O exemplo é de ALBERTO DOS REIS, em *Código de Processo Civil Anotado*, cit., vol. IV, pp. 437-438.

Se a testemunha foi notificada para comparecer e faltou, dessa falta pode resultar, ou o adiamento da inquirição, ou a substituição da testemunha, se não for possível inquiri-la dentro de trinta dias.

"Se não tiver sido notificada, devendo tê-lo sido, ou se deixar de comparecer por outro impedimento legítimo, é adiada a inquirição; mas, se não for possível inquiri-la dentro de trinta dias, a parte pode substituí-la" [artigo 530º, nº 2, *a)*].

A substituição de testemunha pode também ter lugar nos casos de mudança da sua residência para fora de Macau, depois de oferecida [nº 1, alínea *c)*, do artigo 530º]; ou nos casos de falta da testemunha sem motivo justificado, não sendo possível encontrá-la [alínea *b)* do nº 2 do artigo 530º].

Mas outra consequência pode resultar da falta de uma testemunha: o compromisso da sua apresentação em dia posterior. Assim o permite a alínea *c)* do nº 1 do artigo 530º:

94.6. Abono das despesas e indemnização às testemunhas

A testemunha que tenha sido notificada para comparecer, resida ou não em Macau e tenha ou não prestado o depoimento, tem direito às despesas de deslocação e a uma indemnização fixada pelo juiz, por cada dia em que tenha comparecido, se o pedir no acto do depoimento ou no momento em que se lhe der conhecimento de que se prescindiu da sua inquirição ou ainda, quando esta comunicação não tenha lugar, até à conclusão do processo para sentença.

É o artigo 547º que assim preceitua.

As despesas de deslocação e a indemnização são fixadas pelo juiz.

Relativamente à força probatória dos depoimentos das testemunhas, estatui o artigo 390º do CC que é apreciada livremente pelo tribunal.

Secção V
Fase da discussão e julgamento

95. Conceito de discussão

A fase da discussão e julgamento da causa é a fase processual em que as partes procedem à análise crítica das provas, à demonstração e interpretação do direito que se aplica aos factos provados e à exposição das consequências jurídicas que resultam dessa aplicação.

Esta fase abre-se, portanto, com a *audiência de discussão e julgamento* – expressão legal que designa uma sessão do tribunal destinada à *instrução, discussão e julgamento de facto* – que se desenrola seguida e concentradamente, e à qual se referem os artigos 549º e seguintes do Código de Processo Civil.

A esta sessão preferia PAULO CUNHA chamar *audiência geral.*

Na realidade (embora isso envolva uma certa repetição, pois que a dita audiência geral compreende actividades de instrução, já aqui referidas em sede anterior), o que vamos estudar agora é a audiência de discussão e julgamento como acto global, e não a actividade de discussão que dela é apenas uma parte integrante.

Nesta audiência desenrolam-se as seguintes actividades:

i. Tentativa de conciliação das partes
ii. Grande parte da actividade instrutória [artigo 555º, nº 3, alíneas *b)*, *d)* e *e)*];
iii. Parte das actividades de discussão; e
iv. Julgamento da matéria de facto.

A audiência decorre pública, solene e oralmente.

Por agora, interessa-nos, em especial, esta última característica – a da oralidade – como aplicação mais relevante do princípio do mesmo nome, já referido de passagem, mas que vamos agora analisar mais em pormenor.

96. A oralidade. sua apreciação crítica

96.1. Conceito

Referido foi já o princípio da oralidade como aquele segundo o qual a maioria das actividades processuais, sobretudo de instrução e discussão, se devem desenvolver oralmente, a fim de que o juiz tome contacto directo (princípio da imediação) com as questões em apreciação e sua prova, através de um relato vivo, e não apenas do 'peso morto' dos autos.

A oralidade era princípio do processo romano puro: "Só se pode dar crédito às testemunhas, não aos testemunhos (...), uma é a autoridade de testemunhas presentes, outra a dos testemunhos que se costumam recitar" – são assertos do *Digesto.*

O sistema da oralidade tem sido, desde há largos anos, vivamente defendido por alguns, e combatido por outros; cada uma das opiniões alinha as respectivas vantagens e possíveis desvantagens, mas ainda não se conseguiu expender uma argumentação decisiva, a favor, ou contra o referido sistema.

A oralidade encontrou defensores na doutrina italiana, com CHIOVENDA a liderar, e bem assim na doutrina portuguesa, com nomes como A. PESSOA VAZ que pugnou pela sua consagração legal[328]. E viria a ser consagrada na maioria dos códigos de processo civil modernos, incluindo o português e o de Macau.

96.2. A oralidade na discussão da causa

Como foi exposto em síntese no Capítulo das fontes de cognição do Direito Processual Civil português, até à reforma da lei processual em 1926 a discussão das causas cíveis revestia a forma escrita.

Para além de inconvenientes de vária ordem, apontava-se a tal sistema, como principal defeito, o de que a argumentação desenvolvida no processo, quando reduzida a escrito, se torna fria e inexpressiva.

De facto, a oralidade traz consigo as enormes vantagens de as questões que se discutem serem encaradas de uma forma mais viva, mais apelativa e susceptível de conduzir a uma apresentação mais humana e real das situações em litígio.

A tendência para a oralidade, a partir da referida legislação de 1926, levou à consequente consagração do *princípio da concentração*, o qual impõe que as actividades processuais de discussão e prova se devem concentrar, sempre que possível, numa sessão de audiência única, ou no menor número de sessões, que devem suceder-se no mais curto espaço de tempo possível, sem grandes diferimentos.

O sistema da oralidade no ordenamento português (raiz do de Macau) foi bebido em legislações europeias que o consagravam, entre as quais as de Inglaterra, França, Alemanha, Áustria e Hungria.

Vários outros princípios são decorrência, e complemento, do princípio da oralidade nas audiências:

[328] Conhecida é também uma monografia dedicada ao tema da oralidade, da autoria de VASCO SOARES DA VEIGA, intitulada *Da Oralidade: Estudo a Propósito da Revisão do Código de Processo Civil*, publicada pela Coimbra Editora em 1961.

a) O já referido *princípio da concentração*;

b) O *princípio da identidade dos juízes*, consagrado no artigo 557º do CPC sob a designação de *"princípio da plenitude da assistência dos juízes"*, segundo o qual:

> *"1. Só podem intervir na decisão da matéria de facto os juízes que tenham assistido a todos os actos de instrução e discussão praticados na audiência de discussão e julgamento".*

Procura-se, assim, que sejam os juízes que assistem às actividades de instrução que irão intervir na decisão sobre a matéria de facto.
Para o garantir, determina a lei processual que, nos casos de impossibilidade temporária, transferência, promoção ou aposentação dos juízes, fica assegurado, para aquela causa, o julgamento pelos mesmos juízes, adiando-se o julgamento à espera do juiz ou conservando-o no cargo para além da data em que ele devesse deixar de o exercer; ou então, nos casos de falecimento ou impossibilidade permanente, repetindo-se os actos já praticados (artigo 557º, nºs 2 a 4);

c) O *princípio da continuidade da audiência*, definido no artigo 559º, nº 2: "A audiência é contínua, só podendo ser interrompida por motivos de força maior, por absoluta necessidade, ou nos casos previstos no nº 4 do artigo 553º, no nº 4 do artigo 554º, no nº 6 do artigo 555º e no nº 2 do artigo 557º".
Procura-se, com esta determinação legal, que não haja intervalos apreciáveis entre as sucessivas sessões da audiência; e para evitar a interrupção, pode o tribunal funcionar mesmo durante as férias (nº 3 do artigo 559º);

d) *O princípio da publicidade da audiência*
Este princípio fundamenta-se em imposição do artigo 9º da Lei de Bases da Organização Judiciária de Macau (Lei nº 9/1999, de 20 de Dezembro) e está também expressamente consagrado no artigo 559º, nº 1 do Código de Processo Civil.
A audiência é pública, excepto quando o tribunal determinar o contrário, em despacho fundamentado, para salvaguarda da dignidade das pessoas e dos bons costumes, ou para garantir o seu normal funcionamento.
Idênticas razões de salvaguarda da dignidade das pessoas e da intimidade da vida privada e familiar estão na base das limitações à publicidade do processo, nos casos referidos nas alíneas *a)* e *b)* do

nº 2 do artigo 118º: processos de anulação de casamento, de divórcio e os que respeitem ao estabelecimento ou impugnação da filiação. Procura-se, com este princípio, para além de respeitar a intimidade da vida privada de cada um, afastar também a eventual intimidação dos juízes pelo facto de sentirem sobre si as atenções fiscalizadoras das pessoas que em regra se interessam por assistir à audiência.

São estes os princípios que regem o desenrolar das audiências de discussão e julgamento em processo de declaração, que ajudam à delimitação do sistema da oralidade, hoje em dia – diga-se – em evolução, devido à admissibilidade do uso de certos meios tecnológicos que permitem, por exemplo, a gravação dos depoimentos.

Mas preencherá este sistema, em geral, as vantagens que lhe são atribuídas pelos seus defensores?

Se é certo que a prática pode revelar que nem sempre a oralidade tem garantido os resultados proveitosos que dela esperavam os seus mentores, dúvidas não restam da sua crescente valorização no direito processual contemporâneo: frente aos actuais desafios das inovações tecnológicas, à possibilidade da utilização dos novos meios postos à disposição dos órgãos judiciais e ao afastamento de alguns dos inconvenientes assacados ao sistema, pode dizer-se que a oralidade é garantia do respeito por outros princípios processuais, cada vez mais considerados de importância primordial, como são a economia e a celeridade.

97. Preliminares da audiência de discussão e julgamento

Dediquemos agora a nossa atenção ao que se pode chamar preliminares, ou trâmites preparatórios, da audiência de discussão e julgamento, distinguindo as seguintes actividades:

a) Notificação das partes, efectuada nos termos do artigo 431º, nº 1 para, entre outras coisas, requererem a gravação da audiência de discussão e julgamento, no prazo de 15 dias;
b) Designação do dia para a realização da audiência da discussão e julgamento (nº 3 do artigo 431º), designação essa que oferece particularidades nas acções de indemnização fundadas em responsabilidade civil, conforme se prevê no artigo 550º;
c) Vista aos juízes adjuntos do tribunal colectivo (artigo 551º);
d) Preparo para julgamento (cfr. Regime das Custas nos Tribunais).

98. Perante quem decorre a discussão

Como já foi referido, a discussão e o julgamento da causa, em processo declarativo na forma comum ordinária, são feitos com intervenção do tribunal colectivo (artigo 549º, nº 1).

Mas o nº 2 do artigo abre alguns desvios à regra do seu nº 1, exigindo-se nessas situações, para que intervenha o tribunal colectivo, que as partes o requeiram nos 15 dias subsequentes à notificação prevista nos nº s 1 e 2 do artigo 431º.

Só a matéria de facto é apreciada e julgada pelo colectivo; a aplicação do direito aos factos é feita pelo juiz-presidente do tribunal colectivo, a quem cabe proferir a sentença final.

99. Formalidades da Audiência

Para que a audiência de discussão e julgamento se inicie, é óbvio que tem de estar constituído o tribunal colectivo; e o facto de este não poder constituir-se é logo motivo de adiamento.

Mas, constituído o tribunal, outros motivos pode haver que levem a adiar a audiência, e, por isso, deve ser feita a verificação de não haver qualquer outro motivo de adiamento.

Dispõe o artigo 554º a este respeito:

> *"1. Feita a chamada das pessoas convocadas, é logo aberta a audiência.*
>
> *2. A audiência é, porém, adiada:*
>
> *a) Se não for possível constituir o tribunal colectivo, quando este deva intervir;*
>
> *b) Se faltar alguma pessoa que tenha sido convocada e de que se não prescinda, ou se tiver sido oferecido documento que a parte contrária não possa examinar no próprio acto, mesmo com suspensão dos trabalhos por algum tempo, e o tribunal entender que há grave inconveniente em que a audiência prossiga sem a presença do faltoso ou sem resposta sobre o documento;*
>
> *c) Se faltar algum dos advogados, facto que é comunicado ao mandante; neste caso, designa-se logo data para a audiência, com dispensa de cumprimento, quanto ao faltoso, do disposto no nº 1 do artigo 105º".*

De notar que a lei proíbe o adiamento da audiência por acordo das partes, assim como veda que seja adiada mais do que uma vez, a não ser no caso de impossibilidade de constituição do tribunal colectivo, quando este deva intervir (nº 3 do artigo 554º).

Se não houver adiamento e a audiência se realizar, passa-se à *tentativa de conciliação* (quando não se tratar de relação material indisponível).

Nos termos definidos no artigo 555º, nºs 3 e 4, segue-se a produção da prova [alíneas *a), b), c)* e *d)* do nº 3 do artigo]:

- São prestados os depoimentos de parte;
- São exibidas reproduções mecânicas;
- Se se tiverem realizado perícias, os peritos fazem os esclarecimentos verbais que lhes forem pedidos;
- Inquirem-se as testemunhas.

Seguidamente, passa-se aos debates sobre a matéria de facto, observando-se o disposto na alínea *e)* do nº 2 do artigo 555º, ou seja, a possibilidade de cada advogado replicar uma vez, atendendo-se ainda ao disposto no nº 7 do mesmo artigo: "(...) os advogados (...) procuram fixar os factos que devem considerar-se provados e aqueles que o não foram (...)".

100. Julgamento de facto

100.1. Encerramento da discussão

Encerrada a discussão da matéria de facto, o tribunal colectivo reúne para decidir a matéria de facto.

Como ficou dito, o tribunal colectivo só aprecia e julga a matéria de facto discutida no processo, em regime de livre apreciação, ou seja, segundo a prudente convicção dos juízes que o compõem (artigos 556º, n.º 1 *in fine* e 558º, nº 1); sem prejuízo, contudo, das situações em que a lei exija, para a existência ou prova de um certo facto jurídico, qualquer formalidade especial que, então, não pode ser dispensada pelo tribunal.

A matéria de facto é decidida por meio de *acórdão*, nos termos do artigo 556º, nº 2, sendo *a decisão tomada por maioria e o acórdão lavrado pelo juiz que preside ao tribunal, podendo qualquer dos juízes assinar vencido quanto a qualquer segmento da decisão, ou formular declaração discordante quanto à fundamentação* (nº 3 do artigo 556º).

De entre os factos constantes da base instrutória, o acórdão há-de declarar quais os que o tribunal julga provados e quais os que julga não provados (artigo 556º, nº 2), *especificando os fundamentos que foram decisivos para a formação da convicção dos julgadores* (artigo 566º, nº 2, *in fine*)[329].

[329] Advirta-se que, da circunstância de o tribunal ter considerado um determinado facto não provado, não resulta que ficou provado o facto oposto.

Esta decisão do tribunal colectivo traduz-se, pois, num conjunto de meras respostas, reportadas à base instrutória.

Lavrado o acórdão, o presidente faz a sua leitura e, em seguida, faculta-o para exame a cada um dos advogados, pelo tempo que se revelar necessário para uma apreciação ponderada, tendo em conta a complexidade da causa (artigo 556º, nº 4)[330].

100.2. Reclamações contra o acórdão

Feito o exame pelos advogados, pode qualquer deles reclamar contra a decisão sobre a matéria de facto, quer por *deficiência* (respostas incompletas ou insuficientes), quer por *obscuridade* (respostas equívocas ou imprecisas), quer ainda por *contradição* (por ex., a resposta dada a um quesito colide com a resposta dada a outro). Pode ainda reclamar-se contra a falta de fundamentação das respostas constantes do acórdão sobre os factos.

O tribunal reúne de novo para se pronunciar sobre as reclamações apresentadas.

Contra a decisão proferida sobre as reclamações não são admitidas novas reclamações (artigo 556º, nº 5, *in fine*); mas, havendo recurso da sentença final[331], o Tribunal de Segunda Instância pode, mesmo *ex officio*, modificar a decisão sobre a matéria de facto nas situações referidas nas alíneas *a), b)* e *c)* do nº 1 do artigo 629º, podendo inclusivamente anular a decisão proferida na primeira instância quando a repute deficiente, obscura ou contraditória sobre pontos determinados da matéria de facto, ou quando considere indispensável a ampliação desta (nº 4 do artigo 629º); e, a requerimento da parte, pode o TSI determinar que o tribunal de primeira instância fundamente a decisão proferida sobre algum facto essencial para o julgamento da causa, se não estiver devidamente fundamentada (nº 5 do artigo 629º).

101. Discussão do aspecto jurídico da causa

A fase da audiência de discussão e julgamento encerra com a actividade de *discussão do aspecto jurídico da causa.*

Assim, decididas as reclamações contra o acórdão do colectivo, ou não as havendo, inicia-se essa discussão, a anteceder a prolação da sentença final.

[330] Note-se que, na prática, costuma o tribunal designar o dia em que o acórdão sobre os factos provados e não provados ficará disponível para consulta pelos advogados das partes.

[331] Do acórdão do tribunal colectivo sobre os factos, em matéria cível, não há recurso porque ele configura simples acto preparatório da sentença final.

Esta discussão pode fazer-se *oralmente* ou *por escrito*.

Para que se faça oralmente, é mister que as partes nisso acordem (artigo 556º, nº 6).

Se as partes não acordarem na discussão oral, ela será feita em alegações escritas (artigo 560º).

Quando oral, a discussão tem lugar imediatamente, não já perante o tribunal colectivo, mas apenas perante o juiz a quem caiba a prolação da sentença final.

É isto que preceitua o artigo 556º, no seu nº 6, acrescentando, quanto aos seus termos, que se observará o disposto na alínea *e)* do artigo 555º sobre a discussão da matéria de facto, procurando os advogados interpretar e aplicar a lei aos factos que tenham ficado assentes.

Se as partes não prescindirem da *discussão por escrito* do aspecto jurídico da causa, a secretaria, uma vez concluído o julgamento da matéria de facto, facultará o processo para exame ao advogado do autor e depois ao advogado do réu, pelo prazo de 10 dias a cada um deles, a fim de alegarem, interpretando e aplicando a lei aos factos que tiverem ficado assentes – como que uma 'proposta' de sentença final, dirigida ao juiz.

Nas alegações de direito, as partes não estão condicionadas pela fundamentação jurídica que tenham invocado nos articulados; e o juiz nunca está sujeito, na sentença que proferir, às alegações de direito das partes (artigo 567º).

Secção VI
Fase da sentença final

102. Conceito de sentença

Na expressão de Oskar Von Bülow[332], o direito não tem existência visível senão quando é concretamente declarado pelo tribunal, até aí havendo apenas hipóteses de comandos normativos.

332 O criador da teoria dos *pressupostos processuais*, como já foi estudado. Cfr. parágrafo **17.** destas Lições.

Mediante o proferimento da sentença, o juiz tem, pois, a função de tornar o direito uma realidade clara e inequívoca, fazendo-o perder a incerteza subjectiva que até aí o caracteriza.

Também CARNELUTTI se exprime muito curiosamente acerca da função do acto/sentença, no confronto com a função atribuída à lei: *a lei* não é mais do que um juízo acerca de um possível, futuro; a sentença, decisão jurisdicional, constitui um juízo em torno de um existente, já passado.

No conceito do artigo 106º, nº 2, *sentença* é o acto pelo qual o juiz decide a causa principal ou algum incidente que apresente a estrutura de uma causa.

Esta noção, que já vem de regimes processuais anteriores, é muito criticada por JACINTO RODRIGUES BASTOS[333] com base em que o critério usado pelo legislador é bastante incerto, porque:

i. Se sentença é só aquela decisão que conhece do mérito, que resolve a lide, então porque é que a lei chama *sentença* à decisão final que absolve o réu da instância?
ii. Se sentença é toda a decisão que ponha fim ao processo, então porque é que a lei chama *despacho* ao acto do juiz que indefere liminarmente a petição inicial?

Reconhecendo-se embora alguma instabilidade legal a nível terminológico nesta matéria, parece razoável entender que na *mens legislatoris* terá estado a intenção de designar por sentença aquela decisão judicial que consigna um verdadeiro julgamento sobre determinado caso concreto: uma decisão tomada pelo tribunal depois de ouvir ambas as partes, quer se pronuncie, quer não, sobre o mérito da causa. E, de facto, nos casos de despacho liminar de indeferimento o réu não chega a ser chamado ao processo.

102.1. Como se abre a fase da sentença

O artigo 561º do CPC preceitua:

> *"Concluída a discussão do aspecto jurídico da causa, é o processo concluso ao juiz, que profere sentença dentro de 20 dias".*

Já ficou dito que é ao juiz presidente, dos três que integram o tribunal colectivo, que incumbe elaborar a sentença final, que aplicará o direito aos factos que ficaram provados no processo.

[333] *Notas ao Código de Processo Civil*, cit., vol. I, p. 120.

Para tal, o processo vai concluso ao juiz-presidente do tribunal colectivo, com vista ao proferimento da sentença no prazo de 20 dias.

102.2. Estrutura da sentença e seu conteúdo

A sentença deve conter determinados elementos, ou requisitos, alguns dos quais são essenciais e outros meramente acessórios.

Os *elementos essenciais*, como a própria designação inculca, respeitam à própria essência da sentença: faltando algum deles, a sentença enferma de nulidade.

Os *elementos acessórios* também são necessários para a regularidade do acto/sentença, mas estão destacados da relação jurídica material. Assim sucede com a condenação em custas, a fixação de procuradoria, a ordem de notificação às partes e, eventualmente, a condenação em multa por litigância de má fé.

Não deixe de notar-se que as normas sobre requisitos de validade deste acto processual por excelência, que é a sentença, estão dispersas no Código de Processo Civil: os requisitos formais ou externos estão regulados no artigo 107º, nº s 1 e 2; e os requisitos de conteúdo, encontram-se distribuídos, fundamentalmente, pelos artigos 108º, 562º e 563º.

102.2.1. Elementos essenciais da sentença

A sentença final compõe-se, do ponto de vista estrutural, de certos elementos, essenciais para a sua validade, estabelecidos na lei de processo.

Do preceituado no artigo 562º, nº s 1, 2 e 3, pode extrair-se a consideração de que a sentença (em especial, a *sentença declarativa* que agora estudamos) é um acto de *estrutura e natureza complexas*, objectivamente *cognitivo* (de conhecimento pelo tribunal) e subjectivamente *volitivo* (a convicção do julgador).

São os seguintes os elementos essenciais que compõem da sentença:

A começar, o

a) Relatório

O relatório é destinado a identificar as partes e o objecto do litígio, assim como a fixar as questões que ao tribunal cumpre apreciar e resolver (artigo 562º, nº 1).

Este troço da sentença final termina com uma síntese dos aspectos essenciais da causa decidenda, tal como ela se apresenta no final da instrução e da discussão.

Segue-se a

b) Verificação da regularidade processual

O juiz, concluído o relatório, conhece da matéria de pressupostos processuais que não possam ter sido apreciados na oportunidade do despacho saneador e que por isso tenham sido relegados para a sentença final, ao abrigo do artigo 429º, nº 3 do Código de Processo Civil.

Vem depois a

c) Fundamentação

Os fundamentos da sentença são as razões nas quais o julgador baseia a sua decisão.

Compreendem os *fundamentos de facto*, com discriminação dos que foram considerados provados, e os *fundamentos de direito*, com indicação, interpretação e aplicação das normas jurídicas correspondentes (nº 2 do artigo 562º).

Os fundamentos de facto compreendem todos os factos relevantes (artigo 566º, nº 2), adquiridos ao longo da marcha do processo (factos invocados pelas partes nos articulados, factos supervenientes (artigo 566º, nº 1), factos notórios, factos de conhecimento oficioso, factos legalmente presumidos), e que, de entre os que foram oportunamente levados à base instrutória e os que eventualmente resultem da ampliação da base instrutória (feita no decorrer da audiência, ao abrigo do disposto na alínea *f)* do nº 2 do artigo 553º), tenham sido considerados provados pelo tribunal colectivo, condicionando e potenciando a aplicação das normas jurídicas correspondentes.

Tal conjunto de factos constitui o substrato – reportado ao momento do encerramento da discussão[334] (cfr. o artigo 566º, nº 1 *in fine*) –, da operação de subsunção, própria da sentença judicial.

Os fundamentos de direito são, por sua vez, os preceitos jurídicos que, aplicados aos factos, determinam a solução adoptada para o litígio; eles configuram a justa aplicação da lei abstracta ao caso concreto[335].

Ora, este especial e inevitável entrelaçamento dos *factos* com o *direito*, este 'diálogo' entre os factos concretos e o direito que se lhes aplica, tem de

334 O chamado *actualismo* ou *actualidade da sentença*.

335 Como ensina Antunes Varela (*Manual*..., cit., pp. 672-673), o campo de aplicação das normas jurídicas e o respectivo sentido e alcance é efectuado com base no exame da situação material concreta, o que convoca juízos de valor ético-jurídicos sobre a ideia de justiça que se pretende ver aí materializada.

estar presente no espírito do julgador ao longo de todo o processo (designadamente, a quando da elaboração da base instrutória, como claramente resulta da norma do nº 1, *in fine*, do artigo 430º); e configura *uma actividade de tal maneira complexa*, que parece, de algum modo, contrariar a ideia generalizada de que, na sentença, o juiz se limita, *simplesmente*, a aplicar o silogismo judiciário, em que a premissa maior é integrada por determinada previsão legal e a premissa menor pelo acervo de factos dados como provados, i.e., pela situação factual concretamente verificada no caso, terminando pela conclusão, que é o sentido da decisão judicial.

Senão vejamos:

São as normas jurídicas, de previsão abstracta (normalmente várias normas em interpretação conjugada), que prescrevem a terapêutica adequada a determinado caso concreto; mas são também os factos que integram esse mesmo caso, com as reacções despertadas no espírito do julgador, que ajudam muitas vezes, *não só* a interpretar correctamente a estatuição das normas de acordo com o pensamento jurídico que nelas se pretendeu infundir, *mas também* a fixar os limites da sua previsão, remetendo para uma outra norma a cobertura jurídica do caso.

Como magistralmente observa ANTUNES VARELA[336], a tarefa do julgador ao decidir não é tão simples quanto à primeira vista possa parecer. O papel do juiz não é, muitas vezes, uma "aplicação maquinal" da lei, porque quase sempre a matéria de facto não se reconduz, toda ela, à *fattispecie* de uma única norma jurídica. Na maioria dos casos, a decisão do juiz assenta, não apenas em um, mas em vários silogismos; para já não falar das situações em que ao juiz cabe integrar lacunas da lei faltando caso análogo, ou ainda quando tenha de preencher cláusulas gerais ou conceitos indeterminados. Em suma, o exercício da função judicial é atirado muito para além da área limitada dos raciocínios da lógica formal".

Importa ainda salientar que *a fundamentação*, por força da regra do nº 2 do artigo 108º do CPC (que contém uma norma geral, aplicável a qualquer decisão judicial), *não pode consistir na simples adesão aos argumentos alegados partes*, mas antes patentear uma apreciação autónoma do julgador. Todavia, esta regra não se aplica, como veremos, à forma comum sumária, por expressa ressalva do artigo 673º, nº 2, *in fine*.

[336] *Manual...*, cit., p. 673.

Segue-se a

d) Conclusão (parte decisória)

A conclusão mais não é do que a decisão final, isto é, o julgamento: na sentença de mérito, o sentido da procedência ou da improcedência da acção.

A procedência do pedido do autor pode ser total ou parcial: o juiz pode julgar que a acção só em parte é procedente.

Mas pode acontecer que o juiz se veja impossibilitado de conhecer do fundo da questão ou mérito da causa, por virtude da falta insanável de qualquer pressuposto ou outra irregularidade processual, que se mantenham no momento da prolação da sentença final, e que podem até ter surgido na sequência de prova produzida na audiência final.

Nessas situações, a *sentença* será, em princípio, *de absolvição do réu da instância*, nos termos do nº 1 do artigo 230º.

Mas, ainda assim, a existência de qualquer excepção dilatória não sanada deverá ser desvalorizada, e mesmo ultrapassada, se, não havendo outro motivo que impeça o conhecimento do mérito da causa, o sentido da decisão for favorável à parte que seria beneficiada com a verificação do pressuposto processual que não está preenchido. É o nº 3 do artigo 230º que assim preceitua.

Por fim, devem constar da sentença

e) A data e a assinatura do juiz

Para além dos elementos referidos, a sentença deve ainda satisfazer determinados requisitos externos, como são a data e a assinatura do juiz que a profere, efectuando as ressalvas necessárias de emendas, rasuras ou entrelinhas que tenham sido feitas no seu texto, para maior garantia de autenticidade[337] (artigo 107º, nº 1).

102.2.2. Elementos acessórios da sentença

a) Condenação em custas – artigo 376º, nº 1:

> *"1. A decisão que julgue a acção ou algum dos seus incidentes ou recursos condena em custas a parte que a elas tiver dado causa (...)".*
>
> *"2. Entende-se que dá causa às custas do processo a parte vencida, na proporção em que o for."*

[337] Na parte manuscrita, como e óbvio.

b) Condenação eventual por litigância de má fé[338] – artigo 385º, nº 1: "*Tendo litigado de má fé a parte é condenada em multa*".
O conceito de litigância de má fé é definido no nº 2 do artigo:

c) Condenação em procuradoria – Regime das Custas nos Tribunais, aprovado pelo Decreto-Lei nº 63/99/M, de 25 de Outubro (nº 1 do respectivo artigo 26º): "Sem prejuízo do disposto nas disposições relativas ao apoio judiciário, a parte vencedora, na proporção em que o seja, tem direito a receber do vencido, desistente ou confitente, em cada instância, salvo nos incidentes, uma quantia a título de procuradoria que entra em regra de custas".

102.2.3. Forma da sentença

A sentença, como resulta do nº 1 do artigo 107º, pode ser toda manuscrita pelo juiz, ou pode ser dactilografada; mas a parte decisória é escrita pelo próprio punho do juiz, que a datará e assinará, ressalvando as emendas de todo o texto e rubricando as folhas não manuscritas.

103. Uso anormal do processo[339]

O artigo 568º estabelece que "*Quando a conduta das partes ou quaisquer circunstâncias da causa produzam a convicção segura de que o autor e o réu se serviram do processo para praticar um acto simulado ou para conseguir um fim proibido por lei, a decisão deve obstar ao objectivo anormal prosseguido pelas partes.*"

Este preceito reproduz o preceito correspondente do Código de Processo Civil português de 1939, que nesta matéria foi inovador, e representa o principal mecanismo previsto na lei processual civil para impedir ou atacar a simulação e a fraude processual.

Mas um outro mecanismo é facultado para reagir contra estas situações anómalas: o *recurso extraordinário de oposição de terceiro*, regulado nos artigos 664º a 669º do Código de Processo Civil que, evidentemente, pressupõe que tenha chegado a ser proferida uma sentença de mérito e que a mesma

[338] Note-se que da decisão que condene alguma das partes como litigante de má fé é sempre admitido recurso, independentemente do valor da causa e da sucumbência, *ex vi* nº 4 do artigo 385º do CPC.

[339] Sobre esta matéria, é muito útil consultar ANSELMO DE CASTRO (*Direito Processual Civil Declaratório*, cit., vol III, pp. 34 a 43), que faz uma análise de pormenor, com exemplificação, de situações anómalas enquadráveis no preceito correspondente ao artigo 568º do CPC de Macau.

tenha transitado em julgado. Então, o terceiro que com ela tenha sido prejudicado pode interpor este recurso extraordinário.

Na verdade, pode verificar-se na prática, por detrás de certo processo, um entendimento oculto das partes, por vezes, até, com o intuito de conseguirem a realização de um objectivo contrário ao Direito.

Ora, é este entendimento oculto das partes, em contraste com a atitude de oposição que exteriorizam no processo, que caracteriza a *simulação processual.*

Estes casos de simulação processual têm sido relativamente frequentes.

Acontece, muitas vezes, por exemplo, nas acções de investigação de paternidade em que, para evitar que se profira uma sentença consagradora da realidade que o processo visa declarar, as partes se conluiam para que o direito não venha a ser definido como devia sê-lo, à luz do direito aplicável.

Propõe-se uma acção de investigação de paternidade e, para que não seja julgada procedente e declarada a paternidade, o autor, mediante o recebimento de uma certa quantia, não faz a prova devida e decai na acção.

Mas outra situação igualmente anómala, embora de contornos diferentes, é a do *processo fraudulento.*

Em tempos idos, ao abrigo da lei então vigente, chegaram a ser propostas acções para conseguir fins ilícitos (na expressão do artigo 568º: "para conseguir um fim proibido por lei"), por exemplo, visando modificar o regime de bens estabelecido para um dado casamento, regime que, na época, só podia ser alterado antes da celebração do casamento. Os cônjuges combinavam divorciar-se, obtinham o divórcio (litigioso), e depois casavam de novo um com o outro, estipulando, em convenção antenupcial, um regime de bens diferente do primeiro. Na expressão de ANSELMO DE CASTRO, "(...) o princípio da imutabilidade das convenções antenupciais era sofismado por meio de acções, em fraude dos credores. Basta supor o caso de um dos cônjuges, casado segundo o regime da comunhão geral de bens, esperar uma herança (...) e se divorciar simuladamente[340]".

Esta uma situação típica de processo simulado e fraudulento[341].

Costuma dizer-se que, criada a lei, se cria a malícia; e, criada a malícia, é necessário criar meios legais de defesa contra ela.

[340] Ob. e loc. cits, pp. 34-35, em nota.

[341] Sobre a distinção entre processo simulado e processo fraudulento, cfr. J. ALBERTO DOS REIS, *Código de Processo Civil Anotado,* cit., vol. 5º, p. 101.

Há muito que se procura combater a não consumação do interesse das partes através de meios ilícitos, sob uma aparência de legalidade.

O problema revestia-se de certa gravidade na vigência do primeiro Código de Processo Civil português, datado de 1876. O seu artigo 148º dispunha que a sentença passada em julgado só podia ser anulada mediante acção de anulação de caso julgado e por algum dos fundamentos indicados expressamente nesse artigo.

Entre estes fundamentos não se incluía, porém, a simulação processual; e parecia, assim, que nos casos em que a sentença tivesse sido obtida mediante simulação, se ficava sem defesa contra ela.

Opinavam os autores, escreviam as revistas e decidiam os tribunais que efectivamente não existia remédio na lei contra estes casos de simulação processual.

A acção anulatória era o meio próprio para a anulação da sentença passada em julgado; mas, como ela só podia ser proposta nos casos em que se verificasse qualquer dos fundamentos indicados no referido artigo 148º, e porque a simulação processual não fazia parte desses fundamentos, a decisão proferida em virtude da simulação das partes era inatacável.

É evidente que esta orientação legal potenciava inconvenientes gravíssimos; por isso a doutrina começou a estudar soluções que evitassem a subsistência de sentenças proferidas em resultado de simulação processual[342].

E então, porque se reconhecia a necessidade de encontrar remédio para os casos em que o processo estivesse viciado de simulação processual, ao elaborar-se em Portugal o Código de Processo Civil de 1939 o problema foi atacado de frente: inseriram-se nele os dois remédios acima apontados, que subsistem no CPC vigente em Portugal e também no CPC de Macau.

Temos, então, que:

a) Se o juiz se apercebe da actividade simulatória ou fraudulenta de ambas as partes no decorrer do processo – ambas elas situações em que se verifica um uso anormal do processo –, deve obstar ao objectivo anormal que prosseguem;

b) Se o juiz não cumprir a estatuição do artigo 568º por não se ter apercebido da anomalia na pendência do processo, qualquer ter-

[342] Sobre este tema, tem interesse referir a obra de PAULO CUNHA, *Simulação Processual e Anulação do Caso Julgado*, publicada em Lisboa, em 1935.

ceiro prejudicado pela decisão pode impugná-la mediante o recurso extraordinário de oposição de terceiro.

c) Ainda na hipótese de o juiz não se ter apercebido do comportamento fraudulento das partes, e portanto não cumprir a estatuição do artigo 568º, a LBOJ atribui competência especial ao Ministério Público para "Recorrer sempre que a decisão seja efeito de conluio das partes no sentido de fraudar a lei" [artigo 56º, 12) da Lei nº 9/1999, de 20 de Dezembro].

Mas analisemos o preceito do artigo 568º, com vista a apreender o sentido preciso da sua estatuição: "(...) a decisão deve obstar ao objectivo anormal prosseguido pelas partes".

a) Se o juiz adquirir a convicção segura de que o autor e o réu estão a servir-se do processo para praticar um acto simulado ou para conseguir um fim proibido por lei, deve tomar uma atitude que impeça tal objectivo, designadamente investigando *ex officio* factos comprovativos da situação indiciada; mas tem de deixar expressos no processo os fundamentos dessa convicção segura, até porque a decisão proferida ao abrigo do artigo 568º é sujeita a verificação pelos tribunais superiores em caso de recurso.

Tal convicção há-de resultar de factos que ele tenha apurado, e de que poderá servir-se, independentemente da sua alegação pelas partes. Compreende-se perfeitamente que não se aplique aqui a regra da limitação do julgador aos factos articulados pelas partes, óbvio como é que estas nunca articulariam no processo que se conluiaram para defraudar a lei.

b) Mas – questiona-se –, *de que modo* poderá o juiz obstar ao objectivo anormal prosseguido pelas partes?

A doutrina tem-se dividido na resposta a esta questão, quer defendendo que o tribunal deve absolver o réu da instância por falta de legitimidade das partes (Paulo Cunha), quer propugnando um indeferimento do pedido (Beleza dos Santos), quer anulando todo o processo (Alberto dos Reis), quer ainda declarando sem efeito o processo, abstendo-se de proferir decisão sobre o mérito da causa (Manuel de Andrade).

Este último entendimento é o que nos parece mais adequado à situação de simulação ou de fraude processual: *não conhecer do mérito da causa.*

A simulação e a fraude processual são, pois, em nosso entender, circunstâncias impeditivas do julgamento de mérito.

Ora, nos termos do artigo 412º, nº 2, os factos que impedem a apreciação do mérito da acção configuram excepções dilatórias.

A *fraude processual bilateral* será, portanto, a nosso ver, mais uma excepção dilatória – não tipificada na lei como tal, mas de conhecimento oficioso –, a acrescentar às enumeradas exemplificativamente no artigo 413º.

E, assim, a atitude que o juiz deve assumir, quando a causa sujeita à sua apreciação caia na previsão do artigo 568º, é *abster-se de conhecer do mérito e absolver o réu da instância, com base na actividade processual fraudulenta que ele (réu) e o autor hajam, concertadamente, desenvolvido.*

Mas a fundamentação de tal decisão tem de ser muito clara e expressiva, de molde a deixar bem patente que se baseia na convicção segura da existência de um conluio entre as partes para a prática de um acto simulado ou para a consecução de um fim proibido por lei; sem prejuízo, sempre, da condenação de ambas as partes como litigantes de má fé [artigo 385º, *maxime* alínea *d)* do seu nº 2].

104. Âmbito da sentença. limites da condenação

A sentença está limitada no seu âmbito objectivo e subjectivo, e ainda na sua fundamentação.

A) Limitações objectivas

Preceitua o nº 1 do artigo 564º que "A sentença não pode condenar em quantidade superior ou em objecto diverso do que se pedir".

E o artigo 571º, nº 1, alínea *e)* dispõe que "É nula a sentença (...) quando condene em quantidade superior ou em objecto diverso do pedido".

Nestes preceitos estão contempladas duas situações opostas, ambas vedadas ao tribunal: **i.** O chamado *excesso de pronúncia*, situação cujo apuramento pode, na prática, levantar algumas dificuldades[343]; e **ii.** A *omissão de pronúncia*, consistente na apreciação de objecto diverso do pedido, ficando por apreciar o que foi peticionado.

O objecto apreciado e decidido na sentença deve, pois, coincidir com o objecto do processo, tal como foi configurado pelas partes.

[343] De tal forma que já deu lugar, em Portugal, no tempo em que os Assentos estavam legalmente previstos, à emissão de um Assento do STJ, datado de 17.05.1995.

B) Limitações subjectivas

Sem prejuízo do disposto na lei sobre um possível alcance alargado do caso julgado (por exemplo, nas situações previstas no artigo 577º do CPC para as questões de estado), não podem ser condenadas ou absolvidas pessoas diversas das que intervieram no processo.

Do mesmo passo, qualquer terceiro (não parte) directa e efectivamente prejudicado pela sentença, tem legitimidade para dela recorrer, *ex vi* artigo 585º, nº 2.

C) Limitações na fundamentação da sentença

Dispõe o artigo 567º, 2ª parte, que a decisão não pode fundamentar-se em factos que não tenham sido alegados pelas partes, com as excepções, que já conhecemos, previstas nos artigos 5º, nº 2 e 434º, e ainda, em nosso entender, quando se verifiquem situações enquadráveis na previsão do artigo 568º, nos termos supra referidos[344].

105. Efeitos da sentença

A sentença, uma vez proferida, potencia a produção de efeitos múltiplos, todos muito importantes, de natureza diferente.

O articulado do CPC dedicado, precisamente, aos '*Efeitos da Sentença*' (artigos 574º e ss.), parece inculcar que o único efeito deste acto jurisdicional é, apenas, o *caso julgado*. No entanto, não há maior inverdade!

Mas então porquê esta opção do legislador de apenas se referir ao caso julgado, de entre os múltiplos efeitos da sentença judicial?

Seguramente porque o efeito da sentença que consiste na produção de *caso julgado* (forma sincopada de referir o "caso *que foi* julgado") é, sem dúvida, o mais relevante aspecto a considerar, o que por si só justifica um tratamento de forma bem destacada.

O caso julgado consiste na insusceptibilidade de alteração de uma sentença judicial por meio de reclamação ou de recurso ordinário. Formado o caso julgado, a decisão torna-se definitiva.

Mas este plurifacetado instituto do *caso julgado*, que tem já uma longa vida e cuja única função, em tempos recuados, era a de impedir a abertura de um novo processo idêntico a um outro já existente – expressa na

[344] Relativamente a este tipo de situações, remete-se para o nosso texto, que é um dos Anexos a estas Lições, intitulado *A Falsidade em Processo Civil. Algumas Notas*.

fórmula latina *non bis in idem* –, foi evoluindo no sentido do desenvolvimento de tal função, hoje identificada com a finalidade de prevenir que em nenhum processo idêntico posterior seja proferida decisão que contrarie a já antes possuidora da força e autoridade do caso julgado (cfr. o nº 2 do artigo 416º do CPC).

Ora a sentença, como acto jurisdicional que é, pode vir a projectar-se, pelos seus efeitos, no campo do direito material: assim sucede se for uma sentença de mérito; mas *o caso julgado* que dela vier a formar-se, condição da produção desses efeitos, existe – pode dizer-se – por razões próprias do direito adjectivo, e nesse campo se expande e faz nascer efeitos especiais, também de natureza processual.

No âmbito da figura do caso julgado em sentido amplo, distingue a própria lei entre *caso julgado formal* – relativo a decisões que recaiam unicamente sobre a relação processual, com força obrigatória dentro do processo em que foram proferidas, salvo se por sua natureza não admitirem recurso (artigo 575º) –, e *caso julgado material* que, nos termos do nº 1 do artigo 574º, se forma da decisão sobre a relação material controvertida e que "fica tendo força obrigatória dentro do processo e fora dele, nos limites fixados pelos artigos 416º e seguintes".

105.1. Fundamentos do caso julgado

De tudo o exposto resulta que assim vamos reunindo elementos para a enunciação de uma teoria do caso julgado (que muitos problemas levanta e que aqui será apenas esboçada), começando, naturalmente, pelos *fundamentos* desta figura processual que, respeitando a uma sentença de mérito, é ponto de enlace com o direito substantivo.

O fundamento genérico do caso julgado identifica-se, indiscutivelmente, com razões de *certeza do direito*, de *segurança jurídica*.

Na verdade, resolvida judicialmente uma dada controvérsia, não é admissível que ela volte a discutir-se em juízo; não é sequer concebível que indefinidamente possam os órgãos jurisdicionais dizer o direito aplicável ao mesmo litígio (com idênticos elementos subjectivos e objectivos), correndo assim o risco da prolação de decisões contraditórias.

Não pode permitir-se tal repetição, há mesmo que preveni-la, já que a insegurança do direito de cada um em breve arrastaria a instabilidade do direito de todos.

Com efeito, se se pôs fim ao litígio que esteve na origem de um dado processo, pronunciando-se uma decisão em determinado sentido, resultante da aplicação do direito vigente ao caso *sub iudice* (decisão de mérito), qual a justificação para um novo exame dessa causa, pelo mesmo ou por outro tribunal do mesmo grau na hierarquia judiciária?

Sem prejuízo do disposto na lei quanto a recursos extraordinários (artigos 653º a 669º do CPC), pode mesmo dizer-se que é nítida a ausência absoluta de justificação jurídica para uma repetição da mesma causa: *o direito de acção judicial 'esgotou-se' no primeiro processo*[345].

105.2. Limites do caso julgado. Sua sistematização

É a própria razão de ser do caso julgado, o fundamento que está na base da sua existência, que postula certas limitações.

A lei processual civil fixa esses *limites* nos artigos 416º a 418º, para eles remetendo quando define, no artigo 574º, *o valor da sentença* (de mérito) *transitada em julgado*. Por seu turno, o artigo 582º delimita a *noção de trânsito em julgado*.

Os limites do caso julgado podem ser agrupados segundo diferentes critérios, mas o que a lei processual valoriza é o que parte das chamadas *três identidades*, expressas no nº 1 do artigo 417º pela referência aos *sujeitos*, ao *pedido* e à *causa de pedir*, noções já antes adquiridas.

Nesta conformidade, para que haja caso julgado (material) impeditivo da propositura de uma acção posterior sobre o mesmo objecto, é preciso que nesta se repitam os sujeitos na mesma qualidade jurídica, o pedido e a causa de pedir[346].

Mas como pode suceder que uma mesma causa de pedir possa fundamentar pedidos diferentes e, ao invés, um mesmo pedido possa basear-se em causas de pedir diversas, daí que o caso julgado só se forme sobre um dado pedido, e não outro, com uma dada causa de pedir, e não outra.

Assim, se por exemplo, em acção de reivindicação de propriedade, alguém pede ao tribunal que reconheça o seu direito de propriedade sobre certo imóvel com base em usucapião e que, consequentemente, condene o réu a devolver-lhe o uso e fruição desse imóvel, se esse pedido vier a ser julgado improcedente e o autor não recorrer, o caso julgado abrange apenas esse pedido, fundado na causa de pedir invocada: a usucapião. Mas ao

[345] Confira-se o preceito do artigo 580º do CPC que, nas situações que prevê, confere valor jurídico ao caso julgado que primeiro se formou sobre a mesma pretensão.

[346] Sobre estes conceitos, cfr. parágrafo **29.** destas Lições.

mesmo autor – que entretanto investigou, e descobriu, um título legítimo de aquisição do seu direito de propriedade (*v.g.*, por sucessão) –, não fica vedado propor nova acção de reivindicação contra o mesmo réu, fazendo ao tribunal o mesmo pedido, mas com fundamento nesta diferente causa de pedir, que não foi abrangida pelo caso julgado anterior.

Do mesmo passo, se o comando de uma sentença que já formou caso julgado não estatuir exaustivamente sobre o pedido do autor nesse processo, não fica excluída a possibilidade de uma nova decisão, proferida em processo posterior, que incida sobre o segmento da pretensão do autor sobre o qual a anterior sentença não se pronunciou.

Alguma doutrina italiana, com Salvatore Satta[347] a liderar, faz uma catalogação dos limites do caso julgado, distribuindo-os por *limites subjectivos* e *limites objectivos*, podendo eles respeitar a circunstâncias de lugar, de tempo e de forma.

Aceitemos como boa esta classificação.

A. Quanto aos *limites subjectivos*, a regra é a de que o caso julgado projecta a sua eficácia directa nas partes litigantes; mas há situações em que terceiros (não partes na causa) de algum modo interessados no objecto controvertido, podem vir a sofrer, ou a usufruir, indirectamente, dos efeitos do caso julgado.

Isso pode suceder, designadamente, em certos *incidentes de intervenção de terceiros*, relativamente a terceiros que foram chamados ao processo mas não chegaram a intervir (artigos 270º, nº 2 e 290º, nº 2), e também em situações previstas e reguladas na lei civil, relativas, *v.g.*, à solidariedade de credores ou de devedores, assim como às obrigações indivisíveis (artigos 515º, 524º e 531º, nº 2 do CC).

E há até situações para as quais a própria lei prevê um *regime especial* quanto aos limites subjectivos do caso julgado.

- É o caso do artigo 577º do CPC (efeitos do caso julgado nas questões de estado), relativamente às decisões proferidas, por exemplo, em acção de divórcio litigioso, ou de investigação de paternidade, estatuindo que "o caso julgado produz efeitos mesmo em relação a terceiros quando, proposta a acção contra todos os interessados

[347] Salvatore Satta / Carmine Punzi, *Diritto Processuale Civile*, 11ª ed., Pádua, CEDAM, 1993, pp. 239-244.

directos, tenha havido oposição, sem prejuízo do disposto, quanto a certas acções na lei civil".

Não se perceberia outra solução, dada a incindibilidade dos estados pessoais: por exemplo, proferida uma sentença de divórcio, seria inconcebível que os cônjuges ficassem divorciados entre si e continuassem casados perante terceiros.

- Também nas situações em que a lei prevê *o registo de acções*, pode verificar-se a oponibilidade do caso julgado a determinados terceiros.

  Suponhamos que o promitente-comprador de um apartamento propõe uma acção de execução específica do contrato-promessa que celebrou; e que regista essa acção na Conservatória do Registo Predial, ao abrigo do preceituado nos artigos 2º, nº 1, alínea *f)* e 3º, nº 1, alínea *a)* do Código do Registo Predial. O registo da acção torna oponível, com prioridade, o direito constituído pela própria sentença a qualquer terceiro, adquirente do mesmo apartamento, que tenha registado posteriormente a sua aquisição (artigo 820º, nº 1 do CC) [348].

B. Relativamente aos *limites objectivos do caso julgado material*, que se forma da sentença que eliminou a situação contenciosa, dispõe o artigo 576º, nº 1 do CPC que a sentença constitui caso julgado "*nos precisos limites e termos em que julga*"; o que corrobora o que acima se disse quanto à chamada *regra das três identidades.*

Mas, malgrado tudo o que fica exposto sobre esta matéria, há um aspecto que tem sido objecto de discussão: Que segmentos da sentença são abrangidos pelo caso julgado? Ele cobre apenas a parte decisória da sentença, ou também abrange os respectivos fundamentos?

- Alguns entendem que *a eficácia do caso julgado se limita à parte decisória da sentença,* ou seja, ao sentido da decisão tomada pelo tribunal relativamente aos efeitos concretos pretendidos pelas partes no processo, não se estendendo, em princípio, aos fundamentos de facto em que a decisão se fundou.

  Pode valer em apoio desta tese, *v.g.*, a circunstância de o artigo 26º, nº 2 do CPC de Macau determinar que a decisão das questões inci-

[348] Sobre esta situação, cfr. GALVÃO TELLES, em 'Registo de acção judicial (sua relevância processual e substantiva)', na revista *O Direito*, Ano 124º, 1992, pp. 495 e ss.

dentais e outras que o réu, em determinado processo, suscite como meio de defesa (por ex., excepções), só constituir caso julgado fora desse processo se alguma das partes o requerer com essa amplitude. Ora alguns dos fundamentos de facto invocados na sentença podem resultar de excepções invocadas pelo réu; pelo que parece resultar da lei que tais fundamentos não são abrangidos, como regra, pelo caso julgado material, porque, só por si, não têm valor fora do processo respectivo.

- Segundo outros, o caso julgado forma-se sobre a parte decisória da sentença final enquanto consequência que é dos fundamentos nela referidos que são o pressuposto lógico da decisão tomada pelo juiz e que, como tal, podem ser cobertos pelo caso julgado, pelo menos em certas situações.

  Em sentido idêntico, alguma jurisprudência portuguesa, de que é exemplo um acórdão do STJ, de 14.03.2006 (*www.dgsi.pt/jstj*), segundo o qual "O caso julgado abrange não só as questões directamente decididas na parte dispositiva da decisão, mas, outrossim, as preliminares, que, decididas expressamente na fundamentação da sentença, constituem antecedente lógico necessário da parte dispositiva do julgado". Aquilo a que alguma doutrina italiana chama "caso julgado implícito", conceito impreciso que, aliás, pode na prática gerar situações equívocas.

  Trata-se de problemática muito complexa, para a qual, porventura, não será possível encontrar uma fórmula genérica, perfeitamente adequada a todas as situações da vida real tuteladas pelo Direito.

105.3. Síntese dos efeitos do caso julgado material

Há quem sintetize os efeitos do caso julgado material, agrupando-os em:

i. *Efeito negativo*: o caso julgado material impede que se faça valer em juízo uma nova acção com os mesmos elementos;

ii. *Efeito positivo*: o caso julgado material impõe directamente às partes (e excepcionalmente a determinados terceiros) a observância do comando nele contido; e pode também impor aos próprios tribunais a obrigação de respeitar esse comando, *v.g.*, para o fazer executar coactivamente, quando requerido, através de processo executivo.

105.4. Efeitos adjectivos e efeitos substantivos da sentença

De tudo o exposto, parece retirar-se que, em rigor, o caso julgado, que a lei qualifica como efeito da sentença, não é propriamente um efeito, mas *uma condição da produção dos verdadeiros efeitos que a sentença pode produzir*, seja, *da sua eficácia*.

E de entre esses efeitos verdadeiros e próprios, podemos separar os efeitos adjectivos ou processuais dos efeitos materiais ou substantivos.

a) *Os efeitos adjectivos* ou *processuais* são os seguintes:

1º A sentença *extingue a relação jurídica processual* ou *instância* (artigo 106º, nº 2]; com ela faz-se o julgamento (de forma ou de mérito), que é uma das causas legais de extinção da instância [artigo 229º, alínea *a)*].

2º Proferida a sentença, fica *esgotado o poder jurisdicional* do juiz quanto à matéria da causa (artigo 569º, nº 1).

3º A sentença gera *título executivo*, se for condenatória [artigo 677º, *a)*].

Quanto ao primeiro dos efeitos referidos – extinção da relação jurídica processual – importa observar que para alguns autores, como CHIOVENDA[349], a fase dos recursos não coincidiria com o início de uma nova relação jurídica processual. A sentença não extinguiria, portanto, a relação jurídica processual, que continuaria (a mesma) se o processo entrasse na fase de recurso.

A maioria dos processualistas, porém, tem sido de opinião que a interposição do recurso determina a abertura de uma nova instância: *a instância de recurso*.

Parece certo em face da lei processual de Macau.

b) *Efeitos substantivos*, ou *com reflexos substantivos*.

A lei dispõe sobre os vários efeitos materiais do caso julgado.

Desde logo, *a sentença declarativa constitutiva produz, directamente*, no plano material, um efeito jurídico novo, quer seja a constituição de uma nova relação jurídica, quer seja a modificação ou a extinção de uma situação jurídica pré-existente. É o que resulta do nº 2, alínea *c)* do artigo 11º do Código de Processo Civil, cuja interpretação foi já objecto do nosso estudo.

[349] CHIOVENDA, GIUSEPPE – *Principi di Diritto Processuale*, cit., 3ª edição.

Além disso, há que contar com importantes efeitos que a lei civil atribui à sentença judicial, entre os quais se contam os estabelecidos nos artigos 304º (prazos de prescrição dos direitos)[350], 705º (constituição de hipoteca judicial)[351] e 766º, nº s 2 e 3 (fixação judicial do prazo da prestação)[352], todos do Código Civil.

106. Publicidade da sentença final

A publicidade deste importante acto processual é conseguida através de dois mecanismos:

1) *A notificação da sentença final*, que deve ser feita aos mandatários judiciais das partes, nos termos do artigo 200º, nº 1 do Código de Processo Civil; e
2) *O registo da sentença final*, feito em livro existente nas secretarias judiciais, especialmente dedicado a esse fim (artigo 107º, nº 3).

107. Patologia da sentença

107.1. Vícios da sentença e seus remédios

As sentenças, como produtos da actividade humana, podem não ser perfeitas e, até mesmo, enfermar de vícios e irregularidades previstos na lei.

Os vícios das sentenças podem ser de duas espécies:

A) *Vícios formais* ou *de actividade*, que estão previstos na primeira parte do nº 2 do artigo 569º e no artigo 570º como *erros materiais* referentes à imperfeição da decisão judicial, que podem ser remediados por simples despacho, a requerimento de qualquer das partes ou por iniciativa do juiz, e a que pode chamar-se *remédios de aperfeiçoamento.*

Os vícios formais, ou de actividade, podem ser de várias espécies: **i.** Ou configurar omissões, erros ou inexactidões materiais (artigo

[350] A sentença que reconheça a existência de um crédito já vencido converte em prazo de prescrição ordinário o prazo de prescrição mais curto a que o crédito reconhecido estivesse eventualmente sujeito.

[351] A sentença que condene em prestação pecuniária, ou outra coisa fungível, é título bastante para o registo, na competente Conservatória, de hipoteca judicial sobre quaisquer bens do obrigado, assim ficando o credor munido de uma garantia real.

[352] Sobre *fixação* judicial *de prazo*, cfr. também os artigos 1232º e 1233º do CPC (processo especial, de jurisdição voluntária).

570º); **ii.** Ou nulidades da sentença, às quais se refere o artigo 571º[353]; **iii.** Ou traduzirem-se em obscuridade/ambiguidade da sentença, quando haja falta de clareza no seu texto ou quando o sentido geral for susceptível de diversas interpretações, isto é, quando potenciar sentidos diferentes [artigo 572º, *a)*]; **iv.** Ou ainda consistirem numa errada condenação em custas e multas [artigo 572º, *b)*].

B) *Vícios substanciais* ou *de conteúdo* – são referentes ao próprio julgamento contido na decisão: à deficiente/incorrecta apreciação dos factos ou ao respectivo enquadramento jurídico; ou ainda à sua desconformidade com a ordem jurídica.
Contra os vícios substanciais ou de conteúdo (decisão errada, má aplicação do direito aos factos, etc.) o remédio é o recurso, tendente a uma reapreciação da matéria da causa por tribunal superior na hierarquia judiciária.

107.2. Sanação dos vícios formais da sentença

Vejamos quais os remédios que a lei prevê para cada um dos apontados vícios formais da sentença.

a) Para os *erros materiais* previstos no nº 1 do artigo 570º – já o dissemos –, é facultada a sua rectificação ou correcção por simples despacho, a requerimento de qualquer das partes ou por iniciativa do juiz.

b) Para *suprimento de alguma omissão*, ou de alguma das *nulidades da sentença* enumeradas no artigo 571º, nº 1 do CPC, os remédios são os seguintes;

   i. Se *faltar a assinatura do juiz*, a omissão pode ser suprida oficiosamente ou a requerimento de qualquer das partes, enquanto for possível colhê-la (nº 2 do artigo 571º);

   ii. *Se não estiverem especificados os fundamentos de facto e de direito* que justificam a decisão; se houver oposição entre os fundamentos e a decisão; se houver omissão ou excesso de pronúncia[354]; se houver condenação em quantidade superior[355] ou em objecto

[353] É mister não confundir *nulidades da sentença* com *nulidades do processo*: enquanto estas respeitam à regularidade dos termos da acção e respectivo processo, as nulidades da sentença dizem respeito, apenas, aos vícios da decisão proferida no final do processo.

[354] Os casos de omissão ou de excesso de pronúncia configuram, respectivamente, o que em latim se designa por sentença *citra petita* e *extra petita*, respectivamente.

[355] Casos de sentença *ultra petita*.

diverso do pedido [casos das alíneas *b)* a *e)* do artigo 571º] – então, de duas uma: ou a sentença admite *recurso* e a arguição da nulidade só pode ser feita no recurso, a que servirá de fundamento; ou a sentença não admite recurso e o pedido de suprimento da nulidade terá de ser feito no tribunal que a proferiu, mediante *reclamação.*

É isto que se estabelece no nº 3 do artigo 571º.

Da aplicação deste preceito resulta que: *em processo ordinário* as nulidades da sentença têm de ser reclamadas no recurso que dela se interpuser, visto que em tais acções é admissível recurso por o seu valor exceder a alçada do tribunal de 1ª instância (artigo 583º, n.º 1); só poderão ser reclamadas no tribunal de 1ª instância *se as partes renunciarem aos recursos*, como lhes é facultado (artigo 586º, nº 1).

iii. Se ocorrerem nos tribunais superiores, as *nulidades resultantes da falta de vencimento e de o acórdão ser lavrado contra o vencido*, o nº 1 do artigo 634º remete para o regime de suprimento estabelecido nos artigos 569º a 573º.

c) Nos casos de *obscuridade* ou de *ambiguidade da sentença*, qualquer das partes pode requerer que o juiz esclareça a sua decisão. O remédio é, pois, o *esclarecimento*, que na gíria forense costuma designar-se por *aclaração da sentença* [artigo 572º, alínea *a)*].

d) Se se tratar de *erro na condenação em custas ou multa*, o remédio é o pedido de *reforma da sentença* quanto a esses aspectos [artigo 572º, alínea *b)*].

As formalidades a que estão sujeitos estes remédios são as indicadas no artigo 573º: arguição ou requerimento da parte; notificação à parte contrária para responder; e nova decisão, que se considera complemento e parte integrante da sentença.

Se alguma das partes tiver requerido o esclarecimento de ambiguidade ou obscuridade da sentença, o prazo para interposição de recurso ordinário só começa a correr após a notificação do despacho que tenha recaído sobre o pedido de aclaração. O prazo para arguir nulidades ou pedir a reforma da sentença só começa a correr depois de ser notificada a decisão proferida sobre o requerimento de aclaração da sentença (artigo 573º, nº 3).

Título II
Forma sumária[356]

108. O formalismo do processo sumário
108.1. Fase dos articulados

A *tramitação da forma comum sumária do processo de declaração* vem regulada nos artigos 670º a 676º do CPC, tendo como direito subsidiário[357], em primeiro lugar, as disposições gerais e comuns e, em segundo lugar, as normas que regulam o formalismo do processo comum ordinário, *ex vi* artigo 372º, nº 1[358].

A lei regula, portanto, o processo sumário como um desvio à forma-modelo – o processo comum ordinário –, e, assim, *limita-se a dispor sobre as diferenças de tramitação relativamente a ela*. É também sob esse prisma que o estudaremos, limitando-nos a referir as diferenças de regime, consagradas em nome da simplificação e consequente celeridade desta forma de processo comum.

Vejamos então.

a) Logo *na fase dos articulados*, encontramos diferenças importantes entre o processo sumário e o processo ordinário, já estudado.

[356] Esta forma de processo comum emprega-se quando o valor da causa seja igual ou inferior à alçada dos tribunais de primeira instância (artigo 371º do CPC) se, por força do nº 1 do artigo 1285º do CPC, não deverem seguir a forma do processo especial referente a pequenas causas.

[357] Que, como se sabe, se aplica com as necessárias adaptações, portanto, na parte aplicável.

[358] Por exemplo, aplicam-se ao processo sumário, com as necessárias adaptações, os preceitos relativos ao despacho de indeferimento liminar da petição inicial (artigo 394º) e ao despacho de aperfeiçoamento (artigo 397º).

i. Desde logo, diferenças simplificadoras *relativamente à petição inicial*:
   - A não exigência da exposição das razões de direito – o artigo 670º, nº 1, *b)* exige apenas *a indicação dos factos que servem de fundamento à acção*;
   - A dispensa de forma articulada para a narração (artigo 670º, nº 2), o que configura um desvio à regra geral do nº 2 do artigo 101º;
   - O oferecimento imediato, com a petição, de todas as provas (artigo 670º, nº 3).

ii. Diferenças, também, no *encurtamento geral dos prazos peremptórios*, que são *reduzidos a 15 dias* para apresentação da contestação e da resposta à contestação, em nome da celeridade processual;

iii. Diferenças, ainda, traduzidas na *redução do número de articulados* permitidos.

Tal como na forma ordinária, o processo sumário contém, *normalmente*, apenas dois articulados: a petição inicial e a contestação.

Porém, resulta do artigo 672º que, eventualmente, se o réu deduzir reconvenção ou se a acção for de simples apreciação negativa[359], é admitido *um terceiro articulado* depois da contestação *para responder*, consoante os casos, à contestação propriamente dita, ou à matéria da reconvenção, ou a ambas.

Acentue-se que, embora esta *resposta* se situe no mesmo momento sequencial que a réplica em processo ordinário, ela (a resposta) não goza do mesmo estatuto processual: na resposta, o autor não pode, *v.g.*, alterar o pedido ou a causa de pedir, o que bem se compreende porque em processo sumário não é admitido qualquer outro articulado equivalente à tréplica na forma ordinária.

No processo sumário, a *resposta* deve, pois, limitar-se à matéria da reconvenção, ou das excepções invocadas pelo réu na contestação; e, se a acção for de simples apreciação negativa, terá de se circunscrever aos factos constitutivos do direito que o réu invoca na sua titularidade.

[359] Relembrar o que se estudou sobre inversão do ónus da prova nesta espécie de acções declarativas.

Por força do nº 2 do artigo 672º, à resposta do autor é aplicável o disposto nos nº s 2 e 3 do artigo 670º, ou seja, é dispensada a forma articulada e com ela o réu deve oferecer logo as provas.

108.2. Cominação nos casos de revelia

O efeito cominatório da não contestação do réu em processo sumário é, à partida, o mesmo que em processo ordinário, por força do nº 2 do artigo 673º na sua 1ª parte.

Igualmente há que atender a que a cominação não opera nas situações referidas no artigo 406º: quando, havendo vários réus, algum deles contestar, relativamente aos factos que o contestante impugnar; se o réu ou algum dos réus for incapaz e a causa se situar no âmbito da incapacidade, ou se tiver sido citado editalmente e permanecer em revelia absoluta; quando se tratar de direitos indisponíveis; ou ainda quando se trate de factos para cuja prova se exija documento escrito.

Nos casos de pluralidade de réus que não caibam nas previsões das alíneas *a)* e *b)* do artigo 406º, os réus não contestantes são logo condenados, passando-se às fases subsequentes do processo apenas com os contestantes, o que configura uma modificação subjectiva da instância.

No que respeita à *falta de resposta à contestação*, o nº 3 do artigo 673º dispõe que "tem o efeito previsto no artigo 410º", subentendendo-se que é o cominado no nº 2 desse artigo: "Consideram-se reconhecidos os factos que não forem impugnados, salvo se estiverem em oposição com a defesa considerada no seu conjunto, se não for admitida confissão sobre eles ou se só puderem ser provados por documento escrito". Mas, também aqui, se ressalvam desta cominação os incapazes, os ausentes, os impossibilitados e os incertos, quando representados pelo Ministério Público ou por advogado oficioso.

108.2. Outras diferenças simplificadoras da tramitação do processo sumário

Nas fases subsequentes aos articulados, a lei processual consagra ainda, com vista à simplificação processual e à celeridade, algumas outras diferenças relativamente à forma ordinária do processo declarativo comum.

Assim:

i. Findos os articulados, o juiz pode apreciar de imediato as excepções dilatórias e as nulidades processuais de apreciação oficiosa (nº 1 do artigo 673º);

ii. Se a acção tiver de prosseguir, é logo marcado o dia da realização da audiência, *dentro dos 30 dias seguintes* (nº 4 do artigo 673º). De notar que, na marcação deste prazo, contrariamente ao que sucede em processo ordinário (cfr. nº 3 do artigo 431º), o juiz desempenha aqui uma actividade balizada no tempo.

iii. Outras diferenças a salientar respeitam à *redução do número de testemunhas* tanto na sua totalidade, como por cada facto a provar (artigo 674º, nº1), identicamente *se passando quanto à prova pericial* (artigo 675º).

iv. Relativamente à *audiência de discussão e julgamento*[360], limitam-se os casos de adiamento (nº 1 do artigo 676º), bem como se simplificam os trâmites da sua realização (restantes nºs do artigo 676º); mas exige-se, ainda assim, que o juiz procure conciliar as partes, se estiverem presentes ou representadas por mandatário judicial[361]. As partes ou seus mandatários podem fazer uma breve alegação oral (nº 5 do artigo 676º).
O julgamento deve concluir-se dentro de 30 dias (nº 4 do artigo 676º, *in fine*).

v. No que concerne à *estrutura da sentença*, a lei permite que a respectiva fundamentação seja sucinta (nº 6 do artigo 676º), e que seja ditada (oralmente) para a acta, salvo se o juiz, atenta a complexidade da causa, "entender aconselhável lavrá-la por escrito" (nº 7 do artigo 676º).

Resta salientar que à sentença proferida em processo comum sumário se aplica subsidiariamente o *regime dos requisitos da sua validade* (com as ressalvas previstas nos citados nº s 6 e 7 do artigo 676º), assim como o *dos vícios* de que pode enfermar, e seu *suprimento* (artigos 569º a 573º do CPC).

[360] Lembre-se que no processo comum sumário a audiência final se desenrola, como regra, perante tribunal singular.

[361] Recorde-se que em processo comum sumário não é obrigatória a representação por advogado.

Acção Executiva e Respectivo Processo

Matéria objecto da disciplina semestral do 4º ano
do Curso de Licenciatura em Direito

Capítulo I
Introdução

1. Noção de acção executiva
1.1. Definição legal de acção executiva
A definição consta do artigo 11º, nº 3 do Código de Processo Civil de Macau: *"As acções executivas são aquelas em que o autor requer as providências adequadas à reparação efectiva do direito violado"* (providências executivas – execução forçada, como se lhes chama, por exemplo, nos ordenamentos espanhol[1] e italiano; e também, esporadicamente, no ordenamento de Macau (cfr. epígrafe do artigo 1015º do Código Civil).

1.2. A estrutura da acção executiva
Ao passo que a *acção declarativa* e respectivo processo têm a estrutura de um juízo cognitivo, de apreciação, *traduzindo-se fundamentalmente em* ***decisões,*** i.e., na resolução de questões e de problemas com base nas provas produzidas, a estrutura da *acção executiva* corresponde à sua finalidade material de efectivação de um concreto direito no plano dos factos, e *traduz-se fundamentalmente em* ***operações,*** a saber:

i. Desapossamento do devedor de coisas ou direitos do seu património[2] (penhora);

[1] No ordenamento espanhol pode encontrar-se esta designação na epígrafe do Livro III da Ley de Enjuiciamiento Civil (artigos 517º e ss.).

[2] Castro Mendes, nas suas aulas ministradas na Faculdade de Direito da Universidade Clássica de Lisboa, preferia referir-se a bens situados na *esfera patrimonial* do devedor.

ii. Adjudicação de bens penhorados, ou venda forçada de bens penhorados, esta seguida de pagamento com o preço da venda;
iii. Entrega da coisa devida ou pagamento do seu valor; ou ainda custeamento, com o produto da venda de bens penhorados, da realização de uma prestação de facto e pagamento da indemnização devida.

1.3. Sede do regime legal da acção executiva

A acção executiva regula-se pelas disposições adjectivas que lhe são próprias – Código de Processo Civil –, entre as quais avultam as do artigo 11º, nºs 1 e 3 (espécies de acções) e do artigo 12º (função do título executivo); as dos artigos 677º a 836º (título executivo, fase preliminar da execução e formalismo das várias formas de processo comum e espécies de execuções); as dos artigos 21º a 25º (competência em matéria de execuções); as dos artigos 68º a 71º (legitimidade em matéria de execuções); a do artigo 74º, nº 1, alíneas *c)* e *d)* e nº 5 (constituição obrigatória de advogado – patrocínio judiciário); a do artigo 161º (distribuição – 5ª espécie); as dos artigos 369º e 370º (disposições gerais sobre formas de processo); as dos artigos 374º e 375º (formas de processo nas execuções); ainda pelas disposições gerais e comuns do referido Código de Processo Civil; e por último, nos termos do artigo 375º, nº 1, subsidiariamente, pelas disposições que regulam o processo de declaração.

Relativamente a *execuções com forma especial de processo*, destacam-se:

- **Do Código de Processo Civil**, as normas dos artigos 958º a 962º (execução especial por alimentos) e algumas disposições relativas à acção de despejo, como são as dos artigos 935º a 937º;
- **Do Regime das Custas nos Tribunais**, aprovado pelo Decreto-Lei nº 63/99/M, de 25 de Outubro, as dos respectivos artigos 112º a 119º (acção executiva por dívidas de custas e multas impostas em quaisquer processos).

De importância capital para o estudo da acção executiva é também **todo o regime substantivo, contido fundamentalmente no Código Civil de Macau**, em especial o relativo à *garantia geral das obrigações* (artigos 596º a 751º) e o que regula o *cumprimento e não cumprimento das obrigações* (artigos 752º a 827º).

Capítulo II
Pressupostos Processuais da Acção Executiva

Pressupostos Específicos:

Pressuposto Formal: *o título executivo* (artigo 12º e artigos 677º a 683º do Código de Processo Civil).

Pressuposto Material: *a obrigação*, que deve ser *certa*, *exigível* e *líquida* – artigos 686º a 694º do Código de Processo Civil.

2. Pressuposto formal: o título executivo

2.1. Noção de título executivo[3]

O processo executivo não pode prosseguir sem que o demandante se apresente munido de um título executivo. É o que resulta do preceito do artigo 12º do Código de Processo Civil: "A acção executiva tem como base um título[4], pelo qual se determinam o seu fim e os seus limites".

Esta "regra de ouro" não tem excepções.

[3] Para delimitar a noção de título executivo, a doutrina exprime-se de modos diversos: *meio legal de demonstração da existência do direito do exequente* (Teixeira de Sousa); *documento que estabelece, de forma ilidível, a existência desse direito* (J. P. Remédio Marques); *acto documentado de constituição ou reconhecimento de um direito* (Pessoa Jorge, Germano Marques da Silva); *documento que constitui, certifica ou prova uma obrigação exequível, que a lei permite que sirva de base à execução* (Manuel de Andrade, Antunes Varela, Ferreira de Almeida, Lebre de Freitas); *documento a que, com base na aparência ou na probabilidade do direito nele documentado, o ordenamento jurídico assinala um suficiente grau de certeza e de idoneidade para constituir uma condição de exequibilidade extrínseca da pretensão* (de novo, J. P. Remédio Marques).

[4] Uma prevenção: perante a polissemia da palavra "título" e uma certa tendência para a entificação dos conceitos presentes na linguagem técnica do Direito, poder-se-á ser levado a

2.2. Natureza jurídica do título executivo

Castro Mendes:

a) *Formalmente,* o título executivo pode definir-se como "o documento que, por oferecer demonstração legalmente bastante da existência de um direito a uma prestação, pode, segundo a lei, servir de base à respectiva execução";

b) *Materialmente,* "é um meio legal de demonstração da existência do direito exequendo", não sendo, "em rigor, essencial e necessariamente um acto, nem essencial e necessariamente um documento" (*Direito Processual Civil, Lições,* Associação Académica da Faculdade de Direito de Lisboa (AAFDL), vol. III).

Lopes Cardoso:

- "O título é a *causa de pedir", o fundamento da aquisição do direito*;
- O título é um *documento escrito* (só há título exequível havendo documento escrito);
- *O título é condição necessária* (só pode haver execução quando há título); *e será também suficiente*[5], *pelo menos para a instauração da acção executiva* (porque pelo título se presume a obrigação).

2.3. Função do título executivo

Artigo 12º, nº 1: *"A acção executiva tem como base um título, pelo qual se determinam o seu fim e os seus limites".*

Isto quer dizer que:

- O título individualiza *o objecto* da execução[6];

pensar que *título executivo* é um *quid* realmente existente, algo capaz de transcender, no plano ontológico, as diversas particularidades dos vários títulos legais.
No entanto, pode dizer-se, *título executivo* nada mais é, como veremos, do que um documento escrito a que a lei, pelo seu conteúdo, atribui as potencialidades que aqui estudaremos.

[5] A suficiência do título, que Anselmo de Castro também afirmava, é hoje contestada por alguma dourina portuguesa com o argumento de que da respectiva lei processual se retira que o juiz não pode desconhecer o problema da eventual desconformidade entre o título e o direito que se pretende executar (Lebre de Freitas, *v.g.*).

[6] "O objecto da execução tem de corresponder ao objecto da situação jurídica acertada no título, o que requer a prévia interpretação deste. Assim, não é exequível, atenta a diversa natureza das obrigações em causa, o título que formalize um negócio jurídico nulo, mesmo

- O título determina *os limites* da acção executiva;
- É a prestação constante do título que *define o tipo, espécie* ou *modalidade* de acção executiva;
- As *finalidades da acção executiva* são, à partida, nas suas várias modalidades, as de proporcionar ao credor a mesma utilidade que lhe proporcionaria o cumprimento voluntário e espontâneo da obrigação por parte do devedor.
- O título tem ainda uma *função probatória* (primária), já que o credor beneficia dessa sua eficácia; e tem, secundariamente, *uma função constitutiva* – digamos assim –, no sentido de que pode dar vida a uma acção executiva, isto é, pode fazê-la nascer em concreto.

2.4. Requisitos de operacionalidade do título executivo

Coincidência entre o título e o documento.

Existe quando o título confere ao seu possuidor um modo legítimo de adquirir e reveste determinada forma, essencial para a sua validade jurídica (*exequibilidade intrínseca* e *exequibilidade extrínseca*).

Existência da dívida.

Como resulta do artigo 677º, als. *a)* a *c)*, do artigo 679º, nº 1 e do artigo 681º do Código de Processo Civil, a existência da obrigação exigenda tem de constar do título executivo.

À partida, não se consente, e parece que não é de exigir, prova complementar dessa existência. Só quando ela for contestada, mediante embargos, é que a prova constante do título pode vir a ser complementada[7] por algum dos outros meios de prova admitidos em Direito.

Exigibilidade da obrigação.

A função do título executivo é a de fornecer, ao órgão judiciário com competência para a execução (na RAEM, à partida, um dos juízos cíveis

quando a obrigação de restituição resultante da nulidade (...) tenha por conteúdo uma prestação materialmente idêntica à que o negócio tendia a constituir" (Lebre de Freitas, João Redinha e Rui Pinto, *in CPC Anotado*, vol. 1º).

[7] Note-se, porém, que essa prova complementar pode ser necessária logo de início, *v.g.*, nos casos de *sucessão no direito ou na obrigação*, que se verifique depois da constituição do título e antes da propositura da execução: situação eventual, a que alguns se referem como de "prova adminicular" do título executivo.

do Tribunal Judicial de Base), a prova legal do direito, ou seja, a função de potenciar o nascimento da acção executiva, cujo processo nascerá a pedido do credor.

A eficácia executiva destina-se a colocar nas mãos do credor um meio que lhe permita obter, tão rápida e prontamente quanto possível, a satisfação do seu direito de crédito, pondo assim termo a uma situação de "resistência a uma prestação".

2.5. Classificação: espécies de títulos executivos (artigo 677º do CPC) – Títulos *judiciais* e títulos *extrajudiciais*

A. *Sentenças condenatórias*;
B. *Documentos exarados* ou *autenticados por notário;*
C. *Outros escritos particulares, assinados pelo devedor*, que importem constituição ou reconhecimento de obrigações pecuniárias (cujo montante seja determinado ou determinável nos termos do artigo 689º), ou de obrigação de entrega de coisas móveis ou de obrigação de prestação de facto, positivo ou negativo;
D. *Documentos a que, por disposição especial, seja atribuída força executiva.*

Esta enumeração configura-se taxativa, como resulta do proémio do artigo 677º: "À execução *apenas* podem servir de base".

Mas mais adequado, talvez, será dizer que *só é título executivo* aquele documento escrito que, atendendo ao seu conteúdo, esteja como tal *tipificado na lei* – no Código de Processo Civil ou em qualquer outro diploma legal –; ou, dizendo de outro modo, o regime é o de *numerus clausus*, por óbvias razões de interesse público[8].

E que motivos terão levado o legislador a conceder exequibilidade a determinados documentos escritos? *Qual o critério de atribuição da exequibilidade?*

Não serão, seguramente, razões dogmáticas, mas também não são razões arbitrárias ou correspondentes a meros caprichos do legislador: *o critério seguido pelo legislador é um critério formal*, já que, em condições normais, o título demonstra a existência de uma obrigação séria e validamente assumida; inspira, por isso, bastante credibilidade sobre a pretensão exequenda.

[8] Assim, não podem as partes, ainda que por acordo, atribuir força executiva a títulos negociais para além daqueles a que a lei atribui essa força. Tal pacto seria nulo.

A exequibilidade será, pois, como que um corolário da documentação, no título executivo, do respectivo dever de prestar.

2.5.1. Títulos executivos judiciais[9]: as sentenças condenatórias

A expressão "*sentenças condenatórias*" abrange todas aquelas decisões, judiciais ou arbitrais, cujo comando encerra uma condenação, sejam ou não proferidas em acções declarativas de condenação (incluem-se as *sentenças homologatórias de conciliação*[10], *confissão* ou *transacção* referidas no nº 2 do artigo 699º).

- Noção de sentença: artigo 106º, nº 2 do Código de Processo Civil.
- São equiparados às sentenças, do ponto de vista da força executiva, os *despachos* e quaisquer outras decisões ou actos da autoridade judicial que condenem no cumprimento de uma obrigação (artigo 679º, nº 1).
- As *decisões condenatórias proferidas por tribunal arbitral interno* são exequíveis nos mesmos termos em que o são as decisões dos tribunais comuns (ou tribunais de jurisdição permanente, que integram a hierarquia judiciária) (artigo 679º, nº 2).
- O *despacho saneador*, quando conheça directamente do(s) pedido(s) deduzido(s) ou de excepções peremptórias [artigo 429º, nº 1, al. *b)*], e seja condenatório; porque dotado de força executiva, enquadra-se na al. *a)* do artigo 677º.
- Entre os despachos exequíveis estão ainda os que arbitram *indemnizações* nos termos dos artigos 385º a 388º do Código de Processo Civil, os que fixam *honorários* ou *remunerações a peritos*, os que impõem *multas* em quaisquer processos, e outros semelhantes.
- As *sentenças proferidas por tribunais ou árbitros* em país estrangeiro (*do exterior da RAEM*), depois de revistas e confirmadas pelo tribunal de Macau competente para tal (o Tribunal de Segunda Instância

[9] A doutrina fala, por vezes, em "*títulos judiciais impróprios*" referindo-se a situações em que a certeza da existência da obrigação cujo cumprimento se exige provém, não de uma declaração contida em certo documento, mas de uma conduta que gera a mesma convicção e por isso autoriza as mesmas providências. É exemplo a situação prevista e regulada no nº 4 do artigo 882º do CPC (processo especial de prestação de contas).

[10] Por exemplo, na fase do saneamento e preparação do processo declarativo pode alcançar-se um acordo entre as partes, o qual, porque conseguido com a intervenção do juiz, toma o nome de *conciliação* (artigo 428º).

– artigos 1199º e ss.), também constituem título executivo (artigo 680º, nº 1). Mas nestes casos, parece que, em última análise, o que serve de base à execução acaba por ser o acórdão confirmatório, proferido pelo tribunal interno competente (TSI), conjugado embora com a decisão revista e confirmada.

2.5.2. Documentos exarados ou autenticados por notário

Trata-se d*os documentos* definidos no nº 2 do artigo 50º do Código do Notariado, e aí designados por *autênticos:* os exarados pelo notário nos respectivos livros ou em instrumentos avulsos, bem como os certificados, certidões e outros documentos análogos expedidos pelo notário no âmbito das suas competências.

São portanto exequíveis, se consubstanciarem alguma obrigação, **quer** os *testamentos públicos*[11] e as *escrituras públicas* lavrados em livros de notas próprios (testamentos públicos; e actos para os quais a lei exija escritura pública, ou que os interessados queiram celebrar sob esta forma solene), **quer** os *instrumentos exarados fora das notas* (os actos que devam constar de documento autêntico, mas para os quais a lei não exija, ou as partes não optem, pela redução a escritura pública).

(**N.B.** – Em Macau, *só os notários públicos podem legalmente lavrar todas as espécies de escrituras, e só eles podem lavrar testamentos públicos.* Os notários privados apenas têm competência para lavrar algumas espécies de escrituras, nos termos da legislação aplicável).

2.5.3. Outros escritos particulares

Para que seja exequível, o título tem de **constituir uma obrigação** ou **certificar a existência de uma obrigação**, devendo entender-se que ***não basta que no título se preveja a futura constituição*** *de uma obrigação.*

Assim, o documento particular no qual se fixe a cláusula penal correspondente ao não cumprimento de qualquer obrigação contratual titulada por outro documento não constitui, por si só, título executivo em relação à quantia da indemnização ou da cláusula penal estabelecida, *por não fornecer prova sobre a efectiva constituição da respectiva obrigação.*

[11] Se, por exemplo, *o testador confessar uma dívida no seu testamento*, ou então se nele impuser obrigações a um terceiro. No entanto, será necessário que o sucessor (herdeiro ou legatário, consoante os casos) venha a aceitar a herança ou o legado para que fique juridicamente constituído no dever de cumprir e, consequentemente, sujeito a eventual acção executiva.

Assim, para ser reconhecida eficácia executiva a um *documento particular*, este tem de satisfazer os seguintes requisitos substanciais (para além do requisito formal da assinatura do devedor):

a) Titular um acto jurídico pelo qual alguém se constitua em obrigação para com outrem;
b) Traduzir-se essa obrigação, **quer** no pagamento de quantia em dinheiro cujo montante seja determinado, ou determinável nos termos do artigo 689º, **quer** na entrega de coisas móveis, **quer** na prestação de um facto, positivo ou negativo.

Lopes Cardoso admite a possibilidade da assinatura por procuração nos títulos particulares, sem que tal lhes retire eficácia executiva; apenas com a ressalva de que a relação de mandato deve constar do próprio título, pelo menos em menção que anteceda a assinatura do mandatário e que pode ser escrita pela usual abreviatura: 'p.p.', isto é, 'por procuração'.

2.5.4. Títulos previstos em disposições especiais

São todos aqueles títulos a que, por disposição legal especial, seja atribuída força executiva.

Alguns exemplos:

a) A certidão da conta ou da liquidação das custas, multas e indemnizações em quaisquer processos (artigos 376º a 388º do Código de Processo Civil);
b) No processo especial de prestação de contas, a hipótese contemplada no nº 4 do artigo 882º do Código de Processo Civil;
c) Os documentos previstos nos nºs 3 e 4 do artigo 1014º (cessação do contrato de locação) e no artigo 1015º do Código Civil (execução forçada com vista à restituição da coisa locada).

2.6. A falta de título e a sua inexequibilidade. Consequências

Se for movida uma execução sem que se junte ao requerimento inicial o título executivo, *quid juris*?

Se se tratar de execução cujo título é uma sentença condenatória proferida por tribunal da RAEM, a regra é a de que o respectivo processo corre por apenso àquele em que a decisão exequível foi proferida (artigo 21º, nº 3 e artigo 22º, nº 2 do CPC).

Em todos os outros casos, se o juiz receber um requerimento que não vem acompanhado do título[12], que despacho deverá proferir?

2.6.1. Algumas opiniões doutrinárias, que já vêm do regime processual anterior:

A) José Alberto dos Reis:
O juiz deve *indeferir liminarmente* – artigo 394º, nº 1, *d) (inviabilidade)*: "quando, por outro motivo, for evidente que a pretensão do autor não pode proceder" (o artigo 394º aplica-se aqui subsidiariamente, por remissão do artigo 375º, nº 1).

B) E. Lopes Cardoso:
Partindo da sua ideia de que na acção executiva o título corresponde à causa de pedir[13], parece que o Conselheiro deveria defen-

[12] Ou de uma *pública-forma* do título, que o mesmo é dizer uma *certidão* ou uma *cópia* autêntica ou autenticada do título executivo, que tem o mesmo valor do original (cfr. preceitos aplicáveis do Código do Notariado). Há farta jurisprudência neste sentido, *v.g.*, acórdãos da Rel. de Lisboa de 19.12.1985 e de 31.01.1989 (*Colectânea de Jurisprudência*, respectivamente, 85/5, p. 120 e 89/1, p. 49).
No entanto, jurisprudência portuguesa mais recente, seguida por alguma doutrina, entende que devem ressalvar-se, em geral, os *títulos de crédito* (letras, livranças, cheques), porque só nos originais está "incorporada" a obrigação cambiária, uma vez que é princípio geral do direito cambiário o de que a posse do título é condição do exercício do direito nele "incorporado". Mas tal posição não colhe unanimidade, porque alguns a consideram demasiado formalista, uma vez que existe a possibilidade da utilização de uma cópia autêntica ou autenticada como título exequivel da obrigação subjacente.
Há também quem opine – assumindo uma posição de certo modo eclética, quando não haja norma legal expressa em contrário – que esta ressalva respeitante aos títulos de crédito faz mais sentido no que toca aos *títulos ao portador*, em que a titularidade do direito a uma obrigação pecuniária se encontra ligada ao documento que o envolve; e o titular do direito, nestes casos, é justamente aquele que for o portador do título, tendo de o exibir para poder exercer o direito nele incorporado. Relacionar com o artigo 68º, nº 2 do CPC de Macau que, nos títulos ao portador, atribui legitimidade activa para a execução ao respectivo portador.

[13] *Causa de pedir*, como ocorrência (ou facto) da vida real ou espiritual com relevo jurídico, que serve de fundamento ao pedido (relembrar noção adquirida na disciplina de Direito Processual Civil I).
Assim sendo, parece claro que na acção executiva a causa de pedir não pode ser o próprio título executivo, mas sim os factos constitutivos da obrigação exequenda, que o próprio título reflecte. Neste sentido se tem pronunciado alguma doutrina e alguma jurisprudência portuguesas: "A causa de pedir é constituída pela factualidade obrigacional e não pelo título executivo, embora reflectida indispensavelmente neste" (Acs. do STJ de 28 de Maio de 1991

der o indeferimento liminar *por ineptidão,* já que faltaria a causa de pedir – artigos 139º, nº 2, *a)* e 394º, nº 1, *a).*
Porém, segue a tese de Alberto dos Reis, e portanto defende o indeferimento liminar, sim, mas com fundamento na *inviabilidade* do pedido do autor – artigo 394º, nº 1, al. *d) in fine.*

C) Castro Mendes:
Entende que a enumeração do artigo 394º é taxativa, e que se deve combater a tendência para ver na "inviabilidade" [artigo 394º, nº 1, *d) in fine*] um fundamento geral, aplicável sempre que a solução mais razoável fosse o indeferimento liminar.
A inviabilidade *stricto sensu* (como este Professor lhe chama) é um vício de mérito, referente à improcedência do pedido; a falta de título, ou a sua inexequibilidade, é um vício processual.
Ora, se falta o título, o requerimento inicial é irregular por não ser acompanhado de um documento essencial: logo, o despacho adequado é o *despacho de aperfeiçoamento* (artigo 397º do Código de Processo Civil, aplicável subsidiariamente por força do artigo 375º, nº 1).

2.6.2. Esta última é a posição que, no sistema processual vigente na RAEM, nos parece mais curial

Não sendo o título apresentado logo com o requerimento inicial, o juiz, usando do seu poder/dever inquisitório (artigo 6º do CPC) e pondo a hipótese de se tratar de lapso, agirá melhor dando ao exequente a oportunidade de remediar a falta de um pressuposto processual formal mediante a sua junção ao processo; em nome, até, da economia processual e da regra da sanabilidade dos vícios que condicionam o normal prosseguimento da instância executiva.

2.7. Desarmonia entre o título e o pedido executivo

Quid iuris se o pedido formulado no requerimento inicial não estiver em harmonia com o título executivo que o acompanha?

A desarmonia pode ser *subjectiva* ou *objectiva* (pode respeitar às partes ou ao objecto da execução).

e de 8 de Junho de 1993, entre outros); "Estando em causa uma sentença, é ela que, na sua globalidade, constitui título executivo" (Ac. STJ, de 4/3/97 – *www.dgsi.pt*).

- *Desarmonia subjectiva:* pede-se a execução contra pessoas que não constam do título e não se invoca, nem se prova, sucessão no direito ou na obrigação nem qualquer circunstância justificativa da desarmonia (ilegitimidade: artigo 68º, nº 1 do Código de Processo Civil).
- *Desarmonia objectiva:* casos em que se pede algo que não consta, qualitativa ou quantitativamente, do título executivo.

Vejamos diversas posições doutrinárias.

2.7.1. Castro Mendes

A petição inicial (aqui, rquerimento inicial), quando as partes sejam manifestamente ilegítimas (*desarmonia subjectiva*), deve ser *indeferida liminarmente* [artigo 394º, nº 1, *c*), aplicado subsidiariamente por força do artigo 375º, nº 1].

Castro Mendes distingue ainda entre *desarmonia objectiva absoluta* e *desarmonia objectiva relativa*:

- A primeira verifica-se quando o título não fundamenta, em absoluto, o pedido (por ex., pelo título o devedor tem de entregar "a jóia X", mas pede-se a entrega "do quadro Y"): neste caso, deve aplicar-se solução idêntica à da não junção de título, ou seja, deve proferir-se *despacho de aperfeiçoamento* (artigo 397º do Código de Processo Civil, aplicável por força do artigo 375º, nº 1).
- A segunda tem lugar quando a desarmonia for apenas relativa, isto é, quando haja excesso do pedido em relação ao título. Como no artigo 394º, nº 2 se prevêem apenas casos de singularidade de pedido, se o exequente cumular dois ou mais pedidos, o juiz deverá *convidá-lo a apresentar o título do(s) pedido(s) a descoberto* (artigo 397º); se o exequente o não fizer no prazo que para tal lhe for assinalado, o juiz deve *indeferir esse(s) pedido(s) formulado(s)* e mandar citar o réu quanto ao(s) pedido(s) titulado(s).

Se o pedido for um só, mas do título resultar que o devedor deve 100, e o exequente pedir 200, então o juiz deve *mandar citar o executado,* o qual se pode defender por embargos nos termos dos artigos 696º a 699º, consoante os casos.

Entende ainda Castro Mendes que nunca deve haver lugar a indeferimento liminar parcial no processo executivo, ao qual se aplica subsidiariamente o artigo 394º, nº 2, por força do artigo 375º, nº 1 do Código de Processo Civil.

2.7.2. Por seu turno, contrariamente, Lopes Cardoso entende que, se a discordância entre o pedido e o título consistir em excesso do pedido de execução, o indeferimento poderá limitar-se à parte que exceda o conteúdo do título, mandando-se seguir a acção executiva pela quantidade exacta, constante do título.

O preceituado no artigo 394º, nº 2 – entende ele – não se aplica ao processo executivo, portanto é possível, à face da lei, *o indeferimento liminar parcial do requerimento inicial da execução.*

3. Pressuposto material: a obrigação exequenda (certa, exigível e líquida)

3.1. Certeza e exigibilidade

Com a acção executiva, o credor pretende, através de meios subrogatórios, o pagamento forçado da prestação e / ou a indemnização pela mora / incumprimento; logo, para que o pedido executivo possa vir a ser satisfeito, a obrigação exequenda tem de:

- Existir / persistir;
- Estar o devedor em situação de mora;
- Versar sobre uma prestação certa e determinada.

O credor tem o ónus de demonstrar a existência da obrigação, o que faz através da apresentação do título executivo; e essa obrigação tem de ser exigível, nos termos da lei.

Sobre o devedor, por seu turno, impende o ónus de provar, se for o caso, que a obrigação já não existe porque, *v.g.*, já foi cumprida; pode então opor-se à execução através de *embargos de executado*, com este ou com outro dos fundamentos enumerados nos artigos 696º e ss (para além dos fundamentos específicos admissíveis nas execuções para entrega de coisa certa e para prestação de facto, como veremos).

Mas há especialidades previstas na lei: por exemplo, o processo de execução para prestação de facto negativo começa exactamente pela verificação de que a obrigação de *non facere* foi violada – cfr. o artigo 834º, nº 1 do Código de Processo Civil.

A execução tem sempre por base a existência de uma obrigação; e uma obrigação passível de execução, isto é, avaliável em prestação certa, exigível e líquida (artigos 686º a 688º).

O que por conseguinte se impõe, é que a obrigação seja *certa, exigível e líquida*, caracteres da obrigação exequenda que funcionam como pressupostos ou requisitos (materiais) do regular desenvolvimento da instância executiva: condições da sua constituição e do seu prosseguimento normal, mas também requisitos de exequibilidade intrínseca da pretensão em causa.

3.2. Modalidades especiais de obrigações face às determinações dos artigos 686º a 688º do Código de Processo Civil

3.2.1. A *exigibilidade*: obrigações inexigíveis e não vencidas

Contrariamente ao que sucede na acção declarativa, em que é possível a condenação em obrigações ainda inexigíveis (artigos 393º, nºs 1 e 2 e 565º), na acção executiva é necessário que a obrigação que se executa seja exigível (artigos 686º e 688º). Por isso, é necessário verificar tal requisito no momento da propositura da acção executiva quando não resulte do próprio título, tendo de se desenvolver *uma actividade processual preliminar* dentro do próprio processo executivo, a ter lugar no seu início.

Exemplos de obrigações inexigíveis: a obrigação ainda não vencida; a obrigação sujeita a condição suspensiva ainda não verificada; a obrigação dependente de uma contraprestação a efectuar pelo credor ou por terceiro, que ainda a não satisfizeram.

Pode acontecer que:

- A inexigibilidade derive da falta de decurso do prazo de vencimento;
- A inexigibilidade resulte da falta de interpelação (nas obrigações puras), ou da sua realização fora do lugar em que deveria ser feita;
- A inexigibilidade tenha na sua origem a falta de prestação por parte do credor ou de terceiro, ou a falta de verificação de uma condição suspensiva (artigo 688º, nº 1).

3.2.2. *A certeza* da obrigação: obrigações alternativas e obrigações genéricas

A incerteza de uma obrigação, que resulta de não se encontrar *qualitativamente* determinada, pode ter lugar, fundamentalmente, nos casos das *obrigações alternativas* – incerteza quanto ao seu objecto (artigo 536º, nº 1 do

Código Civil) e das *obrigações genéricas* – incerteza quanto à espécie dentro do género em que a prestação se integra (artigos 532º e ss do Código Civil).

Tem de se proceder à respectiva *escolha* ou *especificação* para ser viável a acção executiva.

Quanto à exequibilidade das *obrigações alternativas*, há que distinguir consoante o sujeito a quem pertence a escolha:

A – *Se a escolha pertencer originariamente ao credor*, este tem de a ela proceder antes da execução e deixá-la exarada no requerimento inicial, formulando um pedido fixo.

Tratando-se de uma *obrigação sem prazo certo*, entende-se que a escolha do credor configura uma declaração recipienda que, como tal, só opera com a citação do executado. Só com essa citação se pode considerar que há interpelação e que, portanto, está também vencida a obrigação [artigo 688º, nº 3 e artigo 565º, nº 2, al. *b)*, ambos do Código de Processo Civil].

De igual modo, só com a citação do executado estará a prestação em condições de ser determinada.

Isto tem como consequência que, se o executado cumprir no prazo que é fixado pelo tribunal para o fazer, tem de se considerar que ele não deu causa à acção executiva porque, antes de ser citado, a obrigação não estava vencida por não estar determinada, e portanto não poderia ser cumprida; logo, será o exequente, e não o executado, o responsável pelas custas da acção executiva[14].

B – *Se a escolha pertencer ao devedor*, aplica-se o artigo 687º, nº 1 do Código de Processo Civil: ele é "(...) notificado para declarar por qual das prestações opta, dentro do prazo fixado pelo tribunal". Por sua vez, o nº 2 desse artigo determina: "Na falta de declaração, a execução poderá seguir quanto à prestação que o credor escolher".

Sendo alternativa a obrigação constante do título, e cabendo a escolha ao devedor, tem, pois, de haver uma actividade processual preliminar, referida no artigo 687º do Código de Processo Civil e só depois a execução prossegue.

[14] Entendemos que o estudo desenvolvido da matéria das *custas*, sector afim do Direito Processual Civil, deve ter lugar no âmbito dos estágios profissionalizantes ligados, directa ou indirectamente, ao foro.

Será, portanto, uma notificação judicial, que não é avulsa como sucedia na vigência do Código anterior, mas que tem lugar numa fase preliminar do próprio processo de execução (nº 1 do mesmo artigo).

Contudo, *este novo regime levanta uma questão*: como harmonizar a necessidade de indicar no requerimento inicial o tipo de acção executiva e a respectiva forma de processo com a eventualidade de, em concreto, a escolha ser entre uma quantia pecuniária e uma coisa certa, uma vez que as diligências a efectuar se desenvolvem já no âmbito do processo executivo?

Tem-se entendido, parece que com razão, que nestes casos o credor exequente pode formular um pedido executivo alternativo, que se adaptará à escolha feita pelo devedor ou, subsidiariamente, à escolha que o próprio exequente fizer, devendo o processo já iniciado seguir o tipo que corresponder à escolha efectuada.

Tal solução – a da formulação de um pedido executivo alternativo – parece perfeitamente legal, já que não ultrapassa os *limites* e os *fins* (nº 1 do artigo 12º) consignados em título executivo que materialize obrigações alternativas.

***C** – A escolha pertence a terceiro.* O artigo 542º do Código Civil e o artigo 687º, nº 3 do Código de Processo Civil referem-se à determinação da prestação por terceiro, podendo acontecer que, se o terceiro não efectuar a escolha, esta seja feita pelo tribunal, nos termos do artigo 1219º do Código de Processo Civil.

Se acaso o terceiro já tiver feito a escolha antes da instauração da acção executiva, é ónus do exequente provar, *v.g.*, por documento ou por testemunhas, na fase preliminar da execução, o sentido da escolha já feita.

Este regime processual executivo das obrigações alternativas é aplicável, *mutatis mutandis*, às obrigações genéricas.

3.2.3. Obrigações ilíquidas. A liquidação

Obrigações ilíquidas são as que têm por objecto uma quantidade que não está numericamente determinada, nelas existindo uma *indeterminação do montante da prestação*; ou, o mesmo é dizer, são obrigações que têm por objecto uma prestação cujo *quantitativo* não está ainda apurado. A iliquidez pode, no entanto, verificar-se, tanto nas prestações pecuniárias, como nas de outras coisas.

São exemplos os casos em que o devedor *está obrigado a pagar os prejuízos que causou, mas, por razões várias, ainda se desconhece o seu montante,* ou os casos em que o devedor *está obrigado, por exemplo, a pagar o preço correspondente a mil libras, mas em patacas.*

A obrigação é líquida quando o *montante* da prestação está determinado.

Questão diversa da possibilidade de executar *obrigações ilíquidas* é a possibilidade de formular, em execução, *pedidos ilíquidos:*

No processo executivo, os pedidos ilíquidos apenas podem ser feitos numa medida muito limitada: pode, por exemplo, pedir-se no requerimento do processo executivo que a execução abranja os juros que continuam a vencer-se, e que serão liquidados nos termos do artigo 689º, nº 2 (pela secretaria, no final).

O artigo 392º do Código de Processo Civil chama-lhes *pedidos genéricos.*

Mas na economia deste preceito ainda cabe um outro tipo de pedidos genéricos em acção executiva: a exigência judicial da entrega de uma universalidade, de facto ou de direito, nos termos do artigo 392º, nº 1, *a)* do CPC.

Por exemplo, se consta do título executivo que o devedor está obrigado a entregar um rebanho, a execução correspondente será para a entrega dessa coisa certa, que é uma universalidade de facto; mas tem de se proceder à contagem das cabeças de gado que compõem o rebanho.

Fora destes casos, tem de se formular um pedido líquido, i.é., quantitativamente determinado.

Se a obrigação for líquida, é uma questão de prova; se não for, é necessário efectuar a respectiva liquidação para que o processo executivo possa prosseguir normalmente.

A *liquidação* pode ser feita *pelo próprio exequente, pelo tribunal* ou *por árbitros.*

- A liquidação é *feita pelo exequente,* no próprio requerimento inicial para a acção executiva, na hipótese do artigo 689º, nº 1, ou seja, "quando a liquidação depender de simples cálculo aritmético".

Fora destes casos, a liquidação é feita normalmente pelo tribunal (artigo 690º), e excepcionalmente por árbitros (artigo 693º), mas sempre numa fase preliminar do processo executivo (fase considerada parte já desse processo) a que pode chamar-se *fase da liquidação,* a qual importa a invocação e prova de certos factos e por isso *tem natureza declarativa.*

- *Liquidação pelo tribunal*

A acção executiva começa pelo requerimento inicial em que o exequente especifica os valores que considera compreendidos na prestação (artigos de liquidação), requerimento que deve terminar com um pedido fixo.

O executado é citado para contestar a liquidação (artigo 690º, nº 2).

Não sendo ela contestada, em regra "considera-se fixada a obrigação nos termos requeridos pelo exequente" (a falta de contestação da liquidação é, portanto, cominatória plena) e "ordena-se o seguimento da execução" (artigo 691º, nº 3), parece que sem necessidade de novo requerimento do exequente.

O seguimento da execução faz-se por *notificação do executado*, nos termos do artigo 695º, nº 2, para pagar ou nomear bens à penhora (no caso de se tratar de execução para pagamento de quantia certa).

Sendo contestada, seguir-se-ão, após a contestação, os termos do processo (comum) sumário de declaração (artigo 691º, nº 1).

A sentença que julgue a liquidação deve ordenar o seguimento da execução, ou seja, *a notificação* do executado (*não se trata de citação* porque ele, executado, já havia sido anteriormente citado para a liquidação, no mesmo processo – cfr. artigo 175º do CPC).

- *Liquidação por árbitros*

A liquidação faz-se por árbitros nas situações do artigo 693º, preceito que também regula a respectiva actuação, tendo eles – árbitros –, como missão específica, proceder à liquidação da obrigação.

O parecer ou laudo dos árbitros carece, nestes casos, de *homologação do juiz* (nº 3 do artigo 693º do CPC), diferentemente do que sucede com as decisões dos tribunais arbitrais *porque, aqui, os árbitros funcionam como peritos, e não como julgadores* (cfr. artigo 693º, nº 2 do CPC).

Capítulo III
Especialidades dos Pressupostos Processuais Gerais no Processo Executivo

4. Competência do Tribunal
4.1. Razão de ordem. O actual regime legal

O pressuposto da *competência* vem tratado no Código de Processo Civil de Macau nos artigos 13º a 38º, contendo no Capítulo I "Disposições Gerais" (Secção I) e "Competência em Matéria de Execuções" (Secção II); e em dois outros Capítulos, a "Extensão e Modificações da Competência" e as "Garantias da Competência".

Nos artigos 15º a 20º regula-se o poder de julgar dos tribunais de Macau face a outras jurisdições, isto é, definem-se as condições em que os tribunais de Macau, no seu conjunto, têm *jurisdição* para apreciar uma situação concreta que apresente conexão com várias ordens jurídicas.

Não cabe aqui uma análise desses preceitos, em cujas previsões estão contempladas as várias espécies de acções declarativas – com processo comum ou com processo especial – e os procedimentos cautelares, tudo matéria incluída no programa da disciplina de Direito Processual Civil I, que já foi leccionada no 3º ano.

Mas, como acima se refere, a Secção II do Capítulo I é dedicada à *"Competência em matéria de execuções"*, espécie de acções que constitui o objecto específico da disciplina de Direito Processual Civil II, que agora nos ocupa.

Analisaremos, pois, os preceitos dos artigos 21º a 25º, que correspondem aos anteriores artigos 90º a 95º do Código de Processo Civil de 1961, antes vigente em Macau e revogado pelo actual Código.

Não se registam aqui alterações de relevo face ao regime anterior, e também se não vê qualquer razão para que se não continue – como na vigência do Código anterior sucedia – a considerar aplicáveis às execuções, ou acções executivas, as regras gerais dos artigos 13º (lei reguladora da competência) e 14º (proibição de desaforamento).

4.2. Dos preceitos dos artigos 21º a 25º resultam as seguintes regras de distribuição de *competência executiva* a nível interno, pelos vários tribunais da RAEM:

I. Para a execução baseada em sentença proferida por tribunais de Macau, é competente o tribunal que julgou a causa em primeira instância (artigo 21º, nº 1), "salvo disposição em contrário do presente Código", como aliás se preceitua no mesmo nº 1.
II. Para a execução baseada em decisão arbitral interna (artigo 21º, nº 1), em decisão proferida por tribunais superiores (artigos 22º e 23º, nº 3), ou em decisão proferida por tribunais ou árbitros do exterior de Macau[15] (artigo 24º), é competente o tribunal de primeira instância com competência para as execuções.
III. Finalmente, o actual Código de Processo Civil, no seu artigo 25º, define ainda duas regras de atribuição de jurisdição aos tribunais de Macau, no seu conjunto, relativamente às execuções baseadas em títulos diversos dos acima referidos. Nos termos do mesmo artigo 25º, os tribunais de Macau são competentes (têm jurisdição):

a) Para a execução para entrega de coisa certa ou pagamento de dívida com garantia real, quando a coisa ou os bens onerados se encontrem em Macau; e
b) Para as restantes execuções quando a obrigação deva ser cumprida em Macau.

5. Legitimidade das partes. A legitimidade formal

A regra geral da legitimidade para a acção executiva consta dos artigos 68º, nº 1 e 69º do Código de Processo Civil.

Quem é parte legítima nas execuções:

A. São partes legítimas as pessoas que figuram no título como credor e como devedor (artigo 68º, nº 1) e os seus sucessores (artigo 68º,

[15] Estas deverão, como se sabe, ser revistas e confirmadas pelo Tribunal de Segunda Instância.

nº 3) (geralmente, os sucessores intervêm no processo através do incidente da habilitação).

B. Partes legítimas são também os "terceiros possuidores de bens onerados" (artigo 68º, nºs 4 e 5).

C. Têm ainda legitimidade os terceiros contra quem a sentença tenha força de caso julgado (artigo 69º).

D. Por último, nos termos do artigo 70º, o Ministério Público tem legitimidade (exclusiva, aliás) para promover a execução por custas e multas impostas em qualquer processo.

5.1. Pessoas que figuram no título e seus sucessores (artigo 68º, nºs 1 e 3)

Tanto o exequente como o executado deverão constar do título. Porém, tendo havido sucessão, *inter vivos*[16] ou *mortis causa*, relativamente a alguma das partes, a execução deve ser promovida por ou contra os sucessores das pessoas que figuram no título, pelo que o exequente deverá, no próprio requerimento para a execução, alegar – e provar – os factos constitutivos da sucessão (artigo 68º, nº 3).

- Se a sucessão ocorrer antes da propositura da acção executiva, dispensa-se o incidente da habilitação, invocando e provando os factos relativos à sucessão no próprio requerimento inicial.
- Se a sucessão ocorrer na pendência do processo executivo, haverá então lugar ao incidente da habilitação.

Fundando-se a execução em *título ao portador*[17] (cheque, por exemplo), a execução será promovida pelo portador do título (artigo 68º, nº 2).

5.2. Terceiros possuidores de bens onerados (artigo 68º, nºs 4 e 5)

Cabem aqui:

i. Tanto os casos de garantia constituída sobre bens de terceiro, como os de alienação dos bens do devedor onerados pela garantia, posteriormente à constituição desta; como ainda,

ii. Aqueles em que, sendo o proprietário o devedor, a posse – em nome alheio/posse precária, ou a posse em nome próprio, fundada num

[16] Relacionar, *v.g.*, com as figuras da *cessão de créditos* e da *cessão da posição contratual*, previstas e reguladas no Código Civil, bem como com figuras idênticas consagradas na lei comercial.

[17] Cfr. artigos 1065º e 1093º e ss. do Código Comercial de Macau.

direito real limitado de gozo que não o direito de propriedade – é de terceiro (*v.g.*, o usufrutuário, o superficiário ou o titular do direito de habitação periódica).

A. Há *situações em que não coincidem a qualidade de devedor e a de proprietário dos bens (ou direitos*[18]*) sobre que incide a garantia real.*

Nestes casos, o credor, se pretender fazer valer a garantia, pode (artigo 68º, nºs 4 e 5):

- Propor acção executiva contra o terceiro (que não é titular da obrigação exequenda, mas que é responsável, por virtude de ter um bem onerado em favor de dívida alheia) e, na insuficiência de bens deste, pedir a citação do devedor para que a mesma acção prossiga também contra este; ou
- Propor *ab initio* acção executiva, simultaneamente, contra o terceiro e contra o devedor.

Nestas situações, se o credor propuser a acção executiva só contra o devedor, há ilegitimidade, a não ser que previamente renuncie à garantia real constituída [artigos 659º, 673º e 725º, alínea *d)* do Código Civil].

B. *Na hipótese de o devedor ser proprietário dos bens dados em garantia, mas que estejam na posse de terceiro*, o credor pode optar entre propor a execução só contra o devedor ou contra os dois, pois a penhora é sempre possível. Mas se promover a execução apenas contra o devedor, o possuidor não demandado pode, se for o caso, opor-se à penhora por *embargos de terceiro* (incidente da instância – artigo 292º do CPC).

C. Mas pode ainda acontecer que *a dívida esteja simultaneamente provida de garantia real constituída sobre bens do devedor que estejam na posse de terceiro e sobre bens do terceiro proprietário dos bens onerados.*

Nestas situações, parece que se o exequente quiser fazer valer todas as garantias reais, terá de necessariamente demandar todos os implicados para garantir a legitimidade.

[18] Caso, por exemplo, da hipoteca de um usufruto.

5.3. Terceiros contra quem a sentença tem força de caso julgado (artigo 69º)

Exemplos:

- *Casos de transmissão de direitos litigiosos:*
  Se *um direito que está a ser discutido em tribunal* for, entretanto, transmitido por acto entre vivos sem que o adquirente intervenha no processo, a sentença faz também caso julgado contra esse adquirente, excepto no caso de a acção estar sujeita a registo e o adquirente registar a transmissão antes de feito o registo da acção (artigo 215º, nº 3 do CPC).
- *Casos de intervenção de terceiros* (incidente da instância – artigos 262º e seguintes do CPC):
  Mesmo que o chamado a intervir não intervenha no processo, a sentença constitui caso julgado quanto a ele *nas situações previstas, por exemplo, no nº 2 do artigo 270º.*[19]

5.4. O Ministério Público

Artigo 70º "Compete ao Ministério Público promover a execução por custas e multas impostas em qualquer processo".

Mas este órgão tem ainda – dada a sua legitimidade para, nos termos da lei, propor determinados tipos de acções, como as que se destinam à tutela de interesses difusos (p. ex. no domínio do ambiente e do consumo, nos termos do artigo 59º *in fine* do CPC) –, tem também, consequentemente, legitimidade processual para promover a execução de decisões condenatórias proferidas naquelas acções; e tem ainda legitimidade para actuar na instância executiva em suprimento da eventual incapacidade judiciária das partes, nos termos da lei.

5.5. Consequências da ilegitimidade singular no processo executivo

No processo declarativo, a ilegitimidade das partes configura uma *excepção dilatória*, nos termos do artigo 413º, alínea *e*), que é de conhecimento

[19] E ainda, segundo indicação de alguma doutrina, nas hipóteses de "pluralidade subjectiva subsidiária", previstas no artigo 67º do Código de Processo Civil, norma de conteúdo algo polémico. Cfr. crítica em *Código de Processo Civil de Macau – Anotado e Comentado*, de Cândida da Silva Antunes Pires e Viriato Manuel Pinheiro de Lima, Vol. I, pp. 207-211.

oficioso por força do artigo 414º; sendo manifesta e detectada perante a petição inicial, nos termos do artigo 394º, nº 1, al. *c)*, conduz ao indeferimento liminar.

O artigo 394º é aplicável subsidiariamente ao processo executivo por força do artigo 375º, nº 1; portanto, sendo manifesta a ilegitimidade, *não suprível,* de alguma das partes, o juiz deve indeferir liminarmente o requerimento inicial da execução; se o não fizer, por lapso ou porque não considera a ilegitimidade manifesta, o executado pode deduzir embargos de executado com esse fundamento [artigo 697º, alínea *c)*], igualmente invocável se o título executivo for extrajudicial (artigo 699º, nº 1).

6. Patrocínio judiciário obrigatório (artigo 74º)

Como primeira nota, nesta matéria há que distinguir a *execução propriamente dita* dos seus eventuais *apensos de natureza declarativa*, estruturalmente autónomos, mas a ela, execução, funcionalmente ligados.

Em processo executivo, só é obrigatória a constituição de advogado quando o seu valor exceda a alçada do Tribunal de Segunda Instância [artigo 74º, nº 1, al. *c)*].

Porém, quando o respectivo valor for superior ao da alçada dos tribunais de primeira instância, a constituição de advogado é *também obrigatória nos seguintes apensos de natureza declarativa*[20] [artigo 74º, nº 1, al. *d)*]:

a) **Processo de *embargos de executado*:**
b) **Incidente de *embargos de terceiro*;**
c) ***Recursos* que venham a ser interpostos de decisões proferidas no processo de execução (ainda que esta tenha valor inferior ao da alçada do TSI)[21];**
d) ***Reclamação e verificação de créditos,*** quando seja reclamado algum crédito cujo valor exceda a alçada dos tribunais de primeira instância, e apenas para apreciação desse crédito (artigo 74º, nº 5);
e) **Incidente de *liquidação*; e**
f) **Incidente de *oposição à penhora* (artigos 753º e 754º).**

[20] Apensos que mais adiante estudaremos.

[21] Em matéria de recursos ordinários interpostos no âmbito da acção executiva, rege a alínea *b)* do nº 1 do mesmo artigo 74º, que se refere genericamente a "causas".

7. Pluralidade de partes e de pedidos executivos

- *No processo declarativo* – recorde-se – há *litisconsórcio* (uma só relação material litigada com pluralidade subjectiva activa/passiva/mista), quando o pedido ou os pedidos forem os mesmos para todos os intervenientes.
  Há *coligação* (mais do que uma relação material controvertida a subjazer ao mesmo processo), quando dois ou mais autores fazem pedidos diferentes contra um ou contra vários réus. Na coligação cumula-se uma pluralidade de sujeitos com uma pluralidade de pedidos.
- No *processo executivo* há *litisconsórcio* quando a prestação a pedir é a mesma (unidade de obrigação exequenda), mas são vários os intervenientes processuais com legitimidade (*v.g.*, nas situações previstas nos nºs 4 *in fine* e 5 *in fine* do artigo 68º).
  Há *coligação* quando são exigidas prestações diferentes (pluralidade de obrigações exequendas), por um ou vários credores contra um ou mais devedores (os vários devedores coligados devem estar obrigados no mesmo título para que seja legal a coligação – nº 1 do artigo 71º do Código de Processo Civil).

7.1. O litisconsórcio

Litisconsórcio voluntário: a acção executiva *pode* ser proposta só por um credor ou só contra um devedor, mas também *pode* ser proposta por vários credores ou contra vários devedores, relativamente a uma única prestação, num único processo (cfr. artigo 68º, nº 4, *in fine* do CPC).

Não se levanta, nestes casos de voluntariedade, qualquer questão de falta do pressuposto processual da legitimidade.

7.2. A coligação (artigo 71º)

- Coligação *activa* (vários exequentes/credores): contra um só executado/devedor.
- Coligação *passiva* (vários devedores/executados): proposta por um só credor/exequente contra vários devedores/executados.
- Coligação *activa e passiva (mista):* pluralidade de exequentes e de executados.

Pressupostos da coligação:

- *O fim* (artigo 12º, nº 2) *deve ser o mesmo* em todas as execuções/pedidos executivos [artigo 71º, nº 1, al. *b)*];
- Quando forem pecuniárias, *as obrigações devem ser líquidas ou liquidáveis por simples cálculo aritmético* (artigo 71º, nº 2);
- *O mesmo tribunal* deve ser competente para a apreciação de todos os pedidos executivos [artigo 71º, nº 1 al. *a)*];
- Os pedidos devem seguir *processo com a mesma forma:* todos comuns ou todos especiais e, dentro destes, o mesmo processo especial, sem prejuízo do disposto nos nºs 3 e 4 do artigo 65º [artigo 71º, nº 1, alínea *c)*];
- Na coligação passiva, a execução deve ter por base *o mesmo título* quanto a todas as obrigações exequendas.

Coligação ilegal. Possíveis consequências

a) Indeferimento liminar:
Aplica-se o artigo 394º com as necessárias adaptações, *ex vi* artigo 375º, nº 1.

b) A coligação ilegal é sempre fundamento de embargos de executado, qualquer que seja a espécie de título: artigos 697º, 698º, nº 1 e 699º, nº 1.

7. 3. Cumulação de pedidos executivos (artigos 684º e 685º, que prevêem cumulação inicial ou sucessiva de execuções)

7. 3.1. *Cumulação inicial*: tem lugar a quando da instauração da acção executiva.

Pressupostos – artigo 684º, que remete para o artigo 71º:

- Que o fim da execução coincida em todos os pedidos (pagamento de quantia certa, ou entrega de coisa certa, ou prestação de facto);
- Que seja competente o mesmo tribunal para apreciação de todos os pedidos;
- Que a forma de processo seja a mesma para todos eles (comum ou especial e, dentro destes, o mesmo processo especial).

7.3.2. *Cumulação sucessiva*: na pendência de execução já instaurada, o exequente vem deduzir, no mesmo processo, novo pedido executivo com base noutro título (artigo 685º).

Pressupostos necessários:

- *Fim da execução* e *competência do tribunal*: o mesmo regime aplicável à cumulação inicial.
- *Forma de processo*: tem de haver coincidência entre a forma que segue a execução pendente (especial, comum ordinária, ou comum sumária) e a forma correspondente à nova execução requerida no mesmo processo.

O artigo 374º faz depender a forma comum do processo executivo, em primeira linha, da natureza do título.

Pretende-se evitar uma subsequente alteração da forma de processo em consequência da cumulação.

7. 4. Consequências da cumulação ilegal

Tal como na coligação ilegal: tem as mesmas consequências.

Na cumulação sucessiva, se for caso disso, o juiz indefere no despacho que proferir sobre o requerimento do exequente.

Se acaso o juiz admitir a cumulação, o executado tem de ser notificado desse facto, podendo deduzir embargos quanto ao pedido que se quer cumular.

Capítulo IV
Formas de Processo Executivo

8. Processo Comum e Processos Especiais

A lei processual, no artigo 369º (incluído nas Disposições Gerais, portanto aplicável, como se sabe, ao processo declarativo e ao processo executivo), estabelece que o processo pode ser *comum* ou *especial* e que o processo especial se aplica aos casos expressamente designados na lei. O processo comum é aplicável a todos os casos a que não corresponda processo especial.

Portanto, tal como sucede no processo de declaração, também no processo executivo a forma comum é definida de um modo residual: todos os casos de processo executivo que não estejam especificadamente previstos no Livro V do Código, ou em qualquer outro diploma legal, como processos especiais, devem seguir a forma comum.

8.1. Processo Comum

Dentro do processo comum, temos três grandes tipos ou modalidades, que correspondem aos fins que acção executiva prossegue, e que constam expressamente do artigo 375º (relacionar com o nº 2 do artigo 12º do CPC):

- *Acção executiva para pagamento de quantia certa;*
- *Acção executiva para entrega de coisa certa;*
- *Acção executiva para prestação de facto, quer positivo, quer negativo.*

O tipo principal, paradigmático, o modelo* de processo executivo, *é o processo executivo para pagamento de quantia certa, na forma comum ordinária.

Sendo que,

- Os outros dois tipos convolam para a modalidade "pagamento de quantia certa" quando a execução específica se torna impossível e há necessidade de ser substituída pelo pagamento de valor equivalente e/ou pela eventual indemnização pelos danos causados;
- E, por outro lado, as normas sobre a tramitação do processo executivo para pagamento de quantia certa aplicam-se subsidiariamente às outras duas modalidades, como resulta do artigo 375º, nº 2.

8.2. Processos Especiais

Alguns exemplos:

- *Execução por custas* (Regime das Custas nos Tribunais, aprovado pelo Decreto-Lei nº 63/99/M, de 21 de Outubro de 1999, publicado no BO de Macau nº 43, da mesma data);
- *Execução especial por alimentos*: artigos 958º e ss do Código de Processo Civil;
- *Acção de despejo, na sua fase executiva*: artigos 935º a 937º do Código de Processo Civil.

9. Formas (comuns) ordinária e sumária

Para além das formas referidas, é necessário atender a uma outra distinção que, na acção declarativa, é feita exclusivamente em função do valor (ver artigo 371º).

Porém, na acção executiva a distinção, dentro da forma comum, entre a *forma ordinária* e a *forma sumária* é feita em função da espécie de título executivo em que a acção se baseia.

Assim:

- A *forma ordinária* emprega-se (artigo 374º, nº 1):
  a) Quando o título executivo é extrajudicial;
  b) Quando o título executivo é judicial (decisão condenatória), mas condena em obrigação ilíquida, cuja liquidação não depende de simples cálculo aritmético.
- A *forma sumária* emprega-se (artigo 374º, nº 2) quando o título é uma decisão judicial que condena em obrigação líquida ou liquidável por simples cálculo aritmético.

Se se empregar uma *forma de processo imprópria*, caímos numa *nulidade* por força do artigo 145º, mas tal importa unicamente a anulação dos actos que não possam ser aproveitados (nº 1 do mesmo artigo, com a excepção do seu nº 2).

Quanto ao *regime das várias formas e modalidades de processo executivo* e respectivas disposições reguladoras, é preciso ter em conta, como já foi sobejamente referido, o preceito do artigo 375º do Código de Processo Civil e as subsidiariedades que nele se estabelecem.

Capítulo V
Execução para Pagamento de Quantia Certa na Forma Comum Ordinária

10. Generalidades. As várias fases do processo[22]

Só os títulos dos quais conste uma obrigação pecuniária, com valor expresso em moeda com curso legal em Macau podem dar lugar à propositura, nos tribunais da RAEM, de uma *acção executiva para pagamento de quantia certa.*

Em geral, as *obrigações pecuniárias* (artigos 543º e ss do Código Civil) podem ter naturezas diferentes, como segue:

- Obrigações de valor certo, expresso em moeda com curso legal em Macau;
- Obrigações de moeda com curso legal, mas especificadas (ex. pagamento em notas de mil patacas);
- Obrigações de pagamento em moeda do exterior de Macau.

As duas primeiras são exigidas em processo executivo para pagamento de quantia certa; a última, é exigida em processo executivo para entrega de coisa certa.

[22] A observação, feita a quando do estudo das fases ou ciclos em que se desenvolve a instância declarativa, de que tais fases não são compartimentos estanques do respectivo processo, tem especial e engrandecido significado relativamente à instância executiva, dado que, como se verá, a lei processual admite, em determinadas circunstâncias que estudaremos, a repetição de actos/operações – como a penhora e a venda executiva – em fases subsequentes do processo.

Os processos de execução para entrega de coisa certa (artigo 821º) e para prestação de facto (artigo 826º) podem, em certos enquadramentos que a lei define, converter-se em processo executivo para pagamento de quantia certa (ver artigos 824º e 827º, respectivamente), como já foi referido.

10.1. Os ciclos ou fases da execução para pagamento de quantia certa podem ser enumerados assim:

1º DEMANDA: Em obediência ao princípio dispositivo, o credor terá de diligenciar a entrega do primeiro articulado – o *requerimento inicial* – na secretaria do tribunal competente;
2º PENHORA: Apreensão de bens ou direitos do património do devedor (excepcionalmente, de bens ou direitos de terceiros, como se verá);
3º VENDA COACTIVA DOS BENS PENHORADOS (eventual);
4º PAGAMENTO (nas suas várias modalidades – ver artigo 765º);
5º EXTINÇÃO DA EXECUÇÃO.

A estes cinco momentos correspondem outras tantas fases do processo executivo:

a) A fase INTRODUTÓRIA;
b) A fase da PENHORA;
c) A fase da VENDA ou da ADJUDICAÇÃO DE BENS;
d) A fase do PAGAMENTO;
e) A fase da EXTINÇÃO do processo executivo (que, no entanto, nas situações previstas no artigo 814º, pode "renascer das cinzas").

10.2. No decorrer destas fases é normal, e frequente, surgirem outras actividades processuais de grande importância, *que todavia não são propriamente fases do processo executivo,* o qual continua, como regra, a decorrer paralelamente.

São elas:

10.2.1. Embargos de executado (artigos 696º e ss)
Trata-se do meio por excelência, e o único no regime actual, de defesa ou oposição do devedor à execução que lhe foi movida.

Dá origem a um processo de natureza idêntica à do processo declarativo, que corre com uma certa autonomia (os papéis a ele respeitantes não são entranhados no processo executivo, formando um processo apenso), mas que tem uma ligação estreita ao respectivo processo executivo porque,

- Por um lado, o sentido da decisão dos embargos vai repercutir-se na acção executiva a que respeita; e
- Por outro lado, corre por apenso ao correspondente processo executivo.

Assim sendo, pode dizer-se que *o processo de embargos de executado tem* ***autonomia estrutural****, mas está* ***funcionalmente ligado*** *ao processo de execução.*

Aparece normalmente antes da penhora, mas em casos especiais pode surgir em momento posterior, como por exemplo nas situações previstas nos artigos 685º e 695º, nº 2 *in fine* (cumulação sucessiva de execuções, que pode dar lugar a *embargos supervenientes*).

10.2.2. Convocação de credores e verificação de créditos (artigos 755º e ss)[23]

Se, depois da penhora, se verificar que outros credores do executado, para além do exequente, têm *créditos com garantia real sobre bens que tenham sido penhorados*, tais credores *são citados* para, querendo, *reclamar* os seus créditos no processo executivo pendente, os quais podem vir ou não a ser *impugnados*, cabendo ao juiz do processo executivo decidir.

Os créditos que forem ***verificados*** **pelo tribunal,** são **depois graduados** segundo as regras legais (substantivas) de *graduação.*

10.2.3. Por seu turno, a *fase da penhora* pode eventualmente comportar momentos processuais de natureza declarativa, a saber: o incidente de embargos de terceiro; o incidente de oposição à penhora; o protesto no acto da penhora.

[23] No estudo desta fase do processo de execução há que lidar constantemente com os dispositivos da lei civil: artigos 807º e ss do Código Civil (realização coactiva da prestação).

11. Fase introdutória
O requerimento inicial. Formalidades preliminares
O despacho liminar
A citação do executado
11.1. O requerimento inicial

Trata-se do primeiro articulado, que tem de obedecer, com as necessárias adaptações, aos requisitos exigidos para a petição inicial em processo de declaração, incluindo a forma articulada (artigo 101º, nº 2 do CPC).

Porém, se tiver de fazer-se a liquidação judicial, o exequente tem de especificar no requerimento inicial os valores que considera compreendidos na prestação e tem de concluir com um pedido líquido. Estas situações estão previstas no artigo 690º, nº 1.

A acção executiva considera-se proposta (artigo 211º, nº 1, incluído nas disposições do CPC relativas ao "Processo em Geral") com o recebimento do requerimento inicial na secretaria do tribunal.

O requerimento inicial pode considerar-se dividido em cinco partes:

1. *Endereço*: Designação do tribunal.
2. *Intróito*: Identificação das partes e indicação da forma e modalidade de processo executivo.
3. *Narração*: factos e direito aplicável – invocação do título executivo e do respectivo conteúdo (fundamento da aquisição do direito exequendo).
4. *Conclusão*: Pedido executivo normal: pedido de citação do executado para pagar ou nomear bens à penhora (artigo 695º, nº 1).
   Mas nem sempre é assim: quando o exequente tem garantia real que onere bens pertencentes ao devedor, o executado não é citado para nomear bens à penhora; é citado para pagar, sob pena de a execução prosseguir com a penhora dos bens sobre que incida a garantia, podendo recair noutros bens quando se reconheça a insuficiência deles (artigo 719º do CPC – bens que não carecem de nomeação).
5. *Indicações complementares*: **i.** Valor da causa; **ii.** Junção de documentos (sempre, o título executivo que não seja sentença condenatória proferida pelos tribunais de Macau[24], eventualmente[25] acompanhado de procuração forense); e **iii.** Duplicados legais.

[24] Nestes casos, o exequente deve indicar no requerimento inicial o nº do processo e o Juízo onde correu a acção declarativa correspondente, em apenso à qual a execução vai correr os seus termos (cfr. artigo 21º, nºs 1 e 3 do CPC).

[25] Cfr. o artigo 74º, nº 1, alínea *c)* do CPC.

11.2. Formalidades preliminares

São praticamente as mesmas do processo declarativo: a secretaria deve recusar o *requerimento inicial*, entre outras situações, se o endereço estiver errado, se não contiver a indicação do valor da acção, se não estiver assinado[26].

Quando se executa uma decisão condenatória proferida pelos tribunais judiciais da RAEM, o requerimento inicial não vai à distribuição porque para a execução é competente o mesmo tribunal que proferiu tal decisão condenatória, sendo o processo de execução apensado ao correspondente processo declarativo (artigos 21º, nº 3 e 22º, nº 2).

Nos restantes casos, à entrada do requerimento inicial na secretaria segue-se a distribuição (se o título não for sentença proferida pelos tribunais de jurisdição permanente da RAEM), depois a autuação e o pagamento por parte do exequente dos preparos devidos.

11.3. Despacho liminar

Depois de o processo estar autuado, é concluso ao juiz, a fim de que este aprecie o requerimento e profira um despacho, o qual pode ser de:

- *Indeferimento*: artigo 394º (por força do artigo 375º, nº 1); e artigo 695º, nº 1 do Código de Processo Civil;
- *Aperfeiçoamento*: artigo 397º (por força do artigo 375º, nº 1); e artigo 695º, nº 1;
- *Citação*: artigos 398º e ss e 695º, nº 1.

É subsidiariamente aplicável à acção executiva, com as necessárias adaptações, o preceituado no artigo 399º, nº 2, ou seja, o facto de o juiz mandar citar o executado não impede que venha a conhecer posteriormente, e até à venda dos bens penhorados, de alguma circunstância de conhecimento oficioso que poderia ter levado ao indeferimento liminar do requerimento inicial (artigos 394º e 695º), ou à posterior extinção da execução (artigo 810º).

[26] O CPC português contém uma diposição – o respectivo artigo 474º –, dedicada à enumeração das situações de "recusa da petição pela secretaria", que do ponto de vista sistemático está incluído no conjunto normativo respeitante ao processo declarativo, mas que é subsidiariamente aplicável ao processo executivo.

Por aplicação do artigo 412º, nº 2 (aplicável subsidiariamente, com as necessárias adaptações, ao processo executivo, *ex vi* artigo 375º, nº 1), o juiz deve abster-se de dar seguimento ao processo nestas situações, proferindo sentença a declarar extinta a execução.

11.4. O chamamento do executado

Não sendo caso de despacho de indeferimento liminar ou de aperfeiçoamento, o executado é citado para no prazo de 20 dias (forma ordinária) ou 10 dias (forma sumária), contados nos termos do disposto no artigo 94º do Código de Processo Civil, pagar ou nomear bens à penhora. Porém, *há casos em que a citação é substituída por notificação*. Isso sucede nas seguintes situações (artigo 695º, nº 2):

- Quando há que proceder a liquidação nos termos do artigo 690º, em que primeiro o réu é citado para a liquidação e só depois é notificado para pagar ou nomear bens à penhora; ou
- Em situações de cumulação sucessiva, tais como:
  - Casos de remanescente de dívida com garantia real;
  - Casos do art. 685º, e ainda na forma sumária de processo – artigos 818º e 819º – em que é logo feita a penhora e em que não há citação do executado, mas sim notificação, quer do requerimento inicial, quer do despacho determinativo da penhora, quer da sua realização, e em que só depois o executado disporá dos seus meios de defesa (embargos de executado ou substituição dos bens penhorados) (nº 2 do artigo 820º).

Havendo revelia relativa, devolve-se ao exequente o direito de nomear bens à penhora: artigo 720º, nº 1.

11. 5. Meio de defesa do executado

Artigo 696º, nº 1: "*O executado pode opor-se à execução por meio de embargos*". Através deste meio de defesa (que, *grosso modo*, corresponde à contestação no processo declarativo), o executado pretende pôr em causa a própria existência do direito do exequente, ou a sua titulação, ou ainda invocar a falta de algum dos pressupostos gerais ou específicos da acção executiva.

Do despacho de citação do executado não cabe – como sucedia na vigência do Código de Processo Civil anterior – qualquer recurso, já porque deixou de estar previsto no Código vigente, já porque pode considerar-se aplicável subsidiariamente o preceito do artigo 399º, nº 1 deste mesmo Código.

11.5.1. Os embargos de executado

Com eles, pretende o executado contrariar a força executiva do título ou impugnar a própria acção executiva.

A dedução de embargos dá origem, como já se disse, a uma verdadeira acção de natureza declarativa/cognitiva, que corre por apenso ao processo executivo, e na qual o executado pode alegar e provar factos novos, bem como levantar questões de direito, desde que estejam na sua disponibilidade.

No caso de haver artigos de liquidação (artigo 690º), o executado é citado para, querendo, contestar esses artigos. Mas quando quiser contestar a liquidação e também embargar, tem de fazer tudo simultaneamente. Isto, porque a procedência dos embargos levaria à desnecessidade de conhecer do pedido de liquidação. É por isso que a lei exige que quando se é citado para contestar a liquidação se venha simultaneamente apresentar toda a reacção à execução, se for o caso.

- ***Fundamentos*** *dos embargos*: artigos 697º, 698º e 699º.
- ***Prazo*** *dos embargos* – artigo 696º, nº 2:
    - 20 dias a contar da citação, ou da notificação no caso do artigo 695º, nº 2;
    - 20 dias a partir do conhecimento de facto superveniente.

  Em regra, os embargos não suspendem a execução: artigo 701º, nº 1, salvo se o embargante prestar *caução.*
- ***Tramitação*** *dos embargos* (processo de natureza declarativa que *corre por apenso* ao processo executivo):
    a) *Petição de embargos*: artigo 101º, nº 2, que se inclui nas Disposições Gerais do Código de Processo Civil e exige a dedução por artigos;

    b) *Despacho do juiz:*
    - Aperfeiçoamento: artigo 397º;
    - Indeferimento, a que o Código chama "*rejeição*": artigos 394º e 700º, nº 1;
    - Recebimento: notifica-se o exequente para contestar os embargos, se quiser (artigo 700º, nº 2).

Os já conhecidos efeitos da falta de contestação estão previstos e regulados nos artigos 405º, nº 1 e 406º.

c) *Seguem-se os termos do processo declarativo,* na forma ordinária, ou na forma sumária, consoante o valor dos embargos (artigo 700º, nº 2).
d) *Decisão dos embargos:* sentença, da qual cabe recurso ordinário [artigo 816º, nº 1, al. *b)*].

11.5.2. Mas há ainda que facultar ao executado um outro meio no âmbito do seu direito de defesa, o qual consiste na *arguição de nulidades* de que eventualmente enferme o próprio processo de execução[27].

12. Fase da penhora

12.1. Noção de penhora[28]

Penhora: é o acto de desapossamento de bens ou direitos do devedor, que *ficam à disposição do tribunal* a fim de este os usar para realização ou concretização dos fins da acção executiva.

Através da penhora opera-se uma *transferência da posse e fruição* dos bens ou direitos sobre que ela incide, mas não se opera a transferência do direito de propriedade.

[27] O meio próprio para arguir nulidades parece que será o *requerimento*, cuja apresentação não pode deixar de entender-se que tem um prazo limite – até ao despacho do juiz que ordene a realização da venda ou de outras diligências destinadas ao pagamento –, limite esse que é o mesmo que o próprio juiz tem para conhecer de circunstâncias que teriam levado ao indeferimento liminar ou à prolação de uma decisão a declarar extinta a execução. E, claro está, o exequente tem o ónus de responder ao requerimento no prazo geral supletivo de 10 dias (artigo 103º), a contar da notificação do mesmo requerimento, seguindo-se a decisão do juiz.

[28] Sobre a distinção entre *penhora* e *arresto*, relembrar o que na disciplina de Direito Processual Civil I foi estudado quanto à função cautelar do *arresto*, que só pode ser concedido uma vez verificados os pressupostos legais, *maxime* o justo receio de perda da garantia patrimonial por parte do credor, para tutela provisória de um direito de crédito ainda incerto, mas cuja existência seja provável.

Quanto à *penhora*, trata-se de um acto do processo de execução para pagamento de quantia certa, no qual está em causa a reintegração efectiva de um direito de crédito já titulado pelo título executivo que serve de base ao mesmo processo.

Ambos consistem na apreensão de bens ou direitos do património do devedor, podendo dizer-se que o arresto (provisório) é como que uma antecipação da penhora.

12.2. Objecto da penhora

De acordo com artigo 704º, *"estão sujeitos à execução todos os bens do devedor susceptíveis de penhora que, nos termos da lei substantiva, respondem pela dívida exequenda"*.

A remissão para a lei substantiva é feita:

a) Para o artigo 596º do Código Civil: *"Pelo cumprimento da obrigação respondem todos os bens do devedor susceptíveis de penhora, sem prejuízo dos regimes especialmente estabelecidos em consequência da separação de patrimónios"*; e bem assim
b) Para os artigos 807º e 808º do Código Civil.

Preceitua este último:

> *"O direito de execução pode incidir sobre bens de terceiro, quando estejam vinculados à garantia do crédito ou quando sejam objecto de acto praticado em prejuízo do credor, que este haja procedentemente impugnado"*.

Por outro lado, o artigo 705º do Código de Processo Civil estabelece:

> *"São absolutamente impenhoráveis, além dos bens isentos de penhora por disposição especial: a) As coisas ou direitos inalienáveis"*.

Da articulação destes preceitos resulta que:

a) *Todos os bens e direitos que integram o património do devedor* podem ser objecto de penhora, à excepção dos bens e direitos inalienáveis e dos outros que a lei declare impenhoráveis;
b) Os *bens e direitos de terceiro* só podem ser objecto de execução em dois casos:
   - Quando sobre esses bens ou direitos[29] incida *direito real constituído para garantia* do crédito exequendo;
   - Quando tenha sido julgada procedente *impugnação pauliana* de que resulte para o terceiro a obrigação de restituição dos bens ao devedor. Nestas situações, nos termos do acórdão do STJ, de 10.12.1991, *BMJ*, 412, p. 406, "os bens revertem ao património

[29] Exemplo de direito real de garantia constituído sobre um direito: a hipoteca do usufruto sobre um imóvel.

do devedor, onde o credor os poderá executar ou fazer conservar para garantir a satisfação do seu crédito".

c) Só poderão, como regra, ser penhorados bens e direitos do executado;

d) Há desvios a esta regra, que resultam: **i.** Da existência de patrimónios autónomos; **ii.** Da constituição de garantias reais sobre bens próprios do devedor; e **iii.** Da articulação de responsabilidade entre devedor principal e devedor subsidiário (à penhora de bens do devedor subsidiário aplica-se o preceituado no artigo 712º do CPC).

12.3. Limites à penhora

12.3.1. *Impenhorabilidade resultante do direito substantivo:*

I. *Inalienabilidade* de determinados bens ou direitos[30]: por exemplo, a prevista nos artigos 1849º, nº 1 e 1042º do Código Civil;

II. Necessidade de autorização[31]: artigos 1548º, 597º e 598º, também do Código Civil.

12.3.2. *Impenhorabilidade resultante do direito processual:*

- Impenhorabilidade absoluta: artigo 705º;
- Impenhorabilidade relativa e parcial: artigos 706º, 707º e 711º [32].

12.3.3. *Penhorabilidade subsidiária:*

A subsidiariedade consiste em determinados bens, ou todo um património, só poderem ser penhorados depois de executados outros bens ou

[30] Há casos em que os bens ou direitos do devedor (ou de terceiro) são intransmissíveis, ou de transmissibilidade condicionada, ou sujeitos a procedimentos especiais de transmissão. Ora como a finalidade da penhora é a de possibilitar a prática de actos executivos posteriores, de nada valeria realizar a apreensão de um bem ou direito se e quando a lei substantiva proibir a sua alienação (exs.: o direito de uso e habitação, o crédito de alimentos, o direito à sucessão de pessoa viva; o direito de servidão se não for penhorado juntamente com o prédio).

[31] Por vezes a alienação dos bens ou direitos está dependente da autorização de terceiros, ou seja, os poderes de disposição sobre a coisa ou direito não pertencem integralmente ao executado. Nestes casos, a lei não veda a alienação (ou a oneração), mas condiciona-a ao respeito pela satisfação de interesses de um terceiro.

[32] Na base das impenhorabilidades previstas na lei processual estão razões de interesse geral, ou o atentado aos bons costumes, ou ainda razões económico-sociais do executado.

outro património e de se haver concluído pela sua insuficiência para a consecução do fim da execução.

A subsidiariedade verifica-se:

a) Nos casos de comunhão num património autónomo ou de compropriedade em bens indivisos: artigo 710º do Código de Processo Civil;

b) Como consequência da separação entre património comum dos cônjuges e património próprio de cada um deles, em função do regime de bens do casamento: artigo 709º do Código de Processo Civil;

c) Nos casos de *fiança*:

- A penhora dos bens do devedor precede a dos bens do fiador: artigo 634º do Código Civil, com as excepções do artigo 636º do mesmo Código.
- Na execução movida contra o fiador, não podem penhorar-se os bens deste, enquanto não estiverem excutidos todos os bens do devedor principal, desde que o fiador fundadamente invoque o benefício da excussão (nº 1 do artigo 634º do Código Civil).
- Quando os bens do devedor hajam de ser, e tenham sido, excutidos em primeiro lugar, o fiador pode fazer sustar a execução nos seus bens próprios, se provar que o crédito não foi satisfeito por culpa do credor (nº 2 do artigo 634º do Código Civil).
- Tratando-se de execução de sentença apenas contra o fiador como único condenado no título, ele não poderá invocar o benefício da excussão, por na acção declarativa não ter chamado o devedor à demanda, visto que tal importou renúncia ao benefício; só assim não será se expressamente tiver declarado, na acção declarativa, que não pretendia renunciar.

d) Penhorabilidade subsidiária *no interior do mesmo património:* artigo 719º do Código de Processo Civil:

"Tratando-se de dívida com garantia real que onere bens pertencentes ao devedor, a penhora começa, independentemente de nomeação, pelos bens sobre que incida a garantia e só pode recair noutros quando se reconheça a insuficiência deles para se conseguir o fim da execução".

Estão abrangidas todas as garantias reais.

É, portanto, vedada a possibilidade de penhorar bens diferentes dos onerados enquanto estes se não mostrem insuficientes.

e) *Penhora em execução contra o herdeiro do devedor:* artigo 711º do Código de Processo Civil.

12.4. Meios legais de reacção contra a penhora ilegal

A oposição à penhora vem regulamentada no Código de Processo Civil de Macau em Subsecção autónoma – artigos 753º e 754º – e é expressamente qualificada como *incidente da execução.*

Há quatro meios de reagir contra uma penhora ilegal:

- Recurso ordinário do despacho que a ordena [artigo 817º, nº 1, al. *c)*];
- Protesto no acto da penhora (artigo 716º);
- Embargos de terceiro (incidente da instância, regulado nos artigos 292º a 300º);
- Acção de reivindicação.

O *recurso ordinário* é um meio geral de impugnação das decisões judiciais, cuja ilegalidade manifesta pressupõe.

Os *embargos de terceiro,* são meios de reacção contra um acto de penhora cuja ilegalidade necessitará, em regra, de ser demonstrada.

O *recurso,* como meio geral de impugnação de um despacho ilegal, pode ter lugar sempre que não seja excluído pelas regras gerais que o regulam; enquanto que os *meios específicos* – *v.g.*, a oposição mediante embargos de terceiro – só poderá ter lugar no enquadramento em que a lei a admite e só com algum dos fundamentos legalmente previstos.

Dos quatro meios apontados, apenas os três primeiros têm lugar no decorrer do próprio processo de execução, ainda que o meio autónomo indicado em último lugar – acção declarativa de reivindicação – corra por apenso ao processo executivo.

12.4.1. Recurso ordinário do despacho determinativo da penhora

O recurso pode ter lugar sempre que haja ilegalidade do despacho que ordena a penhora. Essa ilegalidade assenta, normalmente, no facto de terem sido ultrapassados os limites objectivos da penhorabilidade: penhoram-se bens que não deviam ser penhorados naquelas circunstâncias ou para responder por aquela dívida, ou sem excussão da totalidade de outros bens.

No despacho que ordena a penhora, pode o juiz não ter conhecido duma questão de que lhe incumbia conhecer. *Neste caso, o despacho é nulo* [artigos 571º, nº 1, *d)* e 569º, nº 3].

12.4.2. Protesto no acto da penhora (artigo 716º[33])

É este um *meio que a lei apenas faculta ao executado* (ou a alguém em seu nome) e que esgota o seu âmbito de aplicação directa no domínio da impenhorabilidade subjectiva e objectiva extrínseca.

12.4.3. Embargos de terceiro (incidente da instância – artigo 754º e artigos 292º e ss)

Quem pode deduzir embargos de terceiro:

- O *possuidor em nome próprio* ou *possuidor causal* goza da presunção do direito correspondente à sua posse (artigos 1193º e 1175º do Código Civil). Por isso, a lei processual, em consonância com a lei civil (artigo 1210º do Código Civil), faculta-lhe o meio dos embargos de terceiro (artigo 1292º, nº 1 do Código de Processo Civil) para reagir contra uma penhora.
  O simples detentor de facto e *o possuidor em nome alheio*, que pela lei civil lhe é equiparado (artigo 1177º do Código Civil), não poderão, em regra, embargar de terceiro.
- Mas a determinados possuidores em nome alheio a lei faculta excepcionalmente meios possessórios, entre os quais os embargos de terceiro: casos, por exemplo, do locatário (artigo 982º, nº 2 do Código Civil) e do comodatário (artigo 1061º, nº 2 do mesmo Código).
  O possuidor cuja posse se baseia em direito real de garantia (o credor pignoratício – artigo 665º do Código Civil; e o titular do direito de retenção – artigo 748º do Código Civil), não têm legitimidade para embargar de terceiro.
- O *cônjuge do executado*, quando tenha a posição de terceiro na instância executiva, pode embargar de terceiro.
- Qualquer outro *terceiro* cuja posse seja ofendida pela penhora.

12.4.4. Acção de reivindicação (artigo 1235º do Código Civil)

Trata-se de uma acção declarativa comum, que está ao alcance do proprietário cujo direito tenha sido ofendido por penhora ilegal.

É um *meio autónomo* relativamente ao processo executivo e que pode levar, a todo o tempo (ver o artigo 1237º do Código Civil), à anulação da venda que nesse processo venha a ser efectuada: artigo 803º, nº 1, al. *d)*.

[33] No âmbito da Comissão de revisão do CPC de Macau foi proposta a revogação deste preceito.

- *Tem legitimidade* para este tipo de acção todo o titular de um direito incompatível com a venda judicial do bem.
- Não é necessário demonstrar a posse, mas sim o direito de fundo.
- A propositura da acção de reivindicação não depende de prazo algum (artigo 1237º do CC); consonantemente, o nº 3 do artigo 803º do CPC apenas assinala o prazo de 30 dias para a sua propositura nas hipóteses previstas nas suas alíneas *a)*, *b)* e *c)*.

O proprietário e o possuidor podem, alternativamente, usar dos embargos de terceiro ou de acção de reivindicação.

12.5. Levantamento da penhora

O levantamento é um acto logicamente subsequente à efectivação da penhora e destinado a fazer cessar os efeitos desta.

A penhora pode ser levantada, *mediante despacho judicial*, quando ocorrer uma causa de extinção da execução diferente do pagamento posterior à venda executiva, nos casos de:

- Penhora ilegal;
- Procedência da oposição à penhora;
- Desistência do exequente da penhora, nos casos em que o pode fazer – artigos 720º, nº 2, al. *d)*, e 716º, nº 2;
- Desaparecimento ou perecimento do bem penhorado: caducidade da penhora ou indemnização;
- Execução parada há seis meses: artigo 733º;
- Levantamento parcial da penhora – situação prevista no nº 2 do artigo 728º.

12.6. Tramitação da fase da penhora

Porque a penhora é uma apreensão judicial de bens ou direitos do devedor para que o credor seja pago por eles ou pelo seu valor, há que saber, desde logo, *quem tem o direito de escolher os bens* que hão-de ser penhorados em determinado processo executivo para pagamento de quantia certa.

O primeiro acto desta fase processual é, pois, o da *nomeação dos bens à penhora* (artigos 717º a 722º). Porém, tratando-se de dívida com garantia real que onere bens pertencentes ao devedor, não é preciso nomear esses bens à penhora (artigo 719º).

E a primeira distinção que importa fazer respeita à forma comum de processo, consoante a execução siga a forma ordinária ou a forma sumária.

Na forma ordinária, a nomeação incumbe ao executado, que dispõe do prazo de 20 dias (a contar da citação/notificação) para o fazer. Os bens indicados devem integrar o seu património, ser penhoráveis, não devem incidir sobre eles direitos reais de garantia e devem ser suficientes para pagamento do crédito do exequente e das custas do processo (artigos 717º a 719º do CPC).

Se o *executado* não nomear bens ou, fazendo-o, **i.** não respeitar as regras do artigo 717º (caso em que a nomeação é nula), **ii.** se os bens nomeados não forem encontrados ou **iii.** se os nomear fora do prazo (caso em que o seu direito de nomeação caduca), o direito de nomeação passa a pertencer ("devolve-se", na expressão da lei) ao *exequente* (artigo 720º, nº 1).

13. Encurtamento da execução

13.1. Pagamento imediato: artigos 767º e 770º

Uma vez feita a penhora, pode acontecer que entre os bens penhorados esteja uma soma de dinheiro (ou um crédito em dinheiro, em seguida pago) que permitam satisfazer o crédito do exequente (e as custas do processo). Quando assim acontece, procede-se ao pagamento imediato, feito pela entrega do dinheiro.

Esta operação pode exigir ainda, consoante os casos, a conversão do dinheiro obtido em certa espécie monetária.

13.2. Consignação de rendimentos (artigos 772º a 774º do Código de Processo Civil e artigo 654º do Código Civil)

Esta é outra forma de simplificação ou encurtamento da execução, que consiste na satisfação do direito do credor mediante consignação de rendimentos dos bens penhorados. Mas obedece aos seguintes limites:

- *Só é facultada ao exequente* (e não a outros credores reclamantes), *a requerimento deste.*
- *Só é admissível se o bem a que se refere for imóvel ou móvel sujeito a registo*: artigos 772º a 774º do Código de Processo Civil e artigo 652º do Código Civil.

14. Convocação dos credores e verificação dos créditos

14.1. Os sistemas de execução singular e de execução colectiva (ou universal)

O sistema de Macau não é o de uma *execução singular pura* ou *absoluta* (em que só o exequente obtém necessariamente, pelo processo executivo que moveu, a satisfação do seu crédito).

Na verdade, porque a lei civil estabelece o princípio segundo o qual os bens são vendidos livres de ónus ou encargos (artigo 814º, nº 2 do Código Civil), admite-se que os credores que gozem de garantia real sobre os bens penhorados numa execução, que tenham título executivo ou aguardem a sua constituição (já promovida), possam nela reclamar os seus créditos, originando um apenso de natureza declarativa, estruturalmente autónomo do processo de execução, mas a ele funcionalmente ligado.

O sistema de Macau é, portanto, um *sistema misto*: os credores convocados que quiserem vir reclamar os seus créditos no processo executivo pendente, vêm, não tanto para fazer valer os seus direitos de crédito e obterem o seu pagamento, *mas para fazerem valer os seus direitos de garantia sobre bens que tenham sido penhorados nesse processo.*

Daqui resultam *três consequências*:

a) Cada credor reclamante só pode ser pago pelo produto dos bens penhorados sobre os quais tem garantia (artigo 758º, nº 1 do CPC);

b) Qualquer resultado do processo executivo que deixe intocado o direito real de garantia do credor reclamante pode ser obtido sem atenção a esse credor, porque *os direitos de garantia só caducam com a transmissão, no processo executivo, do bem onerado com ela* (artigo 814º, nº 2 CC); quando essa transmissão não ocorra – o que sucede nos casos de *pagamento mediante consignação dos rendimentos dos bens penhorados*, de *pagamento voluntário no decorrer da execução*, de *extinção da obrigação exequenda por causa diversa do pagamento*, de *desistência da instância executiva*, de *revogação da sentença exequenda em instância de recurso*, de *procedência da oposição por embargos de executado* –, só existe uma situação em que os credores reclamantes, cujos créditos sejam exigíveis, podem ver os seus créditos satisfeitos no processo executivo em que os reclamaram: quando se verifique o condicionalismo do artigo 814º, e seus números, do CPC (*renovação* da execução extinta).

c) Os poderes processuais do credor reclamante (ou seja, a sua actuação no processo executivo) estão circunscritos aos limites do seu direito de garantia, *v.g.*, só pode impugnar outros créditos reclamados que tenham também garantia sobre os bens penhorados, que igualmente garantem o seu crédito (artigo 759º do CPC)[34].

14.2. Citação dos credores e do cônjuge do executado[35]

Efectivada a penhora e, se for caso disso[36], junta certidão dos direitos, ónus ou encargos registados sobre os bens penhorados, o nº 1 do artigo 755. º impõe a prolação de despacho do juiz a ordenar as citações previstas nas suas quatro alíneas.

14.2.1. Citação de outros credores do executado [art. 755º, nº 1, *b)*]

Nesta fase devem ser citados:

- Os credores (conhecidos) com garantia real sobre algum ou alguns dos bens penhorados (*e só estes credores privilegiados*[37]), que são convocados mediante *citação pessoal.*
  No fundo, trata-se da correspondência, no plano processual, à razão de ser das garantias reais, expressa na lei civil, cuja finalidade é a de proporcionar uma protecção suplementar do interesse do credor (J. ALBERTO DOS REIS);
- A Fazenda Pública;

[34] Por acórdão do STJ, de 1.07.2008, "...o exequente não goza de legitimidade para interpor recurso da sentença de verificação e graduação de créditos quanto à impugnação do crédito de reclamante/penhorante graduado depois do seu".
De facto, a jurisprudência tem considerado, nestes casos, que a graduação de créditos abaixo daquele do qual é credor a parte que pretende recorrer, não afecta esta directamente.

[35] Se, citados, os credores convocados, e/ou o cônjuge do executado, vierem a intervir no processo executivo, nele passam a desempenhar o papel de partes principais.

[36] O que sucede nos casos em que a lei determina que a penhora de bens ou direitos tem de ser objecto de publicidade, por via do correspondente registo: é preciso comprovar no processo executivo que esse registo foi efectivamente feito, até porque da respectiva certidão constam todas as pessoas que têm direitos sobre os bens penhorados.

[37] *No entanto, os credores comuns não ficam desprotegidos*, já que, sendo necessário, podem eles próprios intentar, para cobrança coerciva dos seus créditos, uma acção executiva autónoma; ou então, se for caso disso, pedir a declaração de falência ou insolvência do(s) seu(s) devedor(es), que determinará uma execução 'universal', com expropriação de todo o património do devedor (como se sabe, na acção executiva só se apreendem os bens suficientes para satisfazer a dívida exequenda e as custas do processo – artigo 717. º, n. º 1 do CPC). Naquela última hipótese (pedido de declaração de falência), pode qualquer credor usar da faculdade conferida pelo artigo 763º do CPC.

- Os credores desconhecidos com garantia real sobre algum dos bens penhorados, que são convocados mediante *citação edital*.
  A falta de citação dos credores provoca, em princípio, uma nulidade processual de 1º grau [artigos 140º, nº 1, alínea *a)*; 141º; e 142º do CPC, por remissão e com os contornos definidos no nº 3 do artigo 755º]. Todavia, a lei permite que *o juiz possa dispensar a citação* desses credores quando se verificarem as situações previstas no nº 1 do artigo 756º, o que bem se compreende: *o legislador parte do pressuposto de que é normal a inexistência de garantias reais sobre direitos de crédito e sobre móveis de reduzido valor não sujeitos a registo.* Sem prejuízo, contudo, de se admitir *reclamação espontânea* (isto é, reclamação de um certo credor mesmo sem ter sido citado), nos termos do nº 2 do mesmo preceito (que deve ser relacionado com o n. º 5 do artigo 761º – poderes do juiz de suspender o apenso de verificação e graduação dos créditos posteriores aos articulados, até à realização da venda, verificado que seja o condicionalismo descrito nesse n. º 5).

14.2.2. Citação do cônjuge do executado [art. 755º, nº 1, *a)*][38]

Em execução instaurada apenas contra um dos cônjuges, o outro é citado:

- Quando a penhora recaia sobre imóveis de que o executado não pode dispor livremente[39] (relacionar também com o artigo 62º do Código de Processo Civil). São os casos previstos, *v.g.*, no artigo 1548º do Código Civil.
- Quando, sendo a dívida incomunicável, o exequente nomear à penhora bens comuns, tendo então de pedir a citação do seu cônjuge, para este vir requerer, querendo, a separação de bens (artigo 709º, nº 1).

[38] *A intervenção do cônjuge do executado* não se destina, evidentemente, a fazer valer quaisquer direitos reais de garantia, mas sim a propiciar a sua participação num processo em que podem vir a ser praticados actos de alienação de certos bens imóveis onerados com a penhora, **passando (o cônjuge citado) a dispor dos mesmos poderes processuais que a lei concede ao outro cônjuge, por forma a poder defender-se da execução que incida sobre bens cuja disponibilidade está também nas suas mãos**.
Assim, o cônjuge citado pode deduzir o incidente de oposição à penhora, deduzir embargos de executado (se supervenientes), impugnar os créditos dos credores reclamantes com garantia real sobre os ditos imóveis, bem como reclamar irregularidades do acto da venda ou adjudicação desses imóveis.

[39] O que depende do regime de bens do casamento e da aplicação do regime das dívidas dos cônjuges, estabelecido na lei civil.

O cônjuge citado que intervier na execução pendente é admitido a deduzir oposição à penhora, gozando de um estatuto processual idêntico ao do executado nas fases da execução posteriores à sua citação (artigo 757º).

14.3. Requisitos ou pressupostos da reclamação de créditos (artigo 758º)

O *credor reclamante* tem de:

- Ter garantia real sobre um bem ou direito penhorado (nº 1 do artigo 758º)[40];
- Dispor de título executivo (artigo 758º, nº 2, a articular com o nº 1 do artigo 762. º).
  - Se a garantia do credor reclamante consistir noutra penhora sobre os mesmos bens, feita posteriormente noutro processo executivo por ele movido (artigo 764º), suspende-se a execução em que a penhora foi feita em segundo lugar, e o exequente desta irá como credor reclamante cobrar o seu crédito na execução em que a penhora foi feita primeiro. Se o seu crédito não for aí integralmente satisfeito, retoma-se a marcha da execução suspensa.
  - Se o credor citado tiver garantia real sobre os bens penhorados, mas não tiver título executivo, pode requerer ao juiz da execução, dentro do prazo fixado para a reclamação de créditos, que a graduação destes, relativamente aos bens abrangidos pela sua garantia, aguarde a obtenção daquele título, nos termos e dentro dos limites estabelecidos no artigo 762º.

14.4. Processamento da reclamação dos créditos (artigo 758º)

Os credores que queiram reclamar os seus créditos, devem fazê-lo dentro dos 15 dias seguintes à respectiva citação (nº 2 do artigo 758º).

Trata-se de mero ónus[41] mas, se esses credores não reclamarem os seus créditos perderão a respectiva garantia real com a venda ou adjudicação do bem sobre o qual ela recaía (citado artigo 814º, nº 2 do Código Civil).

[40] Cfr. Acórdão do Tribunal da Relação de Coimbra, de 3.04.2008 (*www.dgsi.pt/jtrc*).

[41] Esclareça-se que, muito embora a **convocação**, mediante citação, **dos credores privilegiados** seja **obrigatória**, nos termos imperativos em que o determina o nº 1 do artigo 755º, a **efectiva reclamação** de cada credor citado **é mero ónus.**

A este respeito, E. LOPES CARDOSO[42] observa que, tendo em conta esta finalidade específica do concurso de credores, é ponto assente que, mesmo estando o crédito exequendo provido de anterior garantia real, o exequente não tem, evidentemente, de o reclamar em concurso. *Mas se acontecer que ele, exequente, tenha sobre o mesmo devedor/executado outros créditos com garantia real sobre bens penhorados no processo em curso, que ainda não podia executar por ainda não estarem vencidos,* o objectivo do concurso de credores não se completaria se tais créditos não pudessem ser considerados: **há, pois, que permitir que o exequente os reclame no processo que moveu, tal como o pode fazer qualquer outro credor citado para o efeito.**

A não reclamação destes créditos privilegiados coloca os respectivos credores numa situação que ANSELMO DE CASTRO chama de "revelia qualificada", isto é, mantêm-se os créditos, mas passam a créditos comuns.

As reclamações dos créditos são todas reunidas num único *processo apenso*[43] (artigo 758º, nº 4) que, consoante os casos, segue os termos do processo ordinário ou sumário de declaração [artigo 761º, nº 2, al. *a)*][44]; mas com algumas diferenças:

- Este processo apenso é cominatório pleno (artigo 761º, nº 3);
- À reclamação segue-se a eventual *impugnação* (prazo:15 dias) (artigo 759º, nº 2);
- Depois segue-se a eventual *resposta à impugnação* (prazo:10 dias) (artigo 760º);
- Não há mais articulados (artigo 761º).

Quem pode impugnar créditos reclamados (artigo 759º, nº 2):

- O exequente, o executado e qualquer credor com garantia real sobre o bem em relação ao qual foi invocado outro direito real de garantia; e
- Muito embora o referido nº 2 não o diga expressamente, tem de entender-se também abrangido o cônjuge do executado que tenha sido citado nos termos do nº 1, alínea *a)*, primeira parte do mesmo artigo, podendo impugnar os créditos dos credores reclamantes

[42] *Manual da Acção Executiva* (referido na bibliografia), p. 510.

[43] O processo concursal corre por apenso ao processo de execução para que este possa prosseguir os seus termos, na medida do possível, correndo os dois concomitantemente.

[44] Relacionar com o estatuído no nº 5 do artigo 74. º do CPC, sobre patrocínio judiciário obrigatório, dependente do valor do crédito reclamado.

com garantia real sobre os imóveis que o executado não possa alienar livremente, até por aplicação do disposto no artigo 757. º, *in fine.*

14.5. Verificação e graduação dos créditos

Na decisão final deste processo apenso tem de proceder-se a *duas operações:*

- *Reconhecer* judicialmente o crédito reclamado (verificação do crédito); ou, se for caso disso, *negar-lhe esse reconhecimento.*
- Relativamente aos créditos reconhecidos, *graduá-los* por ordem da sua preferência: graduação dos créditos (artigo 761º, nº 1).

A verificação e graduação *são feitas por sentença* do juiz da execução. No entanto, se o apenso seguir os termos do processo ordinário de declaração, no despacho saneador podem declarar-se reconhecidos os créditos que o puderem ser, mas a graduação respectiva só pode ser feita na sentença final, juntamente com a graduação de todos os créditos verificados [alínea *b)* do nº 2 do artigo 761º do CPC].

As regras de graduação dos créditos são de natureza substantiva: ver os artigos 599º, nº 2; 662º, nº 1; 682º, nº 1; 708º; 728º; 737º e ss; 748º; 749º e 1908º, todos do Código Civil.[45] [46]

15. Pagamento

15.1. Modalidades de pagamento (artigo 765º)

- ***Pagamento imediato*:**

- *Entrega de dinheiro* existente no património do executado ou resultante do pagamento de créditos pecuniários, desde que uns e outros hajam sido penhorados (artigo 767º)[47];
- Satisfação do crédito [do exequente e/ou do(s) credor(es) reclamante(s)] mediante *adjudicação de bens* que tenham sido penhorados[48] (artigos 768º e ss);

[45] Consultar também o respectivo Anexo destes Sumários.

[46] Relacionar com o regime estabelecido no artigo 599 º do CC (concurso de credores), cujo nº 1 prevê o pagamento proporcional pelo preço dos bens do devedor, quando ele não chegue para integral satisfação dos débitos, *mas apenas se não existirem causas legítimas de preferência* como as que se enumeram exemplificativamente no nº 2 daquele mesmo preceito.

[47] Cfr. o que já se disse sobre "*Encurtamento da execução*", parágrafo 13.

[48] Com excepção dos bens compreendidos no artigo 797º do CPC (venda directa).

- *Consignação dos rendimentos* de bens imóveis ou móveis sujeitos a registo, a requerimento do exequente, para pagamento do seu crédito (artigos 772º a 774º).

- ***Pagamento mediato***, pelo produto da venda dos bens penhorados.

15.2. Adjudicação de bens

É um meio de pagamento em execução, que implica a transferência do direito de propriedade do executado sobre os bens adjudicados para a titularidade do(s) adjudicatário(s).

Tanto o exequente como os credores reclamantes podem propor-se adquirir bens penhorados em acção executiva através da adjudicação de bens: artigos 768º a 771º.

Na adjudicação de bens, o exequente e o credor reclamante com garantia real sobre esses bens, fazem uma proposta de aquisição dos bens (por requerimento), depois segue-se a regulamentação da modalidade de venda judicial por propostas em carta fechada. A(s) proposta(s) feita(s) é/são aceite(s) se não houver proposta superior.

Discute a doutrina a verdadeira *natureza jurídica da adjudicação de bens em processo executivo*, parecendo, segundo alguns, revestir uma natureza híbrida.

Por exemplo, ANSELMO DE CASTRO (*Acção Executiva Singular, Comum e Especial*, p. 211) defende que, objectivamente, parece tratar-se de uma *dação em cumprimento*, mas que o não é, em rigor, visto não depender da vontade do executado, mas só da vontade do credor, constituindo, por isso, um direito deste.

No entanto, é um modo de pagamento que extingue a obrigação do executado para com o credor adjudicatário, através de uma prestação diferente da que o executado devia a este último, muito embora seja o próprio credor que, unilateralmente, pode provocar a satisfação do seu crédito através de uma prestação diversa da que lhe era devida.

15.3. O pagamento em prestações

O artigo 775º do CPC prevê a possibilidade de exequente e executado *acordarem* – até à notificação do despacho que ordena a realização da venda ou das outras diligências destinadas ao pagamento – que o pagamento da dívida exequenda seja feito em prestações.

Esta previsão legal suscita-nos *uma prevenção.*

Este acordo de exequente e executado não configura uma transacção. A transacção judicial, como se sabe, terá sempre de ser *homologada* por despacho do juiz (cfr. nºs 3 e 4 do artigo 242º), para além de que pode ter como consequência a *extinção da instância* pendente [artigo 229º, alínea *d)*].

Por seu turno, este acordo a que se refere o artigo 775º e seus números *não carece de homologação* do juiz, e apenas *suspende a execução*, a requerimento de exequente e executado.

Importante é referir também o que se dispõe nos artigos 776º e 777º, com vista a garantir a cobrança coerciva da dívida exequenda, ainda que em prestações (cfr., *sobre "perda do benefício do prazo", o artigo 769º do Código Civil*); mas isto, sem prejuízo de qualquer credor reclamante cujo crédito seja exigível e cuja reclamação tenha sido admitida, poder requerer, mesmo contra a vontade do exequente e do executado, o prosseguimento da execução para pagamento do seu crédito (artigo 778º, nº 1).

16. A venda executiva (artigos 779º e ss. do Código de Processo Civil e 814º e 816º do Código Civil)

O despacho do juiz a ordenar a venda deve determinar a modalidade da venda, o valor base dos bens a vender (determinado nos termos dos nºs 2 e 3 do artigo 780º), e a eventual formação de lotes; esse despacho deve ser notificado ao exequente, ao executado e aos credores reclamantes de créditos com garantia real sobre os bens a vender (artigo 780º, nº 4).

16.1. Modalidades da venda executiva (artigo 779º)

- *Venda judicial* – efectuada directamente pelo tribunal, e nas respectivas instalações, através dos seus funcionários (artigo 784º):
  - Por meio de *propostas em carta fechada* (artigos 784º a 796º), que actualmente é a forma-regra, e única, da venda judicial.
- *Venda extrajudicial* – realizada por intermédio de pessoas ou entidades estranhas ao tribunal e fora das respectivas instalações:
  - *Venda directa* a pessoas ou entidades que tenham direito a adquirir determinados bens (artigo 797º);
  - Venda *por negociação particular*, nas situações previstas nas várias alíneas do artigo 798º, que – pode dizer-se – são todas situações excepcionais; nesta modalidade, a venda é feita por

um *mandatário*[49], especialmente designado pelo tribunal, no despacho que a ordene;
- Venda *em estabelecimento de leilão* (artigo 800º), que a lei processual apenas permite relativamente a bens móveis (nº 1 do artigo).

Relativamente à venda em execução, é importante considerar o preceituado nos artigos 781º (*instrumentalidade da venda*), a necessidade de lhe dar *publicidade* (artigo 786º) e a obrigatoriedade da *notificação dos preferentes* (artigo 787º); este último preceito deve ser relacionado com a regulamentação substantiva do *direito de preferência*, prevista, designadamente, nos artigos 1308º e 1309º (compropriedade), 1326º (propriedade horizontal), 1446º (prédio encravado), e ainda a preferência convencional (com eficácia real) prevista nos artigos 408º a 417º, todos do Código Civil.

Note-se que a falta de notificação dos preferentes que devam ser informados da venda não impede que o preferente proponha acção de preferência, no prazo que a lei lhe concede, em função da origem desse direito (artigo 787º, nº 4 do CPC).

16.2. Efeitos da venda

- Eficácia real transmissiva (transferência do direito de propriedade do executado para o adquirente);
- Eficácia obrigacional (pagamento do preço e entrega dos bens vendidos) (artigo 795º).

Quaisquer actos de disposição ou oneração efectuados posteriormente sobre os bens penhorados passam, com a venda, a ser absolutamente ineficazes, e não apenas ineficazes relativamente à execução, como acontecia antes da venda dos bens penhorados.

- *Eficácia quanto aos direitos reais de garantia*:
  Caducam, tenham ou não registo.

[49] Note-se que o encarregado da venda, que pode incluir-se no conjunto dos **auxiliares processuais**, é um verdadeiro mandatário, embora com poderes de certo modo limitados: mas não é simples núncio.

- *Eficácia quanto aos direitos reais de gozo:*
  Se o direito real de gozo for registado após o registo da penhora, a sua constituição é ineficaz na própria execução (artigo 809º do Código Civil) e caduca com ela.
  Se o registo desse direito real de gozo for anterior ao registo da penhora, a penhora não pode alargar-se a tal direito, subsistindo este.

16.3. Invalidade da venda

O nº 1 do artigo 802º prevê dois tipos diferentes de situações em que razões de natureza substantiva podem fundamentar um pedido de *anulação da venda executiva:*

a) O primeiro grupo de situações pode reconduzir-se ao conceito de *erro jurídico*, já que na venda foram ignorados ónus ou encargos que excedem os limites normais inerentes aos direitos da mesma categoria (vícios nos pressupostos do acto);

b) No segundo grupo inclui-se o *erro material*, consistente em se ter vendido uma coisa cujas características não foram correctamente anunciadas pelo tribunal ao publicitar a venda nos termos do artigo 786º.

Para que a venda executiva seja anulável basta, portanto, que se verifique uma das situações previstas no nº 1 do art. 802º, dispensando-se outros requisitos de anulabilidade exigidos na lei civil para os contratos em geral, como são, no erro-vício, a essencialidade para o declarante e a sua cognoscibilidade pelo declaratário (artigo 240º do CC).

A justificação de tal dispensa está em que, na venda executiva, o comprador foi induzido em erro pela descrição do objecto da venda feita no próprio processo (e assim garantida pelo tribunal), pelo que a sua tutela não pode ficar dependente da prova de requisitos acessórios respeitantes ao processo de formação psicológica da sua vontade e à protecção do declaratário.

A remissão feita no nº 1 *in fine* do artigo 802º é fruto de um lapso, já que devia ter sido feita para o *artigo 897º do CC* (convalescença do contrato), *que todavia se reporta apenas à venda de bens onerados*[50] (no CPC português a remissão está feita correctamente). Mas levanta um problema

[50] Veja-se a epígrafe da Secção V: "Venda de bens onerados".

porque, assim, parece ter ficado de fora o conjunto de situações relativas ao erro sobre a coisa transmitida.

No entanto, porque a lei não distingue na remissão que faz para o disposto no Código Civil, parece dever entender-se que a situação de erro material também está abrangida; e o mais que poderemos dizer é que o disposto no artigo 897º do CC se aplica *directamente* ao caso de a coisa transmitida estar onerada, enquanto que na hipótese de erro sobre a coisa transmitida se aplica esse mesmo regime *subsidiariamente*, portanto com as necessárias adaptações.

Sobre a faculdade conferida pelo nº 1 do artigo 802º ao "*comprador*", de pedir *no processo de execução* a anulação da venda e a indemnização a que tenha direito, parece não ser de duvidar que:

a) O direito à anulação do acto de transmissão do direito de propriedade pode ser igualmente exercido, no processo de execução, pelo exequente ou por outro credor reclamante se tiverem sido eles os compradores;
e ainda, por identidade de razão,

b) O direito à anulação pode também ser exercido, nos mesmos termos:
   i. Pelo *adjudicatário* que – como opinam ALBERTO DOS REIS e LOPES CARDOSO –, rigorosamente, é ainda um 'comprador';
   ii. Pelo *preferente*; e também
   iii. Pelo *remidor* (artigos 806º a 809º do CPC).

Nos casos em que o adquirente da coisa use da faculdade de pedir a anulação da venda executiva no próprio processo de execução, se as provas apresentadas não forem concludentes para o juiz da execução, então terá o direito à anulação de ser exercido, separadamente, através de acção de anulação (artigo 802º, nº 2 *in fine*) a qual, nos termos do nº 4 do artigo, "*é dependência*" do processo de execução.

Cremos notar-se, porém, nesse nº 4, alguma deficiência no que respeita à situação de *dependência* nele determinada, já que, parecendo remeter-nos para o preceito do nº 2 do artigo 158º, de cuja aplicação resulta que o processo de anulação da venda executiva será apensado ao processo executivo, *não se entende muito bem o alcance da regra de competência fixada na parte final daquele mesmo nº 4.*

Note-se que no CPC português havia uma norma idêntica que, se calhar pelas dificuldades de interpretação que foi gerando na prática, foi já retirada do texto legal.

O *pedido de indemnização* a que tenha direito o adquirente pode cumular-se com o de anulação, tanto no caso de serem formulados no próprio processo de execução, como no de serem objecto de acção de anulação proposta separadamente.

Uma outra questão que pode levantar-se consiste em saber se, para além do erro, também os outros fundamentos gerais de anulabilidade previstos na lei civil (incapacidade, dolo, coacção) podem aqui ser invocados.

ANSELMO DE CASTRO entende que sim, porque o interesse do comprador, aqui, é tão merecedor de tutela como o do comprador na compra e venda privada.

No entanto, se, *teoricamente*, parece não existir qualquer razão para não alinharmos nesta tese, a verdade é que *na prática*, em concreto, torna-se porventura mais difícil imaginar a verificação de qualquer daqueles fundamentos numa venda executiva, atento o enquadramento em que se realiza.

16.4. O Direito de Remição (artigos 806º a 809º do CPC)

Sabido é que o direito substantivo prevê em diversas situações o *direito de preferência*, ou seja, o direito de alguém se substituir ao adquirente de certa coisa num acto oneroso de aquisição, tomando sobre si os encargos que ao adquirente competiam.

O direito de remição é um direito especial de preferência na venda ou na adjudicação, em execução, dos bens do executado, ou de parte deles.

Este direito visa uma finalidade específica, que consiste na protecção do património familiar do executado.

Pode dizer-se que é um **direito de preferência qualificado, ou 'reforçado'** já que "prevalece sobre o direito de preferência" (artigo 808º, nº 1).

ALBERTO DOS REIS ensina que o direito de remição, "na sua actuação prática, funciona como um direito de preferência: tanto por tanto, os titulares desse direito são preferidos aos compradores ou adjudicatários. A família prefere aos estranhos (...); o efeito prático do exercício do direito de remição é igual ao do exercício do direito de preferência; mas os dois direitos têm natureza diversa, já pela base em que assentam, já pelo fim a que visam" (em *Processo de Execução*, vol. II, Coimbra, p. 477 e em *RLJ*, ano 76º, pp. 213 e ss).

16.4.1. *O direito de remição é atribuído* em primeiro lugar ao cônjuge, depois aos descendentes e por último aos ascendentes do executado (artigos 806º, nº 1 e 809º) que, todavia, *não são notificados* (como acontece com os preferentes em geral) para exercerem, se quiserem, o direito de remição.

Qualquer desses familiares do executado, pela ordem indicada, tem o direito de haver para si os bens a alienar em processo executivo, mediante o pagamento do preço mais elevado que tenha sido oferecido, quer por terceiros, quer pelo próprio exequente ou qualquer credor reclamante.

16.4.2. *Qualquer modalidade de venda a utilizar em processo executivo é compatível com o exercício do direito de remição,* **excepto**, evidentemente, se se tratar de venda directa, que tenha de ser feita, por imposição legal, em função de características especiais do comprador (artigo 797º – em Portugal, têm sido exemplos a venda de ouro em barra, a venda de estabelecimento de farmácia, a venda de garrafas de Vinho do Porto, que devem ser feitas às entidades referidas em diplomas próprios).

16.4.3. O familiar do executado que se apresente como remidor terá de, como bem se compreende, provar a sua relação de família com o executado, através da apresentação de certidões emitidas pela Conservatória do Registo Civil competente; apresentação essa que deve ser feita de imediato ou, se isso não for possível, o juiz dar-lhe-á um prazo razoável para a junção do respectivo documento (artigo 809º, nº 3).

O direito de remição só pode ser exercido nos limites temporais estabelecidos no artigo 807º do CPC.

Capítulo VI
Extinção da Execução

17. Causas de extinção da instância executiva

17.1. *A forma normal* de extinção da execução consiste em qualquer uma das modalidades de *pagamento coercivo* já estudadas.

Mas a execução pode também extinguir-se:

- Por *extinção da obrigação exequenda* (e da obrigação de custas), designadamente por *pagamento voluntário* – remissão da execução, como lhe chama LEBRE DE FREITAS –, situação prevista no nº 1 do artigo 810º, nos termos e com as consequências estabelecidos nos nºs 2 e 3 do mesmo preceito; *ou então*
- Por *outra causa de extinção da instância executiva*, designadamente pela *desistência do exequente* prevista no artigo 812º (extinção *anormal* da execução) – ver o artigo 229º, que elenca as causas de extinção da instância, preceito que se aplica também ao processo executivo, já que consta do Livro II do Código de Processo Civil, dedicado ao "Processo *em Geral*";
  ou ainda
- Por outras causas anómalas – digamos assim –, como, *v.g.*, a anulação ou revogação da sentença exequenda ou a procedência total dos embargos de executado.

Todavia, os efeitos da extinção da instância executiva só se produzem com o proferimento de uma decisão judicial – *sentença a julgar extinta a exe-*

cução –, depois de pagas as custas do processo (artigo 813º, nº 1), sentença essa que é notificada ao executado, ao exequente e aos outros credores cujas reclamações tenham sido liminarmente admitidas (nº 2 do mesmo artigo).

17.2. Apesar de extinta por decisão do tribunal, a execução pode vir a ser reaberta no enquadramento previsto e regulado no artigo 814º. E os termos em que se encontram redigidas as previsões dos seus nºs 1 e 2 autorizam a conclusão de que essa "**renovação da execução extinta**" tanto pode ser requerida pelo próprio exequente (quando o título tenha trato sucessivo), como por qualquer credor reclamante cujo crédito seja exigível e tenha sido liminarmente admitido (mesmo que ainda não esteja graduado).

Semelhante regime, consagrado em homenagem ao princípio da economia processual, permite assegurar vantagens atinentes ao aproveitamento de actos processuais, como as citações, que não precisam de ser repetidos.

Bem vistas as coisas, e muito embora seja a própria lei a considerar as situações descritas nos nºs 1 e 2 do artigo 814º como sendo de "*renovação* da execução extinta", como o requerimento do credor interessado deve ser apresentado *antes do trânsito em julgado da sentença* (nº 2 do artigo), parece não se tratar de verdadeira e própria "renovação"; aliás, esse mesmo nº 2 estatui que, até ao trânsito em julgado, pode ser requerido "*o prosseguimento*" da instância executiva.

17.3. O termo da execução. A Sentença
Impugnação da sentença que julga extinta a execução

Finda a execução, deve o juiz proferir uma *sentença que a julgue, ou declare, extinta*:

- Só depois do pagamento das custas;
- Cabe recurso ordinário dessa sentença, para o Tribunal de Segunda Instância – artigo 817º, nº 1 alínea *c)*.

18. Especialidades do formalismo da execução para pagamento de quantia certa, *na forma sumária*

18.1. Se a execução se basear em sentença que condene em obrigação líquida ou liquidável por simples cálculo aritmético, a forma de processo comum é a forma sumária (artigo 374º do CPC).

Já no domínio da legislação processual anteriormente vigente a regulamentação desta forma mais simplificada de processo executivo para pagamento de quantia certa limitava-se às diferenças relativamente à forma comum ordinária da mesma modalidade de execução.

Hoje em dia, são os artigos 818º a 825º do CPC que dispõem sobre a respectiva tramitação, *regulando-se apenas as especialidades*, que são:

a) *O direito de nomear bens à penhora* cabe exclusivamente ao exequente, que os nomeia logo no requerimento inicial, excepto se pedir a colaboração do tribunal para a identificação ou localização de bens penhoráveis do executado, como se prevê no nº 1 do artigo 722º;
b) Se não houver motivo de indeferimento liminar, *o juiz deve proferir despacho a ordenar a penhora, que é efectivada sem que o executado seja citado*[51] (artigo 819º);
c) Efectivada a penhora, *o executado é simultaneamente notificado do requerimento inicial, do despacho determinativo da penhora e da sua realização*, sendo-lhe comunicado que tem o prazo de 10 dias[52] para, querendo, se opor à execução por embargos, se opor à penhora, ou ainda requerer a substituição dos bens penhorados por outros de valor suficiente (artigo 820º, nºs 1 e 2);
d) Se o executado deduzir embargos à execução, cumula-se nesse apenso de natureza declarativa o incidente de oposição à penhora (artigos 753º e 754º), se for esse o caso.

Estas as mais relevantes especialidades de tramitação da forma sumária de execução para pagamento de quantia certa.

Em tudo o que não estiver especificamente regulamentado para esta forma de processo, aplicam-se subsidiariamente, com as necessárias adaptações, as disposições relativas à forma ordinária da mesma modalidade de execução (nº 3 do artigo 375º); e a tudo o que não estiver prevenido nestas últimas aplica-se subsidiariamente, na parte compatível com a natureza da acção executiva, o disposto para o processo declaratório (nº 1 do artigo 375º).

[51] A circunstância de a determinação e a efectivação da penhora terem lugar sem prévio conhecimento do executado, talvez não seja tão chocante como à primeira vista poderia parecer, já que, nesta forma sumária de processo, o título que lhe serve de base é sempre uma sentença condenatória, cujo conteúdo o executado já conhece porque lhe foi notificado, sabendo, portanto, que foi condenado pelo tribunal; e, mesmo assim, continua a não cumprir a obrigação...

[52] Note-se a redução do prazo a metade do que é o concedido ao executado se a forma comum for a ordinária (artigo 695º, nº 1).

18.2. ANSELMO DE CASTRO observa, talvez com razão, que não se compreende a determinação legal de que o executado seja *notificado* em vez de ser *citado*, porque tal notificação é o acto pelo qual se dá conhecimento ao executado da propositura da acção executiva. *Semelhante regime só se compreenderia se, retirando autonomia à acção executiva em face da precedente acção declarativa* (o que merece repúdio unânime na doutrina), *tivesse havido a intenção de afastar o regime da falta ou nulidade da citação: ora isso não acontece, como prova a existência de uma norma como a do nº 3 do artigo 820º.*

Capítulo VII
Execução para Entrega de Coisa Certa

19.1. São os artigos 821º a 825º do CPC que regulam esta modalidade de processo executivo, sendo de notar, à partida, que a regulamentação do correspondente formalismo não se encontra repartida por Capítulos dedicados à forma ordinária e à forma sumária, como sucede relativamente à execução para pagamento de quantia certa.

Daí resulta que teremos de nos socorrer das disposições subsidiárias do artigo 375º, aplicando-as aqui com as devidas adaptações, nos termos já referidos em sede anterior destes Sumários.

19.2. Vejamos em que situações se aplica esta modalidade de execução:

i. quando do título executivo resulte *uma obrigação de entrega de coisa, corpórea ou incorpórea* (*v.g.*, um estabelecimento comercial, apesar de materializado num conjunto de bens corpóreos);

ii. ou *de uma universalidade de coisas*;

iii. ou *de uma quota-parte de uma coisa*, contanto que determinada, ainda que não especificada (por exemplo, de uma quota-parte numa compropriedade – Alberto dos Reis, *Processo de Execução*, vol. II, p. 544).

Mas a **'entrega' de coisa certa**, correspondente à *prestação de coisa*, pode referir-se a três modalidades diversas:

a) Uma *obrigação* ***de dar,*** nas situações em que a prestação visa a constituição ou a transferência de um direito real sobre a coisa (por ex., entrega ao comprador da coisa vendida);

b) Uma *obrigação* ***de entregar,*** quando se pretende transferir apenas a posse ou detenção da coisa, de modo a permitir o seu uso e fruição (por ex., a obrigação do locador de entregar a coisa locada ao locatário);

c) Uma *obrigação* ***de restituir***, visando a recuperação da posse sobre a coisa (*v.g.*, a obrigação de o depositário restituir ao depositante a coisa depositada, com os respectivos frutos),

independentemente da fonte de qualquer dessas obrigações, isto é, quer elas dimanem da violação de um direito obrigacional (acção de dívida), quer da lesão de um direito real (acção de reivindicação), e sem prejuízo de poder haver necessidade de individualização das unidades objecto da prestação (caso da obrigação genérica – cfr. o nº 2 do artigo 823º do CPC).

De tudo isto resulta que não são exigíveis através desta modalidade de execução as prestações em dinheiro, ou seja as prestações pecuniárias, que tenham por objecto a espécie monetária com curso legal na RAEM: nesses casos, emprega-se a execução para pagamento de quantia certa.

Ao invés, se a prestação se referir a espécie monetária sem curso legal em Macau, já é adequado este tipo de processo executivo para entrega de coisa certa, que agora estudamos.

A prestação de coisa certa tanto pode reportar-se a *coisas divisíveis* como *indivisíveis*; tanto pode ser uma obrigação *específica* como *genérica* (certo sendo que, neste último caso, devem ser desencadeadas as operações preliminares da execução já nossas conhecidas); tanto pode ser uma obrigação *cumulativa* (obrigar-se o devedor a entregar o apartamento com o respectivo recheio, que o credor pretende em conjunto) como *alternativa* (o devedor obriga-se a entregar um de dois motociclos, à escolha do credor); como ainda pode ser uma obrigação *condicional* (por exemplo, obrigar-se o devedor a dar de arrendamento ao credor um determinado andar se este último for colocado, como médico, no hospital mais próximo).

19.3. Importa também salientar que, nas situações agora em estudo, *a execução incide apenas sobre a própria coisa, ou universalidade de coisas*, objecto da prestação configurada no título executivo, cuja entrega judicial se pede. Não se requer, pois, a execução de bens ou direitos do património do devedor, como sucede na modalidade 'pagamento de quantia certa'.

Assim, *os actos executivos essenciais* para atingir o fim da execução para entrega de coisa certa *são apenas os necessários para conseguir a efectiva entrega da coisa devida*, o que tem inevitáveis reflexos na tramitação do respectivo processo.

Desde logo, não há lugar a penhora, não faria sentido tal acto de apreensão, que é aqui substituído pela *apreensão judicial da coisa devida*, e só dela, e sua entrega ao exequente.

E, assim, *esta apreensão* não tem, como se torna evidente, nem a função nem os efeitos da penhora: não visa uma ulterior transmissão para o património do exequente, mas tão-só a entrega da coisa devida; por meio dela não se opera a transferência da posse da coisa para o tribunal; para além de que por ela não se constitui a favor do exequente qualquer direito real de garantia, como sucede relativamente aos bens penhorados em execução para pagamento de quantia certa.

19.4. Vejamos então a *sequência de trâmites* desta modalidade processual, que compreende duas fases principais: **i.** A fase dos articulados (artigos 821º e 822º) e **ii.** A fase da entrega judicial da coisa (artigo 823º).

19.4.1. A primeira fase compreende o *requerimento inicial*, em que se pede a citação do executado para, no prazo de 20 ou de 10 dias, consoante se trate da forma comum ordinária ou da forma comum sumária (nºs 1 e 2 do artigo 821º), fazer a entrega da coisa; a que se segue o *despacho liminar*, que pode configurar um indeferimento, um aperfeiçoamento, ou então *a citação do executado*, este pode defender-se deduzindo *embargos de executado*, ou pode mesmo fazer a *entrega voluntária da coisa*, o que determinará a extinção da execução depois de pagas as custas do processo.

De relevar que, no sistema da lei processual de Macau, os embargos mantêm o regime de fundamentação tipificada (artigo 822º, nº1) acrescentado, no entanto, de um tipo específico, que é o das *benfeitorias* (feitas na coisa objecto do pedido executivo) a que ele, executado, tenha direito.

Tal pedido, constante da petição de embargos, deve ser líquido e não será admitido quando, baseando-se a execução em sentença condenatória[53], o executado não tenha oportunamente feito valer o seu direito às benfeitorias, isto é, quando os pressupostos em que assenta tal direito já estiverem verificados na data do encerramento da discussão no anterior processo declarativo (nº 3 do artigo 822. º).

Acresce que, se o exequente caucionar a quantia pedida a título de benfeitorias, o recebimento dos embargos, só por si, não suspende a execução (nº 2 do artigo 822º).

Convém advertir que a expressão "quantia pedida", que se emprega no nº 2 do artigo 822º, não deve entender-se, segundo cremos, como sendo um pedido reconvencional, feito no âmbito de um processo executivo. Não nos esqueçamos de que os embargos de executado configuram uma acção de natureza declarativa, sim, mas estruturalmente autónoma do processo executivo a que estão funcionalmente ligados.

19.4.2. Se o executado não embargar a execução, segue-se a *apreensão da coisa* cuja entrega foi pedida.

Terminadas as diligências tendentes à apreensão da coisa, que podem incluir buscas ou outras diligências julgadas necessárias, o tribunal faz a apreensão e investe o exequente na sua posse.

Os nºs 2, 3 e 4 do artigo 823º regem, respectivamente, para a apreensão de coisas móveis, de coisas imóveis ou de coisas em regime de compropriedade.

Por seu turno, o nº 4 do mesmo preceito prevê e dispõe para o caso de a apreensão e entrega judicial da coisa poder ficar sem efeito (identicamente, em certa medida, ao que acontece com a venda executiva em processo para pagamento de quantia certa) se, por qualquer motivo[54], o anterior possuidor recuperar o direito a ela, caso em que este pode requerer que se proceda à respectiva restituição judicial.

[53] Perante o normativo do artigo 374º, que regula as formas de processo executivo comum, parece óbvio que o processo para entrega de coisa certa, quando baseado em sentença, segue sempre a forma sumária.

[54] O que acontecerá, *v.g.*, se for anulada ou revogada a sentença que se executou, ou se forem totalmente julgados procedentes os embargos que não tenham suspendido a execução.

19.5. Há no entanto que referir ainda situações passíveis de verificação no decorrer de um processo executivo para entrega de coisa certa, que irão necessariamente repercutir-se no respectivo formalismo.

Pode, na verdade, suceder que *a coisa que devia ser apreendida e entregue ao exequente não seja encontrada*, situação prevista e regulada no artigo 824º. Nesses casos, o exequente pode, *no mesmo processo*, fazer liquidar o seu valor e os prejuízos decorrentes da falta atempada da entrega, falta essa que, entretanto, o privou do gozo e fruição a que tinha direito.

Verifica-se, assim, uma *conversão*, ou *convolação, do processo executivo pendente para processo para pagamento de quantia certa*, seguindo-se a nomeação pelo exequente de bens à penhora e os termos subsequentes desta modalidade de processo executivo.

Capítulo VIII
Execução para Prestação de Facto

20.1. Esta modalidade de execução está regulada nos artigos 826º a 836. º do Código de Processo Civil.

Este agregado normativo distingue, na sua regulamentação, as situações em que do título resulta um *prazo certo* para o cumprimento da obrigação exequenda e aquelas em que, *não estando o prazo fixado no título, se torna necessário fixá-lo para a realização da prestação.*

E distingue-se também o formalismo a seguir quando a prestação é de *facto positivo* e quando é de *facto negativo* – respectivamente, obrigação de *facere* e de *non facere* –, o que é aferido, sempre, a partir do título executivo (artigo 12º, nº 2).

Mais uma vez sucede que o Código de Processo Civil não reparte por Capítulos separados a regulamentação da forma comum ordinária e da forma comum sumária.

À partida, a solução estará em recorrer ao preceituado no artigo 375º do CPC, que define o direito subsidiário.

Nesta modalidade de execução costuma a doutrina salientar, e bem, que em determinadas situações **é mister distinguir entre a *prestação* que consta do título executivo como *principal* e eventuais *prestações acessórias* ou *complementares*** (Antunes Varela, *Das Obrigações...*, vol. I, p. 107), muito embora, sempre que na execução movida pela prestação principal haja lugar à atribuição de equivalente pecuniário de ambas as prestações, a liquidação da indemnização pelos danos decorrentes do não cumprimento de prestações acessórias deva ser feita juntamente com a liquidação da indemnização pelo não cumprimento da prestação principal.

Mas então *para que efeito servirá tal distinção*? Precisamente *para apurar com rigor qual a modalidade de processo executivo que deve ser seguida*, já que em alguns casos pode não ser fácil determinar se deve requerer-se execução para entrega de coisa certa ou para prestação de facto. Há figuras que se situam na fronteira entre uma e outra destas modalidades de execução.

É o que sucede nos *casos em que o devedor se obriga a entregar uma coisa após a sua criação ou montagem, ou após certas alterações* (por ex., um fabricante de móveis vende um armário a um cliente e compromete-se a introduzir-lhe alterações e a entregá-lo de seguida[55]); ou quando alguém se obriga a prestar um facto e ao mesmo tempo a entregar, acessoriamente, certas coisas (por ex., A e B celebram um contrato de empreitada e o dono da obra confia ao empreiteiro os planos elaborados por um arquitecto[56]).

Ora, *a execução para prestação de facto tem lugar sempre que a obrigação exequenda, tal como consta do título,* ***configura, a título principal, uma obrigação de facere ou de non facere.***

20.2. Resultam do preceituado no nº 1 do artigo 826º *os direitos do credor perante o não cumprimento de uma obrigação de prestação de facto positivo*. Prevê-se apenas a hipótese de se tratar de um *facto fungível* – ou seja, quando para o credor é indiferente, de direito e de facto, que o facto seja prestado pelo devedor ou por um terceiro, porque o seu resultado é o mesmo. Por ex. (salvo estipulação em contrário), a reparação de um automóvel ou a instalação de uma canalização[57].

Estabelece o referido nº 1 do artigo 826º que, nas situações que prevê, o credor pode requerer a *prestação por outrem* (que pode ser ele próprio, exequente – cfr. artigo 829º, nº 1) e, ao mesmo tempo, a indemnização moratória a que tenha direito, **ou, em alternativa**, a indemnização compensatória pelo dano resultante da não realização da prestação e, eventualmente, a quantia devida a título de sanção pecuniária compulsória (cfr. artigo 333º do Código Civil)[58].

[55] Exemplo dado por CASTRO MENDES.

[56] *Ibidem*.

[57] Exemplos de LEBRE DE FREITAS.

[58] Sobre esta matéria, cfr. o ANEXO a estes SUMÁRIOS, relativo às "Linhas Gerais do Regime Jurídico do Não Cumprimento das Obrigações".

De semelhante regime resulta inequivocamente que, tratando-se de *prestação de facto* configurado no título executivo como *infungível*, isto é, insubstituível por uma prestação por terceiro, por ser essencial a pessoa do devedor[59] – infungibilidade que pode resultar da sua própria natureza ou de estipulação contratual –, nessas situações, ao credor não resta, em princípio, senão executar o seu direito à indemnização, nos termos da lei substantiva. A não ser que a infungibilidade tenha sido convencional, situação em que o credor pode a ela renunciar e optar pela prestação a efectuar por terceiro.

20.3. *A tramitação a seguir* é obviamente diferente nas várias situações acima descritas.

Senão vejamos:

i. Se se tratar de *prestação de facto infungível* (pela própria natureza da prestação), o único pedido possível é o pedido de indemnização; e para esses casos, preceitua o artigo 827º que, findo o prazo para a dedução de embargos, ou julgados estes improcedentes, quando estes suspendam a execução (o nº 3 do artigo 826º remete para os artigos 701º e 702º sobre os efeitos do recebimento dos embargos), opera-se a *conversão do processo de prestação de facto para pagamento de quantia certa*, uma vez que a indemnização pelo dano sofrido é computada pecuniariamente.

ii. Sendo caso de *prestação de facto fungível*, já *o credor pode optar* entre requerer a prestação do facto por outrem, mais a indemnização moratória a que tenha direito (opção que configura uma cumulação de pedidos executivos), *ou então* requerer a indemnização compensatória, pelo facto da não realização da prestação.

Se optar por requerer a prestação do facto por outrem, o exequente fá-lo-á no próprio requerimento inicial, mas só quando findar o prazo para a oposição por embargos (ou, tendo sido suspensa a execução, só quando os embargos forem julgados improcedentes); o credor / exequente pode requerer a nomeação de perito que avalie o custo da prestação (artigo 828º, nº 1).

[59] Por exemplo, a escrita da biografia de uma personalidde de renome *por um determinado escritor, e só por ele.*

Seguem-se logo:

i. A nomeação (pelo exequente) de bens à penhora; e
ii. Os termos subsequentes do processo executivo para pagamento de quantia certa (nº 2 do artigo 828º).

De distinguir ainda, como acima foi já referido, *se no título executivo a prestação tem prazo certo, ou não.* Nesta última situação, o exequente começará por pedir, no próprio requerimento inicial, a fixação judicial do prazo, desde logo sugerindo o prazo que reputa suficiente.

Sobre este pedido é ouvido o executado que, tendo fundamento para deduzir embargos, deve nestes (i.e., na respectiva petição de embargos) dizer o que se lhe oferecer sobre a fixação do prazo (nºs 1 e 2 do artigo 832º).

Os termos subsequentes estão regulados no artigo 833º.

20.4. Se o *exequente* usar da faculdade que lhe confere o nº 1 do artigo 829º, situação que, afinal, configura uma realização extrajudicial da prestação exequenda –, *fica obrigado a prestar contas ao tribunal*, nos termos definidos nos nºs 1 e 2 do mesmo artigo.

Como último recurso possível, se não conseguir obter-se o custo da avaliação realizada e se se tiverem excutido todos os bens e direitos do executado, o credor pode desistir da prestação do facto se ainda não estiver iniciada, e requerer ao tribunal o levantamento da quantia obtida[60].

21. Resta considerar *a hipótese de o devedor faltoso se ter obrigado a abster-se da prática de certos actos ou da assunção de determinadas condutas*: é o que a lei designa por "*prestação de um facto negativo*", situação regulada nos artigos 834º e 835º do CPC.

A descrição do nº 1 do artigo 834º, nos termos em que está formulada, permite as seguintes conclusões:

A violação da obrigação, que autoriza a execução forçada é, afinal, um facto que determina a necessidade (positiva) de uma reparação (*restitutio in integrum*, ou seja, a reposição integral no estado anterior à infracção ou ilícito). Ou, dizendo de outro modo: o objecto da execução, nestes casos,

[60] Lembre-se que, na avaliação, ao custo da prestação deve somar-se o montante das custas devidas (cfr. artigo 828º, nº 2).

não é um facto negativo, mas sim o facto positivo da reparação – "(...) *que o tribunal ordene a destruição da obra porventura feita*" – nº 1 do artigo 834º.

Trata-se, portanto, de uma execução para prestação de facto positivo, embora baseada na violação de uma obrigação negativa, ou obrigação que tem por objecto um facto negativo.

Daí que, nos termos do nº 2 do artigo 834º, os eventuais *embargos* opostos pelo executado possam referir-se ao pedido de destruição da obra e, assim, tenham por fundamento a invocação e prova de que tal destruição representa para ele, executado, um prejuízo consideravelmente superior ao sofrido pelo exequente. Este regime está em consonância com o preceituado no artigo 819º, nº 2 do Código Civil.

A verificação da violação da obrigação de *non facere* é feita por meio de perícia, se de obra se tratar; mas se a violação assumir uma outra feição – por exemplo, se o devedor se tiver obrigado a não fazer concorrência ao credor –, a violação pode ser provada por outros meios, designadamente, por testemunhas.

Reconhecida pelo tribunal a falta de cumprimento da obrigação que o executado assumira, é ordenada a destruição da obra, se for caso disso, à custa do património do executado, assim como se fixa o montante da indemnização devida ao exequente; ou apenas tem lugar a indemnização, se não houver obra feita (artigo 835º, nº 1).

O acórdão da Relação do Porto, de 16.11.2008 (Proc. 819,2) – embora proferido num caso em que a obrigação assumida pelo devedor faltoso consistia em *não fazer concorrência* –, analisando o regime legal da execução para prestação de facto negativo, ao fundamentar a decisão proferida, refere em certo passo que, se for caso de existir a construção de uma obra que o executado se comprometera a não fazer, "é sobre esse resultado material que o tribunal pode actuar, fazendo demolir a obra por terceiro, à custa do devedor. *Isto porque a lei não admite a utilização de coerção pessoal sobre o devedor*"[61] (itálico nosso).

Seguem-se os termos dos artigos 827º e seguintes, relativos à execução para prestação de facto positivo (artigo 835º, nº 2).

Por último, convém salientar que pode acontecer situação diferente da que até aqui se contemplou.

[61] Como estudámos logo no início desta disciplina, *o objecto da execução é sempre o património do devedor* e ***não a sua pessoa.***

É o caso de se instaurar execução com base numa sentença que condenara alguém a demolir uma obra ou construção, comando judicial que o réu não cumpriu: a obrigação exequenda será então, à partida, uma obrigação de prestação de facto positivo, sendo de aplicar o respectivo processo e seu regime.

ANEXOS

NOTA JUSTIFICATIVA

Os textos que se seguem sob a epígrafe "ANEXOS" respeitam a matérias do Processo Civil consideradas mais complexas, ou que a experiência tem demonstrado serem de mais difícil compreensão por parte dos estudantes do 3º ano do Curso de Licenciatura em Direito, numa fase de primeiros contactos com um dos ramos do Direito Civil – o Direito das Obrigações –, e respectivos institutos, indispensáveis a uma perfeita assimilação das matérias processuais civis.

Foi o reconhecimento desta realidade, que temos vindo a confirmar nos já longos anos de leccionação da disciplina, que gerou em nós a preocupação de, em alguns casos desenvolver e, em outros, apresentar sinopticamente, algumas das matérias objecto de exposição nas aulas teóricas, e de treino nas aulas práticas, missão que temos vindo a cumprir mediante a distribuição aos instruendos de textos complementares, agora divulgados em apêndice ao texto principal das Lições.

Anexo I
A Organização Judiciária da Região Administrativa Especial de Macau[1/2]

I. Razão de ordem

Sob o tema em epígrafe proponho-me tratar, em abordagem essencialmente exegética e tanto quanto possível liberta de citações doutrinárias, as várias facetas de um dos três poderes atribuídos à Região Administrativa Especial de Macau, no exercício de "um alto grau de autonomia" autorizado pela Assembleia Popular Nacional da República Popular da China.

Na análise interpretativa das disposições da Lei Básica da RAEM relativas ao poder judicial, atendo-me à terminologia nela usada para definir – como lhe compete dada a sua natureza jurídica – os princípios gerais carecidos de ulterior regulamentação e desenvolvimento em sede de lei comum, começarei por tecer algumas considerações em torno de conceitos muito próximos, cujas zonas de justaposição levam com frequência a considerá-los inteiramente coincidentes.

A graduada autonomia da RAEM, no respeito e densificação da fórmula original "um país, dois sistemas", será aqui tomada como condição necessária e suficiente da autonomização do poder judicial da Região, autonomização que por seu turno funciona como contributo nuclear na possibilitação do exercício efectivo do reconhecido "alto grau de autonomia" nesta "parte inalienável da República Popular da China" (artigo 1º da Lei Básica da RAEM).

[1] Elaborado com base na legislação existente em Maio de 2003 (*http://www.imprensa.macau.gov.mo*).

[2] Texto publicado no Repertório do Direito de Macau, edição do Centro de Estudos Jurídicos da Faculdade de Direito da Universidade de Macau, em Abril de 2007, e na primeira reimpressão, em 2012, mesmas pp., versão portuguesa; assim como na versão inglesa (Report of Macau Law), publicação conjunta da Universidade de Macau e da Lexis Nexis, de Hong Kong, 2014, pp. 87-107.

A reconstituição da história recente de uma progressiva autonomização do sistema judicial de Macau, nas distintas faixas temporais já experimentadas, vai ser feita mediante breves notas que darão a conhecer os marcos mais relevantes desse processo evolutivo.

Far-se-á também uma referência aos órgãos que na RAEM exercem o poder judicial e às categorias de magistrados que os integram, com apelo às normas – da Lei Básica e de outros diplomas como a Lei nº 1/1999 (Lei de Reunificação), a Lei nº 9/1999, de 20 de Dezembro (Lei de Bases da Organização Judiciária) e a Lei nº 10/1999 (Estatuto dos Magistrados Judiciais e do Ministério Público)[3] – cujos comandos conduzem à caracterização da respectiva função, independente e pacificadora.

Como contributo para uma ideia global do sistema judiciário configurado na legislação a respeito, proceder-se-á ainda ao enunciado e explicitação dos princípios ordenadores do exercício deste chamado "terceiro poder", apresentando-se sinopticamente as várias categorias de tribunais que integram a pirâmide judiciária da RAEM e o âmbito da sua competência, e não deixando de caracterizar, por um lado, os órgãos de apoio a esses mesmos tribunais e ao Ministério Público, e por outro, o estatuto dos profissionais do foro que colaboram na administração da justiça.

II. A terminologia adoptada pelo legislador da Lei Básica na matéria em análise e seu acolhimento em sede de lei ordinária

Logo no seu artigo 2º, o diploma fundamental da RAEM preceitua que "A Assembleia Popular Nacional da República Popular da China autoriza a Região Administrativa Especial de Macau a exercer um alto grau de autonomia e a gozar de poderes executivo, legislativo e judicial independente, incluindo o de julgamento em última instância, de acordo com as disposições desta Lei".

Em normativos subsequentes, o mesmo diploma estabelece sobre as línguas a usar nos órgãos judiciais da RAEM (artigo 9º), sobre os sistemas e políticas aplicados na RAEM incluindo os sistemas social e económico, sobre o sistema dos direitos e liberdades fundamentais dos seus residentes (cuja tutela garante no preceito do artigo 4º), sobre os sistemas executivo, legislativo e judicial (artigo 11º), sobre a jurisdição dos tribunais da RAEM e suas limitações (artigo 19º), sobre o acesso ao Direito e aos tribunais (artigo 36º); e, por último, dedica especialmente uma Secção do seu articulado – a Secção 4 – aos órgãos judiciais, num traçado panorâmico da organização e estrutura dos tribunais definidor das linhas gerais sobre critérios de qualificação profissional, nomeação e exoneração de juízes da

[3] Diploma cuja regulamentação inclui a definição, composição, competência e funcionamento do Ministério Público.

Região Administrativa Especial de Macau, assim como do Ministério Público e dos funcionários judiciais.

Mas centremos agora a nossa atenção no preceito do artigo 2º da Lei Básica.

A ideia – que será já velha, pois segundo alguns remonta às mais antigas civilizações orientais – da partilha do Poder, que mais tarde viria a conhecer novos desenvolvimentos em John Locke e em Montesquieu com a sua "receita" política da separação de poderes[4], encontra aqui consagração expressa, clara e inequívoca. Menos ortodoxa será, porventura, a ordem por que vêm mencionados esses poderes.

Fixemo-nos no chamado Poder Judicial, tentando surpreender o seu campo de abrangência.

Resulta de vários preceitos da Lei Básica da RAEM que iremos analisando ao longo deste trabalho, que a esse Poder Judicial, organizado em tribunais dispostos em pirâmide, é cometida a Função Judicial, a qual se vem a traduzir, em sentido amplo e material, na actividade exercida, no âmbito da sua competência legal, por esses mesmos tribunais[5].

Ora neste sentido amplo e material, a função judicial é um conceito mais abrangente do que o conceito, igualmente material, de função jurisdicional, a qual, no entanto, não só justifica histórica, política e doutrinalmente a necessidade da separação do poder judicial, como constitui o núcleo determinante, embora não exclusivo, da sua actividade funcional.

É que, na realidade, ao poder judicial, e no âmbito da sua função do mesmo nome, são cometidas atribuições não estritamente jurisdicionais, a saber:

- De administração judiciária, abarcando o domínio da gestão do pessoal, dos cofres, da disciplina estatutária dos magistrados e funcionários judiciais, e ainda o domínio dos actos de certificação que forem requeridos;
- De conciliação; e
- De jurisdição judicial – digamos assim – como sucede sempre que, de acordo com a sua actividade-regra, os juízes são chamados a intervir para dirimir pretensões conflituantes ou conflituáveis, mediante um *iuris dictum*.

Em bom rigor, portanto, de todas estas funções cometidas ao poder judicial só a última corresponde à função jurisdicional enquanto tarefa de heterocomposição casuística de conflitos de interesses, através da prolação de uma decisão motivada, no termo de um processo público e contraditório que resolve a lide à luz do direito vigente.

[4] Muito embora o autor de "L'Ésprit des Lois" nunca tenha empregado expressamente a locução "separação de poderes", antes escrevendo que em cada Estado há três espécies de poderes, cada um dos quais deve ser confiado a um órgão distinto.

[5] Fica assim estabelecida a distinção entre os conceitos – *orgânico* – de *Poder* Judicial e – *material* – de *Função* Judicial.

Deste modo, os juízes dizem o direito e o que em face dele é justo num caso concreto de conflitualidade carecida de composição, com imparcialidade e com uma autoridade específica susceptível de se impor aos litigantes: uma autoridade compositiva a que bem cabe o qualificativo de pacificadora e, como tal, de evidente interesse público[6].

Sintetizando aspectos que irão sendo aqui analisados, pode dizer-se que aos tribunais, enquanto órgãos judiciais, cabe a função heterocompositiva jurisdicional, traduzida na função pública de composição, dotada de autoridade, de conflitos de interesses ou litígios, mediante a afirmação imparcial e neutral, isenta, dos resultados compositivos que *in casu* decorrem do direito aplicável. Função que o Poder Judicial monopoliza, tornando-se de recurso obrigatório[7] para todos os que careçam de tutela nos seus direitos e interesses legítimos; ressalvados, evidentemente, os desvios que a lei consinta, nos quais o próprio poder público tolera espaços de autotutela que de públicos têm apenas a sua normativação legal.

Bem foi – assim se crê – o legislador da Lei Básica da RAEM ao optar pela tradicional e abrangente designação de judicial para este dos três Poderes de que goza a RAEM, cujos órgãos exercem uma das três funções que é tradição considerar como fundamentais numa sociedade politicamente organizada.

III. Autonomia da Região Administrativa Especial de Macau e autonomicidade e independência do Poder Judicial. Sentido e limites

Voltemos ao preceito basilar do artigo 2º da Lei Básica da RAEM, não para uma análise do peculiar estatuto político da Região, mas para uma caracterização do – apolítico – poder judicial e definição do seu encaixe na trilogia de poderes que a mesma Região é autorizada a gozar.

Na interpretação desta norma, para além do respeito pelo condicionamento resultante da sua parte final, é a meu ver necessário determinar também o verdadeiro sentido e alcance do qualificativo "independente". Tal necessidade sugere algumas reflexões.

A. Antes de mais, e porque o adjectivo "independente" está no singular, temos de considerá-lo referido apenas ao poder judicial: não, como já vi escrito, aos três poderes enunciados no artigo 2º da Lei Básica.

[6] Dispõe o artigo 3º da Lei de Bases da Organização Judiciária que "os tribunais são os únicos órgãos com competência para exercer o poder jurisdicional"; e o artigo 4º estatui que são suas atribuições "assegurar a defesa dos direitos e interesses legalmente protegidos, reprimir a violação da legalidade e dirimir os conflitos de interesses públicos e privados".

[7] Entenda-se o qualificativo "obrigatório" em seus devidos termos: a regra é a da proibição da autotutela, mas o recurso às vias judiciais é mero ónus jurídico.

O que deste preceito creio resultar é que a RAEM é autorizada a gozar de poderes executivo e legislativo *próprios*, a par de um poder judicial *independente*.

B. Em segundo lugar, o sentido da independência do poder judicial aparece neste preceito mais abrangente do que em outras disposições da Lei Básica: no sentido lato de um poder público colocado em plano de igualdade com os restantes poderes, sem com eles se confundir, portanto separado deles, sendo mesmo vedada uma ingerência recíproca entre os órgãos responsáveis pelo exercício de cada uma das funções respectivas com a natureza de instância ou "reino" autonómico, neutro, de composição de conflitos; no sentido, ainda, de que os órgãos que detêm este poder são livres de qualquer interferência (artigo 83º) e de que os juízes que os compõem não estão sujeitos a quaisquer ordens ou instruções (artigo 89º)[8]; e por último, na acepção, também, de poder autónomo, não subordinado a poder homólogo de qualquer Estado soberano, julgando mesmo em última instância.

É da história do sistema judicial de Macau, na sua fase mais recente, que decorre a pertinência de ressaltar este último sentido que julgo conter-se na independência *lato sensu* a que o artigo 2º da Lei Básica se refere.

História que se reparte por períodos mais ou menos longos, qualitativamente muito diversos, que foram merecendo destaque em alguns dos artigos doutrinários que durante anos foram surgindo sobre a questão de Macau.

Na verdade, uma visão retrospectiva do sistema judicial do enclave conduz-nos a uma fase, não muito recuada no tempo, em que os órgãos judiciais de Macau não tinham qualquer autonomia, pois estavam integrados na hierarquia judiciária portuguesa, na dependência das cúpulas dessa hierarquia.

Mas com as profundas alterações políticas operadas em Portugal em 1974, com o reatamento das relações diplomáticas com a República Popular da China em 1979 e por virtude das repercussões que esses factos tiveram no estatuto político de Macau – que, é consabido, passou a ser reconhecido como território chinês sob administração portuguesa –, iniciou-se uma nova fase, também, para o sistema judicial macaense, caracterizada pela tendência para a sua progressiva e gradual autonomização, aliás a anteceder imediatamente o desenrolar da transição rumo à passagem deste território peninsular e insular para a República Popular da China.

[8] Cfr. também o artigo 8º da Lei nº 1/1999 (Lei de Reunificação), que igualmente consagra a independência dos tribunais da RAEM, estatuindo que são "(...) livres de qualquer interferência e estando apenas sujeitos à lei"; e ainda o artigo 5º, nº 1 da Lei nº 9/1999, onde se reitera a independência dos tribunais no julgamento das questões sobre que detenham jurisdição.

Marco decisivo na autonomização do sistema judicial de Macau foi sem dúvida a "Declaração Conjunta do Governo da República Portuguesa e do Governo da República Popular da China Sobre a Questão de Macau", cujo texto foi rubricado em Pequim aos 26 de Março de 1987 pelos Chefes das Delegações dos dois países. Este tratado viria a ser aprovado para ratificação pela Assembleia da República de Portugal por meio da Resolução nº 25/87 (Diário da República, I Série, de 14 de Dezembro) e ratificado pelo Presidente da República Portuguesa por Decreto nº 38-A/87, da mesma data.

No seu Anexo I, ponto IV, atribuía-se o poder judicial da RAEM aos respectivos tribunais, incluindo o poder de julgamento em última instância, assim se consagrando de forma inequívoca o seu carácter de órgãos autonómicos e afirmando-se também a sua independência funcional, tendo como único limite a sujeição à lei.

Internamente, a Administração do Território então em funções, nas suas "Linhas de Acção Governativa" incluiu pela primeira vez em 1987, como preocupação e objectivo a atingir, a criação de "um sistema judiciário autocentrado, composto de um sistema de tribunais integralmente sediado em Macau"; preocupação que voltou a merecer afirmação no Plano para 1988 e ainda na secção de "Política de Administração e Justiça" das Linhas de Acção Governativa para 1989.

Tais propósitos de autonomização pressupunham um tratamento a nível constitucional, que ficou plasmado na Lei nº 1/89, cuja função revisora da Constituição da República Portuguesa veio a reflectir-se no Estatuto Orgânico de Macau a quando da respectiva revisão, através da Lei nº 13/90.

Estavam assim criadas as condições para o início de uma transição a nível judiciário, em consonância com as tendências firmadas na Declaração Conjunta, processo que se foi desenrolando ao longo dos últimos anos de administração portuguesa, no respeito e com vista à concretização da conhecida fórmula "um país, dois sistemas".

Ora no decorrer desse período preparatório da transferência global de poderes, o processo de autonomização do sistema judicial de Macau conheceu a publicação de vários diplomas legais regulamentadores da sua orgânica, dos quais o primeiro foi a Lei de Bases da Organização Judiciária de Macau (Lei nº 112/91, de 29 de Agosto), cujo artigo 38º, em seu nº 2, deixava uma abertura à interferência dos órgãos de governo próprio do território de Macau, de molde a iniciar-se uma autonomização progressiva através da emissão de diplomas cuja regulamentação, respeitando a matriz portuguesa, era no entanto permeável à introdução de factores de adaptação ao espaço de Macau[9]; e viria a conhecer novos e decisivos

[9] A permanência, em Macau, de um modelo judiciário de raiz portuguesa adaptado ao contexto local foi preocupação comum aos governos de Portugal e da República Popular da China, numa época em que em Portugal e em Macau se procedia à recolha de sugestões e se pediam estudos a magistrados e outros juristas, e na República Popular da China se reunia o

desenvolvimentos com a atribuição aos seus tribunais da plenitude e exclusividade de jurisdição no território de Macau, por Decreto do Presidente da República Portuguesa nº 118-A/99, de 20 de Março, publicado no Boletim Oficial de Macau, I Série – Suplemento nº 11, da mesma data, para vigorar a partir de 1 de Junho de 1999.

Desde essa data e até 20 de Dezembro de 1999 Macau teve já um sistema judicial autonómico relativamente a Portugal, de que foi emancipado plenamente, carácter esse que agora continua a manter-se em relação à República Popular da China, país soberano de cujo território Macau faz parte.

Por tudo isto parece poder dizer-se – reiterando as reflexões acima propostas – que o designativo "independente" usado para o Poder Judicial no artigo 2º da Lei Básica da RAEM – preceito a interpretar numa perspectiva estática da atribuição de poderes à Região – tem um sentido amplo que parece abranger, preferencialmente, a sua autonomia relativamente ao poder homólogo da República Popular da China, e depois a sua separação dos outros dois poderes atribuídos à RAEM[10]; mas isso não impede que no mesmo qualificativo se considere também abrangido o aspecto dinâmico da independência (*stricto sensu* considerada) dos órgãos detentores desse poder no exercício da função de interesse público que lhes é cometida.

Este último sentido, mais restrito e dinâmico, da independência dos tribunais (com ressalva da sujeição à lei), que aparece, *signanter*, nos preceitos dos artigos 83º e 89º da Lei Básica da RAEM, articulados com algumas outras normas do mesmo diploma – as contidas no artigo 87º sobre nomeação e exoneração de juízes das várias instâncias da Região e no último parágrafo do supra citado artigo 89º que, expressamente e sem desvios, proíbe a acumulação de funções aos juízes em exercício –, esse sentido mais restrito – dizia – sugere a transposição para uma outra característica da função jurisdicional: a sua imparcialidade, cujo tratamento merece o devido destaque e explicitação.

IV. Os órgãos que exercem o Poder Judicial e as categorias de magistrados que os integram. Caracterização

A Secção IV da Lei Básica da RAEM é toda ela dedicada aos "Órgãos Judiciais", preceituando-se logo a abrir – em sintonia, aliás, com o que ficara acordado na

Grupo de Redacção da Lei Básica da Região Administrativa Especial de Macau, assessorado por um Conselho Consultivo sediado em Macau.

[10] Tanto mais é de salientar este aspecto quanto se não desconhece a prevalência, na República Popular da China, de uma concepção segundo a qual deve haver uma especial articulação dos diversos sectores do Estado na prossecução de interesses e objectivos comuns, que leva, por exemplo, à admissibilidade da interpretação legislativa feita pelo Comité Permanente da Assembleia Popular Nacional, ou mesmo pelo Supremo Tribunal Popular.

já referida Declaração Conjunta – que "compete aos tribunais da Região Administrativa Especial de Macau exercer o poder judicial" (artigo 82º), e exercê-lo independentemente, sendo "livres de qualquer interferência" (artigo 83º).

Mais adiante, o artigo 89º, referindo-se aos juízes da Região Administrativa Especial de Macau, estatui que "exercem o poder judicial nos termos da lei, e não estão sujeitos a quaisquer ordens ou instruções, salvo o caso previsto no parágrafo terceiro do artigo 19º desta Lei". Reitera-se, portanto, a regra da independência, ressalvando-se apenas os "termos da lei"[11] e o disposto no parágrafo terceiro do artigo 19º.

O mesmo se diga do preceito do artigo 5º da Lei de Bases da Organização Judiciária que define a independência dos tribunais, consagrando-se no seu nº 3 uma garantia dessa mesma independência que passa por assegurar aos próprios juízes um *status* jurídico que os subtraia, nos seus julgamentos, a indevidas intromissões externas.

Igualmente no que se refere ao Ministério Público da Região Administrativa Especial de Macau dispõe o artigo 90º da Lei Básica, no seu primeiro parágrafo, que "desempenha com independência as funções jurisdicionais atribuídas por lei".

Afirmam-se, assim, neste diploma fundamental da RAEM[12] e nos outros referidos diplomas sobre a matéria, as características essenciais do Poder objecto de análise, que se cifram na chamada independência judicial (dos tribunais e dos magistrados que os compõem), como princípio último legitimador, que é, da actividade judicial a que soe chamar-se também administração da justiça.

[11] Nesta expressão estão abrangidas, desde logo, as hipóteses previstas no parágrafo terceiro do artigo 143º da Lei Básica no que se refere a matérias que sejam da responsabilidade do Governo Popular Central ou do relacionamento entre as Autoridades Centrais e a Região, casos em que os tribunais desta última devem acatar a interpretação dada pelo Comité Permanente da Assembleia Popular Nacional a disposições relativas àquelas matérias.
Adiante será retomado este assunto.

[12] Excede o âmbito deste trabalho qualquer indagação dirigida à definição da verdadeira natureza jurídica da Lei Básica da RAEM. Chame-se-lhe "mini-constituição", "diploma cripto-constitucional" ou "paraconstitucional", ou diga-se mesmo, frontalmente, que "tem a natureza de lei constitucional" – ideias que já vi expressas em várias sedes –, o que não se poderá ignorar é a superioridade hierárquica formal da Lei Básica relativamente aos restantes actos normativos, que resulta directa e explicitamente do preceito do seu artigo 11º, parágrafo segundo, e também, de forma mediata, de vários outros preceitos do seu articulado, designadamente todos os que delimitam os seus dispositivos através de fórmulas como "de acordo com as disposições desta Lei", "de harmonia com as disposições aplicáveis desta Lei", "salvo no que contrariar esta Lei", e outras equivalentes.

Ora esse conceito de independência da justiça, cuja delimitação parece tão simples e linear, tem dado origem a diversificadas abordagens doutrinárias que nele surpreendem uma multiplicidade de aspectos, mas cujo sentido dominante será útil referir aqui em síntese, até porque com ele me identifico no essencial.

> "O conceito de independência da Justiça constitui, desde as suas origens, um termo sumamente complexo e poroso" – discorre DIETER SIMON na sua obra "La Independencia del Juiz"[13].

E prossegue, em justificação deste asserto: "Complexo, porque a reivindicação que emana de semelhante termo pode ser interpretada de diversas maneiras. A independência pode ser considerada como a relação entre juízes e partes, ou de juízes entre si. Pode ser considerada, na acepção tradicional, como a questão da independência em relação a outros Poderes estaduais (incluindo a própria justiça) ou, de um modo geral, como independência em relação a personagens de influência política, com ou sem vinculação governamental. Por último, pode ser encarada sob a perspectiva de *forum internum*, ou seja, da independência judicial do próprio juiz"[14] [15].

Esta análise de SIMON, destrinçando vertentes diversas da independência da justiça – em relação às partes processuais, ao Poder Público, à sociedade, à própria organização judicial e à pessoa do juiz em si mesmo –, leva-nos até à ideia de imparcialidade referida ao sujeito activo, dotado de poder compositivo, que deve julgar os conflitos de interesses à luz do direito vigente.

Mas essa imparcialidade, há muito fortemente sublinhada em textos internacionais como a Convenção Europeia dos Direitos do Homem (artigo 6º, nº 1) ou o Pacto Internacional Sobre os Direitos Civis e Políticos de 1966, com a sua exigência de um processo equitativo, está na prática sujeita a múltiplos condicionamentos, de cuja influência deve ser salvaguardada mediante todo um conjunto de garantias que os limitem; conjunto de garantias que, numa das suas formulações mais sintéticas, se cifra, justamente, na proclamação da chamada independência judicial, tão explícita e reiteradamente afirmada no articulado da Lei Básica da Região Administrativa Especial de Macau.

[13] Editora Ariel, p. 10.

[14] Tradução literal do texto em língua espanhola.

[15] Há quem fale da necessidade de protecção do jurisdicionado contra as *convicções pessoais do juiz*. E há também quem enfatize o conceito de *ética do juiz*, como que uma deontologia, na expressão mais tradicional referida às profissões liberais.
Concorde-se ou não com tal equiparação, a verdade é que a necessária *neutralidade do juiz* representa uma garantia fundamental dos litigantes.

Assim perspectivada a independência como conceito de garantia da imparcialidade, e não como um fim em si mesma, fica realçado o especial liame entre esses dois valores, conferindo-se um particular sentido útil à tão proclamada e complexa independência judicial que é, afinal, uma apenas das múltiplas garantias do princípio da imparcialidade. Garantia qualificada, contudo: garantia orgânica institucional que visa, no fundo, libertar a imparcialidade dos condicionamentos que adviriam da inserção dos magistrados em órgãos estaduais politicamente não separados[16].

Relativamente à Região Administrativa Especial de Macau, alguma ansiedade foi, em tempos, transparecendo em determinadas sedes doutrinárias no que tange ao modo de nomeação dos magistrados – judiciais e do Ministério Público – que exercem o poder judicial na mesma Região.

São os artigos 87º, 88º e 90º da Lei Básica que preceituam sobre essa matéria, deferindo ao Chefe do Executivo a nomeação dos juízes dos tribunais das diferentes instâncias da RAEM, assim como dos delegados do Procurador: quanto aos primeiros, "sob proposta de uma comissão independente constituída por juízes, advogados e personalidades locais de renome"; e no que se refere aos últimos, "mediante indigitação do Procurador", que por seu turno "é nomeado pelo Governo Popular Central, sob indigitação do Chefe do Executivo".

Mas o artigo 87º da Lei Básica não se limita a indicar a personalidade nomeante e o organismo proponente. No desempenho de tão delicada e relevante missão, uma e outro terão sempre de pautar a sua escolha por "critérios de qualificação profissional"[17], prevendo-se mesmo a exoneração de juízes por "incapacidade para o exercício das suas funções ou por conduta incompatível com o desempenho do cargo"[18].

Com uma moldura legal assim desenhada – cujos contornos foram oportunamente trabalhados pela Comissão Preparatória da RAEM, nos termos do ponto 7 da "Decisão da Assembleia Popular Nacional Relativa à Metodologia para a Formação do Primeiro Governo, da Primeira Assembleia Legislativa e dos Órgãos Judiciais da Região Administrativa Especial de Macau" –, é legítimo crer que tal processo de nomeação dos magistrados – que aliás apresenta laivos de analo-

[16] Doutrinalmente, é possível agrupar as garantias da imparcialidade em três categorias principais: as *garantias orgânicas*, onde se insere a independência judicial; as *garantias estatutárias*, que caracterizam o estatuto profissional e funcional da magistratura; e as *garantias processuais*, quer relativas à própria pessoa do juiz, quer concernentes à estruturação e dinâmica do processo.

[17] Adiante se dedicará espaço à instituição encarregada da formação profissional dos magistrados.

[18] Sobre a *Comissão Independente* responsável pela indigitação dos candidatos ao cargo de juiz dispõem também os artigos 91º e 92º da Lei nº 10/1999, de 20 de Dezembro, já referida.

gia com os que se praticam em outros espaços do mundo contemporâneo –, não representará, por si só, uma ameaça à independência do poder judicial na Região.

Em síntese:

Assim concebida, a independência judicial surge como uma revelação do princípio da separação de poderes consagrado logo no artigo 2º da Lei Básica da Região Administrativa Especial de Macau;

A imparcialidade, enquanto postura objectiva e subjectiva exigível do juiz no desempenho da sua missão de "dizer o direito", determina uma rigorosa equidistância relativamente às partes no processo[19], para além de que deve cifrar-se em neutralidade técnica, social e política do mesmo juiz; neutralidade social e política cuja salvaguarda parece poder ter determinado preceitos como o do parágrafo terceiro do artigo 89º da Lei Básica da RAEM, segundo o qual "Os juízes em exercício não podem acumular nenhuma outra função pública ou privada, nem assumir qualquer cargo em associações políticas";

A efectiva independência dos tribunais, como órgãos e espaço da administração judiciária em que também o Ministério Público tem importantes funções a desempenhar, pode considerar-se como preocupação que esteve na base da estatuição do artigo 90º da Lei Básica da RAEM, no seu parágrafo primeiro. Aí se afirma também, expressamente, a independência da magistratura do MP, no sentido de que "é livre de qualquer interferência" no desempenho das "funções jurisdicionais atribuídas por lei"[20].

V. Os princípios decorrentes da Lei Básica da RAEM como reguladores do exercício do poder judicial na Região

Feita a análise interpretativa das disposições monitoras da Lei Básica relativas ao Poder Judicial e aos órgãos que o exercem, estão reunidas as condições para a enunciação dos princípios que regem esse mesmo exercício e para a explicitação do seu sentido e alcance, que aliás decorrem, em grande parte, da exposição precedente.

[19] Anselmo de Castro prefere usar um neologismo para designar esta necessidade de o órgão jurisdicional ser indiferente e se situar acima do conflito de interesses que é chamado a dirimir. Assim, aponta à função jurisdicional um carácter de "*terceiridade*" (*Direito Processual Civil Declaratório*, vol. I, Coimbra, Almedina, p. 14).

[20] Tenha-se em conta, todavia, a *subordinação hierárquica* dos magistrados do Ministério Público prevista no art. 8º da Lei nº 10/1999, de 20 de Dezembro, cujo nº 2 estabelece que "A hierarquia consiste na subordinação dos magistrados de categoria inferior aos de categoria superior, nos termos do presente diploma, e na consequente obrigação de observância por aqueles das instruções recebidas".

1. Comecemos pela *regra da territorialidade*, ainda não referida aqui de forma expressa, mas naturalmente presente, por implícita, em todas as reflexões desenvolvidas: fala-se de um território que, nos termos do ponto 2 da "Decisão da Assembleia Popular Nacional Sobre o Estabelecimento da Região Administrativa Especial de Macau da República Popular da China", "abrange a península de Macau, as ilhas da Taipa e de Coloane". Tem, pois, os seus limites territoriais bem definidos na Lei.

E é claro que, identicamente ao que sucede na generalidade dos espaços estaduais, os tribunais da RAEM, nos termos do preceituado no artigo 19º, parágrafo segundo, da Lei Básica, "têm jurisdição sobre todas as causas na Região"; não, obviamente, fora dos seus limites territoriais[21].

Mas duas ordens de excepções o preceito do artigo 19º comporta:

As restrições à jurisdição dos tribunais de Macau existentes à data do nascimento da Região Administrativa Especial, "impostas pelo ordenamento jurídico e pelos princípios anteriormente vigentes em Macau", que "se devam manter" (por exemplo, ditadas por normas adjectivas respeitantes a situações jurídicas plurilocalizadas); e

A ausência de jurisdição dos mesmos tribunais sobre actos do Estado, tais como os relativos à defesa nacional e às relações externas – o que, aliás, decorre do peculiar figurino político em que se encaixa esta "região administrativa local da República Popular da China que goza de um alto grau de autonomia e fica directamente subordinada ao Governo Popular Central" (artigo 12º da Lei Básica); Governo esse que "é responsável pelos assuntos das relações externas relativos à Região Administrativa Especial de Macau" (artigo 13º, parágrafo primeiro), e também o é "pela defesa" da mesma Região (artigo 14º, parágrafo primeiro).

Os actos do Estado – conceito cuja delimitação rigorosa não caberá fazer nesta sede – são assim subtraídos ao controlo dos órgãos judiciais da RAEM; e se vier a acontecer que, na apreciação e julgamento de uma determinada causa, se suscitem questões de facto relacionadas com este tipo de actos, relativos, por exemplo, à defesa nacional ou às relações externas, deverão os tribunais de Macau obter certidão nos termos previstos no referido parágrafo terceiro do artigo 19º. Trata-se, afinal, de actos políticos dotados de autonomia que, por isso mesmo, a Lei considera insindicáveis.

Fica assim bem patente quanto esta norma da Lei Básica da RAEM, na sua aplicação prática, poderá ser responsabilizante para os órgãos judiciais respecti-

[21] Cfr. também o artigo 1º, nº 2 da Lei de Bases da Organização Judiciária: "2. Os tribunais da Região Administrativa Especial de Macau têm jurisdição sobre todas as causas judiciais na Região, com excepção dos casos previstos na Lei Básica da Região Administrativa Especial de Macau".

vos, muito simplesmente porque exigirá dos magistrados uma criteriosa e cuidada identificação de questões de facto na verdade respeitantes a actos do Estado, com vista ao rigoroso cumprimento do comando imperativo do preceito.

2. Estas considerações tecidas em torno das normas do artigo 19º poderiam também, do ponto de vista sistemático, ser desenvolvidas a propósito do princípio da independência judicial, ao qual o parágrafo terceiro do mesmo artigo parece estabelecer desvios enquanto dispõe que as certidões sobre questões de facto respeitantes a actos do Estado obtidas do Chefe do Executivo (que por sua vez, antes de as emitir, "deve obter documento certificativo do Governo Popular Central") são vinculativas para os tribunais.

Ora sobre o princípio da independência judicial já aqui foi dito o essencial; mas sempre poderá acrescentar-se que:

Por um lado, parece plausível o entendimento segundo o qual, sempre que no julgamento de causas judiciais, se levantem questões respeitantes a actos do Estado, é aos tribunais de Macau que incumbe, no uso da sua independência[22], apreciar se realmente se trata de questões desse tipo cujo conhecimento tenha relevância, ou até seja decisivo, para o sentido da decisão a proferir *in casu*;

Por outro lado, creio que, em última análise, estes e outros condicionamentos se reconduzem à suma ressalva da sujeição à lei: só nos enquadramentos e nos termos legalmente definidos – a começar pela própria Lei Básica, como se torna óbvio – é que a independência dos tribunais poderá ser beliscada.

Adiante se falará desse outro princípio regulador do exercício da função judicial, designado *princípio da legalidade*, e de algumas das suas mais significativas revelações na Lei Básica da RAEM.

3. Usual é enunciar também, como regulador do exercício do poder judicial, o *princípio do* chamado *monopólio estadual* desse exercício, característico dos hodiernos sistemas de justiça ou vindicta pública, do qual é corolário a proibição, como regra, do exercício da jurisdição por órgãos estranhos ao Estado.

Mutatis mutandis, este princípio rege também o exercício do poder judicial na Região Administrativa Especial de Macau.

Porque:

Antes de mais, a Região goza de poder judicial independente, incluindo o de julgamento em última instância (artigo 2º da Lei Básica), não subordinado portanto ao poder homólogo do Estado Chinês;

Depois, a própria Lei Básica da RAEM estatui no seu artigo 82º que "compete aos tribunais da Região Administrativa Especial de Macau exercer o poder

[22] *Aqui entendida estritamente*, com o sentido já exposto supra.

judicial". O justificado laconismo do preceito consente, sem dúvida, como sentido único, que só tais órgãos podem exercê-lo, e em todas as causas judiciais da Região (artigo 19º, parágrafo segundo); exclusividade que está bem patente em todo o articulado do mesmo diploma sobre a matéria (sem prejuízo, contudo, da possibilidade de constituição, dentro dos limites legais, de tribunais arbitrais, que naturalmente continua a estar prevista).

Mas se dúvidas restassem sobre este ponto, ficariam dissipadas perante os termos claros do preceito do artigo 3º da Lei nº 9/1999, de 20 de Dezembro (Lei de Bases da Organização Judiciária): "Os tribunais são os únicos órgãos com competência para exercer o poder jurisdicional"[23].

E a tudo isto acresce que se consagra também no diploma fundamental da RAEM, em seu artigo 36º, o *princípio do acesso do jurisdicionado à justiça* – digamos que contrapolo da justiça pública –, nas suas várias vertentes: "o acesso ao Direito, aos tribunais, à assistência por advogado na defesa dos seus legítimos direitos e interesses, bem como à obtenção de reparação por via judicial"[24], esclarecendo o parágrafo segundo do mesmo artigo toda a abrangência do direito de acção judicial conferido aos residentes de Macau.

4. A rematar o elenco dos mais relevantes princípios de respeitar no exercício da função judicial, a legalidade é o primeiro de entre todos, a lograr afirmação explícita nas leis fundamentais dos hodiernos Estados de direito.

Não faz excepção a esta regra o preceituado na Lei Básica da RAEM. Bem pelo contrário, nela pode encontrar-se confirmadamente expressa a imperatividade do respeito pela lei, sem quaisquer reservas.

No que ao poder judicial concerne, os já referidos preceitos dos artigos 83º e 89º são bem claros na afirmação de que a independência dos tribunais – logo, dos magistrados – da Região Administrativa Especial de Macau é limitada pela sua sujeição à lei: "os tribunais são livres de qualquer interferência e estão apenas sujeitos à lei" (artigo 83º); os juízes exercem o poder judicial "nos termos da lei", e o Ministério Público "desempenha com independência as funções jurisdicionais atribuídas por lei" (artigo 90º, parágrafo primeiro).

E porque preceitos como os dos artigos 8º e 18º da Lei Básica dispõem que de entre as leis que vigoram na Região se contam, à partida, as "leis previamente vigentes em Macau", é curial afirmar que no princípio em análise poder-se-á continuar a surpreender, como até agora, três vertentes:

[23] É a chamada "*reserva do juiz*", ou seja, a proibição de, como regra, serem atribuídas funções jurisdicionais a qualquer outro órgão que não um dos tribunais integrados na hierarquia judiciária.

[24] *O direito de acesso ao Direito e aos tribunais* está regulamentado na Lei nº 21/88/M, de 15 de Agosto e no Decreto-Lei nº 41/94/M, de 1 de Agosto.

- A legalidade dos meios de tutela a conceder pelos tribunais, no sentido de que tais órgãos apenas podem decretar providências enquadráveis em algum dos tipos que a lei põe à disposição dos particulares para defesa dos seus direitos e interesses legítimos;
- A legalidade de certos requisitos de natureza adjectiva, indispensáveis à concessão da providência que ao caso couber, funcionando como verdadeiras condições da sentença de mérito; e
- A legalidade da actuação do tribunal, já que este órgão terá de pautar o exercício das suas funções pelo disposto na lei.

Resta salientar que os desvios consentidos ao princípio da legalidade estrita terão de estar, eles próprios, previstos em norma legal[25].

Assim se confirma o verdadeiro mandamento da sujeição à lei por parte destes órgãos do poder público que, com uma autoridade específica, dizem o direito, interpretando e aplicando as suas normas aos casos concretos submetidos a seu julgamento.

5. Todos estes princípios acabados de enunciar foram respeitados e densificados no articulado da Lei nº 9/1999, de 20 de Dezembro: artigo 1º, nº 1 e artigo 5º (independência): artigo 1º, nº 2 (territorialidade); artigo 3º (monopólio do exercício do poder jurisdicional); artigo 5º, nº 1 (legalidade); e artigo 6º (acesso aos tribunais).

Mas não deixe de se dizer que aos tribunais da RAEM, nessa sua função de intérpretes-aplicadores do direito, são concedidos também poderes de interpretação de disposições da própria Lei Básica "que estejam dentro dos limites da autonomia da Região".

É o parágrafo segundo do artigo 143º que assim estabelece, apenas se condicionando esse poder de interpretação – quando estejam em causa disposições relativas a matérias da responsabilidade do Governo Popular Central ou referentes ao relacionamento entre as Autoridades Centrais e a Região – à obtenção, através do Tribunal de Última Instância, de uma interpretação das disposições por parte do Comité Permanente da Assembleia Popular Nacional a quem pertence, em primeira linha, o poder de interpretar a Lei Básica.

[25] Como exemplo, pode referir-se o que no Código de Processo Civil (artigo 1208º) se dispõe relativamente aos chamados *processos de jurisdição voluntária* – especialíssimos dentro dos processos especiais –: "Critério de julgamento – Nas providências a tomar o tribunal não está sujeito a critérios de legalidade estrita, devendo antes adoptar em cada caso a solução mais conveniente e oportuna".

Só depois da obtenção da referida interpretação pode ser proferida a respectiva sentença, que imediatamente transita em julgado, por inimpugnável.

Mesmo assim, em casos destes, crê-se resultar claramente do disposto no artigo 143º, terceiro parágrafo, que é aos tribunais da RAEM que caberá decidir, com independência, da necessidade, casuisticamente aferida, da obtenção de uma interpretação por parte do Comité Permanente.

E mais: o condicionamento previsto no referido parágrafo terceiro – que poderia ser encarado como limite à autonomia/independência judicial da RAEM –, para além de estar em sintonia com o grau (não absoluto) de autonomia conferida à mesma Região, representa, no plano conceitual, uma confirmação da regra da legalidade; do mesmo passo que, no plano das realidades concretas, é provável que venha a ter uma expressão pouco significativa.

VI. As várias categorias de tribunais que integram a hierarquia judiciária da RAEM e âmbito da sua competência

1. Como únicos órgãos com competência para exercer o poder jurisdicional, os tribunais da Região Administrativa Especial de Macau, no respeito da sua independência, têm direito à coadjuvação das outras autoridades nos termos do artigo 7º da Lei nº 9/1999, de 20 de Dezembro.

A respectiva hierarquia é integrada por tribunais de primeira instância, por um Tribunal de Segunda Instância e por um Tribunal de Última Instância, abrangendo os primeiros o Tribunal Judicial de Base e o Tribunal Administrativo (artigo 10º).

Por sua vez, o Tribunal Judicial de Base compreende Juízos de Instrução Criminal, podendo, nos termos do artigo 27º da mesma Lei nº 9/1999, virem a ser nele criados juízos de competência especializada ou de competência específica, eventualidade, aliás, já prevista na própria Lei Básica da RAEM, em seu artigo 85º.

Para todas estas categorias de tribunais a Lei de Bases da Organização Judiciária define a respectiva competência, modo de funcionamento e alçadas, em desenvolvimento e densificação dos normativos da Lei Básica, que se limita – como já foi salientado – à definição das linhas gerais da organização e estrutura das várias categorias de tribunais (artigos 82º a 86º), assim como ao esboço dos critérios de qualificação profissional, nomeação e exoneração de juízes, do Ministério Público e dos funcionários judiciais (artigos 87º a 91º).

A atribuição de competência aos tribunais de primeira instância é feita segundo um critério que atende à matéria da causa, em função, portanto, da natureza do *thema decidendum*.

Assim, nos termos do artigo 86º da Lei Básica, ao Tribunal Administrativo compete o julgamento das acções administrativas e fiscais, conceito este que merece explicitação no preceito do artigo 30º da Lei nº 9/1999, ao atribuir competência àquele mesmo Tribunal "para dirimir litígios emergentes de relações jurídicas administrativas, fiscais e aduaneiras".

Mas nesta repartição do poder de julgar pelos dois tribunais de primeira instância da RAEM, há ainda que atender à regra do artigo 28º da Lei nº 9/1999, muito importante por prevenir situações causadoras de um eventual défice de jurisdição: "As causas que não sejam atribuídas por lei a um determinado tribunal são da competência do Tribunal Judicial de Base". Este Tribunal funciona, assim, como órgão judiciário-sede, com uma competência que podemos qualificar de residual.

Para efeitos de impugnação por recurso das suas decisões, e nos termos do artigo 17º, nº 1 da Lei nº 9/1999, os tribunais da RAEM encontram-se hierarquizados.

Assim:

- Cabe ao Tribunal de Segunda Instância conhecer dos recursos das decisões de todos os tribunais de primeira instância, incluídas as decisões do Tribunal Administrativo – como aliás já resultava expressamente do preceituado no artigo 86º *in fine* da Lei Básica da RAEM; e
- Compete ao Tribunal de Última Instância – órgão supremo da hierarquia judiciária de Macau – o julgamento dos recursos das decisões do Tribunal de Segunda Instância, nos casos em que esse recurso é legalmente admissível e quando o valor da causa exceda a alçada deste último Tribunal (artigos 17º, nº 2 e 18º da Lei nº 9/1999).

Não deixe de se notar, todavia, que a competência dos Tribunais de Segunda e de Última Instância não se esgota no julgamento de recursos; cabe-lhes igualmente desenvolver toda uma actividade jurisdicional elencada, respectivamente, nos artigos 36º e 44º da referida Lei nº 9/1999, com a particularidade de lhes competir o julgamento, em primeira instância, de determinadas causas ali enumeradas.

2. Mas um outro aspecto, merecedor de destaque, tem a ver com a supra enunciada regra da territorialidade extraída de preceitos como os dos artigos 1º, nº 2 e 16º, nº 1 da Lei nº 9/1999, de 20 de Dezembro.

Sempre que o direito carecido de tutela judicial resulte de relação jurídica plurilocalizada – conexa com outra ou outras ordens jurídicas para além da de Macau –, é necessário averiguar, caso por caso, se os tribunais da RAEM, considerados em globo, são ou não são detentores do poder de julgar.

Sob a epígrafe "Competência", esta matéria vem regulada no Código de Processo Civil, em seus artigos 15º a 20º, na sequência do disposto no nº 3 do artigo 16º da Lei nº 9/1999. Enunciam-se as chamadas "circunstâncias determinantes da competência" dos tribunais de Macau, distinguindo-se as circunstâncias gerais das circunstâncias que relevam para certas acções e para outros tipos de providências judiciárias; mas permite-se, ainda assim, que tais normas sejam afastadas por vontade das partes mediante acordo que satisfaça determinados requisitos formais e substanciais (artigo 29º); com ressalva, sempre, dos tipos de acções previstos no preceito imperativo do artigo 20º, para cujo julgamento os tribunais da RAEM detêm o monopólio.

Ora do que se trata em todos estes preceitos do Código de Processo Civil não é, em rigor, de uma questão de competência[26], mas sim de uma questão de jurisdição, entendida esta como poder de julgar dos tribunais da RAEM considerados em globo, face aos tribunais de outras ordens judiciárias.

Correcta está a epígrafe do artigo 29º: "Pactos privativo e atributivo de jurisdição".

A organização do Ministério Público

O artigo 9º da Lei nº 1/1999 (Lei de Reunificação) dispõe que: "É criado o Ministério Público da Região Administrativa Especial de Macau, que desempenha com independência as funções atribuídas por lei e é livre de qualquer interferência".

Por seu turno, o artigo 2º da Lei de Bases da Organização Judiciária qualifica o Ministério Público como órgão judiciário, a par dos tribunais da RAEM.

São vastas as suas atribuições e competências, designadamente em matéria cível e criminal, cabendo-lhe a representação em juízo da Região Administrativa Especial de Macau, da Fazenda Pública, dos órgãos municipais, dos incapazes, dos incertos e dos ausentes em parte incerta.

Nos termos do disposto no artigo 57º daquela mesma Lei de Bases, o Ministério Público está representado no Tribunal de Última Instância pelo Procurador (coadjuvado por um Procurador-Adjunto), no Tribunal de Segunda Instância pelos Procuradores-Adjuntos, e nos tribunais de primeira instância pelos Delegados do Procurador, desempenhando com independência as suas funções, sendo "autónomo em relação aos demais órgãos do poder", e estando apenas sujeito à lei (artigo 55º, nºs 1 e 2).

O Estatuto dos Magistrados do Ministério Público encontra-se definido na Lei nº 10/1999, de 20 de Dezembro, que também dispõe sobre a composição, competência e funcionamento do respectivo órgão de gestão e disciplina – o Conselho dos Magistrados do Ministério Público –, em seus artigos 105º a 111º.

[26] Competência como parcela do poder de julgar (ou de poder jurisdicional) atribuída a cada espécie de tribunal, em resultado da repartição desse poder, na ordem interna da RAEM.

Os órgãos de apoio aos tribunais e ao Ministério Público
As secretarias

As secretarias são órgãos que apoiam o funcionamento dos tribunais e do Ministério Público, com as atribuições estabelecidas na respectiva legislação orgânica[27], aprovada pelo Decreto-Lei nº 52/97/M, de 28 de Novembro. Este diploma unificou e harmonizou o disposto em legislação avulsa sobre a matéria, contendo a "regulamentação necessária e suficiente para a definição da organização, competência e funcionamento das secretarias dos tribunais e do Ministério Público", como consta do respectivo preâmbulo. Os seus normativos têm, contudo, de ser articulados com o que se dispõe em outros diplomas legais.

Desde logo, com preceitos do Código de Processo Civil: os dos artigos 111º a 116º, relativos aos actos das secretarias, que enunciam a função e os deveres que lhes incumbem; os dos artigos 117º a 138º, que regulam toda uma actividade que às secretarias compete desenvolver no tocante a publicidade e acesso aos processos, a passagem de certidões, a comunicação dos actos em geral – com destaque para a citação e as notificações –, e ainda ao acto da distribuição, através do qual se reparte com igualdade o serviço do tribunal e se designa o juízo em que cada processo há-de correr ou o juiz que há-de exercer as funções de relator (artigos 155º a 174º do Código de Processo Civil).

Nos termos do disposto na Lei de Bases da Organização Judiciária, compete ao presidente dos tribunais de primeira instância superintender na secretaria do Tribunal Judicial de Base (sem prejuízo de idêntica competência dos juízes do quadro respectivo, nos Juízos de Instrução Criminal), devendo também organizar a redistribuição de processos nos casos de alteração do número de juízes [artigo 33º, nº 4, alíneas 2) e 3)].

Idêntica competência têm os presidentes de cada um dos tribunais superiores – o Tribunal de Segunda Instância e o Tribunal de Última Instância – quanto às respectivas secretarias [artigos 42º, alíneas 8) e 10) e 51º, alíneas 9) e 12) da Lei nº 9/1999].

Os artigos 53º e 54º da Lei nº 9/1999 regulam a composição e as competências específicas da secretaria do Tribunal de Última Instância.

O Gabinete do Presidente do Tribunal de Última Instância

O Gabinete do Presidente do TUI foi criado pela Lei nº 9/1999, de 20 de Dezembro. Nos termos do respectivo artigo 50º, é um órgão com função independente, dotado de autonomia administrativa e financeira, ao qual "compete coordenar

[27] A primeira Lei Orgânica das Secretarias Judiciais, própria de Macau, foi aprovada pelo Decreto-Lei nº 6/87/M, de 9 de Fevereiro, cujo Título I veio a ser revogado pelo artigo 23º, nº 1, alínea *a)* do Decreto-Lei nº 52/97/M, de 28 de Novembro.

o expediente dos tribunais das várias instâncias, prestando-lhes apoio técnico, administrativo e financeiro" (nºs 1 e 2 do mesmo artigo).

A organização e funcionamento do Gabinete do Presidente do TUI constam do Regulamento Administrativo nº 19/2000, aprovado em 2 de Fevereiro desse ano. Aí se estipula que o Gabinete é integrado por unidades orgânicas cujas vastas atribuições compreendem, *v.g.*, a prestação de apoio ao Conselho dos Magistrados Judiciais, a gestão do Cofre de Justiça dos Tribunais e a coordenação da tradução, a recolha, a publicação e a gestão da documentação relativa ao sistema judicial da Região Administrativa Especial de Macau.

Neste Gabinete exercem funções um chefe de gabinete, assessores, técnicos superiores e técnicos, secretários do Presidente do Tribunal de Última Instância, intérpretes/tradutores e outro pessoal auxiliar. O Gabinete dispõe ainda de um Conselho Administrativo com competência para autorizar a realização de despesas do Gabinete.

O pessoal de apoio aos tribunais e ao Ministério Público

Dispõe o artigo 66º, nº 3 da Lei de Bases da Organização Judiciária que "Nas secretarias dos tribunais das várias instâncias exercem funções funcionários judiciais". A gestão do trabalho diário desses funcionários compete ao presidente do tribunal da respectiva instância e a classificação de serviço e o exercício da acção disciplinar sobre eles competem ao Conselho dos Magistrados Judiciais.

A definição do estatuto dos funcionários de justiça tem sido objecto de regulamentação em sucessivos diplomas legais, entre os quais:

- O citado Decreto-Lei nº 6/87/M, de 9 de Fevereiro (Lei Orgânica das Secretarias Judiciais), cujo Título I foi revogado pelo Decreto-Lei nº 52/97/M, de 28 de Novembro;
- A Lei nº 1/1992, de 27 de Janeiro (regulamentação do estágio como condição de ingresso na carreira);
- A Lei nº 7/1997, de 4 de Agosto (definição das bases do regime dos cargos, carreiras e estatuto remuneratório);
- O Decreto-Lei nº 53/97/M, de 28 de Novembro (aprovação do estatuto dos funcionários de justiça em complemento do disposto na Lei nº 7/97, unificando num único contexto normativo todo o regime aplicável aos mesmos funcionários); e
- O Despacho nº 15/GM/98 (aprovação do regulamento do estágio para ingresso na carreira de oficial de justiça e dos cursos de formação para acesso nesta carreira e para provimento no cargo de secretário judicial).

Para apoio ao Ministério Público, exercem funções nas unidades dependentes do Gabinete do Procurador os "funcionários judiciais do Ministério Público", competindo ao Conselho dos Magistrados do Ministério Público a classificação e o exercício da acção disciplinar sobre esses funcionários (artigo 69º, nºs 1 e 3 da Lei nº 9/1999).

IX. Os advogados como operadores judiciários

A abordagem da estrutura e funcionamento dos órgãos judiciários da RAEM resultaria desfocada sem uma referência aos profissionais do foro que são os seus mais directos colaboradores: os advogados.

A Lei Básica prevê, no seu artigo 92º, a propósito dos órgãos judiciais, que "Com base no sistema anteriormente vigente em Macau, o Governo da Região Administrativa Especial de Macau pode estabelecer disposições para o exercício da profissão forense, na Região Administrativa Especial de Macau, por advogados locais e advogados vindos do exterior de Macau".

Também na Lei de Bases da Organização Judiciária o instituto do mandato judicial mereceu previsão no preceito do artigo 65º e seus cinco números. Aí se dispõe que a lei assegura aos advogados os direitos necessários ao exercício do mandato judicial – mandato que, nos termos do nº 1 e como regra, exercem em exclusividade – , prevendo também os respectivos deveres (nº 2 do artigo). Para além de que se lhes reconhece explicitamente uma função de participação na administração da justiça e de defesa dos direitos, liberdades e garantias individuais ou colectivos.

Mas já antes do estabelecimento da RAEM a profissão se encontrava organizada e se regia por um conjunto normativo contido em vários diplomas, cuja vigência se mantém no essencial.

São eles:

A. O Estatuto do Advogado, aprovado pelo Decreto-Lei nº 31/91/M, de 6 de Maio, e posteriormente alterado pelos Decretos-Leis nºs 26/92/M e 42/95/M, respectivamente de 4 de Maio e de 21 de Agosto.

Nele se estabelece que o órgão de disciplina profissional dos advogados é o Conselho Superior de Advocacia[28], cuja composição e competência define, atribuindo-se-lhe, designadamente, a incumbência da aprovação de um Código Disciplinar (artigo 8º).

O mesmo diploma regula ainda, nos artigos 11º e seguintes, o exercício da advocacia nas suas várias vertentes: as condições de acesso à profissão, as incompatibilidades e impedimentos, e os casos de recusa de inscrição na Associação dos Advogados de Macau, que pelo mesmo diploma é convertida em associação

[28] Conselho cujo funcionamento se rege também pelo disposto no seu próprio Regulamento, aprovado em reunião de 2 de Agosto de 1996.

pública (artigo 37º); não podendo, nos termos do artigo 27º, nº 4, constituir-se outra associação pública da mesma profissão.

No uso da autonomia estatutária que lhe confere o nº 1 do artigo 32º, a Associação dos Advogados de Macau elaborou os seus estatutos, que definem as suas atribuições e competências, as regras respeitantes à formação, constituição e composição dos seus órgãos, os direitos e deveres dos associados, o regime financeiro e a forma e processo de elaboração do Código Deontológico da profissão;

B. O Código Deontológico, homologado pelo Despacho nº 121/GM/92, de 31 de Dezembro[29], que para além de definir os deveres gerais dos advogados – designadamente o de recusar patrocínio injusto, o de urbanidade, o de sigilo –, regula também:

a) Os seus deveres para com a comunidade, colaborando no acesso ao direito, na administração da justiça e na defesa dos direitos humanos (artigos 11º a 13º);
b) Os seus deveres para com a Associação dos Advogados, enumerados no artigo 14º;
c) Os seus deveres para com os clientes – nomeadamente de informação e zelo, de prestação de contas, de evitar litígios;
d) Os deveres recíprocos dos advogados, como os de urbanidade, lealdade e reserva; e ainda
e) Os seus deveres para com os magistrados.

C. O Código Disciplinar dos Advogados, homologado pelo Despacho nº 53/GM/95, de 7 de Setembro[30], que partindo da definição do conceito de infracção disciplinar, regula a respectiva acção e a tramitação do processo, instituindo as garantias dos arguidos e interessados na acusação, na defesa e na fase de recurso e graduando as penas aplicáveis às infracções cometidas.

Os dispositivos do Código Disciplinar são extensivos aos advogados estagiários, por força do disposto no seu artigo 1º.

D. O Regulamento do Acesso à Advocacia, publicado no Boletim Oficial de Macau nº 48, de 30 de Novembro de 1992, que regula as condições de inscrição como advogado e as regras a que obedece o desenvolvimento do estágio.

Nos termos do seu artigo 7º, o estágio divide-se em duas componentes: a componente escolar, que comporta vários módulos para aprofundamento das

[29] Publicado no Boletim Oficial de Macau nº 52, 5º Suplemento, de 31 de Dezembro de 1992.

[30] Publicado no Boletim Oficial de Macau nº 37, I Série, Suplemento, de 11 de Setembro de 1995.

"matérias objecto de estudo universitário, bem como da deontologia da profissão e outras matérias habitualmente não ministradas no ensino universitário"; e a componente prática, dirigida por um patrono que deve ter, pelo menos, cinco anos de exercício efectivo de advocacia em Macau (artigo 9º).

O Regulamento do Acesso à Advocacia prevê ainda a frequência de um "curso prévio de adaptação", obrigatório para os licenciados em Direito por universidade que não seja de Macau, e que não tenham estágio realizado pela Associação dos Advogados de Macau. Mas prevê também que esta Associação possa dispensar a frequência desse curso em casos pontuais, nos termos do nº 3 do artigo 14º.

E. O Regulamento dos Laudos, aprovado pela Associação dos Advogados de Macau, no qual se definem regras relativas à fixação dos honorários dos advogados e dos advogados estagiários.

Nele se prevê a possibilidade de serem solicitados à direcção daquela Associação laudos sobre honorários e pareceres sobre despesas e encargos, conferindo-se legitimidade para tal solicitação ao Conselho Superior de Advocacia, aos tribunais, ao próprio advogado, ao seu constituinte e a todos os que, nos termos legais ou contratuais, sejam responsáveis pelo pagamento dos honorários e das despesas e encargos (artigo 5º).

Regulam-se também os pressupostos e o formalismo do processo para emissão de laudos, estabelecendo-se a sua confidencialidade e a inimpugnabilidade por recurso do acórdão da direcção da Associação dos Advogados, apenas se admitindo um pedido de "revisão" do mesmo acórdão, dirigido àquela direcção, nos casos enumerados no artigo 18º do mesmo Regulamento.

X. O Centro de Formação Jurídica e Judiciária

Criado pelo Regulamento Administrativo nº 5/2001, de 2 de Abril, posteriormente alterado pelo Regulamento Administrativo nº1/2003, esta instituição sucedeu ao anterior Centro de Formação de Magistrados – que havia sido criado pelo Decreto-Lei nº 6/94/M, de 24 de Janeiro, a que foram introduzidas alterações pelo Decreto-Lei nº 18/97/M, de 19 de Maio[31] –, onde receberam formação específica os primeiros magistrados judiciais e do Ministério Público a exercer funções na Região Administrativa Especial de Macau.

O actual Centro de Formação Jurídica e Judiciária, continuando a desempenhar tão relevante missão, tem contudo responsabilidades acrescidas: nos termos do artigo 2º do referido Regulamento nº 5/2001, compete-lhe a formação

[31] Centro esse cujo funcionamento se regia pelo seu Regulamento Interno, publicado no Boletim Oficial nº 33/95, I Série, de 14 de Agosto, com as alterações publicadas no B.O. nº 26/96, I Série, de 25 de Junho.

profissional de magistrados judiciais e do Ministério Público, de conservadores e notários públicos, de notários privados, de funcionários de justiça, de oficiais dos registos e do notariado e do pessoal de educação do Instituto de Menores, para além de lhe competir a realização de cursos de reciclagem e aperfeiçoamento e de cursos de formação na área jurídica para os demais trabalhadores da Administração Pública.

O Centro de Formação pode ainda realizar, a solicitação da Associação dos Advogados de Macau, acções formativas destinadas a advogados e advogados estagiários (artigo 2º, nº 2 do citado Regulamento).

Por outro lado, para a prossecução das suas atribuições, o Centro tem organizado conferências e seminários nas áreas da justiça e do direito, sendo de destacar a realização de um curso de produção legislativa, em língua portuguesa e em língua chinesa, aberto a todos os juristas da Região Administrativa Especial de Macau.

O Centro de Formação Jurídica e Judiciária tem a natureza de estabelecimento público de ensino profissional, é dotado de autonomia científica e pedagógica, e o seu funcionamento rege-se por Regulamento Interno próprio, que foi aprovado por Despacho do Chefe do Executivo nº 212/2001.

XI. Os tribunais arbitrais

É importante referir ainda que o ordenamento jurídico da RAEM prevê que, por convenção das partes – compromisso arbitral (acordo que tem por objecto um litígio actual) ou cláusula compromissória (acordo que tem por objecto litígios eventuais emergentes de uma certa relação jurídica) –, o julgamento de certos litígios possa ser feito por tribunais arbitrais, que não se integram na organização judiciária da RAEM e cujos julgadores (árbitros) não são magistrados de carreira.

A arbitragem voluntária interna está regulamentada no Decreto-Lei nº 29/96/M, de 11 de Junho, cujos dispositivos restringem a possibilidade de utilização deste meio heterocompositivo ao âmbito das relações jurídicas disponíveis (artigo 2º, nº 1), mas permitem que, se as partes assim acordarem, os árbitros julguem segundo a equidade.

O tribunal arbitral pode ser constituído por um único árbitro ou por vários, em número ímpar, normalmente três (artigo 10º, nºs 1 e 2), e a sua designação ou nomeação, bem como a sua substituição e respectiva remuneração obedecem às regras fixadas nos artigos 11º a 19º do mesmo diploma, com as alterações introduzidas pelo Decreto-Lei nº 19/98/M, de 11 de Maio, que veio dar nova redacção ao nº 4 do artigo 19º.

De considerar ainda, relativamente à matéria da arbitragem, os normativos do Despacho nº 109/GM/98, de 23 de Novembro, que aprovou uma tabela relativa à remuneração dos árbitros e de outros intervenientes no processo arbitral, nos casos em que a convenção arbitral seja omissa e as partes não cheguem a acordo nessa matéria; o Decreto-Lei nº 55/98/M, de 23 de Novembro, que regula a arbitragem externa no âmbito comercial, seguindo a Lei Modelo sobre arbitragem comercial internacional; e o Decreto-Lei nº 110/99/M, de 13 de Dezembro, cujo artigo 39º – C prevê o recurso à arbitragem para julgamento de litígios em que o território de Macau seja ou venha a ser parte.

De fazer ainda uma referência à arbitragem voluntária institucionalizada, prevista no artigo 41º do mencionado Decreto-Lei nº 29/96/M, através do reconhecimento de competência – geral ou especializada – a determinadas entidades para esse efeito. A ela respeita também o Decreto-Lei nº 40/96/M, de 22 de Julho, cujos dispositivos, segundo o respectivo preâmbulo, vieram "dar execução ao artigo 41º do Decreto-Lei nº 29/96/M, de 11 de Junho".

Nos termos do artigo 4º daquele diploma, a lista das entidades autorizadas a realizar arbitragens voluntárias institucionalizadas deve ser publicada anualmente.

Resta salientar que às decisões proferidas pelos tribunais arbitrais confere a lei o mesmo valor e a mesma eficácia de que reveste as sentenças dos tribunais de jurisdição permanente. Mas os recursos que caibam daquelas decisões são interpostos para o Tribunal de Segunda Instância, do mesmo passo que a execução de sentenças condenatórias arbitrais cabe aos juízos cíveis do Tribunal Judicial de Base; o que demonstra que esta alternativa à via judicial, para resolução de litígios de natureza privada, não escapa totalmente às malhas do poder judicial da Região Administrativa Especial de Macau da República Popular da China.

Anexo II
Exemplificação do preceituado na alínea *b)* do artigo 15º do Código de Processo Civil

Enunciado

António, de nacionalidade britânica, residente da RAEM, celebrou com *Wang*, na cidade de Cantão da qual é natural e onde também reside, um contrato de mútuo, sem juros, do montante de MOP $1,000,000.00, tendo sido estipulado que o capital mutuado seria restituído a *António*, em Hong Kong, até ao último dia do mês de Março de 2009, o que não veio a suceder.

Necessitando do dinheiro para fazer um investimento, *António* contactou *Wang* para que cumprisse a sua obrigação, mas este deu uma desculpa que *António* não considerou aceitável, e por isso mesmo quer mover acção judicial contra *Wang*.

Poderá propô-la nos tribunais da RAEM?

Modelo de resolução

Trata-se de *uma relação material plurilocalizada*, já que o contrato foi celebrado na República Popular da China, o réu tem nacionalidade chinesa e reside habitualmente na China, enquanto António é de nacionalidade britânica e tem o estatuto de residente da RAEM; para além de que foi acordado como lugar do cumprimento da obrigação a Região Administrativa Especial de Hong Kong.

Por tudo isto se levanta, à partida, *a questão de saber se os tribunais da RAEM, considerados em globo, têm ou não jurisdição para apreciar esta causa*, no confronto com as jurisdições dos outros Territórios com os quais a relação jurídica litigada se prende também.

Vejamos:

- Partindo da estatuição do preceito do artigo 15º, contida no seu proémio – "Os tribunais de Macau são competentes (têm jurisdição) quando se verifique alguma das seguintes circunstâncias (...)", e

- Tomando em consideração que as três alíneas do mesmo artigo 15º funcionam autonomamente, ou seja, em alternativa, e prevêem situações por ordem decrescente de aplicação prática,
- Perante os dados do enunciado, verificamos que:
  i. A situação não se enquadra na previsão da alínea *a)* do artigo 15º, uma vez que nenhum dos factos que integram a causa de pedir foi praticado na RAEM;
  ii. Mas já poderá subsumir-se na previsão da alínea *b)* do mesmo artigo, porque o autor na acção é um residente de Macau e o réu é um não residente.

Mas *como funciona esta alínea b)*?

Funciona assim: os tribunais da RAEM têm, à partida, jurisdição para apreciar este litígio ou, o mesmo é dizer, que António pode propor, no tribunal competente da RAEM (o Tribunal Judicial de Base, que compreende três Juízos Cíveis – cfr. a Lei de Bases da Organização Judiciária de Macau), a acção declarativa de condenação contra Wang, pedindo a sua condenação na restituição do capital mutuado; *mas apenas se os tribunais da RPC, à face da respectiva lei, tiverem jurisdição para apreciar uma idêntica acção em que, por hipótese, as situações de parte se invertessem, ou seja, em que o Wang fosse autor e o António fosse réu.*

É o chamado *princípio da reciprocidade* (dar e receber em troca), geralmente aceite nas relações internacionais ou, neste nosso caso, nas relações externas da RAEM com outros Países ou Regiões.

Anexo III
Sucessão de leis sobre prazos
Algumas notas sobre a aplicação, a prazos processuais, da orientação geral colhida no artigo 290º do Código Civil de Macau

I. Com *a entrada em vigor do Código de Processo Civil de Macau* em 1 de Novembro de 1999, o problema de aplicação no tempo de normas referentes a prazos judiciais tem de ser resolvido tomando em consideração as *disposições transitórias especiais inseridas no diploma preambular respectivo*, o DL nº 55/99/M, de 8 de Outubro, publicado no BO nº 40, da mesma data.

E são elas:

a) **O nº 2 do artigo 2º:** Aos processos pendentes em 1 de Novembro de 1999 continua a aplicar-se o Código de Processo Civil anterior, com ressalva do disposto no nº 2 do artigo 97º do Código novo (que se aplica aos processos pendentes naquela data), segundo o qual "Havendo acordo das partes, o prazo é prorrogável por uma vez e por igual período" (sendo que do nº 1 do mesmo artigo resulta a sua aplicação apenas ao prazo processual fixado por lei);

b) **O nº 1 do artigo 6º**: A regra da continuidade dos prazos processuais (estabelecidos por lei ou fixados por despacho do juiz) "aplica-se a todos os prazos de natureza processual, cuja contagem ainda se não tenha iniciado no dia 1 de Novembro de 1999, estabelecidos em quaisquer diplomas a que sejam subsidiariamente aplicáveis as regras de contagem de prazos estabelecidas no Código de Processo Civil, estejam, ou não, os respectivos processos já instaurados naquela data"[32].

[32] De notar que, logo após a entrada em vigor do Código de Processo Civil de Macau, o preceito deste nº 1 do artigo 6º do Decreto preambular suscitou algumas dúvidas sobre o respectivo âmbito de aplicação, *talvez porque se desprezava a referência – limitativa –* a prazos

Ficaram assim contemplados em normas transitórias especiais *os dois aspectos a ter em consideração sempre que o operador do Direito, em caso de sucessão de leis, tenha de lidar com a matéria de prazos processuais e que são*: a duração do prazo e o sistema da sua contagem, ambos susceptíveis de alteração, por uma nova lei, em relação à lei anterior.

II. A orientação geral fornecida pelo preceito do artigo 290º do Código Civil de Macau

Para eventuais alterações, no futuro, em relação às quais não haja normas transitórias como as do referido DL nº 55/99/M, de 8 de Outubro, *mantém-se o interesse em tecer algumas considerações sobre a aplicação, aos prazos processuais, da orientação genericamente fornecida pela norma transitória geral do artigo 290º do Código Civil*, desde logo, *v.g.*, por virtude da existência de duas modalidades de prazos em Processo Civil – o *prazo dilatório* e o *prazo peremptório* – cuja distinção resulta dos preceitos dos nºs 2 e 3 do artigo 95º do Código de Processo Civil vigente (*veja-se, a este respeito, o que consta do texto principal destas Lições*).

a) Ora do disposto no artigo 290º do Código Civil resulta, em geral, que, havendo alteração da duração de certos prazos, a lei nova aplica-se também aos prazos em curso no momento da sua entrada em vigor, ou seja, é de aplicação imediata, quer essa mesma lei venha encurtar quer venha alongar os prazos em questão.

"estabelecidos em quaisquer diplomas a que sejam subsidiariamente aplicáveis as regras de contagem de prazos estabelecidas no Código de Processo Civil". ***Ora este requisito faz parte da previsão do preceito, cumulativamente com os outros aí referidos*** **– prazos de natureza processual + cuja contagem ainda se não tivesse iniciado no dia 1 de Novembro de 1999 + quer os respectivos processos estivessem já instaurados nessa data, quer não –, *só nesse enquadramento funcionando a respectiva estatuição.***

Não estão, parece-nos, abrangidos pela norma do nº 1 do artigo 6º do Decreto preambular os prazos estabelecidos no próprio Código de Processo Civil.

Cremos que outra interpretação não faria sentido, até por não ser compaginável com a regra transitória do nº 2 do artigo 2º do diploma em análise, para o qual não se encontra no diploma qualquer outro desvio para além do que se contém na parte inicial do nº 4 do mesmo artigo; e também porque tal interpretação acarretaria, na prática, uma efectiva redução dos prazos peremptórios fixados no Código de Processo Civil – redução essa que não estava no pensamento do legislador, tanto assim que se fez a adaptação da duração dos novos prazos à, também nova, regra da sua contagem –, prazos peremptórios esses que, por força do comando do nº 2, continuavam a ter a duração prevista no anterior Código, mas seriam computados segundo as novas regras de contagem que incluem os dias não úteis.

A única diferença está em que,

- Se a lei nova *encurtar o prazo* (nº 1 do artigo), este "só se conta a partir da entrada em vigor da nova lei, excepto se segundo a lei antiga faltar menos tempo para o prazo se completar" – o mesmo é dizer que se, *in casu*, a aplicação imediata da nova lei tiver como resultado o alargamento do prazo em questão (o que seria contrário à intenção do legislador), continua a aplicar-se a lei velha;
- Se a nova lei *alongar o prazo*, aplica-se imediatamente aos prazos em curso, mas conta-se "todo o tempo decorrido desde o seu momento inicial" (nº 2 do artigo).

Sempre presente, pois, a preocupação de não ofender legítimas expectativas das partes, em termos contrários ao espírito do preceito do artigo 290º do Código Civil.

b) Deve ainda entender-se que, para as hipóteses de uma nova lei vir *criar um novo prazo*, ou *vir suprimir um prazo pré-existente*, está de acordo com o espírito da lei que valha também o princípio da sua aplicação imediata, mesmo nos processos pendentes.

Vejamos agora se, e em que medida, todo este regime geral carece ou não de alguma adaptação quando se trate de prazos processuais.

- Começando pelas hipóteses referidas em **b)**, parece que rege de pleno o princípio da aplicação imediata da lei nova.
  Assim, se para a prática de certo acto processual não estava assinalado na lei qualquer prazo e se, antes da sua prática em processo pendente à data da entrada em vigor da nova lei, vier por esta a ser estabelecido um determinado prazo para a sua prática, este prazo deve ser cumprido quando o acto for praticado nesse processo pendente. Ou seja, nesta situação a lei nova aplica-se imediatamente.
  Se, ao invés, existia prazo para a prática de um acto no processo e a lei nova o elimina para a prática do mesmo acto, deixa de haver prazo para a prática, em processo pendente, do acto em questão. O que equivale, também, a uma aplicação imediata da lei nova.
- Relativamente à questão da *alteração da duração de prazos* (artigo 290º, nºs 1 e 2 do CC):
  = *Se a lei nova alonga um prazo já em curso* à data da sua entrada em vigor, quer o prazo seja dilatório quer seja peremptório, ela é de aplicação imediata, contando-se o tempo já decorrido antes dessa mesma vigência.

Por exemplo, estando já a decorrer um prazo de 20 dias quando a lei nova entra em vigor, se já tinham decorrido, por hipótese, 9 dias desse prazo – e portanto, pela lei velha, faltavam 11 dias para ele se completar –, porque se aplica imediatamente a lei nova que alarga o mesmo prazo para 30 dias, contando os 9 dias que já haviam decorrido na vigência da lei anterior, o beneficiário do prazo tem mais 21 dias para praticar o acto. *O prazo fica maior do que era, mas foi precisamente esse o intuito do legislador.*

= *Se a lei nova vier encurtar um prazo processual*, dilatório ou peremptório, é também de aplicação imediata aos prazos em curso em processos pendentes, mas só se conta o prazo a partir da entrada em vigor da nova lei, excepto se, segundo a lei antiga, faltar menos tempo para o prazo se completar, *situação em que continua a aplicar-se a lei antiga.*

Exemplos:

i. Se no decorrer de um prazo de 20 dias entrar em vigor uma nova lei que o encurta para 10 dias, se já tiverem decorrido 9 dias do prazo quando a lei entra em vigor – o que significa que ainda faltavam, pela lei antiga, 11 dias para o prazo se completar –, porque a lei nova é de aplicação imediata, ao beneficiário do prazo ficam a restar 10 dias para a prática do acto (porque essa é a nova duração do prazo). *A parte fica com menos um dia do que no regime anterior, mas essa é precisamente a intenção do legislador: a de encurtar esse prazo*;

ii. Se, por hipótese, já tiverem decorrido 11 dias desse mesmo prazo quando a lei nova entra em vigor (pela lei velha faltavam 9 dias para o seu termo), se fossemos aplicar imediatamente a lei nova, a parte ficaria com um prazo maior do que antes, *o que vai contra a intenção do legislador que é a de encurtar esse prazo.* Por isso, nesta situação, *continua a aplicar-se a lei antiga.*

Uma nota relativa a prazos dilatórios, nas hipóteses em que a nova lei vem encurtá-los – situação que tem importância realçar, até porque pode suceder que a um prazo dilatório se siga um prazo peremptório[33] e há que saber, com rigor, o *dies a quo* deste último.

Nestes casos, se do encurtamento do prazo dilatório, trazido pela lei nova, resultar que, quando ela entra em vigor, o prazo já está consumado (ao invés do que sucedia sob a vigência da lei anterior), a dilação/prazo dilatório finda no dia da entrada em vigor da lei nova, que, assim, mais uma vez, tem aplicação imediata. A partir desse mesmo dia começa a contar-se o prazo peremptório, se for caso disso.

[33] O artigo 98º do CPC estabelece que "Quando a um prazo dilatório se seguir um prazo peremptório, os dois prazos contam-se como um só".

Anexo IV
A 'contestação' em processo declarativo
– Alguns tópicos –

I. A contestação é o ***primeiro articulado do réu,*** no qual ele opta por cumprir o ónus de se defender, opondo-se à pretensão ou pedido do autor (artigos 403º a 419º do CPC).

II. A contestação pode também servir para um contra-ataque, nos casos em que é legalmente admissível a *reconvenção* (artigos 419º e 218º do CPC), assim se potenciando a decisão, num só processo, de mais do que um conflito de interesses privados.

III. A contestação desempenha a importante função processual de contribuir para a *definição da matéria ou objecto do litígio.*

IV. O oferecimento da contestação está sujeito a um prazo peremptório, que na forma comum ordinária é de 30 dias (nº 1 do artigo 403º), e na forma comum sumária é de 15 dias (artigo 671º, nº 1), a contar da citação ou do termo da dilação, quando a ela haja lugar. Este prazo é *eventualmente prorrogável,* nos termos dos nº s 4 a 6 do artigo 403º, que respeitam à forma ordinária, mas que se aplicam subsidiariamente à forma sumária (cfr. artigo 372º, nº 1).

V. Aos **requisitos da contestação** aplica-se subsidiariamente, com as necessárias adaptações, o preceituado no artigo 389º para a petição inicial.

Mas há também que atender ao preceito do artigo 408º (elementos da contestação); e a contestação deve também conter a indicação do número que foi atribuído ao processo a que respeita bem como, também, do Juízo Cível do Tribunal judicial de Base a que o mesmo foi distribuído.

VI. Como *regra*, **na contestação deve ser deduzida toda a defesa do réu** (nº 1 do artigo 409º), em nome da boa fé e lealdade na litigância processual.

Mas há *situações excepcionais* (artigo 409º, nº 2) em que a lei admite, ou até impõe, que a *defesa seja deduzida em separado* (caso de alguns incidentes), ou em *articulado superveniente*, nos termos previstos e regulados nos artigos 425º e 426º do CPC.

VII. As **modalidades de defesa** do réu estão enunciadas no artigo 407º e reconduzem-se a duas espécies: a defesa *por impugnação* e a defesa *por excepção.*

a) A defesa **por impugnação** é um tipo de **defesa directa** contra o pedido do autor, *quer* contradizendo os factos por ele aduzidos na petição como geradores do seu direito, *quer* admitindo esses factos como verdadeiros, mas contradizendo o efeito jurídico que deles pretende o autor extrair.
Ao cumprir o ónus da impugnação, o réu deve ainda respeitar o preceituado no artigo 410º e seus números, designadamente, deve tomar posição definida perante cada um dos factos articulados na petição inicial, assim contribuindo construtivamente para o apuramento da verdade da situação de facto a apreciar pelo tribunal (relacionar com o *princípio da cooperação*, definido no artigo 8º do CPC).
A *cominação* para o não cumprimento deste ónus é a estatuída no nº 2 do artigo 410º: *consideram-se reconhecidos os factos que não forem impugnados*, com as excepções consagradas nesse nº 2, e ainda no nº 4 do mesmo artigo.
O mesmo é dizer que os factos não impugnados se presumem assentes, ou provados; presunção essa que é inilidível, porque resultante de uma imposição legal.

b) A defesa **por excepção** consiste num **ataque lateral** ao pedido do autor, mediante a invocação de *factos novos* que exorbitam da narração, ou versão, dos factos articulados pelo autor, e que obstam, *quer* à apreciação do mérito da causa potenciando uma absolvição do réu da instância, *quer* à procedência do pedido do autor por serem impeditivos, modificativos ou extintivos do direito cuja tutela o autor requer. No primeiro caso, trata-se de *excepções dilatórias*; no segundo, estamos perante *excepções peremptórias.*

VIII. As **excepções dilatórias**[34] estão enunciadas, *exemplificativamente*, no artigo 413º do CPC e abrangem situações de falta de pressupostos processuais, de nulidades processuais ou de repetição de uma causa (litispendência e caso julgado – cfr. artigo 416º).

[34] Assim chamadas porque *dilatam*, ou *diferem para momento ulterior*, noutro eventual processo idêntico, a resolução de um concreto conflito de interesses.

As excepções dilatórias são em regra invocadas pela parte, pois correspondem intrinsecamente ao direito de defesa do réu, no seu interesse privado; mas, nos termos do artigo 414º, todas elas são de conhecimento oficioso pelo tribunal, salvo a violação de pacto privativo de jurisdição dos tribunais da RAEM (artigo 29º) e a preterição do tribunal arbitral voluntário (cfr. DL nº 29/96/M, de 11 de Junho).

Quando julgadas procedentes pelo tribunal, as excepções dilatórias determinam a absolvição do réu da instância, salvo se forem sanadas ou se for caso de remessa do processo para outro tribunal (artigo 230º e seus números; e artigo 33º, nº 1).

A decisão que conhece de excepções dilatórias produz **caso julgado formal**.

IX. As **excepções peremptórias**, doutrinalmente apelidadas, e bem, de *excepções materiais*, traduzem-se na invocação de factos impeditivos, modificativos ou extintivos do direito invocado pelo autor na petição inicial.

Respeitam a factos atinentes à relação jurídica material litigada; são, pois, de natureza substantiva, razão que levou o legislador do actual CPC de Macau a nele omitir qualquer enunciação das mesmas. A sede própria é a lei civil.

Exemplos de situações que configuram excepções peremptórias:

a) *Factos impeditivos* – **i.** *O dolo*, na acção de cumprimento de um contrato porque, potenciando a invalidade do mesmo, funciona como impeditivo do pedido de condenação no cumprimento das obrigações que dele resultariam se fosse válido; **ii.** *A prescrição* do direito que o autor pretende fazer valer porque, tendo uma eficácia preclusiva, afecta a faculdade de exigência judicial da prestação;

b) *Facto modificativo* – *a moratória* concedida ao devedor, quando a ela haja lugar, porque implica a alteração, para momento posterior, da data do vencimento – logo, da exigibilidade – da obrigação cujo cumprimento é pedido em tribunal;

c) *Facto extintivo* – qualquer facto que a lei civil qualifique como causa de extinção das obrigações, com eficácia extintiva do direito invocado pelo autor: designadamente, *o pagamento*.

As excepções peremptórias são, em regra, invocadas pelas partes, mas o artigo 415º do CPC dispõe que o tribunal conhece delas oficiosamente, salvo se a sua invocação depender da vontade do interessado, o que sucede com *a prescrição* (artigo 296º, nº 1 do CC) e com *a caducidade em matéria de direitos disponíveis* (artigo 325º, nº 2 do CC).

A procedência de quaisquer excepções peremptórias produz efeitos equivalentes ao julgamento do mérito da causa, em sentido desfavorável ao autor.

A decisão que conhece deste tipo de excepções produz sempre **caso julgado material.**

Anexo V
A 'Habilitação' em Processo Civil

O instituto da habilitação vem tratado no Código de Processo Civil como:

A. *Incidente da instância* (artigos 301º a 306º);

B. *Objecto próprio de uma acção* (no Código de Processo Civil anterior previa-se um processo especial de "justificação da qualidade de herdeiro"; o Código vigente prevê e regula um processo especial de "Curadoria dos bens do ausente ou impossibilitado", a relacionar com os artigos 89º e ss. do Código Civil);

C. *Elemento ou requisito da legitimidade das partes* (artigos 215º e 306º).

Relativamente à situação descrita em **B.**, o processo especial que se prevê actualmente já não é, como no regime do Código anterior, um processo destinado tão só a obter sentença que atribua a alguém a qualidade de herdeiro de uma pessoa falecida. Vai mais além na respectiva finalidade, como resulta da articulação com os citados artigos 89º e seguintes da lei civil.

No que concerne à situação referida em **C.**, ela verifica-se quando, *v.g.*, na petição inicial de uma acção se alega que quem nela aparece como Autor ou como Réu sucedeu na posição jurídica que pertencia a outra pessoa.

De notar que a lei processual civil considera que existe *habilitação*, tanto nas situações de transmissão operadas *inter vivos* a nível de relação material litigada, como nas de transmissão *mortis causa* da mesma relação (respectivamente artigos 215º, nº 1 e 306º do CPC).

Mas as duas figuras homónimas carecem, ainda assim, de distinção.

A razão de a lei as designar a ambas como sendo de habilitação, residirá, porventura, na circunstância de entre elas podermos surpreender certas analogias, pelo menos a nível processual, *v.g.*, na medida em que ambas podem provocar um incidente da instância, que é, em geral, processado por apenso em ambos os casos [artigo 302º, nº 2 – habilitação por morte; e artigo 306º, nº 1, alínea *a)* – transmissão entre vivos da coisa ou direito litigioso].

Mas é preciso não esquecer que certos outros efeitos processuais de cada uma das situações são diferentes:

a) Enquanto a habilitação por morte de alguma das partes dá origem, sempre, à suspensão da instância, nos termos do preceituado no artigo 220º, nº 1, alínea *a)*, com o regime do artigo 225º,

b) A habilitação por acto de transmissão entre vivos não provoca, como regra, a suspensão da instância, porque não vem prevista como causa de suspensão, nem no artigo 220º, nem no artigo 306º. Só se verificará, excepcionalmente, a suspensão se, *in casu*, o juiz a ordenar, no enquadramento em que o artigo 223º lho permite.
Tanto é assim, que o artigo 215º até confere legitimidade ao transmitente enquanto a habilitação não estiver feita, justamente para que instância não tenha de parar.

c) Finalmente, não deixe de se notar que a habilitação por morte pode também ter lugar em processo de inventário, que segue a forma especial regulada nos artigos 963º a 1030º, como aliás se prevê no artigo 967º.

Anexo VI
Causa de Pedir e Caso Julgado em Acções Declarativas

(Síntese exemplificativa)

Tem-se entendido que o *caso julgado* que vier a formar-se de uma decisão de mérito – legalmente considerado como seu efeito essencial –, apenas cobre com a sua força e autoridade a decisão sobre *o pedido* dirigido ao tribunal, com referência à *causa de pedir* invocada, e não com referência a qualquer outra causa de pedir que pudesse, eventualmente, basear o mesmo pedido.

Com efeito, é preciso ter presente que uma mesma causa de pedir pode, consoante os casos, fundamentar pedidos diferentes; assim como um mesmo pedido pode, em determinadas circunstâncias, basear-se em causas de pedir distintas.

Por tudo isto, é essencial saber *identificar com rigor a causa de pedir* nos diferentes tipos de acções judiciais cíveis.

Tomemos, pois, **alguns exemplos**, distribuídos por diversas categorias, mais paradigmáticas, de acções declarativas.

1. Relativamente às acções baseadas em negócios jurídicos (em geral), se partirmos da noção de "identidade de causa de pedir" que nos é dada pelo artigo 417º, nº 4 do CPC, poderemos dizer que *o núcleo essencial da causa de pedir* é constituído pela invocação da celebração de certo negócio, bem como da sua concreta violação.

Assim, para além da invocação das cláusulas essenciais definidoras do negócio celebrado, deve o autor alegar na petição os factos concretos, indispensáveis à integração dos outros factos jurídicos ajustados à concreta pretensão deduzida; ou, segundo alguma jurisprudência, deve o autor, pelo menos, remeter para o conteúdo de documento que seja apresentado para instruir a petição inicial (se o houver), e que exprima de forma clara a enunciação das cláusulas negociais.

Mas a aceitação deste método da simples remissão para o conteúdo de documentos juntos não é pacífica, como já dava conta Alberto dos Reis (*CPC*

Anotado, 3ª ed., vol. 2º, p. 353): alguma doutrina e alguma jurisprudência opinam que a simples remissão não satisfaz a necessidade de alegação dos factos integradores da causa de pedir; enquanto outros dizem que é suficiente, muito embora não seja louvável, ou aconselhável, o autor limitar a tal remissão a fundamentação do seu pedido.

2. Nas *acções constitutivas em geral*, e ainda de acordo com o preceituado no artigo 417º, nº 4, que consagrou a teoria da substanciação, a causa de pedir é integrada pelo *facto concreto que se invoca para obter o efeito pretendido* (ALBERTO DOS REIS, *CPC Anotado*, 3ª ed., vol. 3º, p. 126).

a) Um exemplo muito elucidativo é o da acção de divórcio litigioso, que se enquadra, como se sabe, na categoria legal *acção constitutiva extintiva*. Aqui, a causa de pedir tem natureza complexa, sendo que é integrada pela invocação da celebração do casamento dissolvendo, e ainda pelos factos concretos invocados como integradores de algum, ou alguns, dos fundamentos legais do divórcio litigioso (artigos 1635º e 1637º do Código Civil) para basear o pedido de dissolução da relação jurídica matrimonial.
ANTUNES VARELA (na *Revista de Legislação e de Jurisprudência*, Ano 126º, nota 1) explicita esta ideia afirmando que, se alguém vem a juízo pedir o decretamento do divórcio, não se lhe pede apenas que diga qual o dever conjugal que foi violado pelo cônjuge réu, mas, sobretudo, que invoque os comportamentos violadores do(s) dever(es) conjuga(is) por parte desse cônjuge, os actos que ele praticou e as circunstâncias de tempo, lugar e modo em que o fez.

b) Se se tratar de *acções de anulação de negócio jurídico*, que integram a categoria das *acções constitutivas extintivas* o legislador, no nº 4 do artigo 417º, ponderando as diversas teses a respeito, optou de novo pela teoria da substanciação, de tal sorte que a causa de pedir, nestas situações, é composta também pelos factos concretos de que o autor faz derivar, *in casu*, a anulabilidade do negócio jurídico.
Assim, invocados *factos concretos integradores de determinado vício do negócio jurídico* submetido à apreciação do tribunal (*por ex.*, a existência de erro sobre o objecto do negócio, com indicação dos factos concretos que integram o conceito abstracto de erro), a actividade deste órgão fica limitada à apreciação desses factos, sobre os quais se formará caso julgado material; e, assim, nada impede que, posteriormente, o autor, em nova acção, renove o mesmo pedido de anulação, mas com base num outro fundamento legal de invalidade, que na primeira não tenha sido objecto de apreciação pelo tribunal (*v.g.*, negócio anulável com base em coacção moral).

3. Tratando-se de *acções de simples apreciação* [artigo 11º, nº 2, al. *a)* do CPC], a causa de pedir é constituída pela invocação da existência, ou inexistência, do direito ou do facto concreto, e ainda pelos factos concretos, indiciadores do estado de incerteza, objectiva e grave, que justificam a demanda judicial.

Claro está que o direito de que aqui se fala é o *direito subjectivo concreto* que o réu nega na titularidade do autor, ou que invoca na sua própria titularidade, e que o autor pretende que seja declarado (acção de simples apreciação *positiva*), ou negado (acção de simples apreciação *negativa*) por decisão do tribunal (ver exemplos deste tipo de acções no texto principal destas Lições).

4. Nas situações particulares de *acções de filiação*, a actividade jurisdicional destina-se a permitir estabelecer a correspondência entre a filiação biológica e a filiação juridicamente estabelecida no Registo Civil (a adopção é um caso especial).

Assim sendo, a causa de pedir é integrada pelos factos concretos que, no caso, *confirmem* (acções de investigação de paternidade – artigos 1719º a 1722º do CC), ou *infirmem* (acções de impugnação de paternidade ou de maternidade – artigos 1697º a 1700º e 1665º a 1666º do CC) a pretensa relação biológica[35].

5. Nas *acções de condenação* em geral, a causa de pedir é integrada pelos factos concretos geradores da obrigação exigenda e pela invocação da sua violação por parte do réu.

a) Alberto dos Reis (*Comentário ao Código de Processo Civil*, vol. 3º, p. 208) dá o exemplo da chamada *acção de honorários*, proposta por um advogado contra o seu cliente que não lhos pagou. Depois de acentuar que a causa de pedir, neste tipo de acções, é complexa, explicita que tal complexidade resulta da necessidade de invocação do concreto contrato de mandato, e bem assim dos serviços concretamente prestados no exercício dele, para além, evidentemente, da invocação da mora do devedor dos honorários.

b) *Nas acções de responsabilidade civil extracontratual*, a causa de pedir é complexa, como complexa é, normalmente, a situação de facto de onde emerge o direito à indemnização.

Assim, nestes casos, a causa de pedir pressupõe, segundo as circunstâncias: **i.** a alegação da matéria de facto concreta relacionada com o evento; **ii.** a ilicitude; **iii.** a conduta culposa *ou* uma situação coberta pela respon-

[35] Como se sabe, hoje em dia os avanços científico e tecnológico permitem, em acções deste tipo, o recurso a meios como os exames genéticos, capazes de, com elevado grau de probabilidade, permitirem o estabelecimento e comprovação do vínculo biológico com o pretenso pai.

sabilidade objectiva; **iv.** os prejuízos; e **v.** o nexo de causalidade adequada entre o evento e os danos concretamente sofridos pelo autor.

6. No que respeita às *acções reais*[36], uma vez mais prevaleceu, na lei processual, quanto às acções desta natureza, a teoria da substanciação (ver artigo 417º, nº 4 do CPC), pelo que a causa de pedir é preenchida pelos factos concretos de que o autor faz derivar o direito real que invoca na sua titularidade.

Assim, por exemplo, na *acção de reivindicação de propriedade* (artigo 1235º do CC), a causa de pedir será, antes de mais, integrada pelos factos justificativos do pedido de reconhecimento do direito de propriedade (e consequente restituição do bem em causa), com referência ao fundamento concreto de aquisição desse direito, que tem de ser expressamente invocado; de tal modo que a improcedência da acção com base, por hipótese, em aquisição derivada, não impede que, em posterior acção, se formule o mesmo pedido, mas assente num modo de aquisição originária, verificado *in casu.*

Mas a causa de pedir nestas acções é também integrada pela invocação da ocupação pelo réu do bem em causa (*v.g.*, um apartamento). Nos termos do acórdão da Relação de Coimbra, de 14.02.2006 (*www.dgsi.pt*), a ocupação do bem pelo réu faz parte da causa de pedir, *porque a acção de reivindicação de propriedade visa essencialmente a restituição da coisa.*

[36] De que são exemplos, não só as *acções de reivindicação*, mas também as *acções de preferência*.

Anexo VII
O Interesse Processual
(Artigos 72º e 73º do CPC)

Trata-se de um *pressuposto processual* que o Código de Processo Civil de Macau veio, inovadoramente, tipificar, autonomizando-o relativamente à legitimidade.

E, assim, dispõe que tem interesse processual na acção quem está na impossibilidade de exercitar, ou de conservar, o seu direito sem a intervenção do órgão judiciário: uma situação de carência de tutela para o direito invocado pelo autor (artigo 72º do CPC).

Na verdade, a afirmação de que a todo o direito corresponde uma acção (nº 2 do artigo 1º do CPC) tem de ser entendida nos seus devidos termos, ou seja, não basta alguém dizer-se titular de um direito e, nessa pretensa qualidade, invocá-lo perante o tribunal; é ainda necessário:

i. Antes de mais, que essa pretensão do autor esteja alicerçada numa situação factual merecedora, pelo meio adequado, de tutela jurisdicional; e
ii. Que na pretendida tutela judiciária se verifique, também, um interesse adjectivo.

Costuma dizer-se que **o que distingue a legitimidade do interesse processual** é isto: a legitimidade pressupõe um *interesse* das partes *no objecto do processo*; o interesse processual *diz respeito ao próprio processo*, em si mesmo.

Como sucede relativamente a qualquer definição, é muito difícil conseguir uma definição, sintética e rigorosa, de interesse processual.

Ora isso resulta bem patente do modo como este instituto está regulado no Código de Processo Civil: para tornear tal dificuldade, adoptou-se o método, porventura mais eficaz, de referir, genericamente embora, situações em que há, ou não há, interesse processual, por referência às várias espécies de acções cíveis.

Assim:

a) ***Nas acções de simples apreciação*** (nº 1 do artigo 73º), há interesse processual quando o autor se veja colocado numa situação de incerteza – objectiva e grave – quanto à existência de um seu direito ou de um facto que lhe é favorável (apreciação positiva), ou quanto à inexistência de um direito que outrem se arroga ter contra ele, autor, ou de um facto que o prejudica (apreciação negativa).

b) ***Nas acções constitutivas*** (nº 2 do artigo 73º), há interesse processual quando o efeito jurídico pretendido pelo autor não possa ser conseguido, unilateralmente, pela via extrajudicial.

c) ***Nas acções de condenação*** (nº 3 do artigo 73º), a aferição do interesse processual deve ser feita distinguindo as seguintes situações:

   i. *Se a obrigação* que se pretende realizar coercivamente *já está vencida*, há interesse processual: a lei presume que a violação existe, competindo ao devedor (réu) provar que não houve violação do direito de crédito correspondente. Exceptuam-se as situações em que o autor já dispõe de um título executivo, podendo instaurar directamente uma acção executiva (nesses casos falta o interesse processual).

   ii. *Se a obrigação ainda não está vencida*, e se verificar alguma das situações previstas no artigo 393º, há interesse processual quando o devedor deixar de cumprir, circunstância que deve ser alegada e provada pelo Autor. Tratando-se de prestações periódicas, basta que o devedor tenha deixado de cumprir alguma ou algumas delas para que haja interesse processual.

Anexo VIII
A 'Falsidade' em Processo Civil

(Algumas notas)

Na lei processual anterior (CPC de 1961), a *falsidade* vinha autonomizada de entre os incidentes da instância, repartindo-se a regulamentação legal por duas modalidades: *falsidade de documentos* e *falsidade de actos judiciais*.

No Código de Processo Civil actualmente em vigor na RAEM optou-se por diferente inserção sistemática do instituto.

Assim:

- A *falsidade de documentos* está hoje prevista a propósito da fase da instrução do processo declarativo, na secção destinada à *prova por documentos* (artigos 450º a 476º), onde se admite a possibilidade de *impugnação da genuinidade de documento* e de *ilisão da autenticidade ou da força probatória de documento no próprio processo declarativo*, com inserção ou aditamento à base instrutória dos factos que interessem à apreciação da arguição desse vício.
  Aí se prevê também – artigo 475º – que, "se a arguição tiver lugar em acção executiva, em processo especial cuja tramitação inviabilize o julgamento conjunto ou em processo pendente de recurso, a instrução e o julgamento fazem-se nos termos gerais estabelecidos para os *incidentes da instância*".
- A *falsidade de acto judicial* vem actualmente regulada no artigo 476º, prevendo-se também, para esta modalidade de vício, a apreciação e julgamento no próprio processo declarativo, ou como incidente da instância, consoante os casos.

I
FALSIDADE DE DOCUMENTO

A noção de *documento falso* resulta do preceito do artigo 366º, nº 2 do Código Civil, cujo nº 3 prevê a possibilidade de o tribunal declarar oficiosamente a falsidade (isto é, sem necessidade de arguição pela parte), sempre que ela seja "evidente em face dos sinais exteriores do documento".

Mas para mais rigorosa delimitação do conceito, **é útil estabelecer a *distinção* entre situações de *falsidade de documento* e situações em que se verificam *outros vícios* com os quais a falsidade poderia ser confundida.**

Assim:

a) O vício *falsidade* é essencialmente diverso do vício *nulidade*.

A *nulidade* supõe um vício de forma; a *falsidade* corresponde a um vício de substância.

O *documento é nulo* porque na sua formação se omitiram requisitos externos exigidos por lei; *o documento é falso* porque é contrário à realidade, à verdade dos factos, isto é, narra factos que não se passaram[37].

b) O vício *falsidade* é diferente, também, do vício *simulação*[38].

A noção de *simulação* resulta do preceito do artigo 232º do Código Civil, que a considera como *um vício do negócio jurídico. Reporta-se, pois, ao momento da formação do acto jurídico.*

[37] Sobre *nulidades dos instrumentos notariais* por vício de forma, sua sanação e validação judicial, vejam-se os artigos 87º a 93º do Código do Notariado de Macau.

[38] O vício da *simulação* pode também afectar o processo *in totum*, ou seja, o processo considerado como um todo, e não apenas atingir um ou vários dos actos processuais que o integram.
Este tema tem sido tratado na doutrina e na jurisprudência com alguma extensão, já que não deixam de ser frequentes casos de simulação ocorridos na vida real, sobretudo, e de modo particular, no domínio das relações de família e sucessórias, bem como nos processos de inventário.
É praticamente unânime considerar que **o processo é simulado** quando as partes estão conluiadas para obter determinado resultado real, diverso do resultado aparente do processo. São casos de processos simulados aqueles em que as partes, em vez de pleitearem a sério, pactuam num simulacro de litígio como meio de obter determinado resultado que lhes interessa (exemplo apontado por BELEZA DOS SANTOS, *in A Simulação*, I, 217: caso do homem casado que, desejando fazer uma liberalidade à concubina, se deixa condenar em acção por ela movida para obter pagamento da quantia com que o mesmo deseja beneficiá-la).
Outras vezes, as partes servem-se do processo para conseguir um fim proibido por lei – situações que a doutrina tem apelidado de **processo fraudulento.** Aqui, o recurso à via judicial, portanto ao processo, corresponde à vontade das partes, mas tende a esquivar uma proibição legal.

A falsidade é um vício do documento destinado a fazer a prova do acto. *Reporta-se ao momento da elaboração do documento de que há-de constar o acto*[39], ou a momento posterior nos casos em que, depois de lavrado, o documento é objecto de viciação material, quer no que respeita ao seu contexto, quer no que respeita à data ou às assinaturas (situações estas que a doutrina tem apelidado de *falsidade material, externa* ou *falsificação*)[40].

A *simulação* consiste na *divergência entre a vontade real e a vontade declarada*; o mesmo é dizer que, na simulação, há falta *intencional* de correspondência entre o que se queria e o que se declarou (*v.g.*, sob a aparência de venda, o que realmente se fez foi uma doação: as partes, *propositadamente*, declararam coisa diversa do que queriam)[41].

Os casos de *processos simulados* e de *processos fraudulentos* (cuja distinção fora já estabelecida pelo italiano CARNELUTTI), e suas consequências, estão previstos na lei processual:
No artigo 568º, sob a epígrafe **"uso anormal do processo"**. De facto, há, nestes casos, um desvio do fim normal a que o processo tende, que é a justa composição de uma lide ou litígio; por isso se estatui que *"a decisão deve obstar ao objectivo anormal prosseguido pelas partes"*. Mas obstar de que modo? Muitas têm sido as opiniões a este respeito, de entre as quais se destacam: a de ALBERTO DOS REIS opinando que a decisão deve ir no sentido da anulação de todo o processo; e a de MANUEL DE ANDRADE, que defende que o juiz deverá declarar sem efeito o processo, abstendo-se de proferir decisão sobre o mérito.
É esta última a solução que nos parece mais adequada e que já defendemos na nossa dissertação de mestrado sobre *O Recurso de Revisão em Processo Civil,* publicada no Boletim do Ministério da Justiça, nº 134, onde pode encontrar-se uma abordagem crítica de outras posições doutrinárias a respeito desta questão.
No artigo 385º, cujo nº 2 determina que é **litigante de má fé** aquele que, com dolo ou negligência grave, "(...) tiver feito do processo ou dos meios processuais um uso manifestamente reprovável, com o fim de conseguir um objectivo ilegal (...)" [alínea *d)* do preceito]. É a chamada *má fé instrumental,* cuja sanção é a condenação em multa.
No artigo 664º, que refere os fundamentos do **recurso extraordinário de oposição de terceiro:** "Quando o litígio assente sobre um acto simulado das partes e o tribunal não tenha feito uso do poder que lhe confere o artigo 568º, por não se ter apercebido da fraude, pode a decisão final, depois do trânsito em julgado, ser impugnada mediante *recurso de oposição de terceiro* que com ela tenha sido prejudicado".

[39] Abrangendo: **tanto** a suposição do documento (falsificação total: documento pura e simplesmente forjado), ou de alguma das pessoas nele mencionadas como partes; **como** a certificação de algum facto que na verdade se não passou.

[40] Ver, por todos, MANUEL DE ANDRADE, *Noções Elementares de Processo Civil,* com a colaboração de ANTUNES VARELA, Coimbra, 1979, p. 224.

[41] MANUEL DE ANDRADE afirma, lapidarmente, a este respeito: "A simulação não envolve falsidade porque quem mente nesse caso não é o documentador (autor do documento), mas as partes" (*Noções Elementares* ... cit., p. 225).

A **falsidade** consiste na *desconformidade entre o que se passou ou declarou e o que no documento se diz ter passado ou declarado*; ou seja, na falsidade há falta de correspondência entre o que realmente ocorreu e o que no documento se dá como ocorrido (*v.g.*, o documento não reproduz fielmente as declarações das partes num contrato).

Mas, quanto à falsidade, convém ainda salientar que há uma diferença radical entre a *falsidade do documento* e a *falsidade das afirmações que ele contém.*

"Pode o documento encerrar declarações verdadeiras e ser juridicamente falso, bastando, para tal, que no acto da sua celebração as mesmas não tivessem sido produzidas; e pode o documento ser juridicamente verdadeiro e, entretanto, basear-se em factos ou declarações que não correspondam à verdade"[42] [43].

Em suma:

a) Um documento pode ser *verdadeiro* (não falso), mas o acto nele consubstanciado estar viciado intencionalmente (simulação);

b) Ou pode um documento ser *verdadeiro* (não falso), mas nele estarem plasmadas falsas declarações;

c) Ou pode, ainda, um documento ser *falso*, e não deixará de o ser pelo facto de serem conformes à realidade as declarações falsamente atribuídas às partes.

[42] Acórdão do STJ, de 27 de Fevereiro de 1940, citado por Alberto dos Reis, *in Código de Processo Civil Anotado,* 3ª ed., vol. 1º , p. 534.

[43] No plano processual, a *alteração*, por qualquer das partes, *da verdade dos factos* levados a tribunal, se feita com dolo ou negligência grave, integra a chamada **má fé substancial**, potenciando a condenação da parte como litigante de má fé (cfr. artigo 385º do CPC). Trata-se da violação do chamado **dever de veracidade,** amplamente tratado na doutrina jurídica alemã e que já Alberto dos Reis assimilava ao "dever de probidade": as partes não devem, conscientemente, formular pedidos injustos ou *articular factos contrários à verdade* (*in Comentário ao Código de Processo Civil,* vol. 3º, pp. 2 a 5).

Veja-se, a este propósito, o preceituado no artigo 9º do Código de Processo Civil de Macau que, no seu nº 1, *impõe às partes o dever de agirem "de acordo com os ditames da boa fé"*, para no nº 2 exemplificar: não devem formular pedidos ilegais, nem **articular factos contrários à verdade**, nem requerer diligências meramente dilatórias ou omitir a cooperação preceituada no artigo 8º.

Está, assim, expressamente definido na nossa lei processual, para as partes, *um dever genérico e preventivo de veracidade*. Da *vertente repressiva* se ocupam, genericamente, os artigos 385º a 388º (multa e indemnização), para além de outros preceitos respeitantes a determinadas matérias processuais, como sucede com o artigo 722º (nomeação de bens à penhora em acção executiva).

A *falsidade de documento* é tratada na lei processual civil (CPC):

I. Como incidente da instância

Por exemplo, está pendente acção executiva ou acção com processo especial nos termos previstos no artigo 475º e seus números do Código de Processo Civil, e no decurso da causa junta-se ao processo um documento falso.

II. Como objecto próprio de uma acção declarativa

Por exemplo, falsificou-se um título cambiário: o aceitante ou o sacador podem propor *acção destinada a fazer declarar a falsidade do título cambiário,* se tiverem meio de provar a existência dele.

III. Como fundamento do recurso extraordinário de revisão

Por exemplo, se transitar em julgado uma sentença proferida com base em determinado documento junto ao processo e se a parte vencida não arguiu a falsidade do documento porque, por hipótese, ao tempo não possuía elementos que a fizessem suspeitar da falsidade, pode depois invocá-la como fundamento de *recurso de revisão,* nos termos do artigo 653º, nº 1, alínea *b)* do Código de Processo Civil.

IV. Como fundamento de embargos de executado

Por exemplo, em acção executiva baseada em sentença condenatória, nos termos da alínea *b)* do artigo 697º do Código de Processo Civil, a "*falsidade do processo ou do traslado* ou infidelidade deste[44], quando uma ou outra influa nos termos da execução", constitui um dos fundamentos taxativamente admitidos por lei para basear a oposição do executado por meio de embargos.

Quando a execução se funde em título diverso de sentença, *a falsidade do título executivo* é também fundamento de embargos de executado.

Lebre de Freitas (*in A Acção Executiva – À Luz do Código Revisto,* 2ª ed., p. 143) nota que na execução baseada em sentença, para que haja fundamento de embargos, *a falsidade tem de dizer respeito a todo o processo declarativo* que antecedeu o processo executivo, *não bastando que ocorra falsidade de um só acto do processo declarativo*[45]; ou então *a falsidade tem de ser vício que atinge o traslado* (isto é, a *certidão da*

[44] Alberto dos Reis faz a delimitação do conceito de *infidelidade do traslado*: trata-se de falta de conformidade entre o original e a cópia, inexactidão essa devida a mero engano ou lapso involuntário na passagem da certidão (*Código de Processo Civil Anotado,* 3ª ed., vol. I, pp. 536-537).

[45] O mesmo autor não esclarece, no entanto, em que circunstâncias se configura a *falsidade de todo o processo*; e também não apresenta qualquer exemplo. Mas não é difícil imaginar os contornos de semelhante situação: suponha-se que um funcionário judicial *forja um qualquer processo* que não corresponde à petição de ninguém, ao qual ele próprio junta *provas falsas,*

sentença condenatória proferida na acção declarativa, certidão essa emitida para servir de base à execução).

II
FALSIDADE DE ACTO JUDICIAL

A *falsidade de acto judicial* está prevista e regulada no artigo 476º do Código de Processo Civil.

Nos termos do mesmo preceito, *este vício pode também*, tal como o da falsidade de documento, *ser processado como incidente da instância,* aplicando-se-lhe então, com as necessárias adaptações, o disposto nos artigos 471º a 475º do Código de Processo Civil (cfr. nº 3 do artigo 476º).

De entre os casos de falsidade de acto judicial, o artigo 476º dá especial relevância à *falsidade da citação*[46], o que bem se compreende dada a enorme importância deste acto processual e a amplitude dos seus efeitos processuais e substantivos. Por isso mesmo, a lei vai ao ponto de dispor que, se o vício "puder prejudicar a defesa do citando, a causa suspende-se logo que seja admitida a arguição, até decisão definitiva desta" (nº 4 do artigo 476º).

José Alberto dos Reis aponta (*in Código de Processo Civil Anotado,* 3ª ed., vol. I, p. 571), como sendo "*casos típicos de falsidade de citação: 1º O réu não foi citado; o oficial lavrou certidão em que declara tê-lo citado, mas a certidão é falsa, porque dá como praticado um acto que realmente não se praticou (...). 2º O réu foi citado; mas a certidão dá-o como citado em determinado dia, quando é certo que foi citado em data posterior. Há viciação da data (...)*".

falsificando também as assinaturas de todos os hipotéticos intervenientes processuais. Neste caso, a falsidade atinge todo o pretenso "processo", culminando, evidentemente, numa "sentença" falsa...

[46] Não deve confundir-se este vício de **falsidade da citação** com os vícios de **falta da citação** e de **nulidade da citação**, previstos, respectivamente, nos artigos 141º e 144º do Código de Processo Civil. Aliás, se atentarmos no *regime legal de cada um destes três vícios*, verificamos, por exemplo, que:
O preceito da alínea *f)* do artigo 653º admite como fundamentos do recurso extraordinário de revisão a *falta da citação* ou a *nulidade da citação efectuada*, quando a acção tenha corrido à revelia por falta absoluta de intervenção do réu; casos estes muito graves em que houve um atropelo do contraditório, o que justifica a possibilidade de impugnação por recurso da decisão proferida, mesmo depois de transitada em julgado. Enquanto que o preceito do nº 4 do artigo 476º prevê, para os casos de *falsidade da citação,* verificado que seja o condicionalismo nele descrito, que a instância seja suspensa; ou então, se o autor o requerer, que o acto da citação seja repetido.

Cita depois o mesmo processualista um acórdão do Supremo Tribunal de Justiça que decidiu no sentido de que "pode arguir-se a falsidade da certidão de citação, quando o oficial de justiça foi informado, falsamente, por duas testemunhas, de que o citando estava ausente em parte incerta e lavrou certidão nessa conformidade".

Todavia, o mesmo autor não concorda com a doutrina deste acórdão porque – diz – "a certidão seria falsa se o oficial declarasse *falsamente* ter recebido a informação de ausência em parte incerta, isto é, se ele dissesse ter recebido a informação, sem de facto lhe ter sido dada; mas desde que as testemunhas o informaram da ausência em parte incerta, a certidão, reproduzindo essa informação, corresponde à verdade".

E acrescenta: "Uma coisa é (...) a falsidade do documento, outra, bem diferente, a falsidade das declarações que recebe e reproduz o funcionário que o lavra; e o que se diz do documento, há-de igualmente dizer-se do acto judicial" (ob. cit., p. 572).

Resumos Relativos ao Processo Executivo

I
TERMINOLOGIA LIGADA À ACÇÃO EXECUTIVA

Execução

Acepções, mais ou menos abrangentes, do vocábulo, na linguagem legal e doutrinal:

- *Como sinónimo de acção executiva* — A própria lei de processo designa a *acção executiva* por *execução.*
  Por exemplo:
  - Nos artigos 21º a 25º, 68º a 71º, 74º, 677º e ss, todos do Código de Processo Civil.
- *No sentido de pedido formulado na acção executiva, v.g.*, nos artigos 684º e 685º do Código de Processo Civil, cujas epígrafes são "cumulação inicial de execuções" e "cumulação sucessiva de execuções".
- *Para designar um dos actos do processo executivo: a apreensão de bens ou direitos* do devedor ou de terceiro. Por exemplo, no artigo 704º, nº 1.
- *Como cumprimento de uma decisão judicial,* traduzido em certos actos ou em processamento que nada tem a ver com a acção executiva propriamente dita. É a chamada *execução imprópria.*

Quando, por exemplo, se averba um divórcio nos correspondentes assentos de registo civil *executa-se* a respectiva sentença, certo sendo que ela não é, por si, susceptível de acção executiva, na parte registável.

II

ACÇÃO / PROCESSO DECLARATIVO E ACÇÃO / PROCESSO EXECUTIVO NO ACTUAL DIREITO PROCESSUAL CIVIL DA RAEM

Síntese dos principais aspectos da autonomia do processo executivo em relação ao processo declarativo

O processo executivo resulta também da propositura de uma acção, tal como o declarativo (artigo 11º do Código de Processo Civil). Mas é uma instância distinta, porque:

- O processo executivo não é um complemento necessário do declaratório.
- Quando haja de recorrer-se ao processo executivo, há sempre necessidade de dar início a nova instância, devendo o credor dirigir um requerimento ao tribunal (artigo 695º, nº 1, do Código de Processo Civil).
- Assim, em cada um dos tipos de acção, não são exactamente os mesmos os pressupostos processuais.
- Como é lógico e entendível, a própria tramitação processual é diferente.
- Diferentes são também, em parte, os poderes do juiz quanto ao indeferimento *in limine* e ao convite para correcção ou aperfeiçoamento do requerimento inicial (artigos 394º e 695º, nº 1 do Código de Processo Civil, o primeiro aplicável também aos processos de execução, *ex vi* artigo 375º, nº 1).
- A tutela completa e eficaz dos direitos materiais atribuídos genericamente pela lei civil e pela lei comercial (princípio da efectividade da tutela jurisdicional dos direitos) pode, muitas vezes, ser conseguida unicamente através do processo declarativo, sem necessidade de se recorrer ao executivo, nos casos de submissão voluntária do réu à decisão do juiz, satisfazendo espontaneamente a pretensão do autor na acção declarativa.
- Pode ainda haver unicamente lugar ao processo declarativo:
  a) No caso das acções improcedentes, quando o autor se arroga um direito contra o réu, mas a sentença é desfavorável ao autor (sentença de absolvição do réu do pedido); e
  b) Nas acções de simples apreciação ou meramente declarativas, nas quais, proferida a sentença, nada mais é necessário. Não pode sequer, neste caso, instaurar-se acção executiva, dado que não há prestação alguma a exigir; ninguém foi condenado a satisfazer prestação alguma.
- Também pode haver lugar unicamente ao processo executivo sempre que o autor, não tendo embora o seu direito declarado ou reconhecido por sentença, esteja munido de um título que a lei considera bastante ou idóneo para servir de base à acção executiva.

III

PRESSUPOSTOS PROCESSUAIS NA ACÇÃO EXECUTIVA

PRESSUPOSTOS PROCESSUAIS GERAIS

- São requisitos essenciais para a regular constituição e desenvolvimento da instância executiva, com vista a que, através desta, possa conseguir-se a satisfação do interesse do credor (reparação efectiva do direito violado, finalidade da acção executiva – artigo 11º, nº 3 do Código de Processo Civil).
- Tal como na acção declarativa, os pressupostos podem agrupar-se em:

Pressupostos relativos às partes [1]

Personalidade judiciária – seguem-se as regras estudadas a propósito da acção declarativa, as quais são aplicáveis à acção em geral (artigo 39º).

Capacidade judiciária – cumprem-se as regras estudadas a propósito da acção declarativa, as quais são aplicáveis à acção em geral (artigos 43º e ss).

Legitimidade.

Princípio da legitimidade formal

A. REGRA:

Na acção executiva, a legitimidade traduz-se num conceito manifestamente formal. A própria lei o diz – artigo 68º, nº1 – a pessoa que "figure" no título executivo como credor e pessoa que no título "tenha a posição" de devedor[2]. São as *partes principais por excelência* na acção executiva. Mas pode haver outras partes principais em momento ulterior da instância executiva: cônjuge e credores privilegiados do executado (artigo 755º).

[1] As consequências da falta de pressupostos processuais relativos às partes variam consoante o momento em que ela é detectada pelo juiz: se logo no exame do requerimento inicial, este deve ser indeferido liminarmente; se posteriormente, podem ser invocados pelo executado após a sua citação, deduzindo embargos, onde invocará esses vícios como fundamento de oposição. A consequência não é, no entanto, a absolvição da instância (conceito próprio da acção declarativa), mas a extinção da execução. *A falta de pressupostos processuais pode ser sanada nos termos gerais.*

[2] "Credor e devedor", aqui têm um sentido amplo. Abrangem respectivamente, *credor* de uma obrigação ou titular de um direito real, e *devedor*, isto é, sujeito passivo de uma obrigação ou violador de um direito real.

B. EXCEPÇÕES:

a) *Títulos ao portador* – desvio lógico, previsto no artigo 68º, nº 2. Ex.: cheque ao *portador* – é este, o portador, que deve promover a execução, resultando a sua legitimidade como exequente apenas da verificação da sua qualidade de portador.

b) *Sucessores no direito ou na obrigação* – caso previsto no artigo 68º, nº 3. Os sucessores do titular do direito podem instaurar a acção executiva com base no requerimento no qual devem fazer a sua habilitação, deduzindo os factos constitutivos da sucessão, se esta ocorrer após a formação do título executivo e antes de a acção executiva ser intentada. Se a sucessão ocorrer já depois da acção instaurada, a habilitação opera-se através do incidente da habilitação (artigos 301º e ss).

c) Crédito dotado de uma garantia real.
- se os bens onerados estão na posse do devedor, cumpre-se a regra da legitimidade formal;
- se não estão, isto é, se estão na posse de um terceiro, o artigo 68º, nº 4 prevê que a acção executiva seja instaurada contra o possuidor dos bens onerados.

d) *Exequibilidade da sentença contra terceiros* (artigo 69º).
- Apenas na execução para entrega de coisa certa – Na previsão do artigo 69º cabem as seguintes hipóteses (incidentes da instância):
  Artigo 215º, nº 3 *do Código de Processo Civil* – Se o adquirente se não habilitou (nas transmissões *inter vivos* a habilitação é facultativa) – não teve intervenção no processo, mas, pelo regime geral, a sentença é-lhe oponível. Excepção – parte final do nº 3 do artigo 215º.
  Artigo 270º do Código de Processo Civil – Intervenção de terceiros. Portanto, nestes casos, a execução pode ser promovida não só contra o devedor, mas também contra qualquer destes terceiros – *desvio ao princípio da legitimidade formal.*

e) *Acção executiva sub-rogatória* – É concebível que o credor instaure a execução contra o devedor do seu devedor. Mas ... o credor pode penhorar o crédito do devedor sobre terceiro, o que reduz a amplitude deste desvio à regra da legitimidade formal por tornar então desnecessária a acção sub-rogatória.

C. CASOS ESPECIAIS

Legitimidade activa atribuída por lei ao *Ministério Público.*[3]

[3] Como pertinentemente salienta o Dr. Jacinto Rodrigues Bastos nas suas "Notas ao Código do Processo Civil", vol I, p. 169, não tem o artigo 70º "o propósito de definir a legitimidade

Artigo. 70º do Código de Processo Civil – Execução por custas e multas impostas em qualquer processo.

4. *Patrocínio Judiciário obrigatório*:

- Nas execuções de valor superior à alçada do Tribunal de Segunda Instância [artigo 74º, nº 1, alínea *c)*].
- Nas execuções de valor inferior à alçada do Tribunal de Segunda Instância, mas superior à alçada dos tribunais de primeira instância, embora aqui só seja obrigatória a constituição de advogado quando forem deduzidos embargos de executado [artigo 74º, nº 1, alínea *d)*].
- No apenso de verificação de créditos, sempre que sejam reclamados créditos de valor superior à alçada dos tribunais de primeira instância, e apenas para apreciação deles (artigo 74º, nº 5).
- No preliminar de liquidação de valor superior à alçada dos tribunais de primeira instância (embora a lei o não diga expressamente, a verdade é que estes processos constituem acções declarativas apensas à executiva).
- Nos recursos emergentes da acção executiva: artigo 74º, nº 1, al. *b)*, que não distingue os tipos de acções.

Pressuposto relativo ao tribunal

Regem as regras específicas dos artigos 21º a 25º do Código de Processo Civil (competência).

PRESSUPOSTOS ESPECÍFICOS

- Requisitos indispensáveis para a regular constituição e desenvolvimento da instância executiva, como relação jurídica processual autónoma que é, com características muito peculiares.
- Contrariamente ao que sucede na acção declarativa, cuja finalidade intrínseca e primordial é o julgamento do fundo da questão e em que os pressupostos processuais são condicionantes da sentença de mérito, na acção executiva, porque o direito do credor se acha já certificado através de um

do Ministério Público na acção executiva, mas tão-somente determinar a quem incumbe promover a execução das custas e multas impostas *em qualquer processo judicial*". Entenda-se, portanto, que o Ministério Público tem esta *legitimidade especial* para executar custas e multas, ainda que impostas em processo declarativo.

título provido de exequibilidade, a finalidade intrínseca e primordial do processo é, antes, a satisfação efectiva do direito que foi violado.

- Sede legal dos pressupostos específicos da acção executiva: artigos 12º, 677º a 683º e 686º a 694º, todos do Código de Processo Civil.
- Reveste-se de grande interesse o agrupamento destes pressupostos em
  a) pressupostos de carácter formal e
  b) pressupostos de carácter material.
- Os pressupostos específicos da acção executiva estão intimamente ligados ao *objecto* da acção executiva, objecto esse cuja individualização é feita com base no *título executivo* – nº 1 do artigo 12º – que é, como vimos, um pressuposto de carácter formal.
- Esquematizemos então os

Pressuposto de carácter formal: o título executivo (artigos 12º e 677º a 683º).

- Servindo de base à acção executiva, *o título executivo* é condição necessária do nascimento da instância executiva:
  Necessária, porque não pode haver acção executiva sem título, sem um daqueles documentos escritos a que a lei atribui *força executiva (nulla executio sine titulo)*[4];
  E será suficiente para poder ser *promovida* a execução[5], ou seja, para que, pelo menos, ela tenha início.
- Um só título pode basear mais do que uma acção executiva.
- *Natureza jurídica do título executivo.*

Há várias correntes:

1. Uma liderada por LIEBMAN, que se preocupa com o aspecto interno, segundo a qual o título é o próprio acto jurídico nele contido, o fundamento da aquisição do direito (o conteúdo é que é relevante);
2. Outra, encabeçada por CARNELUTTI, que atende ao aspecto externo, segundo a qual o título é o documento escrito. Põe a tónica no aspecto formal.

[4] Não confundir *força executiva* com *força probatória plena* do documento. Os conceitos não são coincidentes. Há documentos particulares exequíveis, todavia desprovidos de força probatória plena.

[5] O processo executivo não é instaurado oficiosamente, mesmo quando está em jogo o cumprimento de uma ordem emanada de um órgão que exerce a função jurisdicional. Tratando-se de meros interesses particulares, é à parte vencedora na acção declarativa que incumbe, se quiser, instaurar o processo executivo (princípio dispositivo/impulso processual).

3. Posição assumida na lei processual de matriz portuguesa: parece ser a de Carnelutti, como resulta da leitura e interpretação do artigo 12º, nº 1, do Código de Processo Civil: o acto jurídico que se traduz na declaração de vontade do devedor tem a sua eficácia executória dependente do aspecto formal do documento que o encerra, pois são os requisitos formais que dão ao título executivo o estatuto de garantia da certificação do direito[6].

- *Classificação dos títulos executivos* (artigo 677º do Código de Processo Civil, cuja enumeração é taxativa)[7]. Só são títulos executivos os que a lei tipifica, em regime de *numerus clausus*.

I. Títulos executivos judiciais [artigo 677º, alínea a)];

A. Sentenças condenatórias.

Sentenças que condenam no cumprimento de qualquer obrigação, e não apenas as sentenças proferidas em acções declarativas de condenação.

Sentenças que tenham transitado em julgado, salvo o caso previsto no artigo 678º, nº 1.

B. Despachos e outras decisões da autoridade judicial que *condenem* no cumprimento de uma obrigação (artigo 679º, nº 1).

C. *Decisões condenatórias de tribunal arbitral funcionando no território de Macau*, decisões que, para efeitos de exequibilidade, não carecem de homologação.

[6] Assim, desde que o credor possua esse documento, pode desencadear a execução, ainda que o direito nele consubstanciado já não exista. Situação extrema esta, em que algo parece estar errado! E o que sucede é que, em casos destes, a instância executiva inicia-se, mas pode o devedor usar dos meios que a lei lhe faculta para demonstrar que a acção se baseou num "pretenso" direito. É o caso da chamada "execução injusta". Para esse efeito dispõe o devedor, por exemplo, dos *embargos de executado*, um incidente de natureza declarativa enxertado na acção executiva para discussão da existência do direito. No entanto, a execução corre, em princípio, até serem deduzidos os embargos e mesmo depois de serem recebidos (artigo 701º, nº 1).

[7] Logo, não são válidas as convenções negociais através das quais as partes atribuam força executiva a outros documentos para além dos tipificados na lei (*numerus clausus*). Mas, em contrapartida, parece nada obstar a que as partes convencionem retirar força executiva a algum dos títulos a que a lei atribui tal valor.

D. Sentenças de revisão e confirmação – As sentenças proferidas por tribunais do exterior de Macau[8] carecem, para terem eficácia – e portanto serem exequíveis em Macau – de revisão e confirmação (artigos 1199º a 1205º) do Código de Processo Civil). Neste caso, o título executivo é a decisão que confirma e revê a sentença do exterior de Macau, e não ela própria.

II. Títulos executivos extra-judiciais [artigo 677,º, alíneas *b*), *c*), e *d*)];

2. *Documentos exarados ou autenticados por notário* que provem a existência de uma obrigação[9]. Aqui se abrangem:
   a) As escrituras públicas;
   b) Os testamentos públicos;
   c) Os documentos particulares com termo de autenticação, como é, por ex., o caso dos testamentos cerrados em que o notário aponha um termo de aprovação;
3. Documentos particulares não autenticados [alínea *c)* do artigo 677,º].
4. Certidões extraídas de inventários: caso especial que suscita duas prevenções:
   a) Parece que, *em rigor, o título executivo será a sentença que homologou a partilha* feita no inventário;
   b) Estas certidões *só são necessárias,* isto é, só se justifica a sua passagem quando a acção executiva deva correr em juízo diferente daquele em que correu o *inventário,* ou *então para efeitos de registo.* Se a acção executiva tiver de ser instaurada no mesmo tribunal, sê-lo-á por apenso aos autos de inventário respectivos (artigo 21º, nº 3).
5. Documentos exarados fora de Macau (artigo 680º, nº 2) – Não carecem de revisão, bastando que satisfaçam os requisitos de forma exigidos pela lei do lugar onde foram emitidos.

- *Consequência da falta de título executivo ou da sua inexequibilidade.*

– Para os seguidores da corrente liderada por *Liebman,* segundo a qual o título executivo é o *acto,* o fundamento da aquisição do direito, *o título*

[8] "Quer tribunal de jurisdição permanente, quer tribunal arbitral e ainda que, neste último caso, os árbitros sejam de nacionalidade portuguesa" – cfr. *Notas ao Código de Processo Civil,* do Dr. Jacinto Rodrigues Bastos, vol. I, p. 149. *Claro que tal observação tem de ser adaptada à realidade da RAEM.*

[9] Obrigação de pagamento de quantia certa, de entrega de coisa certa ou de prestação de facto.

funciona como causa de pedir na acção e a sua efectiva falta não poderá deixar de determinar a ineptidão do requerimento inicial.

- De acordo com a posição assumida por CARNELUTTI, o título é o próprio documento.

Podemos admitir duas situações:

1. *Se no requerimento inicial se invocar a existência de título mas não for junto o respectivo documento* – neste caso, justifica-se um *despacho de aperfeiçoamento* convidando o exequente a juntar o título em determinado prazo, sob pena de se julgar extinta a execução.
2. *Não sendo sequer invocada a existência de título executivo* – deve o juiz indeferir *in limine* o requerimento inicial, por faltar um pressuposto específico essencial da acção executiva, o que é do conhecimento oficioso do tribunal, podendo entender-se aplicável a alínea d) do nº 1 do artigo 394º, *por remissão* do artigo 375º, nº 1.

   Mas...
   Se o juiz não proferir nenhum dos despachos acima referidos e mandar citar o executado, *quid iuris?*
   - o executado pode opor-se por embargos (artigo 696º).

   Mas ...
   Se o executado não reagir, *quid iuris?*
   - O juiz pode sempre, pelo menos até à data da venda dos bens penhorados, julgar extinta a execução por se tratar de matéria do conhecimento oficioso do tribunal.

3. Tudo o que se diz em 1 e 2, é aplicável ao caso de o título ter sido invocado, ter sido junto ao processo, mas carecer de exequibilidade[10].

Pressupostos de carácter material (características de que deve revestir-se a obrigação cuja existência é patenteada pelo título executivo).

I. *Certeza e exigibilidade da obrigação* (artigos 686º a 688º).

- Na acção executiva o Autor (exequente) não pode, como na declarativa, formular pedidos incertos, inexigíveis ou ilíquidos.

[10] *Exequibilidade*, isto é, possibilidade de se exigir a cooperação do Estado, através do processo adequado, na realização coactiva da prestação em dívida.

- A obrigação é *certa* quando, em face do título, não houver dúvidas acerca da sua existência ou quanto ao seu objecto que deve, pois, ser determinado.
- É *exigível* a obrigação que está vencida.
- Aplicação destas noções a vários tipos de obrigações:
  a) *Obrigações alternativas* e *obrigações genéricas* – as que compreendem duas ou mais prestações, mas em que o devedor se desonera efectuando aquela que, *por escolha*, vier a ser designada (Código Civil, artigo 563º, nº 1). Obrigações genéricas (artigos 532º e ss do Código Civil). — Rege, quanto à execução, o artigo 687º e seus números do CPC.
  b) *Obrigações condicionais (sob condição suspensiva)* – Obrigações em potência que se tornam efectivas e perfeitas ocorrido que seja determinado evento estranho à vontade das partes, como o inevitável decurso do tempo (caso das obrigações a termo). Antes da ocorrência de tal evento, a obrigação não pode ser exigida.
  c) *Só são exigíveis judicialmente,* só podem ser objecto de acção executiva, *as obrigações vencidas, não cumpridas voluntariamente.*

1. Se a obrigação compreender prestações vencidas e outras que *se vencerem pelo mero decurso do tempo,* tanto são exigíveis as vencidas como as que se vencerem na pendência da causa (artigo 393º, nº 1 do Código de Processo Civil, aplicável à execução *ex vi* artigo 375º, nº 1);
2. Se o vencimento depender da simples *interpelação do devedor,* a acção executiva pode instaurar-se, funcionando a citação nela efectuada como interpelação.

II. *Liquidez da obrigação* (artigos 689º a 694º).

- A execução de *obrigações ilíquidas* (aquelas em relação às quais existe, em face do título executivo, indeterminação quanto ao seu montante ou cujo objecto seja uma universalidade) continua sujeita à condição inarredável de ser feita a liquidação, nos termos dos artigos 689º e ss.
- A lei prevê três formas de liquidação: *pelo exequente, pelo tribunal* e *por árbitros* (artigos 689º, 690º e 693º do Código de Processo Civil).
- Se a execução compreender *juros* que continuem a vencer-se (*juros vincendos),* a respectiva liquidação é feita, a final, pela Secretaria do tribunal, nos termos do nº 2 do artigo 689º.
- Se, na execução, se pedirem apenas *juros já vencidos,* o exequente deve fazer a respectiva liquidação no requerimento inicial (interpretação conjugada dos preceitos dos nºs 1 e 2 do art. 689º).

III. Consequências da falta destes pressupostos materiais

- As consequências e o respectivo regime são idênticos aos que se verificam no caso de falta de título executivo ou da sua inexequibilidade, ou seja, indeferimento liminar do requerimento inicial, por aplicação subsidiária do artigo 394,º, n,º 1, alínea d) *in fine*.
- Se o juiz não proferir tal despacho, e antes mandar citar o réu (executado), este pode reagir opondo-se à execução [artigo 697,º, alínea c)].
- Se o executado não reagir, pode o juiz, mais tarde, pelo menos até à venda dos bens penhorados, conhecer oficiosamente da falta destes pressupostos e julgar extinta a execução.

IV

CONSEQUÊNCIAS DO EMPREGO DE UMA FORMA DE PROCESSO INDEVIDA NA ACÇÃO EXECUTIVA

É a situação prevista no artigo 145º do Código de Processo Civil para todos os tipos de processos.

Tem como consequência anularem-se os actos que não possam ser aproveitados (nº 1 do artigo 145º), e os que sejam restritivos da defesa do executado. (nº 2 do mesmo artigo).

No despacho liminar, o juiz deve verificar se a forma usada pelo exequente corresponde ao fim e ao valor da acção executiva; se não corresponder, deve mandar praticar os actos que forem estritamente necessários para que o processo se aproxime, quanto possível, da forma estabelecida pela lei (nº 1 do artigo 145º, aplicável directamente à acção executiva).

V

O TÍTULO EXECUTIVO

Algumas abordagens do conceito e seus corolários

- Documento escrito, judicial ou extra-judicial (e, neste caso, autêntico ou particular) *que constitui* (por ex., uma escritura notarial de mútuo com hipoteca) *ou certifica* (*v.g.*, uma sentença condenatória) um dever de prestar e que atribui exequibilidade à correspondente pretensão.
- Documento escrito que titula um dever de prestar, no qual se contém um comando de cumprimento da prestação devida, e que *permite obter a realização coactiva dessa mesma prestação* ou *de um seu sucedâneo.*

- A *tipificação* dos títulos executivos não obedece a qualquer critério dogmático: *o critério é legal e puramente formal.*
- Mas os motivos da inclusão de certos documentos no elenco dos títulos executivos não são arbitrários nem insondáveis. *O critério orientador* é essencialmente *o da segurança e certeza* que certos documentos oferecem *sobre a pretensão exequenda.*
- A exequibilidade é um corolário da documentação, no título executivo, do respectivo dever de prestar.
- Segundo alguma jurisprudência (acórdão da Relação de Lisboa de 19.12.1985, *C.J.*, 85/5, p. 120), *o título executivo pode não ser o documento original*: serve como título executivo, por exemplo, a certidão, passada pela secretaria judicial, de letra de câmbio[11](artigos 1134º a 1207º do Código Comercial de Macau) existente noutro processo; ou então uma pública-forma (ver artigos 179º a 181º do Código do Notariado de Macau) do título original (Acórdão da Relação de Lisboa, de 31.01.1989, *Colectânea de Jurisprudência*, 89/1, p. 49).
- A exequibilidade e a invalidade substantiva:

A eficácia executiva extrínseca do título não depende da existência ou da validade do correspondente dever de prestar (regularidade substantiva); o mesmo é dizer que a exequibilidade, a potencialidade de servir de base à propositura de uma acção executiva, nunca é *directamente* afectada por um vício material oponível ao dever de prestar.

Reflectindo sobre esta matéria, alguma doutrina distingue entre: *exequibilidade intrínseca* que, sendo de natureza substantiva, é condição de procedência, ou melhor de sucesso nos fins da acção executiva; e *exequibilidade extrínseca,* que correspondendo à eficácia executiva externa é, como tal, pressuposto processual formal da acção executiva.

Pode inclusivamente suceder que o documento apresentado como título executivo não satisfaça os requisitos formais *ad substantiam*, necessários à validade do negócio jurídico em causa (por ex., a compra e venda de um imóvel materializada em escrito particular); mas, mesmo nestes casos, a *simples possibilidade de instaurar processo de execução não é afectada* por essa invalidade. E mais: pode até defender-se que, declarada judicialmente a nulidade desse contrato, o referido documento particular assinado pelos contraentes poderá servir de título executivo para exi-

[11] De notar, todavia, que não há unanimidade na jurisprudência sobre a desnecessidade de apresentação do próprio original do título executivo. Porventura a maioria entende que, quando se tratar de um título de crédito, terá de ser junto ao requerimento inicial da execução o próprio original, por ser nele que está "incorporada" a obrigação cambiária.

gir a restituição coactiva do que houver sido prestado (artigo 282º, nº 1 do Código Civil), mediante, justamente, a instauração da adequada acção executiva.

N. B. Alguma doutrina fala de *títulos executivos judiciais impróprios.*

É, por exemplo, o caso previsto no artigo 882º, nº 4 do CPC (processo especial de prestação de contas).

Nestas situações a certeza da existência da obrigação cujo cumprimento se exige provém, não de uma declaração contida em determinado documento, mas de uma conduta que gera a mesma convicção e autoriza, por isso, as mesmas providências.

VI

OS SUJEITOS DA RELAÇÃO PROCESSUAL EXECUTIVA

(Elemento subjectivo do processo de execução)

I. PARTES

A. Partes Principais, que podem agrupar-se em duas categorias:

a) *Exequente* (sujeito activo) e *executado* (sujeito passivo);
b) *Outros credores do executado* e *o cônjuge do executado*, que, a intervirem, têm a qualidade de partes principais porque são interessados directos na acção executiva: a própria lei equipara a falta da sua citação, quando seja caso disso, à falta de citação do réu no processo declarativo, provocando nulidade processual (artigos 755º, nº 3; 141º e 144º do CPC).

B. Partes Acessórias (os *assistentes,* nos termos do artigo 276º, quando haja apensos de natureza declarativa)[12].

II. TRIBUNAL

[12] *Os adquirentes de bens no âmbito do processo executivo* (*v.g.*, arrematantes, titulares dos direitos de remição e de preferência) *não são partes* – nem sequer *acessórias* – porque não intervêm em posição processual de subordinação às partes principais. *São,* portanto, *terceiros* relativamente à instância executiva, não obstante poderem ser, de certo modo, interessados nela (caso do comprador-arrematante).

III. AUXILIARES PROCESSUAIS

Para além dos auxiliares processuais gerais (peritos, testemunhas, intérpretes...), a lei processual prevê algumas categorias de auxiliares processuais típicos da acção executiva, a saber:

i. *Depositário* de bens penhorados (artigos 724º, 726º e 729º a 731º do CPC);
ii. *Autoridades administrativas e policiais* (artigo 725º, nº 2 que fala em "auxílio da força pública"; e artigo 735º, nº 4).
iii. *Encarregado da venda por negociação particular* (artigo 799º, nº 1);
iiii. *Estabelecimentos de leilões* (artigo 800º).

VII

PLURALIDADE DE PARTES E PLURALIDADE DE PEDIDOS NA ACÇÃO EXECUTIVA

(Algumas notas interpretativas dos preceitos aplicáveis do CPC)

O LITISCONSÓRCIO

O conceito e o regime do litisconsórcio são, na acção executiva, os mesmos que na acção declarativa.

Isto quer dizer que:

- QUER VÁRIOS AUTORES FORMULEM CONTRA UM SÓ RÉU UM PEDIDO ÚNICO (litisconsórcio activo);
- QUER UM AUTOR FORMULE CONTRA VÁRIOS RÉUS UM PEDIDO ÚNICO (litisconsórcio passivo);
- QUER UM PEDIDO ÚNICO SEJA FORMULADO POR VÁRIOS AUTORES CONTRA VÁRIOS RÉUS (litisconsórcio simultaneamente activo e passivo), são aplicáveis ao litisconsórcio em processo executivo as mesmas regras que o regem no processo declarativo.

Certamente que é esta a razão pela qual não encontramos no Código de Processo Civil qualquer norma a regular especificamente o litisconsórcio na relação processual executiva (ao contrário do que sucede com a coligação, que se encontra prevista e regulada, para essa mesma relação processual executiva, no artigo 71º do mesmo Código).

Mas convém salientar, quanto ao **litisconsórcio** (*em que, segundo a doutrina dominante*[13], *como é sabido, há pluralidade de partes mas* ***unicidade de relação material controvertida*** *e por isso* ***unidade de obrigação exequenda***), que o facto de constar do título executivo uma pluralidade de devedores, ou o facto de haver um terceiro com património sujeito à execução para além do devedor, não implica, **só por si,** a necessidade de propor a acção executiva contra todos os obrigados ou sujeitos à execução (vejam-se os preceitos dos nºs 4, 5 e 6 do artigo 68º do CPC).

São casos de **litisconsórcio voluntário passivo** na acção executiva aqueles em que se trata de obrigação solidária, ou de obrigação conjunta, ou ainda de obrigação garantida por bens de terceiro; e haverá **litisconsórcio voluntário activo** na acção executiva quando a obrigação exequenda seja indivisível e haja pluralidade de credores.

Casos de **litisconsórcio necessário** são bastante mais raros na acção executiva que na acção declarativa.

Mas podem acontecer, por exemplo:

c) na execução para entrega de coisa certa quando esta pertença a vários;
d) na execução para prestação de facto quando vários se obrigaram a prestá-lo; ou ainda
e) na execução para pagamento de quantia certa se o negócio jurídico ou a lei exigir a intervenção de todos os obrigados.

[13] Relembre-se que o *critério geral de distinção* entre as figuras processuais do *litisconsórcio* e *da coligação* tem sido muito discutido na doutrina jurídica: se alguns preferem o **critério da unicidade ou multiplicidade de relações materiais controvertidas**, outros defendem como preferível o **critério da unidade ou multiplicidade de pedidos ou pretensões formuladas em juízo**, que melhor atende – dizem – à configuração do objecto do processo declarativo onde pode não estar em causa uma relação jurídica (caso das acções de simples apreciação ou meramente declarativas). **Todavia, no processo executivo,** tal **situação não pode verificar-se porque existe sempre uma relação jurídica creditícia a subjazer à relação processual ou instância executiva.**
Mesmo assim, há que reconhecer, mesmo em sede de acção executiva, que o critério da unidade ou pluralidade de relações materiais litigadas parece ceder o flanco nas execuções para pagamento de quantia certa quando são demandados devedor principal e/ou devedor subsidiário, posto que não são titulares da mesma relação jurídica controvertida ou os co-executados são-no por via da solidariedade ou parciaridade no lado passivo. Ainda assim, a verdade é que, se no plano substantivo não existe unidade de relação jurídica porque se considera existirem várias relações entre o credor e cada um dos devedores, já **no plano processual, a causa de pedir é a mesma e única**. CONCLUINDO: em sede de acção executiva não fará muito sentido pôr em causa o critério da unicidade ou multiplicidade de relações materiais exequendas.

São exemplos de litisconsórcio necessário legal: a cobrança coerciva de créditos de herança ainda não partilhada (activo), ou a cobrança coerciva de dívidas de herança indivisa (passivo), por exigência do preceito do artigo 1929º do Código Civil de Macau.

A COLIGAÇÃO

Segundo o preceituado no artigo 71º do Código de Processo Civil, *a coligação* (entendida no conceito acima defendido: pluralidade de partes + pluralidade de relações materiais, ou seja, pluralidade de obrigações exequendas) é admitida em processo executivo quando, *cumulativamente*, se verifiquem os seguintes requisitos:

- A espécie ou modalidade de acção executiva decorrente de cada um dos pedidos deve ser a mesma: pagamento de quantia certa, entrega de coisa certa ou prestação de facto [v. artigo 12º, nº 2) e alínea b) do nº 1 do artigo 71º];
- Tendo a execução por fim o pagamento de quantia certa, as várias obrigações devem ser líquidas ou liquidáveis por simples cálculo aritmético (nº 2 do artigo 71º);
- O tribunal onde a acção executiva for proposta deve ser competente e ter jurisdição – respectivamente, no plano interno e no plano externo da RAEM – para a apreciação de todos os pedidos executivos (artigo 71º, nº 1, alínea a), e artigos 24º e 25º, estes sobre "competência" externa);
- Cada um dos pedidos, individualmente considerado, deve ter de ser apreciado em processo executivo comum ou no mesmo tipo de processo executivo especial que seria adequado para a apreciação dos outros pedidos, sem prejuízo de o juiz poder autorizar a cumulação, adequando a forma processual às particularidades do caso concreto [alínea c) do nº 1 do artigo 71º, *in fine*, e artigo 7º sobre o princípio da adequação formal];
- Tratando-se de coligação passiva, é ainda necessário que a execução tenha por base, quanto a todos os pedidos, o mesmo título (nº 1 do artigo 71º).

A CUMULAÇÃO DE EXECUÇÕES

A figura que vem prevista e regulada no artigo 684º do Código de Processo Civil sob a designação de *"cumulação inicial de execuções"* e a que se prevê no artigo 685º com o nome de *"cumulação sucessiva de execuções"* são figuras distintas da *coligação*, regulada no artigo 71º, já analisado, como situação de cumulação subjectiva e objectiva ao mesmo tempo.

Aquilo a que a lei chama **cumulação de execuções** corresponde, em rigor, a uma **cumulação de pedidos executivos** (*cumulação objectiva* na relação processual)[14], a qual pode ser **inicial** (quando tem lugar a quando da propositura da acção executiva) ou **sucessiva** (quando, na pendência de uma execução já instaurada, o exequente deduz, no mesmo processo, novo pedido executivo).

Para que a cumulação de execuções, tanto na modalidade inicial como na modalidade sucessiva, *seja legal* (artigos 684º e 685º), é preciso que se verifiquem os *requisitos* da coligação acima enunciados em primeiro lugar (tipo de acção executiva), em terceiro lugar (competência do tribunal) e em quarto lugar (forma de processo).

Mas ainda que sejam diferentes os tipos de acção executiva, a cumulação sucessiva é admitida:

- quando, em virtude da conversão da acção executiva para entrega de coisa certa ou para prestação de facto em acção executiva para pagamento de quantia certa (artigos 824º e 827º do CPC), as diligências executivas acabam por ser apenas as deste último tipo de acção; a cumulação é, portanto, possível a partir da conversão;
- a cumulação de pedidos executivos não exige que as obrigações devam ser líquidas ou liquidáveis por simples cálculo aritmético.
- por outro lado, os pedidos cumulados podem fundar-se no mesmo título ou em títulos diferentes.

VIII

A OPOSIÇÃO À EXECUÇÃO POR EMBARGOS, SEUS FUNDAMENTOS E RESPECTIVO PROCESSO

(Algumas notas)

Através da oposição por embargos, o executado *ataca a executividade, extrínseca ou intrínseca*[15]*, do título* em que se baseia a execução que lhe é movida; o mesmo é dizer que, com os embargos, o executado visa obstar ao prosseguimento da acção

[14] Atente-se na circunstância de relativamente ao preceito do artigo 71º, referente à coligação, caberem na respectiva previsão situações de litisconsórcio e de coligação, activa ou passiva, a nível de relação material controvertida; enquanto que, diferentemente, os preceitos dos artigos 684º e 685º, reguladores da cumulação de execuções, se referem apenas (igualmente a nível de relação material controvertida) a situações de litisconsórcio, activo ou passivo.

[15] Noções já leccionadas.

executiva mediante a eliminação, por via indirecta – digamos assim – da eficácia do título executivo enquanto tal.

O Prof. ANSELMO DE CASTRO (em *A Acção Executiva Singular, Comum e Especial*, p. 47) diz que, quando o título executivo é uma sentença, esta não é atacada em si mesma (como seria no caso de se interpor recurso de revisão), mas apenas na sua exequibilidade.

Seguem-se *algumas notas caracterizadoras* da complexa figura dos embargos de executado:

1. O processo de embargos de executado pode surgir *funcionalmente ligado* ao processo de execução.
2. Representa o *único meio de defesa* que a lei processual faculta ao executado (artigo 696º).
3. *Tem autonomia estrutural* relativamente ao processo de execução, sendo processado por apenso a este (nº 1 do artigo 700º).
4. Consequentemente, corre os seus termos no tribunal da execução e é julgado pelo mesmo juiz da execução.
5. *Tem natureza jurídica declarativa*, porque o juiz vai nele desenvolver uma actividade de cognição.
6. Só pode ter como fundamento algum dos que a lei, em regime de *numerus clausus*, elenca nos artigos 697º a 699º (veja-se o proémio do artigo 697º).
7. Os fundamentos previstos no artigo 697º para a execução baseada em decisão proferida por tribunal de jurisdição permanente podem também ser invocados quando o título executivo é uma decisão arbitral (*ex vi* nº 1 do artigo 698º), e ainda, subsidiariamente, quando a execução se baseia em título extrajudicial (nº 1 do artigo 699º).
8. Caso especial, previsto no nº 2 do artigo 699º, é o de o título executivo ser uma sentença homologatória de conciliação[16], confissão ou transacção, caso em que, para além da aplicação adaptada dos fundamentos elencados no artigo 697º, pode ainda o executado, na oposição que fizer, invocar qualquer das causas que determinam a nulidade ou a anulabilidade desses actos.
9. Do teor da *alínea g) do artigo 697º* podemos desde logo extrair a conclusão de que nela se referem factos que em processo declarativo constituiriam matéria de excepção (sem prejuízo de, como observa o Cons. Lopes Cardoso, servirem fins de impugnação). *Isso explica:* **i.** que se tenha inserido na mesma alínea g) o requisito de que o facto extintivo ou modificativo

[16] A *conciliação*, aqui enumerada a par da *confissão* e da *transacção*, é o acordo entre as partes, obtido com a intervenção do juiz, nos casos em que a lei prevê a possibilidade da realização de uma tentativa nesse sentido. Assim, por exemplo, na fase do saneamento em processo declarativo (artigo 428º).

seja posterior ao encerramento da discussão no processo de declaração (v. artigos 425º, nº 1 e 566º, nº 1 *in fine*); e **ii.** que a não invocação no prazo para a sua dedução em processo declarativo faça precludir o ónus de os invocar em processo executivo.

10. A redacção da referida alínea g) – que foi alterada na pontuação relativamente à sua homóloga anterior, e também em relação ao CPC português – não ficou muito feliz porque, substituindo-se por uma vírgula o ponto final que precedia a referência à prescrição como fundamento invocável pelo executado, vírgula essa seguida de "salvo tratando-se da prescrição (...)", pode levar os mais desprevenidos a uma errónea interpretação do preceito, na suposição de que o tal requisito-limite do encerramento da discussão em processo de declaração se refere também à prescrição, o que é um absurdo.
    Ora, face ao *regime da prescrição* definido no Código Civil, ela é interrompida pela citação do réu / devedor (artigo 315º, nº 1) e a interrupção inutiliza todo o tempo decorrido anteriormente (artigo 318º), pelo que não faria qualquer sentido relacionar a prescrição com o momento do encerramento da discussão, que para ela não tem qualquer relevo. Melhor seria, pois, ter deixado a redacção anterior, em que à prescrição é conferido destaque na sua indicação como fundamento possível da oposição por embargos, admitindo-se que seja provada por qualquer outro meio, para além da prova documental.
    E, convém ainda esclarecer, *a referência à prescrição na alínea g) do artigo 697º só pode ser entendida como a (prescrição) que se inicia com o trânsito em julgado da sentença declaratória que reconheceu o direito ou impôs a obrigação exequenda.*
11. A oposição por embargos é facultada por lei ao executado, em nome do contraditório, como um meio de defesa contra a execução; mas *tal oposição não funciona*, a nível do processo executivo, *como uma contestação* a ser entranhada nos respectivos autos; trata-se, antes, de uma petição inicial que origina um processo "satélite", de natureza declarativa como já se disse, com autonomia estrutural, portanto algo de extrínseco ao processo executivo, mas a ele funcionalmente ligado. Corolários, ou consequências, desta afirmação: *a possibilidade de não haver coincidência subjectiva e/ou objectiva nos dois processos*, ou seja, a possibilidade de não serem as mesmas as partes no processo executivo e no processo de embargos (*v.g.*, quando, havendo vários executados litisconsortes, nem todos embargarem a execução, caso em que os que não embargarem são terceiros no processo de embargos, mas partes no processo de execução), ou a possibilidade de os embargos não abrangerem toda a execução, i.e., todo o pedido exccutivo, mas só parte dele (v. artigo 701º, nº 4);

12. *Sendo a petição de embargos uma petição inicial de um processo de natureza declarativa através do qual o executado se defende, ou se opõe à execução,* ela não representa a observância de qualquer ónus cominatório como sucede com a contestação na acção declarativa; e a omissão de embargar a execução não produz uma situação de revelia, como acontece na acção declarativa quando o réu não contesta.
13. Uma *questão discutida* na doutrina consiste em *saber se a decisão que vier a ser proferida no final do processo de embargos de executado, quando for de mérito, produz ou não caso julgado.* Uma coisa é certa: dessa decisão cabe recurso ordinário, como pode ver-se do preceito do artigo 816º, nº 1, alínea b) do CPC a propósito da fixação do efeito de tal recurso; portanto, a conclusão pela afirmativa parece ser a mais curial.
Todavia, discute-se ainda *se esse caso julgado tem ou não efeitos fora do processo de embargos, atendendo à sua ligação funcional ao processo executivo.* Pela lógica, pareceria que o seu raio de acção deveria limitar-se àquele processo de embargos e ao respectivo processo de execução; mas essa conclusão seria contrária a todas as regras e princípios do direito e desprezaria por completo a consideração dos interesses em presença nestes casos, mais flagrante ainda quando a sentença final dos embargos fosse de procedência. Basta pensarmos na hipótese de o executado ter invocado um facto extintivo da obrigação exequenda e de o juiz o ter considerado provado: isso obstaria, no imediato, ao prosseguimento da execução pendente, mas não faria qualquer sentido que se não conferisse eficácia extraprocessual, nos termos gerais, a essa sentença de procedência dos embargos, enquanto definidora da situação jurídica substantiva entre credor e devedor.

IX

A PENHORA

(Construção da figura a partir dos preceitos legais a ela respeitantes)

I. O conceito de *penhora* não está delimitado na lei processual, ao contrário do que acontece com o instituto do *arresto.* Este, segundo o nº 2 do artigo 351º do Código de Processo Civil, "(...) consiste numa apreensão judicial de bens, à qual são aplicáveis as disposições relativas à penhora, em tudo quanto não contrariar o preceituado nesta secção."

II. A ideia subjacente é a de um "deitar a mão" a bens para pagar uma dívida pecuniária.

III. Principais preceitos legais definidores do regime jurídico da penhora:

- artigo 734º, nº 1 do CPC – efectiva *apreensão*;

- artigos 723º, nº 1 e 819º do CPC – a penhora é ordenada por *despacho do juiz;*
- artigos 704º e 715º do CPC e artigos 596º e 808º do CC – a penhora pode incidir sobre quaisquer *bens do devedor* (não excluídos por lei), ainda *que se encontrem na posse de terceiro*, e pode também recair sobre *bens de terceiro* que respondam pela dívida;
- Artigos 705º a 714º do CPC – *proibem ou condicionam a penhora* de certos bens;
- Artigo 807º (conjugado com o artigo 606º) do CC – os *bens penhorados* destinam-se a *satisfazer o direito do credor;*
- Artigos 599º, nºs 1 e 2 e 812º, nºs 1 e 2 do CC e artigos 719º e 732º do CPC – *a penhora* confere *preferência ao exequente* na satisfação integral do seu crédito contra outros credores do executado, salvo se estes dispuserem, sobre os bens penhorados, de garantia real anterior à penhora (ou anterior ao arresto, se for caso disso);
- Artigos 728º e ss. do CC – estabelecem que *certos créditos*, mesmo sendo posteriores à penhora, *têm preferência sobre o do exequente*;
- Artigo 809º do CC – estabelece a *ineficácia, em relação ao exequente*, dos *actos de disposição ou oneração* de bens penhorados;
- Artigo 814º, n. 2 do CC e artigo 783º do CPC – a *venda de bens penhorados extingue direitos reais, garantias e ónus* que sobre eles incidissem;
- Artigo 816º do CC – extensão das disposições da venda de bens em execução à sua adjudicação ou remição;
- Artigo 765º do CPC – estabelece os *possíveis meios de pagamento ao credor*: entrega de dinheiro, adjudicação dos bens penhorados, consignação dos rendimentos dos imóveis penhorados ou com o produto da venda dos bens penhorados;
- Artigos 724º, 72.3º, nº 3, 726º, 729º, 730º e 731º do CPC – nomeação, direitos e deveres do *depositário* (auxiliar processual);
- Artigos 733º do CPC – *levantamento da penhora;*
- Artigos 753º e 754º do C PC – *Oposição à penhora* (incidente).

Estas são as fundamentais disposições que ajudam à construção do conceito de ***Penhora,*** bastando para deixar bem patente a natureza civilística do instituto e permitindo as seguintes

Conclusões:

1. Trata-se de uma *apreensão física ou meramente jurídica de bens* ou *direitos* em processo de execução para pagamento de quantia certa;

2. *Pode dizer-se que tem uma natureza preventiva*, mas *não a de expropriação* ou confisco do direito de propriedade sobre os bens do devedor: a transmissão do direito de propriedade só se opera com a venda ou adjudicação dos bens penhorados, se tiverem lugar;
3. Em processo de execução, a *penhora depende sempre de prévio despacho do juiz* a ordená-la (nº 1 do artigo 723º do CPC); tem, portanto, características jurisdicionais, pois está em causa o controlo da legalidade de certos actos, pressupondo por isso mesmo a intervenção do juiz;
4. Os *bens apreendidos* ficam *à ordem do tribunal* e são *entregues a um depositário* (nº 1 do artigo 724º); o executado fica, portanto, privado do exercício pleno dos poderes que integram os direitos de que é titular sobre aqueles bens;
5. A penhora pode abranger quaisquer *bens ou direitos do devedor* (responsabilidade patrimonial) que não estejam excluídos por disposição legal (substantiva ou adjectiva); mas pode incidir excepcionalmente sobre *bens de terceiro*[17] que respondam pela dívida, nos termos da lei civil, ou seja: **i.** quando sobre esses bens incida direito real constituído para garantia do crédito exequendo; ou **ii.** quando tenha sido julgada procedente impugnação pauliana, caso em que o credor pode executar os bens que foram objecto do acto impugnado no património do terceiro obrigado à sua restituição (artigo 612º, nº 1 do CC);
6. Se forem penhorados indevidamente bens de terceiro, este tem dois *meios de reacção à penhora ilegal* dos seus bens: **i.** o incidente da instância designado por oposição mediante embargos de terceiro (artigos 1210º do CC e 292º a 300º do CPC); e **ii.** a acção de reivindicação, prevista e regulada nos artigos 1235º a 1240º do CC;
7. O pagamento ao credor exequente é feito *com preferência* a outros credores do executado que não disponham de privilégio legal ou de garantia real anterior à penhora sobre os bens penhorados;
8. A penhora acarreta a *ineficácia, em relação ao exequente, dos actos de disposição* ou oneração *dos bens penhorados*, mas *não a sua invalidade,* e sempre sem prejuízo das regras do registo, quando for caso disso (ver os artigos 618º e 809º do CC, respectivamente sobre efeitos do arresto e sobre disposição ou oneração dos bens penhorados.

[17] *Terceiro*, aqui, perante a relação jurídica substantiva, mas não terceiro perante a execução, já que esta tem de ser movida contra ele, sob pena de os seus bens não poderem ser penhorados (ver nºs 4 e 5 do artigo 68º do CPC sobre legitimidade em matéria de execuções). Ver também, a este respeito, o artigo 808º do CC.

X

A RECLAMAÇÃO DE CRÉDITOS NO PROCESSO EXECUTIVO PARA PAGAMENTO DE QUANTIA CERTA

REGRAS A QUE OBEDECE ESTE APENSO

1. Como foi já estudado, a acção de *reclamação, verificação e graduação de créditos* que eventualmente se segue à *penhora* no *processo executivo para pagamento de quantia certa,* tem a natureza de acção declarativa cujo processo corre por apenso ao processo de execução respectivo (artigo758º, nº 4 do Código de Processo Civil).

É, portanto, um processo estruturalmente autónomo, mas funcionalmente subordinado ao processo executivo a que respeita.

Compreende *três fases*:

i. *a dos articulados,* que abrange a(s) petição (ões) de reclamação do(s) crédito(s), a impugnação, e a resposta à impugnação;
ii. *a verificação do(s) crédito(s);* e
iii. *a graduação do(s) crédito(s)* verificados e reconhecidos pelo tribunal.

N. B. A convocação de outros credores do executado, que tenham garantia real sobre algum dos bens que tenham sido penhorados é feita através de citação (artigo 755º do CPC) nos autos do processo executivo, mas só com as petições de reclamação dos credores citados que quiserem cumprir esse ónus (artigo 758º) é que tem início a acção declarativa cujo processo vai ser apensado àquele processo executivo. Ainda que haja várias reclamações, elas são *todas autuadas num único apenso* (artigo 758º, nº 4).

Cada credor reclamante só pode ser pago pelo produto da venda do bem ou direito sobre o qual incida a sua garantia (nº 1 do artigo 758º).

2. *A verificação do(s) crédito(s)* é feita por sentença do juiz da execução.

A. Se nenhum dos créditos reclamados for impugnado (artigo 759º) ou não houver prova a produzir, o juiz profere logo a sentença de verificação e acaba aí o processo declarativo apenso (artigo 761º, nº 1 do CPC).

B. Mas se, ao contrário, a verificação de algum dos créditos reclamados estiver dependente de prestação de prova, então seguem-se os termos regulados nas alíneas a) e b) do nº 2 do artigo 761º (com fase de saneamento, fase da instrução e toda a tramitação do processo declarativo, mas com a particularidade de no despacho saneador poderem ser logo reconhecidos créditos que não dependam de produção de prova, se os houver; todavia, nesse despacho, não pode proceder-se à graduação, uma vez que só na sentença final do apenso pode ser feita a graduação de todos os créditos reconhecidos – ver parte final da alínea b) do nº 2 do artigo 761º.

Convém salientar, embora seja óbvio, que a verificação do(s) crédito(s) pode ser no sentido do *seu reconhecimento* ou no do *seu não reconhecimento;* e pode também acontecer que o juiz não entre na verificação de certo crédito (mérito da causa no apenso) por julgar procedente uma excepção dilatória não suprível que conduza à absolvição do executado da instância, apensa, de verificação de créditos, que a ele respeita.

3. Na mesma sentença que verifique e reconheça créditos reclamados o juiz deve fazer a sua graduação, isto é, deve estabelecer a ordem pela qual devem ser satisfeitos (incluindo, claro está, o crédito do exequente), de acordo com os preceitos aplicáveis do direito substantivo.

Da aplicação dessas normas de direito material, resulta o seguinte:

- *em caso de concurso sobre a mesma coisa móvel,* e salvo disposição em contrário[18], prevalece o direito real de garantia que mais cedo tenha sido constituído (ou que mais cedo tenha sido registado, tratando-se de coisa móvel sujeita a registo), com a excepção do privilégio mobiliário geral, cujo crédito é graduado em último lugar – artigo 739º, alínea d) do Código Civil –, tomando-se em conta a ordem de enumeração do artigo 732º, nº 1 do mesmo Código;
- *em caso de concurso sobre a mesma coisa imóvel,* o *privilégio imobiliário* é graduado em primeiro lugar, seguido do *direito de retenção* [por exemplo do promitente comprador de prédio urbano ou de fracção autónoma, quando se tenha verificado a tradição – artigo 745º, nº 1, al. f) do CC], depois seguido da *hipoteca* e da *consignação de rendimentos,* prevalecendo entre estas últimas a que for registada em primeiro lugar (artigos 741º do CC, 749º, nº 2 do CC e artigo 6º, nº 1 do Código do Registo Predial);
- *concorrendo entre si vários privilégios creditórios,* a ordem de prevalência é, em geral, a dos artigos737º a 739º do CC, mas há várias disposições avulsas, designadamente no domínio do Direito Fiscal, que estabelecem o lugar em que são graduados determinados privilégios (por ex., créditos de impostos e de contribuições para a Segurança Social);
- quanto a*o crédito do exequente*: **i.** se for apenas garantido pela penhora, será graduado depois dos créditos acima referidos (a menos que, estando estes

[18] *Disposições em contrário* são, por exemplo, as dos artigos 733º e 738º do Código Civil, que graduam em primeiro lugar os *privilégios por despesas de justiça*, para além de outras disposições de quaiquer diplomas legais que atribuam precedência na graduação a certos créditos (*v.g.*, em Portugal, os créditos por contribuições para a Segurança Social).

sujeitos a registo, o registo da penhora lhes seja anterior), mas será graduado antes dos credores que, por segunda penhora, arresto ou hipoteca judicial, tenham constituído garantia real posterior à penhora; **ii.** se, porém, o exequente tiver direito real de garantia, deve atender-se à natureza e à data da sua constituição, ou do seu registo, consoante os casos.

NOTAS:

1. **De tudo o que acima se diz resulta evidente que *a graduação dos créditos reclamados, e reconhecidos pelo tribunal, tem de ser feita separando os bens móveis dos bens imóveis e dos direitos*; para além de que, nos *casos em que tenha havido arresto* a preceder a penhora, é preciso *tomar em consideração,* para efeitos de precedência na graduação, consoante os casos, a data do arresto ou do respectivo registo, e não já a da efectivação da penhora ou do seu registo.**
2. **Quanto à graduação das *custas do processo de execução* e seus apensos, rege o preceito do artigo 384º do Código de Processo Civil, do qual resulta que são sempre graduadas à cabeça. Consonantemente, o preceito do artigo 738º do CC estatui que "Os privilégios por despesas de justiça têm preferência não só sobre os demais privilégios, como sobre as outras garantias, mesmo anteriores, que onerem os mesmos bens".**

BIBLIOGRAFIA ESSENCIAL

ALEXANDRE, ISABEL
- *O Ónus da Prova na Acção Civil Enxertada em Processo Penal,* Scire Leges, Colecção Jurídica de Edições Cosmos, Livraria Arco-Iris, Lisboa, 1991.
- *Provas Ilícitas em Processo Civil,* Coimbra, Almedina, 1998.

ALMEIDA, L. P. MOITINHO DE
- *Providências Cautelares Não Especificadas,* Coimbra, Coimbra Editora, Lda., 1979.
- *Embargo ou Nunciação de Obra Nova,* Coimbra, Coimbra Editora, 1984.
- *Restituição da Posse e Ocupação de Imóveis,* 2ª ed., Coimbra, Coimbra Editora.
- *Do Arrolamento,* Scientia Iuridica, XVIII, Coimbra, 1996.

AMARAL, JORGE AUGUSTO PAIS DE
- *Direito Processual Civil,* Coimbra, Almedina, 1999.
- *Direito Processual Civil,* 2ª ed., Coimbra, Almedina, 2001.

ANDRADE, MANUEL A. DOMINGUES DE
- *Noções Elementares de Processo Civil* (com a colaboração de J. ANTUNES VARELA), edição revista e actualizada por HERCULANO ESTEVES, Coimbra, Coimbra Editora, 1979.
- *Significado da expressão "efeito útil normal" da decisão na doutrina do litisconsórcio,* Scientia Iuridica, 1958.

BAPTISTA, JOSÉ JOÃO
- *Processo Civil I. Parte Geral e Processo Declarativo,* 5ª ed., Lisboa, SPB Editores, Lda., 1998.
- *Acção Executiva,* 5ª ed., Lisboa, Universidade Lusíada, 1993.

BASTOS, JACINTO RODRIGUES
- *Notas ao Código de Processo Civil,* Volumes I, II e III, 3ª edição, Lisboa, 1999, 2000 e 2001. Volume IV, 2ª edição, 2005.
- *Notas ao Código de Processo Civil,* Volumes I, II, III e IV, 1ª edição, Lisboa, 1963, 1965, 1972 e 1984.

BORGES, MARCO ANTÓNIO DE AÇO e, *A Demanda Reconvencional,* Lisboa, *Quid Juris,* 2008.

BRITO, PEDRO MADEIRA DE – 'O novo princípio da adequação formal', em *Aspectos do Novo Processo Civil,* Lisboa, Lex, 1997.

CALAMANDREI, PIERO – *Introduzione allo Studio Sistematico dei Provvedimenti Cautelari,* Pádua, Cedam, 1936.

CANOTILHO, J. J. GOMES e MOREIRA, VITAL – *Constituição da República Portuguesa Anotada,* 3ª ed., 1993.

CAPELO, MARIA JOSÉ DE OLIVEIRA – *Interesse Processual e Legitimidade Singular nas Acções de Filiação,* Studia Iuridica, 15, Separata do Boletim da Faculdade de Direito da Universidade de Coimbra, Coimbra, Coimbra Editora, 1996.

CARDOSO, ÁLVARO LOPES – *A Confissão, Desistência e Transacção em Processo Civil e do Trabalho*, Coimbra, Almedina, 1990.

CARDOSO, EURICO LOPES
– *Manual dos Incidentes da Instância*, 2ª ed., Lisboa, Livraria Petrony, 1992.
– *Código de Processo Civil Anotado*, 3ª ed., Coimbra, Coimbra Editora, 1962.
– *Manual da Acção Executiva*, Lisboa, Imprensa Nacional – Casa da Moeda, 1986.

CARLOS, ADELINO DA PALMA
– *Código de Processo Civil Anotado*, vol. 1º, Lisboa, Procural, 1940.
– *Ensaio sobre o Litisconsórcio*, ed. do Autor, Lisboa, 1956.
– *Linhas Gerais do Processo Civil Português*, Lisboa, Scire Leges, Edições Cosmos, Livraria Arco-Íris, 1991.

CARNELUTTI, FRANCESCO
– *Sistema di Diritto Processuale*, vol. I, Pádua, Cedam, 1936.
– *Lezioni di Diritto Processuale Civile*, vol. I (reimpressão), Pádua, 1930.

CASTRO, ARTUR ANSELMO DE – *Direito Processual Civil Declaratório*, Volumes I, II e III, Coimbra, Almedina, 1981 e 1982.
– *A Acção Executiva Singular, Comum e Especial*, Coimbra Editora, 1997.

CHIOVENDA, GIUSEPPE – *Principi di Diritto Processuale*, 3ª edição.

CORDEIRO, ANTÓNIO MENEZES – *Litigância de Má Fé, Abuso do Direito de Acção e Culpa "In Agendo"*, Coimbra, Almedina, 2006.

CORREIA DE MENDONÇA, LUÍS – *Direito Processual Civil. As Origens em José Alberto dos Reis*, Quid Juris, Lisboa, 2002.

COSTA, SALVADOR DA – *Os Incidentes da Instância*, 4ª ed., Coimbra, Almedina, 2006.

COUTURE, EDUARDO – *Fundamientos del Derecho Procesal Civil*, Buenos Aires, 1942.

CUNHA, ANTÓNIO JÚLIO – *Limites Subjectivos do Caso Julgado e a Intervenção de Terceiros*, Lisboa, Quid Juris Sociedade Editora, 2010.

CUNHA, PAULO – *Simulação Processual e Anulação do Caso Julgado*, Lisboa, 1935.

FERREIRA DE ALMEIDA, FRANCISCO MANUEL LUCAS – *Direito Processual Civil*, vol. I, Coimbra, Almedina, Fevereiro de 2010.

FREITAS, JOSÉ LEBRE DE
– *A Confissão no Direito Probatório*, Coimbra, Coimbra Editora, 1991.
– *Introdução ao Processo Civil. Conceito e Princípios Gerais à Luz do Código Revisto*, Coimbra, Coimbra Editora, 1996.
– *Repetição de providência e caso julgado em caso de desistência do pedido de providência cautelar*, na ROA, I, 1997.
– *A Acção Executiva – À Luz do Código Revisto*, 2ª edição, Coimbra Editora, 1997.

FREITAS, JOSÉ LEBRE DE, REDINHA, JOÃO e PINTO, RUI – *Código de Processo Civil Anotado*, Volume 1º, 2ª ed., Coimbra, Coimbra Editora, 2008.

FREITAS, J. LEBRE DE, MACHADO, A. MONTALVÃO e PINTO, RUI
– *Código de Processo Civil Anotado*, Volume 2º, Coimbra, Coimbra Editora, 2001.

GARCIA, MARIA OLINDA – *A Responsabilidade do Exequente e de Outros Intervenientes Processuais – Breves Considerações*, Coimbra Editora, 2004.

GERALDES, ANTÓNIO SANTOS ABRANTES
– *Temas da Reforma do Processo Civil. 1 – Princípios Fundamentais. 2 – Fase Inicial do Processo Declarativo*, Coimbra, Almedina, 1998.
– *Temas da Reforma do Processo Civil*, I volume, 2ª ed., 1998; II volume, 4ª ed., 2004, III vol., 2ª ed., 2000; IV volume, 3ª ed., Coimbra, Almedina, 2006.

GROPPALLI, ALESSANDRO – *Introdução ao Estudo do Direito*, 3ª edição, tradução de Manuel de Alarcão, Coimbra, Coimbra Editora, 1978.

J. VINCENT e S. GUINCHARD — *Procédure Civile*, 20ª ed., Paris, 1981.

JAUERNIG, OTHMAR – *Direito Processual Civil*, 25ª ed., tradução de F. Silveira Ramos, Coimbra, Almedina, 2002.

LIEBMAN, ENRICO TULLIO
– *Manuale di Diritto Processuale Civile – Principi*, 5ª ed., Milão, Giuffrè, 1992.
– *Unità del Procedimento Cautelare*, Rivista di Diritto Processuale, tomo I, 1954.

LIMA, PIRES DE, e VARELA, ANTUNES – *Código Civil Anotado*, vols. I e II, 3ª edição, Coimbra, Coimbra Editora, 1982.

LIMA, VIRIATO MANUEL PINHEIRO DE
– *Manual de Direito Processual Civil*, 2ª edição, Macau, Centro de Formação Jurídica e Judiciária, 2008.
– *O Princípio Dispositivo e os Poderes de Cognição do Tribunal Quanto à Matéria de Facto*, Boletim da Faculdade de Direito da Universidade de Macau, Ano II, nº 5, 1998.

LYNCE DE FARIA, RITA – *A Função Instrumental da Tutela Cautelar Não Especificada*, Lisboa, Universidade Católica Editora, 2003.

MACHADO, ANTÓNIO MONTALVÃO e PIMENTA, PAULO – *O Novo Processo Civil*, 7ª ed., Coimbra, Almedina, 2005.

MACHADO, ANTÓNIO MONTALVÃO – *Processo Civil*, vol. I, lições ministradas no Departamento de Direito da Universidade Portucalense, Porto, 1994.

MARIANO, JOÃO CURA – *A Providência Cautelar de Arbitramento de Reparação Provisória*, Coimbra, Almedina, 2003.

MARQUES DA SILVA, GERMANO – *Curso de Processo Civil Executivo – Acção Executiva Singular, Comum e Especial*, Universidade Católica Editora, Lisboa, 1995.

MARTINS, ALFREDO SOVERAL – *Direito Processual Civil. Noções Gerais*, 1º vol., Colecção Perspectiva Jurídica Universitária, Coimbra, Fora do Texto, 1995

MENDES, JOÃO DE CASTRO
– *Direito Processual Civil*, Lisboa, edição da AAFDL, I Volume, reimpressão, 1997, II e III Volumes revistos e actualizados, 1997.
– *Limites Objectivos do Caso Julgado*, Lisboa, Edições Ática, 1968.

MESQUITA, LUÍS MIGUEL DE ANDRADE
– *Reconvenção e Excepção no Processo Civil*, Coimbra, Almedina, Maio de 2009.

MONDLANE, LUÍS ANTÓNIO – *O Acesso à Justiça e Meios Alternativos de Resolução de Conflitos*, Revista Jurídica da Faculdade de Direito da Universidade Eduardo Mondlane, Maputo, Moçambique, vol. II, 1997.

MORAIS ANTUNES, ANA FILIPA – *Prescrição e Caducidade*, Coimbra, Coimbra, Editora, 2008.

MOURA RAMOS, RUI MANUEL – *A reforma do Direito Processual Civil Internacional*, Separata da Revista de Legislação e de Jurisprudência, Coimbra Editora, 1998.

NETO, ABÍLIO – *Breves Notas ao Código de Processo Civil*, 1ª ed., Lisboa, Ediforum, distribuição da Coimbra Editora, 2005.

PAIS DE SOUSA e CARDONA FERREIRA – *Processo Civil – Aspectos Controversos da Actual Reforma*, Lisboa, Editora Rei dos Livros, 1997.

PALMA, AUGUSTA FERREIRA – *Embargos de Terceiros*, Coimbra, Almedina, 2001.

PEKELIS, ALESSANDRO – 'Azione', *Nuovo Digesto Italiano*, vol. II, Turim, UTET, 1937.

PINTO, FERNANDO BRANDÃO FERREIRA
– *Lições de Direito Processual Civil*, Porto, Elcla Editora, Universidade Internacional, 1992.

PIRES, CÂNDIDA DA SILVA ANTUNES
– *O Recurso de Revisão em Processo Civil*, Boletim do Ministério da Justiça, nº 134, 1962; 2ª edição, Separata do Boletim do Ministério da Justiça, 1963.
– *Os Princípios do Processo Civil e a sua Força Auto-Reformadora*, Perspectivas do Direito, Revista do Gabinete para a Tradução Jurídica de Macau, nº 2, 1997.
– *O Terceiro Poder na Lei Básica da Região Administrativa Especial de Macau*, Administração – Revista de Administração Pública de Macau, Nº 54, 2002.

– *Noções Gerais de Direito Processual Civil*, Repertório do Direito de Macau, Centro de Estudos Jurídicos da Faculdade de Direito da Universidade de Macau, 2007. Reimpressão em 2012. Versão inglesa, Lexis Nexis, 2014.

– *A Organização Judiciária de RAEM*, Repertório do Direito de Macau, Centro de Estudos Jurídicos da Faculdade de Direito da Universidade de Macau, 2007. Reimpressão em 2012. Versão inglesa, Lexis Nexis, 2014.

– *Lições de Processo Civil I*, Textos Jurídicos, Faculdade de Direito da Universidade de Macau, 2005.

– *Cláusula Compromissória e Compromisso Arbitral. Da sua Natureza Jurídica*, Boletim da Faculdade de Direito da Universidade de Macau, nº 20, Ano IX, 2005.

– *A Organização Judiciária da Região Administrativa Especial de Macau*, Repertório do Direito de Macau, Centro de Estudos Jurídicos da Faculdade de Direito da Universidade de Macau, Abril de 2007. Reimpressão em 2012.

– *Direito Processual e Direito Material: Da Autonomia à Tributariedade; Da Instrumentalidade à Efectividade dos Direitos*, Boletim da Faculdade de Direito da Universidade de Macau, Ano XIII, Nº 26, 2008.

– *O Monopólio Estadual da Jurisdição: Relatividade ou Crise?*, Separata da Revista 'Direito e Cidadania', Cidade da Praia, Cabo Verde, Ano X, Nº 29, 2009.

Pires, Cândida da Silva Antunes e Lima, Viriato Manuel Pinheiro de – *Código de Processo Civil de Macau – Anotado e Comentado*, Volume I (2006) e Volume II (2008), Instituto de Estudos Jurídicos Avançados da Faculdade de Direito da Universidade de Macau.

Pires, Cândida da Silva Antunes e Álvaro António Mangas Abreu Dantas – *Justiça Arbitral em Macau. A Arbitragem Voluntária Interna. Anotações ao Decreto-Lei n 29/96/M, de 11 de Junho.* Macau, Centro de Formação Jurídica e Judiciária, 2010.

Rego, Carlos Francisco de Oliveira Lopes do – *Comentários ao Código de Processo Civil*, Volumes I e II, 2ª ed., Coimbra, Almedina, 2004.

Reis, José Alberto dos

– *Anotação a Acórdão do STJ*, *RLJ*, ano 82º, pp. 93 e ss.

– *Código de Processo Civil Anotado*, Coimbra, Coimbra Editora, Volumes 1º a 6º.

– *Comentário ao Código de Processo Civil*, Coimbra, Coimbra Editora, Volumes 1º a 3º, 1946.

– *A figura do processo cautelar*, BMJ, nº 3.

– *Processos Especiais*, vol. I, Coimbra, Coimbra Editora.

– *Processo de Execução*, 2 vols.

Remédio Marques, J. P. – *Curso de Processo Executivo Comum, à Face do Código Revisto*, SPB-II Editores, Lda., Porto, 1998.

Satta, Salvatore / Punzi, Carmine

– *Diritto Processuale Civile*, 11ª ed., Pádua, Cedam, 1993.

Serra, Adriano Vaz

– *Algumas questões em matéria de compensação no processo*, RLJ nº 104, pp. 276

– *Anotação ao* acórdão do STJ, de 20.07.1976, *RLJ* 110, pp. 254 e ss.

Silva, Paula Costa e

– *A Transmissão da Coisa ou Direito em Litígio. Contributo para o Estudo da Substituição Processual*, Coimbra, Coimbra Editora, 1992.

– *Acto e Processo. O Dogma da Irrelevância da Vontade na Interpretação e nos Vícios do Acto Postulativo*, Coimbra, Coimbra Editora, 2003.

– *O Novo Código de Processo Civil de Cabo Verde*, revista Direito e Cidadania, Praia, Cabo Verde, Ano III, nº 9, 2000.

– *A Arbitrabilidade de Medidas Cautelares*, Revista da Ordem dos Advogados, Ano 63, I / II, Abril de 2003.

SOARES, FERNANDO LUSO
- *Direito Processual Civil. Parte Geral e Processo Declarativo*, Coimbra, Almedina, 1980.
- *Processo Civil de Declaração*, Coimbra, Coimbra Editora, Lda., 1987.
- *A Questão da Legitimidade Processual em Matéria de Direito de Autor*, Temas de Direito de Autor, 4, Lisboa, SPA, 1989.

SOARES, FERNANDO LUSO, MESQUITA, DUARTE ROMEIRA DE e BRITO, WANDA FERRAZ DE – *Código de Processo Civil Anotado*, 13ª ed., Coimbra, Almedina, 2002.

SOBRINHO, ELÍSIO DE CRESCI – *Dever de Veracidade das Partes no Processo Civil*, Edições Cosmos, Livraria Arco-Íris, 1992.

SOUSA, MIGUEL TEIXEIRA DE
- *A Competência Declarativa dos Tribunais Comuns*, Lisboa, Lex, 1994.
- *As Partes, o Objecto e a Prova na Acção Declarativa*, Lisboa, Lex, 1995.
- *Estudos Sobre o Novo Processo Civil*, Lisboa, Lex, 1997.
- *Introdução ao Processo Civil*, 2ª ed., Lisboa, Lex, 2000.
- *O Interesse Processual na Acção Declarativa*, Edição da Associação Académica da Faculdade de Direito de Lisboa, 1989.
- *O Interesse Processual no Código de Processo Civil de Macau*, Boletim da Faculdade de Direito da Universidade de Macau, Ano IV, nº 10, 2000.
- *A Legitimidade Popular e a Tutela dos Interesses Difusos*, Lisboa, Lex.

SOVERAL MARTINS, ALFREDO – *Direito Processual Civil*, 1º volume, Noções Gerais, Fora do Texto, Coimbra, 1995.

VARELA, J. ANTUNES
- *Revista de Legislação e Jurisprudência*, anos 125º, p. 358; e 126º, p. 39.
- *Das Obrigações em Geral*, Coimbra, Almedina, vol. I, 10ª ed., 2000 (4ª reimpressão, 2006) e vol. II, 7ª ed., 1997 (3ª reimpressão, 2007).

VARELA, J. ANTUNES, BEZERRA, J. MIGUEL e NORA, SAMPAIO E – *Manual de Processo Civil*, 2ª ed., Coimbra, Coimbra Editora, 1985.

VINCENT, J./S. GUINCHARD – *Procédure Civile*, 20ª edição, Paris, 1981.

ÍNDICE GERAL